汶川县年鉴

2010

汶川县人民政府 主办

四川出版集团 巴蜀书社

图书在版编目（CIP）数据

汶川县年鉴. 2010 / 汶川县人民政府编. —成都：
巴蜀书社，2012.3
ISBN 978-7-80752-997-2

Ⅰ.①汶... Ⅱ.①汶... Ⅲ.①汶川县–2010–年鉴
Ⅳ.①Z527.14
中国版本图书馆CIP数据核字（2012）第048020号

汶川县年鉴(2010)

汶川县人民政府　主办

责任编辑	李　嘉
装帧设计	曾小平
版面设计	曾小平
出　　版	四川出版集团巴蜀书社
	成都市槐树街2号　邮编 610031
	总编室电话：(028) 86259397
网　　址	www.bsbook.com
发　　行	巴蜀书社
	发行科电话：(028) 86259422　86259703
经　　销	新华书店
制　　版	成都宁强印务有限责任公司
印　　刷	成都成电华昇印务有限公司
版　　次	2012年3月第一版
印　　次	2012年3月第一次印刷
成品尺寸	210mm×285mm
印　　张	28
字　　数	65千
书　　号	ISBN 978-7-80752-997-2
定　　价	268.00元

本书如有印装质量问题，请与工厂调换

编 辑 说 明

一、《汶川县年鉴》(2010)是汶川县人民政府主管、主办,由汶川县史志编纂委员会编纂的综合性年鉴。它翔实、全面、系统、准确地记载2010年汶川县国民经济和社会发展以及灾后重建中各项事业取得的成就、经验和出现的问题,为各级领导部门进行决策和制定发展规划提供科学依据,为各界人士认识、了解和研究汶川提供参考,促进汶川与外界的交流合作,为坚持科学发展、构建和谐汶川服务。同时,也为编修地方史志储备资料。

二、《汶川县年鉴》(2010)是继《汶川县年鉴》(2005-2008)及《汶川县年鉴》(2009)后汶川县第三本综合性年鉴,以典型材料突出汶川县在"三年重建任务两年基本完成"的关键时期所取得的成就和特点。

三、本《年鉴》的体例采用类目、分目、条目三个层次。图、文、表、录有机结合。为便于查阅,内容尽可能归类和条目化。

四、《汶川县年鉴》(2010)根据县人民政府的统一部署,由县属各有关部门、驻军和各乡镇提供资料,由《汶川县年鉴》总编室编纂。

五、先进人物名录的收录范围为获得县委、县政府及以上机关表彰者。

六、本《年鉴》刊用的图片,主要由陈华清、县委宣传部新闻中心及年鉴编辑室提供。《年鉴》收录的资料上限自2010年1月1日,下限至2010年12月31日。

七、本《年鉴》中的统计数据,由于来源和使用角度不同,统计方法和项目内涵不同,因而同一项目或名称的数据也就不完全一致。但主要数据以县统计局的统计数据为准,统计局未作统计的以部门数据为准。

八、本《年鉴》是各级领导和全体编纂人员、提供材料部门和有关人士共同努力、密切配合的结果。在此,谨向为本《年鉴》付出辛勤劳动的领导和工作人员表示衷心感谢。编纂地方志、年鉴工作是一项连续性的长期任务,也是一项系统工程,希望各级领导、各界人士继续给予大力支持和帮助。

九、认真总结经验、不断改进工作、编纂高质量的《汶川县年鉴》,是我们的奋斗目标,热忱希望各级领导和广大读者对本书的疏漏及错误之处进行批评指正。

《汶川县年鉴》总编室
2011年12月16日

县级领导班子名录

中国共产党汶川县委员会

书　　　记	青理东		
副 书 记	陈茂辉(广东援建)	廖　敏(2月止)	张通荣
	泽小勇(10月止)	龚　明(5月起挂职两年)	
县 委 常 委	朱耀忠(广东援建)	向　林	罗尔基木
	许西现(5月起挂职两年)	吴开明	李　杰(5月起挂职两年)
	郭素梅	张贵强	朱　锐(3月起)
	刘　兵	杜朝刚	周全福(6月止)
	周　琼(6月起)	向泽朗(省委组织部下派7月止)	
	郭　勇(省委组织部下派1月止)	江中渔(省委组织部下派1月止)	
	全晓峰(省委组织部下派1月止)	吴永洪(省委组织部下派1月止)	
	蔡存明(省委组织部下派1月止)	郭永军(省委组织部下派1月止)	
	任献光(中组部下派7月止)	范振宇(中组部下派7月止)	
	李志新(中组部下派7月止)	李东红(中组部下派7月止)	
	邓国基(中组部下派11月止)		
县委调研员	阳金花(6月止)　杨顺康		
县委副调研员	杨朝宇		

县人民代表大会常务委员会

主　　　任	青理东(1月止)	李代君(1月起)	
常务副主任	李代君(1月止)		
副 主 任	刘德宬	高志明	伍　江
党 组 书 记	李代君		
党组副书记	刘德宬		
党 组 成 员	高志明	孙　力(3月起)	徐　铭
调 研 员	喻维书	陈华清	孙国富(12月止)

汶川县人民政府

县　　长	廖　敏(1月止)	张通荣(1月起)	
常务副县长	罗尔基木		
副 县 长	朱耀忠(广东援建)	许西现(5月起挂职两年)	李　杰(5月起挂职两年)
	朱　锐(3月起)	王　蕾	刘　伟
	任祥道	张　鹏	王志勇(1月起)
	廖　军(12月起)	敖　俊(9月起挂职)	蒲　进(12月止)
	任献光(中组部下派7月止)	范振宇(中组部下派7月止)	
	李志新(中组部下派7月止)	李东红(中组部下派7月止)	
	邓国基(中组部下派11月止)		
县长助理	杨雪莲(5月起 挂职两年)		

政协汶川县委员会

主　　席	余朝荣			
副 主 席	余吉良	向世茂(6月止)	李和君	葛定全
	谢孝泉	江　霖	杨　威	钱毓林
调 研 员	张清立(6月止)			
副调研员	余　梅			

汶川县人民武装部

政　　委	张贵强
部　　长	吴志强

汶川县纪律检查委员会

书　　记	向　林

中共汶川县委组织部

部　长　　　周全福(6月止)　　　周　琼(6月起)

中共汶川县委宣传部

部　长　　　吴开明

汶川县人民法院

院　长　　　邓吉安

汶川县人民检察院

检 察 长　　　孙　力
代理检察长　张海生(8月起)

汶川县史志编纂委员会成员

主　任　张通荣　　县委副书记、县人民政府县长
副主任　泽小勇　　县委副书记
　　　　　罗尔基木　县委常委、县人民政府常务副县长
　　　　　李代君　　县人大常委会主任
　　　　　余朝荣　　县政协主席
　　　　　张　鹏　　县人民政府副县长
成　员　吴开明　　县委常委、县委宣传部部长
　　　　　周全福　　县委常委、县委组织部部长
　　　　　张贵强　　县委常委、武装部政委
　　　　　刘　兵　　县委常委、县委办公室主任
　　　　　祝　勇　　县公安局政委
　　　　　肖　宏　　县政府办公室主任
　　　　　古　明　　县财政局局长
　　　　　王　文　　县文体局副局长
　　　　　董加敏　　县档案局局长
　　　　　付　强　　县统计局局长
　　　　　秦兴铨　　县保密局局长
　　　　　兰玉蓉　　县史志办主任
　　　　　郭登敏　　县史志办副主任

县史志编纂委员会办公室设在县史志办内,由兰玉蓉同志兼任办公室主任,郭登敏同志兼任副主任,负责处理日常事务。

《汶川县年鉴》(2010)

编纂人员

总　　编　兰玉蓉

副 总 编　郭登敏

编　　审　曾心平

编写人员　兰玉蓉　　郭登敏　　张　毓　　孙永红
　　　　　　陈　文　　张　颖

州委常委、县委书记青理东（中）在水磨镇指导廉租房建设

县委副书记、县长张通荣部署幸福美丽家园建设工作

县人大主任李代君（右七）调研农房重建工作

县政协主席余朝荣（左二）在银杏乡调研农村工作

县委副书记龚明（左一）在都汶高速公路拆迁现场检查工作

县委常委、纪委书记向林（前中）在银杏乡指导农房重建

县领导

县委常委、常务副县长罗尔基木（左一）调研雁门乡新农村建设

县委常委、副县长许西现（前）检查城乡环境综合治理工作

县委常委、宣传部部长吴开明在龙溪乡慰问党员干部

县委常委、副县长李杰（中）在草坡乡花卉基地指导工作

县领导

县委常委、统战部部长郭素梅（左）在克枯乡调研农房建设工作

县委常委、武装部政委张贵强

县委常委、副县长朱锐（右二）调研消防工作

县委常委、总工会主席刘兵（前左三）调研企业工会工作

县委常委、政法委书记杜朝刚（左一）在抢险救灾现场

县委常委、组织部部长周琼（中）在龙溪乡指导乡村旅游发展

重建后的新面貌

威州镇羌城

威州西羌文化街一角

汶川县年鉴 2010

重建后的新面貌

重建后的威州镇夜景

县城避灾广场夜景

重建后的新面貌

映秀东莞大道

映秀小学

汶川县年鉴 2010

重建后的新面貌

映秀新镇安居房

乔迁新居

重建后的新面貌

水磨镇禅寿老街

热闹非凡的水磨羌城

汶川县年鉴 2010

重建后的新面貌

水磨镇春风阁

灾后幸福生活

重建后的新面貌

漩口镇农贸市场

漩口镇新建的农家小院

汶川县年鉴 2010

重建后的新面貌

新建的"七一"绵虒小学

绵虒镇大樱桃示范园

重建后的新面貌

卧龙镇避灾广场

卧龙镇幼儿园

汶川县年鉴 2010

重建后的新面貌

银杏乡羌绣产业基地

银杏乡新建的农房

重建后的新面貌

雁门乡博爱卫生院

三江乡草坪度假中心

汶川县年鉴 2010

重建后的新面貌

三江乡藏家风情园

龙溪乡羌人谷

重建后的新面貌

新建的龙溪乡小学

克枯羌碉

汶川县年鉴 2010

重建后的新面貌

克枯乡克枯大道

新建的草坡乡小学

重建后的新面貌

草坡乡花卉种植基地

耿达乡恒洁广场一角

重建后的新面貌

汶川县年鉴 2010

重建后的耿达桥

游客参观重建展

欢送亲人解放军

军民鱼水情

感恩

欢送广东亲人

依依送别援建亲人

广东援建汶川纪念碑

援建碑纪

威州镇堡子关灾后重建团结柱

广东东莞市援建映秀纪念碑

汶川"8.14"特大泥石流灾害

汶川"8.14"特大泥石流部队抢险

监督管理

纪检干部调查灾后重建资金使用管理情况

廉洁重建宣传牌

丰富的群众文化生活

首届中国汶川大禹文化旅游节文艺表演

雁门乡萝卜寨村农家书屋

汶川县年鉴 2010

丰富的群众文化生活

汶川县年鉴 2010

庆祝"七一"晚会

秉里村群众文化生活

舞蹈培训

目 录

特 载

- 慰问信 …………………… 广东省委、省政府 1
- 感谢信 ………………………… 汶川县委、县政府 2
- 乘势而上求突破 快中求好促跨越 为灾后重建三年任务两年基本完成而努力奋斗………… 青理东 3
- 汶川县十二届人大第四次会议政府工作报告
  …………………………………………… 罗尔基木 17

大事记

- 2010年汶川县大事记 ……………………… 31

政 治

- 中国共产党汶川县委员会 ……………………… 49
- 县委办公室 ……………………………………… 65
- 保密工作 ………………………………………… 68
- 信访工作 ………………………………………… 69
- 纪检监察 ………………………………………… 70
- 组织工作 ………………………………………… 76
- 宣传工作 ………………………………………… 80
- 统战工作 ………………………………………… 83
- 政法工作 ………………………………………… 84
- 党校教育 ………………………………………… 88
- 县人民代表大会常务委员会 ……………………… 89
- 县人大常委会办公室 …………………………… 95
- 县人民政府 ……………………………………… 97
- 县人民政府办公室 ……………………………… 107
- 接待工作 ………………………………………… 110
- 政协汶川县委员会 ……………………………… 111
- 县政协办公室 …………………………………… 115

群众团体

- 总工会 …………………………………………… 117
- 共青团县委 ……………………………………… 119
- 妇女联合会 ……………………………………… 120
- 工商联 …………………………………………… 122
- 残 联 …………………………………………… 123
- 红十字会 ………………………………………… 124

法制 军事 武装

- 审 判 …………………………………………… 127
- 检 察 …………………………………………… 128
- 公 安 …………………………………………… 131
- 司 法 …………………………………………… 134
- 武部装 …………………………………………… 136
- 武警汶川县中队 ………………………………… 137
- 消防大队 ………………………………………… 138
- 森警大队 ………………………………………… 140

农林牧

- 农 业 …………………………………………… 141
- 林 业 …………………………………………… 143
- 牧 业 …………………………………………… 145

贸 易

经济商务和信息化 …………………… 147
供销合作 ……………………………… 150
粮 食 ………………………………… 151
烟 草 ………………………………… 152

综合管理与行政监督

发展和改革 …………………………… 155
价格管理 ……………………………… 158
工商行政管理 ………………………… 160
质量技术监督 ………………………… 161
食品药品监督管理 …………………… 164
统 计 ………………………………… 165
农 调 ………………………………… 166
审 计 ………………………………… 167
国土资源 ……………………………… 169
水 务 ………………………………… 172
扶贫移民 ……………………………… 174
安全生产 ……………………………… 178

交通 邮电 建设规划 环保 旅游 移民

交通运输 ……………………………… 181
公路管理 ……………………………… 184
邮 政 ………………………………… 186
电 信 ………………………………… 187
中国移动汶川分公司 ………………… 189
阿坝联通汶川业务部 ………………… 190
城乡规划建设和住房保障 …………… 190
城乡规划管理 ………………………… 193
城乡环境综合管理 …………………… 195
环境保护 ……………………………… 197
旅 游 ………………………………… 199
移 民 ………………………………… 202

财税 金融 保险

财 政 ………………………………… 205
国家税务 ……………………………… 207
地方税务 ……………………………… 209
人行汶川县支行 ……………………… 210
农行汶川县支行 ……………………… 211
建行汶川县支行 ……………………… 212
农村信用联社 ………………………… 214
中国人民财产保险公司汶川分公司 … 215
中国人寿保险股份有限公司汶川支公司 … 216
中华联合保险股份公司汶川营销部 … 216

教育 文化体育 广播电影电视

教 育 ………………………………… 217
文化体育 ……………………………… 222
广播电影电视 ………………………… 227

卫生 计划生育

卫 生 ………………………………… 229
计划生育 ……………………………… 235

民政 人事劳动和社会保障

民 政 ………………………………… 239
人事劳动和社会保障 ………………… 242

科学技术

科 技 ………………………………… 247
科 协 ………………………………… 250
气 象 ………………………………… 252
防震减灾 ……………………………… 253

目 录

史志 档案

史 志 ……………………………………… 255
档 案 ……………………………………… 256

乡镇简况

威州镇 …………………………………… 259
绵虒镇 …………………………………… 261
映秀镇 …………………………………… 263
漩口镇 …………………………………… 266
水磨镇 …………………………………… 270
卧龙镇 …………………………………… 274
雁门乡 …………………………………… 277
克枯乡 …………………………………… 280
龙溪乡 …………………………………… 283
草坡乡 …………………………………… 285
银杏乡 …………………………………… 288
三江乡 …………………………………… 290
耿达乡 …………………………………… 292

先进名录

2010年受州级及以上部门表彰的先进集体
……………………………………………… 295
2010年受州级及以上部门表彰的先进个人
……………………………………………… 301

2010年度县委、县政府表彰的先进集体和个人
……………………………………………… 307

附 录

中共汶川县委 汶川县人民政府关于印发《汶川县"8.14"特大泥石流灾害灾后重建的实施意见》的通知 ……………………………………… 335
中共汶川县委 汶川县人民政府关于汶川县人民政府机构改革方案的实施意见 ……… 339
中共汶川县委办公室 汶川县人民政府办公室关于印发《汶川县加快休闲农业和乡村旅游发展的工作方案》的通知 …………… 343
汶川县人民政府关于印发《汶川县"十二五"规划编制工作方案》的通知 …………… 353
汶川县人民政府关于印发《汶川县灾后恢复重建民生工程项目推进方案》的通知 …… 360
汶川县人民政府关于印发《汶川县全面推进依法行政第二个五年规划(2010—2015)》的通知 …… 363

特 载

慰 问 信

中共汶川县委、汶川县人民政府：

正当汶川地震灾区灾后恢复重建和对口支援工作取得重大成果、即将迎来全面胜利的关键时刻，惊悉汶川县映秀镇等地发生特大泥石流灾害，造成人员失踪和财产损失的不幸消息。中共广东省委、省人民政府和全省人民极为关切，谨向你们并通过你们向受灾地区的群众表示深切关心和诚挚慰问，向战斗在抢险救援前线的广大干部群众、人民解放军指战员、武警官兵、公安干警、医护人员、工程技术人员致以崇高的敬意！

灾情发生后，广东省委、省政府高度重视，主要领导同志亲自部署，要求我省对口援建前后方各有关部门、各相关对口援建市组织力量，迅速行动起来，粤汶同心，全力协助做好汶川县受灾地区抢险救援的各项工作，并决定向汶川县紧急拨款500万元，作为此次抢险救援的专项资金。

我们坚信，有党中央、国务院的坚强领导，有当地各级党委政府的严密组织，有广大军民的并肩战斗，有灾区人民的顽强拼搏，团结一心，共克时艰，一定能够夺取抢险救援和灾后重建的全面胜利！

中共广东省委
广东省人民政府
2010年8月16日

感 谢 信

中共广东省委、广东省人民政府：

患难显真情，粤汶一家亲。当震后汶川再次遭受"8·14"特大泥石流灾害的危难时刻，收到你们的慰问来信，我们倍感亲切、备受鼓舞、倍添信心，内心充满幸福和感谢。在此，对于你们的慰问表示最诚挚的感谢！

广东省委、省政府对口支援汶川灾后重建，创造了举世瞩目、群众满意的优质工程，虽突遇特大泥石流灾害侵袭，仍岿然不动，局部受损，充分证明了广东先行先试、科学援建的成果是经得起自然灾害检验的、是经得起历史检验的。我们不能忘记广东亲人用真心、真情拼写的大爱。

目前，抢险救灾工作正在有序开展，请广东省委、省政府放心，我们将会在广东、四川两省和阿坝州委、政府的坚强领导下，攻坚克难、共渡难关，尽快消除特大泥石流造成的影响，将已建好的项目管理好、公益性项目运营好、在建的项目建设好、居民素质提升好、产业经营项目发展好，决不辜负汪洋书记、华华省长的关心关怀，决不辜负广东全省人民的帮助支持，决不辜负全体对口援建工作人员的辛勤奉献。

我们坚信，有你们倾情关怀、倾力支持，有各级党委、政府的坚强领导，有广大军民的不息奋战，我们一定会取得抢险救灾的全面胜利，向党和人民交上一份满意的答卷。

再次感谢你们的牵挂、问候和帮助！

中共汶川县委 汶川县人民政府
2010 年 8 月 17 日

乘势而上求突破 快中求好促跨越
为灾后重建三年任务两年基本完成而努力奋斗

——在中共汶川县委十届十次全体会议上的报告

(2010年1月20日)

青理东

各位委员,同志们:

我受县委常委会委托,向全会报告工作,请予审查。

这次大会的主题是:乘势而上求突破,快中求好促跨越,重建发展上台阶,人民群众得实惠,把社会对汶川的注意力转化为生产力、关注度转化为发展度,又好又快推进我县科学重建、加快发展。

这次大会的主要任务是:认真贯彻落实州委九届十次全会精神,全面总结2009年工作,安排部署2010年工作,确保灾后重建三年任务两年基本完成。

2009年主要工作

2009年,是我县在重建发展中抓住机遇、奋力崛起的一年,是在攻坚破难中超常奋战、快速前行的一年。面对灾后恢复重建和扩大内需恢复发展的艰巨任务,在州委的坚强领导下,县委团结带领全县各族人民,坚持以党的十七大和十七届三中、四中全会精神为指导,深入贯彻落实科学发展观,大力弘扬伟大抗震救灾精神,紧紧围绕"面向四川、服务全州,努力把汶川建设成为阿坝新型工业集中发展区、岷江河谷现代特色农业示范区、羌禹生态文化体验区、防灾减灾示范区"的战略定位,始终坚持一手抓重建促发展、一手抓稳定促和谐,同心同德、苦干实干、拼搏进取,奋力推进"两个加快",全县呈现出重建速度加快、经济有效复苏、事业繁荣进步、社会和谐稳定、人民安居乐业的良好局面。

一、灾后重建赢得新的进展。围绕三年恢复重建任务两年基本完成目标,坚持以科学规划为龙头,以民生重建优先为基点,以群众满意为归宿,紧密依靠对口支援,重点突出"四个优先",保质量、保安全、保进度,实现交通、城镇、人居、特色产业和社会事业突破性发展,确保了居家有住房、上学有校舍、治病有医院、城镇有功能、水电有配套、连接有道路。除因规划调整未完成建设任务外,其余重建农房已全部竣工并有序投入使用;全面完成5495户城镇住房的维修加固,全年城镇居民住房重建开工4487户,竣工3723户,分别占需重建的100%、83%。全县除映秀镇以外的学校、医院基本建成并投入使用,2009年秋季异地复课的中小学生全部返校就读,乡镇以上医疗卫生机构基本恢复医疗服务功能。全县完成灾后重建项目投资117.23亿元、占52.9%,开工项目280个、占55.9%,完工项目81个、占16.2%。

二、县域经济迈出新的步伐。牢固树立抓重建就是抓发展的理念,紧紧抓住灾后重建和扩大内需两大机遇,规模发展特色农业,加快恢复新型工业,成功举办香港、广东大型招商引资活动,积极推动广东汶川产业园区建设,全力打造生态旅游，县域经济基本复苏。2009年，地方生产总值完成23.64亿元，同比增长61.4%；地方财政一般预算收入完成9669万元，同比增长66.2%；全社会固定资产投资完成86亿元，同比增长8.5倍；社会消费品零售总额实现3.09亿元，同比增长24.4%；城镇居民增收2019元，同比增长35.3%；农民人均纯收入增加548元，同比增长19.6%。

三、富民惠民彰显新的作为。大力实施"八大民生工程"，扎实推进扶贫开发和综合防治大骨节病试点项目和高半山"四改两建调结构"，着力解决农村"四难"。全面落实"两免一补"和困难家庭学生救助，启动实施因灾失地"双无"农民社会保障制度，启动新型农村养老保险试点工作，合理开发公益性岗位，千方百计扩大就业，社会保障覆盖面日益扩大。生态环境修复和地质灾害治理加快推进。文体事业健康发展，广播电视逐步覆盖，精神家园启动建设，困难群众温暖过冬有效保障。

四、基础建设取得新的成效。大力推进交通重建，促进区域经济与通道经济加速形成、共融发展。认真践行"生命通道"和"避难场所"重建理念，围绕"畅出口、强骨架、上等级、保安全"的思路，提高设防等级，创新管理机制，全面快速推进交通设施重建。统筹推进城镇重建，遵循"以人为本、传承文化、注重质量、强化功能、彰显特色"原则，科学调整城镇功能空间布局，统筹推进供排水、电力、通信、广播电视等市政设施恢复重建。立足区域特色、产业发展和功能提升，大力推进县城、乡镇的功能恢复、基础设施建设和民居风貌恢复重建，全县保障性市政功能基本恢复，灾后重建进展顺利。

五、城乡面貌呈现新的景象。按照"一心两廊四区"城乡体系规划，全面加快组团式、生态化城镇建设，全面推进新农村建设。备受关注的威州镇、映秀镇、水磨镇建设有力有序有效推进，一批具有浓郁藏羌民族特色新城、旅游集镇和社会主义新农村初具规模，三江乡三年恢复重建任务一年基本完成，潄三环线新农村建设初见成效并被确定为全省新农村建设示范片。强力实施城乡环境大整治、破碎山河大绿化、征地拆迁大会战、风貌恢复大提速四大活动，大力推进净化、绿化、亮化、美化工程，城乡环境大为改观。

六、广东援建实现新的突破。认真践行"广东对口援建请中央放心，汶川灾后重建让人民满意"的重建理念，创新援建机制和重建资金筹措、使用机制，用好对口支援平台，加强沟通协调服务，营造"川粤同心、共建家园"的良好氛围。广大援建人员讲风格不讲条件，讲奉献不讲价钱，为汶川灾后重建带来了新精神、新理念、新希望。广东省对口援建项目702个，已开工建设697个，占所有援建项目的99%；已完工项目408个，占所有援建项目的58%；完成投资55.56亿元，所有援建项目走在前列、干在实处。

七、党的建设发挥新的作用。坚持以改革创新精神推进党的建设，深入开展学习实践科学发展观活动。崇尚实干的用人导向，巩固和深化"三级联创"，大力实施"民富村美班子强"工程，领导班子、干部队伍和基层组织建设得到加强。扎实推进机关效能建设，逗硬落实党风廉政建设责任制，推行"六条廉政承诺"，执行"四个不准"，加大重建项目资金监管，确保廉洁重建、阳光重建。按照省委"四个特别"的要求，在广大党员干部中大兴用心学习、亲民为民、苦干实干、开拓创新、清正廉洁"五种作风"，全面推行"三倒逼"工作制、首问责任制、限时办结制、责任追究制，机关干部作风明显改善。积极开展"领导挂点、部门包村、干部帮户"和"下访服务、公仆尽责"活动，有力地推进了各项工作，密切了党群干群关系，形成了万众一心抓重建、众志成城促稳定的良好局面。

八、民主法治得到新的改善。坚持中国特色社会主义政治发展道路，切实加强和改进新形势下的人大、政协工作，积极支持人民政府依法行政，人大、政府、政协工作制度化、规范化、程序化，不断巩固和发展民主团结、安定和谐的政治局面。坚持和完善人民代表大会制度，县委加强和改善对人大工作的领导，支持县人大及其常委会依法履行职责，加强对"一府两院"的法律监督和工作监督。坚持中国共产党领导的多党合作和政治协商制度，县委加强和改善对人民政协工作的领导。规范完善政协工作机制，更好地发挥人民政协政治协商、民主监督、参政议政职能作用。人民政协围绕灾后恢复重建、经济发展、社会稳定、民生改善等重大问题开展专题调研和督导工作，积极建言献策，为县委、县政府提出了许多有价值的对策建议。县委加强和改善新时期统一战线工作，进一步巩固和壮大爱国统一战线，充分发挥各族各界人士在重建发展、维护稳定中的积极作用，为推进"两个加快"献智出力。县委高度重视并大力加强民族、宗教工作，积极促进民族关系、宗教关系和谐。县委积极支持工会、共青团、妇联等人民团体依照法律和各自章程开展工作，发挥作用。认真落实依法治国基本方略，加快依法治县步伐。积极推进依法行政和司法体制改革，促进"一府两院"依法行政、公正司法，推动服务型、法治型政府建设。加强政法队伍建设，夯实基层基础，执法水平得到提高。深入开展法制宣传教育，切实抓好"五五"普法，自觉学法守法用法的社会氛围进一步形成，公民法律意识和法律素质不断提高。坚持党管武装原则，加强国防后备力量建设，促进了军政军民团结。积极发展基层民主，完善村(居)民自治，规范推进政务公开、村务公开、厂务公开等制度，人民群众的民主权利得到更好保障，民主参与积极性进一步提高。

九、安全稳定开创新的局面。全面落实安全生产责任制，深入开展安全生产专项整治，加强项目建设安全监管，确保重建安全。逗硬落实信访稳定责任制度，加强以受灾群众安置区为重点的社会服务和管理，深入排查"涉校"、"涉房"、"涉法"等不稳定因素，深入开展县委书记、县长大接访活动，畅通群众诉求渠道，确保群众"有话就说、有怨就诉、有难就解、有事就办"。深入开展净化重建环境月活动，严厉打击各类违法犯罪，维护了社会政治和谐稳定的大好局面。

十、精神家园增添新的内容。积极组织开展科技文化卫生"三下乡"和感恩慰问演出活动，丰富人民群众和对口援建精神文化生活。深入挖掘独具特色的藏羌文化、生态文化、历史文化资源，文艺作品创作取得显著成效。继续加大非物质文化遗产整理、抢救和保护力度，及时抢救羌族文化遗产，启动国家级羌族生态文化保护试验区建设。加强映秀地震遗址、遗迹保护。加强公共文化体育设施建设，大力实施广播电视"村村通"、乡镇综合文化站、文化信息资源共享、农村电影放映、"农家书屋"等五大文化惠民工程。全县已有联合国教科文急需保护的非物质文化遗产项目1项，国家级非物质文化遗产项目3项、省级9项。

2009年，我们付出的是艰辛，倾洒的是汗水，收获的是希望，奠定的是基础，实现了投资规模超历史、特色产业发展速度超历史、城乡环境整治力度超历史、对外宣传提升名气超历史。这些成绩的取得，是州委坚强领导、关心关怀的结果，是县委、人大、政府、政协四大班子精诚团结、科学决策的结果，是广大党员和干部群众负重爬坡、攻坚克难的结果。在此，我代表中共汶川县委，向在座各位并通过你们，向关心、支持、参与汶川重建发展的各级领导、各界人士、党员干部、人民群众特别是广东对口援建汶川的前后方全体同志表示衷心感谢!

回顾过去一年的工作，困难与挑战让我们对汶川灾后恢复重建发展有了更深刻的体会:一是必须坚持解放思想，用创新理念指导实践;二是必须坚持科学重建，用加快发展解决历史遗留问题;三是必须坚持执政为民，厚务实举措造福百姓;四是必须坚持改革开放,用市场机制配置资源;五是必须坚持维护大局,用稳定安全环境促进社会和谐;六是必须坚持从严治党,用优秀队伍彰显先进。

回顾过去一年的工作,认识与落实让我们清醒看到,我们的工作在全局主动中还有被动,在整体推进中还有缺失,在加快发展中还有差距。主要表现在:一是灾后恢复重建任务繁重,促进农民持续增收难度较大,部分低收入和因灾返贫群众生活困难;二是灾后发展期也是矛盾凸显期,各种利益关系调整引发的社会矛盾与干群冲突越来越明显、越来越复杂,已经成为影响社会稳定的重要因素;三是少数党员干部思想认识、工作能力、工作作风还不完全适应新形势和新任务的要求,利己现象、漂浮作风不同程度地存在。这些困难和问题,我们必须采取强力措施切实加以解决。

2010年主要任务

2010年是"三年恢复重建任务两年基本完成"的决胜一年,是实施"十一五"规划的最后一年,是"十二五"规划预热的一年,做好今年工作意义特别重大。

2010年重建发展的总体要求是:全面贯彻党的十七大和十七届四中全会精神,深入贯彻落实科学发展观,紧紧围绕省委、州委重大决策部署,以灾后恢复重建为中心,以广东对口援建为动力,以党的建设为保障,更加注重统筹兼顾,更加注重改善民生,更加注重维护稳定,坚持集约发展、绿色发展、和谐发展、创新发展,确保三年重建任务两年基本完成。

2010年经济社会发展的奋斗目标是:生产总值完成28.80亿元,同比增长16.5%;全社会固定资产投资确保完成92亿元,同比增长7%;地方财政一般预算收入达到1.26亿元,同比增长30.3%;规模以上工业增加值达到13.4亿元,同比增长59%;农业总产值达到2.04亿元,同比增长5%;旅游总收入达到3.6亿元,同比增长77.6%;社会消费品零售总额完成4.35亿元,同比增长40.9%;城镇居民人均可支配收入达到14066元,同比增长10%;农民人均纯收入达到3719元,同比增长11.4%;万元工业增加值综合能耗下降6%;人口自然增长率、城镇登记失业率分别控制在5‰和4%以内。

为实现上述目标任务,我们要重点抓好六个方面的工作:

一、实施项目推动战略,大干快上抓投资

抓项目就是抓投资,抓投资就是强后劲。我们要立足当前,着眼未来,进一步增强机遇意识,调动一切力量,以敢想、敢争、敢拼、会抓"三敢一会"的工作作风,狠抓项目落地和落实,力争实现"三年投资达两百亿"的目标。

(一)加大投资力度。在加快灾后重建项目落地建设的同时,深入研究中央、省和州的投资政策,瞄准国家重点支持的投资领域,明确扩大投资的方向和重点,进一步加大投资争取和资金投入力度,发挥投资对经济增长的主引擎作用。切实优化投资结构,积极加强与省、州的政策对接,加强与对口援建省、市的对应对接,承接产业转移,加大对优势产业、新兴产业、自主创新、结构调整的投资,提高产业投资特别是工业投资的比重;加大对"三农"民生领域的投资,增强公共产品的供给能力,尤其要谋划和争取一批打基础、管长远、效益好的重大项目,为发展起跳夯实基础。

(二)加快项目建设。扎实开展"项目推进年"活动,坚持把项目建设作为加快灾后恢复重建进程和拉动汶川加快发展的有效途径,采取切实有效措施,及早规划设计、及时招投标、及时落地建设、及早竣工使用。要畅通项目建设绿色通道,确保规划项目提前立项、提前完成前期工作、提前开工新建项目、提前完工在建项目。要以基础设施、民生工程、资源开发、生态恢复、社会事业为重点，在恢复重建中拓展项目，在扩大内需中挖掘项目，在民生需求中转换项目，在农村改革发展中寻找项目，及早储备、包装、申报一批优势项目。认真落实"一个项目一个领导、一个项目一套班子"的机制，采取挂图作战、工期倒推、任务倒逼的办法，切实加快重点项目建设进度。要坚持"程序不减、周期缩短、准备提前、效率提高"的原则，严格招投标程序，加强工程质量和资金监管，确保项目建设在阳光下实施，把每一个项目都建成精品工程、廉政工程、样板工程。

（三）加快基础设施建设。践行建设"生命通道"、"避难场所"理念，扎实开展"交通会战年"活动，把交通重建作为今年灾后重建的主攻方向，力争今年9月底前全部完成县城三个出口通道的改造建设，全面完成通村道路的硬化、绿化工程、安保设施；大力实施"治水兴村"工程，积极探索和推进雨污分流，确保污水入池、雨水入渠、饮水安全，力争在9月底前家家户户都能用上洁净、安全的饮用水；加快推进电网、电力设施建设，力争9月底前发供电全面恢复或超过震前水平；继续加强通讯、光纤、广播电视、固定电话的保障力度，确保通讯畅通，以公用基础设施的恢复重建，确保投资拉动、产业支撑目标的实现。

（四）拓宽融资渠道。用好用足灾后重建和扩大内需各项政策，积极争取国家资金支持，创新政府性资金使用方式，发挥政策性投资"乘数效应"。创新投融资方式，盘活国有存量和增量资产，规范投资发展公司运行机制，拓宽民间投资和项目融资渠道，多渠道筹集重建发展资金。切实加强银企银政合作，搭建融资平台，用好农业银行重建发展授信贷款规模和优惠政策，强化金融支撑，全力推进城镇基础设施建设和产业加快发展。

二、实施城镇拉动战略，优质高效抓重建

城镇是汶川重建发展的巨大容器，也是汶川经济、社会发展的超大显示器。我们要进一步抢抓灾后恢复重建和扩大内需的历史机遇，高标准建设、高水平经营、高效能管理，加大绵虒、映秀、水磨、三江、漩口集镇和县城建设力度，努力把汶川建设成为人居环境最美的休闲旅游名县。

（一）严格执行灾后重建规划。依法加强城乡规划管理，是提高恢复重建水平和质量的重要保证。各乡镇和县级相关部门要强化规划意识，提高规划水平，坚持所有建设都必须在规划的指导下进行。要坚持按照州委、州政府决策部署，集中时间、集中精力，在1月底前抓好我县"三百"示范工程规划，2月初评比展示。要强化规划沟通，召开中心组学习会，宣讲城乡规划法和县城修建性详规，并通过各种途径解读村镇（乡）规划，让辖区内人民群众家喻户晓。要增强规划意识，强化执行观念，坚决杜绝随意性、想当然以及违法违规建设问题再度发生。要提高规划水平，瞄准建设旅游目的地目标和提高城乡防灾避险能力要求，让所有建设经得起历史检验，绝对不能今年建、明年拆。要强化责任追究，对各类违规违法建设，一经发现，必须严肃查处，绝不姑息。要加强规划宣传，运用各种形象生动的形式向群众宣传城乡（村庄）规划和民居风貌设计风格，让城乡居民知晓民居"四改两建"怎么办和违规怎么处罚，不断增强城乡居民执行规划的自觉性，齐心建设灾后美好新家园。

（二）精心建设特色魅力乡镇。城镇建设是汶川县灾后恢复重建的脸面工程，是汶川县经济、社会、文化恢复重建的一个标志。要按照"科学规划、积极建设、规范管理"的思路，加快县城和重点乡镇建设，力争5月12日前，完成汶川县城和映秀镇城镇基本框架的建设任务，力争9月底前基本完成重建任务。要以"三百"示范工程建设为契机，加快推进"10+3"集镇建设，整体提升汶川城镇建设水平。要加强城镇文明规范宣传,强化城镇居民的主人翁意识,使建设城镇、管理城镇、爱护城镇成为每个人的自觉行为。要建立城镇管理机构,坚持以人为本、亲情服务,实现城镇随意管理向制度管理、突击管理向长效管理、执法管理向服务管理的转变。要把城镇美化绿化与城镇项目建设同步设计、同步施工、同步验收,实现城镇净化、绿化、亮化、美化,努力把汶川建设成为防灾减灾示范区、羌禹生态文化体验区、精品旅游城镇。

(三)精心建设精品旅游村寨。以"自然院落布局、藏羌民居风格、交通布局合理、功能配套完善、发展特色经济"为指导思想,以观田园风光、赏民俗风情、享村寨客栈、品特色美食为建设内涵,选择萝卜寨、布瓦、照壁、草坪、三官庙、枫香树、中滩堡、渔子溪、老人、集中、河坝等11个村寨试点示范,选择高店、羌锋、七盘沟、阿尔、联合、克枯、过街楼等7个村作为示范推广村,完善规划、提升设计、织补特色,做到硬件、软件一起上,积极发展休闲农家乐、羌家乐、藏家乐,推动农村经济向旅游经济、景区经济向富民经济转变,促进劳动力就地转移,带动农民就地增收。

(四)精心建设幸福美丽村寨。选择大槽头、秉里、老街、黄家、蔡家杠、响黄沟、街凤岩、东界脑等8个村作为高半山和岷江河谷地区重建发展试点示范,选择下庄、樟排、索桥、青坡、黄家院、赵家坪、红福山、水田坪、核桃坪、白石、连山坡、芤山、沙排、垮坡、麻柳等15个村作为示范推广村,加快"四改两建调结构、脱贫致富奔小康"进程,切实改变村容村貌,提高群众幸福指数、改善群众生产生活条件,确保条件艰苦村寨也能过上幸福美好生活,尽量缩小城乡差距、远近差距、贫富差距。

三、实施产业振兴战略,尽心尽力抓发展

产业是汶川经济发展提升的物质基础,也是恢复县域经济发展存量的重要载体。我们要按照"新型工业强县、特色农业富民、生态旅游扬名"的思路,以产业重建和发展为契机,大力实施"三二一三"和"三二一五"工程,坚持把促进产业优化升级作为全县转变经济发展方式的主要内容和重要抓手,大力培育壮大优势产业,实现灾后发展起跳。

(一)突出发展起跳,振兴工业经济。牢固树立"工业强县、内强外活、集约发展"的工业经济发展观,按照"全民抓重建、全力抓经济、全心抓工业"的总体要求,扎实开展"工业园区推进年"活动,加快发展"规模工业园区、规模工业企业、规模工业集团",尽可能地把汶川品牌转化为"汶川制造"。要全力抓好一批工业在建项目、开工一批工业新建项目、促成一批工业在谈项目、推介一批工业储备项目,切实盘活工业存量、培育工业增量,实现工业经济增速增效增总量。

(二)突出规模效益,做大特色农业。牢固树立特色规模效益农业发展观,按照"发展现代农业、培育现代农民、建设现代农村"的总体要求,以"民富村美班子强"为目标,以"四改两建调结构"为抓手,大力实施农业产业振兴工程。继续坚持"连点成线、连线成片、连片成面"的思路,加快漩三环线特色产业经济圈建设,全力打造省级新农村建设示范片。规范发展农民专业合作经济组织,提高农业组织化、规范化运行程度。引导农民积极发展以农副产品流通、乡村旅游、农家乐为主的农村第三产业,确保增收目标实现。

(三)突出文化生态,抓好旅游发展。牢固树立开放合作的旅游发展观。坚持"围绕资源办旅游、围绕文化办旅游、围绕城镇办旅游"的思路,坚持建设好名镇、名村、名山,从认识入手,从落实着力,从长效抓起,以旅游景区标准为参照,扎实、快速、强力推进漩映地区"三二一三"产业振兴工程和威绵片区"三二一五"旅游发展工程,充分展示汶川灾后恢复重建的新面貌,新希望。

(四)突出创业就业,做强劳务经济。大力实施

"农村劳动力素质提升工程"，用好农民和农民工培训政策，发挥大学生村官、西部计划志愿者、百名干部下基层的特别作用。加大农民培训力度，确保每一个农村劳动力都能掌握1—2门实用技术、每一个农村富余劳动力都成为技术工人；要加大劳动力转移力度，充分利用县内外劳动密集型企业和特色魅力乡镇、村寨，实行定点、定向、订单培训输送，促进失地无业农民和剩余劳动力就地转移，增加劳务收入；要切实改善就业环境，规范用工制度，创新转移机制，建立健全农民工协会，努力维护农民工合法权益；要大力实施劳务"回引"工程，加快发展"回归经济"，努力实现"一推二带三变"目标，即：推进农民素质提高，带动农村发展、带动农民增收，促进农民变股民、农民变民工、农民变市民。

（五）突出资源转化，发展通道经济。按照"合作共建、有偿使用"原则，扎实开展"资源转化推进年"活动。进一步研究制定相关政策措施，促进各类资源有序就地转化，促进新产品、新产业不断涌现。要坚持优先保护生态、科学利用资源原则，强化生态保护责任，严禁在已划定的禁建、限建区域进行资源开发，严禁优质资源粗放开采和转移开发。牢固树立新的资源观，深入推动资源转化模式的创新，着力形成转化开发的制度和机制。要依托交通优势和资源就近就地转化开发，把国道213线、317线、省道303线、新老漩三环线、藏羌生态文化走廊建设作为吸引民间资金和社会资金、聚合人才资源，形成新的经济发展增长点的重要载体，当作县域经济发展增长极的重要平台。通过人气聚集、技术资本集中，提高产业关联度，以工业带动产业发展，以工业拉动消费增长，以工业联动居民增收，实现灾后工业地位提升、产业发展、形象改善，把"交通通道"建设成为"经济走廊"。

四、实施民富村美战略，千方百计抓增收

农民、农业、农村是我县加快恢复振兴和建设小康社会关键问题，农民富、农业兴、农村美是建设民富、村美、班子强新农村的主要内容。

（一）进一步拓展增收渠道。牢固树立"民富为本"的理念，坚持把增加城乡居民收入作为头等大事来抓，多渠道、多形式促进群众增收致富。要鼓励和支持创业致富，营造"村村有产业、户户有产品"的良好局面，推动产业富民进程，稳步增加群众的生产性收入。要依托旅游精品村寨建设，大力发展民俗乡村旅游，积极培育乡村产权式酒店，稳定增加群众的财产性收入。要健全完善政府资源入股获得的收益专门用于解决资源地群众长远生计的机制，更加注重林业资源的开发利用，健全土地流转机制，稳定增加群众的资源性收入。要继续发挥民生工程在推动农民增收中的重要作用，进一步完善社会保障体系，切实增加群众的保障性收入。要建立工资增长的长效机制，逐年提高机关事业单位工作人员的收入，有效改善干部职工的生活待遇。

（二）进一步促进民生改善。要加快实施综合防治大骨节病试点工作、高半山脱贫致富工程，确保完成年度目标任务；加快推进"9+3"免费教育计划的实施，并加强后续跟踪服务工作，让在内地就读的学生安心学习、健康成长。要切实做好就业促进工作，完善就业服务体系，加强创业服务平台建设，全面落实鼓励高校毕业生到汶川就业创业政策，拓展大中专毕业生就业领域；帮扶城镇低收入家庭和被征地农民就业，动态消除"零就业"家庭，促进农民工稳定就业。

（三）进一步强化社会保障。要完善城乡社会保障体系，全面推行城镇居民基本医疗保险，做好大学生参保工作。加快推进新型农村社会养老保险试点，落实被征地农民社会保险政策，抓好高风险行业人员、灵活就业人员参保工作，提高社会保险统筹层次。实现城乡最低生活保障应保尽保，逐步提高城乡最低生活保障水平。

（四）进一步抓好灾后扶贫工作。要进一步抓好因灾贫困就业促进工作，引导受灾群众就业创业、脱贫致富，多渠道增加就业岗位，大规模开展职业技能培训，增加受灾群众收入，解决好受灾群众当前生活和长远生计问题。要抓好受灾特困户后续帮扶工作，对建档立户的困难群众制定特殊措施，跟踪帮助解决住房重建、家庭就业、孩子上学、生活困难和安全温暖过冬等现实问题。要继续改善特殊困难群众的生活条件，抓好保障性住房建设，落实和完善廉租住房、经济适用住房政策，解决好城市低收入住房困难家庭的住房问题。

（五）进一步加快发展社会事业。要进一步巩固"两基"成果，继续实施好"易地育人"工程，促进教育均衡发展。切实加强教师队伍建设，全面提高教师素质。大力加强校园文化建设，实施学校标准化、规范化建设和管理，着力推进教育现代化，稳步提升教育质量。要认真落实医药卫生体制改革实施方案，建立健全覆盖城乡居民的基本医疗卫生制度，提高城镇职工医保、城镇居民医保和新农合的保障水平，着力解决"看病难、看病贵"问题。高度重视和切实做好甲型H1N1流感疫情防控工作，确保人民群众生命健康安全。要加快推进文化基础设施建设，全面实施文化惠民工程，不断丰富藏羌文化展示载体。

（六）进一步强化环境综合治理。按照省委、州委边重建边整治环境的要求，进一步加大"五乱"治理力度，尤其要彻底整治工地乱象、公路沿途杂物乱堆等问题，集中力量打一场环境治理的攻坚战。要按照"四注重、四提升"，"三打破、三提高"的要求，进一步清理立面、打造风貌，推动风貌建设上水平上台阶，着力提升形象品味、形成特色风貌。要按照"增添设施、创新机制、提升水平、典型推动"的要求，重点抓好垃圾清扫、清运车辆和城镇公厕等清洁卫生设施的建设管理，抓好污水处理厂、垃圾处理场等治污设施的建设。要严格实行分级负责制、分片负责制、分工负责制、分时负责制，形成城乡环境综合整治合力；要建立定期考评制、末位淘汰制、责任倒查制、工作激励制，确保城乡环境综合整治常态化。要按照"管理职能化、队伍市场化"的要求，加强管理队伍、技术队伍、日常维护保洁队伍建设，建立和完善长效工作机制。要广泛发动群众参与，教育引导群众逐步养成爱护环境、维护环境的良好习惯。要开发城乡环境综合治理公益性岗位，完善机构，创新机制，增加人员，在改善城乡面貌的同时，努力增加人民群众的财产性收入。

五、实施法德联动战略，众志成城抓和谐

法德治县是建设和谐魅力新汶川的重要途径。各级各部门要按照"依法治县、以德治县"的要求，全面抓好民主法治、感恩文化建设和安全稳定工作，全力打造和谐魅力新汶川。

（一）加强民主法治。要坚持中国特色社会主义政治发展道路，切实加强和改进新形势下的人大、政协工作，积极推进社会主义民主政治制度化、规范化、程序化，不断巩固和发展民主团结、安定和谐的政治局面，把各方面的力量都凝聚到加快汶川又好又快重建发展的伟大实践上来。各级党委要充分认识人民代表大会这一根本政治制度，充分认识中国共产党领导的多党合作和政治协商这一基本政治制度，支持人大、政协积极履行职能，帮助解决工作中的重大问题，充分发挥人大代表和社会各界人士作用。要坚持党管武装原则，把国防后备力量建设纳入经济社会发展的总体规划，纳入党委政府的重要议事日程，纳入领导干部任期责任制，做到统筹谋划、协调发展，促进军政军民团结。要认真贯彻党的统一战线政策，加强与社会新阶层人士的联系，充分发扬广交朋友、政治协商、民主监督、合作共事和自我教育等优良传统，把正确的政策与良好的工作方法结合起来，使党外人士在党的路线、方针、政策指引下很好地发挥作用。要进一步加强和改进党对群团工作的领导，加强群团组织的基层组织建设和干部队伍建设,积极支持群团组织依照法律和各自章程开展工作,参与社会管理和公共服务,维护群众合法权益。要认真落实依法治国基本方略,积极推进依法行政和司法体制改革,促进"一府两院"依法行政、公正司法,推动服务型、法治型政府建设。要加强政法队伍建设,深入开展"社会矛盾化解、社会管理创新、公正廉洁执法"主题实践活动,夯实基层基础,促进执法水平提高。深入开展法制宣传教育,深入开展"五五"普法,努力形成学法守法用法社会氛围,进一步提高公民法律意识和法律素质。

(二)构建感恩文化。我们要完成既定目标,必须大力弘扬和倡导感恩文化,为我县重建发展提供精神支撑和道德基础。在灾后恢复重建的关键时刻,各党派学会感恩,中国共产党和各民主党派的关系就会融洽相处;各民族学会感恩,就能维护、实现和发展各民族的平等、团结、互助关系;企业懂得感恩就能艰苦奋斗,立足汶川,带领企业走出困境;干部懂得感恩,就会把改善民生、加快重建作为己任,更多地为人民服务。把感恩文化渗透到各个领域,感恩就能增强人格魅力和提升成长力量,从而使人们更具有社会责任感,建设汶川,服务汶川,奉献汶川。我们要通过举办年度感恩人物评选,定期举办感恩文化的文章、歌词比赛,举行感恩文艺晚会等方式,引导广大干部群众感恩于党、感恩于人民、感恩于广东援建、感恩于社会、感恩于家人。

(三)建设精神家园。精神家园建设是维护稳定、构建和谐的基础性工程,我们必须高度重视,不断丰富精神家园建设的内涵,切实增强人民群众的方向感、安顿感、光明感、温馨感和归属感。要大力加强社会主义核心价值体系建设,用中国特色社会主义共同理想凝聚力量,用以爱国主义为核心的民族精神和以改革创新为核心的时代精神鼓舞斗志,用社会主义荣辱观引领风尚。要大力弘扬伟大的抗震救灾精神,激励各族干部群众自力更生、艰苦奋斗,顽强拼搏、苦干实干,用自己勤劳的双手建设灾后美好新家园。要加强民族文化遗产的抢救、保护和修复,认真实施藏羌文化保护工程,建立科学的藏羌文化保护体系,让物质文化遗产和非物质文化遗产得以传承。要坚持以创建文明县城、文明单位、文明村镇、文明社区、文明家庭活动为载体,广泛开展群众性精神文明创建活动,努力营造良好的社会风尚。

(四)健全维稳机制。进一步建立健全"平安创建、治安防范、整体联动"综合防范机制,建立全方位、动态化的稳定预警机制,不定期开展排查工作。对排查出的不稳定因素,及时研究,采取有力措施,把问题解决在基层,防止激化为群体性事件。要加强广大党员干部的维稳意识教育,变"救火"为"防火",提高大局意识、责任意识、服务意识,着力强化源头管理。要强化社会治安综合治理,严厉打击砂霸、路霸、村霸等地方黑恶势力和敲诈、阻工、强买强卖等违法犯罪活动,进一步净化重建环境。

(五)强化安全管理。要按照管生产必须管安全,抓发展必须抓安全的要求,全面落实安全生产责任制,逗硬落实辖区负责、一岗双责和责任追究制度,抓住源头管理、过程监控、应急救援、事故查处四个环节,关口前移,责任到人,标本兼治,消除安全隐患,强化常规管理,狠抓安全教育,不断完善工作制度,有效防范和坚决遏制重特大事故。建立健全社会预警体系和应急救援、社会动员机制,切实提高保障公共安全和处置突发事件的能力,努力开拓安全工作新局面。

(六)畅通信访渠道。扎实开展"社会矛盾纠纷大调解"活动,健全完善矛盾纠纷排查调处机制,加大信访工作力度,继续落实"四包"责任,推动全县各级干部职工走基层、进农村、访农户,大力推进思想教育、访贫问苦、排忧解难等工作,健全完善矛盾纠纷排查调处机制,实行县级领导、县级部门和乡镇领导信访包案息访机制,积极预防和妥善处置群体性事件，组织开展县委书记、县长大接访活动，千方百计创造条件，努力解决信访突出问题，全面创新群众"有话就说、有怨就诉、有难就解、有事就办"工作机制，有效整合行政服务中心、群众接待中心、群众帮扶中心，全力构建平安和谐新汶川。

（七）加强民族团结。牢牢把握各民族共同团结奋斗、共同繁荣发展的主题，抓发展鼓干劲，抓稳定不松劲，抓民生用足劲，巩固和发展平等团结互助和谐的社会主义民族关系。充分尊重各自的民族宗教文化和生活风俗习惯，要做团结民族的表率，不做破坏团结的后进，达到各民族和衷共济、和睦相处、和谐共进的良好局面。

六、实施人才兴县战略，万众一心抓引智

始终坚持"抓发展必须抓人才，抓人才也是抓发展"的思想和"党管人才"的原则，激励各方面的优秀人才充分汇聚和脱颖而出，形成"人尽其才，才尽其用"的良好局面，为推进汶川重建发展提供坚强有力的智力支持和人才保障。

（一）更新观念，优化环境，吸引人才。我们要坚持"不求所有，更求所为，智力流动，来去自由"的引才办法，实行技术咨询、技术转让、兼职挂职等"借脑"方式引才引智。要充分利用广东援建、在外工作人员等渠道，广开引才引智门路，特别要引进广东先进的发展理念和管理经验。要努力创造良好的人才法制环境、人才创业环境、人才文化环境，让人才获得充分施展才干的舞台。

（二）任人唯贤，优化配置，用好人才。本地人才是汶川科学重建的宝贵资源，是加快发展的"中坚"力量。要合理调配，优化配置，最大限度地发挥本地人才的专业特长，实现人才资本价值的最大化。要突破以"学历、职称、资历"取向论人才的传统人才观念，牢固树立以"特长、实绩、贡献"取向论人才的务实人才观念，扩大选才用才范围。要坚持组织选人、群众选人和实践选人相结合的办法，让真正的人才、默默无闻的人才、没有资历和"背景"的人才脱颖而出。要坚持用人之长，注重专业对口，减少用人上的盲目性，避免人才资源浪费。

（三）改善条件，提高待遇，留住人才。汶川地处边远贫困山区，整体薪资水平较全国偏低，要让一流人才去创一流业绩，必须敢于支付一流报酬来"奖才富才"。我们要彻底破除"论资排辈"的做法，畅通用人渠道，让那些工作卓有成效的人才及时得到任用。要营造宽松和谐的人际关系，让个人的发展与单位的发展紧密联系在一起。要优化对人才的服务，帮助各类人才解决办公条件、科研经费、实验场所和社会保障等具体问题和困难，形成人才想干事、能干事、肯干事、干成事的创业兴业氛围。

（四）加强领导，表彰先进，激励人才。要进一步完善党委统一领导，组织人事部门牵头抓总，党政相关部门各司其职、密切配合的人才工作新格局，加快人才资源向人才资本转变。各级领导干部要有识才的慧眼、用才的气魄、爱才的感情、聚才的能力，知人善任，广纳群贤，多与各类人才交朋友，多为各类人才办好事，在创新实践中识别人才、培养人才，在事业发展中使用人才、经营人才。要表彰政治素质好、思想观念新、经营管理活、科研能力强、创业成效大、群众公认程度高的优秀创业人才，激发各级各部门和社会各界关心、支持和重视人才工作的创业热情。

七、实施革新洗面战略，多管齐下抓创新

我们要以壮士断腕的精神、刮骨疗伤的勇气，进一步增强机遇意识、责任意识、爬坡意识，深化改革、激活动力、优化环境、树立新风。

（一）深化改革创新。加快推进县级部门和乡镇机构改革，最大限度地把县级服务职能向乡村延伸，强化政府社会管理和公共服务职能，努力形成规范高效的行政管理体制。加快农村综合改革、集体林权制度改革，积极探索农村土地承包流转经营权、建设用地流转权改革，激活农村生产要素。创新资源开发转化模式，大力拓展市场配置资源的空间。深化教育和医疗卫生体制改革,不断增添社会事业发展活力。

（二）扩大开放合作。扎实抓好"开放合作年"活动,充分开放合作,加快发展步伐,提升发展水平。要积极拓展与对口援建省市的合作空间,探索建立互利共赢的长期合作机制,主动承接广东产业转移,以资金、技术、资源的合作开发,共建共享、巩固提升对口援建成果,实现对口支援向对口合作延伸。要加大招商引资力度,充实招商引资队伍,建立跟踪服务机制,规范工作人员行为,确保签约项目尽快落地、尽快建设、尽快竣工。

（三）优化发展环境。要牢固树立抓环境就是抓重建发展的意识,坚持"重建加快、基础先行、功能配套、适度超前"的原则,切实加强路、电、气、信息"四网"建设,努力改善加快发展的基础条件。坚持讲团结、讲奉献,着力营造政通人和的为政环境；坚持亲商、扶商、助商、富商,继续深入开展"净化灾后重建环境月活动",着力营造近悦远来的投资环境；坚持安全第一、稳定至上,着力营造安居乐业的治安环境；坚持弘扬正气、惩治歪风,着力营造正气浩然的舆论环境；加大社会主义核心价值体系建设,营造铭恩奋进的社会环境。

（四）完善激励机制。建立健全领导干部挂联工作责任制、领导干部日报月报制、重点工作奖惩制、干部轮岗交流制、安全稳定责任制、廉政建设责任制"六制"管理,充分调动各级干部的工作积极性和创造性。完善目标考核体系,强化目标考核,执行末位淘汰,逗硬"三问"责任制,构建"重点突出、导向正确、指标量化、奖惩分明"的考核体系,确保各项工作落到实处。

（五）强化规矩意识。按照"四严格一坚持"即严格遵守"六个严禁"、严格遵守"四不准规定"、严格请销假制度、严格会议制度和坚持"特事特办"的要求,努力营造为政清简、为官清廉、政治清明的执政环境,加快形成办事速度最快、时间最省、效率最高的机关效能良好作风。

（六）发展低碳汶川。要加快研究探索转变经济发展方式和模式,积极引进新技术、新材料投资开发新兴产业,改造提升传统产业,加快形成低碳旅游圈、低碳生活方式、低碳经济发展模式,力争通过5—10年努力,单位GDP碳排放量降低走在前列。要引导人民群众树立低碳生活观,改变传统的生活习惯,注重保护生态环境,注意节约资源和能源,尽量减少生产生活带来的温室气体排放。

加强党的自身建设

推动汶川重建发展,关键在党,关键在人,我们要坚持党要管党、从严治党的方针,以改革创新的精神深入开展学习实践科学发展观活动,大力弘扬伟大抗震救灾精神,全面实施固本强基战略,大力推进素质提升、龙头牵引、作风锻造和反腐倡廉工程,努力提升党员干部把握时局、凝心聚力、冲锋决胜、引领带动、为民服务、拒腐防变的能力。

一、切实加强思想政治建设,提升把握时局能力

思想理论建设是党的先进性建设的灵魂,事关党的政治生命。要按照建设马克思主义学习型政党的要求,加强马克思主义基本理论学习,坚持用科学发展观武装头脑、指导实践,坚定正确的政治方向,增强政治敏锐性和政治鉴别力。巩固科学发展观学习实践活动成果,完善"党员干部受教育、科学发展上水平、人民群众得实惠、'两个加快'见成效"的长效机制,把党的先进性落实到岗位上,体现在行动中。大力弘扬理论联系实际的学风,善于把党的路线方针政策和汶川实际紧密结合起来,用宽广的视野审视形势,用辩证的思维分析问题,用改革的办法破解难题,坚持多读书读好书,实现思想认识、思维方式的全面提升。要建立和完善各级领导班子和部门具体的学习制度,把理论素养、学习能力作为选拔任用领导干部的重要依据,使各级党组织成为学习型党组织、各级领导班子成为学习型领导班子,各级党员干部成为学习型党员干部。各级干部要拓宽眼界,通过善于学习打开眼界,通过科学视觉正确观察,通过显示内在揭示细节;要提升眼力,透过偶然看机遇,透过现象看本质,透过轨迹看未来,增强观察和判断的敏锐力、穿透力和前瞻性;要转对眼球,将关注点更多的转向群众、转向实事、转向困难,切实增强把握时局的能力。

二、切实加强党内民主建设,提升凝心聚力能力

党内民主是党的生命,集中统一是党的力量保证。要充分发挥县委的领导核心作用,不断改进和完善各级党委、党组领导方式和执政方式,提高科学执政、民主执政、依法执政的能力,切实加强县委对人大、政府、政协、武装力量、统一战线、群众团体的领导,加强基层干部队伍建设。要坚持和健全民主集中制原则,完善集中领导和个人分工负责相结合的制度,创新党委决策咨询、政府狠抓落实、人大、政协监督的重建发展机制,做好重大问题前瞻性、对策性研究,广泛听取党员、群众、基层干部的意见和建议,发挥专家咨询组、社会听证在决策过程中的作用,形成"慢决策、快执行、重实效"的科学决策执政方法。要保障党员主体地位和民主权利,认真落实党员知情权、参与权、选举权和监督权,进一步提高党员对党内事务的参与度,完善党代表大会制度和党内选举制度,完善党内民主决策机制,广泛凝聚党员意愿和主张,充分发挥各级党组织和广大党员的积极性、主动性、创造性,坚决维护县委、乡镇党委的集中统一领导地位。大力推进党务公开,健全党内情况通报制度,拓宽党员意见表达渠道,引导党员正常行使权利、认真履行义务。坚持以党内民主带动人民民主,以党的坚强团结保证各族人民大团结。

三、切实加强干部队伍建设,提升冲锋决胜能力

干部队伍是推进重建发展的中流砥柱。要坚持党管干部原则,坚持公道正派、五湖四海,拓展视野选拔干部,广辟途径培养干部,满腔热情爱护干部,严格要求管理干部。要着力提高选人用人公信度,鲜明选人用人的标准和导向,健全选人用人的制度和机制,努力建设政治上靠得住、工作上有本事、作风上过得硬的干部队伍。要把严格要求与关心爱护干部结合起来,让基层干部受关注、优秀干部受重用、年轻干部受锻炼,努力把扎根基层、实干为先的干部选拔到领导岗位上来,坚持提高素质、优化结构、改进作风、增强团结,切实抓好领导班子的思想、能力和作风建设。严格执行领导干部选拔任用程序规定,鲜明崇尚实干的用人导向,坚持标准选干部,拓宽视野识干部,解放思想用干部,着力建设一支人品正、干实事、真爬坡、敢破难的干部队伍。要从事业需要认识干部工作、选拔使用干部,对在重大工作、重大考验中表现突出的优秀干部,要及时重用;对担负繁重任务、长期超常运转的领导班子,既要配齐配强,更要关心关爱,强化推进重建发展的组织保证。要把严格要求与关心爱护结合起来,把教育管理与学习培训结合起来,完善干部考察、评价和激励机制,让基层干部受关注、优秀干部受重用、年轻干部受锻炼,不让老实人吃亏、钻营者得利、太平官太平。要切实抓好人才的培养、引进工作,充分利用对口援建力量,争取后续智力援助,特别是在灾后重建项目移交后,要邀请对口援建省市指导帮助,主动学习广东沿海地区的先进管理理念,助推我县提升管理水平和发展层次。

四、切实加强基层组织建设，提升引领带动能力

党的基层组织是党全部工作和战斗力的基础。按照围绕中心、服务大局，拓宽领域、强化功能的要求，着力在"选好带头人、扩大覆盖面、增强凝聚力"上下工夫，以基层组织建设为核心，调整组织设置，改进工作方式，创新和完善党建带工建、党建带团建、党建带妇建工作机制，进一步扩大党的工作覆盖面。按照守信念、讲奉献、有本领、重品行的要求，以配强班子、提高能力、改进作风为重点，认真抓好"村两委"换届工作，选好配强基层党组织带头人，加强农村基层领导班子建设，及时整顿软弱涣散的基层党组织班子。以"三级联创"为载体，以"民富村美班子强"活动为抓手，深入开展创建"四强"基层党组织等创先争优活动，抓好"百名干部下基层"工作，推广"支部＋协会"工作模式，加强驻村帮扶工作，推动基层党组织工作创新，构建城乡统筹的基层党建新格局，使基层党组织充分发挥推动发展、服务群众、凝聚人心、促进和谐的作用。着眼于管基础、管根本、管长远，建立健全教育、管理、服务党员的长效机制，做好新时期发展党员工作，建设高素质党员队伍，使广大党员真正牢记宗旨、心系群众。要深入推进基层民主建设，积极推广"四民"工作法，推进党内民主、构建党内和谐。要真正重视、真情关怀、真心爱护基层干部，体谅基层干部的实际困难，了解基层干部的思想情绪，关心基层干部的身心健康，改善基层干部的工作生活条件，提高基层干部的经济待遇，把组织的温暖送到基层干部的心坎上，充分调动基层干部特别是党政一把手的积极性、主动性、创造性，为科学重建、加快发展提供强大的组织保障。

五、切实加强干部作风建设，提升为民服务能力

作风关系党风，党风关系党的形象和灾后重建发展的成败。我们要坚持以思想教育、制度完善、集中整顿、严肃纪律为抓手，大兴用心学习、亲民为民、苦干实干、开拓创新、清正廉洁之风。要继续深入开展"领导挂点、部门包村、干部帮户"活动，进一步密切党同人民群众的血肉联系。要做到对工作有一说就做的实劲、一抓到底的狠劲、一以贯之的韧劲，下真功夫、深功夫、实功夫，一件事一件事地落实，一个问题一个问题地解决。各级干部在推进工作和项目建设时都要讲求精心、讲求细心、讲求责任心。真正做到精益求精、精细管理、高度负责，坚决杜绝大而化之、粗枝大叶的现象。要大力倡导特别讲大局、特别讲付出、特别讲实干、特别讲纪律，以优良的党风促政风带民风，形成凝聚党心民心的强大力量。按照"言必责实、行必责实、功必责实"的要求，硬硬落实"三问"责任制度，切实加强行政效能建设。坚持深入群众、联系群众、服务群众，继续开展"下访服务、公仆尽责"活动，切实把情感贴在民心上、把心思用在事业上、把工作拧在求实上、把成绩记在集体上、把作风扣在党性上，不断改进领导方式，切实转变干部作风。坚持重实际、干实事、求实效，坚决查处有令不行、有禁不止的现象，确保政令畅通。

六、切实加强党风廉政建设，提升拒腐防变能力

反腐倡廉是加强党的执政能力建设和先进性建设的重大任务。坚持标本兼治、综合治理、惩防并举、注重预防，建立健全教育、制度、监督并重的惩治和预防腐败体系，进一步提高反腐倡廉工作实效。完善反腐败领导体制和工作机制，认真落实党风廉政建设责任制，加强农村基层党风廉政建设，建立农村清正廉洁督查员制度，推进廉政文化建设，深入开展党风廉政教育，教育和引导广大党员领导干部常修为政之德、常思贪欲之害、常怀律己之心，筑牢拒腐防变的思想道德防线。加强对权力运行的制约和监督，加强对灾后恢复重建、扩大内需项目建设和资金使用的监管,确保阳光重建、廉洁重建。加大查办案件工作力度,保持对腐败案件查处的高压态势。坚持纠建并举、综合治理,坚决纠正损害群众利益的不正之风,以反腐倡廉的实际成果取信于民。

  各位委员,同志们,加快推进汶川灾后发展起跳是历史赋予我们的光荣职责和神圣使命。让我们在州委的坚强领导下,更加紧密地团结在以胡锦涛同志为总书记的党中央周围,高举中国特色社会主义伟大旗帜,深入贯彻落实科学发展观,凝心聚力、铭恩奋进,乘势而上求突破,快中求好促跨越,为三年恢复重建任务两年基本完成而努力奋斗!

政府工作报告

(2010年1月23日在汶川县十二届人民代表大会第四次会议上)

汶川县人民政府常务副县长　罗尔基木

各位代表：

我受县人民政府廖敏县长委托，代表县人民政府向大会报告工作，请予审查，并请县政协委员和列席人员提出意见。

2009年工作回顾

2009年，我县在困难中奋起，在危难中崛起，灾后重建取得了重大阶段性胜利。一年来，县人民政府团结带领全县各级干部、各族群众深入学习实践科学发展观，认真贯彻落实中央、省、州的决策部署，在县委的坚强领导下，在县人大、县政协的监督支持下，严格执行灾后重建规划，紧紧围绕"面向四川、服务全州，努力把汶川建设成为阿坝新型工业集中发展区、岷江河谷现代特色农业示范区、羌禹生态文化体验区、防灾减灾示范区"的发展战略，切实按照"三年重建任务两年基本完成"的目标要求，牢牢抓住灾后重建、对口援建、扩大内需、西部大开发等机遇，凝心聚力、攻坚克难、乘势而上、铭恩奋进，圆满完成了县十二届人大三次会议确定的各项目标任务。全县呈现出重建加快推进、经济复苏发展、社会保持稳定、民生不断改善的良好局面。

2009年预计实现生产总值23.64亿元，同比增长61.4%，其中，一、二、三产业实现增加值分别为1.46亿元、15.22亿元、6.96亿元，同比增长11.8%、103.8%、13.8%。人均生产总值21888元，同比增长60.4%。三次产业结构调整为6.2:64.4:29.4，全县经济实现艰难性增长，正逐步进入产业全面恢复和加快发展的关键期。

一、灾后重建取得重大阶段性成果

认真按照"遵循规律、以人为本、优质高效、加快发展"的重建思路，牢固树立"抓恢复重建就是抓发展"的理念，在广东对口援建的鼎力帮助下，在社会各界的热情支持下，灾后恢复重建高效、优质、快速推进。

大力推进城乡住房建设。按照"就地、就近、分散"安置原则，以"安全、经济、实用、省地、特色"为重建标准，从组织、引导、监督、服务等方面着力，从选址、资金、材料、施工等难题入手，强力推进城乡住房建设。全县17953户农房重建除因规划设计调整、重点工程建设、工业园区迁建、地灾避让安置等需二次搬迁的1655户计划在春节前后全面完工外，其余全部完成。城镇居民住房需维修加固的5495户全部完成，需重建的4487户已全部开工，完工3723户，完工率为83%，建成廉租房688套。发放农房重建补助资金3.75亿元，发放农房重建委托贷款3.17亿元，拨付城镇居民住房补助资金6115.83万元。

大力推进公共服务设施建设。将学校、医疗卫生机构建成最安全、最牢固、最放心的设施,规划重建的28所学校已开工24所,竣工18所,完成投资7.67亿元。规划重建的23个县、乡医疗卫生机构已开工18个,竣工11个,完成投资1.89亿元。109个村(社区)卫生站建设已完成31个。有力实施"村村通"工程,在135个自然村、组安装直播卫星接收系统1450套,恢复广播电视光纤30余公里,有线电视用户达6500余户。文化体育设施快速恢复,县体育馆、13个乡镇综合文化站、69个村(社区)活动室已投入使用。供电、供水、市政、通讯、计生等公共设施逐步恢复覆盖城乡。

大力推进基础设施建设。促进功能提升,增强发展能力,加快基础设施建设步伐。完成70条400公里农村公路恢复重建,建成客运站5个。都江堰至映秀高速公路和映秀大桥建成通行,映秀至威州高速公路全面开工。汶川至川主寺、汶川至马尔康、映秀至小金日隆、漩口至三江、友谊隧道至映秀(粤汶路)、百花大桥正抓紧建设。县城自来水厂和乡镇集中供水设施竣工投运,投资6940万元的农村安全饮水工程全面完成,有效解决了农村人畜安全饮水问题。

大力推进产业恢复发展。科学合理调整漩口和水磨工业园区布局,加快推进广东·汶川工业园区建设。积极支持阿坝铝厂等重点企业恢复扩建,映秀湾、福堂、太平驿等骨干电力企业和24座小水电站恢复发电,恢复装机容量89.3万千瓦,220KV二台山至太平驿、二台山至福堂坝输电线路提前完工投运;37户规模以上企业34户已恢复生产,规模以上工业企业实现总产值28.55亿元,同比增长58.2%;实现增加值8.16亿元,同比增长56.3%。加大招商引资力度,抓好项目跟踪落地,29个项目已有23个落地,计划总投资24.3亿元。加大农业产业结构调整,依托区位优势,全力打造省级新农村示范片和漩三环线特色产业发展经济圈,着力发展规模效益农业。全县已恢复甜樱桃、猕猴桃、茶叶、蔬菜、花卉等特色基地5万余亩,引进、扶持产业化龙头企业7个、种养业大户100余户,特色效益农业已成为我县农民增收的主导产业。全年完成农业总产值8847万元,同比增长21.4%;农民人均纯收入3335元,同比增长21.5%。紧扣"大禹故里、熊猫家园、羌绣之乡、震中汶川"四大旅游品牌,加快旅游基础设施恢复建设,三江生态旅游风景区成功创建为国家AAAA级旅游景区,三江水乡藏寨五星级大酒店已启动建设,成功举办了第二届古羌文化节暨首届甜樱桃节,全力打造震中汶川、震源映秀旅游项目,积极创建映秀AAAAA级旅游集镇和威绵片区AAAAA级羌禹生态文化体验区。全年接待游客85.8万人次,实现旅游收入2.03亿元,同比增长2.96倍。社会消费品零售总额完成3.09亿元,同比增长24.4%。

大力推进项目建设。按照"大抓项目、抓大项目"的要求,坚持把项目落地和项目建设作为推进灾后恢复重建、加快经济社会发展的强力抓手,优化投资结构和项目实施方案,加强资金监管,确保资金管理使用规范、高效、公开、透明。估算总投资221.77亿元的501个灾后重建规划项目(含城乡住房),2008年10月至今已累计完成投资117.23亿元,占项目总投资的52.9%,开工280个,开工率为55.9%,完工81个。总投资

9387.5万元的31个扩大内需项目，已完成投资3151.1万元。全年预计完成固定资产投资86亿元，同比增长8.5倍，拉动了县域经济的快速增长。

大力推进城乡建设。按照"一心两廊四区"城乡体系规划，抓好"3+1"规划编制，严格规划执法，加快组团式、生态化城镇建设，着力打造特色魅力乡镇，城镇配套功能进一步完善，城镇品牌初步显现，三江乡、雁门乡、克枯乡、卧龙镇重建任务基本完成。按照"先安置、后拆迁"原则，完成县城规划拆迁面积54万平方米，妥善安置拆迁户948户。紧紧抓住灾后重建、对口援建和新农村示范片建设等机遇，尽快实现城乡一体化，整体推进、重点突出、以点带线、以线带片、以片带面，社会主义新农村建设初具规模。

大力推进生态环境建设。加强天然林保护、退耕还林、生态人工修复等工程建设，积极推进破碎山河大绿化，重建公益林9000亩，完成人工造林2万亩，封山育林15万亩，义务植树18.7万株，建成"震中纪念林"512亩，全县森林覆盖率达38.1%。完成国道213沿线、漩三环线绿化规划实施和第四期沙化土地调查，整理复垦灾毁土地62886亩，治理水土流失面积11.7平方公里。投资1.25亿元的城区污水处理工程正抓紧实施，完成11个乡镇饮用水源地污染防治和5户工业企业污染治理。加快城镇绿化建设，城市绿化率达30.4%，城乡生态环境得到进一步改善。

大力推进防震减灾建设。按照"预防为主、合理避让、保障安全、重点整治"的要求，加强防灾减灾体系和综合减灾能力建设，提高全县灾害预防和紧急救援能力。编制完成了《汶川县地震小区划》，为灾后重建提供了科学依据。学校、医院、体育场馆等均按9度设防、8级抗震标准建设，各乡镇均建有避灾场所，全县建成避灾场所面积近5万平方米。加大险段河堤治理力度，维修加固和新建防洪堤34公里，清理堰塞体11万立方米，疏浚阻塞河道土石方49万立方米。实施27处重大地质灾害、100余处小型地质灾害治理工程，完成避险搬迁400户，跨区域外迁安置145户。

大力推进财税金融工作。积极培植税源，强化税收征管，依法应收尽收。优化支出结构，重点保障灾后重建项目和民生工程支出需求。全年地方财政一般预算收入完成9669万元，同比增长66.2%；完成国地税收入3.32亿元，同比增长22.1%；财政一般预算支出完成16亿元，同比增长1.6%。加强银企合作，搭建融资平台，扩大投融资渠道，组建了汶川羌禹、禹城城投等九家投资经营公司，成功申请农行50亿授信。积极推进征信体系建设，防范化解金融风险，保护金融合法债权，积极主动帮助企业核销、减免因灾损失贷款本息3.91亿元，切实维护金融稳定，全县金融机构各项存款余额65.73亿元，比年初增长98.3%，各项贷款余额22.84亿元，比年初增长7.5%。

大力推进对口援建。加强与广东对口援建方的沟通协调，按照"四个一律"的要求，完善机制，强化服务，营造"川粤同心、共建家园"的良好氛围。广东省援建项目估算总投资82亿元，开工率为99%，完工率为58%，完成投资55.56亿元。汶川县与广东共同举办了"新学校新未来"、"新家园新希望"援建主题活动，实现了援建学校整体项目和十大民生工程提前交付使用。面对国际金融危机的严重影响,广东坚持援建工作"决心不变、力度不减"让我们倍受鼓舞,坚持"输血与造血并重,重建与发展并举"的务实精神和着眼长远的取向让我们倍增动力。

大力推进精神家园建设。坚持精神家园重建和物质家园重建并重,注重宣传引导,传承民族文化,倡导感恩文化,高标准、高起点推进精神家园重建。积极开展文化、科技、卫生三下乡活动,成功举办"为祖国喝彩"、"感恩之旅"等文艺展演20多场次,羌年列入首批联合国《急需保护的非物质文化遗产名录》,"大禹神话"、"羌族推杆"等12个项目被列入国家和省级非物质文化遗产保护名录。加强心理重建,通过培训疏导、咨询服务等形式,抚慰心灵、安定人心,营造积极向上、健康和谐的社会氛围,切实把广大群众过上美好新生活的强烈愿望转化为全面推动灾后重建的强大精神动力。情系台湾同胞,积极开展募捐救助活动,募集救灾资金50万余元,支持台胞抵御风灾重建家园。以思想道德建设为切入,广泛开展群众性精神文明创建活动,全县创建国家级文明单位两个、省级文明单位10个、州县级文明单位161个。

二、社会事业管理常态便民

教育事业发展恢复常态。以"一流的硬件、一流的师资、一流的管理、一流的水平"为目标,在广东省的大力援助下,实现了基础设施大发展,教学设备大更新,全县13000余名师生提前安全返乡复课。加强师资力量交流培训,不断提高教育教学水平,2009年,普通高考升学率为73%,超过省平均升学率14%,继续保持教育在全州的领先地位。加强寄宿制学校标准化建设和规范化管理,全县寄宿制学生8252人,享受义务教育"两免一补"10288人,资助经济困难家庭高中生2048人,接收了129名进城务工人员子女就地入学,招收特殊教育学生48人,升入藏区"9+3"免费职业学校682人,职业教育、特殊教育得到加强,教育助学成效明显。按照先兑现、后完善、再规范的工作步骤,及时兑现教师绩效工资。普九债务3329万元全部核销化解,顺利通过州级考核验收。

医疗卫生服务进一步便民。县、乡、村三级医疗服务网络基本恢复,医疗保障能力进一步提升。加强医疗应急处置,免费对重点人群接种甲型H1N1流感疫苗,甲流疫情得到有效防控,全县无重症病例和死亡病例发生。加强结核、大骨节病等传染病、地方病防治,强化卫生执法监督和妇幼卫生保健工作,公共卫生体系不断健全和完善。大力发展民族医药,中羌医药服务能力进一步提升。加强医德医风建设和专业技术培训,医务人员素质不断提高。

科技事业不断进步。加强农村实用技术培训,大力开展科普宣传,建立完善科技信息网络,积极推行科技特派员工程,建设猕猴桃、中药材等科技示范园2700余亩,引进果蔬等新品种112个,发展科技示范户81户,促进科技推广,加快农业生产恢复。加强与科研机构和大专院校的交流合作,积极开展灾后科学重建专家咨询工作,为灾后重建提供智力支持。加大维权宣传力度,知识产权保护工作得到加强。抓好科技项目申报,积极搭建企业技改引智、引资平台,推进企业技术创新。

人口计生工作成效突出。坚持"三为主",认真落实"三结合",积极开展地震子女伤亡家庭再生育全程免费服务,及时兑现计生家庭奖励扶助、特别扶助、少生快富、独生子女奖励等各项利益政策。加大宣传力度,转变生育观念,稳定了低生育水平,人口素质进一步提高,人口自然增长率控制在4.3‰以内,婴儿出生性别比为104.7,同比下降9.24,出生性别比趋于合理。

广电、文体等社会事业恢复发展。实施农村电影"2131工程",完成公益性放映1200余场,积极开展"5.12"周年和"庆祝新中国成立60周年"优秀影片展映活动。开设"重建进行时"、"劳模风采录"等10余个新闻专栏,制作《崛起的汶川》等专题片20余部,广播电视节目不断创新。加大地震遗址保护和文物清理征集力度,启动重点文物保护单位修缮保护工程,将9处地震遗址、遗迹列入县级文物保护单位,积极开展第三次全国文物普查,普查率达84%。加大"扫黄打非"专项整治力度,规范文化市场经营行为。组织开展美术、书法等作品创作,《羌族文学》办刊水平进一步提升。积极开展全民健身活动,举办了篮球、锅庄等群众性竞赛,提高了群众身体素质,展示了群众的精神风貌。

《汶川县年鉴》(2005—2008)即将出版,《汶川县抗震救灾志》正抓紧编纂,档案工作规范化管理顺利推进,全国第二次经济普查任务圆满完成,邮政、气象、保险、对台外事侨务、无线电管理、保密、供销等工作取得新的成绩。

三、民生优先让群众得到更多实惠

认真落实惠农支农政策,大力实施就业促进、扶贫解困、教育助学等"八大民生工程"。发放农资综合直补317.98万元,粮食直补33.79万元,良种补贴42.25万元,农机购置补贴199.85万元,家电、汽车和摩托车下乡补贴216万元,退耕还林补助1750万元,特殊党费援助农房重建5275.9万元,让农村群众真正得到实惠。

社会保障水平进一步提高,率先在全省启动因灾失地农民基本养老保险和新型农村社会养老保险试点工作。认真落实就业、再就业扶持政策,积极做好高校毕业生、企业困难下岗职工、因灾生活困难群众、返乡农民工就业工作,劳务输出3107人,农村劳动力转移13944人,实现劳务收入9412万元,开发公益性岗位6603个,及时核发岗位补贴2000万余元。对符合政策规定的4942名灵活就业人员发放社保补贴1301万元,城镇登记失业率控制在3.8%以内,发放就业再就业小额担保贷款160万元。城镇基本养老保险参保10298人,工伤保险参保8120人,生育保险参保3599人,城镇职工基本医疗保险和城镇居民医疗保险实现全覆盖。加大农村扶贫开发力度,2343名困难群众实现稳定脱贫。城乡医疗救助1978人次,支付救助资金716万元;纳入城市低保7.25万人次,月人均补差150元;纳入农村低保31.11万人次,月人均补差72元。建成两所社会福利院,已集中供养五保老人和大骨节病人106人,发放五保供养金82.86万元。新型农村合作医疗参保63848人,参合率为94.8%,补偿34959人次873万元。加强劳动关系处理协调,帮助民工追回拖欠工资近2000万元,受理劳动争议纠纷案件68件,协调裁决经济补偿金400万余元,切实维护了劳动者合法权益。按照"四保一储备"的要求,积极采取有效措施,确保受灾群众安全温暖过冬。城镇居民人均可支配收入12780

元,同比增加2012元。

积极争取中国红十字总会和社会各界援助资金、慈善捐款,募集款物3.52亿元,用于学校、农房、医疗卫生机构恢复重建和扶贫、救灾、安老、助孤、扶残等慈善救助工程。

四、城乡环境进一步改善

以"清洁化、秩序化、优美化、制度化"为标准,按照"专项规划、专人管理、专门机构、专业队伍、专项经费、专项督查"要求,多方联动、多管齐下,着力解决垃圾乱扔、广告乱贴、摊位乱摆、车辆乱停、工地乱象、污水乱流、违规乱建等问题,拆除违章建筑2645处,规范旅游厕所27家,统一店招660处,清运垃圾9000余吨,清理沟渠、水塘3.7万平方米,城乡环境面貌进一步改善。

坚持城乡环境综合整治与市政设施建设同步推进,投入资金2643万元,切实抓好道路、给排水、城市绿化等建设,修复、新建城区给排水管网221公里,恢复、新增绿地3.2万余平方米,规范停车场、修车点30余处。加强环卫设施建设,新建、改建、恢复垃圾处理设施3000余个(处)。加强商贸设施建设,修复受损市场4个,规范商铺摊位850余个,方便了群众生活。

加强宣传动员,努力提高城乡群众文明素质,积极开展进机关、进企业、进学校、进社区、进村社、进景区、进家庭等活动,引导发动群众积极参与城乡环境综合整治,建立完善长效工作机制,推动城乡环境综合治理深入持久开展。

按照"自然院落布局、民族建筑风格、交通布局合理、功能配置完善、发展特色产业"的要求,以"四注重、四提升"和"三打破、三提高"为抓手,精心编制村庄规划,突出地域特色和民族文化,完成民居风貌改造4426幢,"四改两建"5899户,藏羌生态文化走廊建设取得实效。以"一中心、五畅通、九配套"为目标,加快老街、东界脑、三官庙等11个灾后重建示范村建设,以示范带动新农村建设整体推进。

五、社会政治和谐稳定

全面落实安全生产责任制,深入开展道路交通运输、工矿企业、危爆物品、公众聚集场所、旅游市场、学校等重点行业领域安全专项整治,全年无重特大安全生产事故发生,被州评为安全生产目标考核先进县。健全应急体系,完善突发事件应急预案,加强应急演练,妥善处置各类突发事件,政府应急管理工作进一步加强。

严密防范、严厉打击境内外民族分裂势力、宗教极端势力的渗透颠覆、分裂破坏活动,加大"法轮功"、"门徒会"等邪教组织的防范力度,实现"三零"、"三无"工作目标。深化整体联动防范体系建设,大力实施"三大警务",建立县、乡、村、户四级治安防控体系,成立应急处突大队,积极开展净化重建环境活动,严厉打击沙霸、路霸、村霸和黑恶势力等刑事犯罪,全县共立各类刑事案件141起,侦破91起,摧毁犯罪团伙15个,查处违法犯罪人员251人。加强群众和信访工作,处理来信来访3016人次,信访案件办结率77.3%。深入开展矛盾纠纷大排查,积极构建人民调解、行政调解、司法调解工作体系。全力推进基层"两所一庭"建设,已建成司法所11个、人民法庭两个、派出所12个。

实施"万村千乡"、"便民连锁"市场工程30家,加大食品、药品、农资、物价、工商等专项整治力度,严厉打击制售假冒伪劣商品、欺行霸市、商业欺诈、非法营运等违法行为，有力维护了市场经济秩序。

加强兵役、预备役工作和全民国防教育，强化民兵队伍建设，启动民兵社会治安整体联动工程，成立常态民兵应急分队，实行联防联治，积极参与藏区维稳、重大事件安全保卫及环境综合整治，应急维稳、安全保卫能力进一步提高。积极开展"双拥共建"活动，密切军政军民关系，增进了军政军民团结。

六、政府自身建设取得新进展

坚持依法行政、文明行政理念，依法接受县人大及其常委会的法律监督和工作监督，自觉接受县政协的民主监督，加强议案、提案和建议、批评、意见的跟踪督办，办理人大议案46件、政协提案47件，办复率为100%。健全完善重大问题集体决策、专家咨询、社会公示、听证等制度，积极推进"会前讲法"试点工作，创新对口支援、政企合作等联席会议机制，加强司法救助和法律援助，重视发挥工会、共青团、妇联等群团组织的桥梁纽带作用，政府的凝聚力、公信力进一步增强。

深化行政管理体制和人事制度改革，完善激励机制，形成尊重劳动、尊重知识、尊重人才、尊重创造的良好氛围。推进市场配置人才资源，努力建设一支结构合理、素质较高的人才队伍，为灾后重建提供人才、智力支撑。

深化行政审批制度改革，简化办事程序，推进电子政务建设，抓好政务服务中心、惠民帮扶中心恢复重建，提高公共服务能力。健全完善首问责任制、限时办结制、责任追究制，加强督促检查，问人、问事、问责，切实提高行政效率，增强执行效果。

加强对权力运行的制约和监督，深入推进惩治和预防腐败体系建设，加强重建资金的监察审计和监督管理，抗震救灾捐赠资金接收使用做到公开透明，加大工程建设领域突出问题治理力度，查办招投标案件10件次，追究责任4人次，查处施工企业，设计、监理、公司27家，收缴、罚没违纪资金100万余元。通过对19个重大项目的审计，查处并纠正管理不规范资金2.29亿元，确保廉洁重建、阳光重建。

推进决策科学化、民主化，扩大基层民主，认真落实政府信息公开条例，丰富"中国·汶川"政府网站内容，完善政务公开、村务公开、厂务公开等办事公开制度，依法保障公民的知情权、参与权、表达权、监督权，保证人民依法行使民主权利，不断提高依法行政水平，切实做到"合法行政、合理行政、程序正当、高效便民、诚实守信、权责统一"。

各位代表！过去的一年，面对灾后重建任务重、困难多的挑战，面对产业止滑提速的压力，面对各种利益诉求矛盾的叠加，我们立足县情，把目标锁定在开创新局面、实现振兴发展上，把精力集中在攻坚克难、实现重点领域和关键环节的突破上，把感情倾注在关注民生、改善民生、维护广大群众的根本利益上，全县经济社会呈现向好的发展势头，城乡环境面貌发生巨大改变，人民生活进一步改善，灾后恢复重建有力推进。这些成绩的取得，得益于党中央、国务院的亲切关怀，得益于省、州党委政府和县委的坚强领导，得益于县人大、县政协的监督帮助，得益于广东省和全国人民的无私援助，是全县广大干部群众艰辛付出、超常努力、艰苦奋斗的结果。在此，我代表县人民政府，向各级党政组织，向积极投身灾后恢复重建的广大干部群众、解放军指战员、武警官兵、政法干警、民兵预备役人员、对口援建干部、志愿者、离退休老同志、群团组织和社会各界人士表示衷心的感谢，并致以崇高的敬意！

灾后重建所取得的成果令人振奋，积累的经验弥足珍贵。我们深深地体会到：一是加快恢复重建必须坚持质量与速度并重，以科学发展观为统领，与时俱进、超前谋划、敢为人先，夯实可持续发展基础。二是加快恢复重建必须创新观念，大力实施大开放、大引进战略，将"震中汶川"的知名度转化为美誉度，注意力转化为生产力，政治优势转化为发展优势，资源优势转化为产业优势。三是加快恢复重建必须注重以人为本，不断促进人的全面发展，充分调动基层组织和群众参与重建的能动作用，让受灾群众早日安居乐业。四是加快恢复重建必须培育内生力量，整合自然资源、社会资源、资金资源，依托优势，因地制宜，突出产业重塑，为建设新汶川赢得主动。五是加快恢复重建必须破解要素瓶颈，用足用活灾后重建政策，着力抓好投融资体系建设，激活民间资本，吸引并培育市场主体，再造汶川发展优势。

虽然我县灾后恢复重建取得一定成效，但也还存在不少困难和问题，主要表现在：一是灾后产业复苏尚需一段时期，城乡居民就业、增收难度大。二是资源环境承载能力有限，制约了灾后重建的整体推进。三是受企业搬迁、电网建设滞后、融资困难等因素影响，工业恢复任务艰巨。四是管理理念、管理措施需进一步适应新形势、新要求。五是重建资金缺口大，财政收支矛盾突出。六是群众利益诉求多元，各种利益关系调整引发的社会矛盾凸显。七是安全生产形势依然严峻。八是少数干部缺乏创新意识，存在畏难情绪，执行力不强。我们要清醒认识面临的困难，变压力为动力，化危机为契机，加大力度，加快进度，全力推进灾后重建。

2010年工作安排

今年是"灾后恢复重建三年任务两年基本完成"的攻坚之年、决胜之年，我县经济社会发展的机遇和挑战并存，机遇大于挑战。我们要紧紧抓住灾后重建、扩大内需、西部全面开发开放和国家支持藏区加快发展的重大机遇，认真审视县情，在重建方式上多创新，在原地起立上多努力，在发展起跳上多谋划，在富民增收上多动脑，在执政为民上多落实，竭力做好政府各项工作，为"十二五"规划实施和经济社会可持续发展奠定坚实基础。

2010年政府工作的指导思想是：全面贯彻党的十七大和十七届四中全会精神，深入贯彻落实科学发展观，紧紧围绕省委、州委重大决策部署，以灾后恢复重建为中心，以广东对口援建为动力，以党的建设为保障，更加注重统筹兼顾，更加注重改善民生，更加注重维护稳定，坚持集约发展、绿色发展、和谐发展、创新发展，确保三年重建任务两年基本完成。

2010年经济社会发展的主要预期目标是：生产总值完成28.8亿元，同比增长16.5%；全社会固定资产投资确保完成92亿元，同比增长7%；地方财政一般预算收入达到1.26亿元，同比增长30.3%；规模以上工业增加值达到13.4亿元，同比增长59%；农业总产值达到2.04亿元，同比增长

5%；旅游总收入达到3.6亿元，同比增长77.6%；社会消费品零售总额完成4.35亿元，同比增长40.9%；城镇居民人均可支配收入达到14066元，同比增长10%；农民人均纯收入达到3719元，同比增长11.4%；万元工业增加值综合能耗下降6%；人口自然增长率、城镇登记失业率分别控制在5‰和4%以内。

要完成今年的各项任务，我们要重点抓好以下工作：

一、重塑产业优势，促进经济发展起跳

依托资源优势，以完善功能、提升能力、优化结构为主线，注重灾后重建与产业振兴相结合，大力实施"三二一三"、"三二一五"工程，培育壮大优势产业，促进产业结构调整和经济增长方式转变，实现灾后经济跨越发展。

振兴工业经济。按照"一年打基础、两年全恢复、三年新发展、五年大振兴"的发展思路，加快工业产业结构调整，促进企业上档升级。坚持走新型工业化道路，强力实施工业强县战略，以工业集中发展区为依托，以招商引资为动力，以承接产业转移增活力，以节能降耗为途径，重点抓好广东——汶川工业园区、漩口新型工业集中区建设，大力发展科技含量高、附加值高、产业链长、节能环保的新型工业企业，做大做强广盛锂业、阿坝铝厂、川西磁材、立敦科技、九寨药业等骨干企业，逐步形成"南重北轻"的"5+1"（水磨工业发展区、漩口工业发展区、桃关工业发展区、草坡、绵虒农畜产品加工，七盘沟旅游商品加工区加广东——汶川工业园区）工业布局。加强协调服务，抓好基础配套设施建设，加大资金扶持力度，全力抓好一批工业在建项目，开工一批工业新建项目，促成一批工业在谈项目，推介一批工业储备项目，为工业经济发展培养新的增长极。

做大特色农业。围绕"岷江河谷现代特色农业示范区"的战略定位，坚持走"循环、高效、可持续"的生态农业和观光农业发展之路，大力发展特色效益农业，建设"六大特色农产品生产基地"。在威绵地区发展甜樱桃、青脆李等特色水果10000亩，漩映地区发展猕猴桃6000亩、无公害蔬菜3万亩、茶叶500亩、食用菌200万袋、花卉和中药材500亩。加快九寨茶业、甜樱桃公司、猕猴桃公司的发展，充分发挥各类专合组织的作用，提高农产品商品率和经济效益。进一步加快畜牧业恢复重建，大力发展生猪养殖等特色畜牧基地和养殖小区，支持羌禹生物、永君鸭业等畜牧业龙头企业做大做强。抓好动植物疫病防治，确保农牧业和农畜产品质量安全。以增加农民收入为核心，推进农业经营体系产业化、农村环境生态化、基础设施标准化、社会管理小区化、流通网络连锁化，加快漩三环线特色产业经济圈建设，全力打造省级新农村建设示范片，形成独具特色的生态农业、观光农业、品牌农业和农家旅游，努力建设民富、村美、班子强的新农村。

发展朝阳产业。围绕"大禹故里、熊猫家园、羌绣之乡、震中汶川"四大旅游品牌，按照"南生态北文化"布局，以三江卧龙生态景区、大禹文化、藏羌文化、三国文化、红色文化为依托，以项目建设、旅游商品开发、羌禹文化体验为重点，倾力打造都市民族风情后花园，融入成都1小时经济圈，推进汶川旅游经济快速复苏。以威绵地区为中心，将羌禹生态文化体验区创建为国家AAAAA级旅游景区，倾力打造"大禹故里"品牌。将卧龙打造成为生态乐园、遗产科考的熊猫家园休闲目的地和国际旅游精品区，将水磨镇打造为集观光、休闲、生态与文化体验为一体的旅游集镇，整体推进三江国家AAAA级旅游景区，建设卧龙、水磨、三江环线旅游区，倾力打造"熊猫家园"品牌。加快建设绵虒、威州羌绣展示地和体验区，倾力打造"羌绣之乡"品牌。积极创建汶川映秀国家AAAAA级旅游景区，倾力打造"震中汶川"品牌。拓展服务业发展领域，规范发展演艺、购物市场，培育服务业新的增长点，增强第三产业对经济增长的拉动力。

做强劳务经济。大力实施"农村劳动力素质提升工程"，用活农民和农民工培训政策，发挥大学生村官、西部计划志愿者、千名干部下基层的特别作用，加大农民培训力度，确保每一个农村劳动力都能掌握1—2门实用技术、每一个农村富余劳动力都成为技术工人。加大劳动力转移力度，以县内外劳动密集型企业和特色魅力乡镇、村寨为载体，对劳动力实行定点、定向、订单培训输送，促进失地无业农民和剩余劳动力就地转移，增加劳务收入。规范用工制度、创新转移机制，建立健全农民工协会，努力维护农民工合法权益。大力实施劳务"回引"工程，鼓励外出务工人员回乡创业，推动农村发展，带动农民增收。

二、抓项目争投资，增强发展后劲

树立"抓项目就是抓发展"的理念，扎实开展"项目推进年"活动，把项目建设作为加快恢复重建进程和拉动汶川加快发展的有效途径，力争9月底前基本完成重建任务，实现"三年投资三百亿"的目标。

加快民生项目建设。继续把住房、学校、医院等民生项目重建摆在优先位置，4月底前基本完成城镇居民住房重建，强力推进安居房和廉租房建设。9月底前全面完成学校、医疗卫生机构恢复重建。

加快城乡体系建设。严格执行灾后重建规划，加强城乡规划管理，按照和谐拆迁要求，加大规划拆迁力度，齐心建设灾后美好新家园，力争5月12日前，完成县城和映秀镇城镇基本框架建设任务。按照"特色鲜明、环境优美、设施完善、功能配套"的要求，突出区位优势、地域特色和民族文化，因地制宜、分类指导，全力抓好"三百"示范工程，着力打造"10+3"特色魅力示范乡镇，萝卜寨、布瓦、照壁、草坪、高店、枫香树、中滩堡、渔子溪、老人、河坝10个旅游精品村寨，大槽头、下庄、秉里、老街、黄家、蔡家杠、响黄沟、街凤岩、东界脑、樟排10个幸福美丽村寨，切实改善农村生产生活条件、居住环境和城乡面貌，不断提高城镇化率和群众幸福指数，努力把汶川建设成为人居环境最美的休闲旅游名县。

加快交通项目建设。按照建设"生命通道"和"避灾场所"的理念，把交通重建作为今年灾后重建主攻方向，完成县城三个出口改造建设，加快农村公路建设，全面推进农村公路"硬化"和"黑色化"。全面完成水磨、映秀三级客运站建设，为群众出行提供舒适的候车环境。进一步加强道路养护和管理，完善道路绿化和安保设施，确保交通安全畅通。加快粤汶公路、漩三公路施工进度，加强映汶高速、汶马路、川汶路、映日路建设协调服务，为工程如期竣工创造条件。

加快水电项目建设。大力实施"治水兴村"工程，加快农村饮水安全和小型农田水利建设，着力抓好防汛抗旱、水环境专项治理工作。加快推进电力电网建设,全力推进映秀湾、岷江电力等电站的恢复发电,加快威州变电站、二台山至新百花变电站、草坡至太平驿等110KV电网建设,进一步完善农村电网,力争今年9月底前发供电全面恢复和超过震前水平,保障县境内工业企业及城乡居民用电。

加快市政项目建设。统筹规划市政基础公用设施建设,加快推进七盘沟垃圾处理场、市政管网改造、城区道路、绿化、路灯工程和滨江路建设,尽快恢复天然气供应,着力改善城乡居民生活条件。加强市政公共设施的维护管理,保障公共设施良好运行。加快通讯、广电项目建设,着力抓好广播电视"村村通"工程,完善传输网络,全面提高通讯、广播电视覆盖率。

加快投融资平台建设。强化税收征管,大力培植财源,调整优化支出结构,积极争取国家资金支持,发挥政府性资金的放大效应,确保惠民生、促发展、保稳定的支出需要。加强银企银政合作,搭建融资平台,用好农业银行的授信规模和优惠政策,强化金融支撑,全力推进城镇基础设施建设和产业加快发展。

加快编制"十二五"规划。做好与省、州规划的衔接,科学编制全县国民经济和社会发展"十二五"规划及重点领域、重点行业发展专项规划,抓好项目论证、储备,提高规划的预见性、科学性、指导性和可操作性。

三、重机制强措施,推进社会事业大发展

提升教育发展水平。深入推进素质教育,进一步规范办学行为,巩固九年制义务教育成果,积极创建四川省义务教育示范县,促进教育均衡化。提高高中阶段教育质量,加快发展农村中等职业教育和特殊教育,认真实施"9+3"免费教育计划。进一步加强中小学校管理和校园文化建设,把学校建成绿色校园、育人乐园和温馨家园。

改善卫生服务质量。加快县、乡、村三级医疗卫生体系建设,积极创建"二甲"县人民医院,大力加强人才引进和培养,进一步提高医疗服务水平。积极推进医疗卫生体制改革,大力发展中医药和民族医药。进一步完善新型农村合作医疗制度,提高广大农民的医疗保障水平,切实解决广大群众看病贵、看病难的问题。进一步做好医疗急救、疾病控制、卫生监督和妇幼保健工作,提高群众健康保障水平。加强人口计生服务网络建设,强化流动人口计划生育服务管理,认真落实计划生育各项利益导向政策,抓好再生育全程免费服务,强力推进计生新机制建设,稳定低生育水平。

健全公共文化体系。加快博物馆、工人文化宫、青少年活动中心、乡镇文化站等公共服务设施建设,力争年内投入使用。着力推进重点文物保护、历史文化名城(镇、村)等工程建设,进一步加强自然遗产、非物质文化遗产、地震遗址、抢救性文物等保护工作。强化体育馆、文化广场、避灾广场、村民活动中心等公共服务设施管理,充分发挥使用效益。完善农家书屋、健身广场等基层文化体育设施,大力实施全民健身工程,积极开展形式多样的群众文化体育活动,丰富群众精神文化生活。

推进自主创新体系建设。加大科技投入力度,建立科技创新激励机制,认真抓好科技普及、科技宣传活动,加大知识产权保护力度,培养、引进自主创新人才,加强实用技术培训,加大科技示范推广力度，切实将科技成果转化为促进经济社会事业的发展。

认真落实富民惠民政策。坚持以人为本，大力实施民生工程，加大困难群众扶持力度，切实改善民生，让广大群众共享发展成果，促进社会和谐。扎实推进因灾失地农民基本养老保险和新型农村养老保险试点工作，认真落实好民政救助各项政策，加大低收入群众帮扶救助力度，提高城乡低保标准，扩大农村低保覆盖范围，实现应保尽保。认真落实促进大中专毕业生、农民工和困难群体就业相关政策，以对口援建、工业园区建设、旅游开发和新农村建设为契机，加大资金、政策扶持力度，增设公益性岗位，拓宽农村劳动力就业渠道。鼓励农业、林业、水利、土地复垦、生态环保等工程建设实行以工代赈，大力支持自主创业，切实增加群众收入。

加大扶贫开发力度。进一步抓好扶贫开发和综合防治大骨节病试点工作，改善病区群众生产生活条件，尽快使病区群众脱贫致富。逐步增加扶贫资金投入，提升产业化扶贫水平，提高农村贫困人口的自我发展能力。继续加大因灾失地群众和高半山区贫困群众的扶持力度，积极稳妥推进扶贫工作。

努力扩大农村消费。深入推进"万村千乡"市场工程、"双百"市场工程，推动连锁经营向农村延伸，大力推进"家电下乡"、"汽车摩托车下乡"，改善农村购物环境，提高农民生活质量。

启动第六次全国人口普查工作，加强经济运行监测和统计分析研究，不断提高统计数据质量。强化价格宏观调控，确保市场物价稳定。加快档案、史志、无线电管理、防震、气象等各项社会事业的发展。

四、改观念求突破，营造发展新环境

营造有利于展示汶川形象的外貌环境。深入开展城乡环境综合治理，着力推进城乡管理规范化、制度化，把城乡环境综合治理与规划执行、民居风貌改造、四改两建调结构相结合，着力塑造净、畅、宁、丽的良好形象。加强天然林资源保护和退耕还林（草）工作，抓好草坡自然保护区建设，以自然修复和人工治理相结合，促进生态环境恢复。扎实开展土地复垦整理，认真实施重大地质灾害治理工程，恢复因灾受损林地，大力推进节能降耗，积极发展水电、太阳能、风能、沼气等可再生能源和清洁能源，促进生态良性循环，切实改善生态环境。

营造有利于加快发展的服务环境。精心组织"开放合作年"各项工作，继续实施大开放、大引进战略，以充分开放合作加快发展步伐、提升发展水平。积极拓展与对口支援省市的合作空间，探索建立广东汶川长期帮扶合作机制，巩固和发展对口援建成果。大力发展"通道经济"，把"交通走廊"建设成为"经济走廊"。突出产业招商、资源招商、园区招商、专业招商、以商招商，注重"招大引强"，更加有效地开展招商引资和投资促进活动，积极承接广东产业转移，培育和发展汶川特色产业。牢固树立新的资源观，深入推动资源开发转化模式的创新，着力形成转化决定开发的制度和机制。深化财政、卫生、土地、集体林权等综合配套改革，做好政府机构改革工作。支持和引导民营经济恢复投资信心，抓住机遇加快发展，进一步提高非公有制经济比重。

营造有利于人民安居乐业的社会环境。加强

安全生产,以学校、宾馆、饭店、工矿企业、重点建设工程和景区、库区为重点,加强消防、交通、地质灾害等安全隐患的排查整治,强化民用爆炸物品、危险化学品管理,遏制重特大事故发生。加强食品药品市场监管,确保群众饮食用药安全。认真贯彻实施《突发事件应对法》,健全完善应急管理长效机制,强化基层基础工作,依法、快速、高效应对自然灾害及各类突发事件,提高危机管理和抗风险能力。牢固树立"稳定压倒一切"的观念,严厉打击境内外敌对势力、民族分裂势力、暴力恐怖势力和"法轮功"、"门徒会"等邪教组织的破坏活动,全力维护国家安全。全面贯彻党的民族宗教政策,依法加强宗教事务管理,维护民族团结。加强信访和群众工作,健全信访工作机制,深入开展矛盾纠纷大排查、大调解,妥善处理各种新矛盾、新问题和历史遗留问题,切实将矛盾、问题化解在当地、解决在当地、控制在萌芽状态。健全基层综治组织,完善社会治安防控体系,充分发挥"两所一庭"作用,加强社会治安综合治理。整合各方力量,排查整治突出治安问题,深入开展"严打"斗争,严厉打击严重影响群众安全和社会稳定的刑事犯罪,积极创建平安汶川,增强群众的安全感。

营造有利于人的全面发展的人文环境。深入实施"两纲",依法维护妇女儿童的合法权益,完善预防青少年违法犯罪工作机制,做好青少年思想道德教育工作,促进未成年人健康成长。加强社会主义核心价值体系建设,大力弘扬爱国主义、集体主义、社会主义思想,以增强诚信意识为重点,加强社会公德、职业道德、家庭美德、个人品德建设,发挥道德模范榜样作用,引导人们自觉履行法定义务、社会责任、家庭责任。开展群众性精神文明创建活动,完善社会志愿服务体系,形成男女平等、尊老爱幼、互爱互助、见义勇为的社会风尚。加强民兵预备役和常态民兵应急队伍建设,切实做好转业退伍军人安置工作,积极支持国防和军队建设,深入开展拥军优属工作和军警民共建活动,巩固、发展军政军民团结。

五、加强自身建设,提升政府形象

紧紧围绕"灾后重建、经济发展、改善民生、社会稳定"这一中心任务,按照"经济调节、市场监督、社会管理、公共服务"四项职能,坚持立党为公、执政为民,不断改进作风,提高行政效率,形成"行为规范、运转协调、公正透明、廉洁高效"的行政管理体制。

把增强执行力作为政府的关键环节。积极转变政府职能,严格执行问人、问事、问责制度,坚持用制度管权、管事、管人,规范行政行为,增强依法办事、按政策办事、科学判断形势、积极应对各种复杂局面的能力。深化行政审批制度改革,简化办事程序,抓好政务服务中心、惠民帮扶中心恢复建设,切实提高行政效率和公共服务能力。

把增强团结协作作为政府的行为方式。进一步强化经营政府理念,不断完善"县主导、乡组织、村主体、民主办"机制,提高灾后重建和经济社会管理能力,努力降低行政成本。加强作风建设,坚持深入一线、深入基层、深入群众,营造重实际、说实话、出实招、求实效的工作氛围。进一步深化行政管理体制改革,完善激励机制,推进人才资源配置市场化,着力建设结构优、素质高的人才队伍,为灾后重建提供智力、技术保障。

把廉洁勤政作为政府的阳光承诺。深入推进惩治和预防腐败体系建设，注重发挥监察、审计的职能作用，创新监管方式，进一步加强对政府性资金、社会捐赠资金、重大投资项目的监察审计，严厉查处各类违法违纪案件，严格执行党风廉政建设各项规定，坚决惩治和有效预防各种腐败行为，增强政府的公信力。

把民主法制建设作为政府的思想行动。依法接受县人大及其常委会的法律监督和工作监督，自觉接受县政协的民主监督，重视发挥工会、共青团、妇联等群团组织的桥梁纽带作用，推进决策科学化、民主化，扩大基层民主。完善政务公开制度、办事公开制度，保障广大群众的知情权、参与权、表达权、监督权。完成"五五"普法目标，编制"六五"普法规划，加强司法救助和法律援助，加快推进法制化进程。

各位代表，灾后重建任务艰巨而繁重，我们的责任重大而光荣，让我们紧密团结在以胡锦涛同志为总书记的党中央周围，以科学发展观为指导，在州委、州政府和县委的坚强领导下，充分调动一切积极力量，与时俱进、大胆创新、奋力爬坡、蓄势突破，创造无愧于党、无愧于人民的新业绩，为夺取震中汶川灾后重建的全面胜利而努力奋斗！

大 事 记

一月

1月1日　州委常委、县委书记、县人大常委会主任青理东一行深入映秀、漩口等乡镇调研灾后重建，并慰问基层干部群众。

1月1日　广东恒洁卫浴有限公司总经理谢伟藩为汶川县耿达乡"广东潮州新村"张家大地点建设避险应急广场捐赠100万元。

1月4日　中共中央政治局常委、中央政法委书记周永康到汶川县考察社会主义新农村建设情况。

1月4—5日　汶川县召开汶川绵虒"大禹故里"景区方案评审会。4日，大禹故里旅游景区方案评审会专家到绵虒高店村察看"大禹故里旅游景区"项目现场。5日，大禹故里旅游景区方案评审会在成都举行。来自四川省最高层次的历史、文化、规划、建筑专家和中央党校教授组成的专家组经过讨论审议，同意该方案通过评审。

1月5日　州委常委、县委书记青理东率考察团一行赴茂县考察学习。

1月5日　拉萨市党政考察团一行到汶川县考察学习农房、城镇居民安置房、学校规划建设及抗震技术使用情况。

1月5日　澳门明爱基金会总干事潘志明一行来汶川县开展新年送温暖活动。

1月5日　"用爱的灯火点燃心中希望"南方网友奖学金项目在汶川县银杏小学正式启动。

1月6—7日　广东省肇庆市委常委、常务副市长刘惠祥一行到汶川县克枯乡调研援建工作。

1月7日　四川省总工会副主席胥纯一行到汶川县看望慰问广东援建工作人员。

1月7日　广东肇庆市电视台"星湖会客厅"栏目走进汶川县克枯乡进行访谈。

1月8日　"心手相连·一路送暖"泸州老窖同心队感恩援建新春慰问活动在汶川县迎宾馆新闻发布中心举行。

1月8日　副州长肖友才一行到汶川县调研。

1月10日　海外华文教师培训班一行到汶川县参观考察。

1月11日　汶川县召开新农村建设示范片总体规划评审会。

1月11日　广东省广州市工作组在汶川县人民医院举办"强化执法监察，推进阳光援建"专题讲座。

1月11—12日　州委副秘书长、州农工办主任秦开金一行到汶川县检查扶贫开发、四改两建工作。

1月14日　四川省政府温暖过冬督察组到汶川县检查农房重建和温暖过冬情况。

1月15日　"同住地球村·献出爱心·祈福海地"募捐活动在县城锅庄广场举行。

1月16日　中共中央宣传部秘书长景辉一行到汶川县映秀镇考察灾后重建进展情况及地

震遗址保护情况。

1月16日　广东省珠海市民政局、市慈善总会、市福彩中心以及部分慈善家代表组成的"珠海慈善慰问团"到汶川县绵虒镇开展慰问活动,共捐赠10余万公斤大米和1万余升食用油,向汶川县社会福利服务救助中心捐赠0.5万公斤大米,和8万余元伙食补贴费用,总价值71.37万元。

1月18日　省农村劳动力就业转移办公室副主任马绍兴一行到汶川县调研农村劳动力转移输出工作。

1月19日　原最高人民检察院检察长贾春旺一行到汶川县考察灾后恢复重建成果。

1月19日　省教育厅副厅长王康一行到汶川县慰问基层教育工作者。

1月19日　广东省揭阳市为汶川县卧龙镇医院培训医护人员工作正式启动,首批人员到揭阳市进行培训。

1月20日　省人力资源厅副厅长陈璞一行到汶川县调研就业工作开展情况。

1月23日　广东省湛江市援建汶川县龙溪乡14个交钥匙项目整体移交。

1月24日　中国汶川·三江生态旅游景区被第三届博鳌国际旅游论坛组委会授予"国家精品旅游景区"荣誉。

1月26日　财政部经建司司长李敬辉一行到汶川县映秀镇考察调研。

1月26日　州总工会新春慰问团到汶川县开展"心系职工情、温暖进万家"春节送温暖活动。

1月27日　《汶川县大禹故里景区旅游策划暨总体规划》成果评审会在成都举行。经专家组讨论评议,该方案通过评审。

1月28日　汶川县大同社会工作服务中心揭牌暨政府购买服务签约仪式在汶川县社会福利服务救助中心举行。

1月29日　陕西省大荔县雕塑家张北平一行来汶川县捐赠"胡主席与温总理在灾区"大型雕塑。

二月

2月1日　州委常委、常务副州长白理成一行到汶川县调研灾后对口援建工作完成情况。

2月1日　汶川县召开2010年灾后重建范例(汶川)国际论坛筹备工作会。

2月1日　思科公司代表团一行到汶川县人民医院考察该公司捐赠的数字化信息系统使用情况。

2月2日　汶川县威州镇和广东省广州援建工作组联合举办2010年迎春文艺晚会。

2月3日　州灾后重建项目检查组一行到汶川县检查灾后重建项目建设进展情况。

2月4日　最高人民检察院政治部主任李如林、省检察院检察长邓川一行到汶川县慰问并指导工作。

2月4日　美联社、共同社、赤旗报、朝日放送、时事通讯社、大公报、南华早报7家境外媒体组团到汶川县采访报道。

2月5日　汶川县新型农村养老保险金在三江乡首次发放。

2月7日　国家文化部副部长王文章率"吉祥新春,温暖同行"活动组一行到汶川县映秀镇老街村为灾区人民送上新春祝福。

2月7日　广东省广州援建前线工作组和汶川县威州镇组成慰问团一行深入村寨慰问孤寡老人、残疾人等弱势群体,为他们送上节日问候。

2月8日　省委副书记李崇禧陪同邓小平的

女儿邓林一行到汶川县调研灾后恢复和产业重建情况。

2月8日 新疆维吾尔自治区党委常委、纪委书记、政法委书记符强率新疆军区一行赴汶川县映秀镇视察灾后恢复重建进展情况。

2月9日 四川建设工程质量安全与监理协会会长唐宁一行到汶川县威州镇牛脑寨村开展"送温暖献爱心"捐赠活动。

2月9日 共青团阿坝州委员会一行到汶川县看望慰问"5.12"地震中因灾致残的学生。

2月10日 汶川县举行"建新家,迎新年"迎新锅庄晚会。

2月11日 州委副书记、州长吴泽刚一行到汶川县看望慰问困难群众和春节值班人员。

2月11日 武警某师政治部主任王瑞舟一行到汶川县看望慰问干部群众,并视察灾后恢复重建情况。

2月13日 汶川县举行新春团拜会,慰问环卫工人、交警、三轮车和出租车司机。

2月23日 州委书记侍俊一行到汶川县映秀镇调研。

2月25—26日 县人大常委会主任李代君、副县长张鹏率有关部门及草坡乡党政负责人到广东省汕头市,汇报草坡乡灾后恢复重建工作情况。

2月25—27日 州委常委、县委书记青理东带领四大班子一行赴广东省及对口援建市汇报灾后重建进展情况。

三月

3月1日 由州委常委、县委书记青理东和县长张通荣率队赴广东汇报汶川灾后重建工作情况的汶川县党政代表团召开工作总结会议。

3月2日 河北省委常委、省纪委书记臧胜业一行到汶川县考察灾后恢复重建进展情况。

3月2日 州委常委、副州长崔学忠到汶川县水磨镇调研援建情况。

3月3日 青川县委副书记、县长陈正永率党政考察团一行来到汶川县考察灾后恢复重建进展情况。

3月4日 省委办公厅调研组一行到汶川县调研灾后恢复重建进展情况。

3月5日 广东省中山市委常委、宣传部部长丘树宏率中山市宣传文化系统考察团一行到汶川县漩口镇考察对口援建工作。

3月5日 省环境监察执法总队副总队长薛晞到水磨镇对援建水磨镇5000万元以上的建设项目进行全面检查。

3月8日 公安部党委委员、政治部主任蔡安季一行到汶川县映秀镇考察调研。

3月8日 州委常委、县委书记青理东一行到映秀镇看望慰问值班女交警、女职工和"5.12"汶川特大地震中遇难民警遗属。

3月10日 上海市委组织部副部长周祖翼一行到汶川县映秀镇考察学习。

3月11日 省政协副主席晏永和一行到汶川县映秀镇实地考察调研恢复重建情况。

3月11日 省委统战部考察组一行到汶川县映秀镇实地考察调研灾后重建情况。

3月11日 汶川县召开羌禹文化生态旅游区创AAAA工作会议。

3月11日 汶川县威州镇开展广州对口援建群众满意度"十问"调查问卷活动。

3月11—16日 审计署驻成都特派审计调查组一行到汶川县开展灾后恢复重建跟踪审计专项调查工作。

3月12日 来自全国各地的247名志愿者

齐聚汶川县凤坪坝,参加"我为汶川种棵树"活动。

3月12日　广西壮族自治区人大常委会副主任覃瑞祥一行到汶川县映秀镇实地考察灾后恢复重建情况。

3月12日　日本国际协力机构归国研修生专家组一行到汶川县开展为期3天的义诊活动。

3月16日　澳洲国际联合总商会、澳洲要明洪福堂同乡会一行在澳洲新州州长助理王国忠的率领下到汶川县克枯乡考察侨心居工程建设项目。

3月17日　省委副书记李崇禧一行到汶川县调研都汶公路建设管理和灾后恢复重建情况。

3月18日　州委副书记、州长吴泽刚一行深入汶川县调研灾后恢复重建和产业发展。

3月18日　汶川县召开映秀创建国家AAAAA景区动员大会。

3月19日　汶川县"推进三官庙庭院经济精品旅游村寨建设"工作会议在绵虒镇"七一"小学召开。

3月20日　汶川县威州镇萝卜寨村震后迎来首批旅游团。

3月20日　广东省广州市人力资源和社会保障局局长崔仁泉一行到汶川考察灾后重建进展情况。

3月20日　汶川县召开广州——汶川劳务开发合作座谈会。

3月21日　绵虒镇大禹故里文化景区建设项目开工。

3月22日　州委副书记、州长吴泽刚一行到汶川县卧龙镇调研重点民生工程恢复重建推进情况。

3月23日　映秀镇渔子溪电站首台机组成功并网发电。

3月24日　中国食品工业委员会坚果炒货专业委员会会长陈先保一行到汶川县二小举行捐赠活动。

3月25日　汶川县特殊教育学校与广东社工汶川大同服务中心联合开展"学雷锋,凝聚爱,传递爱"爱心传递活动。

3月25日　四川省烟草公司向汶川县3所小学赠送《精神文明报·未成年人思想道德建设专刊》仪式在水磨镇"八一"小学举行。

3月25日　四川音乐学院汶川藏羌文化研究院揭牌仪式在水磨镇举行。

3月25—26日　县人大代表一行到汶川漩映片区调研灾后重建。

3月26日　州委副书记、州长吴泽刚一行到汶川县调研,强调发展特色产业,促进群众增收。

3月26日　汶川县开展以"短期焦点干预和辅导"为课题的中小学心理骨干教师培训活动。

3月26—28日　国家改革委副主任、国务院汶川地震灾后恢复重建协调小组副组长穆虹一行到汶川调研灾后恢复重建进展情况。

3月28日　汶川县召开全省灾后恢复重建现场工作会筹备会议。

3月28日　广西壮族自治区南宁市市长曹汝华率党政代表团一行到汶川县考察灾后恢复重建进展情况。

3月28日　国家民委少数民族扶贫调研组一行到汶川县考察。

3月28日　香港红十字会汶川心理健康中心揭牌典礼在汶川县举行。此中心是阿坝州首个心理健康中心。

3月29日　汶川县举行标志性人文景观大禹雕塑组装完工仪式。

3月29日　由中国电信资助开办的"中国电信新长城"2009级志强班开班典礼在汶川县第一中学举行。

3月29日 州农业检查组一行深入汶川县绵虒、银杏等乡镇调研灾后重建农业产业发展情况。

3月30日 广东省中山市对口援建汶川县漩口镇工程项目整体移交仪式在漩口镇文化广场举行。中山市委书记、市人大常委会主任陈根楷出席仪式。

3月30日 国家民委副主任吴仕民一行深入汶川县调研，强调发展汶川特色产业，加快灾后恢复重建。

3月30日 省财政厅检查组一行到汶川县检查扩大内需和灾后重建资金使用及管理情况。

3月31日 广东省广州市对口援建汶川县威州镇工程项目整体移交仪式在汶川县工人文化宫举行。

3月31日 广东省佛山市对口援建汶川县水磨镇工程项目整体移交仪式暨"佛山情·水磨画"文艺演出在水磨中学举行。

3月31日至4月2日 广东省潮州市委常委、政法委书记、公安局局长林壮森一行到汶川县耿达乡检查指导对口援建工作，看望慰问援建工作人员。并分别向耿达小学、耿达乡派出所捐赠一批款物。

四月

4月1日 广东省委常委、常务副省长、广州市委书记、市人大常委会主任朱小丹等出席"广东·汶川工业园开园暨首批企业入园仪式"。首批入园的5家企业总投资28.8亿元。

4月1日 广东省广州市公安局对口支援汶川公安重建项目竣工仪式在县公安局举行。

4月1日 省委副书记、省长蒋巨峰到汶川县映秀镇和威州镇实地调研灾后恢复重建工作。

4月2日 汶川县组织心理重建中心工作人员赴成都参加由美国著名心理学家RoseNaJia组织的花精使用方法培训。

4月5日 中央军委委员、国务委员兼国防部长、国家国防动员委员会副主任梁光烈一行到汶川县映秀镇祭奠"5.12"汶川特大地震罹难同胞和抗震救灾中牺牲的烈士。

4月6—8日 中央纪委委员、中纪委驻卫生部纪检组组长李熙率第十六组检查组一行到汶川县检查灾后恢复重建工作，并召开阿坝州和汶川县灾后重建工作汇报会。

4月7日 "新克枯·新发展"——广东省肇庆市对口援建汶川县克枯乡项目整体移交仪式在克枯乡广场举行。51个援建项目整体交付使用。

4月7日 新华社、中央电视台、中央人民广播电台、香港《文汇报》、《新京报》、《中国青年报》等多家媒体来汶川县采访报道灾后重建项目审计工作。

4月8日 省委常委、省纪委书记欧泽高一行到汶川县调研灾后重建情况，强调要进一步加强监督检查，确保阳光重建、廉洁重建。

4月12日 县人民政府印发《汶川县灾后恢复重建民生工程项目推进方案》。

4月14日 国务院发展研究中心主任张玉台率中央"十二五"计划调研组一行到汶川县调研灾后恢复重建进展情况。

4月14日 州纪委"廉政救灾 阳光重建"全州巡回展览活动到汶川县开展宣传活动。

4月15日 汶川县汽车站正式投入使用。

4月16日 汶川县先后组织干部群众向青海玉树地震受灾同胞捐款，组织医疗防疫队伍、民兵志愿者赴玉树抗震救灾，汶川县委、县政府向玉树县捐款100万元，并向玉树同胞发出慰问信。

4月17日 全国人大常委会副委员长、中国科学院院长路甬祥一行到汶川县映秀镇视察灾后重建。

4月18日 汶川县召开灾后重建招商引资座谈会。

4月19日 四川省副省长黄彦蓉一行到汶川县调研阿坝师专重建工作。

4月20日 州委书记侍俊一行到汶川县听取萝卜寨灾后恢复重建情况专题汇报,并强调要传承民族文化,彰显地域特色,发展旅游产业。

4月22日 省住房与城乡建设厅副厅长李又得率省灾后恢复重建质量安全督察组一行到汶川县检查工程质量安全工作。

4月22日 广东省中山市外事侨务局、香港中山社团联合会负责人和嘉宾组成"侨心居"建设考察团到汶川县漩口镇,考察震源新村"侨心居"、油碾村"侨心居"和集镇援建项目建设情况。

4月23日 县人民政府印发《汶川县灾后恢复重建项目推进和管理实施方案》。

4月28日 全球人居论坛负责人到汶川县水磨镇视察指导灾后援建工作,并举行"全球灾后重建最佳范例"颁奖典礼。

4月28日 青海省财政厅副厅长陈锋一行到汶川县考察调研灾后重建。

4月30日 州人大常委会主任王福耀一行到汶川县草坡乡考察调研水电企业恢复重建和农房建设。

五月

5月1日 汶川县水磨古镇首届文化旅游节隆重开幕。

5月1日 州委常委、县委书记青理东一行到漩三环线、国道213沿线乡镇,检查环境卫生综合整治和全省灾后重建现场会筹备情况,并看望慰问"五一"期间坚持工作的广大干部群众。

5月3日 县人民政府为加强灾后恢复重建项目资金管理,规范投资行为,提高项目资金使用效益,印发《汶川县灾后恢复重建项目结余资金使用管理办法》。

5月3日 韩国国家艺术团一行到汶川县开展"中韩文化交流——爱在希望在"文艺汇演活动。

5月5日 国家广电总局计财司副司长于保安一行到汶川县指导灾后恢复重建工作。

5月6日 全国政协副主席、九三学社中央副主席王志珍一行到汶川县实地调研灾后恢复重建。

5月6日 交通运输部副部长高宏峰一行到汶川县检查指导灾后交通重建工作。

5月7日 省委书记、省人大常委会主任刘奇葆,省委副书记、省长蒋巨峰,省政协主席陶武先率全省灾后恢复重建工作现场会代表一行650余人到汶川县水磨镇召开灾后恢复重建工作现场会,考察全县灾后恢复重建情况。

5月8日 州人大副主任周耀伍一行到汶川县召开座谈会,专题听取汶川县工业灾后恢复重建工作进展情况。

5月9日 汶川县召开贯彻落实学习全省灾后重建工作现场会精神专题会。

5月9日 新华社总编辑、党组副书记何平一行到汶川县实地调研灾后恢复重建。

5月9日 四川大学华西医院与阿坝州"百年华西引领区域院州共建健康阿坝"战略合作签字仪式在汶川县举行。

5月9日 四川大学华西医院心理卫生主任、教授孙学礼到汶川县开展心理健康知识讲座;四川大学华西医院义诊服务队一行在汶川县开展义诊活动。

5月10日 "5.12"汶川特大地震暨巨灾应对全国研讨会专家代表一行到汶川县考察。

5月10日 解放军某陆航团政委张晓峰一行赴汶川县映秀镇举行"5.12"汶川特大地震纪念活动，缅怀在地震中英勇牺牲的战友，祭奠遇难同胞。

5月11日 四川省硬笔书法协会主席李书忠一行到汶川县捐赠《心灵的重建——汶川大地震两周年》书法诗词集。

5月12日 首部反映震后恢复重建的大型电视连续剧《汶川儿女》新闻发布会在汶川县博物馆举行。

5月12日 为纪念"5.12"汶川特大地震两周年，汶川县分别在威州镇记忆·希望广场和映秀镇大爱磐石广场举行仪式，缅怀和告慰遇难同胞，展望汶川美好未来。

5月12日 全国妇联党组书记、副主席、书记处第一书记宋秀岩一行到汶川县考察灾区恢复重建工作。

5月12日 汶川县"中国·映秀"门户网站正式开通。

5月12日 汶川县召开"干部人才援助藏区行动"欢迎会。

5月12日 武警8740部队部队长沈涛一行到汶川县开展"5.12"汶川特大地震两周年回访活动。

5月12日 俄罗斯国家救援队代表一行重返汶川县映秀镇参加"5.12"汶川特大地震两周年祭奠活动。

5月12日 广东社工汶川县大同社会服务中心举行大型爱心巡展活动。

5月14日 中国交通运输部部长李盛霖、日本国土交通省大臣政务官三日月大造、韩国国土海洋部长官郑锺焕一行到汶川县参观考察灾后恢复重建成果。

5月15日 国土资源部部长、党组书记、国家土地总督察徐绍史一行来汶川县视察地质灾害隐患点安全排查工作。

5月15日 国家统计局局长马建堂、总统计师鲜祖德一行到汶川县考察灾后恢复重建工作。

5月16日 广东省国资委、广东省交通集团一行到汶川县开展慰问活动。

5月16日 州、县两级残工委到汶川县开展宣传、关心慰问残疾人系列活动。

5月17日 上海市政府副秘书长、上海市对口援建都江堰灾后恢复重建指挥部总指挥薛潮一行到汶川县考察灾后恢复重建工作。

5月17日 中华慈善总会、宝马爱心基金开放日活动在汶川县一中举行。

5月17日 广东省广州市总工会主席陈伟光一行到汶川县检查指导工作。

5月17日 汶川县举行中国·阿坝州首届大樱桃节锅庄比赛。

5月17日 广东省委常委、副省长肖志恒一行考察汶川县水磨镇建设情况。

5月18日 汶川县召开传达贯彻全省灾后恢复重建现场会精神大会。印发《关于表彰全省灾后恢复重建现场会筹备工作先进集体的决定》，对在全省灾后恢复重建现场会筹备工作中表现突出、成效显著的水磨镇等33个先进集体予以表彰。

5月18日 粤汶劳务对接招聘会暨人力资源市场信息联网开通仪式在汶川县举行。13个对口援建市与当地签订劳务合作协议书。

5月19日 州政府副州长田晓丹一行到汶川县调研扶贫开发和综合防治大骨节病试点工

作及农牧产业项目发展情况。

5月20日　汶川县举行青少年宫开工奠基仪式。

5月20日　共青团广东省委书记谭君铁一行到汶川县考察调研。

5月20日　省大件公路管理处捐助草坡乡发展养殖业捐赠仪式在汶川县草坡乡龙潭村举行。

5月21日　中共中央政治局常委、全国人大常委会委员长吴邦国一行到汶川县检查指导灾后恢复重建工作。

5月21日　汶川县招商引资项目推介会暨粤汶旅游合作框架协议签署仪式在县博物馆举行。

5月21日　汶川县在县博物馆举办"我们在一起——对口援建图片成果展"。

5月21日　县妇联联合汶川县大同社会工作服务中心举办"羌绣·汶川母亲的爱"义卖展。

5月21日　广东省旅游局在汶川县举办"大爱无疆·旅途有情·先进新汶川"为主题纪念汶川特大地震两周年系列活动。

5月21—22日　以"新阿坝·新汶川·新印象"为主题的中国·阿坝州首届大樱桃节在汶川县绵虒镇三官庙村举行，并开展大樱桃形象大使评定和"名家看汶川"笔会等活动。

5月22日　州委常委、州纪委书记王承先一行到汶川县检查指导中国·阿坝州首届大樱桃节工作。

5月22日　广东省肇庆市慰问团一行到汶川县克枯乡开展献爱心捐赠活动。

5月22日　广东省广州市政协主席林元和一行到汶川县视察灾后恢复重建成果。

5月23日　全国政协副主席李金华一行到汶川县实地调研,检查指导灾后恢复重建工作。

5月24日　省委第四巡视组组长毛云辉一行来汶川县检查灾后恢复重建工作进展情况。

5月25日　广东省广州市人大常委会副主任杨武一行到汶川县考察灾后重建工作。

5月26日　州委常委、县委书记青理东率汶川考察团一行赴上海学习考察。

5月26日　汶川县萝卜寨老寨设计规划评审会在成都召开。

5月26日　全国妇联党组副书记、副主席、书记处书记孟晓驷一行到汶川县调研灾后恢复重建工作。

5月26日　全国人大常委会委员、全国人大民族委员会副主任委员雷鸣球一行到汶川县考察灾后恢复重建情况。

5月26日　省级机关和各市(州)离退休老干部党支部书记一行到汶川县实地考察灾后重建成果。

5月26日　青海玉树灾后恢复重建赴四川培训班一行到汶川县考察恢复重建进展情况,学习交流重建经验。

5月26日　广东省珠海市委常委、纪委书记王广泉一行到汶川县绵虒镇检查指导援建工作,考察投资项目并慰问珠海市援建人员。

5月26日　汶川县为全县残疾人免费体检活动在雁门乡卫生院正式启动。

5月26—27日　汶川县组织职工群众参观抗震救灾及灾后重建展览。

5月27日　青海省委副书记、省长骆惠宁率青海省玉树灾后重建代表团一行到汶川县考察学习。

5月27日　阿坝州副州级以上离退休老干部一行到汶川县考察灾后恢复重建成果。

5月28日　由广东省汕头籍海外侨胞、港澳同胞助建的汶川县草坡乡樟排村"侨心居"落成仪式隆重举行。

5月28日　州政府副州长李川一行到汶川县检查灾后恢复重建项目推进情况。

5月28日　州政府副州长肖友才率州检查验收组一行到汶川县检查验收"三百"示范工程魅力乡镇建设成果。

5月28日　华夏人寿四川分公司慰问团牵手汶川县映秀小学开展重走志愿者之路活动。

5月28日　广东省珠海市人大常委会副主任冼文率人大代表团到汶川县绵虒检查指导援建工作,慰问援建人员。

5月29日　国道213线汶川县境内雁门乡索桥村大岩包处发生山体垮塌,交通中断。

5月30日　省委副书记李崇禧、副省长王宁一行赶赴汶川县雁门乡索桥村山体垮塌现场,指挥排危抢通工作。

5月31日　二炮后勤部基建营房部工作组一行回访汶川县水磨镇"八一"小学,并看望慰问师生。

5月31日　江苏省援建指挥部一行到汶川县水磨镇考察对口援建工作。

六月

6月1日　汶川一中举行"感恩社会,爱我校园"庆"六一"演讲比赛。

6月1日　四川省残联慰问团一行到汶川县看望特殊教育学校学生,与孩子们一同欢度儿童节,并送上节日礼物。

6月1日　全国政协常委、广东省政协常委、香港四洲集团主席戴德丰到汶川县看望少年儿童、慰问一线教育工作者,了解汶川县灾后恢复重建进展情况。

6月1—2日　州人大三任王福耀、副主任潘玉成一行到汶川县草坡、水磨、三江等乡镇,检查世界遗产保护和旅游发展"三条例一规定"贯彻实施情况。

6月7日　州督查组一行到汶川县茨里沟、茅林沟和板子沟村,详细了解扶贫开发和综合防治大骨节病试点工作情况。

6月7—10日　全国政协副主席、中国残联名誉主席邓朴方到汶川县,考察灾区恢复重建情况,并对地方经济社会发展和残疾人工作进行考察。

6月8日　国道213线汶川县境内老虎嘴路段发生路面坍陷,造成道路中断。

6月8日　省农工委考察团一行,到汶川县映秀镇和水磨镇考察灾后恢复重建情况。

6月9日　州委常委、县委书记青理东深入老虎嘴查看灾情,指挥抢险救灾工作。

6月10日　省委副书记李崇禧率省直有关部门负责人到汶川调研都文路保通工作。

6月10日　成都市委常委刘超带领省内部分地震灾区挂职干部,到汶川县考察各乡镇灾后重建情况。

6月11日　汶川县召开县城建设与风貌改造会议。

6月11日　原全国政协副主席杨汝岱一行,到汶川县映秀镇、银杏乡视察灾后恢复重建进展情况。

6月11日　汶川县召开地震子女伤亡家庭再生育工作座谈会。

6月12日　国家发改委投资司司长王晓涛到汶川县水磨镇、映秀镇考察灾后恢复重建工作。

6月12日　汶川县在映秀镇召开汶川国家西部体育公园规划评审会。

6月14—17日　州委常委、县委书记青理东率汶川县羌绣推介展示代表团赴香港、广东省惠州市等地展出羌绣、羌艺作品。

6月15日　省委副书记李崇禧率省直相关部门到汶川县草坡乡检查调研地震灾区地质灾害防治情况。

6月17日　州委常委、州委宣传部部长陈钢一行,到汶川县绵虒镇调研产业发展情况。

6月17日　国土资源部地质环境司副司长陶庆法一行,到汶川县调研地质灾害治理工作开展情况。

6月18日　州委副书记、州长吴泽刚实地调研汶马路汶川至理县段施工进展情况。

6月19日　州委书记侍俊到汶川县草坡乡察看地质灾害情况,慰问受灾群众。

6月18—19日　省科学重建专家咨询组一行,到汶川县考察恢复重建进展情况。

6月19日　汶川县召开大禹诞辰祭祀典礼暨首届大禹精神与华夏文明学术论坛筹备会。

6月19日　广东省茂名市委常委、宣传部部长陆庆彪率茂名电视台、茂名日报社、茂名晚报社记者团一行,到汶川县银杏乡考察对口援建工作。

6月20日　国家交通运输部纪检组长杨利民,四川省交通运输厅厅长高烽,阿坝州州长吴泽刚、副州长杨长清一行到汶川县映秀镇调研交通恢复重建进展情况。

6月21日　省政府副省长黄彦蓉到汶川县三江乡、水磨镇调研旅游业恢复发展情况。

6月23日　四川省地税局党组书记、局长单晨光一行,到汶川县绵虒镇开展"领导挂点,部门包村,干部帮户"活动,并看望慰问困难群众。

6月23日　省宗教局局长王增建一行,到汶川县水磨镇、映秀镇考察汶川县恢复重建情况。

6月24日　汶川县威州镇阳光家园二期安置房摇号抽签分房活动在原阿师专树人大楼举行。

6月24日　县政协各专委会、部分政协委员,到广东——汶川工业园区开展联谊活动。

6月25日　中共中央政治局常委李长春在省委书记、省人大常委会主任刘奇葆的陪同下,考察汶川县水磨镇、映秀镇、银杏乡灾后恢复重建情况。

6月29日　汶川县在县体育馆举行主题为"歌颂党感恩党"——纪念中国共产党成立89周年感恩大合唱活动。

6月29日　汶川县召开加快推进交通恢复重建工作会。

七月

7月1日　全国人大常委会副委员长李铁映到汶川县水磨镇、映秀镇、银杏乡调研灾后恢复重建工作。

7月1日　国家审计署副审计长董大胜赴汶川县考察,并检查指导工作。

7月6日　州委常委、常务副州长白理成到汶川县龙溪乡视察并了解当地灾后重建和村民生活情况。

7月6日　广东省江门市教育局与汶川县在"江门——汶川教育帮扶协议"启动仪式上签订教育帮扶协议。

7月6日　省文物管理局组织羌族建筑保护与修复专家到汶川县雁门乡萝卜寨村详细了解萝卜寨老寨的恢复方案。

7月7日　州委书记侍俊到汶川县映秀镇、漩口镇调研灾后恢复重建、城镇建设管理、城乡环境治理工作。

7月17日　由阿坝州人民政府、广东省珠海市人民政府、四川省社会科学院主办的首届大禹文化旅游节暨大禹祭坛落成典礼在汶川县绵虒镇举行。

7月17日 原国务院副秘书长安成信,四川省政协原副主席章玉钧,阿坝州人大常委会主任王福耀,州委常委、宣传部部长陈钢,州委常委谷运龙,县委副书记、县长张通荣和与会专家、学者出席在县博物馆举行的首届中国汶川大禹精神与华夏文明学术论坛开幕式。

7月18日 广东省珠海市市委书记甘霖,阿坝州委常委、常务副州长白理成,汶川县县长张通荣等领导参加珠海市对口援建、对口支援绵虒镇灾后重建项目整体移交仪式。

7月18日 州委常委、县委书记青理东陪同建设创新型国家战略推进委员会顾问、西藏自治区党委原书记阴法唐率领的调研组一行考察汶川县灾后重建进展情况。

7月18日 汶川地震灾后原址重建模式研讨会在县博物馆召开。特邀美国国家科学基金项目主任、美国马里兰大学客座教授LIUSHIHC;美国伊利诺斯大学终身教授、美国智能结构技术亚太研究中心主席、波兰科学院外籍院士BILLIEF-LOYDSPENCERJR,中国地震局、中国工程院院士谢礼立,广州大学、中国工程院院士周福霖等专家共同探讨灾后重建模式。

7月19日 州委常委、县委书记青理东深入映秀镇老街村,看望慰问地震后再生育家庭。

7月20日 州委常委张万平,州委常委、县委书记青理东陪同成都市政协考察团一行考察汶川县灾后恢复重建情况。

7月22日 广东省委副秘书长、肇庆市委常委、组织部部长李水华到汶川县克枯乡,了解灾后重建进展情况。

7月27日 香港特别行政区行政长官曾荫权一行到汶川县考察香港援建项目——省道303线映秀至卧龙公路恢复重建推进情况。

7月27日 由国家文化部产业司司长刘玉珠带领的考察组到汶川县检查指导文化产业恢复情况。

7月29日 中央直属机关工委常务副书记孙淦一行到汶川县视察灾后恢复重建工作。

7月29日 汶川县召开第三批西部计划志愿者赴汶川支援灾后重建欢迎会。

7月30日 广东省茂名市市长邓海光、州政府副州长李川、汶川县县长张通荣、广东省对口援建汶川县工作组组长陈茂辉等领导和嘉宾参加在银杏乡广场举行的广东省茂名市对口援建汶川县银杏乡项目整体移交仪式。

7月30日 省委书记、省人大常委会主任刘奇葆,成都军区司令员李世明,政委田修思,省委副书记、省长蒋巨峰,省政协主席陶武先等军地领导到汶川县映秀、水磨等乡镇参观考察,共庆建军83周年。

7月30日 省政府在汶川县召开汶川地震灾区重点城镇恢复重建工作现场会。副省长黄彦蓉出席会议并讲话,全体与会代表参观考察水磨镇、银杏乡、绵虒镇及威州镇。

7月 本年是汶川县高三学生结束异地过渡复课后第一次回到新修的永久性校园里进行高考,汶川县取得重点本科上线20人和本科上线209人的好成绩,达到85%以上的升学率。

7月 水磨羌城景区旅游总体规划暨重点项目控制性详细规划评审会在成都召开。

八月

8月2—4日 省纪委副书记黄河率省督察组到汶川县检查灾后重建。

8月4日　北师大心理辅导小组到汶川县各部门进行灾后心理重建调查。

8月5日　世界旅游组织特聘专家彼得森到水磨镇和映秀镇考察汶川县灾后旅游恢复重建情况。

8月5日　中共中央政治局委员、国务委员刘延东到汶川县调研灾后恢复重建进展情况。省委书记、省人大常委会主任刘奇葆，阿坝州委书记侍俊，州委常委、县委书记青理东，县人大常委会主任李代君，县委副书记、县长张通荣等省、州、县领导陪同。

8月6日　省委常委、副省长魏宏到汶川县映秀镇黄家村调研"挂包帮"工作，州委书记侍俊，州委常委、县委书记青理东，副州长李川陪同。

8月6日　省综治办综合处处长刘海一行到汶川县调研灾区矛盾纠纷排查、稳定工作开展情况。

8月6日　由省委宣传部、省文明办、省教育厅、省旅游局、团省委联合组织的"心系灾区·励志蜀道"全省未成年人灾区夏令营到汶川县映秀镇和水磨镇进行实践学习。

8月10日　由省社科院常务副院长周友苏带队的灾后重建"四川模式研究"调研组在汶川县进行实地调研。

8月10日　全州灾区校园环境综合治理现场会议在汶川县水磨镇召开。

8月10日　汶川县召开中国四川国际文化旅游节筹备工作推进会。

8月11日　州政协副主席杨燕率调研组并带领汶川县政协等相关人员到绵虒镇考察调研藏羌文化走廊建设情况。

8月11日　四川省侨办团到汶川县映秀镇、水磨镇考察学习灾后恢复重建工作。

8月11日　《深圳商报》社一行到汶川县水磨镇考察灾后重建。

8月11日　第八届国际侏罗系大会参会代表来到汶川县映秀镇、水磨镇，参观考察灾后恢复重建。

8月12日　四川省旅游局规划财务处副调研员陈文率领省A级旅游景区评定专家组检查验收汶川水磨古镇创国家AAAA级景区。

8月13日　汶川县映秀镇和银杏乡境内多处发生山洪泥石流灾害，国道213线再次中断。

8月14日　汶川县映秀镇发生特大泥石流，州委常委、县委书记青理东徒步赶赴映秀镇查看灾情。县长张通荣率路桥、都汶公司及县交通、公路部门进行抢险。

8月15日　州委常委、县委书记青理东主持召开汶川"8.14"特大泥石流抗洪抢险工作会。

8月16日　省委书记、省人大常委会主任刘奇葆到汶川县映秀镇，察看岷江河道壅塞体处理和都汶路修复抢通情况，指导抢险救灾工作。

8月17日　州委常委、县委书记青理东代表汶川县委、县人民政府到映秀镇各武警官兵驻地、前线施工工地现场，看望慰问救灾一线的武警官兵和抢险施工人员。

8月17日　副省长陈文华、省卫生厅副厅长赵晓光、省环保厅副厅长杨雪鸿、省政府副秘书长何旅章一行到映秀镇现场察看"8.14"泥石流灾情。

8月19日　省委常委、省纪委书记欧泽高到汶川县映秀镇实地调研抢险救灾工作。

8月19日　省委书记、省人大常委会主任刘奇葆，省委副书记、省长蒋巨峰连夜驱车赶赴汶川县映秀镇，指挥映秀新镇保卫战。

8月19日　审计署成都特派办赴汶川县发改、财政、规划建设、国土、林业等部门，对汶川县规划编制情况、规划执行情况、资金筹集分配管理使用情况、前一阶段跟踪审计发现的问题的整

大事记

改情况等事项进行跟踪审计。

8月19日 副省长黄彦蓉在阿坝州委常委、宣传部长陈钢，副州长刘文芝的陪同下到汶川县映秀镇调研，并现场启动映秀镇住房结构安全性评估工作。

8月19日 交通运输部部长李盛霖赴汶川县映秀镇等地察看灾情。

8月20日 省委书记、省人大常委会主任刘奇葆到映秀镇、漩口镇和水磨镇调研，察看交通抢通保通、群众安置、灾后恢复重建等工作。

8月20日 副省长王宁在汶川县映秀镇主持召开抢险救灾现场联合指挥部会议。

8月20日 四川省军区政委叶万勇一行到汶川县看望慰问部队官兵。州委常委、汶川县委书记青理东，州人民政府副州长杨长青一行深夜看望慰问一线政法干警和部队官兵。

8月21日 省委书记、省人大常委会主任刘奇葆冒雨赶赴汶川县映秀镇灾区防洪大堤，详细了解映秀镇抗洪抢险工作进度，并就下一步抗洪抢险工作作出重要指示。

8月22日 经过9天的努力，国道213线汶川映秀段抢通便道。

8月22日 共青团四川省委书记张彤带领志愿者到汶川县映秀镇参加清淤工作。

8月23日 中共中央政治局常委、国务院总理温家宝深入汶川县映秀镇灾区详细了解泥石流灾害。

8月23日 副省长王宁实地考察映秀镇红椿沟泥石流挡土墙修筑和岷江左岸除险加固工作。

8月24日 省委副书记李崇禧、省委常委、省委宣传部长黄新初到汶川县映秀镇察看灾情、指导抢险救灾工作。

8月25日 映秀镇秀坪小区复工，开启映秀二次重建。

8月25—26日 州政协副主席王斌带领州政协调研组到汶川县调研地质灾害防治工作。

8月26日 国家卫生部应急办副主任张国新到汶川县映秀镇检查指导卫生防疫工作。

8月26日 副州长肖友才深入汶川县视察11个严重地质灾害点。

8月26日 广东黄埔卫生学校校长欧阳焕文到汶川县水磨镇考察灾后重建情况。

8月26日 映秀新镇防洪堤坝进行水泥浇筑，全面对防洪堤坝进行加固、加宽、加高。

8月27日 由省建筑工程专家组成的专家组到映秀镇枫香树村，对遭受洪水泥石流灾害的安置新区房屋进行检测。

8月28日 阿坝州在映秀镇召开临灾避险紧急疏散演练部署会。映秀镇开展临灾避险应急演习。

8月28日 武警阿坝支队武警官兵，在映秀新镇的防洪堤坝上装填两万只沙袋，确保映秀新镇防洪堤的安全。

8月29日 中央电视台新闻联播采访组到汶川县水磨镇，开展灾后重建专题采访报道。

8月30日 省委常委、常务副省长魏宏赴汶川县映秀镇指导红椿沟、烧房沟泥石流地质灾害治理工作。

九月

9月1日 武警总部副政委李清印一行赴汶川县考察，州委常委赵平、副州长杨长清等陪同。

9月2日 副州长肖友才、县委副书记泽小勇到映秀镇两处壅塞体应急抢险工程现场，实地察看工程进展情况，看望慰问抢险武警水电部队官兵。

9月4日 省委副书记李崇禧带领省政府副秘书长赵学谦、省水利厅厅长冷刚等专家一行到汶川县映秀镇检查指导截水大坝建设情况。

9月6日 四川省"向祖国汇报感恩文艺晚会采风座谈会"在汶川县举行。著名导演、国家一级编导赵明等专家组成员，州委常委、宣传部部长陈纲出席会议。

9月7日 落基山环保技术（上海）有限公司总裁黄天文教授一行赴汶川县映秀镇考察泥石流后山体植被毁坏情况。

9月8日 副省长王宁在州长吴泽刚、汶川县县长张通荣等陪同下，赴汶川县映秀镇调研。

9月9日 省委副书记李崇禧率省直相关部门负责同志在州人大主任王福耀等陪同下，到汶川县映秀镇指导省道303线抢通工作。

9月10日 广东省地震局到汶川县考察指导灾后恢复重建工程抗震能力。

9月10日 副州长肖友才在汶川县县长张通荣陪同下，深入漩口、水磨工业集中区查看企业灾情和恢复生产情况，指导边坡治理、企业搬迁等相关工作。

9月11日 为庆祝七盘沟社区居民由板房搬入阳光家园四期新居，县民政局、七盘沟社区、广东社工（汶川）站在七盘光社区广场联合举办"新家园、新风尚"文艺活动。

9月13日 州长吴泽刚前往映秀镇现场指挥省道303线映卧段公路抢通保通工作。

9月14日 广东省法治办常务副主任张宇航一行到汶川县人民医院调研指导灾后医疗发展。

9月14日 湛江爱心人士援助龙溪小学奖学金发放仪式在龙溪小学举行。

9月15日 汶川县召开灾后恢复重建项目评估汇报会，就地震灾后恢复重建项目评估工作开展情况向省专家组进行专题汇报。

9月16日 国家广电总局中影集团公司常委书记、副董事长焦宏奋带领考察组到汶川县水磨镇、映秀镇考察灾后恢复重建成果。

9月16日 佛山市委常委、常务副市长冼瑞伦带领佛山市党政领导团一行第十次到水磨镇参观考察。

9月17日 省建设厅副厅长谭新亚一行到汶川县映秀镇考察自来水厂灾损和恢复重建情况。

9月17日 汶川县举行"迎中秋、感恩人民"锅庄表演活动。

9月19日 国家电网四川省电力公司总经理、党委副书记王抒祥到映电总厂看望慰问员工，检查指导灾后恢复重建工作。

9月20日 汶川县水磨古镇旅游景区顺利通过全国A评委专家会议，成为汶川县震后打造的第二个国家AAAA级旅游景区。

9月21日 "5.12"汶川特大地震恢复重建暨巨灾应对国际研讨会嘉宾在汶川县县长张通荣陪同下参观汶川县灾后重建成果。

9月21日 省委副书记、省长蒋巨峰率省委、省政府慰问团到汶川县水磨镇看望慰问对口援建省在汶川县的干部及援建人员。

9月21日 来自世界各地的防震减灾专家参观考察汶川县映秀镇、水磨镇灾后重建。

9月22日 由中央六部门哲学社会科学教学科研骨干研修班学员组成的考察组赴汶川县参观考察灾后恢复重建成果。

9月26日 州委书记侍俊在汶川县映秀镇听取灾后恢复重建工作汇报。

9月29日 州委书记侍俊，州委常委、秘书长、统战部长金吉昌，州委常委、县委书记青理东，亲切慰问灾区群众以及奋战在建设生产一线的工作人员。

9月29日 省委党校第26期省政府部门处级公务员培训班学员一行到汶川县水磨镇考察灾后恢复重建情况。

9月30日 省委副书记李崇禧率团到映秀镇看望慰问抗击特大山洪泥石流灾害贡献突出单位。

十月

10月1日 省交通厅厅长高烽到省道303线调研汶川县映秀镇至卧龙段建设情况。

10月8—9日 州人大常委会主任王福耀率调研组到汶川县调研地质灾害防治工作。

10月9日 州政协调研组赴汶川县专题调研"三百示范工程"推进情况。

10月10日 广东省委副书记、省长黄华华，广东省委常委、常务副省长朱小丹一行到汶川县城参观考察，并为广东援建汶川纪念碑揭幕。四川省副省长王宁，广东省人民政府副秘书长、广东对口援建汶川工作组组长陈茂辉，阿坝州委书记侍俊，阿坝州政协主席杨海青，阿坝州委常委、常委副州长白理成，阿坝州委常委、汶川县委书记青理东，汶川县委副书记、县长张通荣陪同参观并出席揭幕仪式。

10月10日 广东省对口支援四川省汶川县恢复重建任务全面完成庆祝大会在汶川县映秀镇举行。国家发展和改革委员会副秘书长杨伟民，广东省委副书记、省长黄华华，广东省委常委、常务副省长朱小丹，广东省人大常委会副主席陈用志，广东省政协副主席汤炳权等领导出席庆祝大会。广东省各援建市市长、广东省有关单位领导和四川省省直单位领导、阿坝州重要领导、汶川县各级领导、广东省全体援建工作人员及群众代表2000人出席大会。

10月10日晚 汶川县举行庆祝广东省对口支援汶川县灾后恢复重建任务全面完成大型文艺晚会。广东省委常委、常务副省长朱小丹，四川省政府副省长王宁，州委书记侍俊，州政协主席杨海青等出席并观看演出。

10月11日 州委副书记、州长吴泽刚到阿坝师专郫县古城复课校区出席该校2010级迎新晚会并致辞。

10月11日 广州市对口援建威州穗威合作协议签约仪式在汶川博物馆举行。广州市市长万庆良、汶川县县长张通荣出席签约仪式并讲话。

10月11日 广东省佛山市与水磨镇正式签署《佛山水磨长期合作框架协议》。佛山市委常委、常务副市长冼瑞伦出席签字仪式。

10月11日 广东省中山市市委副书记、代市长薛晓峰率中山市代表团到汶川县漩口镇考察对口援建工作。

10月11日 广东省湛江市市委副书记、市长阮日生率湛江市代表团到汶川县龙溪乡考察对口援建工作。

10月12日 汶川县召开对口援建工作总结表彰大会。广东省人民政府副秘书长、广东对口援建汶川工作组组长陈茂辉，阿坝州委常委、常务副州长白理成，县委副书记、县长张通荣等出席表彰大会。

10月13日 全国政协提案委员会副主任王生铁，全国政协常委、提案委员会副主任王显政，全国政协常委刘峰岩一行到汶川县考察灾后恢复重建工作。

10月14日 州委常委、州政法书记杨克宁率维稳工作督导组到汶川县检查指导灾后维稳工作并召开座谈会。

10月14日 汶川县召开"社会矛盾纠纷大调解、城乡环境卫生大整治、宣建成果管理大提升"三大活动动员大会。

10月15日 阿坝州人口计生系统灾后重建

项目工作汇报会在汶川县召开。

10月15日 汶川县青少年活动中心开工仪式在汶川县映秀镇举行。团省委书记张彤，州委常委、县委书记青理东，州人民政府副州长、州公安局局长邓文国出席开工仪式。

10月16日 国家财政部经建司司长李敬辉到汶川县调研灾后重建情况。

10月20日 省林业厅厅长王平在汶川县卧龙镇主持召开汶川县林业灾后恢复重建工作座谈会。

10月20日 四川省教育厅副厅长何绍勇率省检查组到汶川县检查"全国党员代表莅临汶川检查特殊党费援建项目"活动筹备情况。

10月21日 阿坝州人大常委会副主任罗塔率调研组一行到汶川县各乡镇调研农业产业恢复重建情况。

10月21日 广东省东莞市副市长邓志广率团到汶川县映秀镇考察灾后恢复重建情况。

10月22日 广东省中山市对口支援汶川县漩口镇灾后恢复重建任务全面完成座谈会在汶川县举行。中山市委常委、常务副市长邓小兵，中山市对口援建漩口镇前线工作组组长黄永林参加座谈会。

10月22日 甘南藏族自治州副州长雷和平率党政考察团一行到汶川县考察交流灾后恢复重建经验。

10月23日 参加"西南四省市投资工作座谈会"的专家赴汶川县映秀镇、水磨镇参观考察灾后重建成果。

10月24日 州人大常委会主任王福耀、州委常委赵平率州"三百"工程建设检查验收组到汶川县映秀镇检查验收"三百"示范工程。

10月25日 国家编译局一行深入汶川县水磨镇、映秀镇考察灾后恢复重建成果。

10月26日 省委组织部副部长彭德秋、周国庆一行到汶川县调研指导"特殊党费"支持灾后恢复重建工作。

10月26日 省扶贫和移民工作局一行到汶川县调研灾后重建工作。

10月26日 广东省总工会捐助汶川金秋助学金活动在汶川县举行。

10月27—28日 国家发改委地区巡视员王新怀率调研组一行到汶川县调研农村群众因灾致贫返贫情况，并视察映秀镇灾后重建成果。

10月29日 中央纪委驻工业和信息化部纪检组长郭炎炎率中央检查组第十七组一行到汶川县检查灾后恢复重建工作。

10月29日 中央电视台副总编辑梁晓涛率考察团一行到汶川县映秀镇、水磨镇考察灾后恢复重建成果。

10月29日 全国共产党员代表一行到汶川县映秀镇、水磨镇考察"特殊党费"援建项目，并出席由"特殊党费"全额援建的汶川县七一映秀中学竣工典礼仪式。

10月31日 中国人民解放军少将、原中纪委驻司法部纪检组长岳宣义一行到汶川县考察灾后重建情况并向汶川一小捐赠图书。

十一月

11月1日 汶川县召开践行"学唱树促推"五字经，深化感恩教育活动工作会。

11月2日 全国人大教科文卫委员会副主任委员李志坚一行到汶川县调研灾后重建和《红十字会法》贯彻落实情况。

11月2日 国家发改委灾后重建志编委会到汶川县调研《汶川地震灾后重建志》编撰筹备工作。

11月3日 泛珠三角区域应急管理工作联席会议代表到汶川县考察灾后重建工作。

11月5日 汶川县绵虒镇庆祝羌历新年活动在大禹祭坛举行，并进行羌历新年锅庄比赛。

11月6日　汶川县在水磨古镇举行"走进汶川过羌年"大型活动。

11月9日　汶川大地震绿色重建及发展低碳经济学术研讨会专家团一行到汶川县映秀镇考察灾后恢复重建情况。

11月11日　交通运输部副部长翁孟勇到汶川县实地调研灾后交通重建和交通扶贫工作。

11月15日　青海省人大常委会副主任昂毛率青海省人大考察团到汶川县映秀镇考察灾后重建情况。

11月15日　广东羊城晚报社"健康万里行——爱心连线汶川，与盛会共起舞"偕同奥运冠军陈晓敏，到汶川一中举行捐赠活动。

11月15日　全国政协委员、省政协副主席黄润秋率省直机关考察团到汶川县考察灾后恢复重建成果。

11月16日　新华社副社长鲁炜一行到汶川县考察灾后重建工作进展情况。

11月17日　国家人力资源和社会保障部灾后重建志编纂工作调研组到汶川县调研公共服务设施恢复重建工作。

11月17日　省验收组到汶川县检查验收省级乡村旅游示范县创建工作。

11月18日　国内首部汶川本土拍摄的大型电视连续剧《汶川儿女》在汶川县映秀镇漩口中学遗址正式开机。州委常委、县委书记青理东，县委副书记、县长张通荣出席开机仪式并揭幕。

11月18日　国家发展改革委员会调研组到汶川县调研灾后恢复重建工作。

11月22日　全国政协副主席孙家正到汶川县布瓦黄泥碉群国家级文物保护单位就抢救保护工程进行调研。

11月23日　阿坝州"三百"示范工程验收组一行到汶川县三江乡、绵虒镇，对汶川县第二批4个精品旅游村寨建设成果进行检查验收。州委书记侍俊，州人大常委会主任王福耀，州委常委、纪委书记王承先，州委常委、政法委书记杨克宁参加验收。

11月27日　人民日报副总编米博华到汶川县考察灾后重建成果。

11月30日　汶川县召开对口援建工作座谈会。州委常委、县委书记青理东，广东省援建工作组组长陈茂辉等参加会议。

十二月

12月1日　省委组织部退休老干部考察团到汶川县考察灾后恢复重建成果。

12月2日　台湾桃园县复兴乡代表团到汶川县考察。

12月3日　广州援建事迹考察团到汶川县考察、学习。

12月5日　青海省玉树州州委书记旦科率重建骨干培训班成员到汶川县水磨镇考察灾后恢复重建工作，并进行座谈。州委书记侍俊，州委常委、县委书记青理东，州委常委赵平，州委常委、组织部部长张冨国等陪同考察并出席座谈会。

12月7日　由人民日报社、新华社、人民政协报社、中国政协杂志社等媒体组成的采访团到汶川县开展政协助推灾后重建新闻采访活动。

12月9日　汶川县召开大禹文化旅游区创国家AAAA级景区指挥部工作会议。

12月16日　中共中央宣传部副部长申维辰到汶川县调研"5.12"特大地震三周年新闻宣传、抗震救灾和恢复重建成果展示、地震灾区"三基地一窗口"建设等情况。

12月17日　国家工业通信业信息化法制座谈会代表一行到汶川县考察灾后恢复重建成果。

12月18日　国家和军队信息化专家委员会调研组到汶川县映秀镇考察灾后恢复重建工作。

12月19日　州委书记侍俊，州委副书记、州长吴泽刚到汶川县映秀镇调研。

12月22日 四川省召开抗击特大山洪泥石流灾害总结表彰电视电话会议。州委常委、县委书记青理东等县级领导干部在汶川分会场参加会议。

12月22日 中央政府驻港联络办研究部部长曹二宝一行到汶川县考察灾后重建成果。

12月22日 中央电视台到汶川县考察灾后恢复重建情况。

12月26日 广东——汶川工业园区举行项目签约暨南联食品机械有限公司投产仪式。省政府副秘书长蔡竞,州委常委、常务副州长白理成,州委常委、县委书记青理东,广东省政府副秘书长、广东省对口支援汶川灾后恢复重建工作组组长陈茂辉,县委副书记、县长张通荣等出席会议。

12月26日 四川省灾后重建旅游文化产业专家组到汶川县考察、指导大禹文化旅游区国家级AAAA景区创建工作。

12月29日 中国地震局副局长刘玉辰到汶川县调研,指导农房建设、公共基础设施防震减灾工作。

12月30日 州委常委、县委书记青理东看望慰问映秀镇过渡安置群众。

政治

中国共产党汶川县委员会

【领导名录】

书　记　青理东
副书记　陈茂辉（广东援建）
　　　　廖　敏（2月止）
　　　　张通荣
　　　　泽小勇
　　　　龚　明（5月起挂职两年）
县委常委　朱耀忠（广东援建）
　　　　向　林
　　　　罗尔基木
　　　　许西觋（5月起挂职两年）
　　　　吴开明
　　　　李　杰（5月起挂职两年）
　　　　郭素梅
　　　　张贵强
　　　　朱　锐（3月起）
　　　　刘　兵
　　　　杜朝刚
　　　　周全福（6月止）
　　　　周　琼（6月起）
　　　　向泽朗（省委组织部下派7月止）
　　　　郭　勇（省委组织部下派1月止）
　　　　江中渔（省委组织部下派1月止）
　　　　全晓峰（省委组织部下派1月止）
　　　　吴永洪（省委组织部下派1月止）
　　　　蔡存明（省委组织部下派1月止）
　　　　郭永军（省委组织部下派1月止）
　　　　任献光（中组部下派7月止）
　　　　范振宇（中组部下派7月止）
　　　　李志新（中组部下派7月止）
　　　　李东红（中组部下派7月止）
　　　　邓国基（中组部下派11月止）
县委调研员　阳金花（6月止）
　　　　　　杨顺康
县委副调研员　杨朝宇

重要决策

【概况】 县委团结带领广大党员干部和全县各族人民，大力弘扬伟大抗震救灾精神，深入贯彻落实科学发展观，认真贯彻落实省委、州委一系列重大决策和工作部署，坚持一手抓灾后重建促发展、一手抓维护稳定促和谐，始终处于强力冲刺状态，加快推进阿坝州新型工业集中发展区、岷江河谷现代特色农业示范区、羌禹文化生态体验区、防灾减灾示范区建设发展，呈现出重建发展加快推进、社会政治大局稳定、城乡居民收入增加、各族人民生产生活改善的良好局面。

坚持一手抓灾后重建原地起立，一手抓经济社会发展起跳，按照州委、州政府的统一部署，适时转移工作重点，发展产业、扩大就业、扶贫帮困，借力灾后恢复重建推进产业转型升级，加快漩映片区"3213"产业振兴和威绵片区"3215"（漩映地区"3213"产业再造：根据漩映地区资源、气候、区位特点，加快建设映秀国家AAAAA级旅游胜地和防灾减灾示范样板区、漩口新型工业集中发展区、漩三环线小规模特色农业和"四改两建设"、三江国家AAAA级旅游风景区，精心打造漩映环线特色产业发展经济圈，形成"3213"展示体系。威绵片区"3215"旅游发展：以三村即萝卜寨村、布瓦村、羌丰村，两镇即威州镇、绵虒镇，一谷即龙溪羌人谷为重点，全力打造国家AAAAA级羌禹生态文化体验景区）文化复兴步伐，推进汶川地震向汶川制造、汶川品牌转变。

2010年，按照"遵循规律、以人为本、趋利避害、优质高效、加快发展"的思路，坚持城乡住房、公共设施、基础设施、重大产业四个优先重建，全力以赴打好恢复重建决战决胜之仗，一心两廊四区正在发生脱胎换骨的巨大变化，夺取了重建发展的决定性胜利。全县纳入灾后恢复重建项目大类501个，累计完工455个，完工率为90.8%；累计完成投资210亿元，完成率94.7%，三年恢复重建任务两年基本完成。

2010年是全县经济社会发展质量最好、基础设施改善最快、城乡面貌变化最大、人民群众得到实惠最多的一年，实现了重点项目投资规模超历史、经济发展速度超历史、城乡环境改善超历史、各级干部管理能力提升超历史等"四个超历史"，灾后美好新汶川呈现出蓄势腾飞的强劲态势。全年完成生产总值337730万元，同比增长37.8%；固定资产投资完成920177万元，同比增长6.5%；地方财政一般预算收入完成19658万元，同比增长103.3%；社会消费品零售总额完成38552.7万元，同比增长19.1%；农村居民人均纯收入达到4065元，同比增加730元，同比增长21.89%；城镇居民人均可支配收入达到1487003元，同比增长16.4%。

虽然历经大灾大难的挫折和磨砺，"十一五"经济社会发展的各项目标任务基本完成，九大主要经济指标，有六项全面完成、两项基本完成，只有一项完成72.9%，全县经济迅速走出"5.12"汶川特大地震、"8.14"特大山洪泥石流灾害造成的低谷并步入持续快速发展轨道。"十一五"以来，我们创建了工作新格局、构建了发展新模式、形成了精神新财富、汇聚了跨越新动力。预计今年地区生产总值完成"十一五"目标的82.0%（除2006年、2008年外均保持了两位数增长），年均增长4.6%；固定资产投资完成"十一五"目标的5.3倍，年均增长43.4%；财政一般预算收入完成"十一五"目标的150%，年均增长17.1%；社会消费品零售总额完成"十一五"目标的72.9%，年均增长6.0%；农民人均纯收入由2005年的2272元增加到2010年的3870元，高出"十一五"目标320元，年均增长11.2%；城镇居民人均可支配收入由2005年的7237元增加到2010年的14950元，年均增长15.6%；旅游总人数133万人次，旅游总收入61800万元，各项社会事业全面进步。

2009年至2010年，全县经济总量强劲恢复、运行质量明显提高、工业经济加快发展、投资保持高速增长、财政收入大幅提高、农民人均纯收入显著增加。全县地区生产总值增长34.3%，较2001年至2007年年均增速高21.0个百分点、较改革开放30年年均增速高25.9个百分点；人均GDP增长33.7%，较2001年至2007年年均增速高20个百分点、较改革开放30年年均增速高26个百分点；全部工业增加值增长58%，较2001年至2007年年均增速高41.7个百分点、较改革开放30年年均增速高49.3个百分点；财政一般预算收入增长86.2%，较2001年至2007年年均增速高60.7个百分点、较改革开放30年年均增速高76.9个百分点。2008年至2010年，全县共完成固定资产投资187.76亿元，而建县以来（1950

年)至2007年,全县固定资产投资总量仅为121.76亿元,近两年的投资总额大大超过前58年的投资总额;农民人均纯收入增长19%,较2001年至2007年年均增速高9.2个百分点,较改革开放30年年均增速高7.4个百分点;城镇居民人均可支配收入增长17.0%,较2005年至2007年年均增速高2.7个百分点。"十一五"使汶川站在了新的更高起点上,不仅创造了巨大的物质财富,而且积累了支撑更大发展的宝贵经验。

【城乡住房重建全面完成】 坚持把人人有房住作为灾后恢复重建的首要任务,严格按照"遵循规划、科学设防、强化功能、体现特色"的原则,通过完善扶持政策、确保建材供应、强化工程质量、加强资金管理、优化协调服务等举措,全力加快城乡住房恢复重建,农房维修加固和重建完工率100%,城镇住房重建全面完成,除映秀镇、水磨镇外,全县城镇住房入住率达100%,实现了从单纯住房重建向注重改善居住环境转变、从简单模仿风貌向注重地域建筑风格转变、从传统工匠建设向现代科学施工转变。

【基础设施重建加快推进】 把基础设施建设作为灾后重建的先决条件,借力灾后恢复重建全面升级基础设施,一批关系汶川长远发展的基础设施重大项目开工建设,累计开工88个、开工率100%,累计完工83个、完工率94.3%,累计完成投资38.6亿元、完成95.3%。县乡主要干道、通村公路硬化率100%、通达率100%,映汶高速公路建设进展顺利,川汶路、汶马路等干道建设基本完工,交通基础条件极大改善。农村水网、电网、邮电通信网、广播电视网基本恢复震前水平,水利设施基本恢复,农业综合生产能力普遍提高。科学调整城镇布局和功能,统筹推进城乡重建,按照建设组团式和生态文化城市理念打造的新汶川已具雏形,水磨镇已建成西羌文化生态名镇,震中映秀镇变身自然风光秀美、民族风情浓郁的旅游小镇。

【社会事业重建主体全面完成】 围绕功能齐全、设施良好、环境优美的目标,加快公共服务设施重建,全面完成县属中小学校、县乡医疗卫生机构、社会福利设施的重建,新建成一批健身广场、文化中心、村民活动中心和污水垃圾处理等设施,基本实现公共服务的全域覆盖和城乡均等。同时,以硬件设施提升为依托,全面巩固"两基"成果,大力发展寄宿制教育,实施学校标准化、规范化建设和管理,促进义务教育均衡发展。县、乡、村三级医疗服务网络全面恢复,医疗保障能力和应急处置能力全面提升,公共卫生体系基本健全和逐步完善。计划生育与人口工作成效显著。防灾减灾体系基本健全和逐步完善。

【抗击"8.14"特大山洪泥石流】 8月14日,映秀镇、银杏乡等地发生特大山洪泥石流灾害。面对突如其来的特大自然灾害,县委、县政府充分运用抗震救灾经验,全力以赴组织抢险救灾工作。做到预警在前、应急在前、抢险在前,紧急有序转移群众,及时解救被困群众,千方百计搜救失踪人员,紧急避险转移19600余人,临时安置2743人,疏散游客、务工人员等4100余人。扎实做好科学处置、监测预警、临险避灾、抢通保通、疏散转移等工作,不畏艰险、昼夜奋战,最大限度地减少了人员伤亡和灾害损失,以震中映秀为代表的重建成果经受住了特大山洪泥石流灾害的考验。

【新型工业化建设】 按照"一体两翼"工业发展构想,坚持"新能源、新材料、新医药"工业发展方向,推动工业在搬迁中升级、在集聚中增效、在重建中跨越,着力培育新的经济增长点。加快工业全面恢复重建,扶持发展铝、锂、磁材、农产品加工等四大重点工业,全县33户规模以上工业企业全面恢复生产。用好灾后重建有关优惠政策,加大工业园区建设和发展力度,广东·汶川工业园基础建设加快推进，桃关工业集中区发展条件明显改善，漩口新型工业园得到提升发展，企业技改项目进展顺利。大力实施节能减排和清洁生产，加快淘汰落后生产能力，县外迁建7户、县内迁建8户高载能工业企业，拆除14户高污染五小企业，引导现有企业、迁建和新建企业大力发展循环经济。全年完成工业增加值200766万元，增长64.1%。

【农业产业化建设】 坚持"高品质、高产量、高效益"农业发展方向，扎实推进农业提升发展。积极探索农业由粗放式增长向集约化发展转变，积极发展生态农业、循环农业和观光农业，突出发展猕猴桃、甜樱桃、花卉、现代畜牧养殖业。启动建设百亩花卉基地、千亩茶叶基地、万亩甜樱桃和猕猴桃基地。积极推行"公司+基地+农户"经营模式，加快推进农业产业化经营，引导企业与农民建立紧密的利益联系机制和风险防范机制，农业产业化发展步伐有效加快，农业生产能力大幅提升。全年农业增加值完成16615万元，同比增长7.9%；农民人均纯收入4065元，同比增长21.89%。

【旅游标准化建设】 坚持把旅游业作为先导性、战略性产业，规划发展休闲农业与乡村旅游示范县，坚持"精品景观、精美村寨、精致村庄"旅游发展方向，深入实施旅游二次创业。全面提升三江国家AAAA级旅游景区，借助援建力量规划打造新卧龙熊猫生态家园景区，天地映秀、大禹文化旅游区正在创建国家AAAA级旅游景区，映秀、水磨等地震遗迹、灾后重建成果观光游成功推出，水磨古镇景区成功创建国家AAAA级旅游景区并对外开游。全年接待游客142.3万人次，实现旅游收入6.18亿元，同比增长204.4%，旅游发展全面超越震前水平，省级乡村旅游发展示范县顺利通过验收。

【新农村建设】 按照省委省政府加快推进社会主义新农村示范县建设的总体部署，着眼于统筹城乡发展、提高新农村建设水平，精心规划、科学布局，全力推进"三百"示范工程建设，切实改变村容村貌、提高群众幸福指数、改善群众生产生活条件，全县13个精品旅游村寨、8个幸福美丽村寨、12个乡镇所在地村庄建设取得显著成效，服务功能明显增强，群众生产生活发生新变化、实现新提高，顺利通过州委州政府的验收，省级社会主义新农村示范县阶段目标建设工作顺利通过省级验收。深入推进城乡环境综合治理，全力整治"六子"、着力提升"四化"，城乡环境和人居环境进一步改善。

【社会保障能力建设】 把扩大就业作为经济社会发展的优先目标，完善就业服务体系，鼓励劳动者自谋职业和自主创业，促进城乡劳动力有序转移就业，全县城镇新增就业623人，145名下岗失业人员和10名就业困难对象实现再就业，城镇登记失业率控制在4%以内。加快完善覆盖城乡居民的社会保障体系，养老、医疗、失业、工伤和生育保险制度进一步完善，社会保险统筹层次提高，抗风险能力增强。积极推进新型农村社会养老保险扩大试点工作，参保覆盖人数达24080人。积极探索地震灭失土地"双无"农村居民社会养老保险机制，全县有968人率先参加保险。全县纳入城镇低保62869人次，纳入农村低保20704人次。加紧制定实施灾区扶贫开发和就业促进工作方案，切实抓好灾后扶贫工作。加大公益性岗位的开发力度，累计开发公益性岗位560个。

【拓宽城乡居民增收渠道】 大力实施"农村劳动力素质提升工程"，用好农民和农民工培训政策，发挥大学生村官、西部计划志愿者、百名下基层干部的特别作用，加大农民培训力度，依托县内劳动密集型企业，实行定点、定向、订单培训输送，促进农民就近就业，增加劳务收入。大力发展特色种植业、养殖业、林下产业、草上产业、新型工业、运输业,促进农民人均增收480元。加快乡村旅游发展,科学制定推进旅游经济由景区经济向富民惠民经济转变的政策。出台支持乡村组织农户通过以工代赈方式进行"五改两建三清理"、土地整理复垦、小型山地灾害治理等政策,千方百计帮助群众增加收入。

【精神家园建设】 高度重视精神家园建设,大力弘扬伟大的抗震救灾精神,加大感恩教育宣传力度,努力完善救助服务体系、心理疏导机制,引导广大群众自救自立自强、坚定坚强坚韧,形成共建美好新家园的强大合力。

坚持把感恩教育作为精神家园建设的重要内容,认真落实省委省政府、州委州政府主要领导的指示精神,广泛开展"感恩教育、深化发展"主题实践活动,创新推进"学唱树促推"活动,深入挖掘和广泛宣传感恩典型事例,确定每年5月为汶川感恩月,5月12日为汶川感恩节,充分利用重大节日及文化节,经常性、创造性地组织开展座谈会、文艺演出、演讲比赛、征文等系列活动,用感恩文化引导社会、教育人民,感恩意识深入人心、感恩歌曲广泛传唱,广大干部群众以铭恩奋进、不负众望的情怀用好重建成果,推进跨越发展。

按照州委和州委宣传部统一部署,主动、科学规划"三基地一窗口"选址选点,重点抓好重要地震遗址保护和地震博物馆、抗震救灾重建家园展馆、乡镇村和学校卫生院抗震救灾及恢复重建陈列室等建设工作,加快建设爱国主义教育基地、社会主义核心价值体系学习教育基地、民族团结进步宣传教育基地和展示中国发展模式、发展道路勃勃生机的窗口,充分展示震后汶川积极向上、锐意进取的精神风貌。

加强社工服务体系建设,加强社工协会、社工管理机构、社工服务中心三位一体筹备建设;充分利用进驻汶川的志愿者服务队伍,建立汶川县社工工作站;加强政府社工规划引导,稳步推动社会工作职业化、专业化进程,逐步建立社会工作人才培训、使用、激励制度,发展和壮大社会工作服务组织,形成"党委统一领导、政府主导推动、民间组织运作、公众广泛参与"的三位一体社工服务格局,充分发挥社工在构建和谐汶川中的重要作用。

加强心理抚慰体系建设,把灾后心理健康重建作为构建人文关怀、维护灾区和谐稳定、社会安定团结和青少年健康成长的基础性工作来抓,及时成立汶川心理重建中心;县乡医院设立心理咨询室并公布心理咨询电话,学校设立心理重建中心,配强心理健康辅导员,构建日常化、常规化的心理健康服务体系;在北京师范大学心理学院和加拿大生命协会的指导下,进村入户加强宣传、走访、调查,扎实开展心理咨询服务活动,力求心理重建工作全覆盖,不留盲点,心理重建工作已从前期宣传教育、家访筛查进入咨询服务、危机干预阶段。

【对外开放】 坚持转型发展准备提前、优势优先,外塑形象、内优环境,充分开放合作,加快发展步伐,提升发展水平。深入实施开放合作战略,继续坚持文化搭台、经济唱戏的思路,精心组织"开放合作年"各项活动,成功举办汶川县第二届古羌文化节、阿坝州首届大樱桃节、首届中国汶川大禹文化旅游节、首届中国汶川大禹精神与华夏文明学术论坛、水磨古镇旅游文化节和走进汶川(水磨)过羌年活动,吸引外来投资者到汶川建园区、兴产业。全年引进项目23个,实际到位资金5.5亿元。以对口支援深化对口合作,积极拓展与广东省及各对口援建市合作空间,各受援乡镇与对口援建市分别建立起干部培训、智力扶持、产业发展、文化交流、招商引资等长期合作发展机制,与对口援建市签署了长期战略合作协议，着力巩固和扩大对口援建成果。坚持开门开放全域规划，坚持"全域规划、全面建设、全民受益"规划指导原则，广泛采纳国内外规划建筑新理念、新技术、新材料、新工艺，邀请国内外数十名建筑设计大师和数百个规划设计单位参与规划设计，映秀镇由上海同济大学担任主规划单位，水磨镇由北京大学担任主规划单位，县城由清华大学担任主规划单位，产业项目分别由四川大学、四川师范大学、省农科院担任主规划单位，通过集思广益、博采众长，及时完成重建规划，为全面建设抗震建筑范例、防灾体系范例、产业发展范例、生态宜居范例和纪念体系范例奠定了坚实基础。充分发挥专家咨询作用，按照"借助外力、激活主力、合力攻坚"的思路，坚持把智力引进作为灾后重建发展的重要保障，借脑提高、借智发展。成立了汶川县灾后科学重建专家咨询组，聘请顾问专家40人，公开聘请专业咨询团队169个1200余人，为灾后恢复重建提出许多有见地、有深度、有创新的思想观点和发展建议，提供了坚强的智力支持和人才保障，确保了科学重建、加快重建、又好又快重建。

【宣传思想工作】以"高举旗帜、围绕大局、服务人民、改革创新"总体要求，扎实推进宣传思想文化工作，充分发挥民族文化资源优势，深入推进文化体制改革和创新，促进社会主义文化大发展大繁荣，为推进"两个加快"提供了强大的理论武装、舆论引导、精神动力和文化条件。围绕全县工作大局，集中力量加强灾后重建发展的宣传工作，围绕"灾区新貌、民生巨变"主题，挖掘典型、树立典范，精心组织灾后恢复重建三年任务两年基本完成、纪念"5.12"抗震救灾两周年、抗击特大山洪泥石流灾害及创建社会主义新农村示范县、乡村旅游示范县、平安示范县等系列宣传报道，充分展示了灾后重建发展重大成果和汶川干部群众自强不息、奋发有为的精神面貌，为加快建设灾后美好新家园营造了良好的舆论氛围。组织开展汶川县荣誉市民、道德模范评选，大力培育文明新风尚。深入推进群众性精神文明创建工作，全年创建省级文明村两个、州级文明村1个、州级文明单位1个、县级最佳文明单位3个、县级文明单位7个、县级文明村4个。继续推进深化九环线千里文明走廊创建活动，开展文明村、镇、户、景区、行业等评比创优活动，形成了讲文明、树新风的良好社会环境。深入开展科技法律文化卫生"四下乡"活动，丰富了各族群众的精神文化生活。按照统筹规划、面向基层、集约用地、节约资源的要求，加快完善公共文化服务体系，深入实施文化惠民工程，实现县级文化体育中心、乡镇文化中心、村级文化活动室、农民健身路径工程全覆盖。建成13个综合文化站并投入使用，规范建设33个农家书屋。大力弘扬藏羌民族优秀文化，积极整理、抢救和保护非物质文化遗产，加快推进羌族文化生态保护实验区建设，深入挖掘文化内涵，藏羌文化走廊建设框架基本形成。积极发展以羌绣、震源石为主的系列旅游纪念品，加快推进文化产业化、产品本地化。

【民主法制建设】坚持中国特色社会主义政治发展道路，切实加强新形势下的人大、政协工作，扩大社会主义民主，健全社会主义法制，积极推进社会主义民主政治制度化、规范化、程序化，为全县跨越发展和长治久安提供坚实的政治体制和法律制度保障。

坚持和完善人民代表大会制度，加强和改善县委对人大工作的领导，支持人大及其常委会围绕县委重大决策部署开展监督，对做好灾后重建、加快经济发展和解决民生问题开展专题视察，加强对"一府两院"的法律监督和工作监督，听取审议关于国民经济和社会发展计划执行情况等专项工作报告，围绕"十二五"规划纲要编制开展专题调研，人大代表的作用进一步发挥。县人大党组在抓好自身工作的同时,出色地完成了挂联重点乡镇重建发展和重要工作任务,受到省委、州委、县委的高度重视。

坚持中国共产党领导的多党合作和政治协商制度,牢牢把握团结和民主两大主题,丰富政治协商形式,发挥人民政协协调关系、汇聚力量、建言献策、服务大局作用,主动给政协出题目、交任务、提要求,积极支持政协围绕灾后恢复重建、经济发展、社会稳定、民生改善等重大问题开展专题调研和督导工作。县政协党组提出的深入开展感恩教育的建议、发展通道经济的建议、处理"5.12"汶川特大地震以来若干历史遗留问题的建议等重大调研成果,受到省委、州委、县委高度重视并积极采纳。

积极支持政府党组依法开展工作,政府一班人相互尊重、作风务实、干事高效、执行有力,充分发挥了统揽政务、干好事务、提升服务的综合执行作用。认真落实依法治国基本方略,大力推进依法治县工作,促进"一府两院"依法行政、公正司法,全面推动服务型、法治型政府建设。积极发展基层民主,完善村(居)民自治,健全政务公开、村务公开和厂务公开等基层民主管理制度,保障人民群众享有更多更实在的民主权利。深入开展"三项制度"建设活动。加强政法队伍建设,基层基础有效夯实,执法水平全面提高。深入开展"五五"普法宣传教育,推动法律进机关、乡村、校园、寺庙和企业,公民法制观念和法律素质不断增强。

进一步壮大爱国统一战线,充分发挥各族各界人士的积极作用,为推进重建发展、促进社会和谐凝聚智慧和力量。坚持和完善民族区域自治制度,广泛开展民族团结进步创建活动,平等团结、互助和谐的社会主义民族关系不断巩固和发展。全面贯彻党的宗教信仰自由政策,依法管理宗教事务。坚持党管武装原则,深化全民国防教育,加强部队和民兵预备役建设,军政军民团结的局面进一步巩固。积极支持工会、共青团、妇联等人民团体依照法律和各自章程开展工作、发挥作用。团县委积极争取团中央、四川和广东团省委支持,加快建设汶川青少年活动中心和少年宫。妇联、工会、残联、工商联积极争取社会各界、各级扶持,加强自身建设,提高服务能力。

【社会政治稳定】牢牢把握稳定发展合作大局,围绕"安民、助民、富民"重点,抓好平安汶川、和谐汶川创建工作,扎实推进社会矛盾化解、社会管理创新、公正廉洁执法三项重点工作,全面维护社会政治稳定,积极促进社会和谐。

深入开展平安创建,认真分析"5.12"汶川特大地震以来的各类矛盾交织凸显、社会治安环境错综复杂、不稳定因素复杂多变的县情、乡情、村情,积极探索社会管理工作体系建设,提高社会建设和管理水平。加强社会治安综合治理,完善社会治安防控体系,深入挂进"平安汶川"创建活动,大力开展打黑除恶、校园及周边治安整治等专项斗争和严打整治行动,全县社会大局平稳、治安秩序良好。顺利通过省委省政府平安创建检查验收,圆满完成新一轮平安创建工作。

妥善化解社会矛盾,研究出台了灾后重建若干遗留问题处理指导意见,按照"归口调处,分级负责"的原则,认真落实领导包案制、定期分析民情制、信访首访负责制和信访稳定零报告、月报告等矛盾纠纷排查调处机制,深化县委书记、县长大接访活动,深入开展矛盾纠纷大调解活动,集中清理信访积案和集中清理执行积案,做到防范在源头、解决在基层,实现了非正常上访"零进京"。全县共排查各类矛盾纠纷和治安隐患3867起,调处率达96.7%。

净化灾后重建环境,集中力量,重拳出击,扎实开展灾后重建环境专项治理月活动,严厉打击倒买倒卖、强买强卖重建物资和建筑建材等违法犯罪行为，通过公拘、公捕、公判一批，以儆效尤，切实维护社会长治久安，保护外来业主和援建工作队伍的人身财产安全，为创建和谐平安新汶川打下了坚实基础。全年查处违法犯罪案件445起，依法打击违法犯罪人员231人。

【党建工作】积极探索实施"推进基层民主、构建党内和谐"的创先争优主题活动，组织实施素质提升、龙头牵引、固本强基、作风锻造和反腐倡廉工程，全面提高基层党组织的凝聚力、战斗力和创造力，全面提供原地起立、发展起跳的政治保障和组织保障。

积极开展创先争优活动，围绕"五好四强"和"五带五争"要求，把创先争优活动作为推动重建发展的经常性动力、促进社会和谐的经常性保障、服务人民群众的经常性机制、加强基层组织建设的经常性要求，巩固和拓展学习实践活动成果，引导各级党员干部在应对大灾、推动重建、铭恩奋进、转变作风中创先争优，争做抢险先锋、重建标兵、感恩典型、务实典范，以积极的作为不断推进创先争优活动取得实效。活动中，共确定示范党组织105个，设置党员示范岗112个，组建各类党员先锋队、突击队、服务队94个，走访困难群众2675人次，开展民情大接访2481人次，为群众办实事好事2223件。

加强领导班子和干部队伍建设，按照抓班子、强队伍的要求，扎实推进领导干部思想政治建设，引导各级干部破除保守思想、依赖思想、畏难情绪和短视行为，增强推进科学发展、科学重建的能力。切实加强学习培训，组织开展大规模干部培训活动，培训各类干部人才487人。建立健全科学的选人用人制度机制，努力提高选人用人公信度。坚持德才兼备、以德为先的用人标准，鲜明扎根基层、崇尚实干的用人导向，大力选拔人品正、干实事、真爬坡、敢破难的干部。全年共提拔使用干部130名，其中从乡镇基层一线提拔29名。

加强党的基层组织建设，坚持把党的基层组织建设作为各级党委工作的重中之重，以基层党组织建设为核心，全面带动基层政权建设和基层组织建设，着力夯实党的执政根基。围绕"民富村美班子强"目标，强化"三级联创"和"四好"领导班子创建活动，在全县农村基层循环实施"百村党建提升工程"，转化后进、提升中等、巩固先进，全面提高农村基层党组织的创造力、凝聚力和战斗力。积极推进党建带工建、党建带团建、党建带妇建工作机制，形成树立和落实科学发展观的合力，夯实党的基层基础，确保群众满意。全县有32个村党支部、7个乡镇党委达到"五好"标准。

加强党员干部作风建设，按照省委、州委总体要求，组织党员干部深入开展"领导挂点、部门包村、干部帮户"活动，深入持久地开展"下访服务，公仆尽责"活动，推动党员干部下基层、进农村、访农户，全面落实"四包"责任，不断夯实基层力量。深入推进机关行政效能建设，大兴用心学习、亲民为民、苦干实干、开拓创新、清正廉洁五种作风，全面推行"三倒逼"工作制、首问责任制、限时办结制、责任追究制，机关和干部工作效率、服务质量不断提高。

加强党风廉政建设，认真贯彻《廉政准则》，全面落实党风廉政建设责任制，着力解决领导干部在灾后重建廉洁自律方面存在的突出问题。改革乡镇监督模式，撤销乡镇纪委，设立片区纪工委、在乡镇党委设立纪律检查委员。充分发挥惩戒和治本功能，加大案件查办力度，严肃查处失职渎职和贪污贿赂等违法犯罪行为。定期不定期对灾后恢复重建501个大项、1724个小项目和扩大内需26个项目进行监督检查和抽查，发现问题73个，责成项目业主及实施单位进行全面整改。共监管采购项目199个，采购预算资金13244万元，实际采购投资11069万元，节约财政支出

2175万元,节约率16.4%。立案查处违法违纪案件12起,给予党纪警告处分4人次,严重警告5人次,政纪记过处分4人次。

重要会议

一、县委全委会

【县委十届十次全委会】 1月20日,召开中共汶川县委十届十次全委会。会议主要议程有贯彻落实州委九届十次全会精神；全面总结2009年工作,安排部署2010年工作；州委常委、县委书记青理东作工作报告；县长廖敏讲话。

【县委十届十一次全委会】 9月26日,召开中共汶川县委十届十一次全委会。会议主要内容：审议通过《汶川县国民经济和社会发展第十二个五年规划基本思路》、《汶川县推进跨越式发展和长治久安的实施意见》、《汶川县深入实施西部大开发战略的意见》、《汶川县社会主义新农村示范县建设的实施意见》等4个决议(草案)；安排部署工作；州委常委、县委书记青理东讲话。

【县委十届十二次全委会】 12月15—16日,召开中共汶川县委十届十二次全委会。会议议程：州委常委、县委书记青理东代表县委常委会向大会作工作报告；县委副书记、县人民政府县长张通荣同志就《中共汶川县委关于制定国民经济和社会发展第十二个五年规划的建议》作说明；传达州委九届十二次全会精神；审议通过《中共汶川县委关于制定国民经济和社会发展第十二个五年规划建议的决议(草案)》；审议通过《中国共产党汶川县第十届委员会第十二次全体会议决议(草案)》；县人民政府县长张通荣同志总结2010年度全县经济工作并安排部署全县2011年经济工作；州委常委、县委书记青理东讲话。

二、县委常委会

【十届县委第66次常委会】 1月6日,在迎宾馆新闻发布中心会议室召开十届县委第66次常委会议。会议主要内容：学习贯彻《中共中央办公厅关于印发〈2009—2013年全国党政领导班子建设规划纲要〉的通知》、《中共中央办公厅关于印发〈2010—2020年深化干部人事制度改革规划纲要〉的通知》；学习《令人震惊,发人深省——拍摄〈群体性事件警示录〉专题片的思考》文件精神；研究公路沿线店铺卷帘门风貌改造实施方案；研究加快推进工业园区建设的意见；研究城乡环境综合整治工作；研究县级领导干部2009年度考核评优名额分配的有关问题；审定汶川县党政考察团赴省内外学习考察方案；研究人事问题及调整组织机构问题；研究关于深入开展社会矛盾纠纷大排查问题。

【十届县委第67次常委会】 1月11日,在迎宾馆新闻发布中心会议室召开十届县委第67次常委会议。会议主要内容：传达学习州委九届十次全会精神,要求各级各部门要紧紧围绕州委全会精神,乘势而上抓重建、知难而进求突破、又快又好谋跨越、固本强基促党建,加快构建和谐魅力新汶川。重点抓好十项工作；传达学习州委人大工作会议精神；听取汶川县党政代表团赴省内外学习考察情况；研究部署全县城乡环境综合整治工作；研究部署春节有关慰问工作；研究部署全县矛盾纠纷大调解工作；研究统战宗教工作有关问题；研究召开"三会"相关工作；研究慰问广东工作人员有关问题。

【十届县委第68次常委会】 1月18日,在新闻发布中心会议室召开十届县委第68次常委会议。会议主要内容：听取2009年经济社会发展指标完成情况,审定2010年经济社会发展目标；听取县委全会、人代会、政协会筹备情况,审定《县常委会工作报告》、《政府工作报告》、《2009年国民经济和社会发展执行情况及2010年计划(草案)的报告》、《2009年财政预算执行情况和2010年财政预算(草案)的报告》、《县人大常委会工作报告》、《政协常务委员会工作报告》；会议议定：县委全会于1月20日在威州召开,会期一天。政协会于1月21日报到,会期3天。人代会于1月22日报到,会期4天。研究加快推进重点工作机构成立和召开动员大会相关问题；听取城乡环境综合整治情况汇报；听取社会矛盾纠纷大调解推进情况汇报；听取全县广播电影电视灾后恢复重建情况；研究2010年度县级领导干部挂联工作。

【十届县委第69次常委会】1月25日,在县迎宾馆新闻发布中心召开十届县委第69次常委会议。会议内容：审定"六制"(领导干部挂联工作责任制、领导干部日志月报制暂行办法、重点工作奖励制暂行办法、干部轮岗交流制暂行办法、安全稳定责任制暂行办法)管理的具体办法；听取县人民政府党组关于《汶川县城三个出口环境大整治实施方案》的报告、关于《汶川县新型农村社会养老保险试点实施意见》的报告、关于《汶川县"十二五"规划编制工作方案》的报告、关于《汶川县创建"四川省义务教育示范县"工作方案》的报告；安排当前有关工作。

【十届县委第70次常委会】2月10日,在新闻发布中心会议室主持召开十届县委第70次常委会议。会议主要内容：传达中央第五次西藏工作座谈会、省委书记刘奇葆在省"两会"上参加阿坝州代表团审议时的重要讲话精神；传达州政协十二届四次会议精神、州人大十届五次会议精神和州委主要领导讲话精神；研究汶川县贯彻中央第五次西藏工作座谈会、省"两会"、州"两会"及省委、州委主要领导讲话精神的意见；传达贯彻全州思想政治工作研究会第一次代表大会会议精神；研究2009年度目标考核及兑现奖励情况,审定《县级部门目标绩效管理暂行办法》和《各乡镇目标绩效管理暂行办法》和《2010年各乡镇目标任务分解表》；审定《全县党政机关事业单位职工2009年度未休假给予补助的方案》；听取县委宣传部关于在春节期间大力营造喜庆祥和节日气氛的情况报告；研究春节期间有关工作。

【十届县委第71次常委(扩大)会】3月12日,在映秀镇会议室召开十届县委第71次常委(扩大)会议。会议主要精神：听取"3213"产业振兴、省级新农村示范片建设领导小组及各乡镇灾后恢复重建推进情况汇报,研究部署十大重点工作；审定《关于进一步改进工作作风的意见》。

【十届县委72次常委会】4月15日,在映秀镇会议室召开十届县委第72次常委会议。会议主要内容：传达学习全州宣传思想工作会议精神,研究贯彻落实意见；审定《中共汶川县委工作规则》；审定《进一步加强纪检监察工作的实施意见》；审定《汶川县人民政府机构改革实施方案》；研究部署全省灾后恢复重建现场会汶川筹备工作；研究当前工作。

【十届县委第73次常委(扩大)会】4月20日,在新国旅四楼会议室召开十届县委第73次常委(扩大)会议,专题传达学习侍俊书记4月20日赴汶川视察时指示精神,研究部署全省灾后恢复重建现场会汶川筹备工作。

【十届县委第74次常委(扩大)会】5月14日,在映秀镇会议室召开十届县委第74次常委(扩大)会议。会议主要内容：传达学习《中共四川省委四川省人民政府关于推进藏区跨越式发展和长治久安的意见》；传达学习奇葆书记和巨峰省长在全省灾后恢复重建现场会上的讲话精神；传达学习侍俊书记在审定汶川县城局部修建性详细规划会上的要求；审定《汶川县传达贯彻全省灾后恢复重建现场会议精神大会方案》；审定

《关于拟表彰蔡伟生等155名汶川县劳动模范的请示》及全省灾后恢复重建现场会筹备工作先进集体名单;审定《中国·阿坝州大樱桃节筹备总体方案》;审定《汶川县信访上访稳定目标责任书》、《汶川县安全生产目标责任书》、《汶川县城乡环境综合治理目标责任书》、《三年灾后恢复重建任务两年基本完成目标责任书》;研究部署全县2010年防汛减灾和地灾治理工作;研究运用和应对新闻媒体问题;研究进一步加强和规范近期接待工作;研究干部思想作风和廉政建设问题。

【十届县委第75次常委会】5月18日,在汶川县博物馆会议室召开十届县委第75次常委会。会议主要内容:通过推荐县相对重要岗位人选。经议定,到会常委一致同意推荐周全福到相对重要岗位任职。

【十届县委第76次常委会】6月7日,在新国旅大酒店四楼会议室召开十届县委第76次常委会议。会议主要内容:传达学习全州贯彻全省灾后恢复重建工作现场会精神电视电话会议精神和《干部选拔任用工作四项监督制度》;研究关于庆祝中国共产党建党89周年活动有关事宜;研究关于"汶川县灾后重建成果展"展馆建设有关事宜;研究关于竖立"广东援建纪念碑"有关事宜;研究关于表彰赴玉树抗震救灾及"5.29"雁门乡国道213线抢险保通先进集体、先进个人有关事宜;研究《汶川县灾后重建资金保障现状分析和使用调度安排意见》;研究关于调整灾后恢复重建委员会成员及挂联乡镇县级领导分工有关事宜;研究全省地质灾害防治工作现场会及州委九届十一次全会筹备工作;审定《汶川县城乡环境综合治理管理办法(试行)》、《关于进一步扩大党内民主,构建党内和谐的意见》、《关于实施村级党风廉政监督员制度的意见》、《汶川县村级党风廉政建设监督检查员管理办法(试行)》、《关于深入开展"机关作风效能建设月"活动的实施方案》等;研究其他事项。

【十届县委第77次常委会】6月7日,在县委四楼会议室召开十届县委第77次常委会议。会议议定事项:研究庆祝"七一"活动有关问题;审定2010年上半年目标绩效管理先进单位名单;审定赴玉树抗震救灾及"5.29"雁门乡国道213线抢险保通先进集体和先进个人名单;研究"中国四川国际旅游节"汶川县筹备工作;审定《汶川县机关作风效能建设活动实施方案》、《关于在全县基层党组织和党员中深入开展"创先争优"活动的实施意见》、《关于在全县配备农村"四大员"的实施意见》、《关于进一步加强人才工作的意见》、《关于认真贯彻实施干部选拔任用工作四项监督制度深入整治用人不正之风进一步提高选人用人公信度的意见》及11个配套办法、《欢送中组部和省委组织部挂职干部建议方案》。

【十届县委第78次常委会】7月19日,在汶川县博物馆一楼会议室召开十届县委第78次常委会议。会议主要内容:学习贯彻全省加强社会建设创新社会管理电视电话会议精神和全省选人用人工作座谈会精神;审定《汶川县国民经济和社会发展"十二五"规划基本思路(送审稿)》、《汶川县推进跨越式发展和长治久安的实施意见(送审稿)》、《汶川县生态县建设实施方案》、《汶川县藏区经济发展项目》、《汶川县第一中学教师工作休息用房修建方案》、《关于加强学习型党组织建设的实施意见》等有关方案及请示;研究"汶川县历史文化陈列"展馆建设有关事宜;研究灾后重建项目调整;听取"2010中国四川国际文化旅游节"筹备工作情况汇报、全县防灾减灾工作情况汇报、全县信访稳定工作情况汇报、全县城乡环境综合整治工作情况汇报、全县机关干部作风效能建设工作情况汇报、全县特殊党费使用管理情况汇报、社会主义新农村建设及扶贫开发规划情况汇报,并作安排部署。

【十届县委第79次常委会】 8月6日,在水磨西羌汇二楼会议室召开十届县委第79次常委会议。会议内容:学习贯彻《中央宣传部关于党的十六大以来文化体制改革及文化事业文化产业发展情况和下一步工作意见》《关于加强地方县级和城乡基层文化队伍建设的若干意见》和全省"三基地一窗口"建设工作会议精神;审定《汶川县纪检监察机构管理体制改革工作实施方案》,研究增加县纪委、监察局行政编制有关事宜,审定《汶川县灾后重建项目中央基金调整方案》,审定《规范项目资金管理的硬性规定》,审定《关于设立汶川县网络管理办公室方案》《汶川县干部舆情监督管理办法》《关于成立公共信息网络安全监察大队加强舆情侦控的方案》;听取县政府党组关于汶川县风貌、绿化等灾后重建项目资金缺口情况报告和县委组织部关于汶川县领导班子及干部队伍建设情况报告;研究部署进一步加强城乡环境综合治理工作;研究三江乡藏家风情园工程建设有关问题。

【十届县委第80次常委会】 8月13日,在映秀镇会议室召开十届县委第80次常委会议。会议主要内容:研究关于调整县委领导班子成员分工及有关事宜;审定关于调整干部职级待遇的名单;听取全县信访稳定工作情况汇报、城乡环境综合治理情况汇报、机关作风效能建设情况汇报、旅游节筹备工作情况汇报、安全防汛度汛工作情况汇报,并作安排部署。

【十届县委第81次常委会】 8月23日晚,在映秀镇会议室召开十届县委第81次常委会议。会议传达中央政治局常委、国务院总理温家宝视察映秀镇特大山洪泥石流灾害时的重要指示。传达省委书记刘奇葆同志在汶川应对大灾、临险避灾提出的"一坚决、两誓死"的要求,即:坚决打赢抗击特大山洪泥石流灾害的斗争,要誓死保卫人民生命财产安全,誓死保卫灾后恢复重建成果。传达州委书记侍俊关于"主动安民、全面防疫、积极备灾、重建家园"的重要指示及州长吴泽刚在全州抗击山洪地质灾害电视电话会议上的重要讲话精神;学习《预防特大山洪泥石流灾害基本知识》;进行应对大灾、创先争优经验交流;听取县指挥部各工作组工作汇报;通报全县正(副)科级领导干部8月22日晚在岗情况;安排部署近期工作,要求继续抓好抢险救灾各项工作,并逐步转移工作重心,努力确保各项目标任务的实现;研究关于干部作风建设问题。

【十届县委第82次常委会】 8月24日,在映秀镇政府大会议室召开十届县委第82次常委会议。会议主要内容:学习刘奇葆书记在四川省优秀县(市、区)委书记表彰暨创先争优活动推进会议上的讲话;听取各专责小组工作汇报;研究部署稳定工作。

【十届县委第83次常委会】 8月30日,在映秀镇会议室召开十届县委第83次常委会议。会议内容:审定《关于"5.12"汶川特大地震三周年之际开展评选精神文化产品"七个一工程"奖活动的实施方案》;听取关于汶川县灾后重建成果展情况汇报;听取水磨古镇汶川展览情况汇报;听取灾后恢复重建项目推进情况汇报;审定县政府党组关于凯逸酒店灾后重建项目补助资金有关问题、水磨镇大槽头村工矿企业拆除补偿有关问题、映秀镇市政景观绿化工程资金有关问题、漩三环线道路跨坡路段重要节点生态恢复有关问题、关于政府专职消防队有关问题的请示;研究成立民兵应急分队有关问题;研究部署创先争优活动、防灾减灾工作、公务用车清理工作。

【十届县委第84次常委会】 9月5日,在映秀镇会议室召开十届县委第84次常委会议。会议主要内容:传达学习和贯彻落实省委书记刘奇葆同志重要批示精神,通报《县政协关于我县倡导和弘扬感恩文化的调查报告》,听取县委宣传部关于深入开展感恩教育活动的实施意见。会议决定,在全县深入开展"感恩教育、深化发展"活动;研究召开县委十届十一次全体会议、县委领导班子民主生活会、县委中心组学习会等有关问题;研究庆祝教师节相关事宜;听取全县机关作风效能建设情况汇报;听取县纪委片区纪工委组建情况汇报;听取关于进一步严格规范公车管理使用的意见;通报作风效能建设典型案例;听取特殊党费管理和使用的情况汇报;听取关于汶川县重点工程拆迁安置工作情况汇报;听取县政府专职消防队及民兵应急大队组建情况汇报;听取防汛减灾工作情况汇报;听取关于阿坝矿业反映有关问题的情况汇报;安排部署城乡环境综合治理工作。

【十届县委第85次常委会】9月24日,在汶川博物馆一楼会议室召开十届县委第85次常委会议。会议主要内容:传达学习全省藏传佛教寺庙规范管理现场会精神;听取关于民族宗教机构编制情况报告;审定《汶川县建立健全藏传佛教寺庙管理长效机制的实施方案》;审定《关于加强宣传文化建设的意见》、《汶川县深入实施西部大开发战略的意见》、《汶川县社会主义新农村示范县建设实施意见》、《汶川县灾后重建项目后续推进及灾后重建成果管理办法》、《关于进一步加强乡镇党政正职队伍建设的意见(送审稿)》、《关于进一步调动干部工作积极性的意见(送审稿)》、《汶川县干部职工因病住院看望慰问制度》、《汶川县干部请销假制度》;听取汶川县"三年重建任务两年基本完成"项目推进情况汇报;研究设立县级部门纪检组有关事宜;研究公推公选科级领导干部有关事宜;研究城乡环境综合治理有关事宜。

【十届县委第86次常委会】9月26日,在县委四楼会议室召开十届县委第86次常委会议。会议主要精神:研究贯彻县委十届十一次全会意见;研究威州镇近期城乡环境综合整治急需解决的相关问题、银杏乡产业发展相关问题、绵虒镇城乡环境综合整治所需经费问题;安排部署近期相关工作。

【十届县委第87次常委会】10月8日,在映秀镇会议室召开十届县委第87次常委会议。会议主要内容:传达学习《中共中央纪律检查委员会、中共中央组织部、监察部关于严厉整治干部选拔任用工作中行贿受贿行为的通知》精神;研究《关于充实加强县级部门纪检监察机构的实施方案》、《广东省对口支援汶川县恢复重建任务全面完成庆祝大会总体方案》、《汶川县对口援建工作总结表彰大会方案》、《汶川县社会主义新农村建设推进会方案》;研究县人民政府党组《关于原车八队修建石油公司安置房有关问题的请示》、《关于审定汶川县威州镇七盘沟社区一、三小区房屋重建实施方案的请示》、《关于银杏乡维刚沙石场赔付资金的请示》。审定《中共汶川县委工作规则(送审稿)》、《关于治理城乡环境发展通道经济的实施意见》;听取关于省级平安县创建工作的情况汇报、关于阿坝矿业有关问题协调处理情况的汇报、县纪委关于国庆期间值班情况的汇报、有关乡镇关于重点村规划的情况汇报、全县13个乡镇定位;安排部署近期工作。

【十届县委第88次常委会】10月13日,在新汶川大酒店会议室召开十届县委第88次常委会议。会议主要内容:传达学习州委常委、州政府常务副州长白理成,州委常委、州纪委书记王承先在全州贯彻落实"三项行政过错责任追究办法"电视电话会议上的讲话精神。传达学习《中共阿坝州委办公室阿坝州人民政府办公室关于印发〈阿坝州民生工程工作行政过错责任追究暂行办法〉、〈阿坝州城乡环境综合治理工作行政过错责任追究暂行办法〉和〈阿坝州灾后重建项目使用管理行政过错责任追究暂行办法〉的通知》;审定《汶川县民生工程工作行政过错责任追究暂行办法》、《汶川县城乡环境综合治理工作行政过错责任追究暂行办法》、《汶川县灾后重建项目使用管理行政过错责任追究暂行办法》、《汶川县行政机关领导干部及工作人员行政过错责任追究暂行办法》；传达贯彻全省人才工作电视电话会议精神；研究社会矛盾纠纷大调解、城乡环境卫生大整治、重建成果管理大提升有关问题；听取绵虒镇"10.10"信访事件的情况汇报；审定《汶川县县级部门纪监检察机构管理体制改革的实施意见》、《关于实施"百村党建提升工程"深入推进创先争优活动的实施意见》、《全国党员代表莅临汶川检查"特殊党费"总体方案(送审稿)》。

【十届县委第89次常委会】 11月4日,在新汶川大酒店一楼多媒体会议室召开十届县委第89次常委会议。会议主要内容：学习《中共四川省委常委会议决定事项通知》和《十七届五中全会公报》；审定《关于调整县委农村工作领导小组成员的通知(送审稿)》；听取《中共汶川县纪委汶川县监察局关于水磨镇人大副主席郝碧芳违规获得征地拆迁补偿款的调查报告》；听取并审定《汶川县"庆羌历新年,贺创AAAA成功"水磨羌城开城活动总体方案》；审定《汶川县感恩教育深化发展活动办公室关于深入开展"学唱树促推"活动的意见（送审稿）》；研究中共汶川县委宣传部关于统一解决2011年度党报党刊经费的请示；研究中共汶川县人民政府党组《关于水磨古镇创AAAA级景区奖金的请示》；安排部署当前工作；通报到北京参加汶川县创建全民健康示范县的情况；研究关于举行欢送广东援建工作组仪式。

【十届县委第90次常委会】 11月14日,在新汶川大酒店一楼会议室召开十届县委第90次常委会议。经议定,参会县委常委一致同意推荐廖军为副县级领导岗位考察对象。

【十届县委第91次常委会】 12月13日,在新汶川大酒店一楼会议室召开十届县委第91次常委会议。会议主要内容：传达贯彻州委九届十二次全会精神；审议《中共汶川县委十届十二次全体会议方案》、《县委工作报告》、《中共汶川县委关于制定国民经济和社会发展第十二个五年规划的建议》、《2010年度干部选拔任用工作情况报告》、《2010年度党风廉政建设和反腐败工作报告》；审议县人代会、县政协会相关问题；审议《2010年度县委常委班子民主生活会方案》、《关于成立中共国家统计局汶川调查队党组、中共汶川县食品药品监督管理局党组的请示》、《关于2010—2020年深化干部人事制度改革的实施意见》、《关于2010年机构改革干部提前退休待遇的规定》、《关于进一步加强关心下一代工作的实施意见》、《关于调整关心下一代工作委员会成员的通知》、《关于在全县集中开展形势政策宣传教育活动的通知》、《关于在全县开展百村同唱感恩歌活动的通知》、《关于"三基地一窗口"建设的实施方案》、《汶川县2011年元旦春节慰问方案》、《关于开展2010年度目标绩效考核工作的通知》、《汶川县2011年国民经济和社会发展主要指标建议计划》、《关于汶川县社会工作队伍建设有关问题的请示》、《汶川县事业干部发放目标考核奖金方案》等；听取关于各乡镇县级挂联领导开展大接访活动情况的报告、关于村级党组织换届情况的报告、关于划转广东—汶川工业园购地经费的报告。

【十届县委第92次常委会】 12月30日,在汶川县博物馆召开十届县委第92次常委会。会议内容：安排元旦春节期间慰问工作；部署节前节后社会稳定工作；要求做好全年工作总结工作。

三、县委专题会(部分)

1月13日,县委副书记张通荣召集有关乡镇和部门负责人在县委四楼会议室召开会议，专题研究都汶路沿线电力保障及"三线两站"（三线：草太线、二百线、郭水线；两站：新百花变电站、郭家坝变电站）建设有关问题。

1月19日，州委常委、县委书记青理东在县委四楼会议室主持召开专题会议，听取县城规划重建和拆迁安置工作，并对下一步工作进行安排部署。

2月2日，州委常委、县委书记青理东在迎宾馆第一会议室主持召开汶川县灾后重建委员会第四次全体会议。会议主要精神：听取十大重点工作领导小组、指挥部启动情况和工作推进情况；听取汶川县灾后恢复重建项目倒排情况；进一步安排部署各项重点工作，要求各级各部门要认真落实县委十届十次全会和县人代会、政协会对今年重建发展任务安排部署，围绕目标，强化落实，以决战决胜的信心、破釜沉舟的决心、攻坚克难的恒心，加快重建、科学重建、又好又快重建，确保重建任务圆满完成。

2月11日，县委副书记泽小勇、县人民政府副县长蒲进在三江乡会议室召开专题会议，听取三江乡恢复重建和景区建设相关工作的情况汇报并就相关问题进行了研究，对下一步工作进行安排部署。会议要求，三江乡灾后恢复重建和景区建设要切实按照"准备提前、程序不减、时间缩短、效率提高"原则，强力推进各项工作，要切实解决群众合理诉求，对蛮不讲理、缠访闹访的要严厉打击，切实维护重建建设环境。三江乡党委、政府和相关部门要切实做好三江乡灾后恢复重建和景区建设相关工作。

3月26日晚，县委副书记泽小勇在县委四楼会议室召开专题会议，研究县城历史文化名城风貌整治工程工作推进相关工作。会议要求务必高度重视县城历史文化名城风貌整治工程；增加措施，促进此项工作开展；增强执行力，按期完成任务。

4月12日，州委常委、县委书记青理东在县委常委会议室主持召开全省灾后恢复重建现场会汶川筹备工作领导小组第四次会议，专题听取有关工作的进展情况，并安排部署下一步工作。

4月17日，州委常委、县委书记青理东在县委常委会议室主持召开县城恢复重建工作会议，专题听取县城拆迁、风貌改造、环境整治工作情况，安排部署下一步工作。要求各乡镇、各县级相关部门必须确定专门人员、制定专项措施，倒排工期，抓紧实施，确保各项工作按时间节点完成。县委县政府督查督办室、县纪委监察局务必加强督查督办，随时掌握工作动态，公布工作信息；对不能履职尽责，不作为、乱作为、差作为，不能按期完成工作任务的，县委将进行严肃处理。

4月25日，州委常委、县委书记青理东在县委四楼会议室主持召开拆迁安置、风貌改造及环境整治工作专题会议，听取县城拆迁、风貌改造及环境整治工作推进情况，安排部署近期重点工作。

5月2日，州委常委、县委书记青理东在县委四楼会议室主持召开全县信访维稳工作专题会议，听取县委分管领导关于全县矛盾纠纷排查调处情况汇报，并就化解近期排查梳理出的突出信访问题进行专门研究部署。

5月17日，州委常委赵平、州委常委、汶川县委书记青理东在汶川县新国旅四楼会议室主持召开关于萝卜寨规划建设会议，专题研究和部署萝卜寨规划建设工作。会议主要内容：研究关于规划设计完善问题、关于萝卜寨老寨经营问题、关于老寨子建筑结构的问题、关于新寨子设计建设问题、关于加强新老寨子建设工作统筹问题、关于召开萝卜寨规划设计评审会问题、关于萝卜寨建设用工问题。

6月10日，州委常委、县委书记青理东在书记办公室主持召开专题会议，研究部署汶川县"十二五"规划有关问题。会议要求，县政府分管领导及相关部门要高度重视，深入研究，理清思路，加快进度，扎实做好"十二五"规划相关工作，务必于6月15日前提出初稿报县委、县政府研究。

7月13日，州委常委、县委书记青理东在绵虒镇会议室主持召开会议，专题研究解决大禹文化旅游节筹备有关工作。绿化由县林业局负责，14米以外全部绿化，7月15日完成全部绿化。公路沿线视线范围内农房风貌改造必须在7月16日18时前全面完成。成立大禹故里景区管理委员会，并设立大禹祭坛管理所，由镇政府按程序办理。组织机构务必在6月17日前成立。

8月2日，州委常委、县委书记青理东在县委四楼会议室主持召开会议，专题研究进一步提升县城整体形象问题。要求加快西羌文化街的打造提升工作，8月25日前完成。加快杂谷脑河的绿化、美化工作。加快堡子关水土保持、治理工程进度。加快城市的硬化、美化、绿化、净化和亮化工程进度。加大县城三个进出城口整治规范力度。做好关于新国旅和凯逸大酒店改造提升问题。

8月14日下午，州委常委、县委书记青理东在银杏乡应急指挥部主持召开紧急会议，再次分析研究抗洪抢险工作，对下一步工作进行安排部署。研究电力保障、通信保障、住房住宿保障、食物保障问题。要求中铁一局等受困施工单位安全疏散施工人员，确保施工人员安全；所有施工单位机构要无条件积极参与抗洪抢险、抢通保通工作，尽快恢复受损道路；加强对炸药、雷管等爆破产品的管理，防止遗失；在确保安全的前提下，所有施工单位工棚等设施要让给受灾群众用于避灾。切实加强治安维稳工作，确保灾区社会稳定。加强值班制度，保障信息畅通。抓紧灾情统计，及时掌握上报受灾情况。

8月31日，州委常委、县委书记青理东和县委常委、副县长许西现在映秀镇会议室主持召开全县环境卫生综合整治工作会议。听取各乡镇、各有关部门在近期开展城乡环境综合整治工作情况和存在的问题，并安排部署下一步工作。会议要求，城乡环境综合管理局牵头，人事局和法制办参加，尽快充实人员，指导各乡镇成立执法机构，明确职责，统筹城乡环境综合整治工作。各单位继续做好"门前五包"，加大"七进"，治理"五乱"和"三乱"，做好"三清"工作，加大处罚力度，逐步建立取证制度、举报制度，做到有法可依、有法必依、违法必究、执法必严。

9月27日上午，县委副书记泽小勇在县委三楼办公室主持召开映秀镇国际学术交流中心项目建设和映秀地震遗址纪念地展馆布展工作专题会议。分别听取文体局、映秀镇和宣传部对映秀镇国际学术交流中心项目建设和映秀地震遗址纪念地展馆布展工作基本情况及目前急需解决的相关问题汇报，并对有关事项进行研究。研究关于映秀镇国际学术交流中心项目建设问题和关于映秀地震遗址纪念地展馆布展问题。

10月17日上午，州委常委、县委书记青理东主持召开汶川县城环境卫生综合治理现场办公会议。会议要求加快一小对面及建行后山边坡整治；加强锅庄广场区域管理；加强西羌文化街的规范管理；加强避灾广场管理。

11月2日下午，州委常委、县委书记青理东在水磨古镇西羌汇主持召开会议，就水磨古镇建设管理和羌历新年庆祝活动相关工作进行专题研究和安排部署。会议要求水磨古镇景区管理要扎实按照AAAA级景区和古镇文化景区相关要求进行管理。做好水磨古镇建设的完善工作。做好喜迎羌历新年工作，11月6日在水磨古镇开展"走进汶川过羌年"活动。

11月14日，州委常委、县委书记青理东在新汶川大酒店一楼多媒体会议室主持召开汶川县"3+3"活动推进会、干部推荐大会暨村（社区）党组织换届选举动员大会。会议主要内容：深入推进"3+3"活动工作，要求要深化思想认识，要深化活动内涵，要深化机制创新，要深化保障体系；认真开展村级换届选举工作；扎实抓好当前各项工作。

12月9日，州委常委、县委书记青理东在县委四楼会议室主持召开四大班子主要领导协调会，专题研究部署近期有关工作。会议主要内容：研究县委全会、县人代会、县政协会初步意见；关于春节、元旦慰问活动有关问题；关于十七届五中全会及省州县全会精神宣讲有关问题；关于同唱感恩歌曲和"三基地一窗口"建设有关问题；关于向对口援建省市发新春贺电有关问题；关于元旦春节值班有关问题；关于广泛征求全会会议材料意见有关问题；关于申报国家休闲农业和乡村旅游示范县有关问题；关于汶川博物馆规划布局有关问题；关于督办"3+3"活动有关问题；关于通道建设发展有关问题；关于灾后重建成果管理运作有关问题；关于召开干部座谈会有关问题；关于机改和村两委换届工作有关问题；关于加快推进重点民生工程建设有关问题；关于年度综合目标考核问题；关于对执行不力的人和事启动问责有关问题；关于工程财评有关问题；关于财政预算执行情况有关问题；关于创建全民健康示范县有关问题；关于矛盾纠纷排查化解有关问题；关于筹备四川国际文化旅游节有关问题。

12月16日，州委常委、县委书记青理东在新汶川大酒店会议室主持召开会议，专题听取美国洛基山公司关于汶川灾后环境生态修复治理工作情况，研究部署汶川县生态修复工程建设。要求完善深化堡子关生态修复示范工程。尽快对岷江两岸生态修复情况进行摸底调查。拟在"5.12"汶川特大地震三周年之际，召开汶川生态恢复国际研讨会。成立汶川县生态环境爱心恢复基金。认真总结推广堡子关生态修复示范工程经验。

12月22日，州委常委、县委书记青理东带领县委、县政府分管领导及相关部门负责人到汶川一中调研汶川一中教育教学情况、设施设备维护管理、"三基地一窗口"建设情况，并在汶川一中会议室主持召开会议，专题研究推进汶川一中跨越发展有关问题。会议要求，各级各部门要高度重视教育工作，全力打造汶川教育品牌，研究解决学校有关困难和问题。

县委办公室

【领导名录】
主　任　　　　　刘　兵（3月止）
　　　　　　　　谢海彬（8月起）
副主任　　　　　谢海彬（2—8月）
　　　　　　　　张　毅
　　　　　　　　彭勇森（1月止，兼）
　　　　　　　　陈代军（1月起，兼）
　　　　　　　　章学建
　　　　　　　　邓　鹏（11月起）
　　　　　　　　王　超（挂职，4—10月）
　　　　　　　　王尚全（8月起，挂职）
督查办主任　　　张　毅
督查办副主任　　熊作富（1—9月）
　　　　　　　　姜　杨（1月起）
　　　　　　　　刘　杰（12月起）
政研室主任　　　谢海彬（1—8月）
　　　　　　　　章学建（9月起）
政研室副主任　　王　超（挂职，4—10月）
　　　　　　　　胡志凤（9月起）
农工办主任　　　邓　鹏（11月起）
农工办副主任　　袁　泉（11月止）

罗宏伟(11月起)
彭云义(挂职,11月起)
胡 佳(11月起)
机要局局长　　彭　娟(11月起)
机要局副局长　罗　震(11月起)

【政策研究】 抓住调研这根主线,坚持真实性、针对性和科学性相结合,以大调研为领导大决策提供大服务,在调研上取得了新的成果。县委政策研究室聘请省委政策研究室、省委党校、四川音乐学院等学术集团的专家、教授为政策研究室的客座教授,对汶川关于灾后重建和重建发展等全局性的重大战略决策开展咨询论证,接受县委、县政府领导交办的专项咨询。重点对汶川县制定国民经济和社会发展第十二个五年规划和2010年县委经济工作会议报告、县委十届十二次全会报告进行咨询论证,共进行咨询论证200余次,收到各种意见和建议6000余条次。通过决策咨询,县委、县政府的各项决策针对性、科学性、可行性进一步增强。

围绕全县灾后重建和重建发展等重大问题,组织人员选准课题,深入基层、深入群众进行调研,广泛掌握大量第一手资料,为县委科学决策提供参谋服务。全年共开展调研活动200余人次,撰写调研报告21篇,为县委领导决策提供有价值的调研服务。

【公文信息】 县委办明确4名副主任分管文稿信息工作,配备1名专职信息工作人员和2名文稿工作人员,建立《中共汶川县委办公室信息工作制度》。为确保文稿质量,坚持严把起草关,应由县委办公室起草的文件,认真拟稿,精益求精;对由部门代拟的文件,进行严格审核,仔细修缮,力求准确到位。严把审核关,所有文件必须经秘书股统稿、修缮后,再逐级经领导签发,最后再次对其进行仔细校核,使格式、内容以及每一个标点符号都准确无误,没有出现歧义和差错,确保县委各项工作及时、准确地安排部署。严把收发关,对上级文件及时登记传阅,应该保存的文件及时整理存档。全年共传阅上级文件4万余份,回收4万余份,杜绝文件丢失及泄密事件的发生。

进一步修订完善《文稿信息工作奖惩办法》,加大奖励力度,激发办公室人员撰写文稿和报送信息的热情。按照及时、准确、全面的要求,紧紧围绕县委中心工作,紧贴上级领导需求,抓住当前社会热点、难点问题,坚持质量第一的原则,积极主动地报送动态信息、决策信息和经验信息。在紧急信息的报送工作中,没有发生迟报、漏报和瞒报现象。全年共上报信息近800余条,被采纳200余条,比上年增加100余条;有针对性开展信息调研5次,上报材料5篇,其中被采用两篇。同时,按照"高水平、高质量"的原则,办好《汶川信息》《要情通报》《每日要情》《汶川信息快递》4个内部刊物,共编发《汶川信息》80期,《要情通报》20期,《汶川信息快递》30期。信息报送量和采用量连续三年居全州13个县第一名,实现"三连冠"。认真完成县委领导、办公室领导交办的情况综合、讲话材料、汇报材料及其他工作任务,保质保量完成上级业务主管单位交办的各项任务,综合上稿质量明显提升。全年为县委领导起草高质量讲话稿100余篇,工作情况汇报12篇,在国家、省、州以上刊物发表理论文章20余篇,共编发《县委通报》10期;对县委、县政府领导的重要文稿和部门负责人的高质量文章,以《新汶川》形式刊发,全年共编发《新汶川》12期。

【组织协调】 自觉做到协调到位而不越位,帮助成事而不误事,搞好补台而不拆台。充分发挥主观能动性,预先安排工作,做到事前先沟通、事后多反馈,确保工作准备充分,衔接紧密。搞好领导之间的协调,坚持原则性与灵活性相结合,及时向领导汇报情况,听取指示,统筹安排领导同志的活动,使各位领导之间的工作联结成一个有机整体。加强与人大办、政府办、政协办之间的协调,及时就县级四大班子的重大决策部署和需要协调的问题进行沟通,取得理解与支持。搞好部门之间的协调,以化解矛盾、加强协作、凝聚人心、聚合力量为目的,经常与部门交流情况,协调处理好各部门间的关系,推动全县形成团结一致求发展、齐心协力抓落实的良好氛围。搞好上下级之间的协调,利用发文、电话、会议等各种形式,及时把县委各个阶段的重大决策和重要部署传达到基层,把基层的工作情况、意见建议反映给县委,并就有关事项根据领导的意见认真给予答复。

【会务和接待】 坚持提前准备、分工负责、层层把关,做到会场布置整洁庄严,伙食安排从简不奢侈,会场服务细致不马虎,会议材料齐备无差错。在办会中,对大型会议活动要统筹考虑,合理安排,从严控制,讲求时效,尽可能地减少会议,并加大协调力度,提高会务服务质量。全年共承担县委全委扩大会、县委中心组学习会、常委会、县委班子民主生活会、"重建规划"研讨会等重要会议100余场。接待方面,本着热情、周到、满意、节俭的原则,进一步划分接待范围,严格接待标准,规范接待程序,先后接待国家、省、州领导来汶川视察50余次,受到各级领导的一致好评。

【督查督办】 专门确定1名副主任分管督查工作,明确3名同志为专职督查员,建立健全督查网络。不断强化督查机制,在直接查办、突击查办、现场查办和"回头看"等环节上下功夫,对重大项目和决策采取全程跟踪督查、县领导牵头督查的办法,使督查工作贯穿于县委、县政府中心工作的全过程,不断提高督查工作的质量和效益,做到事事有结果,件件有回音。

狠抓县委十届十一次、十二次全会和县委灾后重建工作会议精神的督促落实,重点对县委、县政府2010年灾后重建项目的落实情况深入进行检查,促进会议精神和重建项目的贯彻落实。共组织20余次有县级领导参加的决策督查活动。抓了项目建设、项目招投标、城镇居民和失地农民养老保险、招商引资等专项督查,形成并上报督查专报30余篇,其中反映问题的20余篇。

针对灾后重建、房屋撤迁、住房困难等民生问题,对全县情况进行调查,并撰写调查报告。以群众来信来访为线索,将群众反映的热点、难点问题作为开展民情调查的主要内容,做到来信必阅、来访必接,及时办理广大群众反映的热点和难点问题,并将办理结果回复给当事人。全年组织10次有县级领导参加的民情调查,开展12次督查调研活动。

做好县委领导批示件的督查落实,共转办、协办县委主要领导批示件200余件。完成州委督查室交办的专项查办件,当年办结率100%。

【后勤服务】 建立健全后勤管理各项规章制度,公务车按规定粘贴公务车标识,没有发生公车私用和行车事故现象;确定专人进行资产管理,建立资产管理总账、明细账及卡片;严格实行卫生管理责任制。

投资两万余元给各科室配备微机,并进行宽带联网,提高工作效率;开展园林式机关单位创建活动,对机关大院进行绿化。开展定期卫生评比,使县委机关环境优美,秩序井然,面貌焕然一新。

成立综合治理领导小组,与各部门签订责任书。做好防火防盗工作,坚持24小时领导带班和干部职工值班制度,强化值班人员的责任意识,全年机关未发生刑事、治安案件和失窃事件,未发生火灾事故,未发生重大安全事故。

【机要保密】 进一步健全领导班子,配备密码管理局局长和副局长各1名,密码管理干部3

名。严格按照《密码工作条例》和有关规定，报批密码和密码设备配置，做到所需经费足额落实到位；密码、密码设备有专柜存放、专人管理，登记规范、齐全，递送符合保密要求，严格按规定擦除机内信息、拔下密码卡，工作技术装备达到规定要求；加强机要密码工作管理，各项工作制度、管理制度健全；按上级业务部门要求及时准确上报各种材料、统计报表；积极向《机要工作》《阿坝机要》《四川机要》投稿；坚持24小时值班制，通信线路没有发生大的故障，2m机要数字专网防病毒措施和各项安全措施到位，充分利用网络资源，将明传电报、工作部署通过网络向各个乡镇传输，县乡之间实现了"无纸办公"。共收发办理各类明传电报和密码电报100余份，发送乡镇传真50余份，未发生任何差错，确保密码安全和通信畅通。

【自身建设】 抓好学习教育，努力创建"学习型"机关。采取集体学与自学相结合，定期学与平时学相结合，专题讨论与主题辅导相结合，认真学习马克思主义基本原理、毛泽东思想、邓小平理论、"三个代表"重要思想、科学发展观，党的十七届四中、五中全会精神等大政方针，学习县委的一系列重大政策及公文写作、微机操作、信息收集、调查研究等技能，使办公室干部努力成为能够适应不同工作的"多面手"。

对各个科室、各个岗位的职责任务、目标要求进行量化分解，责任到人，做到分工明确、任务具体、各尽其职、各负其责，忙时有人牵头、相互协作、共同上手、重点突破，使办公室各项工作既有分工，又有协作，始终保持高效快速有序运转。对行文、会务、调研、督查、机要、接待等工作程序作了详细的规定，避免工作的随意性和盲目性，减少工作纰漏。出台值班、财务管理、车辆管理等10余项工作制度，并严格按制度管理，使各项工作效率明显加快，服务质量明显提高。

保密工作

【领导名录】
局　　长　　谢海彬（1月止）
　　　　　　秦兴铨（1月起）

【组织领导】 县委、县政府高度重视，把保密工作列入工作议事日程，纳入岗位目标考核。县委、县政府主要领导经常过问保密工作，对保密工作需要的投入给予大力支持。调整充实以县委、县政府分管领导为组长、副组长，各相关部门为成员的保密领导小组，切实加强对此项工作的组织领导。各乡（镇）部门在部署各自系统工作时，把保密工作同部署一同落实，一同检查。对保密工作经常进行检查督办，确保保密工作落到实处。

【宣传教育】 各乡镇、部门进一步健全完善保密各项规章制度，强化保密宣传教育。认真开展"五五"保密法制宣传教育检查验收和研究制定"六五"保密法制宣传教育规划。开展保密科学技术"十一五"发展规划总结验收和研究制定"十二五"科学技术发展规划。开展新修订《保密法》的学习宣传活动。加强保密档案工作的规范管理和保密工作学刊用刊及保密业务书籍书刊的发行和应用工作。加强对信息公开保密审查工作的督促指导和保密信息的收集上报，上报各种简报8期。各级领导、涉密人员上百人参与保密承诺书签订人员知识竞赛活动。与县委党校及相关部门协调，全年共开展两期涉密人员保密技术培训。推荐评选省表彰的保密先进集体和先进个人（县人事局被评选为省先进集体，姚正江、朱高琴被评选为省先进个人）。

【涉密检查】 开展涉密载体情况检查，全县共检查计算机637台。其户涉密计算机60台,非涉密计算577台。共检查移动存储介质624个,其中涉密54个,非涉密移动存储介质569个。下发整改通知书18份。进一步规范涉密载体销毁各个环节的管理工作。

【技术建设】 完善保密技术三大平台建设。完善涉密计算机户籍管理系统和涉密计算机非法外联监控体系的安装培训运用。加强保密技术设备装备。建立保密技术检查监督体系。

注:因校对失误,《汶川县年鉴》(2009)164页市政公用管理中【领导名录】局长张玮(9月止)秦兴铨(9月起)更正为局长秦兴铨

信访工作

【领导名录】

局　　长　　彭勇森(2月止)
　　　　　　陈代军(2月起)
副局长　　梁　力
　　　　　　任　勇

【基本情况】 全年受理来信来访849件。受理来信551件,办结525件,办结率为95.3%,其中,国家信访局交办5件,办结5件,办结率为100%;省、州交办76件,办结73件,尚有3件正在办理中,办结率为96.05%。接访来访群众267批2355人次,同比减少152批451人次,分别下降36.3%和16.1%,其中,县级领导接访72批628人次,同比增加22批158人次,分别增加44%和33.6%;集体访123批1535人次,同比减少65批454人次,分别下降34.6%和22.8%;落实责任单位限期化解140批,运用相关政策疏导化解158批。

全年实现非正常进京上访、"零进京"目标。到省、州上访登记通报28批98人次,同比减少19批上升6人,分别下降59.6%和上升6.5%。

【信访工作制度建设】 坚持信访工作联席会议制度,坚持每月向信访联席会议召集人汇报工作情况,分析形势,研究解决信访工作中的突出问题,协调处理来县赴省州越级访、集体访、重复访等重大信访案件。对中央、省、州交办案件和县内重点信访案件,落实包案办案领导和乡镇、部门的责任,限期办结上报,做到信访案件件件有着落、事事有交代、案案有结果。制定《汶川县信访工作考核实施细则》,确定考核对象和范围,对全县各乡镇、各部门的信访基础建设和业务工作进行量化考核,建立信访维稳工作奖惩制度,坚持奖惩逗硬,并把信访维稳工作作为年终目标考评的重要依据。按照"属地管理、分级负责,谁主管、谁负责"的原则,同各乡镇和县级部门签订信访维稳目标责任书,全面准行信访工作目标责任制和乡镇、部门"一把手"负责制,把信访工作纳入对各乡镇、县级部门的年度工作目标考核管理。

【矛盾纠纷排查化解】 坚持定期在每月25日前,将各乡镇、各部门上报的矛盾纠纷进行汇总,并分门别类上报州级主管部门,对重大不稳定因素隐患问题,及时向县委、县政府报告。召开联席会议和矛盾纠纷排查调处工作会议,落实信访矛盾纠纷包案责任,与各乡镇党委、政府及挂包县级干部签订信访维稳责任书和承诺书,深入各乡镇开展信访事项和矛盾纠纷的督查督办,通过各包案县级领导和责任单位负责人到各乡镇村组召开群众座谈、法律讲解、政策疏导和协调化解处理。全县共排查出矛盾纠纷89件,化解78件,化解率达87.6%。

【信访问题处理】 抓好初信初访的规范办理,对于初信初访,始终坚持法律、政策教育与疏导、积极妥善协调和处理化解的原则,做好来信

来访的受理登记、承办、转办、交办和督办工作，严格按照《信访条例》规定时间要求办理办结。按照信访复查复核程序的要求，依法按政策解决信访问题。今年，县复查复核委员会共受理复查申请50件，办理完毕45件，撤销原答复意见7件，信访人自行撤回1件，被州复查复核委员会撤销重新办理两件。对涉法涉诉信访案件，由司法部门给予法律咨询和法律援助，引导群众通过仲裁、诉讼和行政复议等途径依法公正解决问题。

【县级领导大接访活动】 继续深入推进县级领导大接访活动。积极协调好每周二的县委、县政府领导接访活动日活动。当场接待群众，现场解决疑难问题，不能解决的，责令相关部门尽快落实。部门、乡镇领导实行随到随接待制度，信访部门做好领导接访的接访纪要和记录，县委、县政府督查督办室负责进行跟踪督办。截止12月，县级领导干部下访48批90人次，下访群众65批418人次，当场解决问题18件，纳入领导包案10批213人次，落实责任单位26件次。

【解决信访积案】 落实县级领导包案制度，县委、县政府召开专题会议，建立工作机构，形成处理信访突出问题及群体性事件联席会议形成党政主要领导亲自抓，分管领导具体抓，乡镇部门配合抓的工作格局。认真排查梳理全县范围内还未解决的重要信访积案，对梳理出的信访积案10件逐一进行登记建档。10件信访积案全部结案，其中息诉3件，采取重点稳控7件。

省、州、县上加大对信访工作资金的投入力度，州下拨第一批中央、省配套解决特殊疑难信访问题专项补助资金24.3万元，县投入资金35万元，共计59.3万元。用于解决"无头案"、"骨头案"、"钉子案"共计11件，全县信访积案清仓见底。

【信访业务培训】 5月，召开全县信访业务培训会，各乡镇群众信访分管领导、信访工作人员和县联席会议成员单位各分管领导、信访工作人员约70余人参加培训，发放来信来访、信访事项答复意见、信访事项复查复核等培训资料350余份。通过培训使各乡镇、各部门的业务水平得到较大提升。

纪检监察

【领导名录】
纪委书记　　　　　　向　林
纪委副书记　　　　　李　鹏（9月止）
　　　　　　　　　　梁贤卢（3月止）
　　　　　　　　　　孙立新（3月起）
　　　　　　　　　　吴　清（9月起）
监察局局长　　　　　梁贤卢（1月止）
　　　　　　　　　　孙立新（1月起）
监察局副局长　　　　庹玉林
　　　　　　　　　　孙立新（1月止）
　　　　　　　　　　黄　智（10月起）
漩三片区纪工委书记　张通霞（9月起）
副书记　　　　　　　杨绍春（10月起）
威龙片区纪工委书记　杨隆华（9月起）
副书记　　　　　　　袁昌林（10月起）
映绵片区纪工委书记　何光琼（9月起）
副书记　　　　　　　曹红虎（10月起）

【监督检查】 紧紧围绕县委、县政府"一心两廊四区"的战略定位和"三年重建任务两年基本完成"的要求，认真履行监督检查职责，切实加强对中央扩大内需、灾后重建、调整结构、改善民生等政策措施落实情况的监督检查和重点工程领域专项治理等工作，做到同步介入、全程参与、实时跟踪。及时发现问题，落实督促好整改措施，确保各项工作有序推进。

县扩建监办突出项目资金监管重点，制定和

转发《扩大内需促进经济增长政策落实检查办法》、《广东省对口支援四川省汶川县抗震救灾资金物资监督管理有关制度》、《港澳特别行政区援助四川灾后恢复重建项目资金监督检查办法》、《抗震救灾"特殊党费"使用管理监督办法》等一系列规章制度，确保资金管理有章可循，监督检查规范有序。建立健全公示制度，定期公布社会捐赠资金接收使用情况。通过政务公开栏、村务公开栏以及灾区群众集中安置点张榜公示等方式，宣传安置补助政策，公开救灾款物接收、发放和领取情况，公开灾后重建项目招标、大宗物资采购、大额资金下拨等情况，切实防止挤占挪用、虚报冒领等问题。建立定期汇报制度，各乡镇纪委（片区纪工委）、各部门每月定期向县纪委和援建工作组汇报监督工作情况，县纪委定期向州纪委和县委、县政府汇报监督检查工作情况。建立"三统一、一审批、一条龙"制度（即：资金由财政一个口子进出，物资由保障组或民政部门一个口子进出，项目申报由发改委一个口子进出；审批由分管领导一支笔把关；实行县对乡镇、乡镇对村、村对组、组对户一条龙管理）。同时，督促各乡镇、各部门建立健全灾后重建和扩大内需项目资金台账，做到转拨、登记、统计数据"三个清楚"；接收、发放、使用"三个公开"；认识、宣传、教育"三个到位"；做到来去有账、及时划拨、公开透明、群众知情。建立随机派人监督机制，在招标采购中，采取在开标前一天随机派人的原则，确保招标采购的阳光、公平、公正。

监督检查扩大内需项目26个，落实责任制项目26个，涉及估算投资8497.5万元。在监督检查中发现问题15个，责成项目业主进行全面整改。

密切配合对口援建监督检查工作，和广东省援建工作组监察审计部建立联席会议制度，定期互通情况、交换意见、研究工作，实现监督"无缝"对接。采取抽查、巡查、重点督查等方式，加强对项目资金管理使用、公示情况的监督检查工作。6月，开展全县工程项目清理排查工作。在工程项目自查自纠的基础上，县扩建监办抽调全县11个乡镇纪委书记和5个职能部门工作人员共24人，组成6个督查组分赴各乡镇、各部门开展重点督查工作，各督查组对全县投资规模在200万元以上的216个工程项目（含扩大内需、以工代赈和应急工程项目，交钥匙项目、州管项目除外）、涉及民生的项目进行全面检查，发现问题287个；对投资规模在200万元以下的154个工程建设项目（含扩大内需、以工代赈和应急工程项目，州管工程项目和交钥匙项目除外）、50万元以下的政府采购项目，按照比例不低于项目总数的30%进行重点抽查，发现问题179个。督查组及时反馈整改意见，要求相关乡镇和部门认真整改落实，完善工程项目资料，规范项目资金档案管理。

全年，监督检查灾后恢复重建项目501个大项1724个小项。其中，工程类项目1643个，经费类项目81个；城乡住房项目两个，涉及投资34.54亿元；城镇体系建设项目38个，涉及投资48.34亿元；农村建设项目4个，涉及投资9.22亿元；公共服务设施建设项目182个，涉及投资27.32亿元；基础设施建设项目88个，涉及投资42.84亿元；生产力布局和产业调整项目164个，涉及投资32.62亿元；防灾减灾项目4个，涉及投资12.39亿元；生态修复项目10个，涉及投资13.87亿元；精神家园项目9个，涉及投资0.63亿元。在监督检查中发现问题68个，责成项目业主及实施单位进行全面整改，进一步完善手续、规范档案管理，确保项目资金管理使用依法合规，确保阳光重建、廉洁重建。

协助配合中央第十六检查组、十七检查组、省驻汶川理县监督检查组和州第一检查组开展监督检查。中央第十六检查组在汶川县发现9个项目存在11个问题,提出5个方面工作建议。县扩建监领导小组高度重视,责成相关职能部门进行全面整改落实,写出书面整改报告,详细分析存在问题的原因,提出相关问题的整改措施10条,上报整改进度4次。

中央第十七检查组在汶川县发现1个项目存在两个问题。县扩建监领导小组责成映秀镇及东莞市援建工作组对映秀镇渔子溪Ⅰ桥存在的问题进行全面整改落实,写出书面整改报告,详细分析存在问题的原因,上报相关问题的整改情况两条。

省扩大内需促进经济增长加快灾后恢复重建政策落实监督检查领导小组驻汶川理县检查组,年初至11月在汶川县开展监督检查工作中对全县11个乡镇26个部门(含禹城投资公司)进行监督检查,发现项目资金管理使用方面问题180余个,发出整改通知59次,函询通知8次。县扩建监领导小组责成扩建监办协调相关乡镇和部门进行全面整改,详细说明问题存在的原因,提出明确的整改措施,及时回复省监督检查组180余条情况说明和整改报告。对检查组发现的重大问题,成立专项工作组进行调查,正在调查核实的问题3件。

州第一督查组在汶川检查灾后恢复重建和扩大内需项目资金管理使用情况,抽查全县15个部门和7个乡镇的289个项目,发现问题199个,提出整改建议22条,建议意见10条,发出整改通知24份。县扩建监办协调相关乡镇和部门,及时进行整改并逐条回复上报。

【工程建设领域专项治理活动】 制定《汶川县工程建设领域突出问题专项治理工作实施意见和2010年工作要点》,及时转发《阿坝州纪委监察局关于对全州工程建设领域中三起违纪案件的通报》《阿坝州治理工程建设领域突出问题工作领导小组关于进一步开展工程建设项目清理排查工作的紧急通知》。在全县性开展工程项目自查自纠的基础上,抽调专人对全县投资规模在200万元以上的216个工程项目、涉及民生的项目进行全面检查,发现问题287个;对投资规模在200万元以下的154个工程建设项目、50万元以下的政府采购的项目,按照比例不低于项目总数的30%进行重点抽查,发现问题179个。受理工程领域信访举报25件(含州转10件),发现工程领域的违法违纪案件12件(次),移送司法机关人员3人。

【重大活动监督工作】 参加县环境卫生整治办、督查室等单位组织的对全县11个乡镇两个部门开展城乡环境综合整治监督考核30余次,发出整改通知200余份。全县环境卫生整体情况得到明显改观。参加全省灾后恢复现场会等重大接待工作的接待筹备监督工作,对公路沿线乡镇进行重点督查,发出督查通知80余份,整改通知30余份。

【清理公务用车】 成立"汶川县公务用车管理委员会",摸清全县公务用车基本情况:"5.12"地震前,全县共有公务用车170辆,地震损毁车辆93辆,地震后新增公务用车211辆(其中,财政拨款购置32辆,对口援建捐赠车辆115辆,定向捐赠资金购置22辆,自筹资金购置15辆,社会捐赠27辆),全县共有公务用车288辆。严格实行定编管理,建立健全车辆管理机制,确保公务用车使用管理依法合规。

【招投标监督管理】 参与全县工程建设招投标监督443件次(公开招标206个、公开比选237个),投资概算达256480万元,节约资金30675万元,资金节约率达11.96%;共监管199个采购项目,采购预算为13244.07万元,实际采购金额11069.31万元,节约财政支出2174.76万元,节约率16.42%。受理工程领域招投标投诉25件,回复25件,作出无效认定1件,取消第一名中标资格3件。

【党风廉政建设】 继续采取多种形式广泛开展对党员干部的警示对照教育，大力宣传反腐败的方针政策和重大成果，宣传廉洁奉公、勤政为民的先进典型，进一步坚定干部群众反腐败斗争的信心，使广大党员干部树立正确的世界观、人生观、价值观，廉洁自律和自觉抵制腐败思想侵蚀的能力得到进一步提高。继续开展廉政文化"七进"活动，学习廉洁从政若干准则、营造廉政文化氛围与科学发展观学习活动结合起来，利用"5.12"地震两周年纪念活动，采取广播电视、印制政策宣传册、进村入户、制作展板和宣传标语等形式，加强廉政文化宣传，全县共发放《中国共产党党员领导干部廉洁从政若干准则》（以下简称《廉政准则》）读本1000余本，征订《中国共产党党员领导干部廉洁从政若干准则辅导资料》150余套，制作展板1幅，大型广告两幅，道牌50余幅。向全县受灾农户每户发放"灾后重建明白卡"。

认真学习贯彻《廉政准则》，进行动员部署，纳入党委中心组理论学习的重要内容，对照《廉政准则》的"8个禁止52个不准"和贺国强同志提出的"六个重点"进行深入学习，全面把握思想精髓，深刻领会精神实质。组织全县科级以上党员领导干部参加《廉政准则》知识考试。

严格执行党风廉政建设责任制，抓好责任分解、考核和追究。及时调整县党风廉政建设责任制领导小组成员，制定并下发《中共汶川县委汶川县人民政府关于2010年度党风廉政建设和反腐败工作的意见》（汶委发〔2010〕14号），将2010年度党风廉政建设和反腐败工作任务17大项90小项逐一分解落实到17位县级领导和29个牵头单位。建立党风廉政建设联席会议制度，明确各牵头部门和成员单位的工作职责。印发《汶川县2010年党风廉政建设工作实施意见》，把党风廉政建设工作与全县经济建设、政治文化建设、党的建设、民生建设和灾后恢复重建紧密结合，并纳入县委、县政府综合目标考核。

为切实转变干部工作作风提高行政效能，进一步推行行政执法责任制，促进廉政勤政和依法行政，按照县委的统一部署，制定并下发《中共汶川县委办公室关于印发〈汶川县机关作风效能建设活动实施方案〉的通知》（汶委办〔2010〕116号），《中共汶川县委办公室关于印发〈关于转变干部作风全面推进工作的十点要求〉的通知》（汶委办〔2010〕134号），稳步扎实推进机关作风效能建设工作，切实解决领导机关和领导干部作风效能方面的突出问题，形成用心想事、用心谋事、用心干事的良好局面。

继续完善廉政谈话和提升廉政档案管理。县纪委对新任41名副科级以上实职领导干部全部进行廉政谈话。及时印发《汶川县党风廉政建设责任制领导小组办公室〈关于填报廉政档案有关登记表〉的通知》（汶委廉〔2010〕5号），对全县336名副科级以上实职领导干部重新填报廉政档案有关登记表，全面、客观地反映领导干部的廉政勤政情况，为领导干部实施廉政责任谈话以及查办领导干部违纪违法案件提供依据。

切实规范领导干部的权力运行。以加强对领导班子和主要领导干部监督为重点，建立健全决策权、执行权、监督权既相互制约又相互协调的权力结构和运行机制，加大监督制度创新力度，努力做到有权必有责、用权受监督。严格执行领导干部述职述廉、诫勉谈话、函询、质询等制度。加强对党政主要领导干部在重大决策、重要干部任免、重大项目安排和大额度资金使用、勤政廉政等方面的监督。积极推行党务公开、政务公开、厂务公开、村务公开和公共企事业单位办事公开，规范公开形式，拓宽公开内容，畅通公开渠道，落实党员的知情权、参与权、选举权、监督权。坚持党内监督与党外监督、专门机关监督与群众监督相结合，发挥好新闻舆论和信访监督的作用，拓宽监督渠道，增强监督合力。

下发《中共汶川县委办公室、汶川县人民政府办公室〈关于进一步落实党政机关厉行节约各项要求〉的通知》（汶委办〔2010〕162号）、《中共汶川县纪委〈关于进一步严格规范公车管理使用〉的紧急通知》（汶纪发〔2010〕82号），加强对公务用车使用管理，对全县各单位公务用车进行全面清理，进一步规范和改革公务接待制度，严格控制公务接待费用，规范公务接待行为。

继续贯彻落实《中共中央纪委关于严格禁止利用职务上的便利谋取不正当利益的若干规定》，加大对违纪行为的惩处力度，做到发现一起，查处一起。6月，对县人事劳动和社会保障局利用职务之便提供虚假信息、把关不严，造成不良影响的两名同志，予以党内警告处分。

【农村基层党风廉政建设】根据中纪委相关文件精神，制定《汶川县实施村级党风廉政监督检查员制度的意见》和《汶川县村级党风廉政监督检查员管理办法（试行）》，印发《2010年农村基层党风廉政建设工作要点》，将农村基层党风廉政建设贯穿于灾后恢复重建全过程，加强农村基层党组织和农村党员干部建设，确保各项惠民工程取得实效。

针对灾后群众反映、关注的热点难点，创新思路，改进方式，认真履职尽责，采取"月镇季村"的工作方式，深入辖区各乡镇、村组大力开展党风廉政建设工作，向群众发放联心卡1.3万份，在各乡镇设立举报信箱，拓宽信息渠道，加大监督力度。不定时地对全县111个村的村务、财务、事务情况进行抽检、检查，进一步加强村务公开、政务公开力度，规范村组议事规程，拓展群众的知情权、参与权、监督权。

围绕群众信访反映的焦点，认真分析，加强排查，结合"感恩教育"和"三大活动"的开展，组织纪检力量督查落实各项涉农案件的查办，解决信访突出问题，及时将案件处理结果在村民大会上进行通报反馈，努力从源头上防止和减少矛盾。全年，县纪委信访室共受理乡科级干部和农村人员（两委干部）检举控告153件，占检举控告类75%。

【体制机制创新】为切实加强农村基层党风廉政建设，改变乡镇纪委监督作用难发挥、案件查办难开展的现状，从制度上改变同体监督难的现状。根据中共中央《关于建立健全教育、制度、监督并重的惩治和预防腐败体系实施纲要》精神，按照中央纪委9号、10号文件安排部署，县纪委监察局报经县委研究同意，实行乡镇监督机构改革，撤销全县11个（不含卧龙特区两个乡）乡镇纪律检查委员会，在各乡镇党委设纪律检查委员，成立漩三、映绵、威龙3个片区纪工委，有效地推进纪检监察工作力量向基层倾斜、工作重心向基层转移、监督触角向基层延伸，更加密切了党同人民群众的血肉联系，为我县跨越式发展提供强力保证。

为适应反腐倡廉建设的新形势、新任务、新要求，根据汶川县建立健全惩治和预防腐败体系工作需要，制定《汶川县县级部门纪检监察机构管理体制改革的实施方案》，报经县委同意，在县级部门设立"中共汶川县直属机关纪律检查工作委员会"，负责监督检查县级部门及所属单位贯彻执行党的路线、方针、政策和决议，遵守国家法律、法规，执行县委、县政府决策部署的情况，贯彻落实党风廉政建设责任制和廉洁自律以及干部队伍作风建设的情况等工作，有效地整合了力量，实现了监督主体和责任主体分离，强化了纪检监察机关的监督职能。

按照"四议两公开一监督"办法，在村民大会或村民代表大会上进行民主推举111名村级党风廉政监督员，在乡镇党委、政府和所属片区纪工委的领导下，协助村党支部抓好党风廉政建设和反腐败工作,并负责督促各项具体工作任务的贯彻落实;参与村内重大事项、重大开支以及其他事关村民切身利益等重要事项的研究、决策情况进行监督,及时向所属片区纪工委报告村内党员干部违纪行为。

【纠风工作】 纠风办会同教育局、财政局和审计局,联合对县辖区内所有中小学校贯彻落实州人民政府"一费制"、"两免一补"收费办法,公办高中招收择校生、收取择校费等政策的执行情况进行检查。对在检查中发现部分学校收费不公示不透明的问题当场予以指出,并责成学校予以纠正,责令各学校做到教育收费按规定的内容和方式在指定的公示栏进行公示。

继续做好减轻农民负担和预防涉农负担案(事)件工作。3月,县监察局纠风办联合县质检局、工商局、农业局、物价局对全县农资市场进行专项执法检查,对查出的问题均责成有关部门进行整改。严肃查处涉农"三乱"行为,认真解决农民反映强烈的突出问题,净化农资供应市场,保护农民利益。全年通过各项支农惠农政策农民得到强农惠农项目438个,金额120281万元,纠正和整改违规问题资金854万元。

遵照坚持"六公开"制度,进一步加强运管、公路等执法单位和执法人员的监督。坚持交叉执法,坚决纠正以罚代纠、以罚代管和超范围违规执法的问题,继续巩固实现公路基本无"三乱"的治理成果。

根据中央有关治理商业贿赂精神,继续高度重视此项工作,及时调整建立健全机构,召开专门会议,研究具体措施,将治理商业贿赂专项工作列入党风廉政建设和反腐败工作的重要内容,结合实际制订方案,认真开展自查,工作稳步推进,重点解决社会反映强烈的教育、卫生、招投标等领域中存在的商业贿赂问题,重点查处国家机关工作人员利用职权谋取非法利益、索贿行为。

抓好治理医药购销中的不正之风。进一步规范收费行为,各医疗单位均按照四川省定价药品规定收费,主要的医疗收费项目都实行明码标价,住院费用落实一日清单制度。进一步对药品和医疗器械集中招标采购,集中采购药品医院数13个,总金额540.73万元。医院用药总金额764.41万元。占医院用药总金额的70%以上,通过集中采购药品让患者得到更大的利益,为国家节约大量资金。

打击在医药购销领域中的商业贿赂行为,大力度整治收受"回扣"、开大处方、滥检查、乱收费等不正之风。取消医务人员奖金分配与科室经济收入直接挂钩的做法,实行医务人员奖金与工作量、工作质量、医德医风和社会效益挂钩。民主评议基层院所16个。

开展机关作风效能建设,以"转变干部作风,提高行政效能"为载体,以"廉洁、勤政、务实、高效"为目标,在全县广泛开展机关作风效能建设活动,严格干部上下班制度、值班制度,切实落实县委、县政府六条禁令,创新机制,深入推进改善机关作风效能建设,各乡镇、县级各部门的工作作风、办事效率、服务质量有所提高,机关作风效能建设活动取得新实效。

全年在城乡环境综合治理专项效能监察工作中,专项监察23次,提出整改措施256条,纠正问题142个。问责单位4个,问责人员5人,其中组织处理5人。在政务公开专项监察工作中,专项监察18次,提出整改措施23条,纠正问题23个。在城镇住房灾后重建进展情况专项监察工作中,专项监察10次,提出整改措施8条,纠正问题7个。其他效能监察工作中,专项监察8次,提出整改措施12条,纠正问题12个。

【案件查处】 本着"惩前毖后、治病救人","查处一案、教育一方、震慑一片"的原则,创新宣传形式,充分利用电视、网络等宣传媒体,坚持正面教育与反面教育相结合,积极畅通信访举报渠道,及时掌握群众诉求。加强案件线索收集、分析和排查,认真调查核实群众反映的问题,做到件件有着落,事事有回音。县纪委监察局(含片区纪工委)共计接收来信来访电话举报347件次(含上级转办109件次)。直接受理238件次,其中检举控告类204件次,批评建议类3件次,业务范围外31件次。其中来信144件,来访53次,电话举报26件次,其他方式15件次。重复来信来访50件次,署名举报99件次,集体来访5次142人。信访初核88件(其中片区纪工委自立信访案件11件次),办结58件,正在办理30件,在规定时效内的办结率95%,属实或基本属实的36件,信访监督16件,办结16件,办结率100%;转办140件;留存98件。县纪委自立案件10件(次),移送审理12件(次)(其中包括自立案件10件次,司法移送案件两件次),已审结9件(次),给予党内警告处分4人(次),党内严重警告5人(次),留党察看两年1人(次),取消预备党员资格1人(次),行政记过处分4人(次),转检察院查办6件(次),共为国家挽回经济损失139.52万元,其中上缴国库违纪款98.51万元。所有案件涉及乡科级干部和农村两委干部问题的检举控告153件,接上级下转信件109件,涉及乡(镇)、村等领导干部其他失职渎职行为的问题92件,反映贪污贿赂行为、违反财经纪律行为87件。

【队伍建设】围绕"严肃认真、一丝不苟、内强素质、外树形象"的目标要求,加强纪检监察队伍自身建设,促进全县纪检监察工作上台阶上水平。全县广大纪检监察干部始终把思想理论建设放在首位,使科学理论进入思想,进入工作,进入改造主客观世界的具体实践之中,不断增强党性原则、大局观念、服务意识,为忠诚履职奠定坚实的思想基础。结合实际制定《汶川县纪检监察干部教育与业务培训方案》和《汶川县2010年片区纪工委案件培训方案》,全年共举办全县纪检监察干部业务培训班两期,培训70人次;两名同志参加全省新任纪检监察干部业务培训;6名片区纪工委纪检监察干部参加2010年全州基层纪检监察干部专题培训班。纪检监察干部牢固树立起监督者更要接受监督的意识、执纪者更要守纪的观念,严格遵守办案纪律、保密纪律,始终保持高尚气节情操,当好公正清廉的表率。

按照县委统一安排和"领导挂点、部门包村、干部帮户"活动的要求,认真制定《挂、包、帮实施方案》,建立领导机制,推动活动开展。在"8.14"抗洪抢险工作中始终蹲守驻地,同乡镇干部一道,以"创先争优当先锋、抗洪救灾树模范"为主题,组织党员干部扎实开展抗洪抢险工作。共走访受灾群众25户、发放救灾物资3批次5000余斤。协调炸药6件144公斤、油料1.2万升、大型机具12台(次),进行堰塞湖整治工作。组建志愿车队免费转运务工人员600人(次)。

组织工作

【领导名录】
部　　长　　　周全福(6月止)
　　　　　　　周　琼(6月起)
副部长　　　　甘元明
　　　　　　　余成忠(3月止)
　　　　　　　熊　军(3月起)
　　　　　　　付敬锋(5月起,挂职两年)
　　　　　　　石永康(8月止)
　　　　　　　杨玉峰(8月起,挂职)
老干部局局长　石永康(3—8月)
党建办主任　　余成忠(2月止)
　　　　　　　熊　军(2月起)
党建办副主任　杨进锋

【领导班子和干部队伍建设】 认真贯彻实施"四项监督制度",制定出台《关于认真贯彻实施干部选拔任用工作四项监督制度深入整治用人上不正之风进一步提高选人用人公信度的意见》和贯彻落实四项监督制度11个配套办法。

制定出台《中共汶川县委关于进一步从严管理干部的实施意见》《中共汶川县委关于进一步改进工作作风的意见》,进一步密切党群干群关系,提高班子的凝聚力和干部队伍的战斗力。制定出台《进一步加强乡镇党政正职队伍建设的实施意见》,有针对性地对全县科级领导班子进行调整和充实,使班子分工合理、专业配套、优势互补,增强其整体功能。坚持季度考核、半年考核、年度考核相结合,为县委调整配备科级领导班子和干部使用提供可靠依据。建立健全干部信息库,认真做好科级后备干部动态管理,实施"上挂、下派、外培"的综合培养锻炼,为科学发展储备干部力量。

坚持把"在基层一线培养干部、锻炼干部、选用干部、评价干部"作为选人用人导向。采取领导干部实名推荐、单位党委党组集体推荐、干部自荐、会议测评推荐4种方式为主,离退休干部、党代表、人大代表、政协委员参与推荐为补充的干部提名推荐方式,坚持做到"依照程序、认真负责、客观公正"三条原则。在民主推荐结束后,对普遍认可的干部进行更大范围地征求意见。

在全州组织的统筹公选科级领导干部工作中,共拿出9个职位在州县范围进行公开选拔。同时,拿出6个重要职位在全县进行公推公选,真正实现让更多具备条件的干部有机会参与竞争,为想干事、能干事的干部搭建平台。

【干部教育培训】 选派210名党政干部赴广东、上海等地学习考察;选派87名党政干部到省州委党校、西南财大等学校和培训机构学习培训;选派10名干部到州级机关和内地挂职;组织200余名乡村干部赴外地考察学习。

【关心关爱干部】 大力实施关爱干部的"3114"干部管理服务工程,启动实施干部关心关爱"四大工程",促使干部素质大提升、凝心聚力大和谐、干事创业大安妥、快乐工作大健康。坚持和规范谈心谈话制度,及时了解干部心声,倾听干部意见,掌握干部思想,切实做到关心干部的思想状况、身心健康以及家庭状况,让干部暖心舒心。认真做好挂职干部管理服务工作,修改完善《汶川县挂职干部管理办法》,充分调动和发挥挂职干部的工作激情。

【干部监督管理】 加强干部日常监督管理,坚持领导干部重大事项报告、领导干部述职述廉和离任审计等制度,调整完善《汶川县科级领导干部的请销假制度》和《汶川县干部舆情监督管理办法》,建立并实施《考察对象报告个人有关事项办法》,加强对领导干部日常监管和权力运行制衡。拓宽干部监督渠道,创新实施科级领导职位空缺公示制度,定期将全县空缺科级职位在电视台、手机短信平台上及时进行公示预告。利用手机短信平台发布干部任前公示,接受群众监督。开通WCX12380@163.COM网上举报,形成电话举报、信访举报、网上举报"三位一体"举报网络。开展整治拉票贿选活动,督促指导基层组织换届中严格执行治理拉票贿选行为工作方案,做到上下同部署、同安排、同行动。加大信访举报查处力度,对群众反映的问题均做到及时调查答复,对一时难以查清的均暂缓提拔,有效防范干部"带病上岗"、"带病提拔"的问题。

【人才兴县战略】 出台《中共汶川县委关于进一步加强人才工作的意见》和3个配套办法(1+3意见),编制《汶川县人才队伍建设中长期规划》,不断深化党政人才、企业经营管理人才、专业技术人才、高技能人才、农村实用人才、社工人才等"六支队伍"建设,培育储备各类人才4484名。

印发《汶川县实行乡镇部门党政一把手抓人才抓科技工作目标责任制的意见》及目标考核细则，对全县各乡镇、各部门进行目标考核。年度内，新选聘引进各类人才77名，新招聘事业工作人员43名。向州人才办推荐5名第五批有突出贡献的拔尖人才。积极宣传"5.12"以来在汶川援助服务的专业技术人才的先进事迹。多次召开援助汶川县专业技术挂职干部座谈会，做好5名突击援助人才、7名挂职服务和5名交通部挂职干部和专业人才在汶川援助服务期间的工作总结、鉴定、典型事例等相关材料及后续服务工作。

【老干部工作】 全面落实老干部政治、生活待遇，重视老干部党组织建设和思想建设，充分发挥离退休干部的政治优势、智力优势、经验优势。做好老干部来信来访工作，及时答复、回复和协调。妥善处理好离退休干部逝世后治丧工作。启动实施投资500万元的"汶川老干部活动中心"项目建设。

【基层组织建设】 41名县级党员领导干部和1503名党员干部深入开展"下访服务、公仆尽责"主题实践活动。新建《干部实绩考核机制》、《改善民生评价机制》、《干部例会学习制度》等制度211项，废止制度40个，修订完善制度和机制455个。

深入推进创先争优活动。全县511个基层党组织6070名共产党员以"推进基层民主、构建党内和谐"为主题，围绕加快发展、应对大灾、效能建设、感恩教育深化创先争优。发放《创先争优活动知识读本》、《创先争优宣传手册》等宣传资料2万余份，组织开展"七一红歌会"、"感恩歌曲大家唱"等活动。开展创建"党员示范户"、"党员示范岗"、"党员示范窗口"等活动，强化服务承诺活动，形成学先进、争先进、赶先进的良好氛围。坚持加快发展，投入项目资金214.15万元，新修公路230.4公里，走访困难群众2675人次，开展民情大接访481次，解决实际困难和问题223个，化解矛盾纠纷155起。

制定《汶川县关于实施"百村党建提升工程"深入推进创先争优活动的意见》，落实县级领导包村挂点责任制。乡镇、部门上下联动，密切配合，积极行动，对各村村情进行摸排调查，调查摸排出急需解决的问题18类504件，并逐步着手解决。对村干部开展述职测评，采取"抓两头、促中间"和"以强带弱、以大带小、以快带慢、以点带面"等办法和措施，扎实推进农村基层党建和新农村建设。深入推进"领导挂点、部门包村、干部帮户"工作。44名县级领导挂联11个乡镇、41个村、联系困难户44户，78个县级部门、392名科级干部联系111个村、393户困难户，2000余名一般干部每人联系10—20户，实现"挂帮包"全覆盖。

【基层民主建设】 全面推进党务公开，全县111个村建立村务公开栏，对党务、财务、事务、服务等进行全方位多层面公开公示，特别对灾后恢复重建政策、重大民生工程建设、重建资金使用情况、"特殊党费"等补助金发放情况进行公开。建立村民会议和村民代表会议制度，大力推进"四议两公开一监督"工作法，初步形成农村基层民主决策机制。通过"四议两公开一监督"工作法，推选村级"四大员"，评选"党员示范户，感恩孝道、义工服务、创业致富、环境洁美"等星级农户。

完成村级党组织换届选举。坚持"一好三强"的标准，积极开展村级班子摸底调查和村级班子、村干部述职测评工作，严格选举程序，抓好关键环节，深入各村社耐心指导，确保换届选举工作顺利推进。全县共选举出村党支部书记107名。

印发《中共汶川县委组织部关于全面推行党员旁听基层党委会议制度的实施意见》，各基层组织积极邀请普通党员参与旁听党组织会议。同时推荐全县各行业、各部门的党员102名参加县委常委会的旁听，有力地保障了党员的民主权利。

【基层组织建设】 强化阵地建设，完成银杏乡东界脑村、映秀镇老街村等22个示范村党建示范建设。完成105个村级组织活动场所建设，在建6个。规范灾后重建成果展板、公开栏，村民服务中心内部资料规范整理，完成党务、财务、事务、服务、远程教育等各项公开工作。

按照"优化设置、突出管理、注重效益"的工作思路，以村党组织为主体、产业党支部为骨干、学校和非公企业党组织为重点的新型党组织设置框架，及时在具备条件的专业经济合作组织、非公企业、学校中建立党组织，逐步扩大党建工作覆盖面，全县有26家规模以上工业企业建立党组织93个，"两新"组织党建工作水平得到进一步加强。

安装远程教育村级站点100个、社区站点4个、机关站点10个、组织部站点1个。每个站点配备两名以上管理员，并加大培训力度，确保管理员会操作管理设备、会组织教学管理、会排除一般性故障。加强教学管理，做到学前有计划、学中有辅导、学后有反馈。抓好组工内外网站建设，完成"大组工网"建设，得到省委检查验收组及州委组织部的高度评价。

【"特殊党费"使用管理】 抓好"特殊党费"相关工作，制作"特殊党费"宣传册，利用手机短信平台向全县干部群众宣传"特殊党费"使用范围和标准，创新提出9条措施，确保"特殊党费"使用管理工作的有效推进。督促各项工程的建设，按时保质完成七一映秀中学的建设，圆满完成全国党代表视察"特殊党费"建设成果和使用情况接待任务。

【党员队伍建设】 加强发展党员工作，举办两期培训班，培训入党积极分子259名。全年审批发展对象48人，发展新党员97人，转正169人。加大党员空白村发展党员工作力度，全县7个党员空白村有3个村已发展党员，4个村有入党积极分子。核实全县党员基本资料，完善身份证号等资料，做好党员库建设。抓好《流动党员活动证》的登记发放工作，做到应发尽发。对200余名党务工作者进行专题培训，提高党务工作者业务能力。

加强大学生村干部、"百名干部"、农村离任干部的服务管理。成立大学生村干部服务管理委员会，出台大学生村干部金融春雨行动实施办法，申请建立20万元的大学生村干部创业基金，并着力落实大学生村干部的相关生活补助。加强对"百名干部下基层"活动下派干部管理，保证下派干部身下心下、有为有位。建立60岁以上优秀离任村干部养老保险金奖励金制度。坚持走访慰问制度，共慰问生活困难党员324人、贫困三老人员194人、贫困离任干部96人、因灾致残及亲属遇难党员108人，发放慰问金20.7万元。

【自身建设】 以"学习日"等为载体，组织干部学习十七大、十七届四中、五中全会精神，全面把握党的路线、方针、政策和县委的各项重大决策，提高组工干部的理论素养，建立学习型机关。开展"做党性最强组工干部"主题演讲比赛等多项活动，通过理论学习、岗位练兵、业务培训、实践锻炼等活动开展，进一步树立组工干部政治坚定、公道正派、业务精湛、作风过硬的良好形象。加强机关效能建设，落实组织工作任务分解制度，实行责任到人、时间倒排、落实倒查，坚持定期检查、定期通报、定期整改，推进各项工作的落实。

深入推进"组织部长下基层"活动。部领导带队深入机关、乡镇、农村、社区和企业开展调研活动，了解灾后恢复重建推进情况和存在问题，积极开展谈心谈话活动，关心关爱干部职工，帮助干部调整思想、调整心理、调整身体，疏通情绪、端正心态、缓解压力、解决困难，以更充沛的精力投入灾后重建。

宣传工作

【领导名录】

部　　长	吴开明
文明办主任	陈　康
副部长	陈　康
	谢旅霜
	郭山鹰
	李　杰
	张雪娇（挂职）
新闻中心副主任	施龙斌（2月起）

【理论学习】 年初制定《中共汶川县委中心组2010年度理论学习安排意见》，县委中心学习组发挥龙头和表率作用，带动全县各级党组（党委）中心组进行理论学习，结合工作实际深入调查研究，采取个人自学、集中学习、举办报告会、理论辅导、专题讲座、现场学习等形式进行理论学习，认真抓好广大党员干部的学习教育。集中学习12次，其中，举行学习（扩大）会议8次，邀请专家、学者13人作专题报告和知识讲座，形成学习专报13期。重点传达学习和贯彻落实李长春来川视察重要讲话精神，党的十七届五中全会精神，刘奇葆书记和蒋巨峰省长在全省灾后恢复重建现场会上的讲话精神等。

【对外宣传】 和四川广播电视台在"5.12"两周年当天开展8次直播活动。反映汶川人民生活现状，展示良好精神风貌，向全国人民传达"汶川依然美丽、汶川人民依然坚强"的重建信息。协助中央电视台大型纪录片《奇迹》《中流砥柱》摄制组，四川电视台等媒体摄制组在汶川进行采访拍摄工作，为摄制组搞好服务和工作衔接。

推出"八个一"工程纪念汶川特大地震两周年。编辑出版《铭恩奋进百姓读本》《震中汶川100个惊心动魄》《震后汶川100个精美画卷》《崛起之路》《浴火重生新汶川》等书籍和画册；拍摄专题片《浴火重生新汶川》《美丽依然新汶川》；评选一批汶川县"荣誉市民"和"道德模范"；制作完成大型展览"汶川县抗震救灾及灾后重建展馆"和"崛起之路"灾后重建展馆布展；组织原生态锅庄比赛"羌族红"；协调拍摄灾后重建纪实电视剧《汶川儿女》和电影《大太阳》；发起"我为汶川谋发展"建言献策活动。

牵头组织开展中国·阿坝州首届大樱桃系列节庆活动。活动以"新阿坝·新汶川·新印象"为主题，通过开展"大樱桃形象大使"与"大樱桃树王"评选、"名家看汶川"笔会、举办特色产品展（含羌绣义卖）、羌族传统锅庄比赛以及一台原汁原味的羌族歌舞表演等活动，打造特色产业品牌，展示灾后重建新形象。

专题报道全县灾后恢复重建及民生工程进展，全面报道全县灾后重建、广东省对口支援我县恢复重建工作取得的重要成果。其中，对广东省对口支援汶川灾后恢复重建任务基本完成活动、广东省各对口援建市重建交钥匙工程建设和交付仪式等活动及时进行宣传报道，为广东省对口支援我县灾后恢复重建取得的重要成果营造良好的舆论氛围。

专题宣传广东对口支援汶川恢复重建任务全面完成庆祝大会盛况。认真部署、强化保障，提前拟定当天新闻、庆祝大会、文艺晚会等各项工作的报道方案，明确报道组各成员分工和职责，邀请各级主流媒体参加，确保宣传报道的效果。并在庆祝大会前后组织力量大力宣传广东对口援建的工作成就，在《四川日报》《阿坝日报》刊载专版，为庆祝大会胜利召开营造浓厚氛围。

【宣传报道】 围绕县委、县政府中心工作，牢牢把握正确的舆论导向。先后对县委十届十次扩大会议、政协第十三届汶川县委员会第五次会议、汶川县第十二届人民代表大会第四次会议，深入开展学习实践科学发展观活动、创先争优活动，灾后恢复重建进展，广东对口支援汶川各项工作开展、项目建设和移交情况，"三大活动"和"感恩教育深化发展"活动进展，八大民生工程建设、城乡环境综合整治，汶川干部群众为海地、玉树灾区援助、献爱心，各种接待、迎检活动开展新闻宣传报道，圆满完成宣传报道任务。

在5月7日全省灾后恢复重建现场会中，承担宣传文秘组的工作，完成制作《浴火重生新汶川》专题片；撰写考察团在汶川境内的解说词；制作"5.12"地震遗址标志牌；为现场会的召开营造热烈的氛围，并获"先进集体"称号。

在"创先争优"活动中，安排县新闻中心和县电视台记者深入基层宣传报道先进典型，得到县委、县政府领导的高度评价，在社会上引起积极反响。

做好"三百"工程建设和"三大活动"宣传报道，安排记者深入到全县各乡镇，对全县"三百"工程推进情况及时进行宣传报道，并在中国汶川门户网和汶川电视台开设专栏进行连续的深度报道。

针对网络舆论的隐蔽性、自由开放性及难控制性，加强舆情监控力度。发现情况，及时报告，并对重大舆情进行正面回应和引导，以正视听。网络舆情监测管理中心及时妥善处理映秀豪车事件、县中医院搬迁事件、周泽事件等重大舆情20余件。组织网评队伍在四川新闻网汶川论坛、百度汶川贴吧等网站发布相关帖子300余条。

对突发事件快速反应，正确引导。国道213线雁门乡索桥村大岩包处发生大面积垮塌、国道213线银杏乡彻底关段路基被冲毁等突发事件，第一时间赶赴现场，进行跟踪报道，设立专题，向社会公布灾害相关情况，并在第一时间将相关信息上报相关部门。8月14日，我县发生特大山洪泥石流灾害，宣传部第一时间安排记者进行报道。并随即组织带领新闻报道组赶赴映秀进行跟踪报道。新闻报道组在映秀驻扎一个月，拟写新闻通稿、提供新闻线索、接待来访媒体、搞好宣传报道。同时，还组织人员分组赴银杏、水磨、三江等乡镇进行采访报道。

全年，共接待中央、省、州级媒体记者4000余人次。在各级报刊、杂志、网络、电视台、广播电台刊播转载宣传汶川的稿件逾4万篇（条、幅）。县新闻中心1200余篇（条、幅）稿件在各级报刊、杂志、网络、广播进行转载。县电视台采编新闻稿件2200余条，其中，中央电视台选用50条，四川卫视、广东卫视等选用280余条，阿坝州电视台选用420条。

中国汶川门户网站设立汶川概况、阳光党务、汶川旅游、投资汶川企业风采等10个栏目，页面上增加公示公告、政府信息公开、提案议案办理、领导之窗、便民服务等栏目。先后开设关注"两会"、"汶川县深入学习实践科学发展观"、"水磨映象"、"三百工程进行时"、"新家园、新形象、新希望"、深入开展三大活动、铭恩奋进、"汶川县特殊党费使用管理"等10余个专题，共采编各类稿件1400余篇，点击量达124万次。汶川电视台制播《关注》栏目20期；新开设《汶川警讯》栏目，编播14期；《羌山新事》栏目，编播12期；《新视听》栏目，编播12期；《平安汶川》栏目，编播12期。摄制《浴火重生新汶川》《界碑》《平安汶川》《县人民医院重建纪实》等专题片、各类资料片30部、集。策划、拍摄、制作《汶川感恩》《水磨羌城展新貌》《新家园、新未来》等宣传短片；策划、拍摄、制作《周德文老人的重建日记》等栏目；并协助制作《浴火重生——汶川县灾后重建纪实》专题片。

【思想道德建设】围绕普及文明风尚、维护公共秩序、提高服务水平、改善城乡环境主题，认真开展"除陋习、讲文明、树新风"活动，文明交通伴我行等活动。下发《关于开展"做文明先锋，创和谐家园"活动的通知》，开展形式多样的宣传教育活动。开展"我们的节日"三题活动，积极参与知识竞赛。全县征订竞赛试卷1839份,《中华经典》学习读本210本,全县1846人参加知识竞赛。

【精神文明创建】 围绕"三百"工程,扎实推进"文明村"和"文明户"、"文明单位"创评活动。经各乡镇评选,发放"文明户"标牌5400个。审查推荐准予重新登记省级文明单位(村)10个,州级文明单位32个,确认州级文明单位两个。新创建省级文明村两个,州级文明单位1个,州级文明村1个,县级最佳文明单位3个,县级文明单位6个,县级文明村3个。

县文明办、县党建办联合在全县农村启动创建"星级农家"活动,组织开展"文明户"评选;"做文明先锋、创和谐家园";"星级农家";"文明店铺";"千里文明走廊";"新环境、新生活、新风尚"主题创建活动等创评活动。向州推荐第二届"道德模范"7人,评选汶川县"荣誉市民"170人。

【未成年人思想道德建设】 充分发挥职能部门作用,以学校为龙头,努力做好未成年人工作。积极与精神文明报社联系,在四川烟草公司和文明报社支持下,为映秀小学、水磨"八一"小学、三江小学3所学校赠送《精神文明报》未成年人专刊1.2万份,定期发送到学校。相关部门加大学校周边环境整治,为学校创造良好的周边环境。

组织开展"传唱优秀童谣,做有道德的人"网上签名寄语活动。协调县教育局、团县委、妇联等单位做好指导、宣传,收到较好效果。协调中国未成年人网到汶川开展对未成年人的宣传采访工作。

认真开展州委宣传部等单位组织的"移动杯"感恩征文比赛,全县有10所学校88人参赛,其中获奖25人。组织88幅照片参加州"电信杯"感恩摄影比赛,获奖作品14幅。

继续抓好西部助学工程相关工作。推荐"宏志班"学生1人,西部助学工程受助学生两人。县文明办被州委宣传部评为全州未成年人思想道德建设先进单位。

【心理抚慰】 针对灾后重建阶段干部群众心理状况,大力开展心理抚慰工作。在北师大心理学院的支持下,7月,组织心理学教师、心理医生、社工、志愿者等力量,分成4个调查组深入全县11个乡镇和部分机关单位开展为期10多天的心理重建走访调查活动,全面摸清干部群众心理状况,为下一步心理重建工作奠定基础。印制《灾后心理重建知识宣传册》3万册,发放给全县干部群众,促进灾后心理健康知识的普及。开办心理健康网站。制作大量书籍、歌碟、画册等文化产品,充分发挥文化抚慰心灵的作用,以振奋精神,鼓舞斗志,凝聚力量。

【文化活动】 组织开展丰富多彩的群众文化活动,在春节前夕举办"建新家、迎新年——汶川县迎春锅庄晚会"、"三下乡"活动、"吉祥新春,温暖同行"送春联下基层等活动。指导草坡乡、汕头工作组举办"草坡乡首届山歌赛歌会";组织开展全县藏羌锅庄比赛,并于5月22日在汶川体育馆举行锅庄颁奖晚会;组织美术、书法爱好者在"中国·阿坝州首届大樱桃节"和大禹文化旅游节期间开展采风活动;7月成功举办首届大禹文化旅游节;成功筹备和举办"迎中秋、庆国庆"感恩联欢晚会;协助广东电视台举办"新汶川、新家园、新希望"大型文艺晚会;11月举办"走进汶川过新年"为主题的庆祝羌历新年活动等。各乡镇在宣传部的统一安排和部署下,利用国庆、羌历新年等节庆举行各具特色的庆祝活动。此外,在县城锅庄广场每天播放藏羌锅庄音乐,广大群众汇聚在广场上跳锅庄,并在间隙播放汶川感恩歌曲。

【"三基地一窗口"建设】 在全县开展"三基地一窗口"(爱国主义教育基地、社会主义核心价值体系学习教育基地、民族团结进步宣传教育基地和展示中国发展模式、发展道路勃勃生机的窗口)建设工作。各试点乡镇建成陈列室、新旧对比展览、"重建纪念碑"或"援建纪念碑"。完成参观点、参观线路、解说词的制作、审定,收集完成全县各乡镇灾后重建中的感人故事。建成汶川博物馆三楼的"崛起之路——汶川县灾后重建成果展"展馆,并接待多批考察团。

【感恩教育,深化发展活动】 8月,成立汶川县感恩教育深化发展活动领导小组办公室。创新开展感恩教育大宣讲、"感恩教育进万家"、"学唱树促推"(学习新知识,唱响感恩歌曲,树立身边典型,促进跨越发展,推动创先争优)等系列活动。向全县各乡镇(村)发出《铭恩奋进》百姓读本两万本;积极组织党员干部职工唱红歌、感党恩、铭恩奋进,于6月28日举办集中唱红歌献给党大型活动;9月18日至20日开展"汶川县迎中秋感恩人民锅庄表演及感恩歌曲大家唱"活动;9月,在全县开展"感恩祖国·唱响汶川"电视歌手大赛活动;12月,开展"感恩教育"感恩歌曲合唱比赛;为深入开展"感恩教育、深化发展"活动,县委宣传部组织县委党校、县司法局、县感恩办组成宣讲团于9月20日起赴全县各乡镇、村进行宣讲20多场。

【其他工作】 在重要节庆节点,积极开展宣传标语悬挂、清理以及悬挂国旗工作,先后悬挂标语横幅1200余条,制作大型宣传标语200余条,悬挂道旗近2000余条,清理破旧标语国旗近200幅。与《中国报道》联合摄制50集大型视频专题节目——《今日新汶川》,全面介绍汶川重建成就,系统总结汶川成功经验,形象展示汶川今日新貌。完成近百批媒体采访团、领导考察团、专家调研团、作家采风团的接待任务和工作衔接。认真完成重要接待和检查验收工作中随车解说词的撰写,宣传片、画册、歌碟等宣传品的制作。

统战工作

【领导名录】

部　　长　　郭素梅(11月止)
　　　　　　刘　兵(11月起)
副部长　　　辜柱清(1月止)
　　　　　　宋　文(1月起)
　　　　　　郑文清(8月止)
　　　　　　石永康(8月起)
　　　　　　杨佳彬
　　　　　　谢居刚(5月起,挂职两年)

【民族宗教工作】 在全县各涉寺乡镇开展"爱国爱教、持戒守法、助民为乐"主题活动。维护宗教领域稳定,抵御境外利用宗教进行渗透,把寺庙建设成为爱国爱教,规范管理,教规严明,寺容整洁的宗教活动场所。

深入学习贯彻《阿坝藏族羌族自治州宗教事务条例》,配合民族宗教部门切实加强对宗教事务的管理,保持全县民族团结、宗教和谐。县委统战部、县宗教局不定期到各乡(镇)宣传《阿坝藏族羌族自治州宗教事务条例》,同时在各涉寺乡镇传达贯彻、宣传中央第五次西藏工作座谈会和四川省藏区工作座谈会议精神,使党的民族政策家喻户晓。组织寺管会学习《阿坝藏族羌族自治州宗教事务条例》。在每个敏感期深入到各重点涉寺乡镇和寺庙,加大排查力度,确保全县宗教工作平安稳定。多方筹措资金,协助各涉寺乡镇加快对寺庙的灾后重建和维修加固工作。共协调资金10万元,用于草坡金波寺的维修加固。认真做好回国探亲、朝佛、旅游、投资、捐赠的国外藏胞的接待管理工作,有针对性地加强对国外藏胞的宣传工作。慰问藏胞亲属1户。

【经济领域统战工作】 按照"团结、帮助、教育、引导"的原则,开展对非公有制经济代表人士的思想教育工作。上半年继续在非公有制企业中深入开展第三批学习实践科学发展观活动。下半年在非公有制企业中开展创先争优活动。

在全县非公有制企业中继续开展非公有制经济代表人士的综合评价工作。10月,县委统战部与工商、地税、经贸、银行、工会等单位对非公企业进行评价,全县非公有制企业有14户参与,其中有4户参与全州非公有制代表人士评价,有10户参与县非公有制企业代表人士评价。推荐两位非公有制企业人士中参加四川省第二届"优秀中国特色社会主义建设者"评选。

在云南干旱、青海玉树地震后,县委统战部与县工商联先后两次向全县非公有制企业发出倡议,号召非公有制企业以实际行动回报全社会对我们的关心和关爱。阿坝铝厂为云南楚雄市南华县捐爱心款23467元。新国旅酒店参加募捐职工52人,共筹得善款2500元,通过县红十字会转玉树灾区。全县非公有制企业各项捐资共311万元。

【党外人士队伍建设】 与党外人士建立以诚相见,平等待人,多交挚友的工作原则。按照中央统战部《关于建立健全无党派人士政治引导长效机制的意见》要求,对建立长效机制提出贯彻意见。

对全县党外人士进行全面了解和掌握,与相关部门协调配合,帮助他们解决在工作、学习和生活方面的实际困难。坚持重大节日走访慰问,慰问党外各族各界代表人士10人。继续加强统一战线"三支队伍"的培训。配合州委统战部和省、州社会主义学院,送党外干部参加培训班3期5人,统战干部培训班1期1人,非公有制经济培训班1期1人。

先后接待中央统战部组织的知名书画家、中央社会主义学院、广东肇庆市委统战部、北川县委统战部、简阳市人大等4批200余人次。

【对台外事侨务工作】 对世界宣明会、香港"一家亲"、"苏州欧洲商会"、"香港街坊会"等境外非政府组织在汶川县活动情况进行有效管理;下文对乡镇在接收非政府组织捐赠方面的有关规定和程序式进行了明确,加大管理力度。安全接待港、澳、台和国外参观考察团18个,620余人;成功劝返外国记者到县境内非法采访5人(次)。

台胞捐建项目(汶川县教师培训中心)资金1145.7万元,申请拨付到账916.56万元;"侨心居"工程共454户,每户1万元人民币,全部到户;"侨爱工程"项目(侨爱学校3所,侨爱卫生院两所)资金432.96万元,申请拨款到位80%。

【自身建设】 为深入研究新形势下统一战线全局性、前瞻性、普遍性问题,按照州委统战部下发的2010年理论研究课题计划,对全县民族宗教工作、党外代表人士工作进行调研,形成调研材料两份。

深入实施《建立健全惩治和预防腐败体系工作规划》,抓好机关行政效能建设。进一步完善机关内部工作制度,坚持每月的政治学习和业务学习。抓好作风建设和精神文明建设,努力创建"学习型、服务型、创新型、和谐型"的机关,精心打造勤学、勤业、勤交友、勤服务("四勤")统战干部队伍。

开展争先创优活动,到帮扶的三江乡龙竹村开展活动,印发宣传资料200余份;帮助他们制定大力发展种养殖业致富增收计划,为3户村民提供900元的资金支持。下半年,帮扶对象调整到草坡乡金波村和龙潭村。

政法工作

【领导名录】

县委常委、政法委书记	杜朝刚
政法委副书记、防邪办主任	张继林
政法委副书记、综治办主任	范文慧
综治办副主任	刘志宏

【维护社会政治稳定】 坚决将灾区稳定放在第一位,坚持"稳定压倒一切"的策略方针,实行维稳、综治工作县级领导联系乡镇和政法部门主要领导包乡镇责任制,加强领导,狠抓落实,做好维护稳定工作。召开专题会议研究部署,组织力量深入各乡镇开展督查,强化维稳工作措施落实。政法各部门深入全县各乡镇,加大对春节、两会期间的矛盾纠纷、不稳定因素、安全稳定隐患的排查,确保春节、"两会"期间及各个敏感期和上海"世博会"期间的社会政治稳定。县委、县政府与各乡镇党委、政府及挂包乡镇的县级干部签订维稳责任书,挂包县级领导深入乡镇进村入户倾听民意、化民怨、解民忧、排查调处矛盾纠纷、化解不稳定因素,把问题解决在基层、解决在始发状态,确保全省恢复重建现场会的顺利召开。进一步加强对非政府组织工作的管理力度,严密防范别有用心的人打着志愿者的幌子从事损害党和政府形象的活动,防止其借捐赠、捐建之名,行非法活动之实。在"3.16"敏感期间,狠抓涉校维稳工作措施的落实,制定完善涉校突发事件处置预案,加强对"3.16"期间全县各大中专院校涉稳信息研判,坚决杜绝涉校不稳定事(案)件的发生。各相关部门严格执行"零报告"制度,坚持敏感日期间县级领导驻乡镇维稳值班制度和领导带班制度,实行日报制度,县挂联包乡县级领导分赴各乡镇维稳值班,驻乡镇检查、督促、指导抓好各项维稳措施的落实。各乡镇认真排查本地区存在的不稳定隐患,采取有效措施,及时化解,妥善处理。实现重大安全事件和不稳定事件零发生。

健全安全稳定工作长效机制,强力落实"一排二析三警示"预警机制,建立县、乡、村三级责任网络,每月排查一次辖区矛盾纠纷,每月召开一次安全稳定形势分析会,梳理调处不稳定因素,对责任单位及时下达预警和限期整改责任书。落实"一包二联三督查"处理机制,建立健全安全稳定和突出信访问题县级领导包案和政法部门主要负责人包乡制度。各乡镇、各部门因领导不重视、工作不负责、推诿拖压或不及时办理、矛盾上交的,由县委、县政府督查督办室通报批评,情节严重的,严格追究有关领导的责任。落实"一治二查三奖励"的奖惩机制,对发生集体上访和社会治安案件频发的乡镇和部门,派工作组进行专项整治,严格责任追究,建立督查通报和奖惩工作制度。制定《汶川县处置群体性突发事件工作预案》,对可能发生的群体性事件,明确责任和分工,坚决做到发现得早、控制得住、处置得好,及时有效控制局势。落实《建立健全专群结合情报信息网络工作方案》,使全县涉稳情报信息工作进一步得到加强,维稳工作主动权得到进一步巩固。

加强不稳定因素排查调处和稳定风险评估,按照坚持抓早、抓小、抓苗头的总体要求,及时掌握重点领域、行业、地区的不稳定因素和重大涉稳隐患,对全县存在的不稳定苗头,以及可能引发群体性事件和上访的因素进行全面排查,深入梳理,仔细分析,制定预案。对排查的不稳定因素建立台账、落实县级领导包案并形成长效机制。组织开展"甜樱桃文化节"、援建项目移交等重大活动和农民工工资、土地征赔等事关民生项目的稳定风险评估工作。同时,加强与县委统战部、县群众和信访工作局、县公安局、县外事侨台办等涉稳工作部门的工作联系,强化工作的协调配合,确保涉稳问题及时妥善处理和全县社会政治稳定。

【"严打"整治】 组织政法各部门开展为期6个月的以打击破坏重建环境的违法犯罪和灾后治安整治为主要内容的净化重建环境专项活动。共破获各类刑事案件16件,查处治安案件29件,查处各类违法人员52人。县人民法院依法对5名被告人进行公开宣判。

依法严厉打击黑恶势力犯罪、严重暴力犯罪和影响灾后恢复重建的违法犯罪行为,强力打击与公众安全感关系密切的"两抢一盗"等违法犯罪活动,有针对性地对治安混乱地区和群众反映强烈的热点问题进行治理,集中时间和力量在水磨镇、银杏乡、威州镇等地开展严打整治行动,对黄赌毒、强买强卖、扰乱重建秩序等违法现象进行专项治理。截止10月31日,立刑事案件67件、破43件,破案率64.2%,同比立案率下降45.5%、破案率持平,其中,破命案两件,破案率达到100%;受理治安案件349件,查处302件,查处率86.5%;深入开展治安混乱地区排查,印发《重点地区排查整治工作方案》、《社会治安重点地区排查整治工作实施方案》等一系列文件,将责任层层落实到基层单位和个人。全县无黑恶势力犯罪,发命案两起、抢劫等暴力犯罪1起、入室盗窃案15起,同比分别下降50%、持平、下降28.5%。

【涉法涉诉信访积案清理化解】 全县政法各部门以"清理化解涉法涉诉信访积案和案件评查"活动和"三项重点"工作为载体,加大妥善处理涉法涉诉信访问题工作,努力从源头上遏止或减少涉法涉诉访。县委政法委与县信访部门建立"涉法涉诉信访联合接访中心",加强工作协调,互通信息、共同做好接访和化解处理工作;政法部门认真排查涉法涉诉信访积案,召开政法部门信访积案排查分析会议,逐案制定化解工作方案、落实领导责任;涉法信访案件评查工作在实行部门组织评查基础上,县委政法委抽调业务骨干和分管领导组成案件评查工作组,对政法部门办理的案件随机抽调案卷进行交叉评查,召开各部门分管领导和办案人员参加的案件评查工作分析会。截止11月底,排查的4件涉法涉诉信访积案,化解3件,化解成功率75%。实现非正常访到省进京"零目标";建立和规范排查化解涉法涉诉重信重访工作台账,逐案落实领导包案责任制,做到情况明、底数清。

【"大调解"专项活动】 在全州率先开展为期两个月的"社会矛盾纠纷大调解"专项活动。制定汶川县"矛盾纠纷"大调解活动干部包乡责任制度,从县级机关和各乡镇抽调33名下派包乡干部赶赴各乡镇开展矛盾大调解工作。各乡镇成立矛盾纠纷大调解领导小组,乡(镇)党委书记任组长、乡(镇)长和分管领导任副组长,并确定3名乡镇专职工作人员,实行领导包片,干部包村,村干部包点的层层责任落实制;对梳理出的17类504件矛盾纠纷,落实包调查、包处理、包督办、包结案、包息诉息访、包稳定和定领导、定措施、定时间、定责任的"六包四定"领导包案责任制,挂包县级领导全面负责所联系乡镇的矛盾纠纷排查化解,按照6种化解途径(乡镇自行、部门协调、信访程序疏导、司法程序调解判决、对口援建和县人民政府解决),相互协调配合,各司其职,使矛盾纠纷化解落到实处;坚持开门接访和领导下访,妥善处理信访问题。1—11月,县信访部门共受理群众来信365件、与去年同期上升30%。来访267批次、2355人次,其中集体访119批次、1893人次。共受理群众复查复核信件50件,办结45件,其余5件正协调相关部门在规定时限内办结。全县实现非正常进京上访、"零进京"目标,确保全县社会政治稳定。

【社会治安综合治理】 印发《开展新一轮平安创建活动的实施意见》和《汶川县2010年社会治安暨平安创建宣传工作方案的通知》等文件,明确各单位、各乡镇一把手为平安建设第一责任人,研究制定《汶川县党政领导干部社会治安综合治理实绩考核办法》,将领导干部抓平安建设和综治工作的实绩作为提拔任用的重要内容。县委、县政府与全县13个乡镇、43个综治成员单位签订平安创建目标责任书,明确各乡镇、各单位的平安建设工作任务、目的、要求。各乡镇、各部门结合实际,层层签订目标管理责任书,制定《"平安汶川"创建活动实施方案》,推动创建活动的深入开展。

全县13个乡镇全部建立综治维稳工作中心和矛盾纠纷大调解协调中心,由乡镇党委书记担任综治委主任,乡镇长担任大调解协调中心主任,落实1名副书记分管社会稳定工作、1名副乡镇长分管综治和大调解工作,分别配备专兼职综治专干、调解员。县、乡、村(社区)三级政法综治网络进一步健全完善,基层综治办、司法所、人民法庭以及社会矛盾纠纷调处中心规范化建设进一步加强,确保基层综治平安建设有人抓、有人管。

全县以矛盾纠纷大调解领导小组办公室、人民调解指导中心、行政调解指导中心、司法调解指导中心、信访群众疏导调解中心为主体的"一办四中心"大调解体系基本建成,县、乡、村、组四级大调解工作体系初具雏形,建立大调解协调中心18个,配备专兼职协调工作人员37人,建立调解组织194个,配备调解员1009人。截止10月31日,全县受理人民调解、行政调解、司法调解共1191件,调解成功1096件,调处成功率92%。无民转刑案件。涉法涉诉案件4件,化解3件,化解成功率75%。

加强治安防控,维护治安秩序。以公安110指挥中心为平台,加快公安"天网"工程恢复重建,规划在县城新建80个监控点、3个高空瞭望点、1个监控中心,在全县境内新建3个监控分中心、两个政府监控分中心和高清卡口系统、电子警察系统,全面覆盖城区和重要部位。推动政法内网建设,加快"110、122、119"三台合一警情录入、视频监控等工作,为实现警务联动快速反应奠定坚实基础;进一步完善巡防机制,大力实施巡逻防控的区域化战略,增加街面可见警力和治安联防力量,社会治安特别是夜间治安秩序得到有效控制,刑事案件发案率明显下降。全县建立治安联防队伍12支118人,组建治保会118个236人,建立治安卡点岗亭两个。实施社区警务战略,构筑社区防控网络。全县建立警务室47个,其中校园警务室16个。加强内部单位保卫组织建设,建立健全安全保卫工作责任制,完善内部单位的巡防机制建设,全县配备专职保安196名,并建立长效管理保障机制,广泛开展警民联防、区域协防、联户联防等群防群治活动;加强平安边界创建活动,与友邻的茂县、理县、彭州市等5地签订边际联防协议。加强"平安驻地"、"平安军营"创建活动,加强与县武警、森警的交流协作,建立良好的共建关系。

【机关自身建设】 认真贯彻落实县委、县政府的各项安排部署。把政法工作纳入县委、政府年度工作目标,与经济社会发展工作同安排、同部署、同考核、同奖惩,保障政法工作与全县灾后经济工作发展的同步进行;把党风廉政建设、机关工作和党建工作均纳入重要的议事日程,落实党风廉政建设责任制;认真做好精神文明建设、"五五"普法、保密工作等。开展领导干部作风建设整顿活动。

围绕全县政法工作大局、政法队伍建设,坚持团结、稳定、和谐、正面宣传为主的方针,牢牢把握正确的舆论导向,唱响主旋律,充分利用新闻媒体进行宣传报道开展政法宣传工作。县公安部门共在各类电视台、杂志、网络媒体报道、发稿件78篇,政法委开辟《汶川政法》、《稳定工作动态》、《综治工作动态》,政法各部门分别开辟《公安工作简报》、《检察工作简报》、《法院工作简报》、《司法工作简报》。截止11月30日,政法委机关共出简报246期。县公安部门在公安局域网上及时大量宣传报道公安工作的最新情况,共出图片新闻192篇。增进了社会各界对政法工作的了解、理解和支持,树立了全县政法干警的良好形象,为灾后恢复重建政法工作的顺利开展提供了强有力的思想保障和舆论支持。

党校教育

【领导名录】

常务副校长　　　王建英

【主体培训】 举办主体班阵地培训两期，培训入党积极分子262人；在流动党校培训中，开展"感恩教育深化发展"活动进行流动党校宣讲两轮，到全县11个乡镇对乡镇干部职工和村两委会干部进行感恩教育宣讲，到各单位开展党课辅导11次。全县1.5万名干部群众受到教育。

【函授教育】 新招西南民大成考生60人，圆满完成3个年级4个专业两种层次160名在校生2010学年度的面授及考试工作，并顺利完成2008级毕业生工作，71名大专及本科学员通过两年半的学习拿到毕业证书。

【技能培训】 在阿坝州就业专项资金及财政扶贫资金移民安置劳务扶贫项目藏羌刺绣技能培训公开招标中顺利中标。全年分别在汶川、茂县、松潘、九寨沟和金川5县共举办藏羌刺绣技能培训班7期，培训符合条件的农村妇女共642人（其中完成中标培训指标470个，超额培训172人），预计参训人员户均年增收3000余元。

【调研工作】 深入全县11个乡镇、村开展调研，与省委党校3个课题组一起，对县城、龙溪乡、水磨镇抗震救灾和灾后重建进行深入调研，形成《5.12特大地震震中汶川的综合应对》《汶川县龙溪乡抗震救灾纪实》及《汶川水磨——震区产业升级的样本》3篇高质量的调研报告，其中，《5.12特大地震震中汶川的综合应对》入选在成都举行的国际性研讨会。

【汶川县行政学校】 经申请，县人民政府于2010年4月12日同意在县委党校成立汶川县行政学校（汶府函〔2010〕16号）。汶川县行政学校与汶川县委党校实行"一套班子、两块牌子"合署办公，不另增编制。

【师资资源】 进一步加大外聘教师力度，在主体班教学中，不仅继续聘请了上级党校的优秀教师、阿坝师专的专家教授以及阿坝州、汶川县具有较深理论功底和丰富实践经验的党政领导干部到党校的讲台来担纲教学，还大力推行每期主体班培训都有一名县级党政领导干部讲课的制度；在技能培训方面，除在编的4名中、高级理论课教师外，继续聘请羌绣专家王天华老师，增加5名有深厚美术功底、对羌绣有浓厚兴趣的美术教师担纲羌绣教学，还首次聘请两名汶川县的羌绣传承人作为技能实训指导老师。函授教育师资库中30多名大、中专学校的教授、高级教师。

【灾后恢复重建】 从2009年3月重建启动工作，灾后重建项目一期工程于2010年7月15日破土动工。按照可研规划，重建投资规模为3708.75万元，落实到位的项目资金1708万元。

重建工作启动之初，利用"震中汶川"这一资源优势积极寻求上级党校的支持，成功将省委党校应急管理教研基地和阿坝州研究生教学基地争取到了汶川党校。县委、县政府高度重视，不仅调整了党校的重建规划（由最初与教培中心共建改为党校单独建设），而且扩大了党校的重建用地规模（由最初与教培中心共用不到10亩的土地改为党校单独建设用地22.12亩）。县委党校又向国家行政学院申请成立5.12汶川特大地震现场教学点，并得到了省委党校的全力支持和帮助。安排专人负责项目档案管理，要求对项目建设的依据、实施方案等必须及时规范装档，做到档案与重建工作同步、齐全、完备。

县人民代表大会常务委员会

【领导名录】
主　　任　　青理东（1月止）
　　　　　　李代君（1月起）
常务副主任　李代君（1月止）
副 主 任　　刘德成
　　　　　　高志明
　　　　　　伍　江
党组书记　　李代君
党组副书记　刘德成
党组成员　　高志明
　　　　　　孙　力（3月起）
　　　　　　徐　铭
调研员　　　喻维书
　　　　　　陈华清
　　　　　　孙国富（12月止）

【概况】全年共召开常委会会议7次，常委会主任会议13次，听取和审议"一府两院"专项工作报告18个，开展5部法律法规的执法检查，作出决议决定5项、审议意见8项。

【代表大会】2010年1月22—25日，在汶川迎宾馆召开汶川县第十二届人民代表大会第四次会议，大会应到代表148人，实际到会代表122人。大会听取和审查汶川县人民政府工作报告，汶川县2009年国民经济和社会发展计划执行情况及2010年国民经济和社会发展计划草案的报告（书面），汶川县2009年财政预算执行情况和2010年财政预算草案的报告（书面），汶川县人大常委会工作报告，汶川县人民法院工作报告，汶川县人民检察院工作报告；通过大会关于以上报告的决议；通过关于张通荣、钱毓林、吴光旭、杜朝刚、罗德勇辞去汶川县第十二届人民政府副县长职务，李晓燕辞去汶川县第十二届人民代表大会常务委员会委员职务，青理东辞去汶川县第十二届人民代表大会常务委员会主任职务，廖敏辞去汶川县第十二届人民政府县长职务的报告；补选李代君为汶川县第十二届人民代表大会常务委员会主任；补选张通荣为汶川县第十二届人民政府县长；其他事项。

【常委会议】2010年1月16日，举行汶川县第十二届人大常委会第二十次会议，会期一天。讨论、通过本次会议议程草案；会议免去赵保平同志县人大常委会法制工作委员会主任职务，高仁骏县人民检察院副检察长职务；吴清县林业局局长职务，刘国平县民政局局长职务，梁贤卢县监察局局长职务，毛舰勇县发改委主任职务。会议任命：毛舰勇同志为县人大常委会法制工作委员会主任。会议决定任命：王志勇同志为县人民政府副县长，陈劲斌同志为县民政局局长，孙立新同志为县监察局局长，嘉国林同志为县发改委主任。会议任命：倪中同志为县检察院副检察长。会议决定接受青理东同志辞去汶川县第十二届人民代表大会常务委员会主任职务。讨论、通过《汶川县人大常委会二〇〇九年工作总结（草案）》、《汶川县人大常委会二〇一〇年工作要点（草案）》；讨论、修改《汶川县人大常委会工作报告》；讨论、通过《汶川县人大常委会关于召开汶川县第十二届人民代表大会第四次会议的决定》；听取汶川县第十二届人民代表大会第四次会议筹备领导小组《关于汶川县第十二届人民代表大会第四次会议筹备情况的汇报》；讨论、通过《汶川县第十二届人民代表大会第四次会议主席团和秘书长建议名单》、《汶川县第十二届人民代表大会第四次会议副秘书长建议名单》、《汶川县第十二届人民代表大会第四次会议列席人员建议名单》、《汶川县第十二届人民代表大会第四次会议财政经济审查委员会建议名单》、《汶川县第十二届人民代表大会第四次会议议案审查委员会建议名单》;其他事项。

3月25日,在汶川县水磨镇举行汶川县第十二届人大常委会第二十一次会议,会期一天。

会议讨论、通过本次会议议程草案;听取和审议县人民政府关于灾后医疗卫生体系恢复重建情况的报告。听取县人民政府关于广东—汶川工业园区基础设施建设项目融资贷款的情况说明报告。由县人大及其常委会选举和任命的国家机关工作人员作年度述职并进行民主测评,会议听取县人民政府常务副县长罗尔基木、副县长刘伟,县法院副院长马珣,县公安局长左光磊,县教育局长胡正安,县规划建设局长张先武的述职,并由常委会组成人员进行满意度测评。会议决定免去:向世茂同志县经济商务局局长职务、马双清同志县计生委主任职务、谢孝泉同志县卫生局局长职务。会议决定任命:段建波同志为县经济商务局局长职务,余成忠同志县计生委主任职务。

5月25日,在汶川县威州镇举行汶川县第十二届人大常委会第二十二次会议,会期半天。会议讨论、通过本次会议议程草案;听取和审议县人民政府关于集镇公用设施管理的情况报告。会议决定免去:胡正安县教育局局长职务、倪中县人民法院刑事审判庭庭长职务,高仁骏县检察院检察委会委员职务。会议决定任命:李杰、许西现、朱锐为县人民政府副县长职务;曾胜、倪中为县人民检察院检察委员会委员职务。

7月28日,在汶川县威州镇举行汶川县第十二届人大常委会第二十三次会议,会期半天。会议讨论、通过本次会议议程草案;审查通过《汶川县人民政府提请关于〈水磨古镇景区旅游总体规划暨重点项目控制性详细规划〉的议案》;听取县人民政府关于对《汶川县人大常委会组成人员〈对县人民政府关于全县灾后医疗卫生体系恢复重建情况报告的审议意见〉的研究处理情况报告》;听取和审议《汶川县人民政府关于全县农村基础设施建设情况的报告》;听取汶川县人大常委会执法检查组关于对县人民政府遵守执行《四川省村务公开条例》情况进行执法检查的报告;会议决定:免去县人民法院宋道玉同志汶川县人民法院审判委员会委员职务。会议决定:任命赖虎成为汶川县人民法院副院长,杨峥嵘为汶川县人民法院审判委员会委员,王平金、冯昊、杨银云、杨骁、彭康丽、马定莹为汶川县人民法院审判员。讨论、通过《汶川县人大常委会关于暂停向世茂履行汶川县第十二届人民代表大会代表职务的决定》。

9月29日,在汶川县威州镇举行汶川县第十二届人大常委会第二十四次会议,会期半天。讨论、通过本次会议议程草案;会议接受孙力辞去县人民检察院检察长职务的请求;任命张海生同志为县人民检察院代理检察长。会议决定接受任献光、范振宇、李志新、李东红4位同志辞去汶川县第十二届人民政府副县长职务。会议决定任命:岳洪春为汶川县卫生局局长;袁刚为汶川县教育局局长;张先武为汶川县林业局局长。嘉国林为汶川县发展和改革局局长;段建波为汶川县经济商务和信息化局局长;甘元明为汶川县人力资源和社会保障局局长;苏川为汶川县交通运输局局长;余成忠为汶川县人口和计划生育局局长;蒋青林为汶川县安全生产监督管理局局长;倪明高为汶川县扶贫和移民工作局局长;付强为汶川县统计局局长;彭勇森为汶川县水务局局长;王科尧同汶川县食品药品监督管理局局长。决定免去:张先武汶川县规划建设局局长职务。嘉国林汶川县发展和改革委员会主任职务;段建波汶川县经济商务局局长职务;甘元明汶川县人事劳动和社会保障局局长职务;苏川汶川县交通局局长职务;余成忠汶川县人口和计划生育委员会主任职务。听取《汶川县人民政府关于办理汶川县第十二届人民代表大会第四次会议代表议案、建议、批评和意见的情况报告》；听取和审议县人民政府关于《汶川县2010年上半年国民经济和社会发展计划执行情况及下半年工作安排意见的报告》；听取和审议《汶川县人民政府关于2010年上半年财政预算执行情况及下半年工作安排意见的报告》；听取和审议《汶川县人民政府关于州财政局批复汶川县2009年财政决算的情况报告》；听取和审议《汶川县人民政府关于2009年度本级财政预算执行和其他财政收支情况的审计报告》。

11月30日，在汶川县威州镇举行汶川县第十二届人大常委会第二十五次会议，会期1天。讨论、通过本次会议议程（草案）；听取和审议县人民政府关于加强公安队伍建设的情况报告；讨论、通过《汶川县人民政府关于汶川县第八届村（居）民委员会换届选举工作的实施方案》；听取和审议汶川县人民政府关于《县人大常委会执法检查组关于县人民政府遵守执行〈四川省村务公开条例〉执法检查报告》常委会组成人员审议意见研究处理情况的报告；听取和审议汶川县人民政府关于对《汶川县人大常委会组成人员〈关于对县人民政府办理县十二届人民代表大会第四次会议代表议案情况报告〉的审议意见》研究处理情况的报告；会议任命县人民检察院董品松、薛艳为汶川县检察院检察委员会委员。听取和审议汶川县人民政府关于我县地震灾后州级以上文物保护单位恢复修缮的情况报告；审议汶川县人民政府提请的关于《汶川县农田水利综合规划》的议案。

12月30日，在汶川县威州镇举行汶川县第十二届人大常委会第二十六次会议，会期1天。讨论、通过本次会议议程（草案）；通过《汶川县人大常委会2010年工作总结》；通过《汶川县人大常委会2011年工作要点》；讨论通过汶川县人大常委会第十二届人民代表大会第五次会议有关事项；听取《汶川县第十二届人民代表大会资格审查委员会关于补选县第十二届人民代表大会代表的资格审查报告》；会议决定：同意接受蒲进关于辞去汶川县人民政府副县长职务；同意赵保平辞去汶川县第十二届人大常委会委员委员；会议决定：任命廖军为汶川县人民政府副县长，任命席传江为汶川县城乡规划建设和住房管理局局长；任命杨银宏为汶川县人民法院威州法庭庭长。

【主任会议】1月15日下午，在汶川县威州举行汶川县第十二届人大常委会第三十九次主任会议，会期半天。研究、确定县十二届人大常委会第二十次会议时间；讨论、修改《汶川县人大常委会工作报告》；征求《汶川县人大常委会2010年工作要点》、《汶川县人大常委会2009工作总结》的修改意见；研究决定接受青理东辞去县人大常委会主任职务的议案；人事任免；研究汶川县第十二届人民代表大会第四次会议的相关事项；其他事项。

3月9日下午，在汶川县威州举行汶川县第十二届人大常委会第四十次主任会议，会期半天。研究同意接受县人民政府提交的《汶川县人民政府关于广东—汶川工业园区基础设施建设项目融资贷款的议案》，并列入县人大常委会第二十一次会议议题。研究、确定县十二届人大常委会第二十次会议地点、时间、议题等。

3月22日下午，在汶川县威州举行汶川县第十二届人大常委会第四十一次主任会议，会期半天。研究第二十一次常委会议相关事项；会议同意接受任命段建波为县经济商务局局长，余成忠为县计生委主任的议案；会议同意免去向世茂县经济商务局长、马双清县计生委主任；其他事项。

4月29日下午，在汶川县水磨镇西羌汇举行汶川县第十二届人大常委会第四十二次主任会议，会期半天。研究第二十二次常委会议相关事项；会议同意接受任命朱锐为县人民政府副县长的议案；会议同意接受免去倪中县法院刑事审判庭庭长职务，免去胡正安教育局局长职务的议案；会议在汶川县第十二届人大常委会第十四次会议上已对刘伟、张鹏、任翔道进行县人民政府副县长任免，在届内不再做第二次任命；会议同意接受任命曾胜、倪中任县人民检察院检察委员会委员的议案；听取《县人民政府关于广东——汶川工业园区建设的情况汇报》；其他事项。

5月24日下午，在汶川县威州举行汶川县第十二届人大常委会第四十三次主任会议，会期半天。会议同意接受任命许西现、李杰同志为县人民政府副县长的议案，并提请县人大常委会二十二次会议审议；确定6月份主任会议议程、时间。

6月7日上午，在汶川县威州举行汶川县第十二届人大常委会第四十四次主任会议，会期半天。听取县人民政府关于开展"五五"普法工作验收准备的情况汇报；讨论确定汶川县人大常委会关于对县人民政府贯彻实施《四川省村务公开条例》情况进行执法检查工作方案；关于对县人民政府《汶川县加强国有资产监督管理的实施意见》、《汶川县灾扣恢复重建项目结余资金使用管理办法》、《汶川县地震灾后恢复重建项目中期调整方案》、《汶川县新型农村社会养老保险试点实施意见》、《在县城区规划范围内禁止燃放烟花爆竹的通告》等5个规范性文件备案审查的初步审查意见；会议对《在县城区规划范围内禁止燃放烟花爆竹的通告》提出3条修改意见。

45、46次主任会议，因保密需要，不宜公开会议内容。

7月23日上午，在汶川县威州举行汶川县第十二届人大常委会第四十七次主任会议，会期半天。研究县第十二届人大常委会第二十三次常委会议相关事项；听取和讨论《汶川县人大常委会执法检查组关于对县人民政府遵守执行〈四川省村务公开条例〉情况进行执法检查的报告》；会议同意接受县人民政府提交的《汶川县人民政府关于提请审查〈水磨古镇景区旅游总体规划暨重点项目控制性详细规划〉的议案》，并提请县十二届人大常委会第二十三次常委会议审查；听取县人大常委会财政经济工作委员会关于对全县农村基础设施建设情况调研的情况汇报；听取县人大常委会教科文卫工作委员会关于《县人民政府对〈全县灾后医疗卫生体系恢复重建情况报告的审议意见〉的研究处理情况报告》准备情况；研究人事任免事项；其他事项。

9月8日上午，在汶川县威州举行汶川县第十二届人大常委会第四十八次主任会议，会期半天。听取县人民政府社会治安综合治理工作的情况汇报；研究县第十二届人大常委会第二十三次常委会议相关事项；其他事项。

9月28日上午，在汶川县威州举行汶川县第十二届人大常委会第四十九次主任会议，会期半天。会议接受范志宇、任献光、李东红、任建新4位挂职副县长辞职的请求；听取县人大常委会人事代表工作委员会关于县人民政府办理县十二届人大四次会议代表议案、建议、批评和意见的汇总意见；传达县委十届十一次全委会精神。

11月20日上午，在汶川县威州举行汶川县第十二届人大常委会第五十次主任会议，会期半天。研究县十二届人大常委会第二十五次会议相关事项；听取县人大常委会调研组关于全县教育工作专题调研的情况汇报；近期工作安排。

12月28日上午，在汶川县威州举行汶川县第十二届人大常委会第五十次主任会议，会期半天。研究汶川县第十二届人大常委会第五次会议相关事项；提请关于廖军同志任县人民政府副县长、席传江同志任城市建设和住房保障局局长、杨银宏任威州法庭庭长的议案。

【行使重大事项决定权】 常委会按照"抓重点、议大事、求实效"工作原则，以宪法和法律为依据，从汶川县实际出发，及时作出决议决定。常委会认真做好调查研究，审议县人民政府《关于汶川县2009年本级财政决算》《关于2009年本级财政预算执行情况及其他财政收支的审计》的情况报告，作出《关于批准汶川县2009年本级财政决算的决议》；审议县人民政府《关于广东——汶川工业园区基础设施建设项目贷款的情况报告》，作出《关于广东——汶川工业园区基础设施建设项目贷款的决定》；审议县人民政府《关于水磨古镇景区旅游总体规划暨重点项目控制性详细规划的议案》，作出《关于水磨古镇景区旅游总体规划暨重点项目控制性详细规划的决定》；审议县人民政府《关于汶川县农田水利综合规划的议案》，作出《关于汶川县农田水利综合规划的决定》；审议县人民政府《关于汶川县第八届村（居）民委员会换届选举工作实施方案的议案》，作出《关于汶川县第八届村（居）民委员会换届选举工作实施方案的决定》。这些决议、决定，有力地推动了决策的科学化、民主化和法制化，为促进全县灾后重建发展发挥了重要作用。

【工作监督】 常委会在深入调查研究的基础上，全年听取和审议县人民政府关于集镇公用设施管理、基础设施建设维护、广东——汶川工业园区建设、灾后医疗卫生体系恢复重建、地震灾后州级以上文物保护单位恢复修缮、公安队伍建设等情况报告，形成审议意见交由县人民政府研究处理；常委会把办理群众信访作为执政为民、服务大局的根本，加强沟通协调和跟踪督办。全年共收到人民群众来信43件，接待群众来访113人次。对群众反映强烈的涉法涉诉、拆迁安置、工程建设等信访案件，督促"一府两院"依法妥善处理，维护人民群众的合法权益和社会稳定。

【法律监督】 为促进基层民主管理，加强基层民主监督，推进新农村建设，常委会开展《四川省村务公开条例》执法检查，形成执法检查报告，提出审议意见交由县人民政府研究处理。同时，对《汶川地震灾后恢复重建条例》《中华人民共和国民族区域自治法》《阿坝藏族羌族自治州宗教事务条例》《中华人民共和国文物保护法》等多部法律法规进行检查，促进法律法规在本行政区域的遵守和执行。常委会通过听取县人民政府《关于开展"五五"普法工作验收准备的情况汇报》，检查县人民政府《关于汶川县全民法制宣传教育第五个五年规划》的实施及县人大常委会作出的《关于加强法制宣传教育的决议》的落实情况，针对全县法制宣传教育工作现状，提出了加强对各级领导干部、行政执法人员和司法人员的普法力度，抓好对青少年学生的法制教育，促进法制宣传教育延伸到社会各个领域各个层面，加大法制宣传教育经费投入力度，探索法制宣传教育工作长效机制等意见建议，确保"五五"普法顺利通过省州检查验收。加强对规范性文件的备案审查，规范和完善备案审查程序。全年对县人民政府《关于汶川县新型农村养老保险试点实施意见》《关于在县城区规划范围内禁止燃放烟花爆竹的通告》等10个规范性文件实行备案审查。

【人事任免】 常委会始终坚持党管干部与依法选举任免干部的有机统一，认真执行人事任免有关规定，坚持任前法律知识考试和任后履职发言，坚持对选举和任命的国家机关工作人员实行年度述职制度。全年共依法任免国家机关工作人员63人，其中，任命14人，决定任命23人，免职5人，决定免职14人，决定代理检察长1人，批准辞职6人。

【代表工作】 坚持开展常委会组成人员联系代表"百千万"活动，进一步加强与代表和人民群众的联系。加强代表的学习培训,采取为代表订阅报纸杂志、发放学习资料、以会代训等形式,拓宽代表视野,提高代表素质。以乡镇为单位,指导好代表小组开展活动,保证代表活动经常化、制度化。坚持邀请代表列席常委会会议和参加执法检查、调研、视察等活动,提升代表的履职意识和履职能力。

围绕县委中心工作,把握工作重点,组织各级人大代表开展灾后恢复重建成果集中视察、参与"三百示范工程"、"五十百千工程"、扶贫开发及综合防治大骨节病等多项检查活动。重视发挥各级人大代表的作用,常委会通过联系走访代表、邀请代表列席"一府两院"座谈会、参加听证会等活动,认真征求、倾听群众建议意见,反映群众呼声和愿望,保障了代表的知情权、参与权、监督权。10月,常委会就"如何发挥代表作用"深入各乡镇开展专题调研,对代表工作现状和如何做好代表工作进行了认真总结分析,形成《关于加强人大代表工作的思考》专题调研文章,得到上级人大的充分肯定。

常委会十分重视代表建议意见办理工作,在提高办结率和满意率上狠下工夫。通过召开交办会、跟踪督查、听取审议办理情况报告等方式,认真督促代表建议意见办理工作,使代表和人民群众关注的热点、难点问题得到有效解决。9月,常委会组织检查组对县十二届人大四次会议期间代表提出的18件建议意见办理情况进行检查。对4件办理不满意的建议意见退回县人民政府,要求承办单位重新办理并进行跟踪督办,提高办理实效。

【调研工作】 积极参与灾后恢复重建工作,坚持监督与支持并重,做到在参与中监督、在监督中支持。对民生工程重建项目进行专题视察,提出加快民生项目推进、优化重建发展环境以及进一步落实好重建相关政策、加强项目资金监管的建议。为推动"工业强县"战略,常委会深入广东——汶川工业园区、漩口工业集中区开展专题调研,提出以工业园区为载体,创新管理体制,明确产业定位,改善发展环境,提升发展空间,强力推动工业经济发展的建议。针对制约城乡可持续发展和统筹城乡发展的问题,提出进一步理顺城乡规划管理体制,切实加强规划编制,确保规划的执行的建议。

常委会围绕"三精"旅游发展方向,积极推动旅游二次创业。按照县委安排部署,人大机关承担水磨镇创建国家AAAA级旅游景区工作。常委会主任和1位副主任分别担任创建指挥部正副指挥长。8月,按照县委安排,常委会1位副主任主抓三江旅游景区提升档次、依法管理专项工作,进一步完善三江旅游景区功能,得到县委、县政府主要领导充分肯定。10月,常委会结合省级乡村旅游示范县、州级精品旅游村寨检查验收标准,对全县乡村旅游示范点进行指导和视察,提出进一步提升旅游业的档次和水平,为"旅游兴县"打下良好基础的建议,为全面推动旅游业发展起到重要作用。

常委会对全县巩固普九成果、教育教学管理、师资队伍建设、后勤保障机制等情况开展专题调研。常委会深入乡镇、学校,采取听取汇报、召开座谈会、发放调查问卷等形式,了解教育工作情况,形成《关于对全县教育工作的专题调研报告》,提出6条建议。

【协调配合】 常委会密切与上级人大的联系,配合上级人大开展工作。协助州人大常委会在汶川县开展《中华人民共和国民族区域自治法》、《四川省世界遗产保护条例》、《四川省旅游条例》、《阿坝藏族羌族自治州〈四川省世界遗产保护条例〉的条例》、《阿坝藏族羌族自治州〈四川省世界遗产保护条例〉的变通规定》、《中华人民共和国水法》、《四川省〈中华人民共和国水法〉实施办法》、《阿坝藏族羌族自治州水资源管理条例》等法律法规的执法检查,确保了有关法律法规在本行政区域的贯彻实施。同时,主动参与州人大组织的全州工业产业恢复、农业产业恢复重建、加强学校管理,提高教育教学质量、加强医疗卫生队伍建设,提高医疗卫生服务水平、民族宗教外事侨务、地质灾害治理、集体林权制度改革、检察机关开展反贪污贿赂、阿坝环保世纪行等工作的专题调研和视察活动,结合实际,整理上报建设性的意见30余条,得到州人大常委会的重视和肯定。

接待40余批次全国各地人大、党政代表团的参观考察。组织常委会组成人员和机关干部赴外地学习考察,学习借鉴外地人大贯彻落实监督法、做好财政预算审查监督、创新代表工作以及新农村建设、旅游产业发展等工作的做法与经验。

【乡镇人大工作】 常委会注重加强乡镇人大规范化、制度化建设,完善《汶川县乡镇人大工作考评实施办法》,细化乡镇人大工作考评内容。坚持常委会领导联系乡镇人大会议制度、坚持邀请乡镇人大主席和部分人大代表列席人大常委会会议制度,指导乡镇人大开好人代会。

【人大宣传工作】 办好《汶川人大常委会公报》和《汶川人大信息》,做好对人民代表大会、常委会会议、常委会主任会议和人大重要活动的宣传报道。组织通讯员向上级党报党刊、人大报刊撰稿。全年共在《人民权力报》、《新汶川》等县级以上报刊发表宣传稿件10篇。汶川县被省人大常委会连续多年评为"一报两刊"宣传工作特等奖,宣传工作一直走在全州前列。

【自身建设】 人大常委会以开展创先争优、作风效能建设和感恩教育活动为契机,着力加强自身建设,努力建设决策科学、运转高效、作风优良、廉洁勤政、充满活力的地方国家权力机关。坚持重大事项向县委报告制度,主动争取县委对人大工作的支持。开展建设"学习型、服务型、创新型、廉洁型、和谐型"机关活动,建立健全学习培训、办文办会、财务管理、接待工作等管理制度。定期组织常委会组成人员和机关干部学习政治理论、法律法规和业务知识。加强机关行政效能建设,推行首问负责、限时办结和责任追究"三项制度"。大兴调查研究之风,注重结合常委会议题,深入实际、深入基层,贴近民心、倾听民声、维护民利,以良好的精神状态和务实的工作作风,开展各项工作。认真履行党风廉政建设责任制,严格执行领导干部廉洁从政有关规定和各项禁令。组织机关干部职工参加感恩教育活动和各种公益活动,做好挂联乡镇和"挂包帮"工作,积极协调解决实际问题,引导联系户树立信心、铭恩奋进。继续保持省级精神文明单位和省级爱国卫生先进单位的荣誉。5月,县人大常委会机关被县委授予迎接全省灾后恢复重建现场会筹备工作先进集体。

县人大常委会办公室

【领导名录】

主　任　　　　徐　铭
副主任　　　　金问春

【思想政治建设】 抓住创先争优、作风建设、感恩教育等活动契机,加强人大机关干部职工的政治理论学习,重点学习十七届四中、五中全会、州委九届十一、十二次全会、县委十届十一次、十二次全会精神,增强做好办公室工作的责任感和自觉性;深刻领会《中国共产党党员领导干部廉洁从政若干准则》,在民主生活会上对照《廉政准则》深刻剖析,做出承诺。

【履行职能】 主动为人大常委会领导提出建议，搜集信息资料，当好参谋助手。认真阅读文件，提出办理建议。围绕人大常委会工作要点，开展深入细致的调查研究，为领导决策提供可靠的信息资料，及时反馈信息，准确通报情况。

做到细心办文，周密办会。公文处理方面，力求规范、高效、简洁、快速。拓宽文稿起草思路，坚持高标准严要求。注重起草文稿质量，力求简洁明了。层层审查，反复打磨，做到字斟句酌。把好校对关口，确保准确无误。严格印制分发程序，各司其职。全年共印发各类文件200余件，制作县人大常委会《公报》7期《人大工作简报》51期。会务接待方面，力求热情、周到、细致、优质，每次会前都召开联席会，各负其责。每次会后都认真总结经验，及时改进。保证各种会议、调研工作的顺利开展。做好全国各地各级人大、党政代表团来我县考察灾后重建、捐赠活动及工作交流40余批次的接待服务工作。

通过多种形式、多种途径，抓好代表履职能力的提升，协助做好组织代表参与重建发展和改善民生等重点工作调研、视察、执法检查活动。坚持邀请代表列席常委会会议，为代表履职提供服务、创造条件。认真督促办理十二届人大四次会议期间代表建议意见18件，及时召开交办会，提高办结率和满意率；做好来信来访登记、宣传、解释和转办工作。受理群众来信来访43件113人次。定期邀请人大代表列席常委会会议，热情接待人大代表来访，并适时主动向人大代表征求意见，对参会的人大代表做好食宿安排。

【廉政建设】 坚持"两手抓，两手都要硬"的方针，强化组织领导，完善规章制度，明确廉政建设目标，标本兼治，常抓不懈，着力治本，从源头上预防和治理腐败。重点开展廉洁准则等内容的学习，机关副科级以上干部均参加考试。召开党风廉政建设民主生活会，开展批评和自我批评。强化内部管理，落实廉政措施，完善落实党风廉政建设责任制和严格执行各项禁令。进一步完善民主议事规则，规范民主决策程序，凡重大事项坚持党组会议、主任会议研究决定。班子成员之间大事讲原则，小事讲风格，形成团结协作、廉洁高效、求真务实的良好氛围。进一步完善人大常委会人事任免办法，对"一府两院"提请任命的干部严格把关，提高人事任免质量。组织人大代表对重要工作进行视察，对人大选举和任命干部进行年度述职和民主测评，推动"一府两院"工作，促进国家机关工作人员勤政廉政，依法行政。同时，加大信访工作力度，认真解决信访案件，督促有关部门严肃查处群众举报的违法违纪案件，推进党风廉政建设工作。

【服务群众】 认真落实联系群众、深入群众、服务群众"三联制度"，开展好"挂帮包"活动，帮助联系对象解决实际困难和问题，围绕科学重建、加快发展以及人民群众关注的民生问题，深入各乡镇、重点村，加强督查，把督查做实，把指导做细，如实反映情况，及时提交督导工作报告，提出意见建议，为县委、县政府决策提供重要依据。

【人大工作宣传】 围绕常委会依法履职行权，促进汶川重建发展，强化人大宣传，营造舆论氛围，加强重点工作新闻宣传。构建联动机制。主动加强与党委宣传部门和各级新闻媒体的沟通联系，做到互通情报、互供线索、共同策划、共同协作，实现"电视上有图像、报刊上有文章、网络上有信息"。以《汶川人大常委会公报》和《汶川人大信息》、汶川县电视台、上级人大网站等新闻媒体为主阵地，对常委会依法履职、开展代表活动、指导基层人大工作等内容进行宣传，及时对常委会"三会"和重要活动进行全面宣传报道。同时，组织人大宣传通讯员向上级党报党刊、人大报刊投稿。共在《人民权力报》、《新汶川》等县级以上报刊发表宣传稿件8篇。征订《人民权力报》610份、《民主法制建设》90份，完成订阅任务。2010年县人大常委会被省人大常委会评为宣传人大工作先进集体，受到表彰。

【后勤保障】 年内选调3名政治素质好、业务能力强、服务意识浓的年轻干部充实到人大机关工作。争取资金为机关冬委室增添办公桌椅、文件柜、电脑、速印机等办公设备。对机关各委室的固定资产进行清理登记，加强机关车辆的维护和保养。加强档案管理和保密工作。

加强机关内部协调配合。机关"四委一室"树立起"一盘棋"的思想，对人大常委会的重大活动，办公室精心策划、组织、协调、整合各方面力量，形成整体推进工作的合力。高度重视老干部工作，组织老干部开展视察重建成果活动，及时向老干部通报工作情况，重大节日进行慰问，组织健康体检。加强与县委、县政府、县政协办公室及相关部门的联系，及时沟通情况、交流信息，争取配合与支持。加强对乡镇人大的法律监督、选举指导、工作联系推动乡镇人大工作规范化、制度化建设。结合实际，开展调研，完善细化乡镇人大工作目标考核办法。

县人民政府

【领导名录】
县　　长	廖　敏（1月止）
	张通荣（1月起）
常务副县长	罗尔基木
副县长	朱耀忠（广东援建）
	许西现（5月起，挂职两年）
	李　杰（5月起，挂职两年）
	朱　锐（3月起）
	王　蕾
	刘　伟
	任祥道
	张　鹏
	王志勇（1月起）
	廖　军（12月起）
	敖　俊（9月起，挂职两年）
	蒲　进（12月止）
	任献光（中纪部下派，7月止）
	范振宇（中纪部下派，7月止）
	李志新（中纪部下派，7月止）
	李东红（中纪部下派，7月止）
	邓国基（中纪部下派，11月止）
县长助理	杨雪莲（5月起，挂职两年）

【生产总值】 全年完成生产总值337730万元，同比增长37.8%，其中：一、二、三产业实现增加值分别为16615万元、240673万元、80442万元，同比增长7.9%、52.2%、12.9%。人均生产总值达32789元，同比增长44.5%。三次产业结构调整为4.9∶71.3∶23.8。圆满完成县十二届人大四次会议确定的各项目标任务，经济社会发展呈现出蓄势腾飞的强劲态势。

【产业发展】 以打造省级新农村示范片和漩三环线特色产业经济圈为契机，着力发展高质、高产、高效农业。致力于建设标准化农业基地，发展甜樱桃1.2万亩、猕猴桃1.5万亩、茶叶1万亩、无公害蔬菜1.5万亩、花卉及食用菌300亩。建设规模养殖场、规模养殖小区6个，培育规模养殖户395户，年出栏牲畜5.24万头（匹、只）、家禽13.5万只。致力于完善农业服务体系，大力推进品牌化、标准化和市场化建设，"汶川甜樱桃"获农产品地理标志，甜樱桃、猕猴桃、汶川羌芽等特色农产品成功进入北京、上海、广州等市场，成为全省乃至全国颇具影响力的知名品牌。积极探索"公司+基地（专合组织）+农户"发展模式，加强农业产前、产中、产后服务，培育扶持专合组织，汶川大樱桃公司、佳馨农业、九寨茶业等42家龙头企业带动作用初步显现。实现农业增加值16615元，同比增长7.9%；农民人均纯收入4065元，同比增长21.89%。

依托区位、资源优势，充分考虑环境承载能力，科学调整产业布局，加快推进"新能源、新材料、新医药"工业发展，新型工业格局初步形成。漩口、广汶、桃关等工业园区基础设施建设进一步加快，电力、土地、用工等要素保障得到加强，全县190户受灾企业恢复生产，其中，规模以上企业33户。积极承接产业转移，着力发展高科技、高附加值产品，延伸铝、锂、磁材等产业链，推进工业产业上档升级，南联食品机械、兴华玻璃、力晖食品等29户企业落户广东——汶川工业园，阿坝铝厂、广盛锂业、九寨药业等11户企业入驻漩口新型工业集中区。实现全部工业增加值200766万元，同比增长64.1%；规模以上工业增加值166956万元，同比增长65.8%。

全力推进休闲农业和乡村旅游示范县创建工作，着力打造精品景观、精美村寨、精致农庄，省级乡村旅游示范县、州级精品旅游村寨建设顺利通过验收。成功举办阿坝州首届大樱桃节、首届大禹文化旅游节等大型节庆活动，多形式开展市场宣传营销，汶川旅游知名度不断提高。成功创建三江生态旅游区、水磨古镇国家AAAA级旅游景区，旅游服务设施进一步完善，特色旅游产品开发力度进一步加大，旅游管理水平进一步提升，初步形成集吃、住、行、游、购、娱为一体的旅游新业态，水磨、三江、映秀等短程旅游持续升温。全年接待游客142.3万人次，同比增长65.8%，实现旅游收入6.18亿元，同比增长204.4%。

【经济商贸】坚持大抓项目、抓大项目，扎实推进灾后重建、扩大内需和对口援建项目，推行项目内控管理机制，配套保障人、财、物等要素，501个灾后重建项目累计完工455个，完工率90.8%，累计完成投资210亿元，占总投资的94.7%，对口援建项目整体移交，预计完成全社会固定资产投资92.2亿元，同比增长6.7%。建成乡镇农贸市场11个、专业市场1个、农家店65个，市场体系恢复重建基本完成，商贸服务功能进一步增强，城乡市场秩序井然、供销两旺，实现社会消费品零售总额38552.7元，同比增长19.1%。

以"开放合作年"为契机，采取"依托资源引资金，依托服务引项目"方式，积极参加西博会、厦洽会，加强与成都、广东、香港等内地和沿海经济发达地区合作交流，推行"一站式"服务，开设重大项目审批落地"绿色通道"，全年引进项目23个，总投资11.35亿元，实际到位资金5.5亿元。

【财政金融】为尽快摆脱财政拮据的被动局面，切实加大财源培植力度，增强财政造血功能。强化税收征管和非税收缴，依法应收尽收。加强预算管理，整合资金资源，优化支出结构，重点保障灾后重建项目和民生工程。加强项目资金监管、调度，确保资金使用安全、规范、高效。实现地方财政一般预算收入19658万元，同比增长103.3%，财政一般预算支出307525万元，同比增长89.4%；完成国税税收收入44370万元，同比增长131.2%；完成地税税收收入19283万元，同比增长37.9%。积极推进征信体系建设，搭建投融资平台，融资环境更为优化，金融服务水平不断提高，全县金融机构各项存款余额885461万元，比年初增长34.7%，各项贷款余额183834万元，比年初下降19.5%。

【基础设施】扎实推进国、省干道和农村公路恢复重建，映汶高速公路建设进展顺利，川汶、汶马高等级公路建设按计划推进，县道、乡镇主要干道、通村公路硬化率100%、通达率100%，建成农村客运站30个，城乡交通基础条件极大改善，通行能力和通行质量进一步提升。51座受损电站恢复发电，输变电线路基本恢复运行，城乡电网改造力度加大，城乡居民的供电质量进一步提升。加强天然林保护、退耕还林、生态人工修复等工程建设，完成封山育林60万亩，人工造林4万亩，人工点撒播2.8万亩，全县森林覆盖率达38.1%，实现连续31年无森林火灾。整理复垦灾毁土地8496亩，新增耕地2323亩。实施重大地质灾害治理115处，完成河道疏浚44处、堤防建设17.62公里。完成安全饮水工程14处，解决1.2万人安全饮水问题。

严格执行"一心两廊四区"城乡体系规划，坚持城乡互动、统筹协调，倾力打造全域覆盖、特色鲜明、风情浓厚的城乡体系，以威州为中心，以水磨、映秀、绵虒为区域中心的城镇格局已初步形成，11个特色魅力乡镇彰显地域特点和民族特色，休闲广场、健身场所、主题公园等公共设施全面建成，城镇功能进一步完善。13个精品旅游村寨、8个幸福美丽村寨和省级新农村示范县阶段目标顺利通过验收，村庄体系进一步完善。以"三打破、三提高"、"四注重、四提升"为标准，科学布局村庄，优化民居设计，完成1.28万户农户"五改两建三清两调"，111个村建成"一中心、五畅通、九配套"基础设施。城乡统筹发展步伐加快，城镇化率达39.5%。

【教育事业】 善用教育重建成果，规范教育硬件管理，大力实施素质教育，狠抓"两基"提高工作，"普九"成果得到进一步巩固。认真落实藏区"9+3"职业教育计划，接受牧区402名"双语"初中学生入学，招收特殊教育学生67人。全年免除杂费和免费提供教科书2.9万人次，为1.4万人次寄宿制学生提供生活补助，资助经济困难家庭高中生607人，接收244名进城务工人员子女就地入学，做到应免尽免、应补尽补。三江小学、绵虒中学等4所中小学校顺利通过州级寄宿制标准化示范学校验收。强化师风师德培养，积极开展远程教育、继续教育、养成教育，大力实施国培计划、对口支教助教活动，教育管理、教学水平得到提升，2010年普通高考升学率76%，超省平均升学率10%。阿坝师专重建加快推进，威师校重建顺利完成。大力开展校园周边安全隐患排查和环境治理，建立教育安全管理长效机制，营造良好的教育教学环境。

【卫生计生】 以全民健康为目标，积极打造移动诊疗服务体系和县域医疗服务共享体系，以"思蜀援川—健康汶川"项目为支撑，建立区域卫生信息平台，建立6.5万名农村居民健康档案，县、乡、村三级医疗卫生网络进一步完善。着力于医疗机构软实力的提升和硬件设施的配套，县人民医院成功创建为二级甲等医院，完成县中医院和水磨卫生院合并，整体医疗服务能力和水平得到提升。大力开展疾病防控、健康教育、妇幼保健、应急救治等工作，公共卫生服务能力不断提高。认真落实"三为主"、"三结合"，积极开展地震子女伤亡家庭再生育全程免费服务，及时兑现计划生育各项奖励扶助政策。人口出生率8.2‰、自然增长率4.7‰。

【科技服务】 加大科技投入，建立完善科技创新激励机制，认真抓好科技普及、科技宣传活动，加强知识产权保护，着力培养、引进自主创新人才，加大科技示范推广力度。建立完善科技信息网络，积极推行科技特派员工程，加强农村实用技术培训，建设猕猴桃、中药材、青脆李等科技示范园4500余亩，引进果蔬等新品种112个，发展科技示范户81户，农村科技服务不断加强，科技实用技术得到广泛应用。抓好科技项目储备、申报、立项等基础性工作，推进企业技术创新。积极引进和培育科技型、实用型技术人才，加强与科研机构和大专院校的交流合作，充分发挥专家咨询组的作用，完成《崛起之路》、《"十二五"产业发展规划》等课题研究25项，科技工作在推动汶川灾后重建中的作用愈加明显,提供了科技支撑。

【文体广电】 县体育馆、博物馆、图书馆建设工作全面完成,乡镇综合文化站、村文化活动室、农家书屋等文化设施竣工交付使用,县、乡、村三级公共文化体育服务网络进一步完善。地震遗址保护和地震文物征集力度进一步加大,《羌族文学》办刊水平不断提升,《震中汶川100个惊心动魄》《汶川时空》等书籍被国家图书馆收藏。完成《西部体育公园》规划,并加大建设西部体育公园建设的对接力度,积极举办群众性体育竞赛和文化活动,通过开展"百村同唱感恩歌"活动,丰富群众文化生活。县域光纤网络全部更新,安装直播卫星接收设备2200余户,全县有线电视用户达两万余户,有线电视网络和节目质量超过震前水平。对外宣传力度进一步加大,全年在各级报刊、杂志、网络媒体、电视台、广播电台刊播宣传稿件4万余篇(条、幅),营造良好的社会舆论环境。

【社会保障】 大力实施就业促进、扶贫解困、教育助学等十大民生工程,认真落实支农惠农政策,发放农资综合直补、农机购置补贴、退耕还林补助、家电下乡等惠农补助2858万元,受惠群众9.8万人次。抓好就业促进工作,转移农村劳动力1.42万人,开发公益性岗位641个,发放社保补贴993万元、岗位补贴212万元,城镇登记失业率为3.8%。因灾失地农民基本养老保险和新型农村社会养老保险试点工作有力推进,城镇职工基本医疗保险和城镇居民医疗保险实现全覆盖。纳入城市低保6.29万人次,纳入农村低保22.9万人次。参加新型农村合作医疗保险6.39万人,参合率95.6%,补偿5.38万人次943.9万元。加强劳动关系处理协调,维护劳动者合法权益。强化衣物、棉被、粮油等过冬物资储备,确保群众安全温暖过冬。建成廉租房880套、安居房和公租房2364套,确保住房困难户和拆迁安置户住上安全新房。加大扶贫帮困力度,1.2万名困难群众实现稳定脱贫。实现城镇居民人均可支配收入14870元,同比增长16.4%。城乡群众安居、就业、看病、养老等基本生活需求得到有效保障,既住上好房子,更过上好日子。

【精神文明】 坚持精神家园和物质家园重建"两手抓",积极开展"感恩教育、深化发展"、"学唱树促推"等活动,加快推进"三基地一窗口"建设,着力建设学习型机关和学习型社区,公民素质和社会文明程度进一步提高。深入实施"两纲",依法维护妇女儿童的合法权益,完善预防青少年违法犯罪工作机制,做好青少年思想道德教育工作,促进未成年人健康成长。情系玉树、舟曲灾区同胞,积极开展募捐救助活动,募集资金274.5万元,支持灾区同胞重建家园。广泛开展群众性精神文明创建活动,创建省级文明单位两个,州级文明单位两个,县级文明单位14个。

第六次人口普查顺利开展,档案规范化管理进一步加强,《汶川县年鉴》(2005—2008)编印完成。邮政、气象、保险、外事台侨、残疾人、老龄、无线电管理、防震减灾、保密、供销、红十字会等工作取得新的成绩。

【维护稳定】 严密防范、严厉打击境内外民族分裂势力、宗教极端势力的渗透颠覆、分裂破坏活动,坚决打击"法轮功"、"门徒会"等邪教组织。客观审视社会亚文化现象,依法规范管理宗教事务,积极引导宗教与社会主义社会相适应。痛下决心、下沉力量深入开展矛盾纠纷大调解活动,化解重点项目征赔拆迁、企业搬迁、移民安置等方面矛盾纠纷553起,实现"三零"、"三无"工作目标。积极开展净化重建环境活动,平安汶川创建成果进一步巩固。深入开展"严打"等专项整治行动,依法打击处理违法犯罪人员393人,确保全县社会治安稳定,增强人民群众的安全感。加强兵役、预备役和全民国防教育，积极开展"双拥共建"活动，军政军民关系更加紧密和谐。

【安全工作】 全面落实安全生产"一岗双责"责任制，加强安全生产监管，深入开展道路交通、工矿企业、危爆物品、公众聚集场所、旅游市场、学校等重点行业、领域安全专项整治。充分发挥基层专兼职安全员作用，强化基础工作和薄弱环节管理，及时排查工程建设、治理地质灾害、火险等安全隐患。全年发生各类事故149起，同比下降17.7%；直接经济损失61.5万元，同比下降63.2%，安全生产形势持续稳定。

【社会管理】 加强应急管理能力建设，在全州率先组建县综合应急救援大队和政府专职消防队，设立乡镇民兵应急救援中队，突发性公共事件和防灾应对处置能力进一步提高。加大市场监管力度，严厉打击制假售假、价格欺诈、商业欺诈、偷逃骗税、非法营运等违法行为，深入开展矿产资源开发、产品质量、农资专项整治工作，市场秩序有效规范。加强物价监管，严厉哄抬物价、囤积居奇等不法行为，保障市场供应，保持物价基本稳定。加强食品药品市场监管，有效保障群众饮食用药安全。

【城乡环境】 以"三百"示范工程和"五十百千"示范工程建设为载体，坚持"六个结合"，县、乡、村城乡环境综合治理长效机制基本形成。加大资金投入保障，配齐配强城管、保洁人员，扎实推进"六子"、"五乱"治理，大力实施村容村貌美化工程，新增生活垃圾收集设施201套，庭院绿地16万平方米，清理卫生死角垃圾12万吨。大力倡导"人民城市人民建，人民城市人民管"，引导和规范城乡群众养成良好生活习惯，城乡面貌明显改善，塑造了现代、文明、优美、和谐的人居环境。

【自身建设】 深化政府机构改革，县政府工作部门整合为24个，按照"大股制"的改革方向，调整部门职能38项，机构设置更加合理，职责权限更加明晰。加大行政审批制度改革力度，优化服务工作流程，减少行政审批事项27项。深入开展创先争优活动，扎实推进机关效能建设，倡导开短会、发短文、讲短话。强化督查督办，落实目标绩效管理，进一步提高政府效能。

加强权力运行监督，认真执行"三问"责任制、行政过错追究制，完善执法程序，增强执法透明度，切实规范行政行为。自觉接受人大法律监督、工作监督、政协民主监督和社会舆论监督，办结人大代表议案、建议、批评和意见19件，政协委员提案、建议41件，办结率100%，做到件件有落实、事事有回音。认真应对网络舆情，及时化解网络舆情危机，"五五"普法顺利通过验收，公民的法律意识进一步增强，法律素质进一步提高，推进依法治县进程。依法完成第八届村(居)民委员会换届选举工作。充分发挥工青妇、科协等群团组织的桥梁纽带作用，主动听取意见，虚心接受评议，不断改进工作，进一步提高政府公信力。

严格政务公开、厂务公开、村务公开等制度，进一步规范行政机关、企事业单位、乡镇村(社区)政务公开内容，健全完善新闻发布制度，积极推动信息公开向基层延伸，"中国·汶川"门户网站逐步成为宣传汶川的重要窗口，政府工作透明度不断提高，广大群众的知情权、监督权得到有效保障，促进群众进一步了解、理解、支持政府工作。

加快推进惩治和预防腐败体系建设，注重廉政教育和制度建设，强化行政监察和审计监督，加大反腐倡廉力度。坚持关口前移、提前介入、全程跟踪，深入开展工程建设领域突出问题治理。加强灾后重建、扩大内需、民生工程的项目和资金监督检查，规范执行工程招投标、资源招拍挂、政府采购，全年进行工程建设招标291件次，节约资金2.18亿元，节约率17.5%；政府采购216

件次,节约资金2259万元,节约率16.4%;完成审计项目25个,工程审减200万元,审减率12%,确保廉洁重建、阳光重建。

重要会议

一、政府全体会

【县十二届人民政府第八次全体会议】 1月20日,县十二届人民政府第八次全体会议在县迎宾馆新闻发布中心召开。学习传达贯彻中央、省委经济工作和州委九届十次、县委十届十次全会精神,审议通过《政府工作报告(讨论稿)》《2009年国民经济和社会发展执行情况及2010年计划(草案)的报告(讨论稿)》《2009年财政预算执行情况和2010年财政预算(草案)的报告(讨论稿)》,县长廖敏简要总结2009年的工作,安排2010年的工作。

会议要求,要切实抓好当前工作,要狠抓冬季短程旅游,带动三产发展;要安排好群众的生产生活,深入开展送温暖活动;要搞好农业发展,抓好小春生产和大春备耕;要抓好护林防火、城乡消防、安全生产工作;要做好工作的衔接,打好政府机构改革基础;要做好项目研究和衔接,大力争取资金,加大投资力度,确保"开门红";要集中精力开好"两会",做好不稳定因素排查并逐一研究解决,确保省、州、县"两会"顺利召开;安排好"两会"、春节期间值班工作。

【县十二届人民政府第九次全体会议】 7月26日,县十二届人民政府第九次全体会议在县博物馆四楼会议室召开。学习传达《进一步加强汶川县中国四川国际文化旅游节筹备工作的意见》和《中国四川国际文化旅游节"一场一线四点"旅游业态展示的实施意见》,总结2010年上半年工作,并对下半年工作及机关作风效能建设作了安排部署,县长张通荣作创新思维专题讲座,并对下一步工作提出要求。

会议强调,2010年下半年的主要工作是要紧抓灾后重建、扩大内需、西部全面开发和国家支持藏区发展的重大机遇,坚持集约发展、绿色发展、和谐发展、创新发展,大力实施"3213"产业振兴和"3215"文化复兴工程,努力保持经济社会持续健康稳定发展,确保完成"十一五"及灾后重建各项目标任务,为"十二五"规划实施和经济社会可持续发展奠定坚实基础。

会议要求,为确保中国四川国际文化旅游节筹备工作圆满成功,各级党委、政府、各部门要全力以赴,背水一战,切实推进各项筹备工作,同时,在"三年重建任务两年基本完成"的关键时期,各乡镇、各部门要以机关作风效能建设活动为契机,以重建为己任,以管理为抓手,进一步深化作风建设,提升机关效能,优化发展环境,以作风建设的实际成果推动汶川科学发展,确保全县各项任务圆满完成,确保机关作风效能建设活动取得实效。

会议强调,做好下半年工作一是决心要下足,干劲要鼓够,保持昂扬的斗志;二是任务要明确,重点要突出,切实抓好项目、旅游节筹备、稳定、安全和环境等工作;三是前后了断,管理不乱,认真做好项目整改工作,完善资料,严格按程序实施;四是协同推进,防治麻木,提高集体荣誉感,乡镇、部门要主动积极配合,全力冲刺,确保双"85"和全年各项目标任务圆满完成。

【县十二届人民政府第十次全体会议】 12月29日,县十二届人民政府第十次全体会议在县公安局四楼会议室召开。学习传达贯彻中央、省委经济会议和州委九届十二次全会、县委十届十二次全会精神,审议通过《政府工作报告(讨论稿)》《汶川县2010年国民经济和社会发展执行情况及2011年国民经济和社会发展计划(草案)的报告(讨论稿)》《汶川县国民经济和社会发展第十二个五年规划纲要（讨论稿）》《汶川县2010年财政预算执行情况和2011年财政预算（草案）的报告（讨论稿）》，县长张通荣总结2010年各项工作，并对2011年工作进行安排部署。

会议指出，要取得"十二五"经济社会发展开门红，一是要切实加强项目谋划、项目储备、项目争取和项目管理工作。二是要切实抓好交通、能源电网、农田水利、防洪工程等基础设施建设。三是要切实抓好"发展产业、促进就业、扶贫帮困"有关工作，着力实施"十大民生工程"和"十大重点工程"。四是要切实抓好"三百"示范工程建设，进一步巩固建设成果。五是要切实抓好土地、森林、矿产（砂石）等资源管理、开发和市场化配置工作。

会议要求，要切实抓好当前工作，一是着力解决好困难群众生活保障问题，抓好映秀镇异地群众返乡入住工作。二是加大城乡环境综合整治工作力度。三是精心安排好群众的精神文化生活。四是严禁奢侈浪费。五是做好校园安全、护林防火、城乡消防、道路交通等安全生产工作，加强食品卫生安全监管和市场监管。六是加强矛盾纠纷排查调处、严打整治和社会治安综合治理工作，确保元旦、春节及县"两会"期间社会稳定。

二、政府常务会

【县十二届人民政府第39次常务会】 1月4日，在县移民办会议室召开县十二届人民政府第39次常务会议。学习传达贯彻中央经济工作会议、中央农村工作会议、全州工业工作暨园区建设座谈会、全州投资工作会会议精神；审定《政府工作报告（送审稿）》《2009年财政预算执行情况和2010年财政预算（草案）的报告》《2009年国民经济和社会发展执行情况及2010年计划（草案）的报告》《汶川县"十二五"规划编制工作方案（草案）》《汶川县地震灾后恢复重建基金中期调整方案》、《汶川县灾后产业恢复重建项目管理办法（试行）》、《汶川县创建"四川省义务教育示范县"工作方案》、《汶川县青少年学生活动中心建设方案》；同意县旅游发展基金由每年20万元增加到每年30万元，并纳入县级财政预算；审定《汶川县村级财务管理办法（试行）》；研究关于中泰锆晶体公司拆迁有关问题；研究关于核定汶川县科信电碳厂搬迁补偿费用有关问题；通（汇）报安排工作。

【县十二届人民政府第40次常务会】 2月2日，在县政府四楼会议室召开县十二届人民政府第40次常务会议。研究政府领导分工，以县政府文件印发执行；审定《汶川县主城区风貌恢复工程实施方案》、《汶川县城市容和环境卫生管理办法（草案）》、《汶川县2010年城乡环境综合治理工作方案》；以县政府文件印发执行；研究广东万国城市经济研究院策划咨询合同书；审定《汶川县绵虒片区文化旅游项目建设工作方案》；审定《漩口新型工业产业布局和发展规划（2009—2015）初步方案》；审定《2010年汶川县特色水果基地建设工作方案》；研究县中医院与水磨镇卫生院合并后职工周转房问题；研究灾后集镇规划因地灾、地震带避让涉及重建危房户处理的有关问题；研究紫水工程不稳定因素排查情况；研究县林业局关于灾后恢复重建森林防火基础设施建设购置应急通讯车和指挥车的请示；原则同意汶川一中初、高中分设；研究汶川灾后重建国际论坛合作协议；审定《广东——汶川工业园招商引资优惠政策实施办法》；研究有关经费问题；安排近期工作。

【县十二届人民政府第41次常务会】 3月24日，在县迎宾馆新闻发布中心召开县十二届人民政府第41次常务会议。学习贯彻省、州各种工作会议精神；通报县十二届人民政府第40次常务会议安排部署工作落实情况；通报重大项目、重点工作推进过程中存在的问题；研究关于项目资金管理与调整相关问题；研究落实藏区工作会议精神,实现"保增长、保民生、保稳定"的一揽子方案;研究关于政府系统转变工作作风、提高行政效能的工作方案;审定《汶川县城历史文化名城风貌整治工程实施方案》、《全省灾后恢复重建现场会汶川县筹备实施方案》;安排部署其他工作。

【县十二届人民政府第42次常务会】 4月16日,在县政府五楼会议室召开县十二届人民政府第42次常务会议。学习贯彻第十六中央检查组检查情况通报,全省开展"领导挂点、部门包村、干部包户"活动实施方案及李崇禧同志的讲话;通报县十二届人民政府第41次常务会议安排部署工作落实情况;同意《汶川县财政局关于追加安排各种经费的请示》(汶财〔2010〕63号)请示事项,听取分管副县长分管灾后重建项目推进情况,要求各分管副县长负责项目实施、指挥、协调,是项目实施的直接责任人,县级部门和乡镇为实施主体。罗尔基木、任献光、朱锐同志统筹协调全县项目总体推进工作,朱锐同志具体负责督促未开工项目尽快开工,已完成项目、在建项目要加快完善相关资料。各分管副县长要按照项目实施时间节点对项目推进进行动态控制,实行周报制度;及时交办各相关部门和乡镇,实行限时办结制,保障项目推进,确保所有项目招投标工作于5月12日前完成。"7.30"、"8.30"、"9.30"要有具体的项目完成控制目标,确保两个85%任务的完成;审定《汶川县灾后恢复重建项目推进和管理实施方案》、《"三百示范工程"美丽村寨建设资金解决方案》、《汶川县灾后恢复重建项目结余资金使用管理办法》、《汶川县关于加强国有资产监督管理的实施意见》;研究国有资产投资经营公司与汶川振冲公司股权置换差价有关问题;审定《汶川旅游产业运营策划报告》;审定汶川县威州镇七盘沟(阳光花园三期)、郭竹铺(阳光花园二期)、盛世天苑(电梯公寓)安居房销售价格;研究州中级人民法院关于彩朋水泥有限公司股权转让侵权纠纷委托调解有关问题;审定《县城风貌改造技术方案》、《汶川县城镇管理办法(试行)》、《汶川县城镇市容和环境卫生管理实施细则(试行)》、《汶川县机关事业单位人员年度考核末位淘汰交流办法》、《2009年度全县党政机关事业单位职工给予年休假工资报酬方案》、《汶川县人民政府机构改革实施方案》、《汶川县住房公积金使用管理办法》;研究萝卜寨老寨子房屋产权有关问题;研究转让映秀、水磨生猪经营权有关问题;审定《七盘沟社区娟娟幼儿园办学方案》;研究《减免农村有线电视用户收视维护费暂行办法》有关问题;审定《汶川县纪念"5.12"两周年活动总体策划方案》、《水磨羌城和禅寿老街商业经营方案》、《县人民政府关于禁止在县城燃放烟花爆竹的公告》;安排部署安全工作、稳定信访工作、转变作风工作。

【县十二届人民政府第43次常务会】 5月18日晚,在县公安局四楼会议室召开县十二届人民政府第43次常务会议。学习贯彻全省灾后重建现场会、刘奇葆同志在省政协十届三次会议闭幕时的讲话、全州民族宗教工作会议等会议精神;通报县十二届人民政府第42次常务会议安排部署工作落实情况;研究1—4月经济运行情况及下一步加快经济发展的举措;研究灾后重建资金保障和资金安排有关问题、灾后重建项目中期调整后项目资金安排及缺口有关问题;研究加强国有资产管理有关问题;研究进一步规范财政投资评审工作、进一步规范重大项目财政投资评审工作有关问题;研究灾后恢复重建项目投资有关问题;研究调整部分广东省援建项目资金来源的问题;审定《"广东——汶川工业园"建设资金使用管理暂行办法》;审定《关于阿坝师专灾后重建用地的建议意见》;研究林业局天然林保护工程人员养老保险有关问题;研究水磨镇高峰村流转集体林地发展万亩白茶基地的问题;安排部署安全工作、领导作风、信访稳定工作,要求抓好县

《抗震救灾志》、《灾后重建志》编撰工作，县财政向县史志办追加5万元工作经费。

【县十二届人民政府第44次常务会】 6月21日，在映秀镇会议室召开县十二届人民政府第44次常务会议。学习贯彻州委九届十一次全会精神、《关于支持我省藏区经济社会发展若干政策和重大项目的实施意见》、《阿坝州鼓励投资优惠政策若干规定》；通报县十二届人民政府第43次常务会议安排部署工作落实情况；审定《汶川县推进跨越式发展和长治久安的实施意见》、《汶川县国民经济和社会发展"十二五"规划基本思路》；研究关于藏区经济社会发展项目申报有关问题；研究关于加快灾后重建项目推进有关问题；审定《关于追加安排各项经费的请示》、《汶川县行政事业单位及乡镇财政财务管理办法》、《汶川县三江AAAA级景区门票收入管理暂行办法》；研究财政投资评审工作有关问题；审定《汶川县建立农业风险基金的实施方案》、《汶川县进一步推进农民专业合作经济组织发展的实施方案》、《汶川县农业企业补助资金管理暂行办法》、《汶川县生态县建设实施方案》、《汶川县漩口新型工业园区专项资金使用管理暂行办法》；研究关于下拨漩口新型工业园区基础设施建设资金有关问题、关于维修加固威州林场原有房屋作为办公用房和护林防火物资储备库的有关问题、关于解决汶川县第一中学职工交通补贴的有关问题、关于解决汶川县第一中学教师住宿有关问题；安排部署汛期防汛工作和公共安全工作，做好7月份全县3个专题会议筹备工作，认真分析梳理明年投资工作。

【县十二届人民政府第45次常务会】 7月22日，在县博物馆一楼会议室召开县十二届人民政府第45次常务会议。学习贯彻会议精神；通报县十二届人民政府第44次常务会议安排部署工作落实情况。要求未完成任务的分管副县长及部门书面检讨或在下次常务会上检讨；总结2010年上半年工作和下半年工作安排；同意《关于追加安排各项经费的请示》；审定《汶川县"5.12"地震农房重建委托贷款转为担保贴息贷款实施办法》、《林业产业恢复重建实施意见》、《国家灾后能源类电源点切块资金补助方案》；研究关于解决塘房水电有限公司灾后重建资金有关问题、关于划转水磨迁建茂县企业补偿资金有关问题；审定《县城主城区强电入地方案》、《县城主城区风貌提升二期工程实施方案》；研究关于规划全县烟花爆竹零售点的有关问题、关于成都南联食品包装机械有限公司融资贷款的有关问题、关于确定漩口集镇搬迁扫尾工作组签字同意后靠安置户是否纳入漩口集镇后靠安置的有关问题和夫妻双方因户籍不同未享受安置政策一方是否纳入集镇后靠安置的有关问题、关于水磨镇索街路滑坡地段整治项目列为应急工程的有关问题、关于三江乡藏家风情园抢工等费用的有关问题；审定《萝卜寨村老寨区土地及附属物征赔补偿标准》；研究关于新桥村农户拆迁安置有关问题、关于漩口镇瓦窑等4个村集中安置点管网道路建设有关问题；研究《汶川儿女》电视连续剧拍摄有关问题；安排部署拆迁安置工作、安全工作。

【县十二届人民政府第46次常务会】 8月28日，在县移民办四楼会议室召开县十二届人民政府第46次常务会议。学习贯彻省、州会议精神，要求分管副县长、各乡镇、各部门要进一步认真学习中央、省、州印发的文件，要结合实际，开展好各项工作；通报县十二届人民政府第45次常务会议安排部署工作落实情况。要求未完成任务的分管副县长及部门将如何按要求完成任务情况以书面形式报县人民政府。研究防汛抗灾有关工作、"8.14"灾后重建和善后处理有关工作、"5.12"灾后重建项目推进工作；审定《漩映地区产业布局优化和"五改两建调结构"方案》；研究拆迁安置有关工作；审定《汶川县创业就业小额担保贷款实施办法》、《三江生态旅游风景区管理办法(试行)》、《汶川县2010年政策性畜牧业保险试点工作方案》、《汶川县廉租住房管理办法》、审定《汶川县物业管理服务办法(试行)》等;研究关于阿坝铝厂9万吨技改环评提资有关问题、关于瑞普化工补偿有关问题等;安排部署工作,要求针对已完工项目,县发改委、财政局、项目办等部门要加快各乡镇项目前期工作实物量的核实、核查,加快财政评审,加快资金拨付力度。针对尚未开工、正在建设的项目,各分管副县长、乡镇、部门要统筹协调推进"5.12"、"8.14"重建工作。高度重视安全工作,汛期要坚守岗位,切实履行职责。

【县十二届人民政府第47次常务会】 9月18日,在县政府五楼会议室召开县十二届人民政府第47次常务会议。学习贯彻四川省"5.12"地震灾后恢复重建委员会会议精神;通报县十二届人民政府第46次常务会议安排部署工作落实情况,限定9月底前完成任务的,由各分管副县长、各部门加快进度,确保按时完成;研究2011年经济工作;审定《汶川县深入实施西部大开发战略的实施意见(送审稿)》、《汶川县省级新农村示范县建设实施方案(送审稿)》、《灾后重建项目后续推进及灾后重建成果管理办法(送审稿)》;研究关于汶川县历史文化陈列展馆建设有关问题、关于委托阿坝矿业公司实施毛岭铁矿矿山地质环境治理工程有关问题、关于地质灾害治理和灾毁土地整理复垦有关问题、关于城乡环境综合管理有关问题、关于红佳瑞公司拆迁补偿有关问题;安排部署第四季度工作,各部门要按照年初工作计划安排,查找差距,增添措施,确保圆满完成全年目标任务。进一步做好信访稳定工作。安全工作要常抓不懈,严格执行"一岗双责"。

【县十二届人民政府第48次常务会】 10月21日,在新汶川大酒店会议室召开县十二届人民政府第48次常务会。学习贯彻会议和领导讲话;通报县十二届人民政府第47次常务会议安排部署工作落实情况;研究"三大活动"资金保障方案、广东对口援建农村道路和中国红十字会项目资金调整方案、第十七中央检查组迎检总体方案、工程项目有关问题、规划搬迁有关问题;研究土地、林地出让划拨流转有关问题等;安排部署工作。

【县十二届人民政府第49次常务会】 11月27日,在新汶川大酒店会议室召开县十二届人民政府第49次常务会议。学习贯彻《中共中央国务院印发〈关于实行党风廉政建设责任制的规定〉的通知》(中发〔2010〕19号)、《四川省社会稳定风险评估暂行办法》(省政府令第246号)等;通报县十二届人民政府第48次常务会议安排部署工作落实情况,要求各乡镇、各部门要严格执行县委、县政府的决定和常务会议的决策部署,做到"四有",即有安排、有落实、有督促、有回音;审定《2011年国民经济和社会发展主要指标的建议计划》、《汶川县第八届村(居)民委员会换届选举工作实施方案》、《汶川县若干矛盾纠纷遗留问题处理指导意见》、《汶川县推进以质取胜质量兴县战略的实施意见》等;研究开设新农村建设资金专户的有关问题、关于事业干部发放目标考核奖金的有关问题、2010年秋季至2011年春季特色水果基地建设种苗采购的有关问题等;审定《汶川现代农业展示园选址设计方案及建设组织方式》;解决映秀中滩堡引水工程恢复资金有关问题、对口帮扶建设项目资金有关问题、布瓦大桥头迁居集中户人畜饮水工程资金有关问题等;同意从广东省对口援建广汶工业园建设资金中借资80万元发展天麻中药材产业,同意从广东省对口援建广汶工业园建设资金中借资200万元发展汶川高原特色树莓产业,同意从广东省对口援建广汶工业园建设资金中借资150万元实施汶川特色产业恢复重建项目;研究威州镇主城区电力线路入地工程、电缆通道工程有关问题;审定《汶川县博物馆二楼布展实施方案》、《银杏羌绣基地项目实施方案》；研究映秀镇市政景观绿化工程项目资金的有关问题；研究铁合金厂拆迁户安置的有关问题、开展采矿权许可和采矿许可证换证工作的有关问题等；审定《汶川县兴汶工业投资发展有限责任公司员工薪酬管理制度(试行)》；安排部署工作，要加快原车八队项目开工建设及铺面安置工作；加快雁门保障性住房建设，于春节前完成招投标工作；要高度重视护林防火、安全生产、治安安全、公共安全，确保社会稳定。

【县十二届人民政府第50次常务会】12月22日，在新汶川大酒店会议室召开县十二届人民政府第50次常务会议。学习贯彻省委九届八次全会、州委九届十二次全会、县委十届十二次全会精神等；通报县十二届人民政府第49次常务会议安排部署工作落实情况；审定《政府工作报告(送审稿)》《汶川县2010年国民经济和社会发展计划执行情况及2011年国民经济和社会发展计划报告(送审稿)》《汶川县国民经济和社会发展第十二个五年规划纲要(送审稿)》《汶川县2010年财政决算和2011年财政预算(草案)报告(送审稿)》《关于调整2010年财政一般预算收支的请示》《汶川县漩三环线农业旅游经济基础建设项目资金管理办法》《汶川县新农村建设专户资金管理办法》《汶川县水磨古镇景区资产管理实施方案》《汶川县新水厂经营方案》；研究关于解决城乡环境卫生大整治月活动经费有关问题、关于解决广州市对口援建项目红线外永久性用电工程款有关问题、关于"5.12"汶川特大地震——震中纪念馆设计制作布展实施有关事宜、关于拨付银杏乡农房入住奖励资金有关问题、关于调整萝卜寨三线入地资金用于该村新区基础设施完善有关问题；审定《雁门乡萝卜寨完善提升方案》；研究解决关于汶川县人民医院遗留工程和未完善工程资金有关问题等；审定《汶川县公共卫生与基层医疗卫生事业单位绩效工资实施办法》《汶川县2011年灾后住房保障性建设计划(讨论稿)》《汶川县建立乡镇城管中队工作方案》《汶川县中医院与水磨镇卫生院合并实施方案》《汶川县关于进一步加强土地、矿产(砂石)资源管理实施意见》；研究关于认定林业系统事业天保人员身份及解决遗留问题有关问题；审定《汶川县行政事业单位公务用车管理办法》；安排部署工作。

县人民政府办公室

【领导名录】

主　任	肖　宏
副主任	袁世宁
	黄维强
	梁　力(兼任)
	周彦彤
	彭云义(挂职)
应急办主任	彭全文(9月起)
应急办副主任	陈建琼(9月起)
法制办副主任	王平金(9月起)
	易建林(9月起)
民宗局副局长	童华清(12月起)
	何　秋(12月起)
政务中心副主任	李　强(12月起)

【机构改革】12月，汶府办发〔2010〕103号印发《汶川县人民政府办公室三定职责内设机构和人员编制规定的通知》，根据中共汶川县委、汶川县人民政府《关于汶川县人民政府机构改革方案的实施意见》(汶委发〔2010〕30号)，设立汶川县人民政府办公室(简称县政府办)，为协助县政府领导同志处理县政府日常工作机构。县人民政府办公室挂汶川县人民政府办公室民族宗教局(简称县民宗局)、汶川县人民政府法制办公室

（简称县法制办）牌子；保留汶川县人民政府政务服务中心（简称县政务服务中心）。

职责调整：将原县扶贫两资以工代赈办公室的两项资金管理职责划入县政府办（县民宗局）；取消已由县政府公布取消的行政审批事项；将全县无线电（信息化）管理职责划给县经济商务和信息化局。强化应急管理、政府值班、议案提案办理、调查研究工作，进一步发挥参谋助手和运转枢纽作用；增强指导、监督全县政府信息公开工作、机关行政效能建设、全县政府系统电子政务、人民防空工作的职责。

县政府办内设文秘股、行政股、综合股3个机构。机关行政编制25名，其中，县政府领导按州委、州政府规定配备；机关设主任1名、副主任3名；股级领导职数3名。机关工勤人员事业编制18名。

县民宗局行政编制两名，其中局长1名、副局长1名；县法制办行政编制两名，其中主任1名、副主任1名；县政务服务中心行政编制两名，其中主任1名、副主任1名。以上编制从县政府机关行政编制中调剂。

【理论学习】坚持把理论学习和党性锻炼作为加强建设的重要任务来抓，采取集中学习与个人自学相结合，系统学习与专题学习相结合，自我研读与讨论交流相结合的方式深入进行理论学习，妥善处理工学矛盾，不断提高全体职工的思想和业务理论水平。坚持认真学习邓小平理论和"三个代表"重要思想，党的十七大和十七届四中、五中全会精神；以《中华人民共和国宪法》、《行政复议法》、《行政许可法》、《公务员法》为核心，加强法律知识学习。学习经济工作、灾后恢复重建工作的各项政策，吃透政策、把握政策、用活政策，不断提高自己的依法行政能力和处理事务的能力。开好职工会、党支部生活会和民主生活会，深入开展调查研究，广泛听取基层群众呼声，向广大人民群众学习。

【服务工作】围绕"四大"职能，结合"节奏快、作风实、标准高、要求严"的工作特点，严格要求全办同志必须树立服务观念、群众观念、全局观念，发扬"5+2"、"白加黑"和"不讲价钱、不讲条件"的工作作风，做到用心想事要想细一点、想深一点、想透一点；用说话要听细一点、听清楚一点，确保记得清楚、说话明了；用心做事要做细一点、做全一点、做优一点，尽可能把工作想在前、做在前，及时提供合乎实际、科学有效的建议，充分发挥好参谋助手作用。

【办文办会】不断提高办文质量，把好行文关、政策关、内容关、文字关和格式关，使撰写的文件紧贴领导意图，做到办文及时、准确，未出现积压、拖延办理公文的现象，无政策性和原则性错误，确保上级机关的方针政策和县政府的各项决策决定得到及时贯彻执行。坚持把完成文稿的撰写工作作为办公室一项重要工作扎实抓好。在文稿起草中，认真讨论、研究，力求使综合性文稿真正体现领导的最新思想和最高水平，体现对基层工作的针对性、指导性。鼓励办公室同志在撰写各项会议、各种汇报、调研、工作总结等材料时，力求做到立意新、体式新、语言新、并把好文字关。

不断提高办会接待水平。凡是由县政府组织召开的会议、承办的接待活动，都制定和完善工作流程，对各种会议、接待活动能迅速制定周密的会务、接待方案，高标准完成包括"5.7"灾后恢复重建现场会，"5.12"周年纪念活动、广东省对口援建"三年恢复重建任务两年基本完成"庆祝大会、中央十七检查组检查在内的各项会务接待工作。

【督促检查】把决策后的督查作为落实工作的重点来抓，严格执行跟踪督查督办制。重点加强重大项目建设落实情况、政府重要会议安排、领导重要批示和督查件的督查，确保政令畅通、执行落地。围绕人大议案政协提案的办理，强化专项督查。认真办理群众来信来访切实维护群众合法权益。真正做到件件有回复，事事有回音。

【党风廉政建设】通过办公室支部"三会一课"、主任会议、办公室职工会议、中层干部会议、办公室学习会等形式，重点学习《廉政准则》《党风廉政责任制实施办法》《中国共产党党内监督条例》《中国共产党党纪处分条例》等廉政建设方面知识，把提高思想政治素质和贯彻落实有效地结合起来，进一步树立起正确的权利观、地位观、利益观，不断增强政治鉴别力和拒腐防变力。

全面落实党风廉政建设责任制作为首要任务来抓，坚决贯彻执行《廉政准则》、机关效能建设"六条禁令"、"十个点要求"等规定，严格按照为官务实、清廉的要求，真正做到权为民所用，情为民所系，利为民所谋，讲真话、办实事、求实效，未出现违规违纪现象。狠抓内部规范化建设，进一步完善财务报销制度、公车使用制度、公务接待、固定资产管理登记制度等一系列制度，通过严把财务报销审签关，实行报销层级审批，杜绝财务账目谎报乱报、公用物品铺张浪费、公车私用等现象。

【自身建设】坚持民主集中制，坚持沟通在会议之前，决策在会议之中，落实在会议之后，狠抓教育、制度、落实、班子"四个环节"。一是抓思想教育增强民主意识。通过加强学习教育，努力提高班子成员的思想理论素养和执行民主集中制的自觉性，增强政治观念、组织观念和纪律观念，提高科学决策、民主决策的能力。二是抓制度完善工作机制。以建立健全相关制度为保障，规范完善贯彻民主集中制的工作机制，不断提高民主集中制的自觉性和约束力。结合创先争优活动的开展，制定完善一系列办公室工作制度，并结合机关效能建设的开展，狠抓首办责任制、限时办结制、专人跟踪督办制"三项制度"的落实，要求全办干部职工进一步加强学习教育，着力提高整体素质；进一步加快工作节奏，努力提高办事效率；进一步树立精品意识，全面提高工作质量。三是抓执行落实提高工作成效。坚持按照"集体领导、民主集中、个别酝酿、会议决定"四项原则的要求，重大事项和重大决策都提交主任办公会议和办公室支部会议研究解决，广泛征求意见，充分体现了决策的科学化和民主化，使大家自觉维护集体领导，执行集体决策。同时也为每位同志发挥自己的聪明才智提供公平竞争的工作环境，确保民主集中制的落实和工作的成效。四是抓队伍建设提升凝聚力。面对繁重的灾后恢复重建工作，我们不断加强办公室队伍建设，认真执行集体领导下的个人分工责任制，明确班子成员各自所承担的行政分工和党风廉政建设职责，做到办公室事事有人管，人人有责任。同时努力营造讲实话、办实事、求实效的工作环境，增强班子协调合拍程度。班长与班子成员之间，班子成员相互之间在工作上互相通气、互相协作，有问题摆在桌面上，通过集体谈话、个别谈话真诚地交流思想，消除隔阂。班长信任放手，班子成员自觉服从班长工作安排和维护班长威信、班子团结，集体领导和分工负责的关系处理得好，能合好力、办大事、办大事。

坚持为人民服务的宗旨，切实转变机关作风，维护政府机关良好形象。要求办公室员工对待来访人员时，做到起立、问好、让坐、送茶、面带微笑、用语得体，举止大方，道别时要送出办公楼大门，招手或目送。严禁在工作期间使用服务忌语，要求接听电话或讲话时声音亲切、咬字清晰。加大礼仪礼貌培训。

深入开展"挂包帮"活动。成立县政府办帮扶工作领导小组，健全结对帮扶制度、考核奖惩制度等制度。对各股室参加帮扶党员干部提出明确要求，要求办公室参加帮扶党员干部经常与映秀镇渔子溪村帮扶对象联系，帮助解决存在的问题与困难，对帮扶工作检查考核。

2010年，县人民政府办被评为"先进基层党组织"，并获得"全省灾后恢复重建现场会筹备工作先进集体"、"5.29国道213线抢险保通先进集体"、"2010年上半年目标绩效管理一等奖"、"2010年目标绩效管理一等奖"等。

接待工作

【领导名录】

主　任　郭英瑞（12月起）

副主任　郑　纯

　　　　李淑澜（8月起）

　　　　古维霞（5月起，挂职1年）

　　　　白　莉（11—12月，试用期1年）

【接待总体情况】　全年接待各类政务团组886批次，共计30450余人次。其中，接待党和国家领导人7批次、省部级领导48批次、党政考察团170批次5830余人次、外宾考察团12批次。

接待中央领导7位，其中圆满地完成11月29日国家第三代领导人江泽民赴汶川视察、5月21日全国人大常委会委员长吴邦国赴汶川视察、8月23日国务院总理温家宝赴汶川视察、6月25日中共中央政治局常委李长春赴汶川视察、4月14日中央纪委书记贺国强赴汶川视察、1月4日中央政法委书记周永康赴汶川视察、8月5日中共中央政治局委员、国务委员刘延东赴汶川视察。

参与组织协调、接待服务的大型活动10项。包括"三江潘达尔创AAAA景区迎检"、"全省灾后重建现场会"、"阿坝州首届甜樱桃节"、"大禹文化节"、"西博会"、"水磨古镇创AAAA迎检"、"省委省政府集中慰问对口援建大会"、"广东对口援建庆祝大会"、"走进汶川过羌年"、"县全委会"、"县两会"等活动的后勤保障、礼仪接待。全年使用接待经费共计873.43万元。

【接待服务】　始终坚持"领导满意、来宾满意"高标准的接待原则，以"优质、高效、保密、安全"八字方针进行严格要求，确保每批接待任务万无一失。全办干部员工于9月25—28日在成都参加《全省接待岗位综合能力建设专题培训班》，通过外塑形象，内抓素质，既懂礼仪，又有内涵，既熟悉业务，又了解政策，给来宾留下深刻印象，真正起到宣传员、服务员、联络员的作用。做到接待人员守秘密、讲纪律、不讲价钱。时刻谨记以大局为重，不推诿，不扯皮，不把问题流露在客人面前，自觉维护汶川形象。

"8.14"特大山洪泥石流发生后，接待办在第一时间到受灾第一线搞好接待服务工作。8月14—30日期间，共接待：一级警卫1批次（8月23日国务院总理温家宝赴映秀视察）、部级领导21批次、厅级领导33批次。接待3万余人次（包括领导视察、抢险部队及民兵、新闻媒体等）。为奋战在抢险救灾第一线的人员送水送粮，送去温暖和问候。

【驻村帮扶】　深入开展"领导挂点、部门包村、干部帮户"并取得成效。于7月6日再次深入到村中看望慰问4户贫困户，捐助现金800元，捐赠大米40公斤，捐赠食用菜籽油20公斤。12月3日，到"挂包帮"的万村，宣传《中华人民共和国人民调解法》，结合城乡环境卫生综合整治月活动，发放宣传资料、张贴横幅标语、分发扫把、垃圾桶、撮箕等卫生工具各190个，设定奖励机制，评选万村村委会为优秀村委会，发放奖金1000元。

【自身建设】　为了进一步做好对内政务接待

工作，提高政务接待水平，讨论并分析接待工作流程，明确接待任务分类、接待标准和要求，对接待操作程序、接待礼仪、礼节，接待人员守则也分别做出探讨和要求。建立分工合作机制。根据接待工作特点和工作人员的情况，进行合理分工，分为接待股（负责日常接待、后勤保障及物资管理等工作）、综合股（负责随车及考察点讲解、重大活动踩点、礼仪等工作）、文秘股（负责接待方案制定、文件收发、草拟、材料归档等工作），形成既有支持合作，又有分工制约的工作机制。梳理接待工作流程，细化接待工作环节，严格接待工作要求，制定接待方案。接待工作的范围、程序、标准、要求等逐步纳入规范化轨道。制定工作补位制度、办公用品、接待礼品管理制度、工作过错责任追究制度等12项工作制度。借鉴外地经验，结合地方特点，选择独具特色的系列接待用品、接待礼品，如震源石、水晶杯、羌绣等，既提高了效率，又规范了形式，还丰富了内涵，展示了新汶川形象。

为了彰显汶川县民族特色，接待办和公务接待重点宾馆饭店研究探讨落实的具体措施，归纳借鉴各大宾馆饭店的特色菜肴，充分利用本地特色生态农副产品，努力形成具有藏羌特色的菜肴体系，并在本土菜肴的精细化、特色化上做文章，彰显地方文化底蕴。

政协汶川县委员会

【领导名录】
主　席　　　余朝荣
副主席　　　余吉良
　　　　　　向世茂（6月止）
　　　　　　李和君
　　　　　　葛定全
　　　　　　谢孝泉
　　　　　　江　霖
　　　　　　杨　威
　　　　　　钱毓林
调研员　　　张清立（6月止）
副调研员　　余　梅

【全委会议】1月22日至24日，在威州召开政协第十三届汶川县委员会第五次会议，会期3天。应到会县政协委员124名，实到会101名。听取和审议《政协第十三届汶川县委员会常务委员会工作报告》、《政协第十三届汶川县委员会常务委员会关于十三届三次会议以来提案工作情况的报告》；列席汶川县第十二届人民代表大会第四次会议；通过《政协第十三届汶川县委员会提案委员会关于政协第十三届五次会议提案审查情况的报告》、《政协第十三届汶川县委员会常务委员会工作报告的决议》、《政协第十三届汶川县委员会第五次会议决议》；听取县委领导讲话。

【常委会议】1月15日下午，在县迎宾馆第四会议室举行政协第十三届汶川县委员会常务委员会第十五次会议。讨论通过《政协第十三届汶川县委员会常务委员会工作报告（讨论稿）》及报告人名单（草案）、《政协第十三届汶川县委员会常务委员会关于县政协十三届三次会议以来提案工作情况的报告（讨论稿）》及报告人名单（草案）、《关于召开政协第十三届汶川县委员会第五次会议的决定（草案）》、政协第十三届汶川县委员会第五次会议议程、日程（草案）、政协第十三届汶川县委员会第五次会议列席人员、特邀人员范围；讨论通过政协第十三届汶川县委员会第五次会议秘书长名单（草案）。

1月23日晚，在县迎宾馆四会议室举行政协第十三届汶川县委员会常务委员会第十六次会议。听取各组对县政协常委会工作报告和提案工作报告审议情况汇报、各组对县政协常委会工作报告的决议（草案）和县政协十三届五次会议决议（草案）的酝酿讨论情况汇报并通过两个决议（草案）、提案委员会关于对县政协十三届五次会议提案审查情况的汇报；审议通过《政协汶川县委员会2010年工作要点》；研究人事任免事项。

5月14日，举行政协第十三届汶川县委员会常务委员会第十七次会议。审议《政协汶川县委员会关于漩映地区推进"3213"工程调研报告》。对如何进一步推进漩映地区"3213"工程，与会人员提出建议和意见。余朝荣主席就如何围绕全县灾后重建中心，做好新时期人民政协工作，提出要求。

8月13日，举行政协第十三届汶川县委员会常务委员会第十八次会议。听取县委常委、常务副县长罗尔基木《关于县人民政府2010年上半年经济运行情况的通报》；审议《政协汶川县委员会关于我县倡导和弘扬感恩文化的调查报告》；县委副书记龚明就进一步搞好政协工作，提出建议；余朝荣主席讲话。

12月3日，举行政协第十三届汶川县委员会常务委员会第十九次会议。听取县纪委监察局、县人民法院、县人民检察院2010年度工作情况通报；审议《政协汶川县委员会关于我县学校管理情况的调研报告》；县委副书记龚明在会上就如何搞好政协、纪委监察、法院、检察院、教育工作提出三点意见；余朝荣主席讲话。

【主席会议】1月14日，举行政协第十三届汶川县委员会第三十次主席会议。讨论通过政协第十三届汶川县委员会常务会工作报告及报告人名单、政协第十三届汶川县委员会常务委员会关于县政协十三届三次会议以来提案工作的报告；讨论通过关于召开政协第十三届汶川县委员会第五次会议的决定、议程、日程等；决定召开政协第十三届汶川县委员会常务委员会第十五次会议议程；其他事项。

1月20日，举行政协第十三届汶川县委员会第三十一次主席会议。听取关于县政协十三届五次会议筹备工作情况汇报；通过县政协十三届五次会议大会执行主席分组名单、提案截止时间；审议通过政协汶川县委员会2010年工作要点；研究人事任免事项。

4月9日，在县政协主席会议室举行政协第十三届汶川县委员会第三十二次主席会议。听取各专委会关于近期工作情况汇报。确定"3213"产业恢复重建工程进展情况的调研内容、方式和时间，感恩奋进工作情况的调研事宜等。对近期工作作了安排。

5月11日，举行政协第十三届汶川县委员会第三十三次主席会议。审议《政协汶川县委员会关于漩映地区推进"3213"工程调研报告》；确定政协第十三届汶川县委员会第十七次常委会议于5月13日至14日召开，确定会议的议题为参观视察和审议《政协汶川县委员会关于漩映地区推进"3213"工程调研报告》；对近期工作进行安排。

7月2日，举行政协第十三届汶川县委员会第三十四次主席会议。传达学习贯彻州委常委、县委书记青理东在汶川县庆祝中国共产党成立89周年大会上的讲话精神；听取各专委会负责人关于委员活动情况汇报并审定社情民意；安排近期工作。

8月9日，举行政协第十三届汶川县委员会第三十五次主席会议。听取和审议《政协汶川县委员会关于我县倡导和弘扬感恩文化的调查报告》；讨论拟定政协汶川县第十三届委员会常务委员会第十八次会议议程和日程；安排近期工作。

10月11日，举行政协第十三届汶川县委员会第三十六次主席会议。传达贯彻县委十届八十七次常委会议精神;安排近期工作。

11月3日,举行政协第十三届汶川县委员会第三十七次主席会议。审议《政协汶川县委员会关于我县治理城乡环境,发展通道经济的调研报告》《政协汶川县委员会关于全县派出所、司法所、人民法庭灾后重建情况的视察报告》;安排近期工作。

11月23日,举行政协第十三届汶川县委员会第三十八次主席会议。听取汶川县人民政府关于县政协十三届五次会议以来提案办理情况的通报;审议《政协汶川县委员会关于全县学校管理工作情况的调查报告》;安排近期工作。

【参政议政】 县政协围绕中心,突出重点,主动对接,开展协商议政。在县政协十三届五次全体会议上,组织政协委员对政府工作报告进行讨论和协商,政协委员就城乡规划建设、城乡居民住房重建、基础设施重建、产业重建、生态恢复重建及加强公共设施重建成果管理等问题,在广泛调研和充分听取群众意见的基础上,通过联组议政会、小组讨论会、提出提案、反映社情民意等形式,提出许多有深度、有价值的意见和建议,为县委、县政府科学决策提供重要依据和参考。在联组议政会上,应邀参加会议的县委、县政府领导及县级有关部门负责人直接听取委员们的意见和建议,解答委员们提出的问题。委员们的建议和意见得到县委、县政府的重视和采纳。

县政协常委会第十八次会议在听取县人民政府关于我县2010年上半年经济运行情况的通报和县政协调研组关于我县倡导和弘扬感恩文化的调研报告后,到会同志就推进经济社会发展和加强感恩教育提出意见和建议。县政协常委会第十九次会议认真听取县纪委监察局和县人民法院、县人民检察院的工作通报,听取县政协调研组关于全县学校管理情况的调研报告,到会同志对县纪委监察局和县人民法院、县人民检察院的工作给予充分肯定和高度评价,对加强学校管理提出建议和意见。

县政协主席会议第三十三次、三十五次、三十七次、三十八次会议分别对我县漩映地区推进"3213"产业发展工程、全县派出所和司法所及人民法庭灾后重建、治理城乡环境发展通道经济情况进行协商讨论,提出建议意见,得到县委、县政府的重视和采纳。

通过政协例会和县政协领导参加县委、县政府重要会议、参与重点工程项目建设及县政协各专门委员会加强与政府部门的对口协商联系提出意见和建议,对改进和推动有关部门的工作起到积极作用。

受县委安排和县政府委托,县政协两名副主席分别承担雁门乡萝卜寨村、绵虒镇羌锋村精品旅游村寨建设工作。1名副主席承担汶川县工业发展和工业园区建设工作,1名副主席承担建筑风貌恢复工作。两名副主席分别承担县医院创二级甲等医院和县中医院异地迁建工作,为推动灾后恢复重建三年任务两年基本完成作出积极贡献。"8.14"特大山洪泥石流灾害发生后,按照县委的安排,县政协领导始终坚守在抗灾第一线,参与指挥抗洪抢险救灾工作。全省灾后重建现场会后,按照县委安排,县政协领导承担接待陪同考察团的任务,先后接待陪同来汶川县考察的仪陇县、盐边县等县市党政考察团共58批次。县政协主要领导承担社会矛盾纠纷大调解工作的组织协调工作,并制定《汶川县若干矛盾纠纷遗留问题处理指导意见》,对全县排查出的16类矛盾纠纷遗留问题落实调处化解的责任主体、化解时限、化解方法和保障措施。县政协专委会负责人按照县上安排参与水磨AAAA旅游景区创建、草坡推进新农村建设和重要接待、重要会议期间的社会稳定工作。

【提案工作】 共召开提案督办会4次，分别由相关部门对十三届五次会议的提案办理情况向相关委员汇报，并实地查看办理情况，真正把提案办理工作落到实处，取得令提案人和人民群众满意的效果。截至12月底，立案的43件委员提案全部办结，委员满意率达100%。

【社情民意】 按照《政协汶川县委员会关于加强社情民意信息工作的意见》，通过政协例会、开展委员活动、走访政协委员等形式，广辟信息来源，收集群众最关心的热难点问题，以《社情民意专报》形式报送县委、县政府参考。

被县纪检监察机关和司法机关选聘为特约监督员的县政协委员履职尽责，积极开展民主监督，参加行风政风测评，为促进依法行政、维护司法公正、改进机关作风发挥积极作用。

【民主政治建设】 按照民主协商、平等议事、求同存异、体谅包容的原则，搞好与党外人士的合作共事，充分发挥民族、宗教界代表人士的作用。通过组织学习、召开情况通报会、新年茶话会、慰问、走访，广泛听取各族各界人士意见和建议，关注和反映他们的合理诉求，为推动灾后重建、加快发展凝聚人心、汇聚力量。重视并做好政协委员和人民群众的来信来访工作。

【调查研究】 县政协围绕全县工作大局和县委的要求，在各乡镇和县级有关部门的配合下，先后对漩映地区推进"3213"产业发展工程、倡导和弘扬感恩文化、"两所一庭"灾后重建、治理城乡环境发展通道经济、学校管理等情况进行深入地调研和视察，形成调研、视察报告5份，提出建议意见35条。

协助、配合全国政协教科文卫委员会到汶川县开展贯彻落实《全民健身条例》专题调研和致公党中央环卫委到我县开展地质灾害调研，州政协对藏羌民俗文化走廊、工业恢复重建、汛期山洪及泥石流等次生灾害防治、"三百示范工程"推进情况进行调研。

【关注民生】 协力推进民生工程的有效实施，促进涉及民生问题的逐步解决。通过深入基层，倾听群众呼声，围绕群众普遍关心的民生问题开展调查研究。参与和配合有关部门对城乡环境综合治理、社会矛盾纠纷大调解、灾后重建成果管理大提升、"三百示范工程"推进情况等开展视察、检查，对改进有关方面的工作，促进涉及民生问题的解决起到积极作用。

开展挂点帮扶工作，县政协领导和机关干部认真开展"领导挂点、部门包村、干部帮户"工作，先后30余次深入绵虒镇板子沟村、碉头村、羌锋村、威州镇布瓦村、雁门乡萝卜寨村、草坡乡两河村开展调查研究，为帮扶户办实事，使他们切实感受到党和政府的温暖。

【宣传文史资料工作】 加强与新闻宣传部门的联系，积极宣传中国共产党领导的多党合作和政治协商制度，宣传人民政协的性质、地位和作用，宣传报道政协重要会议、重大活动和履行职能的情况。全年，在《四川政协报》《阿坝日报》等报刊上发表通讯稿件9篇。上报政协工作信息12期20条。收集整理汶川县文史资料第十集（地震专辑）45篇，20万余字，图片120张。

【自身建设】 县政协领导班子认真贯彻落实省、州政协工作会议精神和县委的决策部署，坚持用科学发展观统领政协工作，自觉接受县委的领导，自觉服从和服务全县工作大局。

加强对委员的学习培训，为委员知情明政创造良好环境。坚持开展委员活动，在委员中开展"提一件提案、反映一条社情民意、参加一次调研视察、个人或集体撰写一篇调研报告、以多种形式为人民群众办一件好事"的"五个一"活动。支持专委会开展工作，较好地发挥专委会在与政府部门对口协商联系、互通情况、开展调研视察和指导委员小组开展活动的作用。

认真开展创先争优、作风效能建设、感恩教育深化发展、环境卫生大整治等活动，强化机关党员、干部的政治理论和业务知识的学习。机关党员、干部的大局意识、责任意识、创新意识进一步增强，推进"学习型、服务型、创新型、和谐型"机关建设。加强机关精神文明建设、党风廉政建设，机关服务、后勤保障、档案、保密、综治、普法、安全等工作都取得较好成绩。

县政协办公室

【领导名录】
秘书长　　　　王学军
办公室主任　　贺蓉

【机关思想政治工作】 利用政协全委会、常委会、主席会、党组会、支部生活会、职工学习会等场合和时机，学习传达贯彻落实党中央、国务院、省委省政府、州委州政府和县委县政府的重要会议精神、重大决策部署，确保政令畅通。

以党的先进性建设和执政能力建设为重点，全面加强党的思想建设、组织建设、作风建设、制度建设和反腐倡廉建设，充分发挥党组的核心领导作用、机关支部的战斗堡垒作用和共产党员的先锋模范作用，为推动政协工作的开展提供强有力的思想和组织保证。发扬党内民主，落实党员的民主权利，坚持民主集中制的根本组织原则，不断完善党内民主生活会制度，坚持半年组织一次党内民主生活会，开展一年一度民主评议党员和评选表彰优秀党员工作。重视和加强人才队伍建设，努力搭建委员履职的平台，拓宽职工创业的空间。

将党风廉政建设和反腐败工作纳入重要议事日程，同政协工作、机关工作同安排、同部署、同检查、同落实，促进党风廉政建设和反腐败工作的开展。研究制定《2010年政协机关党风廉政建设和反腐败工作实施意见》，对党风廉政建设和反腐败工作进行具体安排部署。加强机关内部管理，严格公共资金的使用和管理，严格车辆使用、维修管理，严格公务接待管理，严格执行政府采购制度，坚持大额度资金的支付由集体研究决定。县政协机关按照巩固、完善、规范、提高的要求，全面加强和规范治安保卫工作，努力提高政协机关治安防范能力和水平，营造单位内部良好稳定的治安环境，开展社会治安综合治理各项工作，单位治安状况良好，内部安定团结。通过开展调研、视察和政协委员活动、走访政协委员和各界人士等形式，收集和反映社情民意及不稳定因素。做好群众来信来访工作。协助党委、政府做好协调关系、化解矛盾、维护稳定的工作。加强机关档案管理、财产管理和财务管理，切实做好防火、防盗、防破坏工作，防止安全事故的发生，确保机关安全；严格遵守国家保密法和保密纪律，做好涉密文件的保管工作，严格文件的传阅程序和借阅手续；机关干部职工切实增强治安防范意识和措施。深入开展普法宣传教育，提高机关干部、职工的法律素质，提高遵纪守法的自觉性。

【社情民意工作】 通过政办例会、开展委员活动日活动、走访政协委员等形式，积极疏通渠道，广辟信息来源，收集群众最关心的热难点问题，形成社情民意专报3期报县委、政府参考。

认真做好"领导挂点、部门包村、干部帮户"工作，采取"一对一"帮扶形式，主席会议成员先后50余次深入绵虒镇板子沟村、碉头村、羌锋村，威州镇布瓦村、萝卜寨村，积极帮助特困户解难事、办实事、做好事。机关党支部在"七一"前夕走访慰问帮扶户，为他们送去慰问金，让他们感受到党组织的关怀。

【创先争优活动】 结合政协工作实际,把"提高履职水平、服务科学发展"作为县政协机关创先争优活动的主题,进一步推动学习实践科学发展观活动向纵深发展。将履行好政协职能作为创先争优活动的重要内容。将创先争优活动与履行政协职能紧密结合起来,鼓励大家争先进、争一流,高质量地履行政协职能,并把此纳入到年终考评之中。

【机关作风效能建设】 加强政治理论学习。围绕十七大报告的主题在理论联系实际上狠下工夫,不断把学习引向深入。转变工作作风,提高工作水平。深入基层开展调研活动。由分管副主席牵头,各专委会具体制订工作方案,分别开展集中视察、专题调研、专题协商和专项工作,为汶川经济社会恢复重建建言献策。加强工作考评,提高履职能力。按照政治强、作风正、纪律严、业务精的要求,加强对机关干部队伍的管理。加强廉政建设,强化廉洁自律。认真开展"廉洁从政、秉公用权"教育活动,大力弘扬勤政为民、廉洁奉公的工作作风和生活作风。

【感恩教育深化发展活动】 以倡导知恩图报、共塑文明形象为抓手,着力提升社会文明程度,形成"滴水之恩、涌泉相报"的正确导向,努力构建社会主义核心价值体系。进一步转变机关工作作风,自觉服务百姓、发展百姓、致富百姓,努力为人民群众办实事、做好事、解难事。围绕灾后重建和经济社会发展,切实履行政治协商、民主监督和参政议政职能。认真组织开展调研视察,及时收集反映社情民意,全力做好受县委安排和政府委托的各项工作任务。引导干部群众心怀感恩、乐于奉献,弘扬民主法治、公平正义、诚信友爱、充满活力、安定有序的社会风尚,努力营造和谐稳定的社会环境。

【开展"三大活动"】 开展"社会矛盾纠纷大调解、城乡环境卫生大整治、重建成果管理大提升"三大活动。组织领导干部深入基层,深入群众,调查研究,排忧解难,疏通民意渠道。加大机关24小时清扫保洁力度,落实"门前双五包"责任,全面整治环境卫生。全力推进重建成果管理大提升,管好用好建成项目,发挥其最大功效。

【宣传文史资料工作】 全年在《四川政协报》《阿坝日报》发表通讯稿件9篇,编发《汶川政协》12期。收集整理汶川县文史资料第十集(地震专辑)45余篇,20万余字,图片120张。

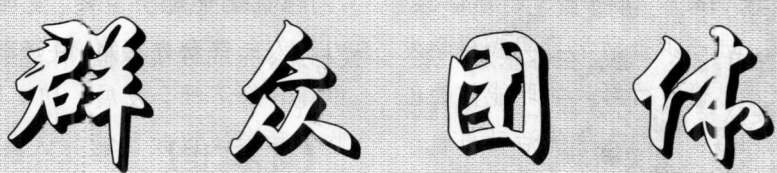

总工会

【领导名录】

主　席　　　郭素梅
常务副主席　陈　正
副主席　　　唐小清

【恢复重建工作】 工人文化宫属广州"交钥匙"工程,建筑面积5279平方米,共投资2040万元(包括设备设施),其中广东省总工会和广州市总工会各捐资1000万元。于2009年7月8日动工修建,2010年4月20日竣工交付使用。

【维稳工作】 建立健全维稳机制,完善各类突发性和群体性事件应急处置预案。加强敏感时期职工队伍维稳工作,防止发生影响职工队伍稳定的重大政治事件、严重暴力事件、大规模职工群体性事件和重大个人极端事件。按照"属地管理、分级负责","谁主管、谁负责"原则,完善职工矛盾排查机制,加强矛盾纠纷排查,推进职工矛盾化解。健全"大调解"组织网络,规范"大调解"运行机制。解决重点信访职工实际困难,对信访重点人员稳控措施得力、责任到位。加强特殊敏感时期信息报送纪律,畅通信息渠道,牢牢把握工作主动权,及时报送稳控信息。

【基层组织建会工作】 把灾后工会组建和职工入会作为全年工作重点来抓,不断扩大工会组织覆盖面。采取措施,重点抓好非公有制企业建会和会员入会工作。全年改选工会组织4个,新建工会组织12个,新增会员300人,其中农民工会员100人。

加强企业工会规范化建设,强化企业工会基础性工作,总结推广企业工会建设经验,广泛开展"三个达标"活动(职工入会率超过90%,工作机制健全,职能作用充分发挥),健全"三项制度"(职代会、集体合同、厂务公开),创新工会组织体制规范运作,规范职工董事、职工监事会制度建设和厂务公开工作。7月,通过四川省对全县厂务公开工作的检查。

【维权工作】 建立和完善工会维权工作机制。要求企业单位与职工继续签订《共同约定书》,向企业发放《共同约定实施意见》及《共同约定倡议书》,开展工会法人资格登记证工作,共办理法人资格登记证108户。

【工会活动】 动员和组织广大职工参与"百日安全生产活动"、"百万职工安全生产法律法规知识问答竞赛"、"安康杯"竞赛活动,有3家企业参加"安康杯"竞赛活动,参与职工778人。贯彻落实国家劳动保护、安全生产法律法规,组织开展群众性监督检查活动、协助政府有关部门做好企业安全生产、劳动保护、事故隐患检查工作;参与重特大事故的调查处理,及时上报事故调查情况。做好工会劳动保护监督检查员的管理和考核工作。开展"两个一、两个百万"活动。各基层工会适时组织技术（业务）培训，开展职工技能比赛活动；围绕建设资源节约型社会，在各基层开展百万职工提合理化建议活动，百万职工参与的技术创新、新产品开发或技术攻关活动。

【送温暖工程】 全年帮扶550名困难职工，帮扶资金16.5万元。春节，县总工会争取到广东省总工会捐助资金8万元帮扶困难职工480人；"8.14"泥石流发放困难补助资金6万元，帮扶职工300人；12月10日前向1600余名困难职工集中发放中央财政专项资金、上级工会划拨资金共78万元。"六一"，县总工会到威州镇南桥社区、七盘沟社区看望慰问困难职工子女，到汶川一小、二小、特殊教育学校进行慰问，共发放慰问资金5700元。对困难职工子女入学情况进行全面调查了解。10月26日，向全县624名困难高中、大学生发放从广东省总工会争取到的全部"金秋助学"资金。

【再就业十大行动】 协助政府做好再就业工作，为两名下岗失业人员办理1万元工会小额借款。规范县总工会困难职工帮扶中心工作程序，完善困难职工建档、建卡工作。县总工会再一次对"5.12"全县地震后所建困难职工档案进行核实清理。开展下岗职工再就业工程，解决下岗困难职工再就业15人。按时完成《再就业统计报表》、《集体合同报表》、《送温暖工程统计表》等报表。

【关爱劳模】 春节期间，走访慰问劳动模范，关心劳模生活生产情况，向劳模发放慰问金2.6万元；大力宣传劳模时代精神，"五一"前夕评选全国劳动模范1名和省劳动模范1名；表彰汶川县劳动模范201名；7月，评选援建工作者全国"五一"劳动奖章17人，四川省灾后恢复重建先进个人24人（其中，援建人员17人）；做好各级劳动模范到北京参会学习工作；建立震后新增劳模档案，完成劳模体检、休养、困难统计帮扶等组织工作。

【财务工作】 加强工会财务工作。全面落实地税代征、财政统一划拨工会经费制度，加强工会财务管理，强化制度建设，严格按照工会财经制度使用资金，确保专项资金安全规范运作。加强工会资产管理，建立健全资产管理台账。

【女职工工作】 深入实施"女职工建功立业工程"和"女职工素质提升工程"，广泛开展创建"巾帼文明示范岗"和"巾帼建功"活动，展示女职工精神风貌；各基层工会女职工委员会召开庆"三八"活动，宣扬表彰一批女职工工作先进集体和先进个人。宣传动员、组织女职工参加省女职工大病互助保险。2010年全县女职工参保人数500人，参保份数560份，参保金额5.6万元,赔付3例患病者，赔付金额4万元。

【信息宣传工作】 加强工会信息调研，县总工会组稿编写《汶川工运》，宣传工会工作，为各级党政机关和基层工会提供及时可靠信息。全年共撰写工会工作信息12期，汶川电视台新闻报道12次，新闻中心宣传两次。

【来信来访】 建立健全工会系统信访工作组织网络，为企业工会建立信访工作联络员，随时加强同各基层工会信访工作联络员的联系，及时准确掌握职工的思想动态，切实做好新形势下职工思想政治工作，并在每月、每季度按时上报信访工作情况。全年，接待职工来信来访100余人次，能及时给予解决的，给予当面答复和解决，不能及时解决的，转交给有关部门给予解决落实，并作好解释工作。

共青团县委

【领导名录】

书　记　马　姮

副书记　景代芳(12月起,试用期1年)

　　　　张雪娇(4月起,挂职1年)

　　　　林　波(11—12月,试用期1年)

【社会活动】 坚持深入学习贯彻落实科学发展观,紧紧围绕党政中心工作,在县委、县政府领导下,开展一系列活动。成功举办"汶川县深入学习科学实践发展观知识竞赛"活动。为弘扬感恩文化,在全社会营造浓厚的感恩氛围,联合广电局开展"感恩祖国,唱响汶川"感恩歌曲大家唱活动;以创先争优活和"三大活动"为契机,围绕"感恩教育、深化发展"主题,在全县广大青年团员中开展"学唱树促推"活动。

【青少年思想政治教育工作】 通过各种教育手段,丰富活动内容,创新活动载体,最大限度地面向广大青少年开展各类三题教育活动,以发挥共青团组织育人优势,加强青少年思想道德教育。

利用"5.12"两周年纪念日、"五四"运动91周年等重大纪念日契机,开展"铭恩奋进,共建家园"新团员入团仪式和"我与祖国共奋进,我与四川同发展"为主题的教育实践活动。在全县中小学校中开展争当"四好少年"活动。

加大青少年维权力度。始终把竭诚服务青年作为工作的出发点和落脚点。继续以未成年人、进城务工青年、孤儿、单亲家庭青少年、留守儿童等群体为重点,开展一对一结对活动,扎实推进机关工委各项工作。

加强预防青少年违法犯罪组织建设,完善预防青少年违法犯罪工作机制。教育青少年学法、懂法、守法、用法,增强青少年法制观念。在各中小学开设法制课堂,邀请司法局等相关部门人员为学生开设讲座,开展"青少年远离毒品行动",用积极健康的文化占领青少年活动阵地,优化青少年成长环境。

【基层团组织建设】 带领青年团员认真学习理论知识,武装头脑。做好全县团员统计工作,组织建设工作得到上级团委的肯定和表扬。争取到省、州团委,相关金融部门青年创业项目及扶持资金,促进全县青年就业创业工作。

4月,召开共青团基层团干目标管理会议,对2009年基层团组织工作进行全面回顾和交流,统一部署和安排2010年度全县共青团工作。在学校、各部门、机关团支部书记和各乡镇团委书记中开展党建带团建知识、信访工作及团务知识培训。贯彻落实胡锦涛总书记对共青团提出的"坚持眼睛向下、重心下移,力争使团的基层组织网络覆盖全体青年,使团的各项工作和活动影响全体青年"重要要求,结合县委十届十次全会提出的各项目标任务,加强团的基层组织建设,全面推进汶川县共青团工作再上新台阶。"五四"青年节,评选表彰一批2009—2010年度共青团工作先进集体和优秀团员。

【青少年服务阵地建设】 做好希望工程、青少年活动阵地建设等项目对接。落实中国青基会、四川省青基会相关资助行动;继续开展"杨惠妍·汶川地震受灾少年儿童援助基金"爱心助成长行动,争取到1万元希望工程资金资助6名残疾儿童。

争取到团中央特殊团费1227万元和广东团省委捐赠资金500万元援建"汶川青少年活动中

心",广东团省委捐资1000万余元建设"汶川县青少年官"。

【志愿者工作】 在全县11个乡镇招募注册青年志愿者2000人,建立志愿者服务站,承担汶川县各项重大接待相关服务工作。先后组织志愿者参加"阿坝州第一届甜樱桃节"、"汶川县首届大禹文化"、"广东对口支援汶川灾后恢复重建整体交付仪式"、"全国特殊党费援建'七一'中学竣工仪式"等活动的会场、跟车及礼仪服务。

2010年接收团中央选派西部计划志愿者36名,在中秋节、国际志愿者日召开志愿者座谈会,为志愿者发放过冬用品。利用节假日,宣传志愿服务精神,组织西部计划志愿者开展"志愿服务、你我共同参与,感恩奋进、共创美好明天"活动。联合市政公用管理局开展"城乡环境共清洁,革除陋习我行动"城乡环境综合整治青年志愿者奉献月活动。在"除陋习、树新风、治三乱"专项行动中,志愿者为全县群众分发环保袋1000余个;组织西部计划志愿者34人历时4天投入到"8.14"泥石流期间滞留旅客疏散工作,转移人数约1950人;志愿者参加"城市环保,我的责任"环境卫生宣传及清洁卫生大扫除活动、中秋节在特殊教育学校开展"献爱心,共成长,关爱特殊群体儿童"中秋游园活动、重阳节慰问福利院老人。

妇女联合会

【领导名录】

主　席　　朱玉莲
副主席　　施芝兰(12月止)
　　　　　白　莉(12月起)

【创先争优活动】 全县各级妇女组织在创先争优活动中帮扶救助贫困妇女儿童、调解矛盾纠纷,以"工作争先、服务争先、业绩争先"为目标,以培养"学习优、作风优、素质优"干部队伍为重点开展"创先争优"活动。在活动中与时俱进,开拓创新,不断开创妇联工作新局面。

【双学双比】 围绕科技兴农和农村建设现代化要求,引导农村妇女转变观念。在三江、草坡、克枯3个乡镇实施39万元"香港和桂基金"和"香港小额信贷"项目。做好贷前服务、贷中管理和贷后核查工作,指导妇女发展投资少、风险小、周期短、见效快的种养殖业。

县妇联与广东社工站共同打造"羌绣·汶川母亲的爱"品牌项目。2月、5月、8月与州妇联、帮扶中心、县委党校等部门联合,分别在县委党校、映秀镇老街村举办3次羌绣培训班,参加培训人员共320余人。5月21—22日,利用樱桃节契机组织100多人绣的170余幅作品在汶川博物馆举办羌绣义卖活动,邀请地震造成的单亲母亲袁美、残疾单亲母亲熊树花等现场表演羌绣工艺,把义卖所得1万余元全部返还给绣工。

【爱心救助】 救助贫困母亲29名、单亲母亲50名、残疾儿童5名、再生育妇女5名,为她们送去慰问金、棉衣、棉被、大米、清油等;赠送帮扶联系村及试点村雁门乡芤山村和漩口群益村内衣400套,电热毯、棉被等过冬物资;送给银杏乡东界脑村"8.14"特大泥石流受灾妇女羽绒服100余件。向全县167名高中生和中职学生发放"利乐爱心助学基金"243000元、为28名学生发放上海爱心人士捐赠款33582元。威州镇妇联与广东妇联开展"广东爱心妈妈团"一对一接队帮扶,落实122户,助学金30万余元。"六一"期间,县四大班子领导带领县妇联、县教育局对全县23所中小学、幼儿园进行慰问，共发放慰问金36300元，县妇联陪同州委领导和州妇联对"安康家园"学生进行慰问，为他们送生活、学习用品。县妇联与县红十字会多次组织妇女为玉树地震和舟曲泥石流等灾区捐款、捐物。威州镇妇联组织全镇人员为玉树地震灾区捐款149616.6元。

县妇联协同工会、团委、爱心服务队和西部计划志愿者等积极开展"8.14"泥石流援救工作，对滞留旅客进行登记、发放干粮、水和盒饭等。配合县委、县政府分几批次将滞留在汶川县城和周边的旅客5000余人全部转移到成都。

【关心关注妇女】 各级妇女组织利用"三八"节、母亲节等节日，开展知识问答、锅庄比赛、趣味体育比赛等庆祝活动。"三八"节表彰红旗集体6个、恢复重建先进集体5个、恢复重建先进个人11名、"三八"红旗手13名，与精神文明办联合表彰"五好文明家庭"21户。各乡镇在"三八"节表彰"双学双比"、"文明户"等。

漩口镇红福山村20户贫困母亲"安居工程"农房修建完工，8月5日，安居工程款第一期16万元全部发放到每个贫困母亲手中。

推进《两纲》实施，利用"母亲健康快车"项目实施，与县保健院等部门配合，开展"贫困母亲暖冬行动"，为30位贫困母亲进行免费体检。威州镇妇联配合镇计生指导站、县计生委邀请专家免费为2000余名妇女做妇科检查。映秀镇妇联配合县计生委开展免费妇科检查360人，与镇计生服务站等联合，开展"妇科病普检"、查环查孕活动652人，查出43例患者。

【创新感恩教育活动】 在全县广大妇女中开展感恩教育深化发展活动，发动妇女在感恩祖国、感恩党、感恩社会各界爱心人士同时要铭恩奋进，重建新家园。10月12日，在援建庆祝大会上赠送广东援建工作队羌绣鞋垫178双。

【维权工作】 履行代表和维护妇女儿童合法权益的基本职能，为群众解疑释惑、排忧解难，加强维权工作机制建设，完善妇女儿童利益协调、诉求表达、矛盾调处和权益保障机制，强化妇女儿童法律援助站、家庭暴力投诉点工作、及时发现矛盾，把矛盾解决在基层、化解在萌芽状态，全年共接待来信来访23件，做到件件有登记，事事有落实。

按照汶川县社会矛盾纠纷大调解目标和要求，以人民调解为基础，与行政调解、司法调解相衔接，履行妇联职责，解决妇女群众合理诉求，严格掌控信访不稳定因素，把好维稳一线关口，面对问题，不推诿，找方法，解决好群众反映的问题和矛盾。做好联系村矛盾纠纷大调解，摸排，梳理意见4条，协助绵虒镇政府与村民签订信访稳定责任书、环境卫生综合治理门前"四包"承诺书。

【创平安家庭建和谐家园】 在全县各级妇女组织中发起新一轮"平安家庭"创建活动，发放"平安家庭"创建标准宣传资料1.6万份，发动全县36723户家庭参与到"平安家庭"创建活动中，合格家庭达90%以上，授牌"平安家庭"创建合格户18497个。

【深化环境整治】 以家庭环境整洁、健康、舒适、优美为标准，在全县妇女口开展"美好家园、整治陋习"、"巾帼携手齐行动，共建洁美新家园"、"低碳家庭·时尚生活·健康文明新生活"等主题活动，发挥妇女在城乡环境综合整治工作中的重要作用。抽派工作人员，参与水磨镇、绵虒镇板桥村进村入户工作，宣传灾后重建各项方针政策，督促指导环境卫生。7月、8月，县妇联、团县委等联合在威州姜维商业广场举行"除陋习、树新风、治三乱"等专项行动大型宣传活动，现场举行"万人签名活动",发放环保购物袋1000个,发放宣传资料共2600余份。

【基层组织建设】 以"党建带妇建、妇建服务党建"为原则,努力实现妇联的组织覆盖、工作覆盖、服务覆盖,将工作重点放在基层,加强基层组织建设作为发挥妇联优势,履行组织职能。服务大局,服务妇女,服务基层基础性工作,形成"抓组织、抓活动、抓队伍、抓阵地、抓协调"工作思路。全县4名乡镇妇联主席到州委党校参加由州委组织部、州妇联举办为期6天的学习培训;配备3个乡镇妇联干部,确保基层妇女干部年轻化、知识化,社会化工作机制和项目化运作机制进一步完善,妇联基层组织服务大局、服务妇女的功能进一步增强。开展"服务经济保增长,改善民生保稳定"和"两个加快"为主题机关作风效能建设活动,以增强党性为目标,以转变观念,改进作风,扎实工作,优化服务为重点,开展"批评与自我批评"为主题活动。向各机关单位发出征求意见表20份,梳理意见3条。增强妇联干部队伍学习意识、效能意识、和谐意识、创新意识和廉洁意识,树立新时期妇联干部新形象。

工商联

【领导名录】

会　　长　　　　　　李子忠
党组书记、副会长　　郑文清(8月止)
　　　　　　　　　　石永康(8月起)
党组副书记、副会长　刘　强

【服务企业】 年初、中秋节对企业进行慰问。收集企业用工信息,同人事局、就业局等单位联合组织招聘周活动,解决10余家企业劳务用工问题。组织广东——汶川工业园区两家广商民营企业赴广东参加粤商大会。推荐两名民营企业家为优秀中国特色社会主义建设者和1名民营企业家为"五一"劳模。

工商联根据《四川省促进非公有制经济发展的意见》政策依据,在企业中调研,结合全县实际,草拟《汶川县关于大力发展非公小型企业的实施意见》,在县级相关单位、会员企业以书面形式广泛征求意见形成《汶川县关于大力发展非公小型企业的实施意见》(送审稿)。对全县部分民营企业主发放《非公36条和中小型29条民意调查卷》30余份,了解《非公36条和中小型29条》在企业中落实情况,收集企业家的愿望和诉求,及时向县政府报告。上半年配合省、州工商联领导到全县民营企业开展调研工作。

【队伍建设】 全年发展4名具有一定经济实力、思想觉悟高、热爱工商联工作、热心社会公益事业的非公有制经济代表人士入会。

【非公有制经济人士思想政治工作】 引导会员发扬中华民族美德,热心公益事业,参加"光彩事业",分别为海地地震、西南五省旱情、青海玉树地震组织募捐活动,共筹集善款13万元,通过汶川县红十字会汇到灾区。向全县民营企业发出倡议,开展感恩思想教育。企业通过悬挂标语、召开座谈会等方式掀起感恩热潮。

【推选优秀民营企业入书】 成立工作领导小组,搜集民运企业相关文字和图片材料,召开专题会议研究决定向四川省工商业联合会推荐在抗震救灾和重建家园中表现突出的阿坝铝厂、中坝电站、禧龙硅业等企业入选《不屈的脊梁》(民营企业卷)。

残联

【领导名录】

理事长　　　贺洪平（1月止）
　　　　　　梁贤户（1月起）
副理事长　　窦华强

【残疾人儿童康复】 把残疾儿童康复中心建设工作纳入重要议事日程，在成都市残疾人福利基金会关心支持下，在汶川县特教学校成立汶川县残疾人儿童康复中心，配置设备设施价值15万元，完成人员培训等工作。2010年9月，汶川县残疾人儿童康复中心正式投入使用。

【残疾人康复】 2010年，在香港红十字会和县医院支持下，对有需求的截肢残疾人安装更换假肢，发放用品用具，开展白内障复明手术。共安装、调试残疾人假肢11人，发放轮椅3辆、拐杖25副，白内障手术复明33人。

【残疾人技能培训】 3月31日至4月1日，县残疾人联合会邀请成都市大邑县旭平种兔养殖技术学校校长一行，到雁门乡月里村举办为期两天的家兔饲养管理职业技能培训，培训该村残疾人及残疾人家庭共30余人。组织3名残疾人到北京市参加木雕计算机专业等技术培训。组织雁门乡和威州镇7名视力残疾人到广州市番禺区康宁推拿按摩有限公司培训盲人按摩技术，结业后留在该公司就业。

【养殖项目实施】 为解决残疾人就业难问题，4月1日，在雁门乡月旦村举办种兔发放仪式，现场为16户残疾人以及残疾人家庭免费发放价值4万余元的种兔300只、养兔圈舍用具30组（360个笼位）以及部分防疫药品和饲料。为养殖户购买颗粒饲料机3台，价值1万余元，方便残疾人加工饲料。分别投入资金两笔共4万元，扶持漩口镇赵家坪村姚仁明和罗代芝两户残疾人发展养鸡业，每户养鸡规模5000只，已出售部分商品兔、商品鸡，养殖户收到实效，并起到示范带动作用。

【残疾人就业与服务】 2010年春节，县残疾人联合会专人到成都机场迎接广东务工残疾人回家过年，年后又组织其返回广州市务工，为外出务工残疾人创造条件。3月11—12日，县残疾人联合会专程到新津县成都市锦锐有色金属有限公司看望慰问务工残疾人，为每位务工残疾人发放慰问金100元，稳定残疾人就业，现有外出稳定务工残疾人20人。鼓励和支持残疾人多渠道解决就业，部分残疾人通过发展种养植（殖）业、务工和个体经商等形式自谋职业、自主创业。加强残疾人证办理管理，及时为符合条件的残疾人办理残疾人证，办理残疾人证2610人。

【贫困残疾儿童及贫困残疾人家庭儿童就学】 重视残疾儿童助学工作，确保残疾学龄儿童入学，11月，对全县残疾儿童入学情况进行调查统计，并对54名贫困残疾儿童进行学习资助，发放助学补助金共7.02万元，入学人数46人。

【残疾人就业保障】 关促进机关和企事业单位依法按比例安排残疾人就业，加强残疾人就业保障金征收力度，宣传《中华人民共和国残疾人保障法》和《残疾人就业条例》等相关法律法规。全年，征收2009年度残疾人就业保障金150万余元，完成任务的300%。

【残疾人危房改造】 结合灾后恢复重建，向上级残联争取彩票公益金，为全县88户农村贫困残疾人户永久性建房提供危房改造补助款18万元。完成任务的110%。

【宣传工作】 结合普法工作，采取各种形式开展《中华人民共和国残疾人保障法》、《残疾人教育条例》和《残疾人就业条例》等相关法律法规宣传，使残疾人依法保护自己的合法权益。认真开展来信来访工作，切实解决残疾人合理诉求。为有需求的残疾人提供帮助和法律援助，维护其合法权益不受侵犯。

红十字会

【领导名录】

会　　长　　　　王　蕾
常务副会长　　　徐　凤
副 会 长　　　　岳洪春
秘 书 长　　　　江　玲

【机构及基层组织建设】 按照《红十字会法》和《红十字会章程》要求，理顺管理体制，加强组织建设和自身队伍建设，召开第三届红十字代表大会，根据阿坝州编制委员会配备编制5名，设置办公室、组织宣传赈济部、计划财务部，加强组织领导，充实工作力量，组建县红十字会机关工会。加强红十字会基层组织建设，推动社区、镇（街道）、企业、事业单位、医院和学校建立红十字基层组织。按州红十字会、州卫生局、州教育局要求，以发展基层红十字组织为核心，大力发展会员、团体会员和志愿者。加强与周边区县红十字会及对口援建红十字会联系与交流。

【爱心救助】 总会与北京大学人民医院签署合作协议成立"中国红十字会爱心工程——胡大一爱心志愿服务队"（以下简称爱心工程服务队）。北京大学人民医院心脏病中心主任、心血管病专家胡大一教授多年一直对农村贫困地区开展先天性心脏病救治和心血管保健知识普及工作，是"爱心工程"发起人。汶川县经过多次努力，胡大一爱心工程在县人民医院启动。启动仪式后，胡大一教授免费为汶川县先天性心脏病患儿进行初步检查。上半年已筛选出先天性心脏病患儿5名，将免费为适合条件的患儿进行救助。中国红十字基金会"奔跑天使基金"是救助中国贫困家庭下肢残疾少年儿童的专项公益基金，为纪念"5.12"汶川特大地震两周年，"奔跑天使基金"将组织德国、俄罗斯等国医学专家组成国际医疗队入川为下肢受伤、截肢、畸形儿童提供医疗救助，符合救助条件的患儿将由"奔跑天使基金"资助治疗期间的全部医疗费用及交通食宿费用。县红十字会下发通知，统计出符合条件的被救助者9名，县红十字会将及时与相关部门协调配合，推动此项工作。参加"嫣然天使基金"，为患唇腭裂患儿办理相关救助手续。11月，联合四川省电视台，为汶川县及阿坝州境内的唇腭裂患者免费进行手术，现正在进行患者统计。

【救护培训】 "5.12"汶川特大地震后，次生灾害频发，为普及群众减灾防灾知识，提高自救互救他救能力，避免和减少因灾致残和伤亡，县红十字会在县第二小学开展山洪泥石流灾害救护培训，讲解红十字会相关知识，进行泥石流灾害避灾培训等，培训孩子们掌握泥石流灾害发生后怎样在紧急情况下能真正发挥"第一目击者"救死扶伤的作用，通过学到的急救知识，开展人道主义救助，使身边人群受益，使"人道、博爱、奉献"的红十字精神发扬光大。在首个"防灾减灾日"，全县学校开展防震救灾知识竞赛活动，评选出一等奖5名，二等奖10名，三等奖20名。加大救护员培训力度，演练自救互救技能，有针对性地普及应急救护知识，使灾害应急救护知识和技能进社区、进学校、进农村、进家庭，举办"灾害应急救护生命工程"培训两天，培训95人。

【救灾救助】 "5.12"汶川特大地震后，县红十字会接受大量救助资金，根据捐赠者意愿，深入乡、村、组、村民家中了解核实情况，截止12月，共发放折合救助资金120.09万元。为"三孤"人员及因灾导致直系亲属死亡的110名群众发放慰问金44万元。为"8.14"汶川特大泥石流受损严重农户进行救助，到乡村进行摸底调查，核实情况制定救助方案，10月25日，到银杏乡东介脑村举行救助实物发放仪式，发放冰箱、电视机、洗衣机等实物，价值38.3万元。

【资金募集】 截止12月，汶川红十字会共接收捐赠资金近8121.09万元，其中，定向资金2628.25万元，非定向资金5492.84万元。

【灾后恢复重建】 "5.12"汶川特大地震后，汶川县有中国红十字总会、中国红十字基金会、香港红十字会、澳门红十字会、广东省红十字会援建项目共85个，项目资金近25268.63万元。开工项目82个，占97.6%，竣工项目70个，占83%，未开工项目两个，占2.4%。其中中国红十字总会项目资金1670万元；中国红十字基金会项目资金523.5万元；香港红十字会项目资金10193.1万元；澳门红十字会项目资金2412万元；广东省红十字会项目资金10470.03万元。有医院项目15个，援建资金13832.58万元；卫生站项目34个，援建资金220万元；学校项目6个，援建资金4154.55万元；红十字博爱新村项目23个，援建资金5750.35万元；幼儿园项目两个，援建资金311.7万元；供水工程项目（雁门乡萝卜寨供水工程）1个，援建资金150万元；县人民医院康复中心及康复花园项目1个，援建资金145万元；县人民医院心理健康中心项目1个，援建资金72.45万元；映秀镇渔子溪村澳门红十字会颐康博爱中心1个，援建资金36万元；社区1个，援建资金596万元。

【资金拨付及管理】 县红十字会严格按《中国红十字会法》《国务院办公厅关于加强汶川地震抗震救灾捐赠资金使用的通知》规定和要求，接受、使用及转拨捐赠资金和项目资金，坚持尊重捐赠者意愿和政府引导相结合原则，符合国家灾后恢复重建规划要求。在统筹安排各类捐赠资金时，对有明确捐赠意向的，按捐赠人意向安排使用；对重复集中于同一地区或同一项目的定向捐赠资金，按照规划要求，在与捐赠人协商同意后调整使用。做到账目清楚、专款专用，严禁截留、挪用捐赠和项目资金；保存好资金使用的原始凭证等相关资料，接受各级纪委、审计、财政等部门监督和审计。

【募捐活动】 为感恩、回馈社会，汶川县自"5.12"汶川特大地震后，相继组织为"台湾莫拉克"风灾募资50.68万元，为海地地震募资79.66万元，为西南五省旱灾募资17.36万元，为玉树地震募资146.87万元，为舟曲泥石流募资22.97万元，为广东"凡亚比"台风募资6.07万元。截止12月，共募集资金323.61万元。

【"暖冬"慰问活动】 争取物资为受灾群众举行"暖冬"慰问活动，县红十字会通过募捐和向上级争取，募集"暖冬"物资发放到11个乡镇，为老百姓送去暖冬慰问。共发放大米81.33吨，棉衣2780件，棉被214床，博爱箱130箱，清油199桶，折合资金36.74万元。

【宣传工作】 在"5.8"世界红十字日、"6.14"世界献血日、世界急救日、"12.1"艾滋病日、"五五"普法等纪念日，利用电视、报刊、网络等形式，组织宣传、学习《中华人民共和国红十字会法》、

《中国红十字会章程》《建立健全教育、制度、监督并重的惩治和预防腐败体系实施纲要》等。利用援助民房、卫生建设项目，走村入户，到受益户家中讲解红十字会精神，使红十字会"人道、博爱、奉献"精神家喻户晓。春节前夕，为展现美好汶川，感谢"5.12"汶川特大地震以来社会各界对汶川的关心、支持，精选12幅感人图片制作成宣传台历，共发放5000册。为宣传红十字会法律法规等，印制抗震救灾荣誉纪念册2000余份，发放到各乡镇、各部门、各村。为增加县红十字会工作透明度，开通红十字会宣传网站。协调百度公司免费一直将县红十字会网站放在最醒目位置，让社会各界进一步关心、关注汶川发展，同时也监督县红十字会的工作。网站已正常运行1年。印制野生菌辨别、食用、中毒及急救措施宣传资料，把握五环节预防食物中毒，车祸现场急救常识，车祸现场急救五问，现场急救常识，身体各部位急救处理，卫生救护等宣传资料。举办世界急救日"急救为人道"为主题宣传活动，向群众宣讲自救互救相关知识，为老百姓发放宣传资料2000余份。

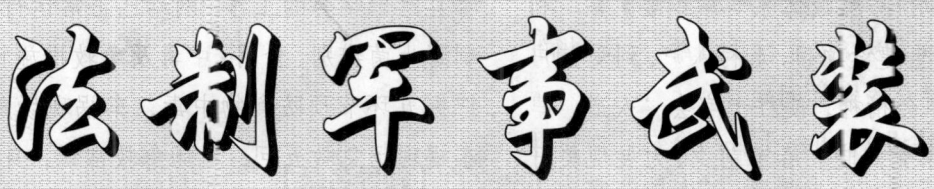

审判

【领导名录】
党组书记、院长　　　　邓吉安
党组副书记、执行局局长　王福武
副院长　　　　　　　　何星义
　　　　　　　　　　　赵品安
　　　　　　　　　　　马珣
　　　　　　　　　　　赖　虎（7月起）
政治处副主任　　　　　马定莹

【概述】 以服务灾后重建、恢复经济发展、维护社会稳定、构建和谐魅力新汶川为目标，发挥审判职能，加强各项审判执行工作，全年共受理各类案件389件，同比上升53.1%。其中，刑事38件，民商事214件，行政非诉审查两件，审结率100%；执行135件，执结率95.5%。兑付标的额1665.23万元。全年无行政诉讼案件。上诉案件无一改判和发回重审。

【刑事审判】 把握宽严相济刑事政策，推进量刑规范化改革，完善同案同判机制。全年受理刑事案件38件，审结38件，结案率100%。判处10年以上有期徒刑两人，判处3年以上10年以下有期徒刑16人，判处3年以下有期徒刑、拘役、管制41人。其中，依法审理故意伤害、抢劫、盗窃、强奸等严重刑事犯罪18件，判处罪犯27人；审理寻衅滋事、妨害公务犯罪3件，判处罪犯11人；审理诈骗、敲诈勒索犯罪3件，交通肇事犯罪7件，审理贪污、受贿职务犯罪7件，判处罪犯12人，为国家和集体挽回经济损失65万元。

【民商事审判】 民商事审判工作坚持以"定纷止争"、"案结事了"为目的，以维护稳定和谐为己任，加大简易程序适用范围，加快办案节奏，全年共受理各类民商事案件214件，同比增长25%，审结214件，审结率100%。民商事审判简易程序适用率达65.2%。

依法开展诉前调解、庭前调解和诉讼中调解，其中，诉前调解5件，调解率100%。全年以调解和撤诉方式结案177件，调撤率达82.4%，同比上升2%。

加强对涉灾案件审理，落实涉灾案件报告、请示制度。全年没有发生一起因审判不当造成的不稳定事件。

【执行工作】 成立清积领导小组，落实"五定一包"工作机制，与公安、工商、金融等部门配合，形成执行联动机制，实行司法救助。全年共受理各类执行案件135件（含清积12件），共执结129件（含清积9件），执结率95.6%，同比上升145.45%，执结标的额630万余元。其中，实施查封、扣押26起，拍卖被执行人财产1起，司法拘留1人，法律救助6人次，救助金10.5万元。

【信访和申诉立案工作】 对起诉材料齐全符合立案条件的，立案庭及时办理立案手续。完善诉讼引导制度，建立集立案、审查、送达等一体服务，实行诉讼费减免，扩大司法救助范围，为困难当事人减、免、缓诉讼费9.36万元。及时处理各类来信来访,实行流程管理,做到件件有登记,件件有审查,件件有结果。全年共办理来信12次,接待来访700余人次。依靠行政调解、人民调解,有效解决人民群众的实际问题。

【机关队伍建设】 组织干警结合自己岗位开展学习,学习实践科学发展观、"人民法官为人民"、"公正、廉洁、为民"庭训教育等活动。9位法官参加"人民法官为人民"主题实践活动培训,4人参加业务培训,3人参加预备法官培训,1人参加晋高培训,1人参加法院方阵培训,6人参加司法考试培训,4名干警通过国家司法考试。

成立党风廉政考核领导小组,层层签订责任书,实行"一票否决",落实最高院"五个严禁"和省高院"两个规定",完善"一岗双责"制度,加强党风廉政建设,深化内外监督。全年共召开党组会议16次,人事、基建、重大开支等由集体研究决定。推行领导带头办案制,院领导参加审委会讨论决定重大疑难案件10次,办理执行案件58件,参与协调处理各类案件27件。

接受监督,杜绝人情案、关系案、金钱案。完善人民陪审员制。定期向人大及常委会汇报法院工作。

开展内部平安创建活动、制定突发事件应急预案、加强警车管理、落实保密工作。以办公室为主体,搞好接待、环境卫生等工作。全年,干警撰写学术论文、调研文章、案例评析30余篇,有10余篇被州、省及中央机关刊物采用;工作简报56期。

【灾后重建】 绵虒法庭、漩口法庭竣工并投入使用,映秀法庭、威州法庭和县法院审判、办公楼正在修建中,卧龙法庭完成选址工作。

检 察

【领导名录】

党组书记、检察长	孙 力(8月止)
党组书记	张海生(8月起)
代理检察长	张海生(9月起)
副检察长	高仁俊(4月止)
	戴 敏
	倪 中(1月起)
政治处主任	吴晋康
反贪污贿赂局局长	曾 胜

【概况】 在审查逮捕工作中,把握法定逮捕条件,强化证据意识,法律意识,按照《人民检察院审查逮捕质量标准(试行)》执行,始终把质量作为侦查监督工作的生命线。对每一案件坚持专人按照法定程序进行阅卷,制作《审查逮捕案件意见书》,讯问犯罪嫌疑人,提交检察长或检察委员会研究决定。全年受理审查逮捕案件32件81人,其中,故意伤害3件10人,故意杀人1件1人,抢劫1件3人,强奸1件1人,盗窃12件25人,诈骗1件两人,敲诈勒索两件两人,销售伪劣产品1件1人,交通肇事两件两人,制造、运输毒品1件3人,贪污1件两人,寻衅滋事两件15人、妨害公务3件10人,非法捕杀珍贵濒危野生动物1件4人,经审查批准逮捕29件67人,不批准逮捕1件1人,提请机关撤回两件13人。

全年受理各类审查起诉刑事案件44件77人,其中,故意伤害3件10人,抢劫1件两人,强奸1件1人,贪污6件11人,受贿两件3人,寻衅滋事1件3人,妨害公务两件8人,诈骗1件1人,非法持有、私藏枪支弹药两件两人,敲诈勒索两件两人,运输、制造毒品1件3人,销售伪劣产品1件1人,故意毁坏财物1件1人,交通肇事11件11人,掩饰、隐瞒犯罪所得、犯罪所得收益9件18人。报送州检察院两件8人,提起公诉37件58人,不起诉3人,附条件不起诉考察1人,退回补充侦查两件3人,涉案未成年人4人,汶川县人民法院依法判决32件53人。公诉部门认真阅卷,严格审查,严把案件证据关、事实关、程序关,做到事实清楚,证据充分,定性准确,程序合法。

全年和解案件共计4件4人,其中,交通肇事两件两人,故意毁坏财物1件1人,非法持有枪支1件1人。

【机制建设】 在联席会议制度下,相互协调工作,交流办案经验和方法,针对办案中遇到的问题或分歧意见进行统一分析研究,依法解决存在的问题。落实《汶川县人民检察院、汶川县公安局关于办理故意犯罪致人死亡案件工作衔接机制》和《汶川县人民检察院公诉科、侦查监督科关于办理故意犯罪致人死亡案件工作衔接机制》,由事后监督向事中监督发展。

年初,与县人民法院共同签署《汶川县人民法院汶川县人民检察院关于人民检察院检察长列席汶川县人民法院审判委员会会议的实施细则(试行)》。11月5日,汶川县人民检察院代理检察长张海生应邀列席汶川县人民法院审判委员会会议,最大限度确保司法公正。

公诉部门和侦查监督部门联合,在分管检察长带领下,与县公安局一起召开当前公安机关对刑事证据的收集、固定与审查判断专题研讨会。

6月,检察院与县人民法院、县司法局联合制定《关于开展量刑建议的实施细则》。公诉部门共向县人民法院提出量刑建议7件12人,其中提出缓刑建议两件两人,实刑建议1件1人,提出量刑从重从轻处罚建议3件9人,采纳率达86%。

与县司法局联合出台《关于建立刑事和解与人民调解联动机制实施办法(试行)》,规范人民调解和刑事和解工作的衔接机制和操作程序,形成权责明确的检调对接机制。

【法律监督】 侦查监督部门对县公安局12个派出所进行立案和侦查监督。监督内容分为刑事类和行政类,针对有案不立,以罚代刑,降格处理情况。通过监督提出建议,促进改正。继续推进重特大案件介入侦查制度。侦查监督部门提前介入引导侦查取证5件,及时提出书面侦查建议,被侦查机关采纳两件。

监所部门履行监所监督职能:加强监所检察工作力度,分析问题,总结经验;加强保外就医法律监督,确保罪犯的合法权利;加强检查力度,防范在押人员"非正常死亡";加强监外执行罪犯的监督力度,确保刑罚执行活动的顺利进行;杜绝超期羁押,对违反规定罪犯分子及时收监执行。

7月14—26日,监所部门到漩口镇、银杏乡、绵虒镇、草坡乡等10个派出所对被判处管制、剥夺政治权利、宣告缓刑、假释、暂予监外等50名监外执行罪犯档案与在监所监督部门事先登记的《罪犯监外执行情况检察台账》进行检查核实。

【预防查办职务犯罪】 坚持"打防并举,预防为主"的奖惩机制,逐步建立"职务犯罪发生情况发展趋势和预防对策综合报告"制度,加强侦防一体化机制建设,建立一般预防与个案预防机制,强化信息通报、分类预防工作。

反贪污受贿局共受理各类经济案件线索7件,初查7件12人,立案3件6人,移送起诉两件4人,法院作出有罪判决两件4人。挽回经济损失77万元,协查4件4次,发出检察建议两份,州院侦查指挥中心抽调人员办案4人共280天次。反渎职侵权局介入重大责任事故4起;抽调州院办理案件线索1起;协助其他县院办案1起;参加本院专案组办案两件。

在国税局岗位培训大会上进行职务犯罪预防宣传工作，开展职务犯罪预防警示教育宣传活动，播放警示教育片《远离商业贿赂》之《死刑犯的终极忏悔》；在全县干部大会上对参会干部进行灾后重建警示教育。

【控申举报】 控告申诉部门完善控告举报工作机制，促进控申工作规范化，力求做到透明、公正和高效。改进和规范举报、控告、申诉、赔偿等群众来访管理，完善群众来访受理、登记、审查审批、分流、跟踪催办、处理结果答复、保密等工作。全年共接待、受理群众来信来访（含群众举报）28件（次），其中重复来信来访12件（次）。重复率42.85%。属检察院管辖25件，重复来信来访11件，重复率44%。不属检察院管辖3件转相关部门处理。

加强检察长接待工作，坚持首办责任制。参与自侦案件初查工作，协助查账固定证据、分析案情，开展举报宣传活动。开展信访积案排查化解和案件评查工作，开展下访巡防活动，走乡串户了解问题，为民解难。

【宣传工作】 在《检察日报》《四川日报》、《四川在线》、新华网阿坝分频道、阿坝政法等报刊、网络报道发表各类新闻及报道共计49篇。其中，国家级两篇、省级10篇、州级31篇、县级6篇。

参加汶川县保护"三电"及"矛盾纠纷大调解"宣传活动，主要办法是悬挂标语和挂图、播放广播、出动宣传车、发放宣传资料和书刊等。开展"七进"活动，两名干警被汶川第一中学聘为法制老师。

【法警工作】 严守"案件决策层面上的事务由检察官负责，执行层面上的事务由司法警察负责"原则。依法参与司法警察履职63件，共出警225人次，其中，参与办理自侦案件3件，参与公诉办案41件，参与侦查监督办案19件。执行传唤4人次，协助执行拘留4人次，执行看管31人次，提押124人次，出庭维护秩序20人次，送达法律文书22人次，协助调查取证20人次。受理委托司法鉴定案6个，出司法会计鉴定6份。

【综治工作】 落实"三项重点"工作精神，坚持把严厉打击犯罪和参与社会治安综合治理紧密结合起来，投身社会治安综合治理和维护稳定工作，发挥检察职能，加大查办和预防职务犯罪工作力度，强化诉讼监督，全面履行法律监督职责，坚持宽严相济的刑事政策，对未成年人实行以教育为主方针。与县人民法院、县司法局联合实行"检调对接"，使矛盾化解在萌芽状态。把综合治理的各项措施贯穿于各项检察业务之中，主动参与和开展综合治理，以严打保安定，预防抓安定，化解促安定，不断深化综合治理工作方法和措施，维护全县社会稳定。

【接受监督】 贯彻落实向人大报告工作制度，坚持把向人大报告工作作为接受人大监督的重要途径，依法、及时、主动向人大及其常委会报告检察工作。贯彻落实执行人大及其常委会决议，及时报告贯彻落实情况。接受人大常委会执法检查。11月，接受州人大常委会对反贪污贿赂工作调研。

【服务农村建设】 按照县委统一部署和安排，送法下乡，服务基层，干警到漩口镇对镇政府全体职工及所属16个村两委会干部进行职务犯罪警示教育。查处乡镇和村组干部违法犯罪5起。

【队伍建设】 学习社会主义法治理念，提高政治素质与大局意识。加强自身廉政教育，通过观看反腐倡廉教巡回展，提高检察人员廉洁从检意识。结合"恪守检察职业道德、促进公正廉洁执法"实践活动，开展"反特权思想、反霸道作风"专项教育活动。学习领会"三项重点"工作精神,用行动去实践"三项重点"工作。加强干警思想政治素质教育。

坚持民主集中制原则,加强内部监督。领导干部严格执行"六个严禁"规定,规范领导班子,加强廉政建设,带头做表率,提高公信力与"免疫力"。坚持德才兼备、以德为先的用人导向加强后备干部培养。用"用什么,学什么,干什么,练什么"方针对业务骨干进行教育培训,共选派干警22人次参加各级培训。建立健全规章制度,推进检察业务、队伍和信息化"三位一体"机制建设,促进严格公正文明执法。建立完善《干警个人执法档案》,开展季度"党员办案质量评查",评出"党员办案质量优胜者"4人。重视网评员队伍建设,加快网上办案、办公速度。推动档案规范化管理,通过达标验收。

公 安

【领导名录】

局　长	左光磊
副局长	唐　惊(9月止)
	胡　勇
	刘　飞
	李正全(11月起)
政　委	祝　勇
副政委	李世清
纪委书记	陈晓燕(12月起)

【概况】 围绕"加快发展,改善民生,维护稳定"中心,立足灾后恢复重建维护稳定主线,推进公安"三大建设"和"社会矛盾化解、社会管理创新、公正廉洁执法"三项重点工作,强化"五个理念",树牢"三种意识",完善"三项制度",开展"雷霆"系列专项行动和城乡环境综合整治、净化灾后重建环境专项活动,强化情报信息工作。1—11月,全县共立各类刑事案件80起,破54起,破案率为67.5%;与上年同期相比立案下降39.8%,破案率上升2.1%。刑事拘留133人,取保70人;提请批准逮捕21案46人,批准逮捕21案45人,执行逮捕45人;移送检察机关起诉32案56人。受理各类治安案件365起,查处311起,查处违法人员173人,其中拘留67人,罚款26人,警告40人,其他处理40人。摧毁犯罪团伙7个,抓获团伙成员31人,涉案7起;挽回经济损失20万余元。受理各类经济犯罪案件9起,立案3起,破获案件3起,抓获犯罪嫌疑人3人,挽回经济损失38万元;参加调解经济纠纷3起,挽回经济损失共计75万元。

【维护社会稳定】 强化情报信息工作,提高预知预防能力,严密防范和打击境内外敌对势力、民族分裂活动、暴力恐怖势力和"法轮功"、"门徒会"等邪恶组织的破坏活动。积极开展矛盾纠纷排查调处和涉法涉诉信访案件疏导、公安行政调处工作,妥善解决征赔拆迁、安置补偿等引发的热、难点问题。1—11月上报维稳信息32期、分析研判5期;接待处理群众上访9件,受理涉法涉诉信访案件14件,办结13件;受理大调解案件及各类矛盾纠纷调解案件1190件,调解成功1149件。

【和谐警民关系建设】 以公安民警进千村入万户"五百"活动为载体,了解社情民意,排查化解矛盾纠纷、开展安全大检查和法制宣传教育活动。县公安局民警与58户贫困户结成帮扶对子,每月一次到帮扶村了解情况,为群众做好事,办实事,解难事,与帮扶户交心谈心,给予法律指导和帮助。1—11月,共排查各类矛盾纠纷645起,化解640起,发放实用技术资料70份,发放慰问金8600元,赠送粮食、衣服60余次,解决实际困难45个。

【民爆物品管理】 推行民爆物品"五统一、一优质"管理服务模式,完善涉爆单位档案,设立枪爆危化专管民警17名。层层签订安全承诺书和责任书,共签订承诺书106份、责任书89份。开展涉爆单位集中清理检查,督促涉爆单位健全、落实各项管理制度。截至11月,集中清理检查25家涉爆单位125次,向11家单位下达限期整改通知书;依法查处两家违反民爆物品管理单位;"8.14"特大泥石流灾害期间,转存各类炸药2726公斤、电雷管472发、非电雷管9407发;销毁炸药4172.05公斤和雷管720余发。开展治爆缉枪专项行动和严厉打击非法违法生产经营建设行为专项行动,拉网式大检查各涉爆单位是否存在民用爆炸物品非法生产、销售、运输、储存、使用和"四超"(超时、超产、超员、超量)、"三违法"(违法建设、违法生产、违法经营)。

【道路交通管理】 完善道路交通巡逻勤务安排,加大巡逻密度,提高事故多发时段管控力度;加强隐患排查,增强安全提醒提示强度,强化汛期道路交通安全管理,全力压事故、保畅通,维护正常行车秩序。落实"四定一包"责任制,加强都汶路保畅和国道213线、317线、省道303线"三改二"交通管制,做好特殊时期交通保畅工作。加大道路交通违法行为整治力度,查处无牌、无证、酒后驾车、超速行驶、货车超载、客车超员等严重交通违法行为。开展百日安全生产活动和预防重特大道路交通事故专项整治、公路客运交通安全教育整治、校园周边交通秩序专项整治、城乡环境综合治理"停车乱"、驾乘人员不文明交通行为、抛洒飘散物品专项治理、酒后驾驶、机动车涉牌涉证等专项整治行动。1—11月,共发生各类交通事故148起、死亡17人、伤70人、财产损失31万元。与上年同期相比事故数下降16.38%、死亡下降46.86%、受伤上升6.06%,财产损失上升88.45%。共出动警力46960人次,出动警车14520台次;检查车辆68210辆;查处各类交通违法35342人次,教育驾驶员62600人次,排查道路隐患83处,发出整改函要求相关单位进行整改,签订安全责任书116份;出动警力11000余人次,出动警车4500台次。完成各级别警卫交通开道引道1092起。

【消防管理】 到辖区单位和场所开展消防业务指导和消防安全知识培训,开展"阿坝州消防安全大检查"、"构筑社会消防安全防火墙工程"、建筑消防设施专项治理、火灾隐患排查整治专项行动等。共检查各类单位(场所)121家(个),发现消防违法行为12起,责令当场整改14起,责令限期整改5起,对存在隐患单位到期进行复查。1—10月,全县发生火灾1起,无死人、伤人,直接经济损失达47345元。同比上年,火灾起数下降50%,伤亡人数与去年持平,直接财产损失下降93.26%。办理建筑工程审核及备案60件,建筑工程验收以及验收备案27件,开业前消防安全检查31件,办理行政案件12件,责令停产停业两家,罚款6.25万元。

【监所管理】 监所民警落实各项安全管理措施,保障被监管人员的合法权益,确保监所安全。1—11月,看守所共关押各类犯罪嫌疑人、被告人、罪犯174人(其中接转上年25人,新收押149人);处理出所150人,其中刑满释放12人,投牢12人,其他处理126人,现关押24人,未决犯19人。拘留所收拘85人。

【人口管理】 做好第六次人口普查户口整顿暨流动人口清查工作,共出动人力164人,其中公安干警53人,聘请人员111人,印发宣传提纲19000份,召开全县性会议95次,受教育群众达60256人次;清查核对111119人(其中,暂住人口8885人,常住人口102234人)。户口待定375人,核对出漏登人口35人,重登人口36人,应销未销人员1528人。变更及更正项目637条,更正身份证重号15个。

1—11月,共办理二代身份证9123张、临时身份证1800张,发放身份证4146张。强化流动人口、重点人口管理,清查流动人口8885人;管控精神病人和有智障人员54人;列管重点人口235人。

【治安管理】 管理旅店业44家,年内新增3家,年审28家,受理审批印章331枚。开展"黄、赌、毒"专项整治活动,出动警力500余人次,对城区涉黄、赌、毒重点场所进行17次集中清查,查处"黄赌毒"案件14起,查处理违法人员40人,收缴赌博机97台。9月,完成汶川县保安服务公司转制和业务移交工作,新注册成立汶川正中保安服务有限责任公司,备案投入运行,共有197名保安人员在全县各机关、企事业从事保安服务。

对学校教室、宿舍和学生活动场所开展拉网式检查28次,收缴管制刀具两把,尖头钢条及钢管8根,榔头1把,黄色光碟4盘。规范消防及安全设施设备7出,清查校园周边摊点8家,联合控管涉校重点人员1人。设立紫坪铺和映秀高速路口治安卡点,形成综合人防、物防、技防网格化治安巡防体系。

【出入境管理】 管理境外人员368人次(其中,外国人348人次、港澳台胞11人次、常住境外人员9人);转移"8.14"特大泥石流灾害滞留境外人员13人;依法管理境外非政府组织9家20余人;劝返境外媒体两家5人;接待公民咨询1320人次,受理公民因私出国(境)申请679人,审核批准679人。全年无涉外案事件。

【基础建设】 4月8日,完成看守所、拘留所招投标,看守所建设规模2685平方米,建设资金1004万元;拘留所建设规模743平方米,建设资金650万元。5月20日,完成刑事技术大楼招投标,建设规模4196平方米。年内恢复建立警务室39个(其中,社区警务室3个,校园警务室16个,乡村警务室16个,旅游景区警务室1个,企业警务室3个)。

【信息化建设】 建立和运用警务综合应用平台,开展警务综合应用平台信息数据录入工作,实现信息共享和案件网上审批和督办。办案单位全部安装笔录软件,实行电脑笔录。开通派出所视频系统,完成"移动MAS"系统建设,广州对口援建9个应急常规及集群基站无线信号建设通过验收并投入使用。建立网络监察大队,对网吧业主和计算机网络安全员进行培训教育,完成全县网吧二代居民身份证上网系统和网吧安全审计系统安装,完成"天网"工程前期规划和初期设计。

【公安宣传】 截至11月底,在局域网上以图片新闻方式报道192次(其中,阿坝州公安局转载102次、汶川县电视台新闻频道报道42次,报送阿坝州公安局《阿坝金盾》栏目11期)。县公安局与县电视台联合开办专题栏目《汶川警讯》,播出8期。在《中国日报》《四川法制报》《四川新闻网》、《四川省人民政府网》、《四川新闻网手机报》、《人民公安报》、《四川公安》杂志和汶川政府网等报刊、网络发表稿件78篇。

【执法规范化建设】 年内开展各类培训10余次,组织法律知识考试4次。开展执法质量考评和百万案卷评查活动,开展考核和各类执法检查6次,查阅接处警登记簿40余册登记表4365页、刑事(行政)案件办理情况登记簿28册,各类案卷30余卷;随机抽查案件50件(其中刑事案件28件,行政案件22件),评出优秀案件14件,合格案件34件,不合格案件两件。监督整改执法考评检查中出现的问题。实行案件网上催办、督办制度。

【队伍建设】 建立领导班子和领导干部党风廉政建设责任制,制定党委班子建设、党风廉政建设和加强公安队伍建设工作措施,班子成员做到"用心谋事、用心想事、用心干事"和"四带头"(带头学习、带头实干、带头搞好党风廉政建设、带头遵守各项规章制度)。加大督查力度,落实

《目标管理考核办法》。建立完善警风警纪监督员制度,向社会聘请警风经纪监督员19名,内部监督员12名。开展现场督察和接受群众来信来访,全年开展督察60余次,发督察通报27期,纠正警容风纪25人次,不文明执法13起,受理和查处群众举报、投诉、来信、来访7件,查处7件,处理"10.10"事件和"10.16"事件违规民警。

开展教育培训7次,技能练兵3次,作风纪律教育5次。评选全州公安机关队伍建设、党风廉政建设先进个人1名,全州政法战线先进干警1名,1个基层派出所被评为全州公安机关队伍建设、党风廉政建设先进集体。四川省公安厅和阿坝州公安局分别为25名抗击"8.14"泥石流民警记二等功、三等功和嘉奖。

司 法

【领导名录】
党组书记、局长　　王卫东
副局长　　　　　　高　虹
　　　　　　　　　唐　慧

【机构改革】 10月,汶川县委、汶川县人民政府根据中共阿坝州委办公室、阿坝州人民政府办公室《关于印发〈汶川县人民政府机构改革方案〉的通知》(阿委办〔2010〕145号)下发《关于汶川县人民政府机构改革方案的实施意见》(汶委发〔2010〕30号),设立汶川县司法局,为县政府工作部门。12月,汶川县人民政府办公室下发《关于印发汶川县司法局主要职责内设机构和人员编制规定的通知》(汶府办〔2010〕109号),将其职责调整为:(一)取消已由县政府公布取消的行政审批事项;(二)增加指导管理社区矫正工作的职责;(三)加强指导管理帮教安置的职责;(四)加强监督管理法律援助工作的职责;(五)加强司法行政系统警务督察工作的职责。规定主要职责十一条。设办公室、法制宣传股、律师公正工作股、基层工作股(安置帮教、社区矫正)、司法鉴定工作股、法律援助工作股6个内设机构,设机关行政编制22名,其中,局长1名、副局长两名,党组负责人和纪检组长按县委规定配备,股级领导职数6名,机关工勤人员事业编制3名。

【维稳】 司法局党组召开重大涉稳事件专题研究会,由局领导带队到现场布置每次维稳任务。四川省5月7日灾后重建现场会前夕,司法局机关相关科室工作人员和律师组成工作组,独立承担水磨镇村民法制宣传教育任务,召开村"两委"干部会议、分组听取村民意见、走访村民,开展为期两个月的"送法进村"活动,摸清基本情况,排查不稳定因素,张贴上万份法律宣传单以及慰问信。

【人民调解】 全县有人民调解组织134个,人民调解员670人。建立排查预警、调处联动、考评督办等长效工作机制。举办首次调解主任培训班,100余名调解主任参加培训。在阿坝铝厂、振冲电力公司开展企业调解委员会试点工作后在全县全面铺开该项工作,共建立企业调解委员会9个。各级调解组织以调处群体性纠纷和影响社会稳定的热点、难点问题为主,全年受理民间纠纷215宗,成功调解214宗,调解率100%,调解成功率97%。防止民间纠纷转化为刑事案件两起9人次,制止群体性械斗两起,防止群体性上访7起1674人次。

【安置帮教工作】 完成对全县安置帮教人员的社会调查,建立安置帮教人员档案,做好安置帮教人员回归衔接工作。各司法所与解教人员实行"一帮一"结对帮教,对创建安置帮教实体工作进行探索。全年共有刑释解教人员331人,总安置就业率82%,帮教率100%,重新犯罪率控制在4%以内。

【法制宣传】 以法制宣传讲座、展牌、橱窗等形式开展"五五"普法工作。安排落实"双同,感恩报国"教育活动、"3.16"事件后集中教育活动、维护稳定平安创建活动、灾后恢复重建等法治宣传教育活动,突出普法针对性和实效性。组织法律服务志愿者服务团到映秀、水磨、漩口等乡镇开展以法律宣传、灾后重建为主要内容的法律服务进社区(农村)活动。发放寺庙专题维稳法律知识书籍2000册;向全县各乡镇、寺庙、部分学校发放"高举旗帜、反对分裂、维护稳定"为主题维稳法制宣传专刊120套。全年举办法制讲座63期,受教育人数5000人,开展法律咨询25次,解答法律咨询1522人次,发放法制宣传资料8260份,发放法律书籍1952本。

开辟第二课堂,探索和构建未成年人法制教育网络。协调多所学校师生走进劳教场所大墙内,听干警法制报告,现身说法演讲。协调兼职法制副校长进校园讲法,全年共开展法制副校长讲法活动20余场次,受教育学生1万余人次。

【律师工作】 安排律师参加县信访接待工作。公职律师任县政府、各乡镇及6家政府部门法律顾问,办理县政府、映秀镇等单位委托法律事务59宗,提供书面法律意见120份,电话提供法律意见1070余次。威州律服务所累计解答村民咨询2000人次,为村委修改合同8份,调处30余起村民纠纷。

在全县律师队伍中开展社会主义法治理念教育以及社会主义荣辱观教育,建立远程卫星教育培训系统,开展专项业务培训,教育引导律师队伍充分发挥职能作用,拓展服务领域。进一步规范全县律师法律服务市场秩序。统一规范律师事务所及律师的法律服务准则、行业信用建设、涉稳案件代理、奖惩及培训制度、实习人员管理以及律师执业责任保险制度。改善律师执业环境,加强与公安、税务、银行等有关单位沟通协调,着力解决律师"会见难"、银行收取代办个人房产抵押手续费以及律师税负等问题。

【公证工作】 公证处落实"首问首办责任制"等各项便民利民工作措施。实行"弹性值班"制度,缩短公民等候办证时间。为企业发展提供公证法律服务和保障。不定期组织公证人员学习公证业务及公证法知识,开展职业道德、执业纪律教育,增强公证人员自律意识。全年共办结各类公证388宗,同比增长100%。

【法律援助】 制定并实行全县律师及基层法律服务工作者办理法律援助案件补贴办法。整合法律人才资源,建立法援志愿者队伍,为困难群众提供专业法律服务,维护他们的合法权益。

【队伍建设】 加强司法行政队伍思想建设和作风建设,提高队伍整体素质。在排头兵实践活动中,组织干警开展形式多样的学习讨论活动,全年共组织干警参加各类学习培训12期300余人次。在政风行风民主评议活动中,立足自身工作实际,整改司法行政机关突出问题,做到以评促改、纠建并举、评出实效、整出成效、改出形象、建出新貌。通过社会主义法治理念教育活动,实现执法理念更加端正、执法行为更加规范、执法能力明显增强、队伍素质明显提高、改革步伐扎实推进和社会形象稳步提升等6项工作目标。组织全系统干警30余人分丙期到广东进行培训学习,达到"四个促进"(即促进政风行风,增强依法行政能力,强化为人民服务的思想意识;促进工作作风转变,增强责任感和使命感;促进法治理念教育,进一步增强广大干警有法必依、执法必严的工作意识;促进党风廉政建设,树立为民办好事、办实事,增强执政为民和拒腐防变的能力)目的。

武装部

【领导名录】

政　委　张贵强
部　长　吴志强
副部长　杨红卫　唐　浩

【思想政治工作】 按照两级军区和分区的安排部署，县武装部党委深入开展"加强党性修养、锤炼思想作风"教育整顿，分析整改干部队伍建设，重点开展以"坚定中国特色社会主义理想信念、牢记全心全意为人民服务宗旨、大力弘扬求真务实科学精神"三个专题学习教育，组织全体干部深入学习省军区和分区党委扩大会议精神，认真聆听省军区首长党课辅导，利用电视、报纸组织全体干部深入学习中央"两会"精神，组织全体干部结合自身工作开展"三找"对照（即：对照敬业精神找不足；对照工作能力找差距；对照群众满意度找缺陷），教育党员干部不断增强事业心责任感培养，努力提高能力素质，树立好党员干部的良好形象，切实把干部思想凝聚在促工作谋发展求进步上。

【党委班子干部队伍建设】 县武装部党委在条件十分困难的条件下，坚持把正规化建设作为经常性、长期性工作来抓，严格按照两级军区和分区的指示精神，深入开展清理整治工作，全面贯彻落实条令条例，实现作战准备经常化、教育训练规范化、各项工作科学化、一日生活条令化。4月初，按照"强化学习、打牢基础、落实制度、正规秩序"的总体思路，组织干部深入学习条令条例，重点围绕七个方面开展对照检查，着力解决法规意识不强、制度坚持不好、四个秩序不正规等问题。坚持层层落实，逐级负责制度，严格对照条令条例抓落实，将落实条令条例情况纳入年度评先奖优的具体内容，在武装部机关营造学条令、知条令、守条令的良好氛围。坚持落实党委员抽查，军事科专项督查，干部职工互查的机制。坚持一日生活制度、请销假制度、请示报告制度，规范全体干部行为。

【民兵预备役建设】 着眼灾后重建和应急维稳的需要，坚持从实战和任务需要编兵，加强民兵组织建设，制定整组方案，4月20日召开民兵整组会议，在全县各机关、各部门和乡镇开展整组活动。牢固树立"编为用、建为战"的思想，突出重点，坚持落实民兵入队"五优先五不编"标准（即复转军人和身体素质好的人员优先，没经过训练和身体不合格的不编；政治面貌和思想基础好的优先，现实表现差的不编；关心国防、支持民兵预备役建设的优先，国防意识差、不热爱民兵工作的不编；文化水平高、有专业特长特别是高技术专业特长的优先，文化程度低、接受能力差的不编；经常在位的优先，长期在外的不编），结合整组加大入队人员政治审查工作，确保入队人员思想过硬、政治可靠。全县民兵总人数1661人，分派给各分队任务数分别是，工程抢险分队20人、卫生防疫分队20人、电力保通分队40人、供水保障分队20人、应急通信分队20人、交通运输分队30人、医疗救护分队40人、民兵信息员22人、应急维稳分队125人、森林防火分队40人、步兵分队1284人。各相关分队单位于5月10日前将分队名单全部报县武装部。

【安全稳定工作】 部党委坚持把安全工作作为和谐发展长远发展的前提，做到反复抓、抓反复，以安全保发展，以发展促安全，确保辖区社民情稳定。深入开展安全保密教育，组织全体人员认真学习《四川省军区安全工作手册》、《军队预防犯罪工作条例》，教育干部充分认清同危害国家安全行为作斗争的重要性，坚决克服麻痹思想，不断增强敌情观念和防范意识，筑牢反渗透、反心战、反策反、反窃密的思想防线。严格落实省军区"十个不准"和"十个不得"规定,切实加大人、车、枪弹、营院、涉密载体、经费管理,落实安全保密工作制度,层层签订责任书,形成一级抓一级,一级管一级,一级对一级负责态势。坚持每月召开一次安全形势分析会,对县武装部、全县安全稳定现状、存在的问题及原因进行梳理排查,有针对性制定预防措施。坚持党委委员每月与干部职工开展谈心谈话和季度讲评制度,及时了解干部职工思想状况和实际困难,解决实际问题,消除安全隐患,让干部职工以良好的精神状态投入到工作中。

【藏区维稳】 按照阿坝州维稳指挥部命令,组织全县民兵应急分队于3月6日开赴阿坝县执行驻训维稳任务。驻训维稳期间,全体民兵发扬抗震救灾精神,克服高原恶劣气候等种种困难,服从命令,听从指挥,文明执勤,坚决执行阿坝州维稳指挥部的命令和指示,高标准完成上级赋予的各项工作任务。"3.16"和尚自焚事件发生后,汶川县民兵应急分队担负哨点执勤任务。在天气异常寒冷的条件下,分队领导坚持率先垂范,与民兵坚守一线。在执勤期间,执勤民兵果断制服可疑人员1名和抓获"3.16"事件闹事骨干分子1名。

【战备工作】 县武装部党委坚持把正规战备秩序作为履行根本职能的保证,狠抓战备工作落实。建立较系统和符合实际的战备教育资料,结合重要时节,进行战备教育;严格落实战备值班、情报搜集、请示、报告和军地协作等制度;坚持主官带班、干部值班和24小时值班制度。结合全县自然灾害频繁,应急维稳任务重等实际,坚持以应急分队、道桥抢修分队、森林防火分队和医疗救护分队为重点,加强战备训演练,建立起一支齐装满员、训练有素、反应快速、随时能执行任务的应急力量。利用地方通信系统建立战备值班系统,及时准确发送、接收、处置各种情况,为应急处突建立快速反应信息平台。结合所承担的战备任务,拟制和完善各种战备方案、行动预案,县武装部全体人员都能熟悉方案的有关规定和各项制度。

【征兵工作】 组织征兵领导小组成员及专武干部进行培训。扩大征兵工作的宣传面,在电视上开辟征兵政策宣传专栏,在各乡镇设立征兵宣传工作流动站。深入到阿坝师专、威师校、电大等高校进行政策宣传,鼓励广大高校应届毕业生积极参军入伍报效祖国。上站送检105人,初检和政审合格55人,入伍50人,其中男兵47人,女兵3人,在阿坝师专招收大学生士官1人。

【灾后恢复重建】 汶川县武装部重建营房在设计上把国防教育用房纳入地方和公安视频会议终端,实现信息资源共享。民兵应急分队战备物资和后勤装备库房、车库位于办公楼下。该工程原计划占地4.2亩,后经协调,变成7.8亩。到2010年底工程还未完工。

武警汶川县中队

【领导名录】

队　　长　　赵成建(5月止)
　　　　　　聂智勇(5月起)
指 导 员　　刘康林
副中队长　　向弈东(5月止)
　　　　　　杨　志(5月起)
排　　长　　杨　志(5月止)
　　　　　　蒲海洋

【警卫勤务】 完成"101"、"102"、"103"、"104"、"105"、"106"、"107"一级警卫勤务7次、"5.7"灾区现场安保任务、公捕公判等各类临时勤务36起。

【抢险救灾】 2010年发生"8.14"特大泥石流,武警汶川县中队行动迅速,准备充分,在第一时间奔赴重灾区映秀镇银杏乡，克服时间长、条件恶劣、身体疲惫等实际困难，充分发扬不怕苦、不怕累精神，干部、党员、士官骨干模范带头冲在前、抢在前，激发官兵斗志，展示武警部队"听党指挥、服务人民、英勇善战"优良传统。在整个抢险救灾中共转移受困群众1万余人，解救受伤群众两人，帮助清除淤泥600余立方米，装填沙袋7000个，协助公安部门搜寻遇难者遗体1具。武警四川总队授予抢险先进个人1人，荣立三等功两人，多名战士受到嘉奖。

消防大队

【领导名录】

大队长	张　涛(5月止)
副大队长	李庆天(8月起)
教导员	欧远洪
指导员	张文强
中队长	陈学祥(4月止)
副中队长	陈　浩

【火情概况】　全年共发生火灾1起，死亡0人，受伤0人，直接财产损失47345元。同比上年，火灾起数下降50%，伤亡人数持平，直接财产损失下降93.26%。检查单位(场所)121家(个)，发现火灾隐患31起，消除火灾隐患31起。

【灾后恢复重建】　办理齐全各项重建手续，完成大、中队营房及训练塔主体工程，并通过验收。内、外墙粉饰和场地硬化、绿化环境等工程正在施工。

【专项经费】　先后争取部队灾后重建配套资金50万元和车辆装备维修补给、消防车辆燃油费、消防水带购置等专项经费10万元，推进应急救援消防队伍建设专项资金60万元和用于营房重建和为汶川消防部队购置登高消防车、抢险救援车等特种消防车辆和器材装备中央切块资金500万元。

【"防火墙"工程】　汶川消防大队报请汶川县人民政府下发《汶川县构筑社会消防安全"防火墙"工程方案》；开展以"四个能力""四项责任""四个基础""四个水平"为主要内容的"防火墙"专项工作。专项工作期间，开展辖区消防安全检查、农村警务室建设、消防宣传以及消防安全责任落实工作，多次到辖区单位和场所开展业务指导工作，组织开展消防安全培训、灭火疏散演练、开展火灾隐患排查等工作；进一步强化执法人员执法水平，组织开展讨论，研判灾区消防安全工作。

得到广东惠州援建工作组的支持与配合，在每个村配置1台手抬消防泵，200米水带，1个分水器，两只水枪。

10月18日下午，汶川县人民政府在县公安局四楼会议室召开构筑社会消防安全"防火墙"工程推进会。汶川县委、县政府相关领导及县消防大队、各乡镇分管消防工作领导、消防联席会议成员单位和全县消防安全重点单位负责人等80余人参加会议。

【消防行政执法】　办理建筑工程审核以及备案60件，建筑工程验收以及验收备案27件，开业前消防安全检查31件，开展"元旦"、"春节"、"五一"、中秋、国庆等节前消防安全检查，共检查各类单位(场所)121家(个)，发现消防违法行为12起，责令当场整改14起，责令限期整改5起，责令停产停业两家，罚款6.25万元。

【消防安全保卫】　先后完成"春节"、"清明"、"五一"、"5.7"灾后恢复重建现场会、"第二届樱桃节"、端午、中秋、国庆、庆祝广东省对口支援汶川县灾后恢复重建全面完成各项庆典活动等重大消防安全保卫工作。截至10月20日，公安消防部队共接警57起，出动57次(含增援)，出动消防车66辆次，消防官兵433人次，抢救被困人员46人，疏散人员33人，抢救财产价值10万元。同比去年,接警起数上升13倍,出动车辆数上升10倍,抢救被困人员数上升100%,疏散人员数上升100%,抢救财产价值下降33.33%。

【消防专项治理】 制定出台《汶川县建筑消防设施专项治理实施方案》,与工商、质监、安监等部门建立消防产品质量监督联合执法机构,开展消防产品质量检查工作,对辖区内灾后恢复重建重点工程使用消防器材进行联合检查,定期通报产品监管情况。联合广播电视局向社会公告专项治理内容和要求及工作开展情况。

成立火灾隐患排查整治专项行动工作领导小组,召开火灾隐患排查整治专项行动干警动员会。开展"两类场所"消防安全检查及火灾隐患整改工作。从9月10日至10月20日共检查人员密集单位(场所)10个,易燃易爆场所5个,高层建筑1个,其他场所4个,责令改正1起,罚款500元,发现并整改隐患3起(此统计数据不包含消防站监督巡查数据)。

【安置点防火工作】 汶川消防大队将驻守银杏消防站官兵调往映秀遗址中心开展执勤保卫工作,完成与南京援建士官换防。根据安置点变化实际情况,撤除雁门消防站,适时调整派驻官兵和执勤车辆蹲守安置点,开展防火巡查、消防安全检查、消防宣传、火灾扑救和民事救助等工作。在确保每日开展巡查工作基础上,增派监督人员协同消防站共同开展重大节日和重大活动期间防火巡查工作。组织开展实地灭火疏散演习,提高官兵实战能力和群众应急逃生能力,确保安置点无火灾事故发生。查清率与处理率均达到100%。

【消防宣传培训】 举办多期消防安全知识培训班,对人员密集场所、易燃易爆场所的消防安全责任人和管理人以及灾民安置点的义务消防队员进行基本灭火常识和火场逃生技能培训,受训人数达1000余人。到社区、农村、安置点以及"两类场所"等地方开展消防宣传工作。共开展"119消防日"宣传活动、灭火应急疏散演练、消防安全重点单位"四个能力"建设培训、消防宣传进校园、对外开放消防站和短信温馨提示等一系列"您好,我是消防员"消防日大型互动消防宣传活动5次,悬挂各类宣传横幅、挂图40余条(幅),发放消防安全知识传单、新修订《消防法》、消防知识手册等各种宣传资料8000余份,受教育群众近1万人次。

【立功受奖】 2010年1月,汶川消防大队被阿坝州消防支队评为"先进基层单位";2月,被汶川县公安局评为"先进集体";5月和6月,先后两次被汶川县委、县人民政府评为"先进集体"(在"5.7"灾后重建现场会筹备工作中成绩显著和"5.26"雁门乡国道213线抢险工作中表现突出);9月,汶川消防中队和映秀消防站在2010年度抗洪抢险中表现突出,被四川省公安消防总队评为"抗洪救灾先进集体"。4人被评为"抗洪救灾先进个人",1人荣记二等功,3人荣记三等功。

【队伍建设】 汶川县消防大队在队伍管理教育工作中从规范日常行为做起,培养官兵良好素质和雷厉风行作风。在制度建设上,建立健全行政管理各项制度,坚持以制度管人,以制度管事。坚持用条令条例管理部队,教育官兵树立条令条例就是法的意识,严格落实一日生活制度,从点滴入手,规范官兵行为举止;在部队安全管理上,落实安全管理各项制度,定期召开安全形势分析会,落实大队、中队、班三级抓安全制度,杜绝交通安全事故和行政责任事故发生;在官兵工作考核上,实行量化管理考评,每月大队对全体干部考核,中队对士官、义务兵进行综合考评,将成绩记录在案,并将成绩与干部年终评先、士官晋级、战士考学、入党联系起来,在官兵中形成比、学、赶、帮、超氛围。

领导班子贯彻党的民主集中制原则,在重大问题、重大项目建设等方面,听取各方面意见和建议,遵守组织纪律、财经纪律,按规定程序经集体讨论做出决定。在公务接待工作中做到标准适当，不铺张浪费。在贯彻民主集中制中，用党性、党纪、党风约束、要求自己和官兵，接受党性、党纪、党风教育。

森警大队

【领导名录】

大队长　　　　郭胜峰(4月止)
　　　　　　　夏祥勇(4月起)
政治教导员　　高德军
副大队长　　　余小刚(4月止)
　　　　　　　刘飞翔(4月起)

【中心任务】　大队严格落实上级指示要求，配合县林业局、县应急指挥部等相关部门完成中心任务。全年大队累计出动兵力850余人次，完成林政检查、防火宣传、警卫执勤、抢险救灾等多样化任务。部队多次深入漩口、水磨、映秀等乡镇各村组进行防火知识和森林法规宣传工作，发放防火宣传单和森林法宣传单5250余份；出动30名官兵参加"四川省灾后重建现场会"安全警卫任务。参加银杏乡"8.14"抢险救灾任务，10天累计出动兵力295人次，转移、疏散群众3680余人次，疏通车辆650余台次，为灾区义务就诊580余人，发放药品价值5890余元。11月29日，出动50名官兵到汶川县映秀镇(距营区约55公里)配合当地公安部门执行一级加强安全警卫执勤任务。

【军事训练】　大队严格按照新大纲制定军事训练计划，依据按纲施训、依法治训的原则，以中心任务为牵引，大力规范训练秩序，保证部队高标准、高质量完成各项中心任务。不断加强重大节假日以及"3.14"、"6.4"、"7.5"等维稳敏感期战备工作。所有官兵切实认清形势任务，强化战备观念，坚定必胜信心。

【思想政治建设】　大队紧紧围绕"培育当代革命军人核心价值观"主题教育，注重从思想上、政治上牢牢掌握部队，抓好学习教育和精神激励，努力为中心工作提供思想动力和政治保障。全年官兵共写体会文章100余篇，组织70余人次上台交流和授课。

【业余活动】　大队舞狮队多次参加地方政府举办的文艺演出和重大活动，"汶川森警"篮球队多次与共建单位进行友谊比赛。组织官兵为海地地震灾区捐款1500元、为青海玉树地震灾区捐款5765元，到县福利院帮助孤寡老人打扫卫生等。

【落实战备工作】　12月3日，出动20名官兵协同县专业扑火队10人，机动组30人，开展警地协同灭火作战实战演习。

农 林 牧

农 业

【领导名录】
党组书记 局长 傅剑
副局长 胡敏 赵永全
张宗录(5月起,挂职两年)
郭洪杉(5月起,挂职两年)

【机构改革】 10月,汶川县委、汶川县人民政府根据中共阿坝州委办公室、阿坝州人民政府办公室《关于印发〈汶川县人民政府机构改革方案〉的通知》(阿委办[2010]145号)下发《关于汶川县人民政府机构改革方案的实施意见》(汶委发[2010]30号),组建汶川县农业局,为县政府工作部门,不再保留县农业水务局、县农机局。12月,汶川县人民政府办公室下发《关于印发汶川县农业局主要职责内设机构和人员编制规定的通知》(汶府办[2010]100号),将其职责调整为:(一)原农业水务局承担的除水务行政管理以外的职责整合划入县农业局;(二)取消县政府公布取消的行政审批事项;(三)增加农业转基因生物生产加工安全监督管理职责;(四)增加农村能源和资源环境管理职责;(五)增加耕地使用权的流转、承包纠纷仲裁职责;(六)增加组织实施政策性农业保险的职责;(七)增加指导、扶持农民专业合作社建设与发展的职责。(八)加强农业防灾、减灾的职责;(九)加强农产品和农业生产资料的质量安全监管,提升农产品质量安全水平的职责;(十)加强农产品产需调控,引导农业产业结构调整,促进农产品有效供给和总量平衡、结构合理的职责;(十一)加强发展现代农业,着力发展优势特色效益产业,促进农民持续稳定增收的职责;(十二)加强对生态农业、循环农业、农业生物质产业的指导服务和监督管理,促进农业资源合理配置和农业可持续发展的职责;(十三)加强对农业机械化、农村机电提灌、机耕道建设的管理,承担负责农业机械使用安全监管的职责。规定主要职责十六项。设办公室、计划财务和农村合作经济管理股、农业资源环境和农产品质量安全监督管理股、农业产业发展指导管理组4个内设机构。设机关行政编制6名,其中,局长1名、副局长两名,党组负责人和纪检组长按县委规定配备,股级领导3名,机关工勤人员事业编制两名。

【农村经济】 2010完成农村经济总收入37116万元,实现农民人均纯收入4065元,同比上年增长21.89%。

【粮食生产】 全县完成粮食作物播种面积48704亩(其中大春播种面积40012亩,小春播种面积8692亩),实现粮食总产12092吨(其中大春11155吨,小春937吨).比上年增加3700吨,增长44.1%。

【农业项目建设】 全县新发展猕猴桃5500亩(其中春季栽植4000亩、秋季栽植1500亩)、甜樱桃700亩、栽植茶叶500亩、蔬菜2.85万亩。全年销售优质商品蔬菜54238吨,茶叶产量25万公斤。新建单体钢架大棚4000平方米、连栋钢架大棚1万平方米、智能温室5000平方米、展览温室2000平方米。

【灾后重建】 农业技术推广服务体系建设完成工程量的86.73%；农业有害生物预警及区域控制站、良种繁育体系建设项目（经县政府同意，将农业有害生物预警及区域控制站和良种繁育体系两个项目整合建设，建设地点为三江乡照壁村）完成任务的73.33%；机耕道建设、灌站建设项目已完成工程量的99%；完成蔬菜基地建设项目；阿坝九寨茶业有限公司建设全部完工，维修加固厂房1920平方米、办公楼850平方米，新建厂房600平方米、办公楼460平方米；汶川县水磨现代农业示范园项目（花卉及食用菌基地）竣工，园区于7月份开始生产种植花卉；完成绵虒镇三官庙蔬菜示范大棚1个；在映秀镇豆芽坪修建食用菌大棚1个；猕猴桃、甜樱桃、茶叶标准化核心示范基地已完成90%；农产品（甜樱桃、猕猴桃）加工厂项目完成46.5%。

【民生工程】 培训新型农民1000人；阳光工程培训490人（其中乡村旅游服务业100人，农村建筑工匠100人，村级动物防疫员40人，农民专业合作社负责人50人，地方特色职业农民200人）；农民实用技术培训22935人次。发展无公害蔬菜2000亩，新发展和改造特色水果2500亩，完成三江猕猴桃基地、佳馨花卉及食用菌基地、核桃基地、魔芋基地建设任务。

新建农村户用沼气2000口；新建农村沼气服务网点12个，配备抽渣车3台、维修设备12套、配备专兼职技术人员12人。

【农业产业化标准化市场化生态化】 按照工业化理念谋划农业发展思路，从政策上优惠、资金上倾斜、服务上强化，加大龙头企业和专合组织培育扶持力度。支持阿坝九寨茶业有限责任公司完成恢复重建工作，该公司投入运营后年加工鲜茶叶可达100万公斤，带动2000余户农户增收致富；支持佳馨农业种植有限公司在水磨镇建设现代农业产业示范园，修建温室、大棚21000平方米，发展特色花卉、食用菌，为农户培育优质高效种苗，该园区全面建成后，带动1000余户农户发展花卉与食用菌；支持岷江甜樱桃产业有限公司建设甜樱桃、猕猴桃加工厂，加工厂建成后，带动近万农户增收致富；重视培养和发展农村专业合作经济组织，切实加大工作力度，强化对专业合作经济组织发展指导和引导工作，培育扶持专合组织42家，专业合作经济组织在产前、产中、产后为农户提供服务，引导农民由分散走向联合经营。

立足紫坪埔库区周边乡镇资源优势，统一规划、统一设计、统一实施，精心打造漩口、水磨、三江环线特色产业发展经济圈，恢复建设猕猴桃基地1.2万亩，实现产值5000万元；恢复建设茶园1万亩，实现产值2000万元；立足威绵地区资源优势，组织和指导老百姓恢复发展甜樱桃1.2万亩，恢复发展其他特色小水果4000亩，恢复建设蔬菜基地1.5万亩；恢复发展花卉及食用菌基地300亩，特色产业全面建成后，预计实现产值3亿元，特色效益农业已成为汶川县农民增收致富的主导产业。

确定"以蔬菜、水果、茶叶、畜禽等特色农产品为主，以创建名、精、优、新农产品品牌为战略方向，以无公害农产品、绿色食品、有机食品、地理标志、四川名牌产品、四川农业名牌产品、中国名牌农产品、建设重点，着力打造一批事关现代农业发展和农民增收的品牌"的农产品品牌培育思路，成功申报6个无公害农产品、4个绿色食品。"汶川甜樱桃"获得地理标志。

培育农业品牌经营主体，发挥农业龙头企业、农民专业合作社和农业行业协会作为农业区域品牌经营主体和核心作用，支持鼓励企业、合作社与农户之间建立更加稳定的产销合同和服务契约关系，以品牌为载体，将分散农户联合成一个利益共同体，实现小生产与大市场有效对接。

搭建品牌建设公共平台，做好宣传营销策划工作，组织九寨茶业、岷江甜樱桃、佳馨农业、九寨外贸、高原果蔬、三江乔缘等龙头企业和农民专业合作组织参加各种优质特色农产品展示展销会和西部国际农业博览会，展示汶川灾后特色农业产业、龙头企业、专业合作组织恢复重建情况和特色农产品。利用报刊、广播、电视和网络等媒体，大力宣传推介品牌农产品和品牌企业，中央电视台、四川电视台、成都电视台、《四川日报》、《华西都市报》等多家媒体对汶川县特色农产品做了多次报道，中央电视台七套《致富经》栏目对汶川甜樱桃产业发展作了专题报道。成功举办"中国阿坝州首届樱桃节"，宣传推介工作的开展，汶川甜樱桃已进入北京、上海、广州及成都市麦德龙、家乐福等超市销售。

汶川县将农业产业特色化、基地效益化与农村环境生态化有机结合在一起，在发展农业产业同时，实施以改水、改厨、改厕、改圈和村容村貌建设、生态能源建设为主要内容的"四改两建"工程，推广"猪—沼—果（茶）"模式，推进生态家园建设，年底完成"四改两建"工程16298户，建设沼气池2500口。

【基础设施建设】 全县恢复重建农村通组道路80条91.2公里；恢复机电提灌站5台270千瓦，新建机电提灌站7台480千瓦。

林 业

【领导名录】

党组书记	岳建文（8月止）
	张先武（8月起）
党组副书记	吴 清（1月止）
局 长	吴 清（1月止）
	张先武（9月起）
副局长	岳建文 王晓兰
	赵 文
	张 勇（5月起，挂职两年）
森林公安局局长	唐 恒（9月起）
森林公安局教导员	张先武（8月起）

【机构改革】 10月，汶川县委、汶川县人民政府根据中共阿坝州委办公室、阿坝州人民政府办公室《关于印发〈汶川县人民政府机构改革方案〉的通知》（阿委办〔2010〕145号）下发《关于汶川县人民政府机构改革方案的实施意见》（汶委发〔2010〕30号），设立汶川县林业局，为县政府工作部门。12月，汶川县人民政府办公室下发《关于印发汶川县林业局主要职责内设机构和人员编制规定的通知》（汶府办〔2010〕97号），将其职责调整为：（一）取消已由县政府公布取消的行政审批事项；（二）加强保护和合理开发森林、湿地、荒漠和陆生野生动植物资源，优化配置林业资源，推进林业产业建设，促进林业可持续发展的职责；加强全县湿地保护、自然保护区、荒漠化（沙化）防治工作的组织、协调、指导和监督职责；（三）加强组织指导林业改革和农村林业发展，依法维护农民经营林业的合法权益职责；（四）加强林业行业监督管理职责。在国家、省、州、未出台天然林保护项目单位体制改革相关政策前，切实加强和改进对县属森工企业的规范管理，加强班子建设，提升队伍素质，规范管理制度，强化自我发展。规定主要职责十五项，设办公室、人事股（目标管理办公室）、发展规划与资金管理股、绿化造林股（县绿化委员会办公室、天然林保护办公室、退耕还林办公室）、资源管理政策法规股和野生动植物保护与自然保护区管理股6个内设机构。设机关行政编制9名，其中，局长1名、副局长两名，党组负责人和纪检组长按县委规定配备，股级领导职数6名，机关工勤人员事业编制两名。

【灾后重建】 州发改委批准和安排国家切块

资金灾后重建生态修复7大项41个项目，分别是森林植被恢复、林木种苗基地、基础设施、保护及栖息地、防火基础设施、病虫害防治、自然保护区等。项目总投资56866万元，其中，国家切块资金22511万元，地方自筹34355万元。国家安排切块资金项目33个，地方自筹资金项目8个。截至年底，全县生态修复项目开工19个、完工项目17个（含地方自筹资金项目8个），未开工项目5个。累计完成投资总数为52385万元，占规划总投资的91.15%。

【退耕还林】 落实全县退耕还林地经营管理、后期管护，通过国家林业局阶段性检查验收。

【森林植被恢复】 向5个基层单位和州筑路工程处、岷江造林局威州营林处分解落实植被恢复任务、签订目标责任书，年底共完成封山育林60万亩，人工造林4万亩，人工点（撒）播2.8万亩，栖息地修复4.7万亩，完成县城周边及国道213线友谊隧洞至威州、漩三经济环线公路绿化。

【林木种苗生产基地恢复】 完成母树林补植补造1500亩，黄龙杠苗圃重建25亩、新建25亩，绵虒圃区重建苗圃30亩。计划2010—2011年期间，拟建高效核桃基地10万亩、工业原料林10万亩、山野菜基地3万亩。到年底恢复桉树、台湾桤木硅用原料林示范基地近500亩，定植速生树种赤桉5万余株；完成甜樱桃科技示范园基础设施修复。

【基础设施建设重建】 局机关、桂花坪林场、草坡保护区管理所办公用房和森林防火专业扑火队营房按照县政府统一部署在杨柳水岸购买商品房；县森林公安局、县森林公安局威州派出所随县政法小区统一在威州镇太阳岛建设，漩口派出所随水磨镇行政小区统一建设。漩口森林经营所办公业务用房职工周转房随水磨镇行政小区住宅小区统建；给水管线、供电线路、通信线路与房建工程整合。到年底，威州林场办公用房森林防火物资器材库维修加固项目进行比选，绵虒林业工作站办公业务用房职工周转房完成公开招标，施工队伍进场；森林防火瞭望台建设完成招标财评，通信站台建设与瞭望台整合，正办理招标有关手续；自然保护区业务用房完成招标财评。正争取县政府租借水磨镇50套廉租房，解决漩口森林经营所办公业务用房职工周转房。

【森林病虫害防治】 贯彻领导干部保护和发展森林资源责任制，落实天然林森林管护任务，开展森林植物检疫、防治工作，森林病虫鼠害和有害生物入侵得到有力控制。

【林政管理】 完成地震灾后保护区资源调查、大熊猫监测和社区调查工作，进一步提高保护管理能力。组织森林管护人员和森林公安、森林武警对全县森林管护、保护野生动植物情况进行定期和不定期检查、督促，严厉打击乱捕滥猎、乱砍滥伐等违法犯罪行为。全面检查森林防火责任制落实情况，开展火灾多发区综合整治，做好扑火器械准备，开展森林防火宣传，强化调度值班，确保信息畅通，消除不利因素，确保现有森林资源安全，实现连续31年无森林火灾。

【森林公安】 2010年9月，汶川县林业局森林公安科改设成汶川县森林公安局，为县林业局下级单位，局机关设办公室、政工科、刑侦治安科3个内设机构，下设威州派出所和漩口派出所，设局长1名、教导员1名，主要工作职责和原林业公安科工作职责基本一致。

汶川县森林公安局全年出动警车513辆次，出动警力765人次，共受理林政案件19起，查处林政案件19起，收缴木材27.89立方米，林政罚款4.17万元。全年无刑事案件、无治安案件发生。

2009年12月至2010年3月5日在全县范围内开展以打击破坏森林资源违法犯罪为主要内容的"冬季严打"专项行动。深入乡镇和重点林区、木材加工点、厂矿企业、林农交错地区，发放宣传册、悬挂横幅宣传《森林法》、《野生动物植物保护条例》等相关法律、法规。在活动期间，共出动警力368人次，警车213辆次，排查重点部位33次，受理林业行政案件22起，查处林业行政案件22起，收缴木材30.45立方米，林政罚款2.55万元。

2010年4月1日至6月30日在全县范围内开展以打击破坏森林资源违法犯罪为主要内容的"春季严打"专项行动。共出动警力187人次、警车102辆次，排查重点部位37次，受理林业行政案件17起，查处林业行政案件17起，收缴木材24.45立方米，林政罚款3.55万元。出动警车89辆次、警力129人次开展创建"平安林区"、"无毒林区"活动。对林区可疑地带进行拉网式巡查，未发现林区有非法种植罂粟和非法运送毒品等情况。全年共出动警力54人次执行各级警卫任务4次；出动警力89人次执行维稳、安保工作16次。

局机关注重提高队伍整体素质和实战能力，加强机关队伍建设，建立健全《汶川县森林公安局会议制度》、《汶川县森林公安局涉案财物管理制度》、《汶川县森林公安局警车管理制度》和《汶川县森林公安局警用车辆管理使用责任书》，确立每周二为固定学习时间，全年共集中组织学习80次，两人参加省森林公安局举办的警衔晋升培训，3人参加州森林公安局举办的专业与岗位培训。邀请县公安局业务骨干就案件办理程序、调查取证等内容进行专题授课。在开展创先争优活动中，集中学习10次，民警按要求上交读书笔记、心得体会、整改措施共计36份。上报各类信息简报6期。

牧 业

【领导名录】
党组书记、局长　余朝波
副局长　　　　　兰晓林　张利军
　　　　　　　　施训开(5月起，挂职两年)
　　　　　　　　林顺全(5—8月，挂职)

【畜牧业产值】 实现畜牧业产值6063万元，按可比价格计算同比增长10.1%。

【牲畜存出栏】 年末牲畜总数56031（头、匹、只），同比增6.2%。生猪存栏27256头，同比增加2472头，增10.0%；牛存栏13013头，同比增加1455头，增12.6%；羊存栏15080只，同比减少730只，减4.6%；马、驴、骡存栏682匹，增加87匹，增14.6%。

牲畜出栏39640头，产量3346吨。其中，出栏生猪29253头，产量2732吨；出栏牛3864头，产量501吨；出栏羊6523只，产量113吨。出售和自宰的肉用禽134725只，兔5179只，禽肉产量120吨。蜂存栏4345箱。

【肉类产量】 肉类总产量3473吨，比上年增加580吨，增20.0%。

【疫病防控】 全县动物疫病防疫工作以高致病性禽流感、口蹄疫、高致性蓝耳病、猪瘟等重大疫病防疫为重点，坚持"五统一"（统一疫苗、统一免疫程序、统一操作规程、统一免疫标识、统一评价免疫质量），做到"五不漏"（县不漏乡、乡不漏村、村不漏户、户不漏畜、畜不漏针），确保"五到位"（物资到位、宣传到位、质量到位、责任到位、工作到位）。全年免疫猪、牛、羊口蹄疫13.63万头份，免疫猪瘟疫苗7.76万头份，禽流感疫苗12.8万羽，免疫密度均达100%。加强动物疫病监测工作，强化消毒灭源工作。全面开展预防性消毒工作,对全县养殖场、定点屠宰场、市场进行强制消毒,消毒面积达11万平方米。

【畜牧业恢复重建】 为确保灾后畜牧项目按时保质保量完成,汶川县畜牧局按照"项目责任化、责任工作化、工作目标化"要求,多项措施并举,狠抓项目建设。全县灾后重建畜牧项目开工26个,开工率达100%,完成投资35813.35万元,占总投资的90%,完成畜禽圈舍恢复重建23.3万平方米,完成畜牧业技术推广体系建设的土建建设,所有项目严格按照有关要求,完成可行性研究报告、立项审批,完成全年灾后畜牧重建目标年度任务。

【示范区建设】 以岷江河谷特色农业示范区和省级新农村示范片建设,"三百"工程、大骨节病区项目建设等为契机和载体,大力发展畜牧产业。全县新建生猪养殖100—500头以上规模农户100户,1000只规模以上的家禽规模养殖户20户,新建50—100吨腊肉加工厂两个,规模养殖场4个,规模养殖小区两个。截至11月底,全县50头(只)以上的畜(禽)养殖规模户达395户,户均年收入达1.6万元。

【畜牧企业】 加强协调、服务和技术指导绵虒镇高店村大禹农庄、连山坡永君鸭业有限公司等畜牧龙头企业建设,及时拨付补助资金,确保工程建设进度。2010年引进畜牧企业投资6000万元,新建畜(禽)舍2.4万平方米,引进种猪2680头,饲养小家禽15万只,带动辐射周边310户农户发展养殖业。抽调专人多方协调国土、城建、水利等相关部门,确保水磨镇白石村水村禽业有限公司、银杏乡重庆聚信升有限公司顺利开工。

【畜产品安全】 全年共派出畜牧兽医执法人员6人次,出动执法车辆两台次,在县工商、质监等部门的配合下,对全县13个兽药、饲料销售点,两个畜禽及其产品销售市场进行联合执法检查,发放动物疫病防疫、草原法及相关法律法规宣传资料2000余份。加强屠宰和市场肉食品检疫,对屠宰动物做到有宰必检,全年共检疫猪胴体17752头,确保县级定点屠宰场检疫率达100%,乡镇定点屠宰场检疫率达95%。

【技术培训】 采取专家讲座、实用技术培训、现场讲解等方式提高老百姓养殖技术。全年共培训农村实用技术人员8200余人次,印发资料1万余份。

【以草养畜】 加大对天然草原改良、补播和保护,使天然草原牧草品种得以多样化,可利用生物产量明显得到提高,载畜能力得到增强,生态环境得到恢复和保护。指导农户种草养畜、牧草加工调制。全年实现粮草轮作1.85万亩,配合混合饲料生产51.5万公斤,指导养殖户购买希望饲料、正大饲料、通威饲料等各类全价饲料1万吨,草粉生产37万公斤,全县农户种植各类种牧草1600亩,改良天然草地500亩,收贮牧草115万公斤。指导全县农牧民种植各类牧草1800亩,其中菊苣500亩,甜菜200亩,箭舌豌豆600亩,黑麦草200亩,其他牧草300亩。

【种畜改良】 全年共引进优质种猪2860头,推广良种禽兔13.43万只(羽)。完成黄牛改良624头、繁活324头、改良牛存栏358头;山羊改良2816只、当年繁活2527只、改良羊存栏2413只。能繁母猪存栏2156头、商品猪出栏17216头。

贸易

经济商务和信息化

【领导名录】

局　　长	向世茂（3月止）
	段建波（3月起）
党组书记	王长红（2月止）
	段建波（2月起）
副局长	王长红（6月止）
	周中强　杨丹
	蒋冬梅（5月起，挂职两年）

【机构改革】 10月，汶川县委、汶川县人民政府根据中共阿坝州委办公室、阿坝州人民政府办公室《关于印发〈汶川县人民政府机构改革方案〉的通知》（阿委办〔2010〕145号）下发《关于汶川县人民政府机构改革方案的实施意见》（汶委发〔2010〕30号），组建汶川县经济商务和信息化局，为县政府工作部门。12月，汶川县人民政府办公室下发《关于印发汶川县经济商务和信息化局主要职责内设机构和人员编制规定的通知》（汶府办〔2010〕95号），将其职责调整为：（一）将原县经济商务局的职责、县政府办公室承担的无线电（信息化）管理职责整合划入县经商和信息化局；（二）取消已由县政府公布取消的行政审批事项；（三）增加信息产业发展职能，加快信息服务业发展，加快推进全县工业企业信息化建设，推进信息化和工业化融合，推进工业化和城镇化联动，推进新兴产业和生产性服务业发展；（四）加强工业和信息化领域的节能降耗、清洁生产和资源节约与综合利用工作，加强产业园区协调服务，统筹大中小企业协调发展；（五）加强区域经济合作，推进贸易和投资便利化，维护公平的贸易秩序，为企业拓展市场提供良好服务；（六）增加电力运行、电网完善的协调管理职责；（七）加强开放合作工作职责。规定主要职责二十条。设办公室、企业管理股、行政管理股（挂整顿市场经济秩序规范管理办公室牌子）、电力管理股、招商引资办、信息化管理股（县无线电办公室）6个内设机构，设机关行政编制23名，其中，局长1名、副局长3名，党组负责人和纪检组长按县委规定配备，股级领导职数6名，机关工勤人员事业编制两名。

【工业恢复和发展】 帮助企业申报2010年产业振兴技改项目，申报2010年"小巨人"项目两户，争取资金75万元，为9户企业申请灾后恢复重建贴息、5户企业申报2010年省重点技术创新项目、5户企业申报2010年产业技术研究与开发项目争取资金100万元，省级财政企业技术创新和技术改造项目争取资金40万元、6户企业申报2010工业节能技改项目争取资金340万元。

鑫通公司、四A公司、中洋公司完成技改备案申请。按时按要求认真办理中小企业月报表、灾后重建工业投资周报、县18户重点企业月报表、州24户重点企业月报、县委督察室重点工作推进情况每周反馈表、县发改委资源转化周报等日常报表事务,以便及时了解项目进度,确保9月30日前实现双85%。按要求完善灾后重建项目资料,分企业、分行业单独成册并做好管理。

全县工业经济突出以产业调整为主线,以发展为主题,以节能降耗为核心,加大措施,积极实施招商引资和大项目建设,着力调整结构,盘活存量资产,努力攻坚破难,六大主导产业已经基本形成,工业经济运行质量持续恢复,实现工业经济稳步回升,以工业率先恢复发展有力带动全县经济"巩固回升、加快发展",工业经济整体呈现出良好发展态势,工业经济基本达到"三年任务两年完成"目标任务。全年完成规模以上工业增加值16.4亿元,完成2010年州下达目标任务16.15亿元的101.55%,超州全年目标任务的1.55%。全口径工业完成20.1亿元。

【工业园区建设】 配合工业园区管委会重点抓好漩口工业集中区和广东——汶川工业园基础设施建设和推进工作,及时掌握情况,了解进度,为领导提供参考。

【支持电网建设】 积极采取各种有效措施,抓紧电网、变电站建设,提供良好施工环境,积极深入各电站,协调服务好110千伏以上主干电网和总装机在5000千瓦以上电站恢复工作,全年协调电站、电网建设点征占用地等各类矛盾纠纷300余起。

【商贸流通恢复】 全县社会消费品零售总额达38552.7万元,同比增长19.1%。截止12月底,完成市场服务体系建设项目30个,商贸服务中心项目两个。

【市场管理】 进一步有序管理汶川县生猪定点屠宰相关工作、净化全县猪肉市场、打击不法商贩私屠乱宰、偷运外地注水猪肉等扰乱市场经济秩序行为,与定点生猪屠宰场(点)签订《猪肉质量安全管理责任书》;联合工商、畜牧、公安等部门联合执法,打击私屠乱宰行为5次。年内进行市场执法检查12次,盐业市场专项检查8次,与县疾控中心等部门开展大型硒碘盐宣传活动1次,现场发放各类宣传资料5000余份,发放硒碘盐100公斤和特制宣传手袋3000余个,受教育群众3000余人次。分三阶段对酒类市场执法检查5次,参加酒类执法培训两次,提供相关宣传资料400余份。

【万村千乡市场工程】 截止12月底,全县累计建成万村千乡农家店70个、其中农资农家店11个,成活率100%。2010年规划建设25个万村千乡农家店,实际完成27个,超任务8%。

【家电下乡】 截至12月5日,全县共销售各类下乡产品18867台,销售金额3738.53万元。

【招商引资】 积极与广东省经贸委、广东省商联会、广东省贸促会接洽,并整理编印《汶川县招商项目册》,储备招商引资项目51个。组织和参与各类招商引资活动,加大基础设施建设投入和政策、资金扶持力度,为企业入驻创造良好基础条件和软环境。对投资规模达49.1亿元的10个招商引资项目加大跟踪、对接力度。1—10月,招商引资履约项目23个(含续约项目),实际到位国内省外资金5.5亿元,完成州下达目标任务4.5亿元的122%;新增外商投资企业两家(四洲集团、恒鼎锂业),实际利用外资550万美元;12月底外资到位600万美元。

广东——汶川工业园与5户企业签订入园协议，其中：与南联实业有限公司、广东华昌铝厂有限公司、广州兴华玻璃工业有限公司签订正式投资协议，协议投资金额11.5亿元，3月底举行开工仪式。与肇庆市昆庆毛绒厂有限公司、香港盟威国际贸易有限公司签订意向协议，协议投资金额7.8亿元。在2010年"中国西博会"上成功推介招商引资项目3个，超任务50%；签订协议11个，超任务450%。

【企业减负节能】 制定《汶川县2010年企业治乱减负工作方案》，及时调整汶川县减负领导工作小组。根据州人民政府淘汰落后产能工作总体部署，制订汶川县淘汰落后产能年度工作计划，牵头做好全县淘汰落后产能日常工作，及时通报各企业淘汰落后产能情况。关停11户电石、铁合金等高载能企业。实现万元工业增加值综合能耗下降6%。

【服务群众】 加强灾后恢复重建项目管理，建立项目储备、申报、实施及效益评估制度。建立中小企业融资平台，促进县域经济可持续发展。承担漩口镇响黄沟村幸福美丽村寨试点示范村定点帮扶任务，制定《汶川县经济商务局关于漩口响黄沟村幸福美丽村寨建设的规划与措施》，立足响黄沟村实际情况，利用商贸流通方面资源和信息优势，积极对该村提供政策支持和产业信息服务，成立挂联帮扶小组，定时定点驻村开展工作，听取村组意见，了解群众想法，及时发现幸福美丽村寨建设中的困难和问题。在计划生育"三结合"帮扶工作中，共帮扶20户，其中，新增帮扶户4户，联系户6户，帮苦户10户，新建基地两个，全年到位帮扶资金5000元。

【安全稳定工作】 年初制定《安全生产大检查实施方案》，会同县安监局与各企业签订安全生产目标责任书。上半年会同州经委、县安监局，抽调股室人员组成安全检查组，在重大节日、纪念日期间对企业进行安全生产大检查4次。制订《汶川县经济商务局汛期安全应急预案》，设立汛期安全工作领导小组，局主要领导任组长，分管副局长为副组长。继续推进"平安企业"、"平安家庭"、"平安单位"、"平安科室"创建。

【机关效能队伍建设】 制定《汶川县经济商务局各股室职责》，强化各股室及相关人员的责任意识，明确工作内容。从制度建设、预算资金管理和财务管理三个方面入手，建立财务管理制度，明确财务人员工作职责，党政主要领导定期召开会议研究资金管理，严格执行预算安排。成立党建领导小组，设立办公室，落实工作人员，召开党建工作会两次以上，集中解决1—2个重点问题。坚持"三会一课"制度，定期召开支部党员大会（每季召开一次），制定《汶川县经济商务局领导干部联系制度》，坚持局党组与企业和总支下属12个基层党支部经常性联系制度。注重党员发展工作，上半年预备党员转正3名（其中女性两名），发展预备党员1名，培养积极分子1名。狠抓干部职工法制建设、基础保障和宣传工作，全年上报信息简报10余篇。

供销合作

【领导名录】
党组书记、主任　张永贵
副主任　　　　　张　敏
　　　　　　　　应堂明

【经济指标】 全县供销社系统实现经营服务总值756万元。其中，商品购进总额316万元，完成目标任务的100%；商品销售总额440万元，完成目标任务的127%；全系统农业生产资料供应148万元，完成目标任务的53.7%；烟花爆竹销售48.8万元，完成目标任务的162.7%。全系统汇总亏损1.3万元，较年初目标任务（在上年同期亏损2.76万元基础上减亏50%）减少亏损1.46万元，完成目标任务的112%。

【农资供应】 筹措资金，联系生产厂家货源，严把进货质量关，适时组织调运，全年储备各类肥料580吨。做好化肥市场动态监测，及时向政府和有关部门提供情况。开展农资基层服务网点业务指导和调研工作，对全县地震后农村产业结构调整变化和特色农产品规模发展以及农民用肥用药多元化等情况进行综合分析、预测，做好各农资物储备工作，全年储备各类肥料580吨。

【农民专业合作经济组织】 成立领导机构，制订工作方案，明确2010年"三百"示范工程服务网点建设规划、目标、任务和工作措施，组织人员到全县各乡镇示范村开展调研、宣传工作。下半年，供销社牵头负责全县农民专业合作经济组织规范发展工作，起草《汶川县加快发展农民专业合作经济组织实施意见》和《汶川县加快草坡乡农民专业合作组织建设实施方案》，规范全县45家专业合作社，新组建专业合作社11家，形成"公司+基地+专合社+农户"、"致富能手+基地+专合社+农户"的产业化经营体系。

【恢复重建】 投资6万余元新建"农资农家店"6个，完成全年目标任务的100%。"汶川县供销社农资储备库和烟花爆竹仓库"建设项目竣工并通过质量验收，总投资198万元。完成供销社辖区内两幢营业和集资房风貌改造工程，总投入资金78.3万元。开展"漩三环线"新农村示范片实施方案规划项目"农资配送中心"和"再生资源回收中心"基础工作。

【安全管理】 年初与企业签订安全生产责任书、项目建设安全管理责任书，落实安全生产责任人，制定各项工作方案，细化工作目标、任务和措施。实行节假日、重大接待及特殊时期24小时领导带班值班制度。对重点部门、重点部位严格监管。按照安全消防管理要求，投入1万余元对宾馆营业楼加设消防通道安全防火门、灭火器、消防安全应急灯具，改造维护用电线路等。落实项目建设安全责任，安排专人负责督促检查，确保项目建设安全顺利完工。

印发《汶川县烟花爆竹经营管理办法》（汶府办发〔2010〕67号），实行"封签标识"、"购买证"、"运输证"管理制度，消除库存安全隐患，确保烟花爆竹各经营环节安全。配合安监、公安、工商等部门开展烟花爆竹市场专项整治行动两次，规范经营行为，全年换发和办理经营许可证45户。

组织所属企业开展汛期安全检查，加强重点区域、重点部位监控防范。明确汛期重点，组织农资商品，保证农业生产恢复需要。在做好本单位汛期安全防范工作的同时，积极组织参与"8.14"特大山洪泥石流抗灾救灾工作。配合县政府及有关部门，顺利完成"8.14"特大山洪泥石流灾害中3千余名滞留县城人员的救灾食品发放、住宿安置和安全转运任务。

共投资5万余元，拆除欠资简易仓库，对宾馆客房、营业大厅内部进行维修、疏通污水管道，更换电线、电表等用电设备，消除安全隐患。建立健全综合整治长效机制，企业与门店签订门前"三包"责任书。

【帮贫助困】 开展送温暖节日慰问活动，走访慰问企业退（离）休人员124人，发放慰问金19020元，配合工会开展帮扶困难职工及"金秋助学"活动，帮扶困难职工65人，发放慰问金5.5万元。认真落实计生"三结合"部门帮扶，因地制宜，帮助计生户编制发展规划，开展农业技术服务，指导发展种、养殖业，开展贫困救助帮扶，为14户计生困难户提供化肥、生活用品价值3500元。按照"领导挂点、部门包村、干部帮户"活动要求，加强对三江乡街村帮扶工作，组织党员和职工深入帮扶户家中了解情况，帮助村民发展生产、解决实际困难。看望慰问15户贫困户并送去慰问金3000元。

【机关建设】 坚持以抓党建促发展的工作方向，全面加强党的思想、组织、作风、制度和反腐倡廉建设。建立和完善党员干部学习制度，结合实际制定年度学习计划，征订《机关党的建设》、《共产党人》音像教材VCD等学习资料供党员干部和职工学习，积极参加全县党务工作培训学习，努力把党组织建成为学习型组织。二是认真落实"三会一课"制度，健全和落实"三联制度"，切实为群众服好务，办好事。加强党员教育管理，做好发展党员工作，1名预备党员按期转正。坚持把"创先争优"与机关作风效能建设相结合，设立党员示范岗位两个，"党员示范股室"1个，全体党员在活动中努力争做"五带三争"优秀党员，党组织建设上做到"五好四强"。

深入开展"感恩教育、深化发展"活动，切实增强干部职工感恩图报、铭恩奋进的思想意识。结合实际开展"五五"普法和保密法制宣传教育五年规划自查自纠和迎检验收考核工作。上报工作信息40余条。

粮 食

【领导名录】
党组书记、局长　洛桑泽仁（2月止）
　　　　　　　　蒋红兵（2月起）
副局长　　　　　张云清
　　　　　　　　青晓平

【大骨节病更换粮食工作】 2010年，全县大骨节病区家庭人口及非病区大骨节病人共计165人，易地育人学龄儿童159人。5月，完成易地育人学龄儿童在家两个月口粮供应，共更换粮食3810公斤。11月，组织粮源为大骨节病区病人供应24750公斤粮食。

【粮食行政执法与宣传】 粮食行政执法队分别在每季度和元旦、春节期间多次由分管副局长带队会同相关部门在全县范围内对45户粮油经营者储粮情况开展粮油质量安全监督检查，参加人员40余人次。进一步规范粮食市场流通秩序，确保消费者利益和身体健康不受损害，保证粮食市场粮油质量安全。

5月1日至5月26日，组织职工52人次到全县各乡镇发放宣传资料5000余份，参与宣传活动单位4家；参与宣传活动粮油流通企业1家，电视宣传两周，报刊宣传一条，张贴悬挂宣传标语6幅，举办知识竞赛一次，参与人数15人，发放经营承诺书40份。

【安全维稳工作】调整维稳领导小组，成立矛盾纠纷"大调解"工作领导小组，配备专门工作人员。分析粮食系统稳定形势，组织开展系统内矛盾纠纷排查调处工作，及时报送信访信息。

加强门卫值班管理，对外来人员进行登记，做到群防群治。组织职工到银杏乡东界脑村及漩口镇、水磨镇进行政策宣传和安全维稳、矛盾纠纷排查工作，确保无信访事件发生。

加强社会治安综合治理及平安创建工作，把综治工作、平安单位创建工作列入重要议事日程，纳入年度安排，层层落实责任，调整治安、平安创建、安全、消防等领导小组6个。进行季度全系统安全及施工安全检查和排查。在"全国安全生产月"活动中，挂宣传横幅，做好宣传工作，在节假日期间对安全工作、稳定工作进行安排布置，做到领导带班，做好值班记录。做好群众来信来访工作。

【恢复重建】全县粮食流通灾后重建项目中期调整后计划项目8个，其中国家切块资金项目4个，国家切块资金1500万元，市场化运作项目4个。5月底完成4个国家切块资金项目前期工程，6月18日完成招投标工作，7月底开始动工修建，12月底完成主体工程。年底全部完成4个市场化运作项目。

【机关建设】抓好党风廉政建设和党建工作，贯彻执行《中国共产党领导干部廉洁从政若干准则》，并以《廉政准则》为准绳，全面指导业务规范发展和各项管理工作。

抓好精神文明建设、环境卫生整治工作。开展"讲职业道德、树行业新风"活动，加强干部职工职业道德、职业技能、职业纪律建设，做到恪尽职守，文明待人，微笑服务，构建文明和谐人际关系，全面提高行业整体素质，使管理更加科学，粮食行政执法更加规范，服务更加优质，树立文明、廉政、高效的行业新形象。

烟 草

【领导名录】
局长经理　　韩洪琦
副局长　　　彭　强
　　　　　　陈　劲(10月止)
　　　　　　万小平(10月起)

【主要经营指标】截至12月15日，全县累计销售卷烟6317.16箱，同比增长0.51%，销售金额14171.94万元，实现毛利4015.2万元，卷烟单箱销售额2.24万元，卷烟销售毛利率达到28.33%。其中一、二类烟1949箱、三类烟1454.01箱，四、五类烟2914箱，其中娇子卷烟销售1015.09箱，销售金额2669.11万元，实现毛利580.68万元，娇子单箱收入2.63万元，同比娇子卷烟销量增加232.02箱，同比增长率为29.63%。其中一类娇子销量22.964箱，占销售总量的2.26%。

【专卖管理】全面强化专卖管理指导思想，不断完善学习培训机制，提升队伍素质，加强专卖内部监督、市场监督管理力度，深入开展打击制假售假网络工作，实施专卖精细化管理，不断规范专卖工作流程，严格申请手续，对符合办证条件的零售户及时办证入网,对不符合办证条件的及时予以取缔。不断理顺工作关系,突出工作重点,采取市场检查与重点监控相结合,制定重点经营户、重点场所监控办法,积极发展线人线报,对辖区卷烟市场进行监控检查。每月对全县卷烟销量、特供烟流向、紧俏货源分配等情况进行监督检查,将检查情况及时汇总上报阿坝州局(公司)内管办。充分利用"3.15"、"6.29"、"12.4"等节假日和平时市场检查机会,通过电视网络采取滚动宣传的方式宣传《烟草专卖法》、《烟草专卖行政处罚程序规定》。上半年共组织各种学习培训3次。参加阿坝州局组织为期12天的专卖整训及学习培训1次。全年共向经营户、消费者发放宣传资料520份,共查获各类违法案件24起,其中无证运输案件11起,假冒卷烟案件两起、非法渠道进货7起,无证经营4起,查获各类卷烟2431.6条,其中假冒卷烟987条,非法渠道进货卷烟283.7条、无证运输卷烟制品1133.6条、无证经营卷烟制品27.3条,涉案卷烟总价值10.42万元,罚没款收入2.16万元,其中1万元以上案件两起,移送公安案件两起,刑事拘留两人。

【营销管理】 狠抓网络升级,提高网络营销能力,充分发挥网络功能,提高培育品牌、置换品牌能力,全年汶川市场上市30个新品。加强客户拜访力度,汶川县局客户经理对城网零售户每周上门拜访一次,农网经营户每月上门拜访,每周电话拜访一次,加大对部分重点客户实地拜访和电话拜访力度。搞好卷烟市场供应,以保障节日期间品牌不脱销,搞好品牌宣传促销。3月到6月份限量期间,每周及时通知卷烟零售户可订货数量并告知不占指标卷烟的品牌和数量。加强委托配送户管理,监督资金回笼情况,以会代训送货员20余次,及时了解卧龙片区委托配送户代送、送货质量等情况。指导城区娇子烟柜客户陈列摆放烟卷,突出新品牌及重点品牌娇子系列。继续统一办理全县电子结算业务,全县共有卷烟零售户472户,到年底累计办理电子结算经营户439户,达93.01%。3月底组织客户经理和入网经营户进行网购培训,年底共有17户每周实时网上订货,订货成功率达到100%。

【安全管理】 年初与每位二部员工签订《安全目标责任书》,与驾驶人员签订《车辆安全行车责任书》,严格执行"一岗双责"规定,做到制度明确,责任落实。全年开展安全培训30次。每月开展一次车辆、出租铺面、办公区域安全大检查,半月一次自查。开展好"百日安全生产"、"安全生产月"活动,在活动中加大对《中华人民共和国安全生产法》和《四川省安全生产条例》等安全理论的宣传培训,查找和解决涉及安全工作各个领域的安全隐患。

加强资金管理,特别是卷烟配送资金安全,严格现金管理制度、相互监督制约,保证资金及时回笼;全年安全配送卷烟15144箱,安全回收配送卷烟金额36591万元,其中电子结算24276万元;每月定期或不定期对车辆进行检查,全年共检查车辆达180台次,共出动送货车辆329车次,安全送货里程累计63234公里。

推荐3名员工参加阿坝州烟草局(公司)健康安全管理体系知识竞赛。做到依法治"安",有效预防和控制事故发生。充分发挥体系贯标过程对提高全员安全意识、落实安全责任、优化工作流程、改进管理方法,确保体系建设质量和运行效果。

【企业建设】 年初制定全年培训计划,提高员工队伍素质,并对每一次培训进行效果验证。坚持每周二晨会制度、每周例会学习制度,学习阿坝烟草特色文化理念。组织员工学习《预防职务犯罪读本》《从政提醒》——党员干部不能做的150件事等。参加阿坝州烟草局(公司)的各种业务知识培训,有针对性开展员工政治思想工作。

认真贯彻党风廉政建设责任制,组织学习《国有企业领导人员廉洁从业若干规定》,年初与单位每位党员签订《党风廉政责任书》,与市场经理、客户经理签订《规范经营行为承诺书》,党风廉政信息员加强每季度工作督察,增强各岗位人员服务意识。

紧紧围绕"建一流班子、带一流队伍、创一流业绩"工作目标,积极开展企业文化宣传和两个文明建设活动。积极参加社会公益事业,帮贫济困,通过汶川县红十字会向贫困乡村和个人捐款两万余元,单位员工踊跃向玉树地震灾区群众捐款。积极开展"三八"、"五四""七一"活动,丰富员工业余生活,增强员工社会责任感和使命感。通过汶川县文明办最佳文明单位复查验收。

综合管理与行政监督

发展和改革

【领导名录】

党组书记　　陈垠冒（1月止）
　　　　　　嘉国林（1月起）
局　　长　　毛舰勇（1月止）
　　　　　　嘉国林（1月起）
副局长　　　杜　红
　　　　　　陈银富（2月止）
　　　　　　吴利锋（2月起）
　　　　　　袁德毅（5月起，挂职两年）

【机构改革】 10月，汶川县委、汶川县人民政府根据中共阿坝州委办公室、阿坝州人民政府办公室《关于印发〈汶川县人民政府机构改革方案〉的通知》（阿委办〔2010〕145号）下发《关于汶川县人民政府机构改革方案的实施意见》（汶委发〔2010〕30号），组建汶川县发展和改革局，挂县以工代赈办公室牌子。12月，汶川县人民政府办公室下发《关于印发汶川县发展和改革局主要职责内设机构和人员编制规定的通知》（汶府办〔2010〕90号），将其职责调整为：（一）将原县发展和改革委员会的职责和原县扶贫两资以工代赈办公室的以工代赈职责整合划入县发展和改革局；（二）取消已由县政府公布取消的行政审批事项；（三）将原在县发展和改革委员会挂牌的县统计局单独设置，职责整体划出；（四）加强发展战略规划研究，重点拟定和组织实施国民经济和社会发展战略、中长期规划、发展计划；（五）加强宏观经济的预测预警，综合协调经济社会发展的重大问题；（六）加强投资宏观管理，搞好政府投资综合平衡，引导社会投资方向，协调推进重大项目建设，引导全县重大生产力布局；（七）加强重大政策和重大问题研究，推进可持续发展，提出维持经济社会与资源、环境协调发展的政策建议；（八）推进统筹城乡、区域协调发展，促进城乡一体化，缩小地区发展差异；（九）加强指导协调并综合管理全县招标投标工作。规定主要职责十一条。并设办公室、国民经济综合股、固定资产投资管理股（挂援藏项目管理办公室牌子）、项目协调管理股（挂重点项目办公室、散装水泥办公室、县招标投标办公室牌子）和农村经济发展股5个内设机构，设机关行政编制15名，其中局长（兼以工代赈办主任）1名，副局长两名，以工代赈办副主任1名，党组负责人和纪检组长按县委规定配备，股级领导职数5名，机关工勤人员事业编制两名。

【国民经济综合计划运行监测】 紧扣灾后恢复重建新形势，探研2010年经济走势，研究提出全县国民经济和社会发展计划。跟踪计划执行情况，加强经济运行监测分析，结合计划指标完成情况，全面分析预测经济发展态势，积极关注国家宏观政策动向，认真研究经济环境发生的变化，抓住关键环节，加大落实工作力度，及时完成《2009年国民经济和社会发展计划执行情况

2010年计划(草案)的报告》《2010年上半年国民经济和社会发展计划执行情况及下半年工作安排意见的报告》及说明编写。完成《汶川县藏区经济社会发展建设项目方案表》汇总、编制和上报工作,共上报藏区项目300个,估算总投资1103.2亿元。为促进和加快全县灾后重建县域经济的长远平稳发展,积极与广州万国研究所联系,协调配合城乡统筹规划编制工作并提供各项相关资料。认真做好编写《汶川县跨越式发展及长治久安工作实施方案》《深入实施西部大开发战略实施意见》,协调编制农口部门"十二五"规划、全县农田水利"十二五"规划、"十二五"农网恢复重建规划及相关工作。

全年实现地方生产总值337730万元,同比增长37.8%;其中,第一产业增加值16615万元,同比增长7.9%;第二产业增加值240673万元,同比增长52.2%;第三产业增加值80442万元,同比增长12.9%。规模以上工业企业实现工业增加值166956万元,同比增长65.8%;实现社会消费品零售总额38552.7万元,同比增长19.1%;共接待海内外游客142.3万人次,实现旅游收入6.18亿元,同比增长204.4%。地方财政一般预算收入完成19658万元,同比增长103.3%;城镇居民人均可支配收入达到14870元,同比增长16.4%。

【重建信息报送】 继续安排专人专职做好"汶川地震灾后恢复重建信息报送"半月报工作和灾后重建项目进度旬报。定期对全县灾后恢复重建项目实施情况进行收集、整理,及时汇总、上报全县各行业、各乡镇各类重建进度统计数据和重建动态信息,做到数据准确完整,信息及时全面。

【固定资产投资】 全社会固定资产投资完成92.018亿元,同比增长6.5%。其中基本建设完成投资68.18亿元,增长33.2%;更新改造完成12.77亿元,增长1.7倍;其他投资完成7.63万元,下降17.4%。

全县重大建设项目35个,计划投资63.66亿元。到12月中旬完成投资50.65亿元,完成年计划投资任务的80%,其中,阿坝州重大项目28个,完成投资48.86亿元,完成阿坝州下达计划任务的90%,占固定资产投资计划的53.1%。

【扩大内需】 扩大内需中央投资项目涉及农业、林业、畜牧、水利、教育、文体、能源、廉租房等26个项目,项目估算总投资8497.5万元,下达新增投资年度计划6377.5万元,其中,中央预算内投资3985.6万元,地方投资2050.6万元,银行贷款330.8万元,其他10.5万元。年底累计完成投资10384.06万元,已开工项目26个,开工率为100%,开工项目中有15个全面完工,完工率为57.69%。

【对口援建】 广东省发改委计划下达援建项目共计702个,援建投资82亿元。截至9月30日,援建项目开工702项,开工率100%;完工702项,其中,交钥匙项目274个,交支票项目357个,合作共建项目71个,完工率100%;累计完成投资82亿元,占100%;累计到位资金82亿元,占100%;累计拨付资金79.3亿元,占96.71%。

【灾后重建】 截止12月,全县灾后重建项目累计开工501个(规划项目501个),开工率为100%,累计完工441个,完工率为88.02%,累计完成投资207.38亿元,占总投资的93.51%。全年灾后重建项目累计完工455个,完工率90.82%,累计完成投资210亿元,完成94.69%。

【十二五规划编制】 草拟并经县政府同意印发"十二五"经济社会发展规划编制方案;联系华睿川协公司草拟关于制定国民经济和社会发展"十二五"规划建议、"十二五"规划基本思路和规划纲要框架,突出以项目为本,在全县范围内积极收集、整理、规划和谋划一批具有长远战略影响、事关全县发展全局的重大项目。全年完成《汶川县"十二五"规划项目》汇总、编制与上报工作,共申报项目239个,估算总投资450亿元,其中

"十二五"预计投资240亿元,经阿坝州发改委审核后,录入省发改委"四川省'十二五'重点领域投资及项目规划报送系统"项目144个,估算总投资313亿元,"十二五"规划投资140亿元。

【项目管理】 积极协调筹备成立汶川县项目推进管理办公室,主要从事项目进度统计分析、已实施项目资料完善、在建项目检查指导三项任务及领导交办的其他任务。

狠抓项目进度,确保"双86"任务如期完成。将灾后恢复重建项目推进工作作为工作重点,及时统计和上报项目进度,对项目进度进行分析、判断,督促1643个项目业主按照时间节点要求倒排工期,确保灾后重建项目如期完成;及时帮助不能按时完成项目建设任务的业主查找、分析、解决问题。通过分组检查、定人定岗到具体项目等方式对全县项目进行拉网式的梳理排查,在检查清理过程中,要求项目业主建立项目台账、资金台账和问题台账,对查出的问题及时跟踪督查整改并及时将发现的各种问题归类上报给县级领导。通过检查逐渐规范项目建设,促使在建项目按程序实施。

按照汶川县委、县政府要求及汶川县灾后恢复重建实际情况,积极与州发改委衔接,申报灾后重建项目计划调整相关事宜,编制完成《汶川县灾后恢复重建中央资金项目配置及调整方案》。完成《汶川地震灾区发展振兴规划项目》汇总、编制与上报工作,共申报项目124个,估算总投资174.4亿元;完成《汶川县实施西部大开发战略重点领域建设项目十年规划(2011—2020)》汇总,涉及改善民生、重大基础设施、特色产业发展、生态环境保护、政权及维稳能力建设五大领域,估算总投资205.8亿元;完成《汶川县西部大开发"十二"五重点投资项目计划》汇总、编制与上报工作,共申报项目109个,估算总投资230.8亿元;完成州发改委安排固定资产投资、扩大内需等各种材料及报表的编制、拟写、报送共计40余次。

按照"程序不减、周期缩短、准备提前、效率提高"原则,加快各类灾后恢复重建项目审批过程,特事特办。到年底审批项目212个,审批项目估算总投资24.66亿元;备案项目37个,备案项目估算总投资。

"8.14"特大山洪泥石流灾害发生后,成立"8.14"特大山洪泥石流灾害恢复重建项目计划编制工作小组。编制上报项目规划701个,涉及投资数72亿,阿坝州发改委审核认可项目439个,涉及投资数28亿。

按照县委、县政府安排,组织人员对全县风貌改造工程量进行抽查、核实,将明显存在问题的风貌改造项目退回给项目实施单位责成重新编制结算书,为促进全县风貌改造工程量基本属实把好关口。

【招投标管理】 加强对全县招投标工作的指导、协调和监督。同时,严格执行《四川省政府投资工程建设项目比选办法》,进一步规范招投标的管理,提高全县建设工程招投标管理水平,确保阳光重建、廉洁重建。截止12月,汶川县发改局招投标办招投标项目累计443个,涉及概算投资256480万元,最高控制价181564万元,中标价为150889万元,在概算投资基础上节约资金105591万元,在控制价基础上节约资金30675万元。其中,比选项目237个,涉及概算投资33671万元,控制价25658万元,中选价21905万元,在概算基础上节约资金11766万元,在控制价基础上节约资金3753万元;公开招标项目206个,涉及概算投资222809万元,控制价155906万元,中标价128984万元,在概算基础上节约资金93825万元,在控制价基础上节约资金26922万元。

【服务对口援建】 积极与广东省对口支援汶川县恢复重建工作组和各对口支援市加强对接,及时沟通对口支援工作中存在的问题。同时,认真落实县委、县政府主要领导的指示和要求,加强对各乡镇、部门指导,认真落实完成援建各阶段任务,有效推进项目计划的对接,确保信息畅通。

按照省、州对口支援办的要求,定期上报对口支援工作信息,重要信息实行随报制,为省、州、县各级领导了解对口支援工作进展情况,及时有效决策对口支援工作提供依据,确保对口支援各项工作的顺利进行。

不断加强对口协调工作力度,结合全县开展感恩教育活动积极与广东各工作组衔接沟通,互通情况,增进感情,建立完善协商机制;关心对口援建人员的工作和生活情况,及时协调解决他们存在的问题和困难;加强对各乡镇、各部门对口支援工作指导衔接;搞好宣传报道工作,为广东援建汶川营造良好的舆论氛围,向外界展示"川粤同心、共建家园"决心和情谊。

协助县委、县政府做好在映秀召开的广东省对口支援汶川县恢复重建三年任务两年全面完成庆祝大会、汶川县对口援建工作总结表彰大会和对口援建工作座谈会以及广东省及各市对口援建工作慰问等工作。

【机关建设】 坚持以科学发展观为指导,扎实开展"社会矛盾纠纷大调解、城乡环境卫生大整治、重建成果管理大提升"三大活动,确保机关作风大改进、干群思想大统一。完善局机关工作、内部管理等各项规章制度,保证局机关各项工作科学、规范、有序开展。局机关结合实际制定详细学习学习制度,确定每周五下午为机关干部职工集中学习日。

按照"为民、开拓、务实、清廉"要求,立足领导班子建设、党的建设、党风廉政建设和精神文明建设,切实提高干部队伍思想业务素质,改进作风,提升形象,提高效率,优化服务,树立"窗口"部门良好形象。每位工作人员做到在各项行政审批中,严格按照管理权限、规定程序和时限及时办理,坚决杜绝"人难找、门难进、脸难看、事难办"现象,有效提高工作效率,提升工作质量。

价格管理

【领导名录】
局　长　　　　陈季康
副局长　　　　王　虎

【市场价格监管】 把保持全县市场物价相对稳定作为首要工作任务,健全价格监测预警机制,建立价格监测网络体系,加强市场价格监测,密切关注市场价格动态,大力疏导价格矛盾和整顿市场价格秩序,优化市场价格环境。针对主副食品价格出现异常波动,主动与工商、公安、质监等部门深入市场巡查,开展价格宣传,与工商部门通过有线电视播放《关于加强我县集贸市场价格管理的通告》,稳定了猪肉、蔬菜价格,对少数不法商贩起到告诫和警示作用,引起全社会对市场价格进行关注和监督。利用价格调控手段,加强成本调查,与屠宰场老板算猪肉的毛白差率,控制猪肉价格,对县城猪肉价格实行最高限价,一级鲜猪肉每市斤11元,五花肉每市斤10元,芹菜每市斤2.5元、蒜薹每市斤5元、青椒每市斤3元、苦瓜每市斤3.5元、土豆每市斤两元、大白菜每市斤1.5元、莲花白每市斤1.5元、茄子每市斤2.5元。物价呈现相对平稳的运行态势,价格稳中有降。

【价格形成机制】 执行国家有关枯水期"高来高去"电价政策,及时批复汶川振冲电力发展有限责任公司工业用电电价(枯期)为0.48488元/度(不含税),执行丰枯峰电价,峰段上浮60%,谷段下浮60%,此电价不得用于居民生活用电,并且与用户签订枯水期"高来高去"供用电协议。严格"农家乐"电价标准,每年6—9月"农家乐"营业用电价格按一般营业性用电执行0.62元/度,其余月份执行0.25元/度。根据小水电站申请和成本审核,2010年9月3日,四川省电力公司阿坝分公司同意小水电站执行州网上网电价,即由0.173元/度(不含税)调整为0.193元/度(不含税)。积极探索阶梯供电价格模式,节约能源。充分运用价格杠杆,促进地方经济健康快速发展。

稳步推进成品油价格形成机制和燃油税费改革,贯彻落实2010年国家发展改革委四次调整成品油价格的相关规定,密切关注市场动态,及时规范天然气价格,监管液化气价格,疏导各种燃气价格矛盾。研究探索居民生活用气销售价格顺价调整机制。

根据阿坝州人民政府制定的《阿坝州安居工程建设实施方案》(阿府函〔2009〕56号)和四川省物价局、四川省财政厅、四川省建设厅《关于作好汶川地震灾后城镇安居房和廉租房价格管理的通知》(川价发〔2008〕237号)文件精神,结合全县实际制定威州镇一期安居房销售价格,并报请县人民政府审批同意。(1)威州镇七盘沟拆迁安置房超面积部分指导销售均价为1600元/平方米。各楼房的每平方米价格为一楼1520元、二楼1680元、三楼1760元、四楼1780元、五楼1552元、六楼1360元。(2)威州镇郭竹铺拆迁安置房超面积部分指导销售均价为1800元/平方米。一楼1530元、二楼1746元、三楼1944元、四楼1980元、五楼1890元、六楼1710元、负一层1476元、负二层1440元。(3)威州镇盛世天苑(电梯公寓)安居房价销售基准价为2000元/平方米。各楼层每平方米价格为一楼1889元、二楼1903.01元、三楼1917元、四楼1931元、五楼1944元、六楼1958元、七楼1972元、八楼1986元、九楼2000元、十楼2013元、十一楼2027元、十二楼2041元、十三楼2055元、十四楼2069元、十五楼2082元、十六楼2096元、十七楼2110元。盛世天苑(电梯公寓)所处地段较好,是高层电梯公寓,在汶川是一个新鲜事物,所以许多撤迁户提出的撤迁条件是入住电梯公寓,由于电梯公寓房屋有限,为有效化解这个矛盾,物价局运用价格杠杆及时制定较高的超面积部分指导销售均价为2646元/平方米,其中十七楼房价为2792元/平方米。制定县城杨柳水岸小区行政事业单位办公用房业务用房销售价格各楼为每平方米1548元。

"8.14"特大泥石流发生后,组织大米20吨,清油5吨投放市场,及时制定相关价格,大米最高限价1.75元/斤,清油最高限价5.6元/斤。

针对成品油价格不断上涨情况,及时出台县城出租车运价,按出租车排气量,分两个档次,制定基本租价,第一档基本租价为白天5元/1.2公里、夜间6元/1.2公里,第二档基本租价为白天4元/1.2公里,夜间5元/1.2公里。车公里租价不分白天夜间,第一档为1.6元/车公里,超出1.2公里每行驶500米租价为0.8元,第二档次位1.5元/车公里,超出1.2公里行驶500米租价为0.75元。

与有关部门协调,取消化肥价格差率控制和最高限价管理政策,解除临时价格干预措施。加强化肥价格监测。及时安排布置价格监督检查工作,加强化肥市场检查和巡查,维护市场正常价格秩序。建立和完善农资储备制度,加强化肥运输组织调运工作,建立化肥价格长效监管机制等工作建议。

【收费管理】 落实国家、省收费管理政策措施,严格收费审批权限,全面清理行政事业性收费,涉农收费,取消不合理收费。全县应参加收费许可证年审63本,实际参加年审63本,年审面达100%,换发许可证63本,年审金额200万元。新办收费许可证5本。加强灾区重建收费管理,严格落实灾后重建零收费政策和燃油税费改革政策,最大限度降低灾后重建成本。清理整顿涉及农民负担的价格和收费,推进涉农价格和收费公示工作，巩固涉农收费公示成果。发放涉农公示牌9个，公示率100%。制定《水磨生态旅游风景区价格投诉制度》、《水磨生态旅游风景区价格行为规范》等规章制度。

【价格认证】 严格按照《四川省涉案物品价格鉴证操作规程》开展价格鉴证工作，出具价格鉴定结论报告做到资料齐全、程序合法，计算准确，结论真实。共办理各类司法、执法机关委托鉴定案件19起，鉴证额30万余元。

【机关建设】 成立党风廉政建设领导小组，明确指导思想，提出"建一流班子，带一流队伍，树一流形象，创一流业绩"目标。领导班子成员自觉按照党政议事规则行事。严格执行各项规章制度，坚持以制度管人管事。

机关作风效能建设活动中，提出"五不让"，要求职工做到"十个一点"。在创先争优活动中，围绕中心任务，实施先锋工程，要求职工在岗位上比贡献比奉献。开展感恩教育，要求职工感恩党、感恩人民、感恩援建、感恩社会、感恩家人。

工商行政管理

【领导名录】
党组书记、局长　泽里亚
副局长　　　　　余土泉
　　　　　　　　任称罗尔日（4月起，挂职）
纪检组长　　　　吴文军

【企业服务】 继续完善"四个绿色通道"，让符合准入条件的市场主体快速进入。继续深化"一审一核"制度，规范登记行为。贯彻落实《国务院关于鼓励支持和引导非公有制经济发展的若干意见》以及省、州、县相关政策，促进民营经济发展。做好企业年检、个体户验照工作，继续按照"一审二核三补齐"要求，实现各种基础资料完整。截至11月30日，登记注册企业共541户，（其中，内资企业162户，注册资金40850万元；私营企业379户，注册资金112323万元）；农民专业合作社50户，成员出资总额为4582万元；个体工商户2393户，资金数额10766万元；新发展企业68户，注册资金14624万元；新发展个体工商户601户，资金数额3996万元；新发展农民专业合作社20户，成员出资总额为2661万元；新申报县级"守合同重信用"企业11户，复审2009年度省级"守合同重信用"企业6户；办理动产抵押登记12件，融资金额17973万元；股权出质1件，融资金额400万元；现场参加拍卖14次，备案14次，拍卖确认金额10734万元。

支持工业园区建设，建立园区企业档案，建立对接机制。

【商标广告管理】 开展商标法律法规宣传，实施商标战略，为企业、农户咨询、指导注册，2010年全县共有6件注册商标申请成功。加强户外广告监测。全年办理广告备案14件，户外广告登记7件，对全县所有具备广告经营资格单位作广告经营许可证年审。完善广告监测机制，建立医疗、药品、保健食品广告监测专项台账。对辖区内各类广告使用语言文字情况进行专项检查清理，检查各类广告70条（幅），限期整改违规使用广告用语两条。

【"三百"示范工程】 按照"三百"示范工程总体部署，建立登记台账，开通登记绿色通道，实施"三百"示范工程。

【经济秩序整顿】 在全省灾后重建现场会期间，发扬"白加黑"、"5+2"工作作风，全面开展经济秩序整顿，从4月6日至5月7日，共出动执法车辆140台次，执法人员904人次，拉网式检查各类经营户2400余户。会同县市政公用管理局等对各乡镇、公路沿线1200余户商户制作并悬挂统一样式、规范的店招店牌。取缔占道经营户136户，撤销、涂抹、规范违规设置、张贴广告

737处，发出行政抄告文书1份，设置"12315"消费者申诉举报提示牌3个。开展上门服务，为水磨老街90余户新开业经营户办理工商营业执照。

联合公安、交通、教育等相关部门，出动执法人员30人次、车辆6台次，检查全县中小学、幼儿园25所次，检查校园周边各类经营户130户次（其中网吧21户次，食品经营户100余户次），整改网吧6户、文具经营户两户，取缔非法食品经营户10户，没收过期变质食品385瓶（袋），对学校发出行政建议书1份。截至11月30日，出动执法人员600人次，检查县城及各乡镇集贸市场40个次，指导市场设置张贴宣传公示栏3个，健全市场有关设施20项。检查县境内卷烟零售户417户，查处证照不符经营户37户，变更登记证照地址不一致经营户103户。全年，检查全县登记备案的"家电下乡"经销网点26户次。

【食品安全专项整治】 贯彻落实《建立流通食品安全保障制度实施方案》《阿坝州工商行政管理系统关于当前办理食品流通暂行意见》等规定，加强辖区食品流通许可监督管理。自制印发《办理"食品流通许可证"场地设施规范及责任要求》《食品安全承诺》等食品安全制度文本400余份。帮助食品经营户建章立制，完善开业条件。截至11月30日，办理食品流通许可证181户。

以消费量大、群众利益密切相关的禽蛋、肉类、奶制品、饮料、儿童食品等为重点，检查辖区内相关食品经营户300户次。对糕点、饮料、肉类制品、水产品等流通环节易使用食品添加剂包括防腐剂、发色剂、漂白剂等及添加非食用物质情况开展监督检查。

加大查处销售假冒伪劣商品，经营过期、变质食品等违法违规行为力度。收缴过期变质、"三无"食品24公斤，立案查处销售不合格食品案件两件，责令下架过期食品50袋（盒），没收并销毁不合格食品120余公斤，处罚款4.2万元。依据《中华人民共和国动物防疫法》，配合畜牧局、公安部门查处非法购进未经检疫检验猪头244斤（48头）。

开展"食品安全示范店"创建活动，在全县食品经营户中全面开展评查，确定19户"食品安全示范店"。

【建材市场监管】 对建材市场实行专人专管，单独建立建材经营户巡查台账、建材经营户登记资料台账，与建材经营户签订目标责任书、灾后建材质量承诺书，统一发放建材进销货台账样本。每月专项巡查建材市场至少一次。截至11月30日，共出动执法车辆10台次、人员72人次，对县境内19户生产砖、水泥和67户经营钢材、水泥、建辅材料的建材经营户进行多次检查，责令办理营业执照1户，责令建立进销货台账10余户。

质量技术监督

【领导名录】

局　　长　　庞志宽
副局长　　　刘　闻
　　　　　　罗　勤

【食品质量安全】 结合"3.15"和"质量提升年"活动，大力进行食品质量安全宣传，发放食品质量安全宣传资料近万份。到食品生产企业宣讲《食品安全法》，发放法律手册，张贴宣传画。组织企业管理人员和负责人参加《食品安全法》培训。《食品安全法》实施后深入企业调研，进一步深入宣传，了解执行情况。

严格长效机制，开展巡查工作，发现问题及时报告州局，及时更新食品生产企业质量档案。进一步完善《汶川县食品生产加工企业及小作坊产品质量专项整治实施方案》《汶川县处置生产领域食品质量安全突发性事件应急预案》等监管制度，再次明确乡镇政府、片区监管员、政府协管员、企业检验人员责任，将责任落实到人。对全县4家食品生产企业巡查10次，无一例食品生产加工质量安全事故发生。

继续深入开展食品生产加工质量安全整顿工作。严格执行市场准入制度，未取得生产许可证的企业决不容许生产。截至11月底，恢复两家茶厂和1家白酒小作坊；新增1家岷江甜樱桃果酒企业和1家山泉水生产企业。帮助两家企业恢复生产。

5月中旬，按照《四川省阿坝质量技术监督局办公室关于加强食品添加物质监管的通知》（川阿质监办函）〔2010〕19号）要求，对照食品添加剂目录，对汶川县境内两家茶厂、1家樱桃果酒厂和1家白酒生产小作坊进行检查，同时宣传食品添加剂使用规定。

元旦、春节前，共出动10余人（次），车辆5台（次），对1家白酒小作坊和7家糕点生产加工点进行食品安全专项检查。中秋、国庆前出动执法车辆1台，执法人员8人次对两家超市和7家蛋糕店再次进行专项检查。

配合汶川县食品安全委员会及相关县级部门开展食品质量安全工作。配合州局食品科做好QS证换证和年检工作。

【质量监督】 成立领导小组，开展"质量提升"工作。全年对42家主要生产企业进行建档。在全县境内开展"查建材、保平安"专项整治活动，对辖区内现有3家水泥厂、14家砖厂、8家滑石粉厂进行质量监督检查。查处违规企业1家。对建材生产企业负责人进行《产品质量法》等法律法规、政策宣传教育。同时，积极引导消费者科学消费，增强消费者识别建材产品质量优劣的能力，提高自我维权意识。新增四川名牌企业1个，组织1家企业继续申报四川名牌，发展企业质量信誉等级AA企业1个。

做好季度和年度质量分析报告工作，并将分析报告上报县政府和阿坝州技术质量监督局。年检企业许可证8家。继续深入推进"质量兴县"活动。

【标准化工作】 继续巩固"消无"成果，做好企业标准备案工作，对两家食品生产企业进行标准化备案。做好农业标准化示范项目申报调查和摸底工作。打造省级农业标准化精品示范区（汶川岷江甜樱桃精品示范区）1个。启动汶川羌绣、软枣和茂山甜枣地理标志保护申报工作。鼓励和引导企业进行采标，帮助阿坝州禧龙工业硅有限责任公司成功通过双采。

【稽查工作】 在各大节假日前，会同药监、工商、卫生等部门，开展以"打假保名"为主线的执法打假行动。全年，出动执法人员120余人次，检查建材生产企业110余家次，立案查处无标生产案件1起，特种设备案件两起，处理投诉案件1起，现场处罚代码过期未年检14个，罚款14.38万元。

【特种设备安全监察】 全年共出动执法人员240余人次，检查特种设备使用单位200余家次，共检查在用特种设备900余台次，累计排查安全隐患9家，向特种设备使用单位下达限期整改安全监察指令书18份。共立案查处行政执法案件3起，办理行政执法案件3起，结案率达100%，罚没款共计1.5万元。全年特种设备无安全事故发生。继续宣传贯彻国务院《特种设备安全监察条例》及各类特种设备安全监察规定。巩固特种设备普查成果，进一步完善动态管理机制。及时更新数据，对新安装的特种设备及时进行登记注册，并对在用特种设备进行经纬度定位。加强与州特检所的协调，积极配合搞好特种设备检验工作，共检验锅炉7台、压力容器111台、起重机械91台、电梯12台，在用检验率达90%以上。做好每季度在用特种设备日常巡查工作，及时纠正在用特种设备不安全行为。做好电梯专项整治工作，共出动执法人员57人次，检查电梯使用单位

26家，起重机械80余台次。做好重点监控设备定期检验，重点监控设备作业人员持证，重大隐患跟踪整治工作，确保重点监控设备定期检验率100%，重点监控设备作业人员持证率100%，重大隐患督查整治率100%。严格实施在用特种设备使用登记，登记率达到100%。

【计量与认证工作】对县境内家电下乡销售产品严格开展3C认证检查，对县内各施工单位实验室计量资质进行认真检查，严厉打击不具备资格的实验室。"六一"儿童节前夕，对县城销售儿童玩具进行3C检查，检查发现销售的玩具大部分在3C认证目录内，禁止销售没在3C目录范围的玩具产品。同时再次对商家进行3C相关知识的宣传。

中秋、国庆前夕对辖区内集贸市场、餐饮点、超市使用的电子计价器进行逐一检查，共检查60余只，无不合格电子计价器，随机抽查定量包装商品12个，误差均在允许范围内。11月中旬，对全县7家加油站开展专项执法检查，进一步整治和规范成品油市场程序。深入企业宣传GB17167—2006《用能单位能源计量器具配备和管理通则》。8月，出动人员30余人次，车辆5台次对全县境内恢复生产的15家主要耗能企业进行检查，大部分企业没有完全建立能源数据计量中心，有一部分能利用计算机实现计量数据网络化管理。只有阿坝州四A公司建立能源统计报表制度，建立能源数据计量中心，实现了计算机网络管理。认真开展"5.20世界计量日"活动，做好辖区内定量保证生产企业的监督抽查工作，4家定量包装生产企业监督抽查全部合格。

【代条码工作】及时为用户办理年检、变更、换证、迁移等服务，全年新办93条，变更39条，换证59条，废置两条，年检430余份，迁入迁出3条，代码数据更新率达到60%，代码问题数据率低于1%，过代码过期沉淀数据率低于15%，电子档案数据质量合格率达95%。对到期条码及时通知企业进行续展，续展率达100%。新发展条码单位两家，做好发展对象调查和摸底工作。

【依法行政】阿坝州质量技术监督局法规科率先在汶川县质量技术监督局进行阳光执法、开门审案活动。8月，汶川质量技术监督局与理县质量技术监督局进行案卷交叉检查。全年，依法执行罚缴分离规定，共查处违法案件6件，结案5件。全年无行政复议案件和行政诉讼案件。

【机关队伍建设】加强职工学习教育工作，设立阅览室，购买书架、书桌、业务和各种内容书籍，供职工学习；搞好"五五"普法工作，定每周二、五为学法日。全年共开展普法宣传5次，出动执法人员200余人次，发放宣传材料3千余份，在办公室楼道展出普法宣传展板。为汶川县四大班子订购《四川省产品质量报》和《四川省质量公报》等报刊，完成各项新闻报道131条。1名职工赴山东学习行政执法；两名职工赴广东进行为期一月跟班学习。

加强政务调研和政务督办工作，做好机关节能降耗工作，做好节日值班、内部安全、清洁卫生、领导外出报告等工作；做好维稳、全民健身、社会治安综合治理、城乡环境综合治理工作。2010年，被汶川县委、县政府评为汶川县最佳文明单位和爱国卫生单位。

抓好财务管理，严格执行预算。做到收支两条线。按时上报灾后重建、财务平台、政府采购、国有资产等各种报表。

加强管理体制建设，编制《食品生产加工企业监管工作手册》、《建材生产企业监管工作手册》、《特种设备现场检查工作手册》等操作规程和制度，编《汶川质监局工作基本规范》、《汶川质监局办事指南》，夯实内部管理、完善监管制度、落实监管责任，全面实行精细化管理，细化各种指标，按照各种考核指标，做到月有月评月考，年终进行综合考评。

食品药品监督管理

【领导名录】

局　　长　　王科尧
副 局 长　　张素英
　　　　　　王　林
纪检组长　　黎聿明

【机构改革】 10月，汶川县委、汶川县人民政府根据中共阿坝州委办公室、阿坝州人民政府办公室《关于印发〈汶川县人民政府机构改革方案〉的通知》（阿委办〔2010〕145号）《关于汶川县人民政府机构改革方案的实施意见》（汶委发〔2010〕30号），将四川省阿坝州汶川食品药品监督管理局由四川省阿坝食品药品监督管理局调整为汶川县政府管理，并更名为汶川县食品药品监督管理局，为县政府工作部门。12月，汶川县人民政府办公室下发《关于印发汶川县食品药品监督管理局主要职责内设机构和人员编制规定的通知》（汶府办发〔2010〕105号），将其职责调整为：（一）将县卫生局承担的餐饮服务许可证、餐饮业、食堂等消费环节食品安全监管和保健食品、化妆品监督管理职责划入县食品药品监管局；（二）取消已由县政府公布取消的行政审批事项；（三）将食品安全综合协调、组织查处食品安全重大事故的职责划给县卫生局；（四）加强消费环节食品和保健食品、化妆品监督管理职责；（五）加强处方药品和基本药物生产及质量监管的职责；（六）加强药品不良反应和滥用抗生素监管职责。规定主要职责十三条，设办公室、餐饮服务监管股、保健食品化妆品监管股、药品医疗器械监管股、食品药品监督稽查大队5个内设机构。设机关行政编制9名，其中局长1名、副局长两名；纪检组长1名，党组负责人按县委规定配备，股级领导职数5名，机关工勤人员事业编制两名。

【食品安全监管】 将2010年度食品安全工作明确细化到各主要监管部门、各乡镇，并纳入年度综合目标考核。食品安全督查小组在全县各乡镇和相关职能部门开展食品安全督查工作和食品安全专项整治活动，完成元旦、春节、中秋等重大节日和全省灾后重建现场会、阿坝州首届樱桃节、"走进汶川过羌年"坝坝宴等重要活动期间的食品安全保障工作。全年出动执法人员760人次，检查涉及食品生产经营单位以及建筑工地、学校食堂、农家乐5200户次，清查粮、油、肉、调味品、豆制品、奶制品、酒、饮料、盐、桶装水、保健食品、奶粉等食品安全状况，责令整改4家，限期整改两家，没收"三无"、过期等不合格食品211件（瓶、袋），收缴各类不合格食品52千克。

通过汶川县有线电视台开展食品法律法规知识，加强对民众和从业人员食品安全知识教育。开展"春节"、"3.15"《食品安全法》等食品安全知识宣传教育活动。出动宣传人员135人次，悬挂宣传横幅5幅，发放宣传资料3100份。

【药品医疗器械监管】 组织执法人员开展拉网式大检查3次。重点检查县城、中心乡镇、旅游景点、集贸市场等区域药械批发企业、药店、县级医疗机构和各乡镇卫生院、公路沿线村卫生站。共清理销毁不合格或不符合相关要求救灾药械2106件，其中药品1916件，医疗器械190件。全年，共出动药械执法人员421人次，发放宣传资料1260余份，接受群众咨询430余人次，检查药械批发企业23家次，药械经营企业355家次，县以上药械使用单位91家次，县以下药械使用单位265家次，村医疗站27个，农村集贸市场13个次，计生药具店12家次，责令整改7家次，查处非法渠道购进药品案1件，罚款1500元。上报药品不良反应报告6例。

【机关建设】 把建设一支"政治素质好、业务水平高、服务意识强、专业知识精"食品药品监管队伍作为搞好2010年食品药品监管工作重点。组织学习食品、保健品、化妆品和药品、医疗器械监管等法律法规。着眼于服务全局、开拓创新、团结协作、应急处置、拒腐防变"五个能力"建设，推进"四好"领导班子建设。召开局务会、班子会，做到集体领导，重大问题集体决策。进一步落实党风廉政建设责任制，推动机关行政效能建设。组织廉政教育和警示教育，开展廉政文化系列活动，自觉抵制、主动打击医药购销领域不正之风。继续推进机关环境综合整治工作，加强综合工作，开展机关内部以及食品药品行业矛盾纠纷排查调处工作，维护社会稳定，开展感恩教育、三大活动，推进机关精神文明建设。

统　　计

【领导名录】
党组书记、局长　付　强
副局长　　　　　邱　涛
　　　　　　　　刘晓林（12月止）
　　　　　　　　刘永琼（12月起）

【机构改革】　10月，汶川县委、汶川县人民政府根据中共阿坝州委办公室、阿坝州人民政府办公室《关于印发〈汶川县人民政府机构改革方案〉的通知》（阿委办〔2010〕145号）下发《关于汶川县人民政府机构改革方案的实施意见》（汶委发〔2010〕30号），设立汶川县统计局，为县政府工作部门。12月，汶川县人民政府办公室下发《关于印发汶川县统计局主要职责内设机构和人员编制规定的通知》（汶府办〔2010〕107号），将其职责调整为：（一）将原在县发展和改革委员会挂牌的县统计局单独设置，承担全县统计行政管理工作；（二）取消已由县政府公布取消的行政审批事项；（三）增加能源统计、服务业统计方面的有关职责；（四）加强对全县各乡镇、县直部门统计工作的指导和综合协调，加强对统计调查项目、统计标准和统计数据发布的监督和管理。规定主要职责十条，设办公室、国民经济核算综合统计股、农业工业交通社会统计股、投资和法规股4个内设机构，设机关行政编制8名，其中，局长1名，副局长两名，党组负责人和纪检组长按县委规定配备，股级领导职数4名，机关工勤人员事业编制两名。

【第六次人口普查】　先后开展乡镇第六次全国人口普查综合培训、入户登记前普查指导员、普查员等大型培训会4次，参加培训人员达400余人，普查小区划分、小区电子地图绘制、编码等小型培训数次。2010年11月1日，第六次全国人口普查入户登记正式展开，县普查办20名工作人员，乡镇普查员600余人参与完成汶川县第六次人口普查工作。

【统计工作】　保质保量完成2009年综合、核算、工业、农业、固定资产投资、建筑业、贸易、劳动工资、城市调查等统计年报任务。圆满完成2010年1—12月定期报表任务。

【统计分析】　进行重点分析和专题研究，每月、每季及时向县党政领导提供国民经济主要指标完成进度和相关统计分析。做好反映保增长、扩内需、调结构、重民生各项措施实施情况的跟踪分析，开展落实扩大投资情况跟踪统计监测，提高进度经济形势分析质量，提高服务的针对性和有效性。重点加强工业、能源、房地产、投资和消费市场调研分析，进一步加强统计信息工作，向有关部门提供"短、新、快"信息资料，全年撰写14期《汶川统计》分析资料，专题分析报告两篇《灾后重建紧锣密鼓固定资产投资喜人》、《工业发展快速企业效益良好》；综合分析报告两篇《汶川县2010年一季度经济运行情况》和《汶川县2010年上半年经济运行情况》。向县委、县政府及有关部门分别提供20期《汶川县国民经济主要指标》和《汶川县固定资产投资主要指标》。向县委、县人大、县政府、县政协领导及县级有关部门发送《汶川县领导干部经济工作手册——2009》91本。

【统计执法】 进一步推进统计法制工作，开展抽查和交叉验收，及时通报和曝光统计违法案件。加强统计法制宣传，增强依法普查意识。采取点面结合，突出重点等方式广泛宣传人口普查重要意义和普查对象权利、义务，做到标语、口号进社区。利用统计年报会议进一步学习有关法律法规。学习国家《统计违法违纪行为处分规定》，在自查的基础上重点抽查，严格审查是否存在统计资料编造虚假数据等15种统计违法行为，要求各单位认真贯彻《统计法》，在统计工作中不得虚报、瞒报、拒报、屡次迟报、伪造、篡改统计资料，不得拒绝或者妨碍接受各种法定调查，提供不完整普查资料。完善执法监督机制，规范执法程序，提高依法行政、依法统计、依法检查的水平。

【统计培训】 组织业务人员参加州统计局组织的各种业务培训。12月，组织全县基层统计人员260人参加年报培训会。组织统计从业资格证、继续教育、职称考试报名等工作，共培训从业资格人员65名。

【机关建设】 7月1日至9月30日，在全局开展机关作风效能建设活动。继续开展党风廉政建设和党建工作，领导干部按照"一岗双责"、"一把手"负总责要求，在抓好业务工作同时，积极主动抓好党风廉政建设责任制分解和落实工作。加强制度建设，进一步规范人、财、物管理。扎实开展平安创建工作，与县监察局等有关单位签订创建平安协议，所有职工参加"平安家庭"创建。

农　　调

【领导名录】

队　　长　　蒲　勇
副队长　　　邓　泓
　　　　　　门孝文

【业务培训】 组织职工参与上级调查队举办的各种有针对性业务学习培训，提高调查专业人员业务水平。4月下旬、10月中旬、11月下旬分别召开全县调查业务培训会议、片区辅助调查员业务培训会议、农村住户调查年报会议等，加强对基层报表、台账的核实检查工作，严把主要数据的质量关。

【基础调查】 以"夯基础、强素质、提效率"为目标，执行全国统一调查方案：住户调查季报报出后，逐点检查，重点抓收支大户、农忙季节、过年过节、红白喜事等关键环节，使"两账"建立符合规范化，自产自用农副产品按统一规定计价。全面调查被调查户外出劳动力打工人员就业情况、收支情况、返乡情况，农作物播种面积意向调查、农用生产资料准备情况调查、大小春预实测质量检查，规范调查方法，调查主要畜禽产品产量月、季报搜集对象、范围、内容等。进一步完善和加强主要农产品生产价格和中间消耗调查工作，保证数据准确，及时上报。

【调查信息】 凡上报总队、州队信息、发往报刊和电台等其他媒体信息须经队分管领导审签。全年提供"汶川县恢复重建民生优先"、"汶川'五大举措'妥善解决民工工资"、"汶川调查队全体职工情系玉树灾区"、"州、县调查队共抓基层网点辅助调查员业务培训"、"国家统计局局长马建堂赴汶川考察灾后恢复重建并慰问统计调查工作人员"、"汶川队多形式宣传庆祝统计'双日'"、

"汶川掀起农村劳动力转移'阳光工程'培训热潮"、"汶川队立足新高做好农村住户新点培训工作"等信息;撰写"2010年1—6月汶川农村居民现金收入运行趋势分析"、"汶川恢复重建工作完成后存在的后续问题及相关建议"等分析材料。

【调查网点】 根据总队农村抽样调查样本轮换各阶段工作安排、要求,与相关部门和乡镇协调完成调查网点样本轮换工作。国家网点从60个变为100个,地方网点从120个变为140个。并对新点记账户做记账培训,颁发记账聘用证书。

【机关队伍建设】 组织全体职工重点学习党的十七大精神、胡锦涛同志一系列重要讲话精神、《毛泽东、邓小平、江泽民论科学发展》、《科学发展观重要论述摘编》、《读点经典》、党在农村的基本路线、方针、政策及市场经济和"五五"普法知识;学习调查队业务知识、计算机及网络知识和相关其他科学知识。

继续开展深入学习实践科学发展观活动,结合《廉政准则》深入推进党风廉政建设,促进党员干部对《中国共产党党员领导干部廉洁从政若干准则》学习,进一步提高反腐倡廉教育效果,深化党风廉政建设,增强党员干部学习《廉政准则》自觉性。

审 计

【领导名录】

党组书记、局长 吴 麟
副局长 贺世昕
　　　　 苟金伟
　　　　 王荣楷

【机构改革】 10月,根据中共阿坝州委办公室、阿坝州人民政府办公室《关于印发〈汶川县人民政府机构改革方案〉的通知》(阿委办〔2010〕145号)和中共汶川县委、汶川县人民政府《关于汶川县人民政府机构改革方案的实施意见》(汶委发〔2010〕30号),设立汶川县审计局,为县政府工作部门。12月,根据汶川县人民政府办公室《关于印发汶川县审计局主要职责内设机构和人员编制规定的通知》(汶府办发〔2010〕104号),将其职责调整为:(一)将对党政干部和国有企业及国有控股企业领导人员任期经济责任的审计,审计监督社会保障基金和环境保护资金,对县级国家建设项目工程资金统筹、使用情况的审计职责划入县审计局;(二)取消已由县政府公布取消的行政审批事项;(三)加强对关系国计民生的资源能源、农业与环境保护、灾后恢复重建、扩大内需、扶贫开发、社会保障等专项资金的审计职责。设办公室、经济责任审计股、财政金融审计股、行政事业审计股、经贸企业审计股、固定资产投资审计股、法制复核股7个内设机构。机关行政编制12名,其中局长1名、副局长两名;党组负责人和纪检组长按县委规定配备;股级领导职数7名。机关工勤人员事业编制两名。

【概述】 全年完成25个审计项目,其中,预算执行审计1个,授权审计1个,专项审计5个,县委、县政府交办审计1个,固定资产审计11个,经济责任审计5个、审计调查1个。查出管理不规范资金14783万元,工程审减200万元,审减率12%。提出审计意见建议44条,发出审计建议函11份。

【财政预算审计】 组织人员组成审计组对汶川县2009年度预算执行情况和其他财政收支情况进行审计,坚持"揭示问题、规范管理、促进改革、提高效益、维护安全"的财政审计工作思路,坚持以推进社会主义公共财政体系的健全完善和维护财政安全为核心目标,规范财政管理、防范财政风险、促进财政体制改革和提高财政资金绩效。查出管理不规范资金7382万元,提出整改意见和建议4条。

【授权审计】 根据州审计局授权，县审计局派审计组对县地税局2009年度机关经费进行审计，共查出管理不规范资金75万元。在审计中严肃查处违反国家财经法规行为，同时注重服务，根据被审计单位实际情况，从规范管理制度入手，提出操作性强的审计意见和建议6条，帮助被审计单位提高财务管理水平。

【专项资金审计】 完成2008年7月至2009年6月四川省中国——默沙东艾滋病合作项目资金审计、2009年度结核病控制项目经费收支情况审计、教育发展"十年行动"专项资金审计、2009年度至2010年10底扶贫开发综合防治大骨节病资金审计、县文化体育局人员因公出国经费审计，提出审计建议12条。

【其他审计】 按照县委、县政府安排，派出审计组对威州镇秉里村风貌改造工程管理情况进行专项审计调查。查清产生纠纷原因，查出工程量不实、材料价格过高、无工程监理人员等问题，提出审计建议3条。年初，受县委组织部委托，对县残联、县信访局、县雁门乡、县漩口镇、县银杏乡5个单位原负责人的经济责任进行离任审计，查出管理不规范资金5084万元，并责令立即纠正，提出审计建议19条。

【固定资产投资审计】 完成固定资产竣工决算审计11个，审减200万元，审减率12%。通过审计，查清建设资金来源、工程造价和项目建设等方面管理情况以及有关政策执行情况，并针对存在的问题提出建议，揭露和处理存在的违规违纪问题，促进项目法人加强各项管理，堵塞漏洞，提高投资效益。

【扩大内需和重建资金审计】 按照省、州相关文件要求，为促进扩大内需和灾后恢复重建资金使用的真实、合规、高效，推进全县灾后重建工作有力、有序、有效进展。对县级投入和"交支票"工程项目进行全过程跟踪审计，并按时向州审计局报送报告和报表。

【审计调查】 按照《关于转发中组部办公厅、审计署办公厅〈关于加强抗震救灾"特殊党费"援建项目审计监督的通知〉的通知》（川组通〔2009〕128号）文件精神，县审计组成审计组对"特殊党费"资金管理使用情况进行专项跟踪审计调查。审计组到县财政局、民政局、各乡镇以及部分村组农户，对汶川县"特殊党费"援助灾后恢复重建政策措施的落实、农房灾后恢复重建补助资金的发放、学校建设、村级活动场所建设、远程教育站点建设、烈士家属慰问金发放等进行跟踪审计。重点跟踪审计调查县财政局、民政局等部门，并延伸审计调查各乡镇及所属的部分村社和部分"特殊党费"灾后恢复重建工程项目实施情况，并采取其他必要的调查方法。对审计中发现的问题提出审计建议函11份，责令相关部门整改。

【审计协助】 配合审计署成都特派办开展灾后恢复重建审计工作。根据《四川省汶川地震灾后恢复重建审计工作方案》的要求，灾后恢复重建中央投资项目资金由审计署负责对资金的管理、拨付、使用进行审计等要求，县审计局主动与成都特派办和广东省审计机关取得联系，对如何开展好审计工作进行进一步探索和协调；联合成立审计协调小组，负责组织实施灾后恢复重建审计工作，确保审计质量，完成各项审计任务。

【机关建设】 将抓机关自身建设、工作作风建设和创先争优活动作为工作的重中之重，促进审计干部廉洁、文明从审意识，继续推行审计公示制度，对审计人员依法审计、廉洁从审、秉公执法情况进行及时有效全方位的监督，倡导文明审计理念，自觉以社会公德约束自己；重视审计回访和落实整改，对审计廉政情况进行突击检查，听取被审计单位反映，对违反规定的一经发现严肃处理。始终注重制度和党风廉政建设，建立健全内部各项制度，严格执行时间纪律；坚决抵制和防止审计不作为和审计乱作为，主动接受社会各界对审计工作进行监督。结合"五五"普法开展审计法规等学习宣传,加强审计质量内部控制制度的建设,规范审计行为,推行送达审计;加强和改进审计基础管理工作,强化审计法制工作,不断提高审计法制化和规范化水平;加大对审计意见和决定的检查、督促,加强审计执法监督检查,严格审计复核,做到依法行政、依法审计。

国土资源

【领导名录】
局　　长　　唐作斌
党组书记　　尚贤明
副局长　　　尚　军
　　　　　　张　琪(挂职,12月止)
　　　　　　吴　斌(5月起,挂职两年)

【机构改革】 10月,根据中共阿坝州委办公室、阿坝州人民政府办公室《关于印发〈汶川县人民政府机构改革方案〉的通知》(阿委办〔2010〕145号)和中共汶川县委、汶川县人民政府《关于汶川县人民政府机构改革方案的实施意见》(汶委发〔2010〕30号),设立汶川县国土资源局,为县政府工作部门。12月,根据汶川县人民政府办公室《关于印发汶川县水务局主要职责内设机构和人员编制规定的通知》(汶府办发〔2010〕92号),将其职责调整为:(一)取消已由县政府公布取消的行政审批事项;(二)将原挂靠县国土资源局的水库移民工作领导小组办公室的职责整体划给县扶贫和移民工作局;(三)加强土地供需调控和总量平衡,落实最严格的土地管理制度;(四)加强国土规划、土地利用总体规划的整体控制作用;(五)加强矿产资源规划和合理开发利用管理,强化资源回采率和资源综合利用的监督。设办公室、耕地保护和土地利用管理股、地籍地政管理股、矿产资源开发管理股、地质环境股5个内设机构。机关行政编制10名,其中局长1名、副局长两名;纪检组长1名(按县委规定配备);股级领导职数5名。机关工勤人员事业编制两名。

【土地规划管理】 保障灾后重建项目建设用地,全年划拨供地73宗,划拨面积1211.04亩。协议出让土地8宗,出让面积138.68亩,出让总价1758.34万元。

加强集体土地建设用地管理,共审批集体土地占用项目138个,审批面积1062.01亩。与规划、交通、水利、文物等部门建立农村宅基地审批会审制度,认真执行州县关于农村宅基地审批有关标准要求,严格控制用地面积,引导群众少占耕地,多利用旧宅基地和荒地建房,共审批农村宅基地16宗,审批面积3.49亩。

做好项目用地预审,办理灾后重建用地预审147宗,预审面积2541.83亩,保障农民合法权益,办理因灾失地农民身份认定证明1012份。

【耕地保护】 认真贯彻执行《基本农田保护条例》和耕地保护相关政策规定,加强耕地和基本农田保护,利用第二次土地调查成果、结合新一轮土地利用总体规划修编,做好基本农田布局调整,做到数量与质量并重,建立健全基本农田保护责任制,落实区域管制、从严控制非农建设占用基本农田。

【土地复垦整理】 为改善农民生产和生活条件,提高农业生产能力,进一步加大灾毁土地复垦整理力度,全面完成灾毁土地复垦整理规划任务。截至12月底,累计复垦整理土地10.7万亩,其中灾毁耕地复垦整理8.49万亩,废弃宅基地7440亩,临时用地复垦4569亩,损毁城镇和工矿建设用地1009亩。

【土地利用总体规划修编】 根据上级国土资源部门安排和国民经济和社会事业发展规划、国土整治、环境资源保护要求,为落实严格的耕地保护制度和严格的节约用地制度,加强对耕地和基本农田的保护，处理好保护耕地与推进城镇化、工业化发展和生态建设的关系，从严控制建设用地规模，完成全县土地利用总体规划修编工作。

【土地市场管理】 全年，与阿坝州公共资源交易中心合作，举行3次国有土地使用权拍卖、挂牌出让活动，1宗土地位于乡镇，挂牌成交价57.54万元，另两宗位于汶川县城，拍卖成交价2600万元，出让面积25亩。

【地质灾害防治】 成立县主要领导任组长，县内驻军、民兵预备役，以及县级相关部门负责人为成员的地质灾害防治工作领导小组。编制下发《汶川县2010年地质灾害防御预案》和《汶川县地质灾害应急预案》，建立和完善防灾责任制，将灾害危险点、段巡查和监测落实到乡（镇）、村、组和各监测人员，推进"群防群测、群专结合"，减轻次生地质灾害损失。按照《四川省人民政府办公厅关于组织开展汛期地质灾害隐患再排查紧急行动的通知》（川府发电〔2010〕31号），组成由县人民政府分管领导任组长，安监、国土、交通、水利、公路、公安等部门负责人为成员的检查组，到全县各乡镇开展检查，保障人民群众生命财产安全。

全面恢复和重建地质灾害群测群防网络，对威胁群众生命财产安全的815个隐患点建立和完善地质灾害防灾预案，逐点划出地质灾害危险区，设立警示标志，落实13名乡级防灾责任人、118名村级防灾责任人和698名监测人员。发放"地质灾害防灾明白卡"1630份、"地质灾害避险明白卡"2.2万份。监测人员坚持24小时值班，开展有效监测和预警工作，一旦出现险情，及时预警迅速组织受威胁群众撤离。

对集镇、农村村民安置点和灾后恢复重建项目建设用地开展地质灾害危险性评估，为科学重建提供依据。开展农村地质灾害隐患点除危排险和避让搬迁，为促进防灾从被动防治向主动防治转变，启动726户受地质灾害严重威胁的村民避让搬迁工程。开展农村安置点地质灾害隐患点的除危排险工作。

按照中期调整后的专项规划，全县重大地质灾害治理项目115处。已完成所有项目勘查设计工作和设计预算财政评审。其中资金到位的59个项目全面完成立项和招投标，竣工44处，正在施工15处，完成投资2.7亿元。

【防灾培训】 聘请专家为农村干部群众讲解地质灾害的成因、监测方法、应急避让以及灾后重建农村房屋选址、建设中如何防范地质灾害等科普知识，提高农村群众防御地质灾害的意识和群测群防水平。

【矿产资源管理】 完成2010年矿山年检，参加年检在建矿山19家，征收采矿权使用费1.05万元，征收资源补偿费6.8万元。全面完成年度矿业权实地核查，验收在建矿山矿业权实地核查19家，各项技术指标均完成设计要求，通过省厅验收。做好探矿权、采矿权审核，全县6处探矿权开采报告已收集归档，并对全年各探矿权队伍工作任务进行预审，逐级上报年检；对采矿权有效期已满提出延续登记申请的矿山，按照相关规定拟订方案上报县人民政府。

开展矿山地质环境治理工程治理，阿坝矿业茅岭铁矿地质环境治理工程已完成立项、财评预算，投资估算626万元，按照招标方式正准备公开招标。

全年开展矿山安全大检查5次，在检查过程中发现部分矿山安全生产警示标志残缺、安全制度不健全，县国土资源局会同安监局下发整改指令5份，要求企业限期进行整改；对"8.14"强降雨造成部分矿山排水设施被破坏的矿山企业，提出明确修复要求；对开采不规范存在安全隐患的矿山企业下发整改通知1份，要求限期整改。

县国土资源局会同水务局、安监局、环保局开展全县河道采砂、人工制砂清理整顿，清理全县

综合管理与行政监督

砂石场90家、河道采砂单位(个人)72家,采砂船63条。下发责令停止开采通知书26份;对银杏乡彻底关大桥砂石场和映秀镇境内303线头道桥砂石加工场下发停采关闭通知书,责令立即停止开采,并在规定时间内拆除加工设备及构建物。

【地籍地政管理】 加强地籍地政规范化管理,依法进行土地登记发证,全年,共登记发证800余本,完成登记面积9.4万平方米,其中阳光家园一期安置房土地使用证颁证530余本;初始登记25宗;变更登记1455宗。在日常工作中,推行登记公开查询制度,土地登记所有资源(除权利人要求保密部分)均可查询,其土地登记资料应土地权利人要求可以复印,共查阅地籍档案31宗。

【土地执法监察】 按照巡查网络和工作情况对13个乡镇、矿山及重大项目用地实施重点巡查,全年,共巡查300余次,发现土地、矿产资源违法行为3起,及时立案查处3件,收取罚款3432元。共处理群众来信来访10件,做到件件有落实。对辖区内用地及非煤矿山企业坚持常年巡查。制定动态巡查制度,明确土地、矿产执法监察动态巡查责任,对城区范围内、都汶公路两侧及城郊村民用地坚持重点巡查,节假日不休息轮流巡查,有效遏制动态巡查重点区域的乱占滥用土地现象。确保全县土地、矿产资源开发利用秩序。

【土地卫片执法检查】 按照全州土地卫片执法检查工作安排,汶川县及时开展此项工作,共复核疑问图斑21个、面积1000余亩,并经省、州检查验收合格。

【第二次土地调查】 继续完善土地二次调查成果。完成四川省国土资源厅安排的"一张图工程"及州人民政府安排的"高半山土地资源调查"工作。

【灾后重建推进情况】 "5.12"汶川特大地震发生后,全县先后开展《汶川县地质灾害调查与区划》补充调查、"汶川地震灾区次生地质灾害调查"、"汶川县地质灾害调查与区划详查"、"8.14特大山洪泥石流地质灾害排查"。到2010年年底,全县经专业地质队伍调查确定的地质灾害隐患点815处,其中,滑坡153处,崩塌345处,泥石流164处,不稳定斜坡152处,地面塌陷1处。

在专业队伍调查的基础上,省组织专家编制《四川省5.12地质灾区恢复重建地质灾害防治专项规划》规划"工程治理"201处、规划投资101163.4万元,"除危排险"74处,规划投资679.5万元,"避让搬迁"5117户19356人,估算投资金额11257.4万元;监测预警69处,规划投资336.5万元,地质灾害防治能力建设投资250万元。威胁道路、河道、水电水利设施的隐患点232处,由交通、水利、河道管理部门综合防治。按照中期调整后专项规划,汶川县重大地质灾害治理项目115处。已完成所有项目勘查设计工作和设计预算财政评审工作。其中资金到位的59个项目全面完成立项和招投标工作,竣工44处,正在施工15处,完成投资2.7亿元。

开展土地开垦整理,在"5.12"汶川特大地震发生后,全县农村耕地严重损毁,为做好农业恢复重建工作,缓解灾后人地突出矛盾,解决农民长远生计问题,及时编制《汶川县汶川地震灾毁土地整理复垦实施方案》,明确全县灾毁土地任务,并安排各乡镇组织各村、组及农户对灾损土地中可复垦土地进行复垦整理。截止2010年12月,全面完成灾毁土地复垦整理规划任务,复垦整理土地10.7万亩,其中灾毁耕地复垦整理8.49万亩,废弃宅基地7440亩,临时用地复垦4569亩,损毁城镇和工矿建设用地1009亩,并拨付灾毁土地复垦整理资金13200万元。

保障灾后重建项目用地,为符合划拨供地目录的建设项目办理划拨用地手续,划拨供地144宗,面积2897.39亩,保障全县安置住房、学校、卫生院、市政公共设施用地。配合业主单位做好用地报批，完成映汶高速项目用地上报，申报用地面积123.21公顷；完成汶马路改造汶川段先行用地上报，申报面积212.1亩；完成汶川至川主寺公路改造先行用地上报，申报面积447.6亩。

加强集体土地建设用地管理，与规划、交通、水利、文物等部门建立农村宅基地审批会审制度，认真执行州县关于农村宅基地审批有关标准要求，严格控制用地面积，积极引导群众少占耕地，多利用旧宅基地和荒地建房，共审批农村宅基地279宗，审批面积56.73亩。

完成因灾失地群众跨州异地安置工作。受汶川"5.12"汶川特大地震影响，汶川县部分因灾失地农户生存环境恶化，生产资料得不到保障。省委、省政府经多方统筹协调，决定对部分因灾失地群众实行跨州异地安置。在全县各相关部门的密切配合下，圆满完成跨州异地安置145户，681人（其中龙溪乡142户674人，漩口镇3户7人）。

根据灾后重建建材特供有关规定，经县委、县政府审定，协议出让页岩矿采取权6宗，收取采矿权价款300万余元。为保证灾后恢复生产砂石用量，组织人员进行打击非法采石、采砂行为专项整治行动，先后制止非法采砂、采石行为20余起，下发《停采通知书》30余份，有效扼制非法采矿势头，保护全县矿产资源。同时，"5.12"特大地震使我县98%的矿山基础设施破坏严重，矿山道路损毁30余公里，采矿设备损毁150套（件），经济损失5000万元。县国土资源局组织各矿山企业积极开展灾后生产自救，指导企业投资1500万元恢复矿山公路25公里，修缮采矿设备60套，砖窑6个。到2010年12月底，矿山企业已全面恢复生产，全县页岩矸砖生产和水泥生产用料得到保障。

水　务

【领导名录】

党组书记、局长	嘉国林（2月止）
	彭勇森（2月起）
副局长	王　勇
	刘　骏（挂职，1月止）
	向万张
	刘　建
	吴文奎（5月起，挂职两年）
	黄　升（5月起，挂职1年）

【机构改革】 10月，根据中共阿坝州委办公室、阿坝州人民政府办公室《关于印发〈汶川县人民政府机构改革方案〉的通知》（阿委办〔2010〕145号）和中共汶川县委、汶川县人民政府《关于汶川县人民政府机构改革方案的实施意见》（汶委发〔2010〕30号），设立汶川县水务局，为县政府工作部门。12月，根据汶川县人民政府办公室《关于印发汶川县水务局主要职责内设机构和人员编制规定的通知》（汶府办发〔2010〕106号），将其职责调整为：（一）将原县农业水利局负责的水务行政管理职责和原县规划建设局承担的城市供水、城市排水、污水处理以及河道堤岸管理职责整合划入县水务局；（二）取消已由县政府公布取消的行政审批事项；（三）加强水资源的节约、保护和合理配置，保障城乡供水安全，促进水资源的可持续利用；（四）加强防汛抗旱工作，减轻水旱灾害损失；（五）加强对水利建设工程项目招标投标活动的监督。设办公室、水利管理股、农电股、供排水管理股4个内设机构。机关行政编制6名，其中局长1名、副局长两名；党组负责人

和纪检组长按县委规定配备;股级领导职数3名。机关工勤人员事业编制两名。

【饮水安全工程】 完成漩三环线自流式引水工程8处,取水枢纽6处,取水池6口24立方米,过滤池6口105立方米,清水池6口240立方米,蓄水池6口190立方米,铺设供水管道69520米,完成投资352万元。完成克枯乡木上寨自流式引水工程建设1处。建取水坝1座,取水池1口5立方米,过滤池1口20立方米,清水池1口50立方米,蓄水池两口60立方米,共投资349.85万元。投资400万元完成中滩堡村引水工程,建设取水坝1个,过滤池、清水池各1口,安装水管1200米。投资105万元完成绵虒镇三官庙村改水工程,建设渠道8000米,安装管道11千米。完成威州镇茨里村维修加固工程50%和三江乡照壁村排灌工程20%。

【水土流失治理】 完成堡子关小流域治理工程,治理水土流失面积1.4万平方米,蓄水池163口,沉沙函126口,截水沟36千米;共投资6537万元。生态修复工程1个9处,工程全部开工,完成1处,建设蓄水池60口,种草67.66公顷,栽植水保经果林26.43公顷;其余工程完成60%。

【河道疏浚】 完成河道疏浚工程14个,完成投资1495万元,清除堵塞物46.15万立方米。

【水利项目重建】 国家切块资金水利项目总数25个(其中子项目45个),规划总投资3亿元。截至年底,已完工项目10个,有水产养殖项目、威州镇小流域治理(保子关等)工程、农林畜产业恢复基地建设供水工程、卧龙镇农村供水工程、耿达乡农村供水工程、次生灾害损毁及水源点不稳定恢复供水工程、寿溪河水磨黑土坡段堤防工程、三江乡寿溪河河坝村至照壁村(外河)河堤及河道防洪治理工程、银杏桃关堤防工程、映秀农村集中饮水工程之中滩堡引水工程,总投资8400万元。在建项目15个(受汛期影响暂停施工的项目已恢复开工),总投资2.16亿元。完成投资2.02亿元,占总投资的67.3%。

【电力项目重建】 在5000千瓦以下电源项目中,灾后恢复在建电站1座,装机容量800千瓦,完成投资100万元。已建和在建电站共14座,装机容量39780千瓦,完成投资19950万元,各电站想方设法筹措资金,恢复重建,共完成投资16960万元,完成计划的103%,大部分电站得到恢复。

【援建水利项目重建】 援建水利项目主要包括农村供水、堰塞湖治理、堤防(含河道清理)、微型水利等。援建项目94个,总投资5.54亿元,其中规划内67个,投资3.93亿元,规划外27个,投资1.61亿元。援建项目完成率100%。水利援建饮水项目33个,涉及105个村,占全县总村数的89%,援建投资8720万元。解决6万余人饮水。援建堤防工程完成39.92千米,投资44892万元。

【防汛抗旱】 强化防汛工作行政首长负责制,明确职责和任务,建立防汛监督机制。按属地管理原则,明确重点地区、重点河流、溪、沟、水电站的防御责任人,在重点防御地段落实监测责任制,并将责任制明确落实到各村民小组,落实到人头,一级抓一级,一级对一级负责。进一步修订完善《汶川县防汛抗旱抢险预防》,汛前对境内各乡镇的防汛准备工作进行检查。在763处灾害隐患点、沿河沿沟居住点安排专人进行24小时巡查、值班,增强对灾害的应急反应能力;共发放汛期安全检查通知书350份,停止违法行为通知书10份。落实24小时汛期值班制度、领导带班制度,确保汛情通畅,不定期对各乡镇、企业值班、带班情况进行抽查。保证各乡镇和涉河建设单位有足够时间提前做好防灾避险准备,保障人身和财产安全。

在"6.8"阳光家园洪灾中出动挖掘机6台、汽车5台、搅拌车1台,清理河道内堵塞物9000余立方米,投放编织袋3000个,河砂、碎石200立方米,有效控制灾情蔓延,确保人民群众生命财产安全。"8.14"灾情发生后,及时核实灾情,为防汛救灾工作提供依据,配合各级水利部门领导、专家确定科学疏浚方案。

【水行政执法】 严格要求取水企业以多年平均流量的10%为最小下泄生态流量标准下泄,开展专项执法检查,出动执法检查车20余次,发出限期整改书6份。全年共征收水资源费386.67万元,其中,缴中央金库38.67万元、省金库236.09万元、州金库45.54万元、县金库85.24万元。加强对5000千瓦以下电站的安全生产管理,落实专人到电力发、输、供等各个环节进行检查,确保电力安全生产。

【宣传工作】 加强"世界水日"、"中国水周"宣传,利用有线电视播放水资源宣传光碟,张贴水资源海报50余张,到各乡镇宣传水法规、人与自然和谐相处理念等,增强全社会水忧患意识和水法治观念。

扶贫移民

【领导名录】
党组书记、局长　倪明高
党组副书记　　　李　煜(9月起)
副局长　　　　　李　煜(10月起)
　　　　　　　　陈　艾
　　　　　　　　王　建(10月起)
　　　　　　　　童华清(12月止)
　　　　　　　　何　秋(12月止)

【机构改革】 10月,根据中共阿坝州委办公室、阿坝州人民政府办公室《关于印发〈汶川县人民政府机构改革方案〉的通知》(阿委办〔2010〕145号)和中共汶川县委、汶川县人民政府《关于汶川县人民政府机构改革方案的实施意见》(汶委发〔2010〕30号),设立汶川县扶贫和移民工作局(简称县扶贫移民局),为县政府工作部门;将县扶贫两资以工代赈办公室负责的扶贫开发职责、县水库移民领导小组办公室的职责整合划入县扶贫和移民工作局;不在保留县扶贫两资以工代赈办公室、县水库移民领导小组办公室。12月,根据汶川县人民政府办公室《关于印发汶川县扶贫和移民工作局主要职责内设机构和人员编制规定的通知》(汶府办发〔2010〕91号),将其职责调整为:(一)将原县扶贫两资以工代赈办公室承担的两项资金管理、以工代赈以外的职责、在县国土局挂牌的县水库工程移民领导小组办公室的职责整合划入县扶贫和移民工作局;(二)取消已由县政府公布取消的行政审批事项;(三)将原县扶贫两资以工代赈办公室两项资金管理的职责划给县政府办(民宗局);(四)将原县扶贫两资以工代赈办公室承担的以工代赈职责划给县发展和改革局。设办公室、扶贫开发股、规划安置和后期扶持股、财务审计稽查股4个内设机构。机关行政编制9名,其中局长1名、副局长3名;党组负责人和纪检组长按县委规定配备;股级领导职数4名。机关工勤人员事业编制两名。

【灾后重建】 坚持"以人为本、科学规划、统筹兼顾、分步实施、自力更生、国家支持、社会帮扶"方针,以国家灾后重建整体规划和农村建设规划为指导,以实施扶贫开发项目为平台,坚持因地制宜规划,编制完成《汶川县返贫村灾后重建规划》和《汶川县以工代赈灾后重建项目规划》等项目规划。根据灾后地质灾害和环境承载能力评估结果,突出农村一房一景、一村一色、一线一特,推进改厨、改厕、改圈、改水和建断头路、建沼气池等工程,启动集中、布瓦、三官庙、萝卜寨等村风貌恢复重建示范村建设,以点带面,整体推进新农村建设。落实补助政策,协调住房贷款,争取社会支持,创新建材特供机制,加强技术指导;全县需重建农房17053户,除映秀镇3个村783户和因道路建设、集镇拆迁、教育园区、工业园区建设、地灾避让等需二次搬迁的872户外,其余全面完工,共15398户,实现"三个100%"。全县农村公路建设前期工作动工28条,完成路基170余公里,年底全面完成通村公路恢复重建。恢复乡村饮水管道671公里,恢复城乡供电、通信及市政公用服务设施。在推进产业重建中,恢复农业水利设施7处,恢复和发展猕猴桃近两万亩、甜樱桃1万余亩、无公害蔬菜1万亩、PIC生猪基地1个、100以上生猪养殖户300余户,引进农业龙头企业两家;打造漩三环线特色产业发展经济圈,推进漩三环线22个返贫村灾后社会主义新农村建设,实现农业产业化、产业企业化、企业集团化,促进农民增收。妥善安置群众,整理复垦土地3万余亩,调剂宅基地2000余亩,治理小型地质灾害100余处,失地群众县内安置2868户10921人,在邛崃市异地安置145户681人。实施劳务扶贫,探索劳务扶贫培训与农村中等职业教育有机结合途径,将短期培训转向职业教育,与省内和广东职业培训学校联系,举办各种职业技能专业培训,实施农民工劳动力转移培训309人,农民实用技术培训1270人,农业科技入户400户,实现劳务输出2300余人。加强农民工返乡实用技术培训,拓宽就业渠道,促进农民增收。

【项目申报】 结合全县灾后恢复重建和大骨节病综合防治试点工作各项规划,按照"项目规划科学合理,资金投入不重复"原则,加大各类项目申报和筛选,向上级部门争取专项资金。全年到位项目476个,6亿余元,其中,两项资金项目7个,653万元;综合防治大骨节病试点工作项目150个,2934.86万元;贫困村灾后重建项目11个,1亿余元;扶贫项目3个,395万元。新农村示范片项目150个,5亿余元,"三百"示范各项目155个,1亿余元。

【扶贫开发和综合防治大骨节病试点工作】
2010年,汶川县扶贫开发和综合防治大骨节病试点工作抓住"3213"产业振兴工程和"3215"旅游发展工程两条主线,按照建设岷江河谷现代特色农业示范区,全县投入扶贫开发和综合防治大骨节病试点资金财政扶贫资金2934.86万元,对全县15个贫困村实施易地育人、更换粮食、移民安置、社会保障、卫生防治和结构调整等重大项目。

(1)易地育人共投入财政扶贫资金7.75万元,对159名寄宿制学生定时发放生活补助。投入资金1.73万元,对学生在家两个月累计供应口粮4770公斤,共供应粮食3810公斤。(2)更换粮食共投入财政扶贫资金6.02万元。兑现大骨节病区粮食更换165人,发放粮食2.48万公斤。(3)移民安置共投入财政扶贫资金2249.9万元。对全县15个贫困村实施移民安置工程,其中,完成改房105户,风貌改造105户,改厨1035户、改厕1638户、改圈16455平方米、建院坝10767平方米、建入户路164.13公里、村内道路硬化6.6公里,安装太阳能971套,建成核桃基地2120亩,甜樱桃基地920亩,青脆李基地920亩,猕猴桃基地600亩,魔芋基地390亩;完成15个村的监测体系建设;对90名村干部和315名村民进行劳务培训。(4)结构调整共投入财政扶贫资金649万元。其中,投入养殖业209万元,建成畜产品基地1个,为绵虒镇、威州镇、雁门乡12个村300人购买商品猪900头,为绵虒镇3个村60户农户新修和改造猪舍6200平方米;投入种植业440万元,建成蔬菜基地2000亩,特色水果基地2000亩,建成猕猴桃基地1个、核桃基地1个、花卉基地1个,魔芋基地1个。(5)卫生防治共投入财政扶贫资金25.33万元。完成2个病情监测点建设并投入日常监测;每年对118名大骨节病人实施医疗救助并纳入个人新合补助;完成县、乡级医疗单位设备购买;对全县大骨节病人和医疗人员进行健康教育培训;对症治疗118人次。(6)社会保障共投入财政扶贫资金2.78万元,将5名Ⅲ度大骨节病患者实施集中供养,定时发放生活补助每人每月200元;将113名Ⅰ度和Ⅱ度大骨节病患者纳入农村低保并实施医疗救助。

全年,实际到位国家财政扶贫资金2934.86万元,上级批准核定财政扶贫资金为2997.78万元;实际到位省级配套资金移民安置资金104.17万元,上级批准核定财政扶贫资金为167.07万元。

【扶贫开发】(1)在劳务扶贫工作中,从增强老百姓致富本领入手,举办农村特色水果栽植技术培训、乡村休闲旅游从业培训和劳务技能扶贫培训1970余人次;对15名乡镇扶贫统计监测员和11个乡镇,大骨节病试点工作成员单位负责人进行业务培训,逐步推行村级扶贫资金项目扶贫监督制度和扶贫资金签收反馈制度;结合农村群众接受理论知识慢、实际操作能力弱的特点,依托乡镇林业站和农技站,在全县11个乡镇和州、县有关部门聘请14名产业发展技术指导员,解决农村产业发展技术疑难问题。(2)在实施最低生活救助行动中,对全县贫困户实行动态管理,按全县贫困人口分布情况及时发送州下拨的特困人口生活救助款245万元;通过产业扶持、对口帮扶等措施,扶持农村贫困人口6602人,其中,威州镇万村1149人、茅岭村283人、茨里村542人,雁门乡通山村461人,克枯乡木上村334人,绵虒镇涂禹山村285人、半坡村344人、板子沟村545人,龙溪乡大门村387人,草坡乡樟排村366人、足湾村439人,漩口镇蔡家杠村246人、核桃坪村207人,水磨镇白石村649人,三江乡柒山村375人。(3)在社会扶贫中,为加大帮扶工作力度,加快脱贫致富步伐,各级对口帮扶单位及社会爱心人士向贫困乡村捐款、捐物近150万元。其中,为推动全州栋梁工程扶贫助学工作深入开展,为汶川县109名符合条件的贫困学生争取栋梁工程——澳川育苗行动捐赠资金15.9万元;为贫困学生发放生活补助,为当地老百姓寻找脱贫增收门路,为贫困农户稳定增收提供保障。共到位产业化扶贫资金100万元,贫困人口生活救助资金245万元,扶贫开发和综合防治大骨节病财政扶贫专项资金2934.86万元。

【两项资金工作】全年投入全县两项资金项目7个,653万元,启动实施以教育资助行动、农村交通、乡村能源为重点的两项资金"惠民行动"及产业化推动项目。(1)在教育资助行动中,十年教育行动计划共投入61万元,解决全县610名贫困学生寄宿制生活补助。(2)在农村交通建设行动中,乡村道路建设共投入资金360万元,其中,三江乡柒山村通村公路建设项目投入40万元,银杏乡东界脑村通村道路建设项目投入100万元,威州镇七盘沟村通村公路建设项目投入130万元,草坡乡金波村(村委会办公室至白家坪含一组至四组)、足湾村(一组至马岭山组之间)通村公路建设项目投入90万元。(3)在乡村能源中,太阳能光明工程投入全县资金152万元,为威州镇牛脑寨村、增坡村、布瓦村、草坡乡码头村、龙潭村、绵虒镇羌锋村、克枯乡周达村安装太阳能1014套,可使7个村1014户村民使用上清洁能源,美化环境,实现人平节约能源开支200元。(4)在产业化推动项目中,农业产业化推动项目投入两项资金80万元。在漩口镇安子坪村、核桃坪村、水田坪村建设优质猕猴桃示范基地660亩。

【以工代赈】 督促各项目实施乡镇规范项目管理,项目档案设专卷,资金设专账由专人管理。

【"三百"示范工程】 "三百"示范工程涉及全县13个乡镇19个行政村。其中,幸福美丽村寨建设示范村建设8个,948户。精品旅游村寨建设示范村11个,2291户。县委、政府根据各村特点,给予建设形象定位。在2009年开展的灾后重建的基础上,2010年,全县投入"三百"示范工程精品旅游村寨和幸福美丽村寨建设资金近1亿元。按照《"三百"示范工程幸福美丽村寨建设标准》,对8个行政村948户农户全面开展改橱、改水、改厕、改圈、改庭院建设,8个示范村均新建面积不小于300平方米的村民活动中心,实现"一中心、五畅通、九配套",种植甜樱桃200亩,发展生猪养殖基地两个,修建养殖小区1个,组建专合经济组织两个(羌绣和运输各1个),养鸡专业户两户,发展养羊户3户,新建种植大棚占地近6亩,组建羌绣协会1个,发展猕猴桃1260亩。

【省级新农村示范县建设】 紧紧抓住灾后恢复重建机遇,以民富村美和整县推进社会主义新农村示范县建设为目标,坚持统筹城乡协调发展,科学制定整县推进社会主义新农村建设总体规划,全面实施产业振兴战略,加快社会主义新村建设。投入新农村建设资金13.37亿元,全面建设"三高"(高新、高产、高效)农业和"三新"(新材料、新医药、新食品)工业,重点打造"三精"(精品村寨、精致景点、精美景区)旅游,推进"两桃一花一牧"农业规模化、标准化、产业化,突破性发展甜樱桃、猕猴桃、花卉、现代畜牧业,带动性发展茶叶、中药材、特色水产业,打造岷江河谷现代特色农业示范区。2009年,全县农民人均纯收入为3335元,2010年农民人均纯收入4006元,比2009年增加671元,增幅率20.12%。以恢复重建为契机,以改善农村生活环境、提升农民生活品质为目标,从城乡住房重建到城镇体系布局、从交通枢纽规划到通道经济发展、从新型工业转化提升到生态休闲农业振兴、从教育资源优化到卫生资源整合、从民族遗产保护到文化旅游复兴等,坚持规划超前、思维超前,立足未来要求,因地制宜,突出特色,打造魅力特色村庄。先后组织169家规划设计单位、1200余名专业人员,分类指导,编制118个村396个安置点规划、13个乡镇重建规划、地震小区规划。全县6个镇、7个乡、117个村,402社(组),18434户农房,全部完成恢复建设;建成功能设施完善、风景独特秀美的精品旅游村寨13个、幸福美丽村寨8个。多渠道培育专合组织,助推农村经济健康发展,全县培育具有强力带动作用的龙头企业7个;建立猕猴桃种植户、生猪养殖户、茶叶种植户、营销大户和科技人员、企业组织、社会团体牵头的农民专业合作社45个,形成"公司+基地+专合组织+农户"的产业化经营体系。

【机关自身建设】 结合灾后恢复重建的具体实际,组织全办党员深入学习实践科学发展观,大力弘扬伟大的抗震救灾精神,转变不适应不符合科学发展观要求的思想观念,解决影响和制约科学发展观的突出问题和党员干部党性党风党纪方面群众反映强烈的突出问题,用科学发展观武装头脑、指导实践、推进工作。按照"班长抓班子,班子带队伍,队伍促发展"的要求,外树形象,内强素质,坚持党员干部定期学习制度。坚持民主集中制原则,认真召开班子民主生活会,对照党章找差距、找问题,针对问题开展批评与自我批评,及时提出整改意见和建议。开展"下访服务,公仆尽责"和"三大"活动,为雁门乡通山村送去价值4000元的生产生活物资,协助三江乡政府抓好柒山村计生三结合帮扶工作。加强党风廉政建设,维护和促进全县改革、重建、发展、稳定的大局,加强廉洁自律,规范从政行为,组织全办科级以上干部参加全县组织的《廉政准则》考试,做到有令就行、有禁就止,确保政令畅通。加强机关行政效能建设,将推进灾后恢复重建工作与提高机关行政效能建设有机结合,高效率地履行各项工作职责和岗位职责。加强维稳和综合治理工作,进一步完善各项维稳、综合治理工作机制,深入开展社会矛盾大排查,定期派专人深入"挂、包、帮"村开展工作。将精神文明创建与行风建设有机结合起来,狠抓理论学习、宣传思想和未成年人思想道德建设等工作,深入联系地实地调研,撰写调研报告和及时上报各种信息稿件约50余篇。

安全生产

【领导名录】
党组书记　　　　　潘树军(2月止)
　　　　　　　　　蒋青林(2月起)
安办主任、局长　　蒋青林
安办副主任、副局长　潘树军(2月止)
副局长　　　　　　罗小亚

【机构改革】 10月,根据中共阿坝州委办公室、阿坝州人民政府办公室《关于印发〈汶川县人民政府机构改革方案〉的通知》(阿委办〔2010〕145号)和中共汶川县委、汶川县人们政府《关于汶川县人民政府机构改革方案的实施意见》(汶委发〔2010〕30号),将汶川县安全生产委员会办公室由议事协调机构的常设办事机构调整为县政府工作部门,将机构名称确定为县安全生产监督管理局(简称县安监局)。12月,根据汶川县人民政府办公室《关于印发汶川县安全生产监督管理局主要职责内设机构和人员编制规定的通知》(汶府办发〔2010〕87号),将其职责调整为:(一)将作业场所职业卫生监管职责划入县安监局;(二)取消已由县政府公布取消的行政审批事项;(三)加强对全县非煤矿山、危险化学品生产经营企业以及烟花爆竹、作业场所职业卫生四个主管行业领域的安全监管;(四)加强对全县安全生产工作综合监督管理和指导协调;(五)加强对各乡镇人们政府和县直属有关部门安全生产工作的综合监督检查。设办公室、安全生产监督管理股、危险化学品监督管理股、法规宣传股4个内设机构。机关行政编制3名,其中局长(兼县安委会办公室主任)1名,副局长两名;党组负责人和纪检组长按县委规定配备;股级领导职数4名;机关工勤人员两名;事业编制6名。

【概述】 2010年,州政府下达死亡控制指标下降到15人,明确固定道路交通事故死亡指标为13人,工矿商贸类安全生产事故死亡人数控制在两人以内(其中金属与非金属矿山、危险化学品两个重点领域事故死亡人数均不能超过1人,消防事故死亡人数实行零控制)。1—11月,全县各类安全生产事故累计死亡9人,其中道路交通事故死亡8人,工矿商贸领域安全生产事故死亡1人。全县各类安全生产控制考核指标仍在有效控制中,安全生产形势持续稳定。

【落实安全生产工作责任制】 加大安全生产责任落实,县人民政府与全县11个乡镇(除卧龙镇、耿达乡)、44个安全委员会成员单位签订《汶川县2010年安全生产目标管理责任书》,制定

《汶川县政府领导安全生产"一岗双责"责任书》、《关于推行安全生产"一岗双责",进一步强化安全生产责任制的实施意见》、《汶川县安全生产工作奖惩办法》以及《"5.7"灾后恢复重建现场会期间安全生产承诺书》等,由县政府批准执行。加强工矿商贸等重点行业领域安全生产责任体制建设,在要求企业建立健全安全生产工作领导机构,落实人员、经费、责任、措施等的同时,县安全监督委员会与县经济商务局、国土资源局等部门制定并与相关企业签订《汶川县工业企业安全生产目标管理责任书》、《汶川县非煤矿山企业安全生产责任书》等,督促县安委会各重点行业领域主管部门分别与其下属行业企业签订相应安全生产责任书。

【重点行业领域专项监管】 围绕各个时期县委、县政府以及上级有关部门的工作安排及部署,结合全县灾后恢复重建工作和安全生产实际,对全县安全生产工作进行统筹安排。重点加强道路交通、地质灾害和非煤矿山、建筑施工、危险化学品和烟花爆竹、工矿商贸企业、消防、旅游等重点行业领域安全监管。先后开展岁末年初、"百日安全生产"活动、春节及全国"两会"期间、春节后道路交通等重点行业领域、"5.7"现场会、汛期、事故隐患集中排查治理,以及中秋、国庆等重要时期的安全生产集中检查或专项行动。采取部门联动、齐抓共管方式,通过执法检查、隐患排查整治等,及时发现、及时治理,对重大安全隐患实行挂牌督办,有效防止和减少安全生产事故发生。截至年底,全县安全生产各类控制指标均在州政府下达的控制目标范围内,未发生重大及其以上安全生产事故。

【应急救援体系建设】 在安全生产应急救援体系建设中,始终保持高度警觉,5月,县安办向各乡镇人民政府和县级有关部门下发汛期安全生产工作通知,要求各级各部门和有关企业未雨绸缪、加强汛期应急救援体系建设,制定防洪抗汛、抗击地质灾害以及危险化学品和烟花爆竹等重点行业领域应急预案。在"8.14"汶川特大山洪泥石流期间,全县安全生产应急机制发挥重要作用,各级各部门深入抗洪抢险一线,及时发布预警信息,确保群众安全。县安全监督委员实地到企业,组织广盛化工泥石流抢险救灾工作,确保广盛化工2000吨浓硫酸储存罐安全,防止公共安全事件的发生;到桃关工业园区,与相关部门一同查勘地质灾害等隐患,制定并报请县人民政府下发桃关园区有关企业库存电石的应急转移方案,确保园区内企业以及周边人民群众的生命和财产安全。

【安全事故查处】 对县境内发生的有关安全生产事故进行立案调查,并依法对相应事故负有责任的企业及其相关负责人、直接责任人进行责任追究。全年,共计查处工矿商贸领域安全生产责任事故1起,参与协调处理道路交通事故7起。

【安全生产"双基"建设】 加大企业和乡镇安全生产工作的基层和基础建设。4月,组织县境内30余家规模以上企业启动全县企业安全生产标准化建设,相继举行多次企业标准化建设推进指导会议。成立两个工作小组,不定期到有关企业督促指导企业标准化建设工作。7月,县安委会办公室下发《关于开展乡镇安全生产规范化建设工作的通知》,要求全县11个乡镇着手开展乡镇安全生产规范化建设,并选择试点建设乡镇。

【恢复重建安全监管】 以灾后恢复重建工作为核心,全面深入开展安全生产"隐患治理年"和"安全生产年"各项活动,深化安全生产专项整治,严格落实"三项行动"和"三项建设",确保重建安全。从实际出发,在全州范围内率先开展安全生产环境综合整治,为灾后恢复重建创造良好的安全生产条件；推行乡镇、部门"党管安全"模式，明确各级各部门党政领导安全监管职责，确保安全生产工作贯彻落实；严格落实"一岗双责"、"属地管理"和"行业主管"，构建"县—乡—村—企"多级管理体系和责任体系，逐级落实安全生产监管责任，确保重建工作有序有效开展。结合安全生产"双基"建设等，加大重建安全生产监管工作基础建设，与有关项目业主单位和主管部门加强行政审批、市场准入等方面的源头管理，同时，有针对性地开展重点重建工程项目安全生产专项行动，严格落实安全生产"三同时"规定，开展建筑施工领域隐患集中排查治理，确保重建工程项目安全、顺利地推进。

【宣传教育】 结合全县安全生产工作实际，严格按照"安全第一，预防为主，综合治理"总方针，加大安全生产法律法规的宣传贯彻。全年，组织特种作业安全生产培训班7期、企业法人和安全管理人员培训班两期，组织召开全县有关企业贯彻落实《国务院关于进一步加强企业安全生产工作的通知》（国发〔2010〕23号文）文件精神专题培训会1期。多次召开企业安全生产标准化建设指导推进会议，促进安全生产法律法规在全县各行业企业的贯彻落实。县安全监督委员会利用全国第九个"安全生产月"、"11.9"消防宣传日、"12.4"全国法制宣传日等活动，与相关部门扩大安全生产法律法规及基本常识的宣传范围，加深群众对安全生产工作的认识，提高其安全意识。

交通邮电建设规划环保旅游移民

交通运输

【领导名录】
党组书记　　苟学良(9月止)
　　　　　　苏　川(9月起)
局　长　　　苏　川
党组副书记　苏　川(9月止)
副局长　　　苟学良
　　　　　　左　进
　　　　　　程　禾
　　　　　　彭显才(5月起,挂职)
　　　　　　赵　六(5月起,挂职两年)
　　　　　　胡汉渝(11月止,挂职)
　　　　　　刘　岚(12月止,挂职)
　　　　　　石东晖(12月止,挂职)

【机构改革】 12月,汶川县人民政府办公室汶府办发〔2010〕93号文印发《汶川县交通运输局主要职责内设机构和人员编制规定的通知》,根据汶川县委、汶川县人民政府《关于汶川县人民政府机构改革方案的实施意见》(汶委发〔2010〕30号),设立汶川县交通运输局(简称县交通运输局),不再保留县交通局。

职责调整:将原县交通局职责、县规划建设局负责指导城市公共客运职责及出租车行业管理职责整合划入县交通运输局;取消已由县政府公布取消的行政审批事项;取消公路养路费、航道养护费、公路运输管理费、公路客货运附加费、水路运输管理费、水运客货附加费等6项交通规费的管理职责;加强综合运输体系规划的衔接,促进各运输方式的协调发展;加强统筹区域和城乡交通运输协调发展职责,优先发展公共交通,大力发展农村交通,加快推进区域和城乡交通运输一体化;加强交通运输行业安全监督管理和交通运输应急管理职责;加强对交通行业和产业项目的招标投标活动的监督执法。

内设机构4个,有办公室、计划财务股、规划建设股、运输安全股(路政执法大队)。机关行政编制13名,其中局长1名、副局长两名,党组负责人和纪检组长按县委规定配备,股级领导职数4名,机关工勤人员事业编制3名。

【概况】 年末境内公路总里程1559.5公里,其中,等级公路648.5公里。

【公路建设】 新建都汶高速公路,长82公里,路基宽22.5米,投资98亿元,2008年完成39.2亿元,2009年完成投资29.4亿元,2010年完成投资29.4亿。申请国家投资44亿元,2008年完成投资17.6亿元,2009年完成投资13.2亿元,2010年完成投资13.2亿元。

新建汶彭高等级公路,全长110公里,路基宽22.5米,汶川境内29公里,投资29亿元,2008年完成投资2.9亿元,2009年完成投资11.6亿元,2010年完成投资11.6亿元。

新建汶川县水磨镇刘家沟至都江堰市青城后山泰安寺公路，长15.8公里，路基宽7.5米，申请对口支援总投资约为7.1亿元。

国道213线映秀至都江堰段（粤汶公路）起于映秀烧火坪隧道映秀端，止于友谊隧道都江堰端，总里程21.9公里，按双向双车道山岭重丘二级公路标准重建，工程概算投资约4.5亿元。

漩三公路于2009年7月开工建设，截至年底，工程接近尾声，累计完成投资13820万元，占合同价的85.9%。路基总里程17.3公里（含隧道标段路基），已完成16公里，完成该项工程量的92.5%；路面总里程18.8公里，已完成13.6公里，完成该项工程量的72.3%；隧道工程总长1.58公里，已初步贯通。

为配合三江潘达尔AAAA景区建设，于2009年9月1日开工建设潘达尔景区公路，2010年4月10日道路基本完工。"8.14"汶川特大泥石流灾害致使道路路基损毁3.4公里，路面损毁14400平方米。

恢复重建汶川至马尔康三级公路，申请国家总投资24亿元，2008年投资9.6亿元，2009年投资9.6亿元，2010年投资4.8亿元；恢复重建映秀至日隆四级公路，申请国家总投资14.1亿元，2008年投资5.64亿元，2009年投资5.64亿元，2010年投资2.82亿元。

全线改造县道漩三公路（XU09）为三级公路，长20公里，路基宽8.5米，申请国家总投资2.4亿元，2008年投资0.96亿元，2009年投资0.96亿元，2010年投资0.48亿元。

百花大桥改线工程是粤汶公路的重要组成部分，全长1.655公里，含映秀大桥和百花大桥。映秀大桥全长271.1米，百花大桥全长461.25米，该项目为应急工程，于2008年年底动工建设，2010年4月10日建成通车。

农村公路自2008年年底陆续开工以来，完工62条，路面完成363.53公里，12月底全面完成建设任务。

【客运站点建设】 二级站点汶川县长途客运站由广州市援建，于2010年4月9日完工并交付使用，总投资1800万元。

完成五级站9个建设（三江、龙溪、漩口、草坡、绵虒、白石、雁门、耿达、七盘沟客运站）。完成建设招呼站25个（草坪村、街村、水田坪村、集中村、铝厂、沙坪关村、河坝村、郭家坝村、汶川一中、老街、桃关、兴文坪、萝卜寨、青坡、龙竹、陈家山、高峰、麦地客运招呼站及漩三环线上的7个招呼站）。水磨三级客运站正在建设中，预计2011年2月完成。

【公路养护与管理】 不定期对国省干线进行安全隐患排查并及时进行整治，共修补路面坑凼6007平方米，修补路肩坑槽4104平方米，铺筑路面35150平方米，安装反光标志1400个，画设标线285平方米，清理坍方522处共计14.11万余立方米。进行专项督导行动30余次，清除垃圾160余吨，清理乱堆建材60处，规范施工现场12次，清理占道加水10车次、占道摆摊设点8起，规范运料车86车次，整顿砂石料场10处。加大路政执法力度，共上路巡查1260人次，制止违章建筑26起，处理占用公路及公路用地71起，整顿规范洗车加水点10处，处理损坏公路及其设施案件27起，拆除公路非交通标志两起，整治不规范运输砂石、建渣车辆86车次，规范施工现场12次，清理占用公路堆积建材60处，安装安全标志标牌8幅，挽回路产损失79677元。

【运输管理】 在切实抓好交通恢复重建的同时，做好出租车、客运班线和人力三轮车规范管理工作。各运输企业组织出租车、公交车、班线客运驾驶员，县运管所组织人力三轮车车主召开职

交通邮电建设规划环保旅游移民

业道德教育培训会议，进一步提高驾驶员和从业人员的服务意识和服务水平。开展出租车驾驶员从业资格证审查工作，未取得从业资格证的取消其营运资格，驾驶员实行挂牌上岗，收费标准在车内进行公示，公布投诉电话，接受乘客的监督。会同县物价局确定了人力三轮车收费标准并在车身上张贴公示，规范人力三轮车乱收费行为。成立交通秩序整治小组，专门对不打表、乱收费行为进行整治。进一步建立健全客运市场管理制度，严肃查处各种违规行为。

打击非法营运工作仍是全年运输管理工作中的一项重要工作。"打非"工作组采取不定点、不定时的工作方式，深入道路沿线，严厉打击非法营运。共出动执法人员1620人次，执法车辆650辆次，检查车辆3500余辆，查处非法营运车辆200余辆，没收车内加座板凳72个，收缴自制线路牌23副，检查无证、超员76起，纠正拖拉机违章载人1274起。

2010年，交通系统开展以"讲文明，树新风"为主题的交通运输行业精神文明创建活动。评出文明驾校1个，文明车站1个，文明出租车1辆，文明班线3个，优秀驾驶员1名。

"8.14"特大山洪泥石流灾害发生后，大量旅客滞留汶川，按照县委、县政府的要求，及时组织车辆40车次，将滞留在危险路段的旅客1200余人转运到县城。而后调集运输车辆80辆，分三批将2400余名滞留旅客从汶川经茂县、松潘、九寨沟、甘肃文县、广元昭化安全转运至成都。

为满足大樱桃节、全省灾后恢复重建现场会、广东对口支援汶川县恢复重建任务全面完成庆祝大会、全国党代表莅临汶川检查"特殊党费"等重大活动期间的运输需要，从运输企业调集客运车辆运送参加活动的领导、来宾、演员、群众、工作人员等，有力保证了各项活动的顺利开展。

【客货运量】 全年完成客运量324万人，比上年下降3.9%；货运量178万吨，比上年增长38%。公路旅客周转量39533万人/公里，比上年下降11.8%；公路货运周转量21980万吨公里，比上年增长33%。

【交通安全管理】 在春运、汛期、黄金周、冬季等重点时期，采取各种措施杜绝安全事故的发生。成立重点时期交通安全管理工作领导机构，安排部署重点时期交通安全管理工作。切实加强源头管理，严格执行"三把关、一监督"和"五不出站"签单制度，加强车辆检测，彻底从源头上消除安全隐患。利用"百日安全活动"、"安全生产月活动"、"安全生产宣传咨询引"以及在黄金周、汛期、冬季来临前等时期，向职工、驾驶员、从业人员和广大人民群众宣传交通安全法律法规和交通安全知识。认真开展"百日安全"、"安全生产月"等活动，通过活动开展，不断完善安全制度，查找安全漏洞，强化安全管理措施。不定期深入运输企业、道路沿线和各施工现场，组织和督促各运输企业、各交通建设项目施工单位开展安全隐患排查，认真排查各环节存在的安全隐患，针对排查出的安全隐患制定相应的整治措施及时予以整治，将安全隐患消除在萌芽状态。

针对春运、汛期、黄金周、大樱桃节及重大接待期间的道路安全运输需要和要求，认真做好交通安全应急保障工作。结合实际制定应急保障预案，明确目标任务、责任部门和责任人，落实好道路安全和运输安全应急人员、物资储备等工作，有力保障了各重要时期的道路运输安全。全年实行24小时值班制度，一遇突发事件，立即启动应急预案，组织人员和机械，以最快的速度排除险情。雁门萝卜寨、映秀老虎嘴、芦坡乡公路发生坍塌路毁和"8.14"特大泥石流灾害发生后，交通系统快速反应，有效处置，有力保障车辆安全通行。

针对县境道路沿线地质灾害严重,道路运输安全形势严峻的情况,在国道沿线危险路段设置30个安全观测点,安排60个安全观测员(遇重要活动临时增设),对山体进行严密观测,保障车辆安全通行。

【水上交通安全管理】 受"5.12"汶川特大地震影响,岷江映秀至银杏段形成多个堰塞湖,当地村民自制采砂船在堰塞湖进行非法采砂活动,为确保水上交通安全,与相关乡镇衔接、协调,督促做好水上交通安全工作,确保水上交通安全。

【石油价格补贴】 根据州财政、州交通局、州林业局《关于下达2009年下半年石油价格财政补贴资金的通知》(阿州财建〔2010〕61号)文件精神,会同财政局组织落实资金分配方案,于8月25日将石油价格财政补贴资金全部分配到各运输企业,农村客运车辆补贴110辆,城市公交车11辆,出租车106辆,共兑现补贴资金127万元。

【维修管理】 严格落实机动车维修"五公开"和维修质量管理"三单一证"制度,针对企业发展参差不齐、二级维护作业不规范等问题,重点对二级维护企业进行专项整顿。同时对全县的三类维修企业及综合性能检测站进行规范治理,严厉打击非法改装车辆和无证无照企业经营行为。机动车维修救援网络进一步完善,对全县的维修企业进行不定期的全面排查,同时结合维修市场整顿及质量信誉考核工作,共巡查维修企业30个次,巡查维修企业人数92人次。

公路管理

【领导名录】

局　　长	王永新
党委副书记	王万发
副局长	方　强
	叶　娟

【道路保畅】 按照"保通、保畅、保安全"的总体目标和要求,切实加强国道213线、317线公路灾后恢复重建道路保通工作,成立领导小组,制订应急预案。加强对道路隐患的排查力度,做好与灾后重建施工单位的协调工作,严格施工规范。坚持早、中、晚值班和雨后巡路制度,24小时防洪值班制度,实行双休日领导带班制度和班组轮流值班制(特殊情况除外)。装载机停放住站在道路安全隐患处,一旦发生坍方路阻及时投入抢险,做到人机不分离,随垮随抢,确保国、省道公路安全畅通。5月,被县委、县政府表彰为"5.7"灾后重建现场会"先进集体";6月,在国道213线K861山体滑坡道路抢险中分别被州政府、汶川县委、县政府授予"道路抢险保通先进集体"称号。

【公路应急抢险】 完成G213线省"5.7"现场会都汶路映秀至友谊隧道修补油路坑凼600平方米,油路路面铺筑5600平方米,油路标线285平方米,隧道反光标志1400个;漩口镇蔡家杠村村道油路铺筑沥青砼路面1.4公里;郭竹铺至姜射坝公路沿线沥青砼路面坑凼修补及县城各单位大门接道口油路铺筑工程量2323平方米;G213线雁门至青坡沥青混凝土路面修补坑凼4104平方米;漩口镇蔡家杠村1.4公里村道油路铺筑工程；郭竹铺至姜射坝沿线沥青砼路面坑凼修补及单位大门接口铺筑工程2323平方米；G231线绕坝路K939+300 100CM钢筋砼圆管涵工程1座；G213线雁门至青坡平整路肩修补坑槽4104平方米；G213线K145至151公路3.1公里水泥稳定层应急抢修路面工程；所辖路段零星油路坑凼修补2940平方米；国道213线、317线未施工路段土路沉陷，坑凼修补4420平方米。清理坍方522处共计14.11万立方米。

【路政管理】 查处各种违章占用、侵占、挖掘、损坏公路和公路设施行为，清理公路两侧不规范的洗车加水点和非法设立的广告标志，彻底清理公路乱堆、乱放、乱占、乱建等违规行为。对所辖路段的非公路标志标牌进行清理规范，做到统一规划、统一审批、统一管理。配合灾后重建重点工程建设，完善管理制度，与县境内的施工单位签订道路保通、保畅、保安全协议。上路巡查1260人次，上路巡查率达136%；制止违章建筑26起，处理占用公路及公路用地71起，整顿规范洗车加水点10处，处理损坏公路及其设施案件27起，拆除公路非交通标志两起，整治不规范运输砂石、建渣车辆86车次，规范施工现场12次，清理占用公路堆积建材60处，安装安全标志标牌8幅。征收路政规费7.97万元。

【安全生产】 成立安全领导小组，与各养护站签订《安全生产目标责任书》，层层落实责任，每月召开一次安全生产工作会议。养路职工上路作业穿安全标志服，戴安全帽，严禁摩托车搭人和酒后上路作业。全年，未发生大小安全责任事故。

【公路环境综合治理】 继续开展公路环境综合治理工作，落实养护站责任，明确管养路段，把道路环境综合治理工作纳入日常公路养护抢通保通工作目标考核中，制定相应的整治工作方案和考核方案。加大公路养护力度，对公路环境综合治理常抓不懈。特别是省"5.7"现场会灾后重建，共进行专项督导行动30余次，清除垃圾160余吨，清理乱堆建材60处，规范施工现场12次，清理占道加水10车次、占道摆摊设点8起，规范运料车86车次，整顿砂石料场10处，公路沿线环境得到极大改观。

【机料管理】 建立健全车辆台账，实行车辆单车核算，车辆和机械的维修必须坚持以旧换新，管好生产物资。严格机具出租，凡对外出租机具必须经股长以上局务会议研究，形成会议纪要，签订租赁协议，预交租赁费（上报州局机料科），财务设立专项科目，租赁费用张榜公布。大宗物资采购必须实行集体采购制度，按照州局规定对生产需要采购的物资配件均按程序召开局务会议报请州局同意，安排专人采购，做到有据可查。对购入、发出的物资配件，都要及时进行账务处理，做到账物相符，账账相符。

【机关建设】 按照州局党委和县委的要求，把开展领导班子"四好"活动列入重要议事日程，成立党政主要领导负总责，班子成员为副组长，各股室负责人为成员的领导小组，制定创建"四好班子"实施方案。加强党的组织建设和廉政建设工作，充分发挥党员模范先锋作用和战斗堡垒作用，提高职工队伍的凝聚力和战斗力。继续开展作风整顿建设活动，彻底转变机关工作作风，提高办事效能，切实抓好廉洁自律工作。进一步加强信访查办力度，认真贯彻落实《信访工作管理试行办法》。抓好廉政建设责任制的落实，切实担负起党风廉政建设的政治责任和工作责任。加强职工思想建设，以"路优我荣，路差我耻"从严要求，提高公路养护服务水平，促进养路生产发展。全面推进精神文明建设工作，结合公路行业特点，弘扬行业文化。积极搞好"五五"普法活动，着力加强干部职工的道德教育。组织职工开展各种群众性文体活动，进一步提高职工的身体素质和丰富职工群众的文娱生活。投入9.52万元为职工定做"部检"标志服；6.16万元购置标示服(帽)100套、雨衣100套；2.22万元为职工购买人身意外保险；6900元购置激光打印机一台；看望生病职工8人次；及时处理职工善后工作10起，使职工真正感受到组织的温暖和关怀。

邮　政

【领导名录】
　　局　长　　　　姜培荣
　　副局长　　　　严一平
【业务总量】业务总量完成366.04万元。
【业务收入】业务收入完成342万元。
【通信能力建设】在上级主管部门的大力支持下，于6月4日开通绵虒邮电所电子化支局。
【函件业务】与三江AAAA级旅游景区管理部门的联系，加印邮资明信片门票4万枚，实现收入5.52万元。全年，函件完成6.94万件，同比下降63%，收入完成29.72万元，同比下降15%。
【集邮业务】抓住中国在上海举办的世界博览会的有利时机，开展"庆世博邮品展销"活动，加大对世博系列邮品宣传促销。7月，加强与相关部门联系，成功开发汶川水磨古镇专题邮册、明信片。全年，集邮销售53514枚，同比下降61%，收入完成62.03万元，同比下降21%。
【报刊业务】在做好报刊的续订、破订工作的同时，进一步加强报刊投递服务质量，提高报刊的妥投率。同时，抓好2011年度报刊收订工作，一次性收订流转额达80.19万元，同比增长9%；报刊收入完成22.5万元，同比增长20%。

【包件业务】抓好包件业务的发展，在加强窗口包件(特别是快递包裹)的收寄工作的同时，继续加强与大客户的联系，组织人员开展上门服务。全年，完成包件5532件，同比下降18%，收入完成3.01万元，同比下降78%。
【机要业务】抓好机要业务工作，严格执行机要通信各项规章制度，按照机要通信操作规程办理业务，保证全县机要通信安全畅通，实现机要通信质量全红。全年机要收发4600元。
【速递物流业务】发展速递物流业务，充分发挥邮政资源，加快EMS限时派送业务；进一步规范物流业务操作规程，加强内部控制，做好已开发的特快业务收寄及投递工作；继续做好"代收货款"业务的投递，制定相应的管理办法，理顺业财关系，使货款回款率达到100%。全年，特快专递完成7998件，同比增长12%，收入完成36.25万元，同比增长35%。
【邮政储蓄】全年累计发邮储银联卡1929张；邮储累计存款余额达到8869万元，较上年净增320万元。其中，活期存款余额为3906万元，占存款比例44%。利差收入完成158.76万元，同比增长4%。
【电子汇兑业务】加强电子汇兑业务的发展，突出抓"入账汇款"、"两小时(加急)汇款"和"回音卡"业务的宣传力度和揽收力度。全年办理14751笔"入账汇款"，增加收入14.62万元。
【企业管理】贯彻落实《国内邮件处理规则》、《邮政通信服务规范》、《四川省邮政营业、投递规范化服务检查评定标准》、"四川省邮政业务服务管理日常要点"等规章制度，狠抓内部基础管理薄弱环节，不断完善各项规章制度、工作(岗位)职责，严格执行各项邮政业务处理规程，规范各生产环节秩序。加强财务管理工作，严格执行州局下发的《阿坝州邮政局内部财务管理办法》，加强成本控制管理，压缩各类管理费用、业务费用及非生产性费用开支，把有限的资金用在刀刃上，为增量创收提供有力的保障。强化安全生产和安全保卫工作，推行安全生产一把手负责制，加强对职工的安全生产教育，增强职工安全责任感；加强邮政视检、稽查工作，对重点岗位严格监督管理，保证各项安全管理制度和安全操作规程的顺利执行，杜绝各类通信事故和邮政案件的发生。加强安全保卫工作，做到人防、物防、技防三位一体，有效防止违规经营行为、重大服务质量问题和重特大资金票券案件等事故的发生。加强金融类业务管理，严格执行各项规章制度，认真按照操作规程办理业务。同时重点加强智能令牌、密码、支票印鉴、签到签退的管理。

【灾后重建】 按照灾后重建"三年重建任务两年基本完成"的总体要求，全局及所属各支局所重建工作全部启动。完成县局职工住宿楼建设，于9月迁入新居。县局邮政生产综合楼于7月开工修建，其他各网点建设相关手续正在办理中。

【机关建设】 为巩固"州级文明单位"、"县级文明行业"创建成果，组织职工积极参加行业、地方性各种竞赛活动和群众性创建活动，提高职工工作积极性，增强企业凝聚力。加强局风建设，促使行业风气根本好转，以"树创"活动为契机，进一步推进"一心为用户，满意在邮政"工程。进一步加强服务质量检查力度，纠正工作中的不良行为，杜绝一切违规违纪现象发生，树立企业文明之风。加强党风廉政建设，领导班子按照干部廉洁自律的规定约束自己，严格执行各项廉政法规、制度及上级主管部门制定的制止奢侈浪费行为规定，工作中自觉接受群众监督。坚持和维护党的民主集中制原则，在人事安排和涉及企业的改革、发展、生产经营、灾后重建等方面的重大问题，坚持领导班子集体研究作出决定。搞好社会治安综合治理工作，认真贯彻落实地方相关部门对社会治安综合治理的责任制，履行综治工作的各项职责和义务，在与州局签订《邮政系统治安保卫目标承包责任书》的同时，制定《汶川县邮政系统安全生产、治安保卫目标承包考核办法》，与各部门签订《承包责任书》，保证邮政系统正常的工作和生活秩序。

电　信

【领导名录】
总经理　　　　江继全
副总经理　　　刘道彬
　　　　　　　代　梅（8月起）

【业务发展】 移动电话出账用户到达数5530户，累计净增2248户，完成年计划净增3500户的64.23%，融合率70.29%；有线宽带计费用户到达数4360户，累计净增1298户，完成年计划净增1200户的108.17%，融合率63.53%；固话计费用户到达数8534户，累计净增355户；小灵通计费用户到达数646户，累计净增-1429户。E8用户到达数1026户，累计净增31户；E9出账用户到达数1450户，累计净增966户，完成年计划净增800户的120.75%；e6出账用户到达数459户，累计净增81户，完成年计划净增500户的16.2%；商务领航两版套餐出账用户到达数474户，累计净增104户，完成年计划净增132户的78.79%。

【营销活动】 2010年春促活动完成效果较为理想，所有重点业务发展指标均100%完成，在全州春促劳动竞赛评比中，公司获得融合发展一等奖，综合发展二等奖及创新发展三等奖，两名客户经理获促销能手奖。与"阳光家园"小区达成合作事宜，成功迈出"渠道拓展型在网合作分成"经营模式第一步，1月29日，签订《中国电信业务经营服务协议》和《中国电信合作伙伴管理协议》。同时，物业管理公司的总机服务协议已签订，锁定物管公司全部45名员工的通信需求。10月，双方又签订《中国电信天翼宽带精品数字小区合作协议》，锁定年收入45万元。同时，合作伙伴的月均收入达到5000元以上，合作双方合作共赢的局面进一步扩大。

成功与四川华能太平驿水电有限责任公司签订总机服务协议，锁定客户办公电话10部、天翼用户116户，3G年无线宽带16户，年收入贡献9万余元；以相同模式复制发展了福堂坝电站，锁定用户77户，年收入贡献5万余元；采用相同模式在谈的用户还有黑土坡电站和古城电站。

主动与县委组织部联系，获得全县"百名干部下基层"活动驻村干部名单，成功将"我的E家"E9套餐推向农村市场。示范村茨里村40户村民中受理34户，覆盖率85%，年收入贡献5.67万元。采取相同模式3月又分别锁定克枯村和三官庙村，10月锁定漩口镇集中村和三江乡草坪村。截至10月，公司通过此种模式已经在农村发展有线宽带108户、天翼手机201户、固话135户，融合E9用户108户。

【渠道建设】 县城有营业厅两个，主厅位于较场街，一个位于阳光家园一期内；已建成天翼专营店两个，分别位于岷江路中段、较场街；天翼宽带精品店1个，位于较场街；在建桑坪路天翼专营店1个；县城建有社会代办网点14个；县城两家电脑销售渠道（新科联想电脑、海尔电脑）也已完成协议签订。映秀、水磨、卧龙三镇设有营业厅；在建绵虒营业厅1个；已建成农村代办点16个；另有农村统包人员4人。

【灾后重建】 完成汶川分公司员工住宿楼主体六楼施工，开始装修，完成进度30%；完成汶川绵虒综合楼（含员工住宿）主体施工及装修，机房正在搬迁；完成汶川县漩口镇综合楼地基开挖工程；完成汶川县卧龙综合楼（含员工住宿）招投标；完成映秀综合楼（由政府统一建设），二楼施工；汶川水磨综合楼土地未具体落实（当地政府正在规划中）。

【网络支撑】 对"三百示范村"进行有线通信建设，大部分已形成通信能力；加强与政府部门及重建指挥部的衔接、联系，完成城区管道建设，节约部分资金。在阳光家园一、二、三、四期的建设中，及时跟进建设进度，第一时间完成小区的户线工作；对银杏、百花、水磨、映秀、绵虒、七盘沟、龙溪、克枯、雁门等乡镇营销中心（点）各板房机房进行多次搬迁，以配合当地政府的规划重建。7月，率先制定和实行大轮单工作，取得较好的效果，得到州分公司客户服务部的肯定。

【内部管理】 根据前端客户经理月度目标任务完成情况，每月将绩效工资100%纳入考核。取消县公司前端统一积分工资池，建立以客户群为单位的积分池。营销中心以各营业点为单位进行考核，前后端人员全部纳入由营销中心负责人进行全权考核。考核评价分业务发展、欠费回收和劳动纪律三个维度进行评价，各维度的占比分别为：业务发展（净增）占比50%，欠费回收30%，劳动纪律20%。同时结合公司业务发展短板简化考核指标，政企客户经理只对所辖客户群总机拉动C网用户和行业应用拉动C网用户的净增数为考核目标；VIP客户经理只对所辖客户群E9用户的净增数为考核目标；公众客户经理只对所辖客户群的天翼手机和E6手机版用户净增数为考核目标。逐月下达目标任务,当月未完成的目标任务差额部分叠加到下月目标任务中,考核不变。

中国移动汶川分公司

【领导名录】
　　总经理　　　　郭兴涛
　　综合部经理　　杨经瑁
　　市场部经理　　李龙宇

【运营收入】全年完成运营收入5400万元,上网用户总数突破7万户;上网用户市场占有率达到85%,同比增长25%。

【业务范围】中国移动四川汶川分公司是汶川县最大的移动通信运营商,由省州公司统一部署安排,负责汶川网络发展协调、工程建设、网络维护和经营服务,并拥有"全球通"、"神州行"、"动感地带"等著名品牌。网号139、138、137、136、135、134等已家喻户晓,陆续新添159、158、150、182、187、188网号。公司以客户为中心,全面提供差异化服务,除基本话音业务外,还提供数据、IP电话等多种增值业务。

【营销服务】不断探索立体化营销服务渠道体系建设,通过建立以乡镇营销中心为中心的乡镇自营厅、合作厅和社会渠道联运执行体系,建立分层分级渠道管理体系,提升渠道承载能力,完善渠道支撑系统建设。基本实现"一村一人"或"一村一店",电子渠道业务受理比例达到42.7%,为客户提供方便、快捷、畅通的服务。

　　在全州范围内开展垃圾信息的专项整治。据统计,阿坝分公司关停1.65万个违规号码,拦截了超过220万条垃圾短信。通过对垃圾短信强有力的整治手段,切实保护广大用户的合法权益,营造和谐的通信消费环境。

【网络建设】加大基站建设,进一步加强网络优化和网络维护,促进网络质量的提升。公司基站总数达到98个,传输光缆总长500余皮长公里,实现都江堰——汶川、汶川——马尔康100%的覆盖;乡镇、行政村覆盖率达100%;实现国家级风景区卧龙、三江以及重要旅游景区、重点城镇、交通干线的全覆盖。并与221个国家和地区的293个运营商开通国际自动漫游业务,网络通达全世界。

【"村通"工程】截至年底,共建成GSM基站98个,铺设传输光缆500皮长公里,全县行政村覆盖率达到100%,比"村通二程"前提高20.7个百分点。

【参与抗击"8.14"特大泥石流】8月13—14日,汶川县遭强降雨袭击,多地发生滑坡、泥石流、塌方、堰塞湖、洪水等灾害。灾情发生后,公司立即在银杏乡成立"抗洪救灾保通信指挥部"。迅速掌握灾情,及时请求上级支援,第一时间奔赴重灾区。全体员工昼夜坚守在机房、值班室等要害部位,确保通信畅通。与政府相关部门建立应急联系,及时汇报公司受灾情况,取得上级单位的大力支持。向省公司申请调派应急通信车,开赴重灾区映秀抗洪救灾前线指挥部,为政府应急指挥和抢险救灾提供通信保障。当时汶川移动是唯一一家首先为政府提供应急通信保障的通信企业。第一时间启动通信保障预案,抢通、恢复因灾受损和中断的网络,总计参与抢险200余人次,出动车辆130台次,出动应急通信车4辆,多路、多方式突进灾区银杏和映秀。

【企业管理】中国移动四川汶川分公司坚持"原创是创新,学习是创新,应用是创新"的管理理念,并在经营管理中不断积极实践,以创新成就卓越。营造创新文化,从技术创新、管理创新、业务和服务创新着手塑造创新型企业。公司建立起了科学高效的决策机制和运营管理体系，通过实施战略管理、预算管理、绩效管理、集中化管理、风险管理、省市一体化管理、信息化管理、打造学习型企业等一系列高效管理举措，实现全方位的企业管理改进和提升。

阿坝联通汶川业务部

【领导名录】

业务部总监　　杨　彤

【业务收入】个客2G计划出账收入662.32万元，实际出账收入662.21万元，累计进度完成率99.98%。个客3G计划出账收入72.87万元，实际出账收入89.47万元，累计进度完成率122.78%。家客总计划出账收入137.15万元，实际出账87.88万元。集客总业务计划出账收入193.61万元，实际出账收入169.34万元，累计进度完成率87.46%。从单项看，集客2G业务计划出账收入159.9万元，实际出账131.26万元，完成率为82.09%；集团3G业务计划出账收入18.87万元，实际出账14.53万元，完成率为77.01%；集团数固业务计划出账收入14.84万元，实际出账23.54万元，完成率为集客总业务计划出账收入193.61万元，实际出账收入169.34万元，累计进度完成率87.46%。

城乡规划建设和住房保障

【领导名录】

党组书记	张先武(8月止)
	席传江(8月起)
局　长	张先武(9月止)
	席传江(9月起)
党组副书记	牟朝志(9月起)
	汪永锋(12月起)
副局长	席传江(9月止)
	秦兴铨(2月止)
	杨　威(2月止)
	李子均
	牟朝志(10月起)
	贺　强(5月起,挂职1年)
	王元均(5月起,挂职两年)
	樊凤君(5月起,挂职两年)
	张得旭(5月起,挂职两年)
	黄亚东(5月起,挂职两年)
	刘妮娜(6月起,挂职)
	郑瑞山(2—6月,挂职)

【机构改革】12月，汶川县人民政府办公室根据中共汶川县委、汶川县人民政府《关于汶川县人民政府机构改革方案的实施意见》(汶委发〔2010〕30号文)，印发《汶川县城乡规划建设和住房保障局主要职责内设机构和人员编制规定的通知》汶府办发〔2010〕89号，设立汶川县城乡规划建设和住房保障局(简称县住建局)，将县规划建设局负责的除指导城市公共客运管理职责及出租行业管理职责以外的其他职责划入县城规划建设和住房保障局。不再保留县规划建设局。将原规划建设局的职责整合划入县城乡规划

建设和住房保障局。将原县规划建设局承担的城市供水、城市排水、污水处理以及河道堤岸管理职责划给县水务局;将建设项目环境影响评价报告书审批前的评估职责、原环境保护管理股职责划入县环境保护局;将指导城市公共客运管理职责及出租行业管理职责划给县交通运输局;取消由县政府公布取消的行政审批事项;将城镇管理的具体职责交给乡人民政府,县城乡规划建设和住房保障局进行行业指导;建立住房保障体系,完善廉租住房制度,着力解决低收入家庭住房困难;加强农村住房建设管理和危房改造的职责;加强建设工程抗震设防监督管理的职责;加强城乡规划管理,推进建筑节能,改善人居生态环境,促进城镇健康化发展。

内设机构5个,办公室、城乡规划管理股、基本建设管理股(重点项目建设办公室)、城乡建设股(建筑节能抗震办公室)、城乡住房保障股。机关行政编制11名,其中,局长1名、副局长3名;党组负责人和纪检组长按县委规定配备;股级领导职数5名。机关工勤人员事业编制3名。

【城市拆迁安置】 全年共完成因损毁及城市规划房屋拆除13幢,建筑面积5万余平方米,涉及住户300余户。协助安置分房小组完成阳光家园一至四期1413户拆迁安置户的房屋分配,其中一期分配629套、二期分配151套、三期分配113套、四期分配520套,并与拆迁安置户签订入住协议,同时收集办理产权证所需的相关材料。协助完成威州镇禹碑岭村、七盘沟垃圾处理厂、变电站和增坡村高压电线改造,雁门乡及漩口工业园区90余幢房屋、漩三公路、映汶高速公路的实物量调查和拆迁工作。完成全县风貌改造工程量的核实工作;七盘沟片区州纸厂、州铁矿、州玉砂厂、牧机厂等破产企业测绘面积共1.5万平方米的核实工作。

【农房重建】 按照州委、州政府的要求,在"5.12"汶川特大地震两周年纪念日前全面完成映秀镇渔子溪、中滩堡、枫香树三村783户农房重建。针对映秀镇农房重建存在的困难和问题,加大工作力度,强化目标责任,落实各项措施,在确保工程建设质量和安全的基础上,深入开展农房重建"双月攻坚活动",争取对口援建广东省东莞市的大力支持,强力快速有序推进农房重建,783户农房按规划统规统建,主体工程于"5.12"前完工。

【城镇住房保障】 完成县城威州维修加固房屋5418户,建筑面积39.35万平方米的资料报审。共完成维修加固5945户,面积46万余平方米,发放国家奖补助资金6115万元。

【廉租住房建设】 根据县委、县政府的相关指示和要求,拟定《保障性住房建设规划》、《汶川县廉租住房分配实施方案》、《汶川县廉租住房管理暂行办法》、《汶川县住房保障实施管理暂行办法》等政策性文件,完成上级交予的任务。

【示范工程建设】 实施"五市十县百镇千村环境优美示范工程"和"三百示范工程"建设。以"四注重、四提升"、"三打破、三提高"为原则,修订治理规划和市政公用基础设施、城乡风貌等专业规划,严格按照标准和规范,不断加强环境基础设施建设,狠抓建筑风貌塑造和棚户区改造、街道整治工作,完善村庄给水、排水系统,实现因地制宜净化处理生产生活污水、集中处理生活垃圾等废弃物,全县示范工程建设取得了突出成效。

5月,三江乡、克枯乡和龙溪乡第一批通过州特色魅力乡镇建设验收小组的检查验收,并获得各位领导专家的一致好评,其余各特色魅力乡镇正按计划稳步推进。

【城乡风貌塑造】 按照县城、乡镇总体规划,进一步扩面提质,在体现民族特色、提升建筑水平上下工夫，将独特、浓郁的藏羌民俗风情融入城乡建设中，形成汶川特色风貌，重点打造西羌文化街。以城镇主要街道、历史文化区、出入口通道、主要旅游通道和滨河水岸、国省主要交通干道加油站等主要节点为工作重点，开展建筑立面清理和风貌塑造工作。充分发挥市场配置资源的基础性作用，引入社会资金实施城乡风貌塑造。

【遗产地和风景名胜区规划建设】 加强对"5.12"汶川特大地震受灾世界遗产地和风景名胜区的灾后恢复重建技术指导与服务，推进国家级、省级风景名胜区的道路、停车场、环卫等基础设施建设。配合卧龙管理局完成世界遗产管理机构对大熊猫遗产地的复查评估工作。收集水磨镇、三官庙村、集中村的相关资料，报送到省建设厅，9月经专家评审，漩口集中村、水磨镇通过省级机构评审，报送建设部，成为全国特色旅游示范名村、名镇。

【基础设施建设和维护】 全县纳入灾后重建的市政基础设施项目全部开工建设。加大映秀等重灾镇建设力度，城镇框架基本建成，城镇基本功能得到恢复。恢复因拆迁房屋而损坏的排污管道检查井15个；更换各种检查井盖125个/次；更换雨水笆105个；自制混凝土雨水笆80个；清掏下水道6500米、雨水口300余次、污水井215个；协调解决电力、电信、自来水厂等部门更换因拆迁损坏的安全检查井85个，排除因交通事故造成的供水险情10次；为雁门、七盘沟安置区更改自来水管网、供水检查井13处；恢复岷江大桥两边、广场坝草坪的供水管网400米；拆除损坏路灯25盏，恢复路灯12盏。

【建筑市场管理】 加强建筑市场秩序监管，严格执行市场"准入"、"清出"制度，加强对招标投标、合同履行的监督管理，有效遏制转包、挂靠和分包等违法行为，建筑市场和施工现场管理得到强化。全年报建开工建设项目185个，建筑总产值121118.09万元，建设规模82.03万平方米。办理发放施工许可证152个，施工合同备案率100%，招投标覆盖率为100%。对招投标全过程进行监管，通报施工企业违反招投标程序记录4起。加强对建材企业的管理，确保产品质量，对全县各商品混凝土搅拌站、免烧砖厂进行企业资质检查和经营状况的监管。对全县11个乡镇建设项目进行拉网式检查，对"特殊党费工程"进行督察，对存在的问题以书面形式提出具体整改意见。

【工程质量管理】 对2009年续建的36个工程建设项目以及新建210个单位工程进行安全质量监督，新建建筑面积73.07万平方米，受监率100%。已竣工工程134个，合格率100%。1个项目获"鲁班"奖，1个获结构优质奖，3个获"天府杯"奖。为保证全县在建工程的施工安全，防止重特大事故的发生，按季度进行4次拉网式的安全大检查，两次防洪防汛大检查。按照州质监站的文件精神，建立两个标准化安全管理工地，建立4个"平安工地"。共检测混凝土、砂浆试块7484组，钢筋5902组，砑砖491组，砂石分析851组，混凝土、砂浆配比438组，水泥复检1192组，回弹检测混凝土强度78组，土工试验37组，共计1.65万组。严格执行有见证取样制度，以确保建设工程质量提供科学、公正具有法律效力的数据。对在本县的监理队伍进行严格审查，各监理公司进场前必须进行资质备案，进入施工现场的监理必须佩戴胸牌，逐步改善监理队伍混乱的局面。

【房地产业、物业管理】 为进一步加强房地产交易市场的管理、商品房预售、评估等工作，严格按照《城市房地产管理法》和交易管理、商品房预售、评估等有关规定，严把审查审核关，确保房地产交易、评估、商品房预售和备案管理等工作有序进行，促进全县房地产市场的健康发展。全年共办理私人自建房登记9户；产权交易（商品房）登记262户；办理住房公积金取现和其他抵押登记62户；办理集资建房登记70户；办理安置房（阳光家园等）的房屋登记946户；出具无房证明200余家；收集、整理、审核各社区第一批低收入家庭廉租住房申请，进行公示，并完成132户的分配工作。第二批廉租住房的申报、审查、审核等工作正在开展之中；建立健全廉租住房的档案管理工作；完成全县受损房屋的维修加固档案的清理、登记、归档和日常的管理、查询等工作；开展灾后房屋产权问题的咨询，为因灾遗失产权证的房主提供有关房产手续；完成行政事业单位购买"杨柳水岸"的合同签订与房屋所有权证的登记等工作。

修订和完善《汶川县物业管理服务办法（暂行）》（汶府发[2009]52号文件）、起草《汶川县物业管理招标投标管理办法（暂行）》、制定相关合同范本并编制援建项目的招标文件及招标流程；协助广州专家完善阳光家园、人民医院、博物馆、汶川一小物业管理示范点整改方案，并以点带面推动全县物业规范管理。

【机关队伍建设】注重自身建设，以深入开展创先争优活动为动力，充分发挥文明科室、示范窗口、党员示范岗的作用，发挥党员先锋模范作用，努力培养"四有"新人。结合行业特点，注重规范规划建设部门的行政行为，以增强机关干部和职工执政为民的公仆意识。结合州规划建设局《关于全州规划建设系统开展民主评议政风行风的工作方案》，落实民主评议政风行风工作目标和要求，作风建设深入推进。根据局领导班子成员分工和各科室站工作职责，进一步落实"党组统一领导，党政齐抓共管，纪检组织协调，科室各负其责，依靠群众支持和参与"的工作机制，以确保党风廉政建设责任制的有效落实。扎实开展深入学习实践科学发展观以及机关效能建设主题活动，认真做好领导干部廉洁自律、纠正损害群众利益的不正之风、查办违法违纪案件，从源头防治腐败等各项工作。

城乡规划管理

【领导名录】

局　　长　　　　汪永锋
副局长　　　　　虎　飞

【规划编制】按照"三年灾后重建任务两年基本完成"重建目标，加强对村镇规划的指导编制工作。截至11月，全县11个乡镇编制完成控制性详细规划，村庄规划编制完成59个，其中55个已由县人民政府批复。

依照总规，本着"以人为本、疏解人口、避险避灾、完善功能、确保安全"的指导思想，充分展示和体现灾后重建汶川县城新面貌。1月29日，面向全国公开征集汶川县城岷江东西两岸滨江路等4个地块修建性详细规划方案；3月6日，在成都九寨沟饭店举行专家评选会，最终确定由上海同济规划院和北京龙安华诚建筑设计院进一步完善规划，历经多次修改，完成4个地块的修建性详细规划方案。

根据州委、州政府关于进一步提升汶川县城重要地段建筑形象、打造县城标志性区域的精神和要求，按照"安全性、功能性、民族性、地标性、独特性"的指导思想，9月29日，向全国多家设计单位发出汶川县城威州花园片区、印刷厂片区、农行片区建筑方案设计竞赛的邀请，共有7家单位报名参加。10月22日，在成都九寨沟饭店举行评审会，最终确定北京龙安华诚建筑设计有限公司成都分公司为竞赛一等奖，完善相关设计方案。

根据州县工作部署，为使汶川县城灾后重建工作更加科学、规范、有序地进行，将汶川打造成灾后重建样板城市，委托设计单位对县城行政中心、广电片区、车八队片区做建筑方案设计。经过召开专家评选会，历经多次修改，建筑方案已完成。

【"三百"示范工程规划】 为贯彻落实全州"三百"示范工程建设，着力改善全县城乡面貌，按照《阿坝州"三百"示范工程建设实施方案》，拟定《汶川县村镇规划编制要求及申报程序》，并发送至各乡镇及相关部门单位。指导各乡镇完成"特色魅力乡镇规划"专项规划的编制（除汶川县城、卧龙镇、耿达乡外），威州镇、雁门乡积极配合清华大学规划设计院完善汶川县城的修建性详细规划的编制，部分乡镇"特色魅力乡镇规划"已通过评审，同时指导11个"精品旅游村寨规划"及8个"幸福美丽村寨规划"的编制审批工作。

【规划管理】 根据《中华人民共和国城乡规划法》、《四川省城市规划法》以及省建设厅下发的《建设项目规划行政审批工作导则》，制定符合实情的规划行政审批文书格式和办事流程。在执行过程中，对符合审批要求且报件齐全符合要求的建设项目，按规定时限上报各级领导审批；对报件不齐全或不符合要求的，实行一次性告知；对不符合规划要求，一律不予审批。截至11月17日，共办理《建设项目选址意见书》项目110项，办理《建设用地规划许可证》项目62项，办理《建设工程规划许可证》项目42项，办理《乡村建设规划许可证》项目20项，办理《行政不予受理通知》项目28项。

【技术指导】 为进一步加强城乡规划建设管理工作，促进城乡经济社会全面协调和可持续发展，根据《中华人民共和国城乡规划法》、《四川省城市规划实施办法》和《汶川县关于加强城乡规划管理工作的实施意见》等有关规定，指导各乡镇组织编制总体规划、控制性详细规划和修建性详细规划。发放《城乡规划法》、《汶川县关于加强城乡规划管理工作的实施意见》、《村庄和集镇规划建设管理条例》、《集镇规划标准》和《汶川县村镇规划编制要求及申报程序》等相关法律法规，指导各乡镇的村镇规划编制和申报，保证各乡镇的建设活动遵循规划、符合规划。对建设单位提供的设计方案，根据乡镇总体规划、控制性详细规划及汶川县风貌控制实施方案等相关法规，严格审核，并提出初步审核意见修改完善后上报汶川县城乡规划和风貌委员会审议。全年，共组织6次汶川县城乡规划和风貌审查委员会，研究全县规划建设相关问题，对116个建筑设计方案、43个村庄规划、34个项目选址方案及24个专项规划议题进行审定并通过。3月，参加"绵虒镇三官庙精品旅游村寨建设指挥部"工作，协助指挥部完成三官庙老村委会、星级厕所、新建的22户农房及村民活动中心周边的风貌改造，按时保质地完成了三官庙村精品旅游村寨建设工作。9月，根据县委、县政府工作部署，协助配合萝卜寨打造相关规划事宜，主要负责协助四川大学设计研究中心对《汶川县萝卜寨村（新寨）修编性详细规划》的编制工作及风貌设计。

【规划执法】 加大规划监督执法力度，重点是对县城规划区范围内的在建工程情况进行调查，核实其是否办理相关建设施工手续，是否符合规划。会同各乡镇及建管中心配合，坚持每周巡查2—3次，发现无证建设、违章建设、违法建设等行为，及时制止并依据有关法规，责令停止建设。全年，在巡查中发现违法违规建筑57处，下达《汶川县违法建设工程通知书》57份、《汶川县违法建设工程处理意见书》10份，配合强制拆除违法建筑两处。

【红线控制】通过规划现场放线、验线、项目规划验收等实施跟踪管理，全年对县城和各乡镇的用地红线、建筑红线测绘进行全程跟踪，要求建设单位按照出具的用地红线进行放线。全年出具建设项目红线图和设计条件任务书110份。同时积极推行规划核实制度，制定专门的工作程序和填报表格，对建设工程是否符合既定的规划条件予以核实，未经核实或者核实不符合规划条件的，不得组织竣工验收。全年对各建设项目放线、验线86次，参加全县各竣工建设项目竣工验收49次，办理各建设项目《规划验收合格证》62份。

城乡环境综合管理

【领导名录】
局　　长　　秦兴铨（2月止）
　　　　　　黄维强（2月起）
副局长　　　代永伦

【机构改革】7月，汶编发〔2010〕11号文，将县市政公用管理局更名为县城乡环境综合管理局，原职能职责、机构性质、机构规格、人员编制和领导职数不变。

【城乡环境综合治理】在城区开展9个方面的综合整治，全面整治市容和环境卫生；加强道路清扫保洁，各项要求落实到单位和人头；严格落实"门前五包"制度，签订"门前五包"责任书，督促单位、企业、门市、居民积极参与整治活动；规范户外广告及店铺招牌，对城区所有不规范店招进行拆除，并统一制作店招，对新安装广告进行规范；维护市政基础设施，加强城市道路、环卫设施的保养维护；规范整治占道经营摊点；加大违章建筑整治，拆除时代广场户外搭建附着物3处；开展交通秩序整治，同时对城区占道修车、洗车等行为进行专项整治。乡镇村主干道沿线做到"三彻底"（彻底清除路边、河边、桥边、墙边的暴露垃圾，彻底清除主干道两侧的乱堆乱放、乱堆乱建；彻底清除主干道占道经营的流动摊点）、"三干净"（河道水面漂浮物打捞干净，建筑物墙面、电杆的乱贴乱画清除干净，集贸市场的周边环境整治干净）。建立考评机制，实行"每周抽查、每月检查、季度评比"的检查机制；建立监督机制；制定管理机制，修改制定《汶川县城镇管理办法（试行）》《汶川县城乡市容和环境卫生管理办法（试行）》等相关制度和实施细则。将管理范围延伸到乡镇、村（社区），逐步建立健全覆盖城乡的城市管理网络。启动乡镇建管及环卫（所）职能职责，协助交警负责辖区内的车辆规范停放、运管部门对路政执法检查，对各乡、村、组公路进行维护管理。

【环卫工作】在城市卫生方面投入大量硬件设施，新购置果皮箱、垃圾桶及垃圾桶装饰房500余个、道路清扫车、垃圾清运车、吸粪车、洒水车各1辆，并为各乡镇购置环卫三轮22辆、微型自卸式垃圾运输车11辆。实行"一扫全保"，坚持"六净一无"标准，护栏下、路牙边、下水道旁都清扫干净。出现垃圾及时收集，加强中午、晚上时段的垃圾收集。及时清理果壳箱内产生的垃圾，日产日清。加强城市公厕、垃圾桶、果皮箱等环卫设施的管理，更换城区内果皮箱200余个，垃圾铁桶60个，并新安装26个垃圾装饰房。多次对城区卫生死角进行集中整治，特别在灾后重建现场会期间，对各单位内部卫生进行大检查。对城市出入口、城郊结合部的积存垃圾进行清理，对郭竹铺、石涧漕、姜射坝路段多次进行突击整治。对城区公厕、垃圾桶、果壳箱等环卫设施全面维护，清理城区卫生死角垃圾1800吨，打捞河道及西羌文化街水上漂浮物、清理淤泥1300吨。对建筑渣土进行严格管理，渣土管理实行全天候上班，严格建筑垃圾和工程渣土的审批，做好渣土运输车辆的监管，做好施工工地出入口的硬化和冲洗，防止沿路抛撒、泄漏、带泥上路等污染路面。城区绿地及时清除产生的纸屑、瓜皮、果壳等废弃物，保证地面、绿化带、草坪内无杂物，椅、凳、亭清洁卫生。

【违章建筑管理】 做好违建的巡查和重点地段、拆迁地块的违法建筑拆除工作，对重点地段和拆迁地块的违法建设进行过细的排查摸底，按程序发放行政处罚文书，并依法拆除。规范和取缔各类违章户外招牌标牌1996处，清除违章遮阳雨棚35家，规范乱摆摊设点500余处，拆除未经审批的违章灯杆广告牌20块。

【物业管理】 按照《汶川县物业管理服务办法(暂行)》(汶府发〔2009〕52号)要求，实施"阳光家园"前期物业管理工作，通过比选确立各小区(阳光家园一期、二期、三期、四期及盛世天苑和杨柳水岸)前期物业管理企业。从2009年9月至2010年4月，两次召开汶川县"阳光家园安置小区"前期物业管理比选招投标会议，对参加比选的多家物业公司进行招投标，严格按照评标程序，确定"阳光家园住宅小区"项目物业管理公司。为进一步规范物业管理，针对小区住户入住存在的问题，及时发出通知(汶规建〔2009〕163号文件)，明确各小区的装饰装修方案和要求，使小区的装饰装修得到规范管理，确保"阳光家园住宅小区"外观风貌格调一致。

为规范全县援建项目物业管理行为，提高物业管理水平，按照县政府安排，由汶川县规划建设局、汶川县人事劳动和社会保障局共同组织实施，根据汶规建联发〔2010〕2号文件要求，由广州前线工作组组织广州物业管理专家，于3月31日启动为期两个月的培训工作。修订和完善《汶川县物业管理服务办法(暂行)》(汶府发〔2009〕52号文件)、起草《汶川县物业管理招标投标管理办法(暂行)、制定相关合同范本并编制援建项目的招标文件及招标流程。

【园林绿化管护】 城区绿地实行全天候保洁、管理，及时清除产生的纸屑、瓜皮、果壳等废弃物，保证地面、绿化带、草坪内无杂物，椅、凳、亭清洁卫生。禁止车辆、摊点、大型犬及其他危险品进入，及时维修，更换损坏的公共设施，保证正常使用。

【广告管理】 从严审批户外广告，在灾后重建期间原则上没有新批大型户外广告牌和布幔、横幅，控制批准气球、彩旗等。加强巡查，严厉查处未经审批的广告宣传物品，及时拆除破损、残缺、闲置的广告牌和店招店牌。小广告、牛皮癣安排专门人员清除，定人定路段定责任，小广告清除人员每天两遍过堂，当天发现，当天清除。动员社会力量和城管队员齐抓共管，发现乱贴乱画行为严厉查处，对制售假证行为构成犯罪的移送公安机关。对确有公布信息需求的，引导其到公共信息栏进行张贴。

【市政设施管理】 按照"勤巡视、勤检查、勤维护"，加强市政基础设施的管理和维护，对城市道路和公共场所的雨水笆、窨井盖、道路栏杆、人行道等市政基础设施进行定期与不定期检查，发现问题及时加以维修与养护，做到路平、灯明、排水畅通、红绿灯正常运行，亮灯率达90%。拆除损坏路灯25盏，恢复路灯12盏。

以"路平、沟通、桥美、沿齐、盖全"为目标，对所管辖的道路、桥梁、排水沟管、堤防等设施实行科学化管理，规范化养护，实现市政公用设施管理无死角、无缝隙和全覆盖，确保设施完好率。全年，完成车行道维修两万平方米，人行道维修 1 万平方米，道路完好率达 85%。恢复因拆迁房屋而损坏的排污管道检查井 115 个；更换各种检查井盖 125 个/次；更换雨水笆 305 个；自制混凝土雨水笆 80 个；协调解决电力、电信、自来水厂等部门更换因拆迁损坏的安全检查井 85 个，排除因交通事故造成的供水险情 10 次；为雁门、七盘沟安置区更改自来水管网、供水检查井 13 处；恢复岷江大桥两边、广场坝草坪的供水管网 400 米；完成下水道清理 12 千米，清挖污水窨井 215 座（次），雨水口 300 余次，杜绝污水外溢现象。完成城区排污管道清挖工作。广州援建避灾广场全面完工，并投入使用。

环境保护

【领导名录】

局　　长　　刘进荣
副局长　　杨　昱
　　　　　陈亚平（5 月起，挂职 1 年）

【环境治理】 对当年挂牌限期治理的 4 户重点工业污染企业（阿坝矿业、川西磁业、三力铁合金、阿坝双鼎冶炼）的限期整改治理工作进行认真督察和检查，确保治理工作的顺利开展。4 户企业共投入 1500 万余元按照年初拟定的治理方案顺利实施整治工作，除三力铁合环保设施因"8.14"特大泥石流受损严重，需重新开展外，其余 3 家企业于 12 月底前完成监测验收。重点开展重金属、危化品等污染企业的专项督促检查工作。加大对境内生活垃圾处理厂和污水处理厂的监管和监察，完成主要污染物总量削减和控制目标。为防止水磨工业园区 13 户拆迁工业企业工业固废二次污染环境，投资 360 万元在水磨镇衔凤岩村修建水磨镇垃圾填埋场、危险废物处理处置点泄漏污染土壤治理示范项目，填埋工业固废 6000 立方米。

【污染源普查工作】 按照《阿坝州第一次全国污染源普查动态数据调整更新工作方案》要求，在深入开展污染源普查动态更新宣传的基础上，组织普查人员对全县 96 个重点污染源、1 个垃圾处理厂的集中式污染治理设施、6 个建制镇的生活源开展入户调查，对非重点企业、50 户畜禽养殖户和农业源基本情况进行估算和数据的录入、审核、汇总上报工作。

【环境监测】 对县境内已恢复生产的省控重点污染企业"众成冶炼有限责任公司"、"顺发冶炼有限责任公司"和河流水质段面进行监测。协助州环保局对阿坝铝厂、闻锋锂业等企业开展监测工作。协助州环保局监测站顺利完成汶川县空气自动监测子站的选址、定位和能力建设，进一步完善环境空气自动监测网络系统。

坚持每季度开展一次河流断面和饮用水源以及城镇空气质量的监测工作，保证汶川县岷江河流出境段面达到Ⅲ类水质，城市空气质量达到Ⅱ级标准，区域环境噪声符合国家相应要求。城镇主要集中式饮用水源水质达标率为 96%。

坚持对集中式饮用水源地的水质进行取样分析，实现饮用水源地监测范围和监测指标的全覆盖，确保饮用水源安全。共对全县 11 个集中式饮用水源地开展 12 次检查和监测，饮用水源地 23 项挥发性有机污染物和 11 个杀虫剂类有机污染物均未超标，饮用水源水质达二类水域标准，水质正常，符合饮用水源地使用要求。利用快速粉尘仪等专用仪器按照布点监测点及时对县境内大气环境进行干降尘和TSP、PM10大气环境监测。开展县城区域环境噪声监测，结合2010年高、中考期间和"6·5"世界环境日，组织专业监测人员对县城城区噪声特别是各中小学校和幼儿园周边开展全方位、多点位监测。

【环境保护管理】 坚持"环评"、"三同时"制度，先堵污染源头，严格进行环境影响评价，严把选址定点关、审查审批关、监督检查关、验收监测关。有效地防止建设项目产生新的污染、破坏生态环境。先后6次到各乡镇和援建工作组上门服务，严格按照《建设项目环境保护管理条例》和《环境影响评价法》开展灾后重建项目的环保工作。建立健全灾后重建项目管理台账，共审批灾后重建项目环境影响登记表345份；报告表29份；报告书17份，参与州环保局对灾后重建项目的环保审查9次。按照《环境保护竣工验收管理办法》，完成135个灾后重建项目的环境保护验收。

完成《汶川县生态县规划》、《汶川县城（威州镇）灾后重建总体规划（2008—2020）环境影响报告书》的编制及专家评审工作。

全方位开展生态细胞创建工作。建立健全领导小组和实施方案及相关制度，积极与乡镇、村组沟通和配合，确保生态细胞创建工作的全方面推进。完成两个环境优美乡镇、3个自然生态村和10户生态家园户的创建申报。

【险废物处置】 为保障灾后重建的环境安全，与省州环保部门协调，顺利将堆放在威师校内的969件共11.3吨过期消毒药品进行安全转移处置，确保环境安全。

【环保执法】 重点开展重金属、危化品等污染企业的专项督促检查工作，保障人民群众环境权益。围绕"以生态保护为核心，以污染防治为重点，以环保执法为手段，确保人与自然的协调发展"的工作思路，利用环境专项执法，加大对境内生活垃圾处理厂和污水处理厂的监管和监察，保障环保设施的建设和正常运行，完成主要污染物总量削减和控制目标。

结合开展的"整治违法排污企业、保障群众健康"专项活动，加大对重点污染源、饮用水源地、自然保护区和非污染性建设项目的环境监察力度，严厉打击违法排污行为；加强对卧龙大熊猫世界遗产地、三江乡、草坡乡自然保护区的生态监察，加大对紫坪埔库区和境内岷江段的水源巡查；着力做好农村农田污染监控工作；完善建设项目污染治理建设过程现场监察；加强污染监督管理，严格执行污染源巡查制度和环境污染事故报告制度。年内开展两次全方面巡察工作。

全面贯彻《排污费征收使用管理条例》，严格排污费申报、核定、征收程序，对25户企业发出排污缴费通知，要求各企业严格按照《条例》及时足额缴纳排污费。

【信访和安全工作】 抓好议案提案回复工作和环境信访工作，组成专项工作组深入漩口镇相关企业，深入调查了解相关工作情况，及时办理回复县人大交办的汶川县第十二届人民代表大会四次会议第11号议案（转为建议）。

对群众来访热情接待，细心听取群众反映问题，按政策对群众来信来访做好答复，尽力解决群众提出的环保问题。对群众、社会团体反映的环境污染问题的来信和情况，均亲临现场调查了解，并认真妥善处理。调查处理了闽锋锂业、草坡佳馨农业种植场、城镇小旅馆生活污水直排、七盘沟一小区、阳光家园四期等环境信访处理回复工作等环境纠纷和人民群众来信来访。

加强安全生产工作，与县人民政府签订《安全生产责任书》，建立健全安全生产领导小组和相关责任制。落实安全隐患排查制度和环境安全事故应急处置预案，无较大及以上事故发生；结合环保宣传，利用"6·5"世界环境日和法制宣传周活动，加大环境安全和安全生产法律法规宣传力度，保证境内的环境安全和生产安全。

【宣传教育】 利用各种宣传形式，开展《环境保护法》《建设项目环境管理条例》《环境评价法》《建设项目环境管理条列》《环境评价法》等法律法规的宣传教育活动。采取现场宣传与图片宣传相结合的方式，深入开展以"低碳减排 绿色生活"为主题的环境宣传活动。在县城区人群聚集区的广场悬挂横幅、张贴发放宣传画、标语和宣传册，同步利用电视播放《江河泪》《春回大地》等相关宣传光碟，大力倡导文明、健康、和谐的低碳生活。共发放环境保护宣传小手册240余份，宣传资料1500余份。

【环保灾后重建】 环境保护灾后恢复重建的环境监管能力进展顺利，严格按照川府发〔2008〕21号文件及招投标等相关规定，在项目多次调整的情况下，环境保护灾后重建3个项目于11月全部竣工验收。

旅　　游

【领导名录】
党组书记、局长　　　王旭英
党组副书记　　　蒲　弘(3—10月)
副局长　　　王　跃
　　　　　何永刚(5月起，挂职两年)
　　　　　曾　煜(12月起，兼)
三江景区管委会主任　蒲　弘(12月止)
　　　　　廖勤思(12月起)
旅游执法局党组书记　蒲　弘(3月止)
旅游执法局局长　　　蒲　弘(10月止)
旅游执法局副局长　　曾　煜

【机构改革】 12月，汶川县人民政府办公室根据汶川县委、汶川县人民政府《关于汶川县人民政府机构改革方案的实施意见》（汶委发〔2010〕30号），印发《汶川县旅游局主要职责内设机构和人员编制规定的通知》（汶川办发〔2010〕98号），设立汶川县旅游局（简称县旅游局），为县政府工作部门。

取消已由县政府公布取消的行政审批事项；取消对旅游集团和直属企业国有资产保值增值监督管理的职责；加强居民赴港澳台旅游管理的职责；加强对旅游基础设施配套建设、旅游环境综合治理、区域旅游资源开发的联合协调职责。

内设机构4个，办公室、规划统计股、质量规范管理股、市场开发股。机关行政编制7名，其中，局长1名、副局长两名；党组负责人和纪检组长按县委规定配备；股级领导职数4名。机关工勤人员事业编制两名。

【概况】 围绕"大禹故里、熊猫家园、羌绣之乡、震中汶川"四大旅游品牌，按照灾后恢复重建"打造三江国家AAAA级景区和水磨古镇国家AAAAA级景区"思路，围绕"打造一个亮点就是一个景点、一个生态新村就是一个景区、一个特色集镇就是一个旅游集散地"的发展，营造"业态规划全域化，产业发展特色化，从业人员本土化，业态管理物业化，形象展示标准化，景区管理专业化，村镇发展一体化"的发展模式，大力发展文化旅游产业，以招商引资、项目开发、宣传促销为重点抓旅游经济的培育和发展。真抓实干，抢抓机遇，开拓创新，把重振旅游经济与品牌打造、市场开拓、素质提升、行业规范有机地结合起来，有力地推动了全县旅游业的全面发展，旅游经济逐步复苏。2010年1月至11月，全县接待游客人数

142.3万人次，实现旅游收入6.18亿元，比去年同期分别增长65.8%和204.4%。

【精品旅游村寨建设】 县委、县政府成立汶川县"三百"示范工程推进领导小组，制定《汶川县精品旅游村建设工作方案》，明确项目建设实施主体、责任主体、完成时间。组织专业人员到13个精品旅游村寨实地调研，对照州精品旅游村寨建设标准，进一步完善旅游基础设施设备。按照"一村一品"突出重点各村旅游资源现状、区位优势，编制完成精品旅游寨旅游发展规划，全力打造以"赏民俗风情、观田园风光、品农家菜肴"为主题的精品旅游村寨。始终坚持以客源市场为导向，以文化旅游化，旅游文化化为抓手，创新理念，着力培育各村文化旅游产业。组织精品旅游示范村党支部书记、村委会主任参加州"三百"示范工程建设、乡村旅游送教（师资）考察培训班学习。对旅游从业人员进行现场培训，培训人员百余人，提升旅游从业人员的职业道德和业务水平，使乡村旅游从业人员逐步步入规范化、标准化。

6月，水磨镇老人村、漩口镇集中村作为全州第一批精品旅游村建设，顺利通过州专家组验收。三江乡河坝村、草坪村、照壁村、绵虒镇三官庙村作为第二批精品旅游村寨于11月23日顺利通过州检查组检查验收。映秀镇中滩堡、渔子溪、枫香树、威州镇布瓦寨、雁门乡萝卜寨、漩口镇水田坪、核桃坪确保年底完成建设。

【乡村旅游示范县的创建】 按照灾后重建富民安康工程和民族地区旅游产业发展规划的相关要求和依据《中共四川省委农村工作委员会四川省旅游局关于开展2010年度乡村旅游示范县、乡、村评定工作的通知》（川农委〔2010〕14号）文件精神，6月启动该项工作，年底，乡村旅游示范县创建工作圆满结束。

【创建国家AAAA旅游景区】 按照《旅游景区质量等级评定与划分标准》标准将水磨镇打造为国家AAAA级旅游景区8月、9月分别顺利通过省、国家旅游局检查。9月17日，水磨镇被国家旅游局批准为国家AAAA级旅游景区。

【旅游营销】 参加广州国际博览会、第三届旅游文化论坛等各类旅游交易会。以旅游交易为促销契机和展示平台，通过搭建特色展馆、发放宣传资料、开展业务洽谈，全方位展示汶川旅游形象。邀请广东商界代表团共200余人考察汶川旅游产品，精心组织考察行程和线路，从吃、住、行、游、购、娱六大要素零距零地提供高品质的接待服务,参观三江、水磨等景区景点。广东省旅游局、广东南湖国际旅行社、东莞市青年国际旅行社有限公司、肇庆市旅游发展局、茂名市旅游局分别和汶川县政府、县旅游局、映秀镇政府、克枯乡政府、银杏乡政府签订旅游合作框架协议。

主办"迎世博、游四川——遗产文化相辉映"三江分会场活动；指导旅游企业承办具有地方特色和本土文化的"水磨古镇首届文化旅游节"；协助举办"阿坝州首届大樱桃节"和"首届大禹文化旅游节"。接待成都电视台《欢乐成都欢乐送》、《好的芙城》和重庆电视台来汶川拍摄旅游宣传片；并专门拍摄了精品旅游村寨宣传片。制作汶川画册、DM宣传单等一系列宣传资料进行宣传促销。

【旅游灾后重建】 根据汶川县灾后旅游业现状，制定《汶川县建设羌禹文化生态旅游体验区的实施意见》，确定旅游发展工作思路：围绕"大禹故里、熊猫家园、羌绣之乡、震中汶川"四大旅游品牌，以大禹文化、藏羌文化、三国文化、红色文化、生态文化、门户文化为依托，大力发展文化旅游产业，以项目建设、旅游商品开发、羌禹文化体验为重点，狠抓旅游经济的培育和发展，倾力打造都市民族风情后花园,融入成都1小时经济圈,推进汶川旅游经济尽快复苏。拟定工作目标:经过1年努力,恢复3—5个羌禹文化体验景点;经过两年努力,羌禹文化旅游体验区作为旅游目的地对外推出,年接待旅游人次达80万,旅游收入力争达两亿元;经过3年努力,建成羌文化生态保护体系,文化旅游产业初具雏形。

汶川县旅游产业灾后恢复重建理念是"旅游统筹、全域景区。""旅游统筹"就是用旅游来统筹全县整体发展进程,具体而言就是,用旅游统筹城镇与乡村一体化,用旅游统筹一、二、三产业转型升级,用旅游统筹经济发展与社会进步,用旅游统筹南北中区域的协调发展,用旅游统筹文化与生态建设。"全域景区"就是把全县作为一个整体景区来建设和发展,优先重点推动单个旅游景区(点)建设,把每个产业园区建设成为旅游景点,把每个生态村寨建设成为旅游景区,把每个特色魅力乡镇建设成为旅游集散地,以点带线、以线带面,把点做亮、把线做活、把面做大,达到全县处处皆是美丽景点景观、人人都为游客提供优质服务的乡村旅游经济实验区。

截至11月底,汶川旅游灾后恢复重建项目规划投资额22800万元,安排国家切块资金10387万元,对口援建资金2051万元,共安排资金12438万元,包括汶川三江农业生态旅游区,国家切块资金7700万元,对口援建290万元;汶川县乡村旅游公共服务设施项目,国家切块资金960万元;汶川县城镇旅游公共服务设施项目,国家切块资金927万元,对口援建1661万元;汶川县羌族文化旅游开发项目,国家切块资金800万元;汶川县城镇旅游公共服务设施项目,对口援建100万元。开工数5个,开工率100%,完工数两个(汶川三江农业生态旅游区项目和汶川县城镇旅游公共服务设施项目)。完成国家切块资金投资数9537万元,占国投资金的91.82%,中央资金到位数9184.3万元。完成对口援建资金投资数2051万元,占对口援建资金的100%。累计完成投资11588万元,占项目安排资金数的93.17%。

【业务培训】 针对将汶川打造为成都"后花园"等目标,为适应乡村休闲旅游迅猛发展,旅游服务岗位需求量大的机遇,做好培训工作,加大对旅游管理人才、涉旅人员的培训工作,邀请省旅游培训中心专家、教授对旅游管理人员、讲解人员、乡村旅游从业人员进行培训,参训人员2556人。

【旅游环境整治】 建立和完善旅游市场联合检查机制,进一步健全和完善旅游市场联动机制,协调相关职能部门深入到实际开展执法检查、集中整治工作。以映秀旅游集镇、三江景区、水磨古镇景区、国道213公路沿线旅游市场整治为重点,通过日常巡查、联合相关职能部门综合执法检查、专项治理等方式,积极引导旅游经营者合法经营、文明经营,坚决遏制恶性竞争、欺客宰客、强迫消费等现象,进一步规范旅游市场秩序,提升全县旅游形象。加大执法力度,增添整治措施,加强源头治理和长效机制的建立,确保整治效果,防止反弹,进一步推动旅游环境整治工作向"优美化"和"制度化"转变。认真开展"百日安全生产活动"、"安全生产月活动"、"城乡环境综合整治活动"等活动。加强旅游市场的治理整顿,加大对宾馆、饭店的管理,加大对恢复重建旅游项目安全生产的监督工作。切实保障旅游者和旅游经营者的合法权益,严厉打击恶性削价竞争、购物欺诈等违法违规行为,建设诚信旅游环境,提升汶川旅游美誉度。

【旅游行业管理】 宣传和贯彻旅游业内各种国家标准,加强对2009年开始实施的《四川省农家乐(乡村酒店)旅游服务质量等级评定细则》的宣传和贯彻，以国家标准来指导全县宾馆（饭店）、农家乐进行科学的专业化设计与建设，走特色化、主题化发展道路。

【三江景区管理】 三江景区是汶川县灾后旅游产业恢复重建的重点，在三江景区的管理、建设工作中，始终坚持"完善基础设施，形成产业特色，培育新型农民，打造精品旅游村落"，以"着力景区提质，完善配套设施，扎实推进产业，促进平衡发展"为指导思想，在基础设施建设、规范景区管理、市场营销等方面成绩显著。接待游客6万人次，门票收入61万元。

【旅游执法】 深化和完善旅游咨询、投诉处理机制，建立健全旅游投诉工作程序和旅游投诉案件受理、处理工作程序，关口前移，及时发现、及时联系、及时处理，积极化解矛盾纠纷，为旅游消费者、旅游经营者排忧解难。加强旅游法律法规的宣传和旅游相关知识的普及，引导游客理性消费、理性维权，力图在源头上解决投诉问题发生的可能。坚持旅游咨询、投诉电话24小时畅通，热情接听游客的咨询、投诉，及时处理各类旅游情况反映，确保第一时间、第一地点得到有效处理。全年共出动旅游执法人员120人次，检查旅游经营单位和个人100余家次，受理旅游咨询50余次。实现旅游零投诉。

重点开展"春节"、"五一"、"5.12"等节假日、纪念日和汛期安全大检查以及百日安全行动，对全县涉旅单位进行全面认真地检查，参加检查的人员80人次，提出整改安全隐患10余个，提供旅游安全咨询服务40余人次，发放宣传资料上千份。进一步督促涉旅单位落实好各项安全措施，积极开展安全生产隐患排查，发现问题及时整改，确保涉旅单位安全生产管理机构设置、人员配备和安全责任制落实，安全投入有保障，安全生产基本条件具备，特种作业人员持证上岗和职工安全知识教育面均应达100%。

移　民

【领导名录】

主　任　　　李　煜(10月止)
副主任　　　王　健(10月止)
　　　　　　李　强(10月止)

【机构改革】 10月，中共汶川县委、汶川县人民政府印发《关于汶川县人民政府机构改革方案的实施意见》(汶委发〔2010〕30号)，将县扶贫两资以工代赈办公室负责的扶贫开发职责、县水库移民领导小组办公室的职责整合划入县扶贫和移民工作局，不再保留县扶贫两资以工代赈办公室、县水库移民领导小组办公室。

【集镇后靠安置】 协助漩口镇确定安置用房的分配，对申请后靠户的相关资料进行逐户核定，完善相关程序，对资料齐全的安置户按照核实一批公示一批的原则，分三批进行公示，按工作程序分三批进行摇号抽签工作，完成核定的69户后靠安置人员的分房工作。与漩口镇配合，对申请后靠水磨安置人员进行审核，对初审的第一批21人进行公示，对其他户将按照审核一批公示一批的办法进行。另一方面及时与水磨镇衔接，认真做好后靠水磨集镇安置人员的安置规划工作，水磨镇已有初步安置规划，但由于资金问题该项工作未启动，目前，按水磨镇初步设想，先利用廉租房解决后靠水磨集镇人员的临时居住问题，待安置房修建完成后搬入安置房。配合映秀开展各项移民工作，后靠映秀集镇人员104户365人全部纳入灾后重建规划中，灾后重建安置房基本完成。

【移民后期扶持】 按后期扶持政策的要求，逐月核对后期扶持人口，据统计，汶川县审定后期扶持人口4403人，涉及7座电站6个乡镇。对逐月核定人口变化情况，及时上报县财政部门兑付后期扶持资金。积极争取将紫水工程、福堂占地未搬迁生产安置人口纳入后期扶持范围，涉及人口381人。对绵虒镇涂禹山村后扶移民反映有一年后扶资金未领到的问题，组织人员到县财政局、县信用联社、绵虒信用社校核情况，及时将资金拨付到移民账户中。对三峡来汶川安置8人的户籍情况进行核实，及时向州移民办上报。完成桑坪、姜射坝电站移民后扶人口后扶方式的确定工作，按程序上报。做好后扶项目的实施工作，各项目全部启动，部分项目已完成。争取后扶项目资金，全年到位项目资金600万元。做好移民后期扶持管理系统相关基础资料的调查登记工作，按要求及时上报。

【争取灾后重建补助资金】 "5.12"汶川特大地震中，移民项目损毁严重，经向省移民办、省水利规划设计院反映，争取公益性项目损失补助，配合设计单位完成灾后重建补助报告的编制，去年底，省移民办组织有关部门进行初审后，设计单位进行完善。4月上旬，国家水规总院组织专家在扬州对灾后重建报告进行审查，形成初步审查意见，建议补助项目立重点考虑漩口、映秀集镇与移民生活相关的项目。审查结束后，与紫水公司进行多次衔接，向省扶贫和移民工作局进行反映，争取灾后补助资金。

【移民资金管理】 按照《会计法》和《四川省移民专项资金管理暂行办法》的规定设置账簿，所有经济业务活动都做到入账，并按规定进行会计核算。按照"资金跟着计划走，计划跟着项目走，项目不突破概算"的原则，根据审定投资概算和省移民办下达的项目资金计划，规范拨款程序和进度。加强移民资金使用情况的跟踪检查和审计，确保移民资金安全。加强对乡镇资金使用情况的监督检查，督促各乡镇完善在地震中毁损的资料。

【档案清理】 对地震中毁损的档案，多渠道进行收集，尽可能进行恢复；督促、配合各乡镇做好移民资料的恢复工作，特别是从财务科复印原映秀镇已报账资料，同时要求映秀与农行衔接，获取原支付资金情况，多渠道完善财务资料。加强已有档案资料整理，制定《紫水工程汶川库区移民档案收集归档范围及整理方案》。文书档案整理按年度要求归类，财务档案按财务管理的要求进行装订，完成农村移民档案资料收集，全面开展分类、分户组卷工作。进行已建工程项目档案工作。

【紫水工程概算调整】 4月上旬，国家水规总院组织有关专家，在江苏省扬州市审查《四川岷江紫坪铺水利枢纽工程水库淹没影响征地移民技施设计调整报告》。10月，在省扶贫和移民工作局组织召开的协调会上，对涉及的具体问题与紫水公司、省水利院进行争取，达到预期目的。

【稳定工作】 做好移民信访回复工作，派员对信访老户下访，做好解释工作。对移民反映的具体问题，派员深入乡镇了解情况。完善处突预案，注意掌握移民动态，将各种矛盾和问题消除在萌芽状态，竭力杜绝群体性事件的发生。全年未发生移民大规模群访事件。

【漩口新型工业发展区工作】 完成工业园区一期征地拆迁实物指标调查和过渡安置工作，园区一期配套基础设施项目完成总工程量的98%，累计完成投资7393.7万元。河堤主体工程全部完成，正在加快进行滨河路、人行道、护栏等工程施工。二期配套基础设施项目完成地形测绘、地灾地勘调查、行洪论证等相关手续，共拆迁和过渡安置农户512户1717人，拆迁农房200939.1平方米，征占土地1550余亩。完成二期小麻沟广盛锂业扩建项目用地的实物量调查，调查共涉及小麻村82户271人，土地132.76亩，房屋22021平方米。园区企业恢复重建抓紧进行，阿坝铝厂二期9万吨电解铝扩建工程建成投产；紫坪水泥恢复重建技改一期100万吨水泥生产线土建和安装工程完工；立敦电子整体进度完成95%；中泰锆晶场地平整基建工程全部完工，生产车间完成80%；广盛锂业完成工业总产值4630万元；闽峰锂业完成工业总产值4166万元；川西磁材完成工业总产值2386万元；4A公司完成工业总产值3832万元，60万吨技改粉磨站项目已于2010年5月试生产；鑫通新材料完成工业总产值5673.3万元；四川国锂完成工业总产值1544.3万元。岷江电力110KV变电站项目投运。园区35KV开关站建设完成工程概算、施工图设计等工作。漩口小麻溪河道清淤疏通工作年底可完成。招商引资工作取得实效，目前正抓紧与成都大自然新材料、湘宁化工、祥鼎实业、新加坡"天水项目"等多家企业进行入园投资洽谈。

财税金融保险

财 政

【领导名录】

党组书记、局长　古　哥
副局长　　　　黄永洁
　　　　　　　段建波（2月止）
　　　　　　　周　静
　　　　　　　张多文（5月起，挂职两年）
　　　　　　　李璟旭（5月起，挂职两年）

【机构改革】 12月，汶川县人民政府办公室根据汶川县委、汶川县人民政府《关于汶川县人民政府机构改革方案的实施意见》（汶委发〔2010〕30号文），印发《汶川县财政局主要职责内设机构和人员编制规定的通知》（汶府办发〔2010〕88号），设立汶川县财政局（简称县财政局），为县政府工作部门。

职责调整：取消已由县政府公布取消的行政审批事项；完善县以下财政管理体制，指导乡镇财政工作，建立健全全州和县（乡）财力与事权相匹配的体制，整合专项转移支付项目，加快形成统一规范透明的财政转移支付制度；改革完善预算和税政管理，将政府非税收入全部纳入预算管理，建立和完善由政府公共预算、国有资本经营预算、政府性基金预算和社会保障预算有机衔接的预算体系，统一收支政策，完善支出标准，细化部门预算，提高预算管理的精细化、专业化、科学化和透明度；围绕推进基本公共服务均等化和主体功能区建设，完善公共财政体系。调整优化财政支出结构，提高保障和改善民生性支出比重，合理界定财政保障范围和标准，重点增加基本公共服务的投入，加大对禁止开发区域和限制开发区域的支持力度，严格控制一般性开支，降低行政成本；负责国有资本经营、政府性债务收支计划、社会保障等预算的编制和管理；加强财政投资评审、国有资产管理、政府采购管理、乡镇财政管理。

内设机构10个：办公室、预算股、国库股、行政政法教科文股、社会保障股、农业股、投资管理股、企业经济建设股（含贷法、会计事务）、国资股、财政监督股（政府采购管理）。机关行政编制21名，其中，局长1名、副局长两名；党组负责人和纪检组长按县委规定配备；股级领导职数10名。机关工勤人员事业编制3名。

【财政收入】 地方财政一般预算收入12600万元，完成19658万元，为预算的156.02%，较上年增长103.31%。其中税收收入完成13930万元，为预算的120.09%，较上年增长69.57%；非税收入完成5728万元，为预算的572.8%，较上年增长293.95%。

【预算支出】 一般预算支出242169万元，执行中发生五项变动：一是上级财政增加转移支付补助、专项补助等收入65862万元；二是当年超收收入增加支出7058万元；三是上年结转项目4566万元并入当年预算；四是增加省转贷地方政府债券收入6400万元；五是增加上解支出

242万元。以上五项共计调增支出预算84644万元，全县财政一般预算支出预算相应变动为326813万元，完成307525万元，为预算的94.10%，较上年增长89.36%。

基金收入完成1909万元，为预算的6.36倍。上级补助收入9269万元，上年结余15621万元。基金支出完成19185万元，为预算的71.59%，基金预算结余7614万元。

【预算收支平衡情况】 2010年地方财政一般预算收入19658万元，加上返还性收入3468万元、一般性转移支付收入29945万元、专项转移支付收入36119万元、地震灾后恢复重建补助收入226939万元、债券转贷收入6400万元、上年结余-2933万元，全年总收入319596万元。总收入减去当年一般预算支出307525万元、上解上级支出282万元后，年终结余为11789万元，扣减结转下年的支出11764万元后，财政净结余为25万元（其中，上年赤字7499万元，当年结余7524万元），实现全面消除赤字目标。

【预算超收收入安排和使用】 2010年，全县地方财政一般预算收入实现超收7058万元，剔除对应安排的教育费附加支出898万元、水资源费支出54万元后，财力性超收为6106万元。

【灾后恢复重建和民生支出保障】 加大对"三农"、教育、就业、社会保障、医疗卫生等直接涉及人民群众生产生活领域的投入。教育支出11089万元，同比增加856万元，增长8.37%；科学技术支出266万元，同比增加3万元，增长1.14%；社会保障和就业支出17088万元，同比增加6060万元，增长54.95%；医疗卫生支出4558万元，同比增加898万元，增长24.54%；环境保护支出5470万元，同比增加2388万元，增长77.48%；地震灾后恢复重建支出233327万元，同比增加135496万元，增长138.5%；公共安全支出6018万元，同比增加1140万元，增长23.37%；国土资源气象等事务支出1344万元，同比增加893万元，增长198%。

投入17977万元，实施"十大民生工程"，其中：就业促进1362万元，扶贫解困500万元，民族地区帮扶2938万元，教育助学1684万元，社会保障4500万元，医疗卫生929万元，百姓安居1800万元，基础设施230万元，生态环境3787万元，文化体育247万元。

推进灾后城乡住房重建，累计投入42283.55万元，保障城镇永久性住房建设和城镇灾损住房除险加固，全面完成灾损农房重建、农村集中安置点基础配套设施建设。

加快基础设施和公共服务设施建设，投入83921万元，加快推进交通、水利、农村等基础设施建设。安排资金35824万元，积极为学校、医院、村级活动场所等公共服务设施建设提供资金保障。多方筹集10174.71万元，用于映汶路、粤汶路等拆迁安置，促进重点项目顺利推进。

全面开展城乡环境治理和地质灾害治理，多方筹措资金29919.62万元，加快推进城乡环境综合治理和风貌恢复建设；投入53753.8万元，实施地质灾害治理和生态环境修复工程；投入447.8万元，确保灾后的市政运行维护，并使灾后重建成果得到有效利用。

【扶持产业经济】 有效整合支农资金，筹集28026万元，加快推进农业、林业、水利设施重建，大力发展特色种植业、养殖业，加快实施灾后土地复垦治理，全力保障因灾失地农民购买社会养老保险，千方百计帮助群众增加收入。

筹集资金91650万元，支持漩口新型工业集中区、桃关工业集中区、广汶工业园等工业集中发展区基础设施建设；积极向上争取筹措资金2402万元，推进企业技术改造和创新、节能减排及淘汰落后产能；拨付贷款贴息资金1972万元，支持阿坝铝厂和岷江水电等企业灾后重建和恢复生产。

坚持"精品景观、精美村寨、精致农庄"旅游发展方向，围绕"大禹故里、熊猫家园"旅游品牌，总计投入23722万元，重点支持景区文物抢救保护和基础设施重建，促进旅游服务业快速发展和商贸流通服务业的重建与恢复，确保水磨古镇国家AAAA级旅游景区创建以及阿坝州首届大樱桃节、水磨古镇首届文化旅游节顺利举办。

【支农惠农助农政策落实】 全年共发放粮食直补资金31.1万元，农资综合直补资金274.64万元，受益农户14189户。累计销售家电下乡产品11059台，财政累计补贴11048台，发放补贴资金280.45万元。汽车下乡补贴1123辆，发放补贴资金387.52万元。共拨付农机购置补贴资金227.78万元，退耕还林补贴资金1657.22万元。

【国有资产经营】 进一步加强国有资产管理，确保国有资产保值、增值，同时为城乡建设筹集更多的资金，顺利完成七盘沟纸厂、水磨红佳瑞、阿坝矿业、岷江西岸、原国税局住宿楼、消防队综合楼、建行后山5户民房、原科协住宿楼、黄龙集团综合楼、交警队集资房、州质监所及原新车站片区的危房和违章建筑近万余平米的拆迁工作。全面完成行政事业单位资产自查工作，清理单位102个（含乡镇卫生院、学校、园区管委会），清理资产3.5亿元，其中房屋建筑物1.86亿元，土地340万元，交通运输设备7300万元，专用设备3000万元，通用设备120万元，电器设备800万元，电子产品及通讯设备2600万元，仪表仪器计量标准器具450万元，文艺体育设备250万元，图书文物陈列品400万元，家具用具及其他1600万元。通过改组、撤并、整合、注资等手段，加强投融资平台自身造血功能，最大限度实现国有资产的保值增值。完成全县县属国有企业（公司）小金库清理工作，共清理县属国有企业（公司）9家，无一家私设小金库。

【财政监管】 及时制定《规范项目资金管理实施方案》、《进一步规范项目和资金管理有关规定》等管理措施，会同监察、审计部门对全县11个乡镇和县级有关部门就抗震救灾资金使用情况进行专项检查。全年共评审招标控制价项目432个，累计审定金额169481.94万元；竣工结算项目546个，送审金额53755.34万元，审定金额40574.24万元，审减13191.11万元，审减率24.53%；技术咨询合同601个，送审金额11345.1万元，审定金额9457.11万元，审减1887.99万元，审减率16.64%。

【机关建设】 进一步加强机关制度建设和规范化管理，及时制定和完善相关的管理办法和制度，规范行政审批，优化办事流程、加强纪律约束。继续加强领导班子建设，认真落实党风廉政建设责任制，开展廉政机关建设。开展"五五"普法活动，干部职工遵法守法意识得到增强。组织党员和干部职工召开党员领导干部民主生活会，开展以"坚持科学发展、加快科学发展"为主要内容的解放思想大讨论活动，机关干部的工作作风明显转变，纪律观念、服务观念和敬业奉献精神明显增强。荣获四川省爱国卫生先进集体、汶川县文明单位、汶川县平安单位等多项荣誉。

国家税务

【领导名录】
局　长	黄发富
副局长	贾政利
	牛培琴
	赵　刚
	陈玉梅（11月起）
纪检组长	张德清（10月止）
	蒲　伟（6月起）

【国税收入】 截至12月底，累计完成各项税

收收入44370万元,完成年计划的110.93%,同比增收25181万,增幅131.23%;其中,"两税"完成42056万元,同比增收23469万,增幅126.27%;企业所得税完成2281万元,同比增收1767万,增幅343.77%;储蓄存款利息所得税完成33万元,同比减收55万元,减幅62.5%。

【税收征管】 2010年,汶川国税局把36项征管质量指标纳入绩效考核管理办法进行考核,制定措施进一步加强税收征管,着力提高数据分析应用水平。实行"绩效考核制"、"承诺制"、"审核制"、"部门信息交换"制度、申报入库两个"倒计时制"、"限期办理制"、加强普通发票监管、加强日常税收征管工作、加强户籍管理工作。截至年底税务登记户数达到1121户。

开展重点行业的专项纳税评估和增值税一般纳税人、小规模纳税人负申报、零申报、低税负的专项核查和专项整治工作。加强对砂石等建材行业的管理,全年共入库砂石等建材税收收入267万元。加大清缴欠税力度,缴缓税款到期入库率保持100%。采取税收强制执行措施,对1户长期欠税企业通过银行扣缴税款。加大对水磨片区内搬迁企业欠缴税款的催收力度,在划拨搬迁补偿款时扣缴拖欠的税款。全年共清缴欠税及滞纳金4015万元。

加大稽查力度,深入开展打击发票违法犯罪活动,共检查纳税人17户,实现稽查查补收入(含企业自查)136.4万元,罚款11.52万元,加收滞纳金5.92万元,查补入库税款占年度稽查查补收入的101%。其中,专项检查10余户,查补收入11.76万元,罚款6.4万元,加收滞纳金1.19万元;违规使用发票1户,罚款1000元;开展日常稽查工作,查补收入9.33万元,罚款4.66万元,加收滞纳金1400元;组织企业开展自查,有4户企业自查补税115.3万元,加收滞纳金4.58万元。

开展WEB远程电子申报工作、财税库银横向联网工作,截至年底已有50户一般纳税人办理网上申报,占一般纳税人总数146户的34.25%,比州局下达的申报比例高4.25%;95户小规模纳税人进行网上申报,占一小规模纳税人总数176户的53.98%,比州局下达的申报比例高3.98%;62户纳税人签订了财税库银协议,占全县税务登记户(不含个体双定户)的19.25%,与州局下达的2010年税库银签约运行任务进度10%相比,增长9.25%。

【税收优惠】 按照国家产业导向政策和优化经济结构要求,全面落实各项税收优惠政策,把税收征管工作和涵养税源、促产增收有机结合起来,支持地方经济建设。今年,符合政策规定条件的纳税人享受国税减免税,其中,增值税免抵出口退税额247万元,即征即退两万元,免抵调55万元,企业所得税汇算清缴退35万元。根据灾后有关税收优惠政策,免收税务登记证工本费1000元、滚动办理延期缴纳税款43笔(税额累计293.36万元);依照有关税收规定及时审核批复企业税前扣除的资产损失40193.16万元、办理固定资产进项税额抵扣738万元。

【纳税服务】 以"始于纳税人需求,基于纳税人满意,终于纳税人遵从"为目标,树立为纳税人服务意识。不断建立和完善纳税服务岗责体系,更新服务理念,优化业务流程,简化办事手续,规范服务标准。大力加强办税服务厅建设,增加硬件配置,完善设施功能,延长工作时间(实行早九晚五),为纳税人创造便利、和谐的办税环境。进一步简化办税程序和手续,全面推行"一窗式"办理、"一站式"服务,积极推进推行WEB远程电子申报、税库银横向联网等余元化申报方式,拓展服务内涵,提升服务手段,切实为纳税人提供便捷、经济、优质、高效的纳税服务。在日常税收管理过程中,为企业分忧解愁、全程跟踪,开通绿色通道,简化办税手续。

【机关建设】 坚持"依法治税,从严治队"的方针,以服务工作大局为主线,加强社会主义荣辱观教育,加强思想政治工作,不断增强全体干部的学习力、执行力和创新力,促进团队和谐、征纳和谐、环境和谐。认真组织实施"六员"培训和在岗培训,全年共举办各类培训16人次。大力开展各类争先创优活动,2010年汶川国税局被县委、政府表彰为"平安单位",开展"税务文化活动周",增强团队责任感和凝聚力。

深入开展党风廉政教育,全面推进惩防体系建设,按照州局要求完成为控机制建设工作。2010年从社会各界聘请了13位特邀监察员,加强局机关的党风廉政、机关效能、民主评议行风等工作。全面实现"三个确保"、"三个安全"和"五个无"的廉政目标。

【灾后重建】 "5.12"汶川特大地震后,在上级局的关怀下,很快就获得了县局和映秀分局的重建资金。11月5日,位于汶川县水磨镇寨子坪村的映秀分局通过竣工验收;12月27日位于县城威州花园对面的县局综合楼通过竣工验收。

地方税务

【领导名录】

党组书记、局长　　孙　勇
副局长　　　　　　马志国
　　　　　　　　　董　健
　　　　　　　　　袁　珂
纪检组长　　　　　索朗拉姆

【地税收入】 累计完成地税收入19283万元,同比增长37.9%。

【税收征管】 以恢复城建为契机,努力掌控税收法制新机遇。下工夫调查分析形势,落实收入责任制,制度措施,确保收入任务抓紧抓实。落实税收管理员制度,严格税收征管考核,细化分工职责,严肃责任追究,完善"税收征管、纳税评估、税收稽查、税收分析"四体一体的税源管理机制,努力探索征管实效提升。加快推进信息税管步伐,强化信息系统支撑,提高科技管税含金量。

【纳税服务】 进一步优化纳税服务,尽力整合机构、人员、工作流程,提高工作效率,坚持服务始于纳税人需要、终于纳税人满意这个理念,构建和谐征纳关系,用优质服务引导提高纳税人满意度和税法遵从度。

【依法治税】 落实税收执法责任制,按照法定权限和程序行使权力、履行职责。开展税收法制检查和执法监察工作,规范执法行为,促进执法公正。认真执行重大税务案件审理制度,全年审理县局稽查局提请的两户重大税务案件。开展税收专项检查,严厉打击各种涉税违法行为,全年检查纳税户10户,结案10户,共查补地方各税109.42万元,入库109.42万元,其中,查补税款22.96万元,加收滞纳金5.7万元,罚款80.75万元。开展自查纳税户29户,自查补缴地方各税

252.51万元。

开展税收法制宣传教育，搞好第19个全国税收宣传月活动，电子显示屏滚动播放税法知识、税收公益广告，发放各种宣传资料2000余份。围绕"税收·发展·民生"主题，展示援建成果，服务灾后重建。

【灾后重建】 在省州主管部门、地方党政的关心支持以及广东地税系统等各方无私援助下，汶川地税局重建资金得到解决。7月，建筑设计方案的得到通过。11月15日，同广安建新建筑公司签订施工合同。11月16日开工建设。

【机关建设】 加强党风廉政建设和反腐败工作的领导，实行"一把手"负总责，分管领导各负其责的工作机制，层层签订责任书。加强思想教育，增强廉政意识。加强对税收执法权和行政管理权的监督制约，防止产生腐败问题。加强政法政风行风建设，提高工作效率、水平和服务质量。坚持抓班子带队伍，加强队伍建设。实施"人才兴税"战略，利用多种渠道提高干部队伍素质。全年组织职工参加远程业务培训、"五五"普法考试等。选送24人次参加省州举办的业务、知识更新培训。加强精神文明创建和社会公德建设、职业道德建设，倡导感恩教育，营造创先争优氛围，打造学习好、纪律好、风气好、服务好、业绩好的地税机关。2010年，县地税局被团县委评为共青团工作优秀集体，创建为州级文明单位。威州税务所创建为县级最佳文明单位；1名同志被《中国税务报》评为优秀通讯员；1名同志被评为县优秀共产党员；1名同志被评为县劳动模范。

人行汶川县支行

【领导名录】

行　长　　　邹光普
副行长　　　刘　剑
　　　　　　侯坐琼

【金融稳定】 切实维护辖内金融稳定，进一步优化金融生态环境。加大对金融机构反洗钱、账户管理、现金管理和人民币收付业务等方面现场检查力度，规范金融机构业务经营行为，提高人民银行行政执法的权威性、依法行政的规范性和严肃性。

【"两反一征"】 完善信贷登记咨询系统管理，及时组织开展贷款卡年审工作。健全完善反洗钱协调机制，加大反洗钱的现场与非现场监管力度，广泛开展反洗钱宣传培训，提升反洗钱工作人员业务技能，提高反洗钱工作的社会影响。积极开展反假币宣传周活动，全年共开展宣传6次，发放宣传资料1.33万份，接受群众咨询6500余人。加大对新施行的《假币收缴,鉴定管理办法》的学习。共收缴假币301张,金额2.93万元。

【支付系统管理】 深入推进农村地区支付结算"快通工程"，着力提高农村支付结算服务水平，满足农村多层次的支付结算需求；加强会计核算日常管理，进一步规范业务操作；加强银行账户管理，认真落实账户实名制；完善银行卡业务市场管理，严厉打击银行卡违法犯罪。

【内部管理】 把信息调研工作作为掌握反映实情、分析问题、促进工作的有效手段,全年完成调研6篇，信息37条，被上级行采用28条。搞好综合治理,抓好责任制的落实,年初与各股室签订安全目标责任书,建立健全"三防一保"工作责任制,全年无重大案件和责任事故发生;加强消防、报警设备等各项安全设施的建设,建立消防政务值班制度;搞好要害岗位和重要部位人员的考核工作;严格执行安全保卫工作规章制度,确保无重大责任事故和经济、刑事案件的发生。进一步加强督查督办、保密、档案和公文管理工作,认真落实支行工作规则,使支行党组、行务会各项工作决策和部署落到实处,确保政令畅通。

坚持和完善党组中心组理论学习制度,认真贯彻实施干部选拔工作四项监督制度有关问题的通知,不断完善和规范领导干部廉洁从政行为,全年共学习13次。注重班子的思想政治建设,坚持民主集中制的原则,规范议事规则,加强对股室落实党风廉政建设情况的考核工作,进一步规范廉政档案。

农行汶川县支行

【领导名录】

行　长　　胡　平(5月止)
　　　　　李晓敏(5月起)
副行长　　张桂英
　　　　　王　睿
　　　　　马　林(9月起)

【综述】 截至12月底,支行各项存款(含外币)达402889万元,各项贷款达32062万元,中间业务收入达905万元,全年各项收入达15858万元。未发生经济刑事案件及违规大要案件和重特大责任性事故。

【存贷款工作】 大力拓展个人贷款,全年累计投放个人贷款1003.8万元,同比增加878.8万元,其中,发放个人助业贷款95万元,发放个人消费贷款908.8万元,基本满足全县100余名具有稳定收入的行政企事业单位职工住房重建和房屋装修等信贷需求。

针对本地区震后产业结构的特点,对水电行业给予灾后恢复重建信贷支持。重点支持四川西部阳光电力开发有限公司、汶川县麻龙电力有限责任公司。审批信贷业务2010年84笔,信用金额1485.35万元。

【中间业务】 2010年对所有信贷事项都与农行现有产品进行"捆绑式"营销,实现投资银行收入501.8万元,优化全行中间业务收入结构,有力的提高信贷客户综合回报率。由于受"5.12"地震影响,全行保险代理业务萎缩较为严重,经过多方调研,加强柜台寿险营销业务。共实现保费收入504.6万元,同比增加134.7万元。

【银行卡业务】 紧紧围绕总行"面向三农"战略目标,借助农行股改上市的有利时机,为从事羌绣文化产业的809名绣娘,定做惠农羌绣信用卡,全年累计发行惠农羌绣信用卡809张。以惠农卡为载体,以银行电子产品为平台,全力推进新农保代理工作。截至年末,代理收缴60岁以下自愿参保农户2100余人参保金额达400万余元,办理惠农卡2100余张。

【信贷管理】 严格按灾区不良贷款重组和减免要求,认真落实因"5.12"汶川特大地震形成的不良贷款重组减免政策。强化信贷管理,要求辖内办理信贷业务的部门严格按制度、按程序办理每一笔信贷业务。努力做好信用等级评定和内部综合授信的审查工作。坚持信贷政策、原则、制度审查每一笔贷款,全年共审批信贷业务84笔,信用金额1485.35万元。

【电子化建设】 结合支行各营业网点和业务发展现状,拟定《汶川县支行电子渠道建设规划方案》。同时结合电子商务平台建设,积极开拓电子化服务新领域。在上级行的支持下，阿坝州公共资源交易中心电子商务平台于7月18日正式上线运行，成为全国农行首家电子化商务交易平台。推进信息网络建设，完成汶川威州一中、漩口支行3台离行式ATM的安装调试工作及对7个营业网点的终端更换工作，改善和提高前台业务的处理速度。

【内控管理】 2010年是内控合规检查年，协助配合农总行集中审计后续检查、州分行会计内控管理等八项操作风险检查、支行行长任期经营离任审计、省分行综合执法信贷检查、省分行案件风险排查、省州分行不良贷款处置检查、州人民银行执法检查、州银监局检查、内部控制综合评价。

【财务管理】 财务核算逐步实现精细化管理。自IFAR系统和FMIS系统上线后，加强固定资产的管理，优化固定资产的结构。加强财务管理审查委员会的工作职责，大宗商品采购、大的项目工程修建与维护，在支行权限内，全部由各网点、部门上报支行财务管理审查委员会审核通过，并将财审会会议纪要上报支行行长审批，财务管理审查制度的执行逐步走向成熟。做好重要空白凭证的管理工作，根据网点的使用进度，及时到州分行领取各类重要空白凭证。切实履行资产负债管理委员会工作职责，按季采取现场和非现场检查的方式，对辖内8个网点的存贷款利率执行、贷款利率定价操作进行检查。

【运营管理】 加强现金调拨管理系统（G系统）的维护和新业务知识的学习，7月份成功实现假币通过G系统管理和上缴当地人民银行。按照会计档案管理制度要求，做好全行会计档案的交接、归档、借阅、销毁工作。加强了反洗钱业务知识的学习，随时通知各网点运营主管处理反洗钱预警信息，并作好相关登记簿的登记。坚持双人押运工作，做好24小时金库监控值守，确保金库和运送中现金的安全。

【内部管理】 抓好党的组织建设和党员培训、教育及发展工作，送入党积极分子到党校进行培训。按照重岗人员岗位轮换的有关规定，对全辖被列入重要岗位范围员工的岗位工作任职年限进行排查。抓好枪支弹药管理使用工作，对持（管）枪人员按规定进行政审，并按《专职守护押运人员枪支使用管理条例》和公安部门要求，加强枪支弹药管理，实现枪弹分管，一枪一档的要求。充分发挥基层工会组织作用，组织员工参加各项文体活动，丰富职工业余生活。

建行汶川县支行

【领导名录】

行　　长　　　　兰志华
副行长　　　　　余朝举
风险经理　　　　李　明（10月起）

【概述】 截至12月31日，全口径存款206708.83万元，其中对公存款余额182626.95万元，同业存款余额407.73万元，储蓄存款余额23674.15万元。全口径存款较年初增加81585.84亿，市场占比进一步提升，达30.9%。各项贷款余额为24120万元（含贴现）；贷款利息实收率达到100%；中间业务净收入227万，实现账面利润3079.62万元。

【市场营销】 以"抓账户、抓项目、抓源头"为抓手，大力发展负债业务。积极调整工作思路，重点营销下游资金承接客户，确保灾后重建资金体内循环。全年来，大力营销交通、水电、旅游、财政等重点行业外，在维护重点客户广州"灾后重建"的援建方上，重点关注下游项目，基本形成资金体内循环，共计新增对公结算账户80户，其中，基本账户18户、专用账户5户、临时账户54户、一般账户3户，累计沉淀资金达67214万元。全行对公和个人两大板块存款任务均超额完成。

【资产业务】 全年累计营销发放公司类贷款5000万元，票据贴现95笔，累计办理金额63056万元，新增贷款和贴现主要投向水电行业、教育和冶炼矿山业，以及灾后重建恢复生产经营的资金需求。全年新增龙卡（信记）3831张，贷记卡142张，网银新增655户，电话银行42户，短信银行新增1753户，销售理财产品155万元。

在贷款管理过程中，严格按贷款质量的"五级分类"和"十二级分类"进行清分，加强风险的监控和风险预警，认真作好C_PM系统的录入工作，抓好到期贷款的回收工作。全年向条件成熟的鑫盐化工有限责任公司、阿坝师范专科学校、川西磁业公司、汶川新桥矿业公司分别发放贷款3000万、1300万、400万元、300万元。为支持灾后城镇居民安居计划，积极做好公积金贷款的发放，共发放公积金贷款27笔，金额557万元。

【中间业务】 中间业务收入是银行改变收入结构单一，提升核心竞争力的有力手段。全年实现人民币结算业务收入60万元，收单业务收入50万元，咨询业务收入31万元，理财产品收入41万元，借记卡收入30万元，电子银行收入15万元，2010年共实现中间业务收入227万元。

【财务管理】 强化财务管理，提高经营效益，全年实现利润3079.62万元，人均134万元。营销有效益的贷款和票据贴现业务，扩大资产规模。加大贷款收息工作力度，提高利息实收率。建立健全集中采购体制，促进各部门落实经营管理责任。按规定和制度，做到办公用品、车辆派遣使用、差旅报销规范化。拓展中间业务市场，严格按建行服务收费标准进行有偿服务，加大对低值易耗品和计算机耗材的管理，加强对"备付率"的控制，减少无效资产的占用。

【内部管理】 加强员工业务学习，各部门针对各自业务特点和2010年培训计划进行不同程度业务培训和每季前台的技能测试。多次组织员工参加总行、省分行、州分行的专题培训，以及省分行、州分行以及地方上的脱产培训。深入开展"专项检查"活动，按照省分行和银监局、人民银行对反洗钱、账户清理、银行业案件防范等专项工作的要求，保证不发一案的总体目标。开展业务与员工行为"双排查"和清理员工大额购股、博彩行为、"平安建行"等活动。进一步落实责任目标管理，坚持谁主管、谁负责的原则，做到年初有布置、年中有检查、年末有总结，奖惩分明，对员工违规行为进行经济处罚和积分处理，全年积分12人次，共积分23分，扣发绩效工资3950元。组织员工认真学习《中国建设银行员工违规行为处理办法》《员工职业操守》《案件防控要点100条》，观看《黑色的诱惑》《代价》。按月定时或不定时召开安全保卫专题会议、案件防查分析会、风险操作分析会，及时通报情况。

党风廉政建设坚持责任制，实行目标管理，把党风廉政建设和行业作风建设结合起来进行，收到明显效果。坚持民主集中制原则，强化民主团结机制。整顿支行工作作风，认真剖析工作中存在的问题。

做好精神文明创建工作，参与"平安建行"创建和全州"文明行业"创建活动。坚持"CIS"战略，在形象、宣传上树立品牌意识。关注民生、环境综合治理、支持教育，继续在汶川一中（威州中学）开展"成长计划"工作。

农村信用联社

【领导名录】
理事长　　尼玛俄热
监事长　　杨小平
副主任　　廖学龙
　　　　　敬树军（2月止）

【业务情况】截至12月31日，各项存款余额98950万元，比年初增加16428万元，增加19.91%；贷款总量实现新突破，全年累计发放各类贷款37890万元，比去年增加5472万元，增加16.88%。累计收回各类贷款26279万元、贷款利息3775万元，利息比去年增加1392万元，增加58.41%，清收处置不良贷款5210万元，较2009年末降低4213万元。年末各项贷款余额合计66292万元（不含未转农房重建委托贷款），比年初增加11611万元，增加21.23%。12月末，全辖农村信用社实现各项收入4968.6万元，各项支出3927.2万元，综合费用率28.32%。全县14个法人机构亏损两个社，亏损65万元，盈余14个社，盈余1106万元，全县利润总额1041.4万元。

【存款管理】充分利用信用社点多面广的优势，利用各信用社与当地各村、组所建立的良好的服务关系，不出乡镇即可办理存、贷款、汇兑、农村养老保险等业务。截止12月末，全县各项存款较年初增长16428万元，进一步为全县业务拓展奠定资金基础。

【信贷管理】把信贷重点放在"三农"上，扎实搞好信贷支农工作。全年累计发放涉农贷款37065万元，占新增贷款的97.82%。涉农贷款余额622512万元，占比93.9%。

大力支持城镇个体工商业、小水电业及其他企业的发展，支持个体户资金需求，额度控制在5~20万元。"8.14"特大山洪泥石流使县境内部分企业受损严重，根据企业需求适时发放灾后恢复生产贷款，对新建企业在充分调查、完善担保抵押手续前提下实行简化手续，重点扶持，稳妥地支持地方行业发展。

【财务管理】在财务管理上本着"统而不死、分而不乱、统分结合"的原则，抓好增收节支工作，把工作重点放在收息上，年底贷款利息收入达3775万元，比去年增加58.41%，创历史高峰。加强非生息资金的运营管理，最大限度发挥其使用效益。汶川地震后向全县农户共计发放委托贷款12385户2亿元，经多方协调施行委托转担保贷款，截止12月底，实现委托转担保增加利息收入1085万元。加大中间业务代理，陆续在威州、水磨安装调试两台ATM机，两台POS机，年底正在筹划烟草代理业务。截至12月末，全辖总收入达到4969万元，剔除捐赠因素后较上年同期增加2078万元，其中，贷款利息收入达到3775万元，较上年同期增加1392万元，实现利润1041万元。

【银行卡业务】认真开展银行卡营销宣传，全面推进各项银行卡业务发展。截至12月31日，农村信用社营业网点12个上线网点全年累计发卡2797张，活卡率95.42%；卡均余额5782.18元，排全省第18位。

【电子信息化建设】随着SC6000业务系统的上线，联社确立"统筹规划、统一标准、互联互通、重点建设、适当超前"的指导思想，加快对内外网的建设。陆续上线协同办公系统、信贷管理系统、身份核查系统、稽核管理系统、反假币报送系统、集中报送系统、业务经营统计查询系统、员工主数据系统成功上线，以及即将上线生产运行管理系统。先后对全体在职员工（包括领导班子）分5批次开展稽核管理系统、信贷管理系统、集中报送系统、反假币报送系统培训。10月，陆续在威州、水磨两镇开通ATM机，并在水磨镇设置两台POS机。11月，全县监控系统上线，进一步对营业安全提供保障。

【内控建设】 联社组织稽核保卫部对全县各网点进行5次专项稽核检查，每月定期进行序时稽核。对各社的库存现金、代保管抵质押品、重要空白凭证、同业往来账务、信贷业务、费用开支、内控制度执行情况进行检查。对检查出现的问题及时提出整改意见并对相关人员进行稽核处罚。

同各部、室、信用社签订安全保卫责任书。营业网点与友邻单位(居民住户)签订联防协议，把安全保卫工作具体落实到社、到人，以会代训组织职工进行安全防范意识教育、案例警示教育和安全知识学习4次，累计121人次。要求临时办公场所的营业网点加强安全防范，各社按要求配备简易防卫器具。认真执行有关营业室和守库室保卫规章制度。

【灾后重建】 威州、雁门、龙溪、姜维、绵虒、白花、卧龙陆续进入新的营业场所办公。映秀、银杏、草坡营业办公楼正在建设中，水磨、三江、耿达营业办公楼正在紧张筹建中。预计2011年上半年未开工营业网点重建项目进入在建，下半年全部完工。

中国人民财产保险公司汶川支公司

【领导名录】
经理　　　李华平
副经理　　谢华成(11月止)
　　　　　林锡敏
　　　　　高爱萍(11月起)

【保费收入】 实现保费收入3648.76万元，同比增幅34.5%；其中政策性农险保费收入26.26万元，商业机车险保费收入1980.98万元，同比增加446.79万元，增幅29.12%；交强险保费收入751.19万元，同比增加200.73万元，增幅36.47%；责任险保费收入629.41万元，同比增加388.55万元，增幅161.32%；企财险保费收入199.01万元，同比增加24.85万元，增幅14.26%；意外险保费收入51.78万元，同比减少35.25万元，降幅40.50%。家财险保费收入2.23万元，与去年基本持平；健康险7.9万元。

【利润和应收】 实现利润(财务数据)255万元，比2009年末增加88.12万元，其中2010年度对利润贡献最大的是责任险，亏损最高的是工程险。年末实现已赚净保费2737.59万元，比2009年末的1743.84万元增加993.75万元。未决赔款准备金报表毛数据2019.87万元，同比增加732.91万元，应收保费年末余额13.38万元，同比减少8.23万元。未到期责任准备金基本与2009年持平。

【业务理赔】 支付直接赔款(含地震赔款)1749.26万元，同比增加436.59万元，同比增幅达到33.26%，共处理案件3937件。

【内部管理】 加强分配制度改革，坚持同工同酬和按劳分配原则进行考核分配，调动大家工作积极性。对公司各种用工方式实行基本的同工同酬制度，该享受的待遇基本一致。与银行合作、与有关主管部门加强联系掌握信息，积极拓展展业渠道。做好车险和非车险见费出单工作，在承保、理赔和财务收支方面严格按照保监局文件和上级公司文件要求进行整改和梳理。带头依法合规经营、带头规范保险市场。加强以会代训工作，理顺政令畅通和规章制度的执行力。注重一线业务骨干员工的培养引导，将党员发展工作的重点放在业务一线和公司骨干，对向党组织提出申请要求进步的员工加以培养和考察。

中国人寿保险股份有限公司汶川支公司

【领导名录】

经　理　　胡　静
副经理　　赵　文

【业务发展】 各项业务指标均平稳增长，全年共实现各项指标考核五个第一。共实现股份总保费收入3341万元，其中首年期交保费645.45万元，短期意外险570.13万元，中介代理515.3万元，团险200万余元，超额完成上级下达目标任务。按上级公司的要求全面实现新单零现金，续期、生存金、红利、退保金、满期金、理赔款都逐步进入银行转账，达成率79%。

中华联合保险股份公司汶川营销部

【领导名录】

经　理　　陶西勇

【主要经营指标】 实现签单保费收入923.78万元，其中，短期人险完成92.25万；处理各类赔付案件1496件，赔付金额774.98万元，向地方缴纳税金98.79万元。

【业务营销】 高度重视交强险业务的承保、理赔服务工作，本年度完成交强险业务294.3万元，占车险业务34.46%，同时交强险赔付达102.59万元。按照国家税务总局、保监会和地方政府要求认真履行代收代缴车船税工作，本年度代收车船税44.46万元。

【内部管理】 着力抓好理赔队伍建设，通过培训、指导、交流等形式提高理赔队伍素质，提升服务技能。加强制度建设，通过深入贯彻公司相关规章制度，夯实理赔管理的基地，打造专业服务队伍。完善理赔管理流程，通过明确分工，每项工作进行定性和定量考评，以此强化系统的管控作用。

教育 文化体育 广播电影电视

教育

【领导名录】
党组书记　　胡正安（4月止）
　　　　　　袁　刚（8月起）
局　　长　　胡正安（5月止）
　　　　　　袁　刚（9月起）
副局长　　　谢棣华
　　　　　　黄万才
　　　　　　黄慧珈（5月起，挂职1年）
　　　　　　戴长忌（5月起，挂职两年）
　　　　　　刘小勇（5月起，挂职两年）
"七一"中学党支部书记、校长
　　　　　　张舜华（9月止）
　　　　　　熊作富（9月起）

【基本情况】全县有大专院校1所，中专院校1所，小学15所，专任教师686人，在校生5374人。初级中学两所，专任教师182人，在校生2055人。完中3所（包括耿达中学1所），专任教师339人，在校生4415人。幼儿园3所，专任教师58人，在园幼儿708人。特殊教育学校1所，专任教师28人，在校生71人。

【机构改革】10月，根据中共阿坝州委办公室、阿坝州人民政府办公室《关于印发〈汶川县人民政府机构改革方案〉的通知》（阿委办〔2010〕145号）和中共汶川县委、汶川县人民政府《关于汶川县人民政府机构改革方案的实施意见》（汶委发〔2010〕30号），设立汶川县教育局，挂县大学中专招生委员会办公室牌子。2010年12月，根据汶川县人民政府办公室《关于印发汶川县教育局主要职责内设机构和人员编制规定的通知》（汶府办发〔2010〕94号），将其职责调整为：（一）取消已由县政府公布取消的行政审批事项；（二）加强基础教育工作，以农村教育为重点、推进义务教育均衡发展，促进公共教育资源进一步向农村牧区倾斜，促进教育公平，深入推进基础教育改革，切实减轻中小学生的课业负担，加强中小学德育，全面实施素质教育；（三）完善家庭经济困难学生资助政策体系，保障生源地信用助学贷款工作的顺利进行，加强校园安全管理，加强青少年思想政治教育工作；（四）完善中小学教师管理体制，加强对中小学教师工作的统筹、规划、管理；（五）加强对全县教育体系统党建工作的指导。设办公室、人事股、教育股、计财基建股、安全工作管理股、大中专招生委员会办公室6个内设机构。机关行政编制12名，其中局长1名、副局长两名；招办副主任1名；党组负责人和纪检组长按县委规定配备；股级领导职数6名。机关工勤人员事业编制两名。

【学校恢复重建】2010年，完成雁门小学、第一中学教师周转房修建工程；基本完成教育研究培训中心后山治理、培训人员住宿大楼维修加固、漩口小学教师住宿楼等建设工程；共完成建筑面积9640平方米，完成投资3077万元。全年，全县涉及"十年行动计划"项目工程5个，主要用于解决部分学校灾后重建后未完成的附属工程，共投入资金300万元。指导、监督部分学校校舍灾后重建遗留问题的整改、维护、改造工程。完成县青少年校外活动中心项目申报，获得批准项目资金300万元。完成汶川特殊儿童教育学校新建项目工程申报工作以及汶川县教育研究培训中心和汶川特殊儿童教育学校整合新建的前期准备工作。全面启动汶川县第一中学教师周转房建设工程。启动教育局机关办公点改造项目，年底完成设计、工程造价财评工作。

全县共需恢复重建各级各类学校26所，项目28个(学校24所和两个教育类事业单位，以及由学校管理、单独修建的幼儿园两个)(未包含阿坝师专相关数据)，其中，中学5所(含初级中学两所，即绵虒中学、水磨中学；完全中学3所，即汶川县第一中学、映秀中学和耿达中学)，小学14所(包括龙溪阿尔村小1所)，幼儿教育学校3所(含汶川县第一幼儿园、汶川县第二幼儿园、中国中铁映秀幼儿园)，由学校管理单独修建的幼儿园两所(漩口镇幼儿园归入漩口小学内，项目单独申报；卧龙镇幼儿园卧龙特区管理)，州属学校两所(阿坝电大、威州民族师范学校)和教育系统内其他事业单位两个(即教培中心1个和阿坝州教仪站1个)。规划共计需修建校舍建设总规模300116平方米，维修加固校舍面积27147平方米(主要是汶川县教育研究培育中心和威师校)。计划投入资金近11.79亿元。

截至年底，已按年初计划，完成竣工投入使用的学校(幼儿园)16所，项目18个，实际完成建筑面积22.53万平方米，完成计划项目资金75118万元，其中，广东省援建"交钥匙"工程16所，实际完成建筑面积20.64万平方米，完成计划项目资金70543.2万元；社会援建"交钥匙"工程两所，即中国人民解放军二炮部队援建的"八一小学"(即水磨小学)和由东方家园援建的龙溪乡阿尔村小学各1所。

【设备设施配置及管理】注重教育技术管理和提升，进一步完善各校(园)教育技术装备配置和功能，按照"新建学校教育技术装备实用、够用、适度超前"标准，全年完成设备设施采购1618.48万元，其中，援建资金通过政府采购近533.11万元，特殊党费采购设备资金885.36万元。加强教育技术装备规范管理和正确使用指导，促进学校实验室和多功能教室管理工作规范化、科学化，为全县学校教育教学、教学研讨、师资培训等工作的开展搭建平台。组织开展并完成全县初中毕业班物理、化学实验操作考试和高中毕业班物理、化学、生物实验操作考试工作。组织全县教师参加省、州"农村中小学远程教育骨干教师培训"、"2010年爱世界项目'生活的准则'征文活动"、"中小学图书管理"等培训及教研教改活动，加快教育技术装备从设施向成果转换。

【教育管理与服务】汶川县以创建四川省义务教育示范县为抓手，进一步强化工作职责，狠抓"两基"巩固提高工作。坚持贯彻落实《汶川县创建四川省义务教育示范县工作方案》，制定"控辍保学"措施并加以落实。调整充实乡镇学校"创建"工作领导小组和业务人员，组织县级业务培训，到各乡镇和学校指导创建业务工作，主抓学额巩固，提高普及程度。县教育局结合各乡镇实际，齐抓共管，全力配合，开展教育捐资助学活动，解决中小学生入学难问题，提高普及程度。贯彻落实《中小学生守则》和《中小学生日常行为规范》，开展养成教育。全面落实"五五"普法规划，加大法制宣传教育。进一步规范办学行为，落实《四川省人民政府办公厅关于规范办学行为深入推进素质教育的意见》，督导各学校严格执行课程计划，开齐课程、开足课时，特别是开齐地方课程。规范作息时间和办班行为。多方筹措资金，争取社会、企业、个人捐助。办理完成27名大学生生源地贷款相关事宜。及时制定十年乡镇教育目标考核细则和评分标准，完成"两基"迎国检自查工作。严格按照《阿坝州物价局阿坝州财政局阿坝州教育局关于进一步规范教育收费工作的通知》规定，重视收费工作，认真执行教育收费政策，并进行自查。按照规定的收费项目和标准，做到教育收费公示制度。开具符合规定的票据，执行"收支两条线管理"规定。

【教育教学研究与管理】 随着汶川县教育硬件设施水平不断提升和完善，为进一步强化质量意识，加大教育科研和教育教学质量管理力度，确保教育全面恢复发展。县教育局及时召开全县毕业班暨教务管理工作会，规范学校教学日常工作管理，坚定各校推进素质教育、提高教育教学质量的决心和信心。加强对初高中毕业班工作的视导检查和服务，促进毕业班工作开展。落实并成功申报《未成年人思想道德建设现状与创新调研》和《灾后中学生心理素质的现状调查研究》研究课题。加强学校课堂教学竞赛活动，全面提高课堂教学效益，及时评审上报的优质录像课，组织上报教师教研论文20篇。完成全县中学非毕业年级统一考试、阅卷及成绩统计等准备和实施工作。以课程改革为契机，加强教育教学理论学习，探索教育教学规律，用新的教育理念，高水平、高效率、创造性地开展教学研究工作，不断探索新的教研模式。

拟定《汶川县中小学幼儿园设备设施管理办法（试行）》。按照《汶川县寄宿制学校管理办法》要求，加强寄宿制学校标准化建设和规范化管理，积极创建州级寄宿制标准化建设示范学校，三江小学全部通过评估验收，并正式授予称号；绵虒中学、绵虒小学、雁门小学3所学校全部通过州级中小学寄宿制示范学校复查验收。加大对学校教育教学的常规管理，继续以推进素质教育为宗旨，全面贯彻新课程计划，向教学研究要质量，向师资建设要效益，深化教学改革，着力培养学生的创新精神和实践能力。全年，全县多个教育科研课题取得效果，学科带头人、骨干教师在学校起好引领和示范作用，两名教师被评为四川省第九批特级教师、25名被授予"暨南爱生奖"、并推荐9名教师参加阿坝州第二届道德模范评选。评选"汶川县优秀教师"75名、"汶川县先进教育工作者"28名。

【财务管理】 教育局始终坚持为灾后教育恢复发展做好服务工作，完成2009年度年终决算，配合县财政局编制2010年财政预算；坚持做好"5.12"汶川特大地震后各项专项资金、捐赠资金的使用；做好职工"四险一金"的计算及缴交，完成教育部、财政部"普九"化债系统数据上报和汶川县灾后重建成果摸底调查统计；按时将预算内生均公用经费定额拨付到学校，落实家庭经济困难寄宿生生活费政策，按时拨付每生每年1200元寄宿制学生生活费补助。加强检查监督，配合县财政局对学校财务进行检查指导，确保学校经费管理和使用规范有序。组织实施绩效工资，完成奖励性绩效工资分配；完成全县教育系统设岗、坐岗聘任、绩效总量调标、工资核定和教育系统在职人员1300余人正常晋升工资等工作。

【德育工作】 坚持德育为首，认真开展德育工作，先后制订《汶川县中小学德育体系实施细则》（试行稿）和《汶川县中小学德育工作评估细则》。组织各校（园）开展爱国主义和感恩教育活动，推进德育教育和感恩教育活动实现常态化。完成全县省级三好生5名、优秀学生1名、优秀学生干部4名，优秀班集体1个；州级三好学生5名、优秀学生干部两名、先进集体两个；完成县级120名三好学生、61名优秀学生干部评选和认定工作。完成县级26个先进集体的评选。

【特殊教育与留守儿童】 67名残疾儿童就读特殊教育学校，完成州政府下达46名特殊儿童的招生任务。关注留守儿童，免除所有进城务工人员子女学杂费并免费提供教科书120名，确保所有进城务工人员子女接受义务教育。

【两免一补】 巩固完善农村地区教育经费保

障机制,继续实施"两免一补"政策,对因灾致困家庭经济困难学生实施特别资助,确保适龄孩子人人能上学。春秋季全部免除杂费和免费提供教科书学生19202人次,做到应免尽免。

【寄宿制和易地育人】 为全县义务教育阶段寄宿制学生、特殊儿童和大骨节病区"易地育人"学生提供寄宿制生活补助每人每月120元,共14206人次(小学7325人次,初中6881人次),发放寄宿制生活补助857.16万元,其中州直属县第二小学春季188名寄宿制学生寄宿制生活补助共11.28万元由州教育局直拨。

【助学资助】 多方筹措资金,争取社会、企业、个人捐助。完成"中央彩票公益金"、"南京九竹爱心助学"、"广东侨青"情系汶川助学金、"太原红十字会助金"、"上海重建家园认养基金"、"珠江励志奖学金"、"李嘉诚基金"、"新长城助学金"、"央行志愿者"爱心奖学金、"自强奖学金""一日捐"等各种助学资助,受助学生1551人,其中高中生受助607人,超出目标407人。共兑现助学资金近184.93万元。

【师资队伍建设】 及时调配教师26名,充实第一、第二幼儿园和水磨中学,确保学校正常教育教学秩序。完成教育系统所有事业人员设岗聘任及工资核定。完成41名教师申报中级职务、3名教师申报高级职务教师的材料初审和上报;协助职改办完成23名教师初级职务评定,争取高中紧缺学科用人计划,招聘"特岗教师"4名,高中教师14名,双语教师8名。拟定汶川县水磨中学异地办班师资配置方案,通过州人事部门组织,公开招聘初中缺科教师21名,为秋季高中课改和异地办班顺利实施提供师资保证;严格教师资格准入制度,认真开展教师资格证办理,完成申办中小学教师资格(含阿师专、威师校)1916人、申办幼儿教师资格1人,完成高中教师资格证认定和代理20人。

【教师培训】 按照"一流的硬件、一流的设备、一流的师资"目标,结合学校整合后师资实际,抓住灾后教师培训对口援助和全县学校师资整合契机,加强全县师资培训,用"三新一德"(新理念、新课程、新技术、职业道德)新理念打造教师队伍,提高师资整体素质。进一步规范管理外派教师再培训、再提高工作,拟定第二个"十年行动计划"师资培训方案。组织教师参加教育部哲学社会科学研究重大攻关项目——灾后中小学心理疏导培训4期,培养心理骨干教师56人。为夯实教师基本功,促使现代教育技术在教学中得到广泛应用,组织331人参加全国教师教育技术培训及检测;组织教师44人到乐山师院进行转岗培训,解决紧缺科目教师及普通教师超员矛盾;安排乐山师院41位顶岗实习教师,解决教师外出培训缺教问题;安排1224名教师参加省、州、县级各类培训,提升教师理论水平;组织高一教师79人进行新课程改革培训。加强新教师岗前培训,使新教师进一步明确教师的职责及义务。坚持教师继续教育的信息、学时登记及验证工作,督促教师继续教育,不断提升教师业务素质。

【基础教育及扫盲】 进一步巩固两基成果,7～12周岁入学率100%,初中入学率98%;小学辍学率控制在0.5%以内,初中辍学率控制在2%以内;小学毕业率100%,初中毕业率96%,初中毕业生升学率89.5%;15周岁人口初级中等教育完成率98%,17周岁人口初级中等教育完成率88%;三残儿童入学率57%;15周岁文盲率为0;学前一年入园率55%。三江小学、绵虒中学、绵虒小学、雁门小学4所学校全部通过州级中小学寄宿制示范学校验收。全县青壮年非文盲率99.8%。有乡镇农民文化技术学校13所,举办实用技术培训89期,培训3万人次。

【毕业会考】 初中毕业报名参考人数1302人,缺考31人,实际参考人数1271人。升入县内高中470人,"9+3"学校录取423人,5年制学校录取53人，三年制学校录取60人；共升学1006人，升学率79%。

【大中专招生】全县符合报名条件的考生1277人，其中普通高中考生1157人（理科考生631人，文科考生526人）、高职考生120人，参考人数为全州之最。全年本科硬上线204人，其中理科148人，文科56人；专科硬上线721人；上线率76%。本科录取384人（其中：提前批、一本录取64人；二本录取269人，三本录取27人，艺体本录取24人）。专科录取571人（其中：一专录取155人；二专录取372人，艺体专科录取44人）。高中、中专录取24人，对口高职大专13人，共录取992人，升学率85%。

【成人考试】认真组织成人高考、自考报名，做好6县成人高考考生396人的考试工作。全县成人高考报名50人，自考报名1人。

【职业教育】全年州教育局下达"9+3"计划475人，报名考生607人，参加体检430人。录取423人，32人未领取通知书，自动放弃，86人未去录取学校就读，实际去"9+3"学校学生337人。

【心理重建】县心理重建中心先后到县城3个社区进行走访调研，走访数十余人，调查了解社区干部心理恢复状况。邀请北京师范大学心理学专家郑日昌教授对全县各机关干部、公务员、中小学心理教师进行心理健康与压力管理知识专题讲座，培训150余人次。对卧龙中学初三、高三年级学生进行考前心理辅导，参加辅导学生60余人。完成《灾后心理健康知识宣传册》样本定稿和县教育系统精神家园项目方案制定。

【计划生育三结合】县教育局坚持抓计划生育三结合工作，帮扶定点计生户13户解决在生产发展、子女读书、生活等方面的实际问题。开展计划生育宣传教育活动。为每户帮扶户送去大米、挂面、菜油等生活物资，帮扶金3600余元。

【安全工作】进一步建立健全安全工作各项管理制度，拟定工作计划和相关应急预案，设立相关应急工作小组，并层层落实责任。会同县级相关部门加大对学校及周边安全隐患排查和周边环境治理；加大学校制度建设、食堂卫生与管理、流行疾病的预防和宣专教育，协同相关部门妥善处理流行疾病（腮腺炎、水痘等）和学生校外意外伤害等突发事件。召开专题安全工作会，统一思想、落实责任，强化全县学校安全管理工作，提高学校安全防范能力，确保安全工作做到常抓不懈，警钟长鸣。

【自身建设】教育局机关党支部坚持"围绕教育抓党建，抓好党建促发展"的工作思路，进一步加强思想理论武装，提高党员队伍思想政治素质，坚持每周1小时集中学习制度，学校坚持每周1次政治学习制度。扎实开展"创先争优"活动，认真制订实施方案、阶段目标、年度计划和工作措施，结合工作实际，组织开展形式多样、丰富多彩的主题活动。深入开展"领导挂点、部门包村、干部帮户"活动和"讲党性、重品行、作表率"活动。突出树优良师德师风、办人民满意教育，服务基层群众的主题，突出教书育人做楷模、服务发展当先锋的特点，积极开展"课题攻关党员先锋团队"、"德艺双馨"优秀共产党员、优秀共产党员·师德标兵"等各具特色的创建活动。加强党的作风建设，严格遵守"四大纪律、八项要求"等廉洁从政各项规定。10月3日，选举新一届党支部委员会。

全年共编制印发《教育简讯》3期、150余份，将《教育简讯》全面改版为《汶川教育》季刊。《汶川教育》通过"寄予教育、校长论坛、教海探航、学海拾贝、教育艺苑、教育时讯"七个版块，全面、深入反映汶川教育发展、改革成就，积极向政府主流媒体投稿，被政府网站采用登载教育信息就32条，为县委宣传部提供宣传资料20余次；出版感恩教育读本专辑两套，1万余册，上报下发教育工作简报73期、3000余份，上报下发"8.14"抗洪抢险工作简报8期；全年接受各级各类媒体教育宣传采访20余人次。本年度，三江小学、雁门小学经验收合格，被授予县级文明单位。全县教育系统被授予县级及县级以上文明单位达18个。

全面推进依法治教、依法治校，为教育事业创造良好的法治环境。坚持全面推进政务公开和校务公开，提高依法行政透明度，自觉接受群众监督。进一步严格依法行政，督促规范学校收费行为，招生工作做到按"三统一"、"三公开"。确保"五五"普法工作顺利通过验收，法制环境进一步优化。全面深入推进教育系统政风行风建设，把解决好群众反映最强烈的政风行风问题作为政风行风建设工作出发点和落脚点，严格落实"一岗双责"通过扎实开展评议，落实整改措施。重视党风廉政建设，结合全县教育工作实际，在抓巩固、抓落实、抓深入、抓提高上下工夫，开展"廉洁文化进校园"系列活动，抓好系统内行风建设。全系统深入开展"创先争优"活动，通过学理论，听报告，专题讲座，案例分析，交流心得等多种形式，形成了以学习促工作，以工作促学习、工作学习"两手抓"、"两不误"的良好氛围，教育系统干部职工思想政治素质进一步提高，自律意识不断增强。坚持执行本局首创的工作日报制，促进职工工作任务目标的量化管理，通过坚持用制度管理人，强化机关内部管理。惩防体系进一步健全，反腐倡廉工作有效推进。

文化体育

【领导名录】
党组书记　　王　文（8月止）
　　　　　　余　梅（8月起）
党组副书记　袁　刚（3—8月）
　　　　　　黄　珊（11月起，试用期1年）
局　长　　　余　梅（2月止）
　　　　　　黄　珊（11月起，试用期1年）
副局长　　　杨国庆
　　　　　　王　文
　　　　　　吴　焰
　　　　　　周云川（12月）
　　　　　　王颖杰（5月起，挂职两年）
　　　　　　古维霞（5月起，挂职）
　　　　　　王尚全（5月起，挂职两年）

【灾后恢复重建】文化遗产保护工程是文化灾后恢复重建工作的重中之重，汶川县一直重视文化遗产保护工程，布瓦村、萝卜寨、羌锋村、阿尔村等重点保护工程建设顺利推进。截至年底，全县9处国家、省、州、县级文物保护单位的抢救保护及修缮工作有两处竣工，5处全面展开，姜维城古文化遗址及草坡马岭山红军阻击战场遗址两处正在做施工预算等编制工作。由广州市对口援建的汶川县博物馆、体育馆已于2010年正式投入使用，体育馆内常开展文艺、体育活动。年底博物馆开始筹备布展，一楼为"三基地一窗口"和游客接待中心，二楼为"广州对口支援威州灾后重建展览"，三楼为"汶川县灾后重建成果展"，宣传灾后重建成果，营造"见证巨变，铭恩奋进"的汶川特色感恩氛围。指导协助龙溪乡非物质文化遗产展览厅布展，用丰富的实物、图片及文物向社会各界宣传羌族传统文化、民风民俗，让世人了解羌族、认识羌族、热爱羌族，成为汶川县对外文化交流的重要窗口。

【惠民工程】建立公共文化体育服务体系长效机制，以"面向基层、节约用地、节约资源"，"村为重点、就近方便、灵活多样、安全适用、管理规范"原则，实现全县13个乡镇文化站、117个村文化活动室及农家书屋、123条农民健身路径工程标准化建设全覆盖，实施"文化信息资源共享工程"、"农民健身工程"等文化体育基础设施建设工程。实施乡镇综合文化站建设。截至12月底，13个乡镇综合文化站8个纳入对口援建并已

教育 文化体育 广播电影电视

建成投入使用。各对口援建市对全县乡镇综合文化站建设坚持高起点规划原则，扩建为文化中心，每个文化中心建筑面积均在1500平方米以上，最大总面积超过3000平方米；5个纳入国家投资项目的综合文化站3个完工，两个在建。在建筑设计上体现现代和原始风貌相融合的羌藏文化特色。完成全县117个行政村和3个社区书屋建设，图书、书架、标牌配送齐全。统一制定《农家书屋借阅制度》、《农家书屋读者须知》、《农家书屋管理员服务守则》等制度。自筹资金，统一制作图书、读者、借阅等7种登记簿和书架标引、书标等发到每个行政村，并配备消防器具。派出图书馆专业技术人员进行具体业务和规范化管理指导，加强监管使用。借助灾后恢复重建成果，推进乡镇、村（社）文化共享工程基层服务点建设，利用共享工程设施设备和资源开办讲座、放映电影等为群众服务，提升公共文化服务水平。实施全民健身及路径工程建设，5月，完成雁门乡麦地村、三江乡照壁村、绵虒镇克约村、克枯乡克枯村4个农民健身工程建设。实施雁门乡麦地村、绵虒镇克约村等地的建设工作；完成水磨镇、映秀镇幼儿园幼儿篮球架等体育器材安装；将全县123个行政村及社区的农民健身路径工程纳入地震灾后体育规划项目，年底，完成71条路径工程安装。对完成的农民健身工程及路径工程进行登记造册，随时检查使用情况，进行规范管理。

【群众文化】 用文化活动助推群众感恩情怀，开展2010新春活动，协助县委宣传部举办"建新家——汶川县迎春锅庄晚会"；陪同国家文化部、省文化厅到震中映秀老街开展"吉祥新春，温暖同行"送春联下基层活动；协助草坡乡人民政府、汕头市援建草坡工作组举办"草坡乡首届山歌赛歌会"。周密策划、组织开展大樱桃节锅庄比赛及颁奖晚会，在"中国·阿坝州首届大樱桃节"开幕式上，为干部群众开展文艺演出；成功举办首届中国汶川大禹文化旅游节开幕式暨大禹祭坛落成典礼、大禹诞辰祭祀典礼和大禹文化旅游节文艺演出。在县博物馆举办华夏之声汶川感恩国乐音乐会；组织举办"迎中秋、庆国庆"感恩联欢晚会，书写中秋灯谜300余幅。组织群众做好"四川省慰问对口援建省市大会"氛围营造；组织各界群众参加广东省对口援建汶川县恢复重建全面完成大型文艺晚会，唱响感恩歌曲；在羌族传统节日"羌历年"组织羌族特色文艺演出。到全县各乡镇辅导和教授感恩歌曲，协助各乡镇开展感恩活动，印发"感恩歌曲"大家唱小册子3.6万份。

【图书管理及发行】 县图书馆坚持双休、节假日为读者服务，全年，共接待读者1800余人次，外借书刊2400余册次，阅览书刊4500余册次；签收、整理期刊190余种，2600余册，报纸12种，1600余份，搜集到地方文献68种。印发《读书顾问》、《农村种植养殖技术与信息》10期，共800余份，提供各类信息和实用技术250余条。做好新华书店图书音像制品发行。

【文学创作】 编辑出版4期《羌族文学》，主编"水磨古镇丛书"1套5册，组织完成"名家看汶川，再写新篇章"文学笔会；完成中国作家协会、四川省作家协会重点扶持作品——长诗《汶川羌》出版，在全国第二十届图书博览会上首发，并被国家图书馆正版收藏；组织县内作家采风创作感恩主题作品，协助文化专家田野考察和文化研讨，在《诗刊》、《四川党的建设》、《芳草》、《青年作家》、《四川日报》、《阿坝日报》等国家级、省级、地区级报刊发表文章，展示汶川文化独特魅力，扩大汶川文化影响力。

【文化市场审批及管理】 本着严审批、服好务原则，严格依法审核，完成2010—2011年文化许可证延续工作；帮助业主出主意、想办法，恢复文化市场经营单位36家，包括网吧19家、电子游戏1家、歌舞娱乐3家、音像制品4家、打字复印7家、书刊零售两家。会同县公安、工商、消防等相关部门组成联合检查组，多次对全县学校周边环境和网吧、娱乐场所进行综合整治；开展打击政治性非法出版物，取缔非法报刊，扫除淫秽色情等文化垃圾，打击侵权盗版行为，清除互联网有害信息等工作，维护全县文化安全和政治稳定。先后组织开展"打击手机网站传播淫秽色情信息专项行动"、"清查整治低俗之风音像制品"、"清理整治印刷企业"等专项活动。截至12月，共组织巡查和检查28次，出动人员70余人次，车辆10台次，检查经营单位150余家次，纠正不规范经营行为37起，立案查处两起，收缴书刊5本，非法音像制品360余张，责令整改1次。

【文物普查】 开展汶川县第三次全国文物普查第三阶段工作，按照省"三普"办《四川省第三次全国文物普查登记著录标准》，开展梳理数据、资料汇总工作，已录入普查登记表文本356份，新发现215处，其中，古遗址27处、古墓葬87处、古建筑41处、石窟寺及石刻8处、近现代重要史迹及代表性建筑48处、其他4处；复查118处，其中，古遗址24处、古墓葬28处、古建筑35处、石窟寺及石刻23处、近现代重要史迹及代表性建筑7处、其他1处；消失共23处。4月23日，四川省、阿坝州"三普"办联合组织的验收工作组对汶川县"三普"实地文物调查阶段情况进行省级验收。5月27日，顺利通过中国文物信息咨询中心进行的四川省第三次全国文物普查数据汇总测试。

【文物保护与管理】 加强地震文物保护和整理，年初组织文物工作人员对国道213沿线道路、桥梁、民居建筑、工厂进行深入调查纪录，在已公布的第一批地震遗址、遗迹基础上编制第二批地震遗址、遗迹目录10处，待县人民政府审定；9—12月，安排专业人员在姜维城文物保护站开展地震文物整理，对搜集到的地震文物进行逐一建档、制卡、编目、拍照和搬运入库等，做到每件文物有卡可依，有图可寻，明确掌握各类地震文物具体库存数据，实现规范化管理。截至12月，共登记实物13151件，整理图片4.1万张。制定"5.12"汶川特大地震文物继续征集方案上报省文物局，为下一步地震文物征集工作打好基础。对严格地上、地下文物保护，派出文物专业人员对州农廉租房施工现场发现的古代墓群进行抢救性清理，根据墓葬形制初步判断，该墓葬年代为明代末期至清代早期。按照上级文物主管部门要求，根据马岭山红军阻击场遗址规模、内容、环境、历史风貌和现实情况划定第七批省级文物保护单位——马岭山红军阻击场遗址保护范围和建设控制地带。4月10日，由县人民政府予以公布。

【文化遗产保护】 全面启动灾后文化遗产抢救保护项目，做好全县9处国家、省、州级文物保护单位及两处可移动文物单位的灾后维修保护工作。截至12月底，完成州级文物保护单位克枯古栈道、县级文物保护单位郭竹铺红军石牌坊及可移动文物单位馆藏文物、县文管所的修缮工作；正推进国家级文物布瓦黄泥群碉，州级文物漩口迴澜塔，县级文物雁门乡萝卜寨、绵虒镇羌锋村簇头寨、龙溪乡阿尔寨的抢救保护及修缮工作；国家级文物保护单位姜维城及省级文物保护单位马岭山红军阻击战场两处遗址保护工程正在开展施工预算编制、招投标等建设前期工作。

【非物质文化遗产保护】 组织专业人员到乡村山寨走访调查，开展2010年县羌族文化传承人普查工作，截至12月底，对全县4个乡镇30个村的传承人进行普查，对108名传承人建立档案。拟定《联合国教科文组织公布的"急需保护的非物质文化遗产名录"〈羌年〉的五年保护规划》；完成汶川县非物质文化遗产集萃的编撰，收集整理资料12个名录，照片30余张。完成《羌族莎朗》、《羌族麻布编织技艺》、《木姐珠与斗安珠》、《羌族挂红习俗》共4项非物质文化遗产保护名录为省级保护名录的申报。10月，公布汶川县第四批县级非物质文化遗产传承人34名。2010年，非物质文化遗产保护项目《羌戈大战》、《大禹传说》、《羌族碉楼营造技艺》被国家文化部公示为第三批国家级非物质文化遗产保护名录。

【文化产业及旅游】 整合资源、节约用地，将原水磨镇汶川羌禹艺术培训基地、三江乡文化艺术培训基地项目调整到映秀镇，与映秀镇学术交流中心、地震遗址纪念地遗物展示厅整合建设，打造更具有影响力、吸引力的文化产业基地。以震中映秀为核心进行统筹规划，修建"5.12"汶川特大地震纪念雕塑、震源广场、渔子溪遇难者公墓等纪念工程，打造映秀震中遗址纪念地。引进成都文锦公司，在银杏乡建立汶川县羌绣生产制作基地，建立完善羌绣技艺培训体系和羌绣产品研发、生产、物流、销售、推广的产业总部。加快以羌绣为主一系列旅游纪念品挖掘开发，采取提炼、设计图案，采用"公司+农户"模式，提高老百姓收入，将羌民族文化推向市场、推向社会营造浓厚氛围。打造以县城为中心，辐射威（州）绵（虒）羌族聚居乡镇的国家AAAA级景区，重点打造"大禹故里、羌绣之乡"两大品牌，建设羌族文化生态保护核心地、羌族生态文化旅游体验目的地。成立汶川县"3215"（以三村即萝卜寨村、布瓦村、羌丰村，两镇即威州镇、绵虒镇，一谷即龙溪羌人谷为重点，全力打造国家AAAAA级羌禹生态文化体验景区）羌禹生态文化体验区工程领导小组，拟订《创建国家级景区——汶川县羌禹文化生态体验区实施方案》、《汶川县羌禹文化生态旅游区创建国家AAAAA级景区总体工作方案》、《汶川县龙溪乡羌人谷创建国家AAAA级旅游景区总体思路》，编制《汶川县龙溪乡羌人谷创建国家AAAA级旅游景区总体方案》，开展汶川羌禹文化创意产业策划工作，以文化促旅游，实现文化旅游良好互动。成立汶川县羌地神禹文化投资有限责任公司，组建汶川县羌禹艺术团，利用县剧团开展演员排练、辅导和对外交流、演艺活动，以文化促经济，实现县域经济逐年递增。

【社会体育】 开展元旦"迎新年"活动，举行锅庄、龙狮等民族传统文化体育表演；组织参加中央电视台第五频道"城市之间"体育运动节目录制，参加在法国举办的"城市之间"总决赛，并获得第二名，获得国家体育总局、中央电视台联合颁发的"最具影响力"奖。组队参加阿坝州首届"三人篮球"比赛，获得第五名及道德风尚奖，实现比赛成绩、竞赛精神"双丰收"。全年，开展"三人篮球"比赛114场，参加运动员150人次，观众2000余人次。完成对广州援建进行羌族传统体育项目培训；开展由国家体育总局、四川省体育局组织的全民健身气功培训；在全民健身活动周、活动日开展多种形式的全民健身活动；开展民间传统体育项目"丢窝"、"抱蛋"、"推杆"普及指导。对全县1500名初三毕业生进行体育测试；完成全国第三次群民体质监测工作；完成在广东援建整体移交汶川西羌文化街羌族民族体育展示。在四川省第十三届少数民族运动会竞赛中，县文体局职工王淼代表阿坝州参加珍珠球比赛荣获冠军；在四川省残疾人运动会上，赵书音分别获得聋哑组女子1500米、800米金牌、400米铜牌。完成四川省《体育灾害志》汶川部分资料编撰。

【宣传工作】 加强对相关法律、法规宣传力度，完善社会监督、举报机制，形成社会监督网络。向群众散发《中华人民共和国著作权法》《国家知识产权战略纲要》、《出版物管理条例》、《四川省知识产权战略纲要》等保护知识产权相关政策、法律、法规，印发资料1万余份；通过广播电视和其他媒体对开展各种活动、执法行动和专项整治以及执法检查情况进行报道宣传，增强社会影响力。

【自身建设】 围绕建设学习型机关、学习型领导班子、学习型党组织，把加强学习与解放思想、推动文化体育工作、提高工作能力有机结合，强化改革意识、创新意识。强化局领导班子和文体干部队伍建设，切实抓好领导班子思想政治和作风建设，着力提高执政能力和领导水平，深化机关干部人事制度改革，建设高素质机关人才队伍。加强机关作风建设和反腐倡廉工作，坚持倡导特别讲大局、特别讲付出、特别讲实干、特别讲纪律，加强和改进干部作风建设，突出对灾后重建、文化体育基础设施建设、重点建设工程项目等的监督，提高机关行政效能，提升机关政务服务水平。

【羌禹文化旅游管理】 为进一步弘扬大禹精神，深入挖掘和打造大禹文化，7月16—18日，由阿坝州人民政府、珠海市人民政府、四川省社会科学院主办，汶川县人民政府、珠海市对口援建工作组、四川省历史学会承办的"首届中国汶川大禹文化旅游节"在汶川县绵虒镇大禹故里景区隆重举行。作为首届中国汶川大禹文化旅游节的总策划、总指挥、总协调机构，从6月中旬便全力投入各项筹备工作，确保旅游节取得圆满成功。

9月底，协助广东省对口支援汶川灾后恢复重建全面完成庆祝活动主会场筹备工作。10月10日上午，在映秀镇主会场的庆祝大会取得圆满成功。

根据省州系列会议精神，在全面整体推进"3215"工程的基础上，创建工作重点调整到龙溪羌人谷和绵虒三官庙村。及时向县委、县政府汇报《汶川县龙溪乡羌人谷创建国家AAAA级旅游景区总体思路》，编制《汶川县龙溪乡羌人谷创建国家AAAA级旅游景区总体方案》，完成工程概算等事项。龙溪羌人谷羌寨文化主题规划：尔玛圣火、尔玛牧耕、尔玛织绣、尔玛之道、尔玛喜戈、尔玛神坛，其中尔玛圣火、尔玛织绣和尔玛神坛作为先期打造的项目。

截至8月，龙溪乡羌人谷景区东门口两座凉亭、两座羌碉、1座铁索桥和阿尔村两座羌碉、水磨坊、祭坛完成建设；完成联合村二期风貌改造工程，完成寨内基础设施和绿化；东门口游客接待中心、戏楼、水磨坊基础和主体完成建设；东门口三座羌碉已建完两座，第三座正在建设之中；阿尔村历史文物修复和风貌改造现全面开工，样板房打造完毕。

绵虒镇三官庙村创建AAAA工作硬件部分于6月底结束。完成村内52户农房的风貌建设；各种旅游标识标牌安装完毕；游客接待中心和星级厕所建设全部完工。高店村大禹祭坛完成建设，于7月17日成功举办首届中国汶川大禹文化旅游节。

威州镇城区风貌改造工程完工；完成中轴线广场建设；滨河路旅游休闲街的店铺陆续开张；星级旅游厕所完成工程建设，投入使用；城区共制作各种类型和规格的旅游标识标牌45套，其中，总导览图1套，分导览图两套，景点指示牌4套，景点介绍牌6套，公共设施指示牌4套，街道名称牌28套。布瓦村落保护修缮工程施工合同通过财政评审，施工单位于5月18日正式进场，保护修缮工作正有条不紊地进行；姜维城古文化遗址文物修缮保护方案通过省文物局批准，正在设计施工方案；规划已提交国家文物局，待规划基本确定后，即将完善整治方案，展开下一步工作。

进行雁门乡萝卜寨的新老寨子建设，完成新寨停车场建设，并铺设生态砖；确定农房建设风貌改造方案，施工队顺利进场；完成迎宾道青石板路铺设和祭坛的维修加固。

为科学指导汶川羌禹文化旅游产业发展，决定通过开展汶川县羌禹文化创意产业总体策划方案征集活动，诚邀省内外规划设计相关单位参加。经过咨询和对比，选择中央民族大学民族学与社会学学院、西南民族大学四川羌学中心、四川大学美学与文化设计研究院3个对羌禹文化研究较深的单位作为重点备选单位。

广播电影电视

【领导名录】
党组书记、局长　　谢旅霜
副局长　　　　　　仟有刚
　　　　　　　　　邹　涛（9月起）

【灾后恢复重建】 县广播电影电视灾后恢复重建共16个项目，其中广播电视项目13个、电影重建项目3个，实际到位资金10073万元。截止2010年11月30日，所有重建项目全部开工，开工率100%；项目已竣工并通过验收的4个，占项目总数的25%；完工待竣工验收项目10个，占项目总数62.5%；未完工项目两个，占12.5%。资金累计支出6500万余元，占项目资金的88%。流动电影放映车项目计划采购两辆，4月，完成第一辆采购，用于农村公益性电影放映。9月，完成电视转播车项目采购，验收后，将承担起全县各类电视转播、直播等功能。完成广播电视台业务用房改造及设施设备配置项目，并通过初步验收，总建筑面积6200余平方米，含综合演播厅、新闻演播室、栏目演播室、有线电视和数据平台前端机房及办公室、值班室等，年底投入使用。完成广播电视台水磨分中心及设施设备配置项目主体建设，总建筑面积近1000平方米，含会议室、演播室、编辑室、库房及办公室、值班室等。全县广播电视光纤网络、有线电视用户分配网、威州至绵虒镇广电光纤网、有线电视数字分前端、汶川县数据平台等5个项目，实行项目整合招标建设，年底，已完成全县11个乡镇111个行政村广播电视联网，发放数字机顶盒近1万个。完成威州镇布瓦山无线发射台建设并通过竣工验收，将发射包括中央电视台、四川卫视和中央人民广播电台、四川人民广播电台等广播电视节目，覆盖威州镇、克枯乡、雁门乡及周边村组。完成绵虒镇无线发射台建设，建筑面积170余平方米，发射包括中央电视台、四川卫视和中央人民广播电台、四川人民广播电台等广播电视节目，覆盖绵虒镇及周边村组。完成水磨镇无线发射台主体建设，年底竣工验收，建筑面积160余平方米，发射包括中央电视台、四川卫视和中央人民广播电台、四川人民广播电台等广播电视节目，覆盖水磨镇、漩口镇、三江乡及周边村组。完成除映秀站、威州站外，其余乡镇广播电视站业务用房及设备配置项目。

【网络管理与维护】 2010年，全县广播电视灾后重建经过全面恢复，网络基本恢复到震前水平，但新网络属试运行阶段，运行不稳定，经常出现光纤网络受损，用户私立乱接等现象。全年，共维护用户8000余户（次），其中重大工程抢险保通30余次。

【民生工程】 八大民生工程广电类项目，在省州广电局支持下，汶川县完成2010年度20户以上的自然村"盲村"广播电视"村村通"直播卫星工程，共安装直播卫星接收设备2200户。

【数字网络建设】 到年底，县城光纤网络全部更新，新增光接点112个。新增分支主干电缆4公里，铺设地埋主干光缆8公里，汶川县为解决住户分散较远且有线电视建设困难的问题，新增无线数字电视信号发射点35个，全县111个乡村全部开通电视信号，新增有线电视用户8000余户，架设县到乡主干光缆200余公里，新增乡镇地埋管道30余公里，搭建11个乡镇4个点卫生新合数据网络，打通全县各乡镇政府视频网络路由线路，新建的布瓦山、绵虒镇、映秀、水磨镇无线电视发射台完工投入使用。

【宣传报道】 全年，共采编新闻稿件2200余条，中央电视台选用50条，四川卫视、广东卫视等选用280余条，阿坝州电视台选用420余条，协助境外媒体采编新闻50余条。制作并播出《关注》

栏目20期、《羌山新事》栏目12期、《新视听》栏目12期、《平安汶川》栏目12期,新开设《汶川警讯》栏目并编播14期。摄制《浴火重生新汶川》、《界碑》、《五十百千工程纪实》、《县人民医院重建纪实》、《社会主义新农村建设纪实》等专题片30余部。完成中共汶川县委十届十次扩大会议、政协第十三届汶川县委员会第五次会议、汶川县第十二届人民代表大会第四次会议、阿坝州首届大樱桃节、大禹祭祀仪式、走进水磨过羌年、我们在一起、广东援建工作整体交付仪式等大型活动录播、直播30余场。

对全县各乡镇在开展城乡综合环境整治工作进行报道,对脏、乱、差等不文明行为进行曝光。对汶川县支援海地7.3级大地震、玉树7.1级大地震先进事迹进行报道。全方位、多角度、深层次报道全县灾后重建、广东省对口支援恢复重建工作取得的重大成果等相关新闻、专题类共270余条(部)。派记者报道"三百示范"工程推进情况,制作《三百工程之三江照壁村高山精品农庄集成示范点》、《水磨镇老人村强力推进旅游精品村寨建设》、《萝卜寨村全力打造旅游精品村寨》、《三百工程之三江草坪打造生态农庄休闲观光》、《三江乡倾力打造特色魅力乡镇》等一系列新闻片,为打造"三百示范"工程营造良好舆论氛围。认真策划,做好《新汶川·新家园》系列报道,先后对"新家园、新气象"、全省灾后重建现场会、"5.12"两周年纪念活动进行集中宣传报道。做好感恩教育宣传报道,制作《因为有你》、《多谢了》、《感恩的心》、《四川欢迎你》等近10首主题感恩歌曲,并在新闻频道黄金时段播出。结合创先争优活动和"树唱学促推"活动,组织开展"感恩祖国·唱响汶川"电视歌手大赛,全县参赛人员1000余人。对全县人民喜迎元旦、春节、"三八"节、"五一"劳动节、"六一"儿童节等进行宣传报道。配合中央电视台、四川电视台等全国各大媒体在汶川县的新闻采编,其中,中央电视台一套新闻联播播出《灾区群众喜迎虎年春节(萝卜寨、映秀)》、《汶川广播电视台——春节不回家的年轻人》。中央电视台新闻频道播出《品种多供应足,年货市场销售火》、《挂红灯笼饭菜香,羌寨烹制年夜饭》、《羊皮鼓、织羌绣、汶川羌寨喜迎新年》《欢歌映秀迎新年》、《牛脑寨——云朵上的羌族村寨》、《春节不回——85后的坚守》、《穗威大桥——援建者的春节》。调动记者资源对"8.14"泥石流灾害进行合理宣传报道。在新闻中开辟专栏,系统报道各乡镇、各部门开展"三大活动"的情况。

【电影放映】 全年,放映电影1440余场次,其中科教片147余场,故事片1162余场,观众近10万人次,全年优质放映率达100%以上。其中,针对县境内农民工较多的情况,分别在县城、映秀安排7场农民工专场电影放映,观众3000余人次。

【自身建设】 加强党建工作,每月组织召开党员学习会、生活会,结合不同阶段工作有重点地开展相关活动。全年有4位同志向党组织递交入党申请,全局党员已达19人,占全局职工的29%。加强党风廉政建设及惩治预防腐败工作,坚持理论学习,全年共学习11次,局党组书记、局长坚持讲廉政知识,全年共讲授9次。在灾后重建中,坚持公开、公平、公正开展各项工作,严格按法律、法规办事。加强职工理论学习和专业知识培训,通过开展专题培训,观看获奖作品,开展研讨活动等,全年共举办摄影摄像、新闻稿件写作业务技能培训30余次,举行视听评议12次。通过各种培训班安排职工学习,派出记者33名参加心理康复工程——媒体的作用培训学习。

卫生 计划生育

卫 生

【领导名录】
党组书记　　彭全文（8月止）
　　　　　　岳洪春（9月起）
党组副书记　岳洪春（8—9月）
局长　　　　谢春泉（3月止）
　　　　　　岳洪春（9月起）
副局长　　　彭全文（9月止）
　　　　　　李鸿伟（1月止，挂职）
　　　　　　岘向东（5月起，挂职两年）
　　　　　　胡　丕（5月起，挂职两年）
　　　　　　明　颐（11月起，试用期1年）

【机构改革】10月，根据中共阿坝州委办公室、阿坝州人民政府办公室《关于印发〈汶川县人民政府机构改革方案〉的通知》（阿委办〔2010〕145号）和中共汶川县委、汶川县人民政府《关于汶川县人民政府机构改革方案的实施意见》（汶委发〔2010〕30号），设立汶川县卫生局，为县政府工作部门。2010年12月，根据汶川县人民政府办公室《关于印发汶川县卫生局主要职责内设机构和人员编制规定的通知》（汶府办发〔2010〕108号），将其职责调整为：（一）将县食品药品监督管理局综合协调食品安全、组织查处食品安全重大事故的职责划入县卫生局；（二）取消已由县政府公布取消的行政审批事项。（三）将餐饮服务许可，餐饮业、食堂等消费环节食品安全监管和保健食品、化妆品卫生监督管理的职责划给县食品药品监督管理局；（四）将卫生行业科技成果鉴定工作交给市场中介组织；（五）将国产涉水产品的技术评估、化学品毒性鉴定、建设项目职业病危害评价（乙级）、职业病防护设施与个人职业病防护用品效果评价、放射防护器材和含放射性产品技术评估交给事业单位。（六）增加组织实施血液集中采供和无偿献血职责，增加新型农村合作医疗制度组织实施、监督管理职责，加强组织实施基层卫生医疗机构基本药物制度职责，增加组织实施民族地区卫生事业发展十年行动计划职责，增加推进实施公共卫生服务均等化职责，增加公立医院改革等工作职责，增加制定全县食品安全标准、基本药物制度职责，增加地震伤员康复和心理干预服务组织实施职责；（七）加强食品安全综合协调管理的职责，加强医疗卫生服务体系建设和村卫生组织建设工作，加强卫生队伍建设和人才引进，加强卫生应急和医疗急救组织管理和技术培训，加强对药品、医用器械采购招投标活动的监督管理，加强民族医药开发和研制。设办公室、卫生法制与人事股、规划财务审计股、医政科教与医疗服务监督股、疾病控制与妇幼保健股、中羌医股、县爱国卫生运动委员会办公室7个内设机构。机关行政编制9名，其中局长1名、副局长两名；党组负责人和纪检组长按县委规定配备；股级领导职数6名。机关工勤人员事业编制两名。

【基本情况】 全县有县级医疗卫生单位6个，中心卫生院3个，乡镇卫生院10个，省州县属企事业单位职工医院、诊所、医务室36个，县属医疗单位实际开放病床334张。现有在职职工345人，有本科学历52人，专科学历175人，中专学历92人，高中及以下26人；有事业人员294人，公务员8人，参照公务员管理10人，工勤人员33人。有卫生专业技术人员279人，其中：正高职称2人，副高职称29人，中级职称77人，初级职称171人。执业医师114人，执业助理医师35人，注册护士121人，卫生防疫人员25人（未包括医疗机构卫生防疫人员16人和村级卫生防疫人员118人）。118个行政村，119个村卫生站（包括石鸭子村卫生站），共有村卫生人员和村妇幼人员216名。

【灾后恢复重建】 全县医疗卫生项目自2008年10月25日全面开工以来，截至2010年10月28日，需恢复重建的23个项目已全部开工，竣工19个；累计完成投资21858.6万元。本年县妇幼保健院完成投资635万元，县卫生执法监督所完成投资165万元，于3月交付使用。县疾控中心完成投资540万元，已完工交付。银杏乡卫生院完成投资302万元，4月交付使用。

【爱国卫生运动】 以"城乡环境综合治理，保护群众身体健康"为主题，深入发动群众，开展城乡爱国卫生运动和环境综合整治。加大对各乡镇、单位环境卫生督查力度，每月定期或不定期对各乡镇、各单位环境卫生进行督促检查。组织开展群众性爱国卫生运动，大力整治环境卫生，开展灭四害活动，宣传卫生防病知识，启动成人健康素养监测项目工作。协助县城乡环境综合治理办公室组成考评小组对各乡镇进行考评，1—11月份共考评20次，发出整改通知60余份，提出整改意见700余条，发放宣传资料6000余份。在黑土坡村修建无害化卫生厕所79户，其中三格式化粪池卫生户厕52座，沼气式卫生厕所27座。为黑土坡村修建垃圾池6个。组织开展卫生单位创建工作。

【医疗卫生救援】 2010年4月14日，青海玉树发生7.1级地震。灾情发生后，汶川县立即组派医疗、防疫、卫生监督、新闻宣传人员共17人的医疗卫生防疫队，携带各类应急药品、消毒药械价值9.2万元，赶赴灾区，开展医疗卫生防疫工作。截至4月21日，医疗卫生防疫队累计诊治伤病员584人次，开展心理健康指导40人次，发放消毒药品20公斤，消杀面积2.9万余平方米，发放《地震灾害后食品、饮用水卫生、消毒杀虫、传染病防治知识》宣传册2030份。根据在"5.12"汶川特大地震时的卫生防控经验，为玉树提出灾后科学卫生防疫工作方案。动员全县医疗卫生工作者积极为灾区捐款37135元，定向捐赠给玉树县卫生系统，并送去慰问信1封。

【应急医疗卫生保障】 汶川"8.14"特大泥石流灾害发生后，县卫生局立即启动《汶川县突发公共卫生事件应急预案》和《汶川县防汛抢险医疗卫生应急预案》，制定《汶川县"8.14"特大泥石流灾害医疗卫生防疫工作方案》，成立汶川县卫生系统"8.14"特大泥石流灾害卫生应急领导小组。领导小组下设医疗救治、疾病预防和消杀灭、卫生监督、后勤保障及信息4个小组，各小组各负其责，有序开展医疗救治和卫生防疫工作。截止24日，累计派出医疗人员1113人次，救治伤病员1693人，其中：住院治疗29人（重伤8人），转都江堰住院治疗24人。

跟进消杀，加强监测，整合州、县、乡、村卫生防疫力量，按照"分片包干、包乡包村"原则，强化传染病疫情监测和症状监测，做到早发现、早报告、早处置；加强卫生监督监测，保障灾区和受灾群众安置点的饮水和食品安全；开展以消毒、灭鼠、灭蚊、灭蝇为主的爱国卫生运动，发放卫生防病宣传资料，提高群众自我防病意识和能力，确保灾后无大疫。全县累计派出专业人员264人次，预防性消毒面积82.7万平方米，杀虫面积18.79万平方米，采集水样12个，处理公厕320个，消杀垃圾堆放点488个，培训消杀人员17人，现场健康咨询6073余人次，发放宣传资料3万余份。

重视灾后卫生执法监督，派出卫生执法监督员对县城及各乡镇的餐饮店、副食店进行检查，禁止消毒措施不落实的单位供水供餐，确保灾后无重大食物中毒事件。累计派出卫生监督人员111人次，抽取末梢水水样5个，对各集体供餐食堂、建筑工地食堂、饮水点、临时医疗救治点、救灾物资发放点等进行监督检查，出具卫生监督意见书5份、卫生指导意见书5份，发放泥石流灾害后卫生相关要求宣传资料916份。

"8.14"特大泥石流灾害发生后，县境内滞留旅客、过往人员数千人，分别安置在汶川一中、汶川一小、体育馆、县客运中心4个滞留旅客安置点，县卫生局在4个安置点设置临时医疗救治点，派出流动医疗救护车两台开展巡回医疗工作，为滞留旅客免费诊治疾病；在各安置点开展外环境预防性消毒和杀虫，并进行健康教育宣传。县卫生执法监督所对县城内各餐饮点进行专项检查。共出动医护人员41人次，救护车辆6台次，累计诊治病员360人，免费发放药品价值近4000元。抽调15名医务人员携带药品器械等全程护送滞留人员返乡，保障旅客的身体健康和生命安全。

【医药卫生体制改革】 推行国家基本药物制度，转发《四川省医疗卫生机构配备使用基本药物管理办法（试行）的通知》《四川省国家基本药物制度实施意见》《四川省基本药物采购配送管理办法（试行）》及《国家基本药物四川省补充药物目录管理办法》等指导性文件，2010年4月16日，召开汶川县实施国家基本药物制度培训会，各医疗卫生单位积极试行基本药物制度，基本药物实行上网采购。县人民医院、县中医院执行药品招标采购，1—10月，县人民医院上网采购率为98.03%，平均积分为91.07分。县中医院阳光采购积分为73.4分，上网采购率98%。加强疾病预防控制、健康教育、妇幼保健、应急救治、采供血、卫生监督等专业公共卫生机构建设，基本公共卫生服务项目扩大到9大类22项，开展补种乙肝、农村孕产妇住院分娩补助、农村妇女孕前和孕早期补服叶酸及农村妇女宫颈癌、乳腺癌检查等重大公共卫生服务项目。

【卫生执法监督】 在食品卫生、公共场所卫生监督工作中，截至2010年10月31日，共受理卫生行政许可823户；审验餐饮服务许可证111户、公共场所卫生许可证68户。全年，共培训从业人员2272人，共出具卫生监督意见书197份。节前及各类专项检查中出动人员6772人次、出动车辆160台次,重大活动、会议保障7次、监督检查各类餐饮单位471户。开展"3.15"《食品安全法》等宣传活动,共发放各类宣传资料1516份,接受街头群众咨询500余人次。集中两次对全县学校、幼儿园卫生进行全面监督检查和指导,下达卫生监督意见书37份。在高考、中考期间,强化学校及周边卫生监督检查,全县未发生突发公共卫生事件。开展医疗机构消毒效果监测,对全县15家医疗机构的消毒效果进行监测,共监测样品73件,合格率100%;对全县各级各类医疗机构进行调查,确保执业人员依法执业。对全县医疗、保健机构的传染病、医疗废弃物处置等进行监督检查。对映秀中心卫生院手术室进行项目设计卫生审查,出具审查意见5条。共检查医疗机构21个,依法打击7处非法行医摊点(其中非法行医两处、流动牙医摊点5处)。对全县7家放射工作单位放射工作场所进行现场监督检查,现场审查场所两家,对威州镇羌医骨伤科医院放射工作场所进行放射防护监测和仪器性能检测。审核办理县人民医院《放射诊疗许可证》。重点检查用人单位职业健康监护开展情况、建设项目职业病危害评价情况等,对全县存在粉尘与高毒物品危害的用人单位开展职业病防治知识宣传培训,培训13家企业负责人、职业健康管理员等共15人。

【传染病防治】 2009年10月1日至2010年9月30日,全县无甲类传染病发生,共报告乙、丙类法定传染病14种458例,死亡2例(艾滋病),发病率445.29/10万、死亡率1.95/10万、病死率0.44%,发病率较去年同期上升7.01%。本年,总发病率略有上升,主要原因是丙类传染病中流行性腮腺炎和手足口病病例较去年增加,疾控人员处置疫情规范及时有效控制蔓延,没有公共卫生突发事件发生。

【计划免疫】 在基础免疫中,0岁组建卡761人,建卡率100%;卡介苗合格接种747人,接种率98%;糖丸合格接种726人,接种率95.4%;百白破合格接种731人,接种率96.1%;麻苗合格接种732人,接种率96.2%;乙肝全程接种率为95.7%,乙肝首针及时率96.2%;五苗接种率为95.4%。在加强免疫中,1.5~2岁组百白破合格接种646人,接种率91.19%;麻苗接种699,接种率95.2%;4岁组糖丸合格接种560人,接种率86.3%;6岁组百白破接种309人,接种率48.9%(因2009年1月至2010年8月无百白破疫苗供应)。在扩大免疫中,甲肝接种率71.1%;乙脑接种率65.43%;A+C流脑接种251,接种率65.7%。A群流脑接种率17.1%(因2009年1月至2010年8月无A群流脑疫苗供应)。

【主要疾病防治】 全年,网报艾滋病感染者和病人共20例,其中外地管理7例,死亡4例(今年死亡两例),本县管理9例(其中感染者4例、病人5例)。采取多部门合作艾滋病防治机制,召开多部门协调会两次。开展高危场所干预工作,干预994人3084人次,发放宣传资料5426份,安全套5.75万余只;完成行为问卷及血清采集44份。与公安部门合作开展吸毒者干预工作,共干预8人72人次;完成自愿咨询检测监测1353人;在1200名学生和大众人群中开展艾滋病综合监测问卷调查。艾滋病网络直报、流调和随访率100%。组织业主艾滋病防治知识培训班两期,共培训81人;组织临床医师艾滋病防治和VCT培训班两期,共培训37人;培训辖区防疫医生艾滋病防治知识92人次;每季度对全县各医疗单位进行督导。

全县发现治疗肺结核病人64例，总体治愈率为97%。对13个乡镇卫生院结核病防治工作督导6次，现场督导报告70份，访视病人30例。举办全县防疫医生及村医生培训班12期，培训496人次；召开部门协调例会1次。完成上级下达工作指标。

【妇幼保健和"两纲目标"】 全县普查妇女8521人，检查率为44.07%；加强孕产期系统管理，全年，全县有产妇891人，活产数902人，早孕检查数844人，早检率为93.57%；产后访视数884人，产后访视率98%；孕产妇系统管理825人，管理率91.46%；新法接生902人，新法接生率100%；住院分娩数876人，住院分娩率97.12%；高危孕产妇334人，管理率100%；无孕产妇死亡发生。在儿童系统管理工作中，全县有0～6岁儿童数6904人，其中5岁以下儿童5118人，3岁以下儿童3385人，0～6岁内儿童保健管理数5932人，管理率85.92%，3岁内儿童系统管理数2750人，管理率81.24%，5岁内儿童死亡数11人，死亡率12.2‰，婴儿死亡10人，死亡率11.09‰，新生儿死亡7人，死亡率7.76‰，无新生儿破伤风发生。继续搞好农村孕产妇住院分娩项目工作。贯彻执行灾后妇幼保健项目，对威州镇、雁门乡、绵虒镇、草坡乡4个2009年COMBI活动试点乡镇纯母乳喂养情况进行效果评估；在三江等7个乡镇开展纯母乳喂养抽样基线调查；派乡镇卫生院妇幼人员7人到项目定点医院——县人民医院进行为期3个月的产、儿科临床进修，增强基层妇幼卫生服务能力；对11个乡镇卫生院、县人民医院、项目办工作进行督导和质量检查。做好农村妇女增补叶酸预防神经管畸形项目，举办农村妇女增补叶酸预防神经管缺陷项目知识培训两期，共计培训47人次，截至10月底，领取叶酸549人，发放叶酸2052瓶。进行新生儿疾病筛查，2009年10月至2010年8月，全县新生儿疾病筛查491人，新筛率为98.19%，未发现阳性病例。

【中医民族医药工作】 根据汶川县区域规划情况，按照县委、县政府"打造一个中心、建设两条走廊、发展四个区域"的灾后恢复重建城镇体系规划，为营造一个设施完善、功能齐备、安全牢固的民族医药就医环境，对县境内的区域卫生机构进行科学规划，制定《汶川县中医医院与水磨镇卫生院合并方案》，目前，此项工作正在有序推进中。在全县普及民族医药，认真实施中羌医药进农村、进社区、进家庭"三进"工程，为所有乡镇卫生院和社区卫生服务机构配备中、羌成药。完成常用乡村中医设备配备和适宜技术推广培训。县卫生局举办适宜技术推广培训1期，培训28人次；乡镇卫生院对村医生培训112人次。

【新合医疗】 全年，全县参加新型农村合作医疗63874人，参合率95.57%，其中五保户、特困户等26708人，参合农民人均年筹资140元。2010年按照中央、省、州、县配套比例，共计配套702.61万元，农民个人筹资74.33万元，民政救助近53.42万元。全年共补偿1.62人次，补偿总金额近671.9万元。启动全县农村居民健康档案建档工作，完成农村居民健康档案建档6.5万份。

【农村孕产妇住院分娩补助项目】 农村孕产妇住院分娩补助项目全面实施，全年，应补助产妇数534人，实补助产妇数427人，补助总金额17.08万元。

【地方病及地方性传染病防治】 全县有大骨

节病人107人，分布在绵虒镇、威州镇、雁门乡。对监测点100名7～12岁儿童进行大骨节病临床检查和右手正位X线摄片检查；采集监测点面粉、玉米粉等主食粮共12份，及7～12岁儿童发样10份，送州疾控中心进行硒的检测分析。对100名成人大骨节病人进行对症治疗，缓解病人症状。对绵虒镇5个移民搬迁安置点采集水样进行检查。对各相关乡镇卫生技术人员进行大骨节病防治知识培训92人次。参加省、州组织的大骨节病防治知识培训3人次。全年，大骨节门诊接受群众相关知识咨询168人次，发放宣传资料1.06万份。抽取居民户食盐288份，其中合格碘盐269份、不合格碘盐12份、非碘盐7份。全县合格碘盐食用率93.4%，碘盐覆盖率97.57%，碘盐合格率95.73%，非碘盐率2.43%。全年，本地发生黑热病两例，进行追踪、治疗，开展疫点灭蛉和灭犬工作。制定《汶川县2010年包虫病防治工作实施方案》。5月，组织召开包虫病诊断及防治技术培训会。对登记管理家犬6282只作感染情况调查，并对所有管理家犬进行药物驱虫；包虫病B超筛查3851人，在各乡镇随机抽取707名儿童进行血清学检查，其中16名儿童血清学结果为阳性，通过B超复查，均未发现异常，采取临床跟踪观察。开展宣传活动29次，发放包虫病宣传资料及画图1万余份，覆盖人群两万余人。全年，通过线索调查、B超筛查和血清学检查，未发现新发包虫病人，全县无包虫病现症病人。对县医院和中医院近十年来住院病案30081份进行病例搜索，未发现旋毛虫病例；对绵虒镇和银杏乡300余人进行旋毛虫病问卷调查。加强病媒生物监测，4—9月分别对威州城区、绵虒镇和雁门乡进行鼠、蝇、蚊的密度监测，并对其进行分类和标本制作，数据上报省、州疾控。

【白内障复明】按照省、州白内障复明手术要求，2010年11月3日开始，在县人民医院对汶川、理县、茂县、黑水4县贫困白内障患者进行术前筛查，共筛查317人，实施复明手术88人，其中，汶川33人，理县12人，茂县42人，黑水1人。

【乙肝疫苗补种】汶川县2009年12月启动乙肝补种项目工作，经过摸底调查，全县需补种乙肝疫苗共4500人，其中一针次321人、二针次316人、三针次3863人。本年完成补种4316人，接种率95.91%。

【无偿献血】大力开展无偿献血工作，制定并下发《关于做好2010年公民无偿献血工作的通知》，按时认真组织各单位参加无偿献血工作，辖区内无非法采供血现象，无经输血感染艾滋病、肝炎等传染病病例。

【卫生网络信息】卫生局以中国红十字基金会全民健康烽火行动基金捐建的"汶川县移动诊疗车"为载体，建设"汶川移动诊疗服务体系"；以美国思科公司捐建的"思蜀援川——汶川县区域卫生化信息平台"为支撑，推动医疗卫生网络信息化建设。并将两个项目整合建设、协同使用，打造"汶川区域医疗服务共享体系"，有效缓解群众看病难看病贵问题，增强医疗急救体系服务能力，降低行政运行成本，促进医疗卫生服务均等化发展，缩小城乡医疗卫生条件差距。

【全民健康示范县建设】汶川县以"迈向全民创造健康新汶川"为核心，充分利用灾后重建基础、发挥灾后医药卫生体系重建成果和旅游资源优势，启动创建全民健康示范县工作。11月2日，联合国家发展改革委社会发展研究所、红十字全民健康烽火行动基金、中国医院协会健康与疾病管理专业委员会以及各界专家学者，在北京举办"汶川县基本公共服务能力建设暨全民健康示范县规划要点专家研讨会"。创建工作将着力打造覆盖全民医疗卫生体系，让全县人民享有优质服务和负担得起的基本医疗服务。发展健康创造业，重点集聚高健康附加值产业，推动汶川经济发展转型，推动健康文化广泛普及，打造全民创造健康新汶川。重点推动全民健康管理工程、健康创造业示范工程和打造全民健康生活方式体验基地，实现汶川健康可持续发展。

【队伍建设与管理】 为提高全县卫生队伍整体素质，制定汶川县卫生人才队伍建设五年规划，细化人才培训项目内容。2010年1月，县人事劳动和社会保障局下发各医疗卫生单位岗位设置批复，核定各单位机构编制及人员定岗工作，6月，完成卫生系统设岗、定岗工作。5月，县卫生局与县财政局联合转发《四川省基层医疗卫生机构绩效考核办法（试行）的通知。全年，招聘卫生专业技术人才15人，"三支一扶"大学生直补两人。启动实施高等医学院校农村订单定向免费培训项目，签订定向培养协议3人。完成2010年全国执业医师资格考试网上报名及现场审核符合报考条件上报档案58人，完成医师资格综合笔试报名40人，西医副高级职称考试报名21人，上报副高职称评审资料两人，1人参加论文答辩。完成护士注册和换证115人。接待群众来信来访3件，调解医疗纠纷两起。完成医疗机构许可证年审工作。配合省卫生厅做好心理健康宣传工作，发放心理健康资料《汶川震后社会心理支持项目——核心信息》500余本，发放省卫生厅《心理健康宣传画》1000余张。

计划生育

【领导名录】

党组书记	马双清（2月止）
	余成忠（2月起）
局　　长	马双清（3月止）
	余成忠（3月起）
副局长	王　维
	刘兴莉

【机构改革】 10月，根据中共阿坝州委办公室、阿坝州人民政府办公室《关于印发〈汶川县人民政府机构改革方案〉的通知》（阿委办〔2010〕145号）和中共汶川县委、汶川县人民政府《关于汶川县人民政府机构改革方案的实施意见》（汶委发〔2010〕30号），将县人口和计划生育委员会更名为县人口和计划生育局，为县政府工作部门。2010年12月，根据汶川县人民政府办公室《关于印发汶川县人口与计划生育局主要职责内设机构和人员编制规定的通知》（汶府办发〔2010〕101号），将其职责调整为：（一）将原人口和计划生育委员会职责整合划入县人口和计划生育局；（二）取消已由县政府公布取消的行政审批事项。（三）增加参与人口基础信息库建设的职责；（四）增加流动人口计划生育服务和管理；（五）加强组织实施国家农村计划生育奖励扶持制度、特别扶持制度和全县农村计划生育奖励制度等"三项制度"民生工程的职责，帮扶计划生育工作的发展规划统筹；（六）加强协调出生人口性别比综合治理工作职责；（七）加强对全县人口和计划生育工作的发展规划统筹。设办公室、政策

法律宣传股、规划统计科技药具股3个内设机构。机关行政编制7名,其中局长1名、副局长两名;党组负责人和纪检组长按县委规定配备;股级领导职数3名。机关工勤人员事业编制两名。

【指标执行情况】 全县年末总人口107865人,比去年同期106142人增加1723人;全年共出生婴儿881人,比去年同期721人多出生160人,比州下达任务目标少出生219人,人口自然增长率4.69‰,同比上升0.2个千分点,比州下达目标5.5‰下降0.81个千分点。符合政策生育率98.52%,同比上升0.32个百分点,比州下达目标任务提高7.52个百分点;婴儿出生性别比116.99,比去年同期104.71上升12.28,出生性别偏高,其中,一孩为106.84,二孩为137.4,多孩为116.67。全年共落实长效节育措施913例,其中,女性绝育7人,安环761人,取环235人,安皮埋53人,取皮埋20人;全县已婚育龄妇女20690人,落实长效措施17762人,长效节育率78.97%,同比下降0.79个百分点,综合节育率85.85%。享受农村计划生育家庭奖励扶助230人,兑现资金16.56万元;计划生育特别扶助对象212人,兑现资金25.1万元;计划生育少生快富项目对象7人,兑现资金2.1万元;独生子女领证人数3447人,独生子女父母奖励金兑现率100%。

【灾后重建】 全面完工灾后恢复重建项目中心乡(镇)服务站4个、普通乡(镇)服务站6个、村级计生服务室107个。县计划生育服务站、避孕药具站综合楼工程建设主体工程已竣工验收,为避免灾后资金重复投入,按照国优标准一次性到位进行装修,装修工作已进入扫尾阶段,年底全面交付使用。

【计生服务】 为搞好计划生育优质服务县创建活动,年初提出"人性化服务、零距离接触"工作理念,在搞好"三大工程"同时,推进妇女病普查普治活动,并开展随访服务。上半年,在威州镇和草坡乡以育龄人群和计划生育怀孕夫妇为重点,开展出生缺陷"一级预防"普查和宣传,免费B超检查及生殖健康检查500余人,免费发放药品价值5000余元,免费发放叶酸310片、避孕套1500只,生殖健康咨询500余人次。下半年,县计生服务站到乡镇,深入农户巡回为已婚育龄妇女免费进行电子阴道镜和乳腺红外线彩色诊断仪检查,全县12个乡镇共1.56万人参加检查,其中,查出生殖道感染3760例,可疑癌前病变并介绍到上级医院诊疗的6例,生殖健康咨询3000余人次,并免费发放各种避孕套近1万只,发放治疗生殖感染药品价值1.78万元。

【依法行政】 贯彻实施《人口与计划生育法》,提高计生干部的政策法律法规水平、政治思想素质和业务能力。坚持"七不准",严格计生执法程序,加强对乡镇计生检查监督力度,坚持亮证执法、文明执法,全县各乡(镇)未发生违反"七不准"行为,也未发生剥夺公民正常生育权行为,保护生育者合法权益。加强间隔期不够生育的宣传教育和管理,加大对间隔期不够生育费征收,减少间隔期不够生育行为。本年未发生行政执法违法事件。

【PIP信息化网上直报管理】 全省数据大集中后,汶川县加强各乡镇全员人口信息数据库管理,按时完成全县全员人口信息数据集中;加强各乡镇数据质量管理,提高全县数据质量,提升数据的完整性、逻辑性和准确性。

【流动人口管理与服务】 重视流动人口计划生育管理工作,将其作为维护社会稳定,创建"和谐计生"的重要内容来抓，按照"执政为民"的本质要求，将流动人口管理列入重要议事日程，坚持统一领导，协调配合，落实管理与服务并举原则，建立完善各类制度措施，强化管理工作，保护流动人口合法权益。

【计生宣传】 充分利用世界人口日、艾滋病宣传日等重大节日开展宣传教育活动。通过举办培训班、发放宣传资料等形式向育龄群众宣传婚育新风、计生政策、法律法规等。全年，共发放人口计生宣传资料1500余份，计生宣传品管理规范，进村入户率90%以上。加大生育文化大院建设力度。年初，制定生育文化大院建设规划，先后多次召开宣传教育现场会议，已建成生育文化大院9个，初步形成集政策法规、避孕节育、优生优育、妇幼保健、科技知识、致富信息于一体，融趣味性、知识性、大众化为一院的格局，使群众接受新型婚育观念、生殖健康知识、科技致富信息教育。

【基础工作】 "5.12"汶川特大地震导致全县"省优"成果严重受损，为做好"省优"回头看和争创"国优"打基础，强化全县基层基础工作。7月16日，针对存在的问题，组织召开全体人口计生工作人员、各乡镇分管领导、计生专干和国优试点村计生员参加的流动现场会，强调召开流动现场会的重要意义，并就突出"四早"（早认识，增强责任意识、增强政治意识、增强惠民意识；早准备，做好现状调查、做好省优回头看、做好国优基础工作；早行动，对照省优抓巩固、对照国优抓提升、对照优质抓服务；早迎检，通过自查找问题、通过检查抓规范、通过提升到国优）对汶川县人口计生工作提出明确要求。同时，通报全县当前人口计生工作存在的问题，对如何加强和规范基层基础工作提出要求。通过督促检查，全县13个乡镇中90%的乡镇基础工作得到加强和规范。

【计划生育三结合】 把帮扶工作继续纳入乡镇、部门综合目标管理，与各帮扶部门和各乡镇签订帮扶责任书，下达目标任务，加强检查督促。将受灾较重的独生子女户和双女户家庭作为帮扶重点，帮助拟定重建规划，落实家庭经济发展骨干项目，增强造血功能。全年，全县建立帮扶基地13个，巩固基地3个，落实"三结合"帮扶资金14.66万元，其中县人口计生局投入资金2.06万元。

【关爱女孩】 在全县机关、学校、社区形成关爱女孩浓厚氛围，形成有利于女孩成长机制，使男女平等、生男生女顺其自然等观念深入人心，确保出生人口性别比在正常值范围内，形成现代新型婚育观念和生育文化。全年，县人口和计生局与计生协会通过文艺演出进机关、进学校、进社区等形式，宣传人口计生事业发展取得的成就经验，以及出生人口性别比失调等问题，发放书包400个、雨伞700把。

【计生村民自治】 指导基层实行计划生育村民自治，全县118个行政村全部做到计划生育村民自治，实现自我管理、自我教育、自我服务，提高群众参与计划生育的积极性。县乡村均制作计划生育政务公开栏。

【再生育服务】 继续加大生育关怀力度，做好再生育全程服务工作。通过"五抓"（抓保障，积极搭建再生育服务平台；抓基础，及时摸清再生育对象基数；抓培训，不断增强服务再生育对象能力；抓宣传，努力营造再生育工作浓厚氛围；抓服务，提高开展再生育工作满意度），全县再生育工作取得阶段性成果。截至年底，为所有在

"5.12"汶川特大地震中失去孩子的父母提供心理疏导和生育咨询服务,为314名拟再生育对象开展"一站式、一卡通、一对一、一月一随访、一家一档案""五个一"服务工作,现已成功怀孕188人,安全分娩152人,为新出生地震宝宝发放关怀大礼包。为有再生育意愿而未能成功怀孕的70余名再生育对象请专家,组织开展生育能力评估。

【自身建设】 树立"事业成败,关键在人"思想,开展平时业务培训和岗位大练兵活动,打造3支队伍(高素质、高效率的行政管理队伍,业务精、会服务的技术队伍,讲奉献、会动脑的群众工作队伍)。加强业务培训"两到位",即组织各乡镇新专干培训,确保由外行变内行,在新岗位上履行好职责;组织技术服务人员参加各种专业执业培训,促进计生技术队伍业务素质提高。全年,共组织举办全县人口计生系统业务培训班和信息化业务培训班3次,培训30余人次。在全县人口计生系统开展科技服务岗位技能练兵活动,提高计生干部学习计生业务的积极性,促使计生技术人员学知识、钻业务、上水平。在全县人口计生系统中以创先争优活动为契机抓好机关作风建设和效能建设,通过集中学习、自学等形式,抓好干部职工的思想教育;通过设置意见箱、发放调查问卷征求意见、建议等形式开展政风、行风评议。抓住换届选举有利时机明确要求各乡镇调整年龄偏大、责任心不强、业务能力较差的村级计生主任,建立"能者上、平者让、庸者下"的用人机制,强化队伍整顿。为创建国家级优质服务先进县奠定技术服务支撑,加强新时期人口和计划生育工作,稳定低生育水平,统筹解决人口问题,促进人口与经济、社会、资源、环境协调和可持续发展,引进专业技术人才9名,充实到技术服务站。

民政 人事劳动和社会保障

民 政

【领导名录】

党组书记、局长	刘国平（1月止）
	陈劲斌（1月起）
副局长、老龄办主任	陈建军
副局长	王少军
	廖用兵（2月止）
福利中心主任	廖用兵（2月起）
老龄办专职副主任	王 梅

【机构改革】 10月，根据中共阿坝州委办公室、阿坝州人民政府办公室《关于印发〈汶川县人民政府机构改革方案〉的通知》（阿委办〔2010〕145号）和中共汶川县委、汶川县人民政府《关于汶川县人民政府机构改革方案的实施意见》（汶委发〔2010〕30号），设立汶川县民政局，为县政府工作部门。县民政局挂县老龄工作委员会办公室（简称县老龄委）牌子。2010年12月，根据汶川县人民政府办公室《关于印发汶川县民政局主要职责内设机构和人员编制规定的通知》（汶府办发〔2010〕99号），将其职责调整为：（一）取消已由县政府公布取消的行政审批事项；（二）加强社会救助职责，统筹城乡社会救助体系建设；（三）加强社会工作人才队伍建设；（四）加强和推进慈善事业发展。设办公室、救灾救济股、优抚安置股、基层政权事业股、最低生活保障股、区划地名办公室（县勘界工作领导小组办公室）6个内设机构。机关行政编制11名，其中局长1名、副局长两名；老龄办专职副主任1名；党组负责人和纪检组长按县委规定配备；股级领导职数6名。机关工勤人员事业编制两名。

【区划地名管理】 有序推进区划地名工作，建立全县地名数据库，推进新型城镇化进程，配合农村综合改革，统筹城乡综合配套改革，对各类行政区划进行调整和调查研究，并科学规划和审核报批。牵头完成崇汶线、都汶线、汶理线县级行政界线联检，配合比邻县完成大汶线和芦汶线联检工作，收集数据补充完善国家地名数据库的录入信息，提供资料协助完成《四川地名历史故事》编辑。

【社会团体管理】 以贯彻落实《社会团体登记管理条例》、《民办非企业单位登记管理暂行条例》为重点，全面开展全县社会团体及民办非企业单位年检工作，进一步规范社会团体行为。全年，共登记1个，注销5个社会团体。

【灾后重建】 全县民政系统灾后重建项目有县救灾物资储备仓库、殡仪馆及公墓建设、老年活动中心、红军烈士纪念馆、婚姻登记中心、流浪乞讨人员救助站、社会福利与服务救助中心、公墓维修改造等9个项目。由珠海援建的社会福利与服务救助中心于2009年完工并投入使用；完成对原革命公墓加固维修改造工程，其中，包括对祭奠灵堂的加固维修、骨灰存放室重建、堡坎和道路维修、垮塌围墙修建、800座坟墓改造、公墓绿化等，共投资150万元。完成验收救灾物资储备仓库主体工程，正在进行内外装修。殡仪馆及公墓建设选址方案批复。完成红军烈士纪念馆招标，进入项目实施阶段。老年活动中心、婚姻登记中心、流浪乞讨人员救助站等3个项目因县城规划，正办理购买现房相关手续。

【特殊党费管理】 全县共收到"特殊党费"资金15859.5万元（包括卧龙自然保护区）。其中，重建村级组织活动场所和农村党员干部现代远程教育站点2213.6万元；重建两所学校7083万元；援助农房5275.9万元；慰问抗震救灾中因公牺牲烈士家属21万元；援助住房损毁困难群众项目1266万元。

【救灾救济】 下拨本年春荒救济资金70万元，下拨各乡镇救灾救济资金70万元，发放生活困难补助11.13万元。解决困难群众生活困难15064人次。解决临时生活困难人口255人，资金39340元。不断完善全县救灾应急机制，制定《汶川县民政局低温冰雪灾害应急预案》、《2010年汶川县民政局防汛预案》，做好灾前相关准备工作。全年，共对全县因发生突发性事件导致家庭基本生活困难的70人次实施临时救助，发放救助金2.88万元。

【村（居）委会换届及基层政权建设】 2010年工作重点是第八届村（居）委会换届选举工作。县民政局成立换届领导小组，落实责任，加强该项工作领导。与县委组织部，到各乡镇村（居）委会，对现任班子进行满意度考评。根据本县各乡镇实际情况，拟定《汶川县第八村（居）委会换届选举实施意见》；制定换届选举培训方案，在召开全县换届选举动员大会期间对与会人员进行培训，确保选举工作程序化、合法化。结合本县实际，坚持"以人为本，共住共建，循序渐进"原则，以完善社区功能、规范社区组织、加强硬件建设、提高社区服务水平为重点，全面推进社区建设。同时做好环境综合治理进社区以及农村社区创建工作。解决村（社区）干部基本报酬，下拨社区干部基本报酬18.93万元，社区办公经费3万元，保障社区工作正常运转。

【慈善工作】 坚持以章程为指导，开展"扶贫、救灾、安老、助孤、支教、助学、扶残、助医"等各种慈善救助等工程。全年，县慈善分会接收省内外爱心人士、宝马爱心基金会、企事业单位和团体等捐赠善款12542万元。其中：非定向捐款3222万元，定向捐款9320万余元。按照政府要求，非定向资金转入财政局，共3110.18万元。共接收捐赠资金342.3万元，其中：定向资金341.55万元，非定向资金7462元。社会各界爱心人事一直关注汶川灾区贫困学生、贫困孤儿，为帮助他们走出生活困境，更好完成学业，近10位爱心人士帮扶20余名贫困中、小学生和孤儿，结合实际情况对他们的生活费、学费进行资助，减轻贫困学生家庭负担。从2008年慈善会成立至今，实施慈善帮困助学活动共资助全县贫困学生近100名。

【医疗救助】 按照《阿坝州城市医疗救助试点暂行实施细则》，继续做好城市医疗救助工作，着力保障弱势群体，对全县患大病、重病的城市生活困难群众实施医疗救助。实行层层把关，逐级公示，医疗救助金采取社会化发放，实行医前、医中、医后救助，以及一次性定额救助和临时救助相结合。全年，城市大病医疗救助144人次，发放救助金75.94万元，其中救助低保对象67人次,发放低保救助金31.06万元。人均救助151.7元,完成目标任务的101.1%。农村大病医疗救助879人次,发放救助金288.3万元,其中救助低保对象227人次,发放低保救助金71.7万元;救助农村五保户36人次,发放救助金6万元。

【城乡低保及管理】 截至年底,共保障2532户5075人,累计保障57798人次,发放低保金867.58万元,人均补差153元,完成目标任务的102%。农村居民最低生活保障共保障8785户1.92万人,累计保障22.93万人次。发放低保金1339.38万元,人均补差58元,完成目标任务的105.5%。在确保"应保尽保"前提下,坚持入户调查、张榜公示、民主评议等办法,把符合低保条件的困难群众及时纳入低保范围,做到"不错保、不漏保"。实施分类施保政策,做到以人为本和人性化管理。进一步完善低保对象档案管理制度,提升低保工作和信息化管理水平。

【"五保"供养】 全年,全县"三孤"人员共460人(其中包括卧龙自然保护区35人)。随村分散供养90人,生活补助每人每月150元;住入福利院纳入集中供养370人,生活补助每人每月200元,集中供养率80.4%,全年发放五保供养金89.24万元。完成目标任务的100%。

【爱心超市和示范社区】 新建"慈善爱心超市"1个,巩固已有的1个,两个"慈善爱心超市"正常运转。创建全国综合示范社区——汶川县水磨社区1个。

【社会救助与收养登记】 积极宣传、贯彻执行《城市生活无着落流浪乞讨人员救助管理办法》,不断完善各项制度,转发《关于加强流浪乞讨人员的救助管理工作的通知》。要求各乡镇、社区建立本辖区内流浪乞讨人员巡查制度,引导和救助求助对象。共救助流浪乞讨人员78名(其中包括1名未成年人),提供现金救助4535元。按照《收养法》要求,做好收养登记工作,全年共办理收养登记两起。

【"双拥"和优抚安置】 按时足额兑现抚恤补助,做好复员退伍军人稳定工作,及时了解复员退伍军人思想动态,帮助解决生产生活困难,解决42户优抚对象生活和医疗难资金4万余元。按规定时限上报评残材料,将4位在地震中受伤公务员评残资料报省民政厅两名、报州民政局两名。认真贯彻落实省双拥模范城县区命名大会精神,落实退役士兵安置政策,全年,共接收退役士兵39人,其中农村退役士兵21人,城镇退役士兵18人。现农村退役士兵已全部安置,城镇退役士兵1人选择自谋职业,1人安置到省地震局工作,其余16人正在安置中。进一步落实军队退休干部政策,本年新接收军队退休干部1名。

【社会事务和福利】 为使婚姻登记服务水平再上新台阶,汶川县始终围绕以人为本、为民服务,规范管理,提出"四个服务"(热情服务、微笑服务、耐心服务、文明服务),增强干部服务意识,提高服务质量和水平。截至年底,共办理结婚登记628对,补领婚姻登记证523对,办理离婚手续147对,出具婚姻登记证明204份,登记合格率100%。养老机构建设管理工作日趋规范,制度建设不断完善,制定《福利中心来访人员登记表》、《外出登记表》等。亲情化服务逐步完善,根据季节为福利院供养人员每人购买夏装、冬装,同时举办系列健康有益、丰富多彩的文化娱乐活动。

【老龄工作】 加强老龄组织机构建设。全年,共对全县133名90岁以上老人和两名百岁以上老人分别发放保健补贴94320元和4800元;共办理老年优待证403个。

人事劳动和社会保障

【领导名录】

党组书记、局长、编办主任　甘元明

副局长　　　　　　　　　　陈　洪

　　　　　　　　　　　　　赵　敏

编办副主任　　　　　　　　扎　西

【机构改革】 10月，根据中共阿坝州委办公室、阿坝州人民政府办公室《关于印发〈汶川县人民政府机构改革方案〉的通知》（阿委办〔2010〕145号）和中共汶川县委、汶川县人民政府《关于汶川县人民政府机构改革方案的实施意见》（汶委发〔2010〕30号），将县人事劳动社会保障局更名为县人力资源和社会保障局（简称县人力资源社会保障局），为县政府工作部门，挂汶川县公务员（简称县公务员局）牌子。原挂靠县人事劳动和社会保障局的机构编制委员会办公室单独设置，列县委机构序列。2010年12月，根据汶川县人民政府办公室《关于印发汶川县人力资源和社会保障局主要职责内设机构和人员编制规定的通知》（汶府办发〔2010〕102号），将其职责调整为：（一）将原县人事劳动和社会保障局的职责整合，划入县人力资源社会保障局；（二）取消已由县政府公布取消的行政审批事项。（三）加强统筹机关企事业单位人员管理职责，充分发挥人力资源优势；（四）加强统筹城乡就业和社会保障政策职责，建立健全从就业到养老的服务和保障体系；（五）加强统筹人才市场与劳动力市场整合职责，加快建立统一规范的人力资源市场，促进人力资源合理流动、有效配置；（六）加强统筹机关企事业单位基本养老保险和新型农村社会养老保险职责，推进基本养老保险制度改革；（七）加强促进就业职责，健全公共就业服务体系，建立并落实城乡劳动者平等就业制度，促进社会就业更加充分；（八）加强组织实施劳动监察和协调农民工工作职责，切实维护劳动者合法权益。设办公室、公务员管理股、专业技术管理股（汶川县职称改革领导小组）、工资福利与退管股、社会保障股、劳动监察股（劳动监察大队）、劳动仲裁股7个内设机构。机关行政编制17名，其中：局长（兼公务员局局长）1名、副局长两名，公务员局副局长1名，县军转办主任1名（按县委规定配置）；党组负责人和纪检组长按县委规定配备；股级领导职数7名。机关工勤人员事业编制3名。

【灾后恢复重建】 按照国家、省、州、县灾后恢复重建统一规划和要求，县人力资源和社会保障公共服务设施灾后恢复包括县就业和社会保障综合服务中心、全县11个乡镇、3个社区、112个行政村设施、信息网络平台建设共30个项目。按照州发展和改革委员会《关于汶川县就业和社会保障综合服务中心建设项目立项的批复》，县就业和社会保障综合服务中心纳入广东对口援建第三批项目计划，于2009年7月破土动工，占地面积2.4亩，总建筑面积为3820平方米，总投资1505万元（包括22平方米户外电子显示屏1套，办公桌椅、办公用电脑和办公用电器、沙发等设施设备），2010年5月8日，完工投入使用。中心主要功能有社会保险服务大厅、人力资源市场大厅和人力资源和社会保障局、就业局、社保局、医保局、新农保局日常办公场所。2009年6月，乡镇（社区）劳动保障工作站开始立项、申报、审批等相关工作，建设规模1270平方米，其中，威州镇、漩口镇、水磨镇各150平方米；雁门乡、龙溪乡、绵虒镇、映秀镇各100平方米；克枯乡、草坡乡、银杏乡、三江乡各60平方米；桑坪社区、南桥社区、七盘沟社区各60平方米。总投资310万元（建设资金245万元，设备购置资金56万元）。截至2010年底，完成雁门乡、龙溪乡、三江乡建设，克枯乡、草坡乡、映秀镇、绵虒镇、漩口镇、银杏乡在建设中，威州镇、水磨镇和3个社区因选址未确定，未动工建设。全县就业和社会保障公共服务信息网络建设总投资312万元，1月，按照州劳动和社会保障局《公共服务信息系统灾后恢复重建项目》规划方案，委托州公共交易中心进行招投标，为全县11个乡镇、3个社区、112个行政村购置价值130万元的信息系统建设基本设备，主要包括电脑、一体机、打印机、办公用桌椅等。9月，委托州公共交易中心对汶川县信息平台建设设施设备购置和安装进行招投标，中标合同价为180万元，于2010年底全面完成项目建设。

【人力资源及队伍建设】从教育系统抽（借）调10名工作人员充实到市政公用管理局、经济商务局、县四办、信访局等单位，从县级机关选定50名年轻人组建民兵连。应工作需要县内调整工作人员26人，审批晋升一般行政职务8人，享受待遇13人，草拟《汶川县机关事业单位年度考核末位淘汰暂行办法》，并由县政府批转执行。

【工资福利】全年，审批全县事业单位工作人员中因晋升专业技术职称增资122人，月增资30960元，绩效工资增资76人，月增资1.33万元，机关工作人员职务变动增资33人，月增资7712元。审批增加民族地区工作补贴36人，月增资575元；信访工作人员增加岗位津贴8人，月增资1880元；司法助理员增加岗位津贴10人，月增资1500元；教育系统奖励性绩效工资兑现1256人，金额818.76万元。对全县82个机关事业单位职工2009年度的休假和值班情况进行统计审核，并对符合条件的1934名职工给予年休假工资报酬共566.39万元。为全县1048名机关工作人员正常晋升工资，月增资近3.33万元，公务员级别工资滚动187人，月增资3563元，事业单位2070人正常增加薪级工资，月增资近5.39万元。

【离退休管理】每月按时足额为1850名离退休人员发放养老金，全年发放养老金2700万余元，为205名森工离退休人员代发养老金300万元，为6名企业退休死亡人员支付丧葬费、抚恤费12万元，为15名机关事业单位退休人员支付养老金6.3万元，代发乡镇事业人员10人养老金7.9万元。元旦、春节期间，筹集资金组织人员对全县机关事业单位离退休人员进行慰问；及时办理、解答离退休干部信访案件。

【专业技术人员管理和职改】按照州人事局《关于汶川县人事劳动和社会保障局事业单位岗位设置的批复》，将全县79个事业单位的岗位设置进行审理与批复，为事业单位实行绩效工资做好基础和准备工作。完成2009年全县事业单位工作人员2266人的年度考核，其中，优秀310人，占总人数的14%，合格1955人，占总人数的86%，基本合格1人。为激励专业技术人员积极性，向上级职改部门推荐申报副高级专业技术人员5人，中级专业技术人员46人。经县综合评审委员会评审初级任职资格23人，批转各系列取得高、中级任职资格145人，为全县机关事业单位74名技术工人晋升考试合格者办理各类岗位等级合格证书。

【机构编制和事业单位登记管理】按照省、州政府机构改革统一部署，拟定《汶川县机构改革方案》，经州委、州政府审定批复，并组织实施，年底，完成全县政府机构改革工作。按照州编办要求，会同公安机关对全县地方专门公安机构情况进行清理，并上报州编办，向州编委争取机构和人员编制5个。根据州编办《关于做好2009年度事业单位年检加强事业单位登记管理工作的通知》(阿编发〔2010〕1号)要求，对全县112个事业单位进行年检登记，其中，重新登记7个，变更登记6个。完成全县机构编制工作。

【就业再就业服务】 到乡镇、企业调查劳动力供求和就业愿望情况，宣传《就业促进法》、《阿坝州人民政府办公室关于转发〈四川省人民政府办公厅关于进一步做好减轻企业负担稳定就业局势有关工作的通知〉的通知》"五缓四减三补贴"的就业促进政策。组织开展以"服务进城务工、促进就近就业、鼓励返乡创业"为主题的"春风行动"活动，为失业者提供免费职业介绍、职业指导和培训服务，发放"2010年春风行动援助单"2000余张，提供就业政策咨询500余人。采取"一走四送"(上门走访，送就业政策、送就业岗位、送就业指导、送培训信息)再就业援助措施，提供就业岗位1500余个，发放再就业政策宣传单2000余份，就业援助卡500余张。组织开展"民营企业招聘周"活动，为加强粤汶两地劳务合作，5月18日，举办粤汶劳务对接大型招聘会，56家粤汶企业提供工作岗位1.09万个，600余人与用人单位达成就业意向。同时，广东省对口援建乡镇的市就业服务中心分别与汶川县13个乡镇签订劳务合作协议，长期支持汶川县就业促进工作。继续贯彻落实灾后就业援助政策，降低失业保险率，缴费比例从原来的3%下调为1.5%；向企业员工提供一定数额的岗位补贴和失业保险金；对在2009年度申报享受社保补贴的1384人进行审核认定，发放补贴520万余元，其中，享受养老保险补贴1346人，发放补贴457万元；享受医疗保险补贴478人，发放补贴63万元；享受岗位补贴3人，发放补贴1800元。为使城镇失业人员和农村劳动者掌握一技之长，尽快实现就业，按照"实际、实用、实效"原则，根据劳动力市场需求、劳动者文化程度和培训意愿，制订培训计划，全年，相继组织灾后恢复重建"岗位就业培训"、"广州援建威州物业管理培训班"、"乡村旅游品牌培训"等技能培训各类人员900人。

城镇新增就业人数623人，完成全年目标任务的100%，其中，下岗失业人员再就业145人，完成全年目标任务的100%，就业困难对象就业10人，完成全年目标任务的100%，在岗培训500人，完成全年目标任务的100%，品牌培训1000人，完成全年目标任务的108%，农村劳动力技能培训180人，完成全年目标任务的100%；公益性岗位开发560人，完成全年目标任务的100%；职业介绍600余人，完成全年目标任务的100%；直接劳务输出160人，完成全年目标任务的100%；农村劳动力转移1.23万人，其中就地就近及省内转移8673人。城镇登记失业率控制在4%以内。

【失业保险】 为确保失业保险基金征收，县就业局加大政策宣传和稽核，分解任务指标，到各企业动员参保。加强基金管理，坚持收支两条线。全年，征收失业保险金363万元，完成年任务280万元的129%。

【劳动保障管理】 组织实施劳动法律法规和相关政策，协调指导社保经办机构工作，根据《汶川县人民政府转发阿坝州人民政府关于采取积极措施减轻企业负担稳定就业局势的通知》(汶府办〔2009〕16号)精神，认定困难企业4户，涉及职工370人，审批办理养老保险参保人员正常退休30人，转报州劳动局审批特殊工种退休25人，审批享受原城镇集体企业职工返城知青基本养老保险待遇127人。

【劳动保障监察和争议仲裁】 开展"农民工工资支付情况专项检查"、"非法用工检查"、"用工单位遵守劳动合同法情况检查"、"农民工工资保证金缴纳"等专项检查5次，检查用人单位60余个，涉及劳动者2800人，督促59户用人单位缴纳民工工资保证金。共受理拖欠民工工资案件68起，结案68起，结案率100%，涉及拖欠民工工资人数1568人，帮助农民工追回拖欠工资1304万元。共受理工伤事故43件，经调查取证认定为工伤的42件。调解双方自愿达成协议的劳动纠纷6件，依法开庭裁决的劳动纠纷8件，办结率100%。全年，共有51个用人单位4712名职工签订劳动合同。

【城镇养老保险】 城镇职工基本养老保险覆盖人数为9774人，其中："企业办法"参加养老保险覆盖人数9204人，"机保办法"参保人数570人。征收养老保险基金5360万元，完成全年目标任务的100%。

【企业离退休人员管理服务】 按照省人力资源和社会保障厅、省财政厅《关于2010年增加企业退休人员基本养老金的通知》（川人社发〔2010〕6号）文件规定，为2271名企业退休人员增加基本养老金，人均增资157.88元，月增资35.85万元，调整后，全县人均养老金水平达到1249.03元。贯彻落实社会保险特殊政策，及时核准受灾企业缓缴养老保险18户，缓缴金额733万元。

【工伤和生育保险】 工伤保险参保人数8466人，其中农民工2254人，分别完成全年目标任务的128%、111%；征收工伤保险基金139万元，完成全年目标任务的100%。生育保险参保人数3788人，完成全年目标任务的97%，征收生育保险基金20万元，完成全年目标任务的100%。支付工伤保险待遇500万元，支付生育保险待遇20胎12万元。贯彻执行社会保险特殊政策，缓缴工伤保险费13户，缓缴金额12万元；缓缴生育保险费16户，缓缴金额14万元。

【失地农民养老保险】 贯彻落实《汶川县被征地农民社会保障工作的实施意见》（汶府发〔2010〕10号）和《汶川县人民政府关于因地震灾害失地农民农转非人员参加城镇职工基本养老保险试行办法》（汶府发〔2010〕80号），推进因灾失地、被征地农民参加养老保险工作，加强宣传，成立两个宣传组到乡镇、村进行政策宣讲，为乡镇、村群众发放宣传资料。积极与国土、公安等相关部门衔接协调，确定办理手续和程序，形成联动机制，为被征地失地农民参加养老保险提供保障。截至年底，办理参保手续20人，350余名自愿参保人员正在办理农转非手续，其余人员正在进行身份公示。

【医疗保险】 城镇职工医疗保险参保人数20518人，完成全年目标任务的100%，居民参加医疗保险人数26696人，完成全年目标任务的110%（含在校学生）。因上年全省职工平均工资基数在本年5月旬下达，影响了医疗保险基金收缴工作，预计收缴医疗保险金2930万元（含缓缴510万元）。严格把好支付审批关，全年，支付统筹、个人账户、大病公务员医疗补助和居民医疗保险金2700万余元。加强内部管理，重点从方便参保人员和对定点医疗机构监管入手，为方便参保职工，分别在都江堰、漩口、水磨设点办理参保手续。到省内30家定点结算医院，8家定点药店进行考核检验，对存在问题的单位进行整改，对考核合格定点医疗机构签订2010年工作协议。组织培训参保单位医保经办人员40余人。

【农村养老保险】 2009年12月,农村养老保险工作率先在全州启动,汶川县及时建立机构,完善工作机制,进行宣传动员。2010年初,制定新农保工作规程,明确县、乡(镇)专职人员和村协办员工作职责,建立新农保试点工作目标责任制,将目标细化分解到乡镇、村、组,落实到个人,形成一级抓一级,层层抓落实工作格局。引导农民参保,制作专题片,利用县图文电视24小时滚动播出,发放宣传手册5000余份、宣传资料4000余份、年画1万余张。到乡镇对村两委干部及乡镇经办员进行新农保参保意义、参保条件等操作规程进行政策讲解和培训。为方便参保人员缴费,确保基金安全,与金融部门加强联系,督促金融部门每月到未设网点乡镇上门收缴,月底将收入户余额全部转到财政专户,确保收入户月底无余额。建立待遇审核工作制度,乡镇劳动保障所及时审核到达退休年龄人员是否符合养老金领取条件,并进行公示,及时上报符合条件人员到县人事部门审定。规范待遇发放,由县人事部门按月实行社会化发放。全县参保人员2.89万人,符合领取养老金待遇人数7339人,征缴参保基金305万元,支付养老金400万余元。

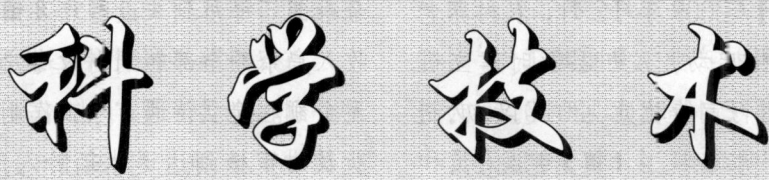

科 学 技 术

科 技

【领导名录】

党组书记　　　熊忠明（9月止）
　　　　　　　刘　渠（9月起）
党组副书记　　刘　渠（9月止）
局　长　　　　刘　渠
副局长　　　　熊忠明（10月止）
　　　　　　　冯晓燕

【机构改革】 根据中共阿坝州委办公室、阿坝州人民政府办公室《关于印发〈汶川县人民政府机构改革方案〉的通知》（阿委办〔2010〕145号）和中共汶川县委、汶川县人民政府《关于汶川县人民政府机构改革方案的实施意见》（汶委发〔2010〕30号），设立汶川县科学技术局（简称县科技局），为县政府工作部门。县科技局挂汶川县知识产权局牌子。12月，根据汶川县人民政府办公室《关于印发汶川县科学技术局主要职责内设机构和人员编制规定的通知》（汶府办发〔2010〕96号），将其职责调整为：（一）取消已由县政府公布取消的行政审批事项；（二）承担国家科技部、省科技厅、州科技局批准的科技支撑计划项目课题的事实管理职责、科技成果推广和技术市场的具体管理职责；（三）加强科技进步的宏观管理和统筹协调职责，优化科技资源配置；（四）加强科技重大专项组织实施综合平衡的牵头职责，推进全州创新体系建设；（五）加强知识产权管理职责，知识产权法律法规的宣传贯彻和行政执法工作；加强专利保护执法职责。设办公室、农村社会发展科技股、工业企业和产业化股、知识产权管理股4个内设机构。机关行政编制7名，其中局长（兼县知识产权局局长）1名、副局长两名；党组负责人和纪检组长按县委规定配备；股级领导职数4名。机关工勤人员事业编制1名。

【科技项目落实及检查】 结合灾后恢复重建科技需求，围绕中药材和蔬菜等产业种植栽培、产品加工以及储运的科技需求，2008年10月，广东省科技厅从华南农业大学、广州中医学院、省农业科学研究院和广州白云制药股份公司选调有丰富理论和实践经验的专家，组建广东支援汶川灾区灾后重建科技特派团，与灾区科技特派员共同协作，围绕灾区科技需求，推进灾区重建工作，到汶川进行一线考察调研。制定科技对口支援汶川灾区灾后恢复重建实施方案，签订《科技对口支援汶川灾区灾后恢复重建帮扶协议》，2009年6月，受广东省科技厅委托，由广东省农科院、华南农业大学、广州中医药大学、广州白云山制药股份有限公司有关专家组成的"广东省科技对口支援汶川灾区灾后恢复重建"科技特派团一行7人到汶川考察科技产业恢复重建工作，对科技灾后产业恢复重建项目提出意见和建议，为进一步推进科技对口支援帮扶工作奠定基础。

为加快恢复重建，稳步推进灾后科技项目，克枯乡大寺村被列为四川省科技厅启动实施第二批科技示范工程试点村，督促检查克枯乡大寺村灾后科技示范工程项目的落实情况，摸清该村基本情况和产业状况。按照"科技企业+科技合作社+农户"模式，投入资金60万余元，建设肉兔、肉鸡、青脆李标准化养殖和种植小区等，打造特色优势产业，辐射带动周边村社，促进产业发展和农民增收致富。为全村长住农户69户安装兴事发牌家用太阳能热水系统，改善生活条件，促进生态环境保护。800余亩青脆李长势良好；有肉兔养殖示范户10户，示范基地管理顺利开展。在水磨镇高峰村实施中药材基地项目，上半年，广东省对口援建金银花种植示范项目，引进金银花种苗150亩示范种植。投入资金15万元加大中药材示范，种植黄连200亩，其他药材300亩。草坡乡足湾村在往年种植天麻50亩的基础上，新增猪苓1亩，桔梗130亩示范种植，成功示范种植。年底，扩大天麻种植面积5亩，计划再投入资金扩大产业规模。对雁门乡芤山村农业产业发展提出建议，投入资金5万元支持特色水果研发，打造芤山村特色水（干）果基地，增加农民收入。到漩口镇、水磨镇、三江乡实地了解科技扶持的2000亩猕猴桃种植情况和药材种植情况，投入资金40万余元，解决水磨高峰村和草坡乡足湾村近500亩猕猴桃水泥桩子。联合县新农科技有限公司在三江乡照壁村实施生态土鸡养殖示范项目，引进品种土鸡800余只，建立育雏室、保温室、建设自由敞放场地。与广东省科技厅对接，引进广东省农科院粤科良种正甜68号超甜玉米新品种分别在全县河坝、半山、高山3个不同海拔的威州镇布瓦村、秉里村、雁门乡过街楼村进行试种。为帮助灾后恢复重建，投入资金15万元，引进蒲江优质核桃200亩，在三江乡席草村进行试验种植。为七盘沟群红兔业养殖合作社项目投入资金13万元，引进优质种兔300只，建设标准化兔舍2000平方米，作为全县标准化养殖基地，已繁育仔兔1000余只。

【知识产权及工业科技】为水磨、漩口、银杏等企业做好科技服务工作，有针对性地提供科技服务，了解企业灾后重建情况及企业对技术、信息等方面的需求。到四川国锂、四川鑫通新材料公司，对四川国锂申报州应用研发资金"新型锂离子电池正极材料磷酸亚铁锂的开发研究"和鑫通公司申报的省科技研发项目贴息贷款资金"人工蓝宝石晶体技改"项目中期实施和资金使用情况进行检查。加强项目资金专款专用管理、项目结束时的及时申请验收，根据项目验收标准完善各类资料；要求企业对高新技术企业认定管理办法、科技型中小企业技术创新基金、专利申请办法等与企业科技创新密切相关的政策进行解读，引导企业用足科技优惠政策。按照《四川省科技型中小企业技术创新资金项目管理暂行办法》规定，经企业申报、推荐、专家评审以及四川省科技厅计划联席会议讨论通过，县企业川西磁业有限责任公司申报的"掺入回收料生产高性能（接近FB9H）铁氧体永磁材料"和汶川新砼建材有限公司申报的"10万吨/年锂盐工业废渣回收综合利用及产业化"两个项目列入2010年四川省科技型中小企业技术创新资金项目计划,并推荐申报科技部科技型中小企业技术创新基金。

省知识产权局等7个部门在全省120家企业联合开展第二批四川省企业知识产权试点工作,汶川县四川川西磁业有限责任公司被认定为第二批四川省知识产权试点企业,是阿坝州、汶川县首批省知识产权试点企业。按照《阿坝藏族羌族自治州科技型中小企业技术创新资金项目管理暂行办法》规定,经企业申报、推荐、专家评审讨论通过,县企业四川国锂锂材料有限公司申报的《高纯(99.99%)碳酸锂研发与生产》和四川川西磁业有限责任公司申报的《汽车用高档永磁铁氧体研发与生产》两个项目列入2010年阿坝州科技型中小企业技术创新资金立项计划。5月,四川省科技厅组织专家在成都对汶川县企业四川国锂锂材料有限公司完成的"年产2000吨电池级磷酸二氧锂生产新工艺及装置"项目进行成果鉴定。科技部科技型中小企业创新基金管理中心公布2010年第一批创新基金立项项目,汶川县的阿坝广盛锂业有限责任公司申报的"电池级碳酸锂一步法清洁化生产新工艺"和四川国锂锂材料有限公司申报的"2000吨/年电池级磷酸二氢锂生产新工艺及装置"两个项目获得立项支持,总立项金额180万元。仅"电池级碳酸锂一步法清洁化生产新工艺"就获得立项金额100万元。为推进汶川县循环经济工作,县科技局草拟了《汶川县循环经济规划》。

【省级农业科技园区申报】 根据《中共四川省委、四川省人民政府关于进一步加大统筹城乡发展力度加快推动农业农村发展上新台阶的意见》(川委发〔2010〕1号)精神,按照《四川省农业科技园区管理(暂行)办法》及《关于加强我省农业科技园区建设的若干意见》要求,经汶川县申报、州科技局推荐、省科技厅组织相关专家进行评审,根据"先行试点、总结经验、稳步推进"原则,同意汶川县报送的实施方案,并批准汶川县为"省级新农村建设示范片阿坝汶川省级农业科技园区(试点)"。该项目(试点)辐射三江乡、漩口镇、水磨镇、映秀镇,将发挥园区在新农村示范片建设中的核心地位和作用。

【科技交流与合作】 加强与研究单位和大专院校科技合作,建立联席机制,鼓励企业通过"走出去"、"请进来"等方式,整合和利用科研院所、高校的研究开发资源。与成都生物研究所、自然资源研究所、国嘉集团新荷花中药饮片公司、申伦科技有限公司等及州科研院等单位建立长期合作关系,推广农村科技、推进农业和农村经济结构调整。同时,按照汶川县"科技产业化、产业科技化"思路,与四川农业大学开展校地合作,初步达成合作协议,为开展科技产业等工作奠定基础。

【科普宣传】 加强国家科技政策宣传,争取省、州科技局支持,不断增强企业自主创新紧迫感和主动性。加大对企业知识产权宣传力度,印发《知识产权》、《四川省建设创新型企业工作管理办法》、《阿坝藏族羌族自治州科学技术奖励办法》、《阿坝藏族羌族自治州科技型中小企业技术创新资金项目管理暂行办法》等宣传资料300余份。

【科技调研】 到漩口镇赵家坪村,实地考察猕猴桃种植园情况,对种植及田间管理作技术指导;针对三江乡照壁村实际,加强中药材和特色水果研发,了解到三江乡对汶川县科技特派员创业工程的建议和要求;到水磨镇和漩口镇听取乡镇对种养殖业项目的介绍；到草坡乡听取抓科技工作的情况介绍，到码头村实际查看金针菇、鸡腿菌等食用菌种植情况，到足湾村实地检查天麻种植情况，并针对足湾村实际，提出成立经济合作社的建议，将现有中药材基地做大、做强。做好2010年度全国软科学及科技调研工作座谈会代表100余人到映秀镇调研考察服务协调工作。

【科技培训】 邀请省畜科院四川省兔业研究所所长谢晓红等专家4人到克枯乡大寺村举办兔饲养管理专题讲座。该村20余户养兔示范户50余人参加培训。邀请安县道地仙草种植专业合作社到草坡乡足湾村开展为期1天的中药材现场培训会，共培训150余人。同时，该合作社与足湾村50余户农户签订中药材桔梗种植协议130余亩。为促进农村经济发展，邀请四川农业大学陈洪强博士一行4人到绵虒镇三官庙村开展甜樱桃丰产种植技术指导。联合县新农科技有限公司和州科研院林科所专家到三江乡照壁村开展猕猴桃技术培训，参加培训100余人。邀请成都华西生态养殖有限公司专家到科技扶持点七盘沟红群兔业养殖专业合作社，对养兔技术进行专业指导；合作社已引进种兔300余只，繁育1000余只仔兔。

【科普统计】 牵头组织县级相关单位统计人员开展汶川县2010年度科技普查统计工作，对科普人员、科普场地、科普经费、科普传媒和科普活动等5个方面展开科普统计工作，并完成该项统计工作任务。

【科技咨询】 狠抓灾后科学重建专家咨询组秘书处日常工作，收集相关资料，做好联络和服务。汇总专家建言献策成果出版《崛起之路》，收集专家论文，从政策、产业、技术等方面提出咨询意见。为课题研究做好协调、调查和后勤服务工作。

【救灾款物争取】 "8.14"特大泥石流灾情发生后，汶川县及时向上级汇报受灾情况，四川省科技厅及时安排灾后应急项目，组织灾区急需物资，对重灾区给予应急支持，送大米2000斤、食用油66桶、矿泉水50件、药品6件、方便面50件、手电筒240支、雨衣500件、雨鞋200双等应急物资，同时拨付应急资金40万元开展救灾应急。

科　协

【领导名录】
主　席　　　　　　　　张珍云
副主席　　　　　　　　何世国

【专业技术协会（学会）】 全县有15个县级专业技术协会（学会），6个农村专业技术协会，11个乡镇科协。

【科普能力恢复建设】 以创造群众身边科普为主要目标，加强科普能力恢复建设，新购办公设备和科普设备，恢复正常办公和开展科普工作的条件。在映秀镇、银杏乡建科普宣传栏两个。为漩口镇群益村送科普图书300册，建科普阅览室（村图书馆）1个。指导基层科协组织建设和完善。指导、协助县地震协会、县畜牧兽医协会和县烹饪等学（协）会完善机构，充实人员。

【农村专合组织与服务】 县科协加大对农村专业合作经济组织指导、支持和协助力度，指导、协助县甜樱桃协会开展针对性技术服务，深入多个村寨开展甜樱桃病虫防治、春季管理、水肥管理和拉枝修剪等技术培训和指导。协助县甜樱桃协会与销售商协调甜樱桃销售问题。指导、协助县蔬菜协会和高原果蔬种植合作社，在布瓦村开发种植新品种果树120亩。指导县富祥荣种植专业合作社组建县高丰中药材有限责任公司。并协助其做好产业升级规划，确定主导产品和发展方向。指导、协助县建洪农业产业合作社在雁门乡麦地村开发建设示范基地1个。指导汶川县林果产业合作社在克枯乡大寺村开发建设种养示范基地。全年指导新成立专合合作社8个，其中种植业5个，养殖业3个。

【科普工作】 与县青科辅协会到学校，与学校负责人交流，研究如何结合教育教学搞好青少年科普工作。以汶川县一中、汶川县一小两所学校为重点，组织中小学校开展中国数字科技馆（网上）观测活动。汶川县一中、汶川县一小分别受到四川省科协表彰，被评为"数字科技馆观测活动先进集体"。完成组织两所以上学校开展中国数字科技馆（网上）观测活动任务。在省科协国际部帮助下，与香港企业青年科学家联盟协会、香港迪斯尼乐园联系，组织映秀小学等学生34名、教师3名赴香港访问，开展科技、娱乐、趣味活动。

【科技试验示范】 在县科协指导下，县蔬菜协会继续在龙溪乡联合村租用土地28亩，购买示范蔬菜品种4个，购进优良新型有机肥16吨，在对土地进行复耕、整理和地力培肥基础上，开展蔬菜新品种试验示范。指导、协助县蔬菜协会在威州镇布瓦村，开发建设特色水果试验示范基地1个，规模近300亩。指导、协助县建洪特色种植专业合作社在雁门乡麦地村开发地震损毁土地17亩，建新品种、新技术试验示范基1个。全年，新建试验示范基地两个，完成指导专合组织新建试验示范基地1个。指导科普惠农兴村受表彰对象，开展科普工作和试验示范工作。

【科技培训及宣传】 县科协结合全民科学素质行动计划纲要工作开展宣传活动。组织部分县级学会，结合感恩教育和群众生产生活需要，分别在威州镇和三江乡开展科普宣传，发放宣传资料23种,4700余份。到绵虒镇三官庙村、克枯乡周达村和威州镇增坡村等，有针对性地开展甜樱桃果蝇防治、夏季管理、果树夏季秋冬及病虫害防治等技术指导培训8期，培训410余人次；发放培训技术资料37种,3700余份。深入村寨田地，开展蔬菜种植现场技术培训、指导服务3次；开展甜樱桃技术培训服务8次、畜牧养殖技术培训指导12次，共培训1180人次，发放培训技术资料37种,3700余份。3月12日，县科协与县甜樱桃协会到克枯乡周达村、威州镇增坡村和茅岭村等，现场查看甜樱桃病虫害情况，研究分析病虫害发生原因，判断病虫害种类，提出防治和管理技术措施，开展现场技术培训和指导，制定一套防治方案印发给群众 进行普防统治技术宣传。共培训23期次,1180人次。

【自身建设】 加强班子建设，积极开展"创先争优"活动，服务专合组织；开展"六学活动"，建设学习型机关，不断增强服务科学重建加快发展能力和水平。开展"挂包联系活动,做贴心人和明白人。抓好班子建设和制度建设,健全完善制度,严格支部组织生活制度,加强党员学习教育；健全民主评议党员制度；密切联系群众,全面贯彻党的路线,方针和政策。认真开展感恩教育等活动,以实际行动深化感恩教育活动。

气 象

【领导名录】
局 长 付如友
副局长 邓明放

【气象探测预报】 全年观测、发报、报表三项指标均消灭错情，无缺测、迟测、涂改伪造等责任性事故发生。一般天气质量为77.6；短期、短时重要天气质量为45.7，超额完成目标任务。

【灾后恢复重建】 汶川县气象局灾后重建项目在雁门乡新建国家气象观测站，原址重建业务办公用房和业务周转用房。由于规划变动较大，今年4月13日才正式确定业务办公用房和业务周转用房重建用地红线。重建行政办公用房和业务周转用房原有土地4.7亩，全县统一规划土地1200余平方米，建筑控制土地为500余平方米。雁门乡新建国家气象观测站涉及征用农民土地，在乡政府的多次协调下4月8日完成征地工作，签订征地协议，支付征地补偿费81.61万元，复耕费15万元。

本年度完成灾后重建项目的规划设计，总建筑面积3816.88平方米。其中，行政办公1635.15平方米；业务周转房1926.65平方米（业务周转房最大109.08平方米，最小95平方米）；气象观测站业务用房建筑面积255.08平方米；购买周转房3套(285平方米)；完成本局建筑物拆除和3户居民拆迁补偿工作；完成投资480万元；完成灾后重建项目前期准备工作，将在年底破土动工。完成龙溪乡、草坡乡、漩口镇、三江乡、银杏乡、水磨镇6个乡镇的区域自动气象观测站的建设，并投入业务使用。

【气象服务】 加大对探测环境的保护力度，强化气象探测环境保护等重大事件督办，加大对气象法律、法规的宣传贯彻。每月按时上报气象探测环境变化月报告。准确预报"3.21"寒潮，发出书面预报5份，网发23份；过程中根据天气演变和服务需要，发出《汶川气象信息快报》两期，发布书面材料10份，网传46份。在高火险时段发布高森林火险预警消息5期，形成书面材料25份，网传120份，建议有关部门严格火源管理，做好护林防火工作。发布专题预报55期，气象信息快报72期。全年共制作书面服务材料600余份，网传气象服务材料2600份，气象短信6500条。

在做好日常预报和服务工作的同时，严格按照国家、省州和地方相关文件精神和要求，做好安全度汛工作，重新整理规范预报服务工作制度、工作流程，对周年服务方案、决策服务方案进行梳理，对应急方案作精简，使制度、方案更加切合实际，便于操作。高度重视区域自动站建设，为区域性灾害性天气预报服务发挥重要作用。在进一步巩固去年气象信息发布渠道的基础上，新增两套短信息发布平台，及时掌握天气变化。充分利用本站资料和加密自动站监测，主动与气象台和兄弟局的天气会商，增强预报准确性。

8月12—14日，漩映地区持续性暴雨天气，其中，漩口镇、映秀镇、水磨镇过程降雨量超过200毫米。在本次暴雨天气过程中，认真履职，预报准确，服务主动及时，为救灾提供科学依据，最大限度减轻灾害损失。

【防雷工作】 加强雷电防护工作的监督和管理，全年作出防雷工程可行性评估许可298项，防雷工程竣工验收许可175项。

【人才体系建设】 加强职工教育培训，制定职工年度培训计划。全年有15人次参加网上远程教育培训，两人参加函授本科培训，两人参加省气象局组织的灾后重建培训，3人参加州气象局组织的业务培训。组织业务学习24次，业务考试1次，集体观测24次，质量分析会12次，参加地方政府组织培训6人次。积极实施人才战略，不断优化队伍结构，加强干部培养和使用工作。

【自身建设】 创建"学习型、效能型、节约型"单位，建立和完善各项规章制度。推进办公自动化、政务信息化系统建设。推进国库集中支付和政府采购工作，提高预算执行率。加大对重点工程和基础项目的管理。加强老干部管理工作，建立帮扶机制，认真落实老干部各项待遇。加强气象档案和文书档案管理，推进档案信息系统的建设。

防震减灾

【领导名录】
局　长　苏　茂

【设施设备】 共有11台套仪器设备，即：(DD—2)地震仪、数字化地震仪；形变仪器JB(金属摆)、SQ(石英摆)各1台套；水氡平行观测仪器(FD—105K)2台套；地磁学科磁偏角仪器1台套；信息节点1套。震后至今，只有(DD—2)地震仪、数字化地震仪恢复运行，其他设施正在恢复建设中。

【地震监测】 对县境及邻区地震活动进行监测监视，现有地震仪器运行正常，监测到汶川及邻近地区发生1~2.0级地震1800余个，2.1~5.0级地震200余个，最大为5月25日发生在都江堰、彭州与汶川交界处的5.0级地震。有感地震发生后，在第一时间将县境内有感地震参数，用手机短信群发给县委、县政府主要领导参考，截至年底，共发送地震信息手机短信30余条。年内县境内及邻区发生4级以上强烈有感地震6次，县境内两次，即2月27日发生在草坡乡附近的4.2级地震和5月25日发生在都江堰与彭州三县交界的5.0级地震。震后，及时与有关乡镇取得联系，收集震害损失，并开展震害损失调查。

【GPS观测站建设】 协助四川省地震局在县境内新建GPS观测站两个，即威州镇秉里村1个、漩口镇集中村1个。完成秉里村观测站土建工程，11月底，完成仪器安装投入观测，运行正常。

【防震减灾服务】 及时向县委督查办公室、宣传部上报"地质知识"、"地震知识"、"防震减灾知识"、"自救互救知识"等相关知识，为领导决策提供参考。

【防震减灾科普宣传】 4—5月，在漩口镇圣音寺村开展驻村帮扶工作期间，结合防震减灾工作实际，向村民开展防震减灾知识、法律法规知识宣传，对正在恢复重建、加固维修的农户，给予技术指导，送去《农村民居抗震常识》、《地震灾后实用科普知识手册》、《中华人民共和国防震减灾法》、《四川省防震减灾条例》等实用技术和科普知识等书籍。5月12日，进行防震减灾法制知识宣传，各族群众自发开展防震减灾纪念活动。6月上旬，与县委宣传部、县安监局、公安局、广电局、总工会等7个部门联合开展2010年"安全生产月"活动,散发宣传资料近5000份(册)。在"7.28"唐山和"8.16"松平地震纪念月,县电视图文台滚动播放防震减灾标语。

【自身建设】 加强机关作风效能建设工作,结合单位实际,对单位原有规章制度进行全面清理,实施"改、废、立",确保行政效能建设工作顺利实施。制定《2009年加强机关行政效能建设实施方案》,明确工作目标、任务和工作重点。完善《首问负责制》、《限时办结制》等制度。加强机关内部管理,落实职工上班考勤制度。组织机关干部学习理论和法律、法规知识以及县委、县政府领导重要讲话精神,提高机关干部执行国家各项法律、政策、规定的自觉性。

史 志

【领导名录】

主　任　　　兰玉枣

副主任　　　郭登敏

【党史编研】 6月底,完成《汶川县党史大事记》(2009)近3万字,350余条。11月,完成《汶川县组织工作大事记》(2009)。贯彻落实全州党史工作暨革命遗址普查工作会议精神,发挥党史"存史、资政、育人"社会功能,为县委、县政府及各部门做好提供党史资料和查询服务工作。按照阿委史〔2010〕3号文通知要求,完成革命遗址普查,按时上报普查资料和图片。按照中共阿坝州委党史研究室阿委史〔2010〕35号文件要求以及县委、县政府主要领导指示精神,学习贯彻和落实《中共中央关于加强和改进新形势下党史工作的意见》和全国党史工作会议精神,梳理出制约汶川县党史工作发展以及队伍建设的突出问题和推进党史工作发展的思路。

【地方志工作】 3月起,组织人员编写汶川县情概况,到各部门收集资料,按照州地方志办要求,编写《汶川县情概况》(2009)及"抗震救灾专题记述"(2009)近15万字。6月底,完成《四川年鉴》、《阿坝州年鉴》汶川概况的编写、上报工作。

【《抗震救灾志》编纂】 按照《汶川特大地震汶川县抗震救灾志》编纂工作方案,对篇目进行进一步修改、完善。3月,政府办下发汶府办函〔2010〕27号,详细说明所需资料的范围和要求,要求各部门和县境内企事业单位报送《汶川县抗震救灾志》相关资料。县史志办认真开展资料收集,落实聘请人员并与其签订编写协议,按篇目落实编写任务,业务人员进行资料长编及初稿编纂。7月底,调进工作人员1人,充实编写队伍。8月初,派员到北京参加全国抗震救灾志研讨培训会。按照州抗震救灾志编委会要求,补充完善上报"灾情篇"内容,做好"监管篇"编写工作,为"抢险救灾"篇等提供资料。年底,完成"灾情"、"抢险救灾"、"赈灾"、"灾区生活"、"大事记"、"对口支援"等篇初稿,近100万字。

【年鉴编纂】 对《汶川县年鉴》(2005—2008)进行6次修改完善,完成图片甄选、编排110余张,形成近90万字的书稿。7月底,汶川县首部综合性年鉴《汶川县年鉴》(2005—2008)印刷出版。4月初,组织业务人员开始《汶川县年鉴》(2009)的编写。6月,完成初稿70万余字;年底,送交保密局进行保密审查,同时,编委会成员进行审阅。

【资料收集】 对灾后重建相关资料、图片和县委、县政府领导重要讲话、重大决策文件以及各单位的总结、统计数据等进行收集整理。4月底，完成2009年度档案盒和资料立卷归档，整理档案5盒，资料12卷。

【宣传发行】 开展《地方志工作条例》等法规宣传。做好《汶川县志》(1986—2000)、《阿坝州年鉴》、《汶川县年鉴》(2005—2008)及各种史志书刊的宣传发行。

【服务工作】 为相关部门来汶川调研、考察的个人、团体等做好咨询服务以及资料提供工作。全年，提供《汶川县志》、《大禹志》、《汶志纪略》等书籍50余套，咨询服务80余人。认真开展"领导挂点、部门包村、干部帮户"工作，将做好帮扶工作列入主要议事日程，随时了解村上灾后重建情况和存在的问题。同时，对联系困难户给予力所能及的帮扶，解决帮扶资金600元，到相关部门为1户残疾困难户争取困难补助1000元。协助村"两委"做好政策宣传、灾后重建、环境整治、感恩教育、成果管理、创先争优等工作。

【自身建设】 抓好支部和班子思想建设、组织建设、队伍建设和作风建设。坚持贯彻执行党风廉政建设责任制，定期召开党风廉政建设工作会，坚持民主集中制，坚持相关文件和法律法规学习，认真开展廉政文化"七进"建设活动和警示教育，做好政务公开，主动接受群众监督。贯彻执行县委、县政府重大决策。加强党建工作，扎实开展"创先争优"活动，认真查找在自身建设和工作中存在的问题，深刻分析存在问题的原因，讨论解决问题的办法。开展"创先争优"公开承诺，对本单位党支部和党员干部履行承诺情况进行民主评议，满意率为100%，5名党员综合评议全部为合格。7—9月底，深入开展机关作风效能建设活动。组织职工积极参加法制教育、培训活动和法律考试，参考率和合格率达到100%；做好迎接"五五"普法验收的各项工作。扎实开展感恩教育和"三大活动"，开展庆祝建党89周年活动，派员参加"歌颂党感党恩"红歌大合唱，促进"人人知恩感恩、个个报恩施恩、处处体现和谐"的社会环境的形成。

档　　案

【领导名录】

局　　长　　董加敏

副局长　　马兴明

　　　　　　苏兴珂

【档案管理】 加强档案现代化管理，认真贯彻落实国家档案局颁布的《归档文件整理规则》和《四川省电子文档管理暂行办法》，推行《四川省电子文档管理系统软件》，抽派业务技术人员到机关、乡镇、企事业单位开展业务指导，进一步规范档案工作，推进全县档案工作现代化、信息化、科学化管理。进行抗震救灾档案资料整理，完成县抗震救灾指挥部、映秀抗震救灾指挥部档案的分类、装盒、编目、装订，共112盒，2287件。完成县公路分局文书档案的分类、装盒，共82盒；安排专人对县粮食局、县四办、县移民办、县安监局、县委办、县疾控中心、县信用联社等15个单位的文书档案进行业务指导；完成"8.14"特大泥石流善后组档案资料整理，共8盒(卷)。

对全县重大建设项目和灾后重建项目档案

管理进行督促、检查和指导，与省档案校协作，抽调在校学生22名，经过短期培训分配到全县10个乡镇进行重建项目档案的收集和整理，确保灾后重建项目档案管理规范有序。抽派专业人员参加全县重建项目推进档案管理的督促、检查和指导；完成汶川县一中、阳光家园一期安置房工程等76个项目、4326盒（卷）档案的检查、指导工作，并移交进馆，同时建立接收名册和目录。完成69个重大建设项目档案管理的登记、填报。

结合全县灾后恢复重建实际情况，开展新农村建设档案工作示范县、示范乡创建活动业务指导。年初，印发《关于开展社会主义新农村建设档案工作示范乡（镇）创建活动的通知》，对新农村建设的组织领导、创建活动的具体工作内容和方法提出要求；将本年示范乡镇确定为威州镇，并派业务人员对镇政府2009年以前的档案、编研参考资料的续编和所辖12个村材料归档范围和保管期限表的编制工作进行指导，该镇社会主义新农村建设档案工作示范乡镇创建活动和达标复查工作顺利通过验收。

【档案达标升级复查】 为进一步规范档案管理，巩固达标升级成果，充分发挥档案工作为恢复重建和各项工作服务，5月，县档案局下发《关于开展档案工作规范化管理复查的通知》，要求2009年以前达标的单位对照档案工作规范化管理标准要求，查漏补缺，做好达标升级以来各年度、各门类档案材料的整理、归档和档案编研参考资料及检索工具的续编等相关准备工作。完成县检察院档案晋升省一标创建，完成县疾控中心、县公路分局、县妇幼保健院、县司法局、县卫生执法监督所、县委宣传部等6个单位达省三标复查验收。

【宣传与执法检查】 围绕灾后恢复重建，编制档案法律法规和重点项目档案管理知识宣传册，印发到各部门、乡镇，增强重建档案管理意识，强化档案管理理念。健全档案行政执法制度，调整充实档案行政执法队伍。

【档案的收集与进馆】 完成大禹文化节档案资料收集、整理和进馆37件。征集王锡纯重要资料和胡俊生书法作品共10盒66件540页，并进行编目装订，建立接收、征集名册和目录。

【档案监督检查】 采取自查与抽查相结合的方式，认真开展全县各乡镇、各机关单位的档案行政执法检查。8月25—27日，在各单位自查基础上，对辖区内14个机关团体、企事业单位和6个乡镇进行以档案安全管理为重点的档案行政执法检查。同时，对乡镇重点建设项目档案管理进行监督、指导，促进各机关团体、企事业单位档案安全保管、保护工作的开展。

【档案利用服务】 坚持把档案开发利用作为一项重要任务，由于"5.12"汶川特大地震，汶川县档案馆档案暂存州档案馆，为方便群众，多次派工作人员到马尔康州档案馆为利用者查阅档案。全年，共接待利用者200余人次，提供利用档案1013卷（册、袋），为工作查考、医疗保险、离退休、解决纠纷和其他各项工作提供依据。制定《汶川县重要珍贵特色档案征集办法》和《汶川县档案馆收集档案范围实施细则》。

【档案编研工作】 收集编研材料，编写《首届中国汶川大禹旅游节概况》；按照如何树立"大编研"意识、整合资源、整合人才，探索编研工作新思路要求，开展调研工作，撰写《民族地区档案队伍建设工作调研报告》1篇。

【灾后恢复重建】 汶川县档案馆在"5.12"

大地震中严重受损,为实现"三年重建任务两年基本完成"目标,根据《阿坝州发展和改革委员会关于汶川县档案馆建设项目立项的批复》(阿州发改〔2009〕424号)文件,重建汶川县档案馆。2009年5月底,确定汶川县档案馆为交支票工程,县档案局及时成立档案馆建设领导小组,明确工作职责。经县规划管理局统一规划到县政府办公楼后(县委九号住宿楼旧址),建设用地1.5亩,2009年6月,全面启动档案馆建设前期报建工作,9月初,完成项目选址意见、建设用地规划许可、项目用地意见、可研报告等前期工作。但因规划,暂停其他报建工作。2010年4月底,档案馆新建用地确定,档案馆建设领导小组立即落实工作责任,开始前期报建工作,并落实资金。截至9月底,完成前期报建各项工作,现正在施工阶段。

乡镇简况

威州镇

【领导名录】

书记、人大主席团主席	王　宇
副书记、镇长	罗宏伟（1月止）
	孙　波（1月起）
副书记	熊　军（2月止）
	金　勇
	何　超（4月起，挂职1年）
	李　文（5月起，挂职两年）
纪委书记	喻定春（9月止）
人大主席团副主席	无
副镇长	靳福超
	余建英（3月起）
	何命金（3月起）
	黄　龙（4月起，挂职）
	罗　洁（4月起，挂职）
	钟　诚（6月起，挂职）

【基本情况】 全镇辖3个居民委员会，12个行政村，40个村民组。年末有12424户，总人口29492人，其中，农业人口9544人，非农业人口19948人。全镇经济总收入5569万元，纯收入3980万元。农民人均纯收入4181.1元。粮食总产量2321吨，其中马铃薯163吨，玉米1999吨。油料产量42吨。水果产量454吨。蔬菜产量5301吨。农民人均有粮244公斤。

【灾后重建】 全镇辖区内灾后重建项目共231个，有4个项目将在2011年开工，总投资533万元，正在进行完善报建手续；汶川县桑坪农贸市场灾后恢复建设项目，市场占地面积3000余平方米，改造大棚建筑面积2000余平方米，以及维修和新增对外开放市场附属设施，投资金额150万元，在建中；禹王祠重建项目总投资1000万元，正在争取建设资金。清真寺扩建项目，属滨江西岸景观道路改造拆迁用地范围。

【城乡住房恢复重建】 因县城规划需要，年底，桑坪街拆迁居民搬至廉租房。因映汶高速路和汶马路、川汶路等重点工程建设，村民的宅基地被征用。全镇共239户房屋被拆迁村民居住过渡房，其中，七盘沟村95户、新桥村120户、铁邑村10户、姜舍坝村14户。安置方案已出台，安置房建设待动工。

【农村基础设施恢复建设】 12个村的通水工程除布瓦村、万村、禹碑岭村外，其他村引水设施全部完工，并投入使用。通村公路除布瓦村正在修复外，其余村已全部完工投入使用。村"两委会"服务大楼，除禹碑岭村外，其他村已完工并交付使用。

【"三百"示范工程建设】 羌里村"三百"示范工程以建设幸福美丽的"尔玛羌寨、阳光秉里"为宗旨，完成全村102户改厨、改厕、改水、改圈、改庭院以及新型生态能源建设和寨内道路硬化、美化及村容村貌建设，完成通村公路两旁绿化6千米；建设公共厕所1个，配套完成农户厨房、厕所外墙风貌改造。为117户农户安装太阳能或生物质气化炉等新型生态能源。进一步完善新建村"两委"综合服务中心，配套建设村文化室、医疗站、图书室、科技服务站、远程教育、人民调解室、村两委办公室、环境卫生保洁员和群众活动广场等；实施庭院绿化和庭院经济发展，为全村中央活动景观走廊区及周边农户庭院统一制作安装木栅栏2300平方米；美化、硬化停车场650平方米。完善移动通信设施、电力、有线电视等基础建设，覆盖率达100%。布瓦村"三百"示范工程以建设旅游精品的"云上布瓦、羌碉王国"为宗旨。为全村120户农户实施改厨、改厕、改水、改圈、改庭院以及新型生态能源建设和寨内道路硬化、美化及村容村貌建设工作。完善新建村"两委"综合服务中心，配套建设村文化室、医疗站、图书室、科技服务站、远程教育、人民调解室、村"两委"办公室、环境卫生保洁员和群众活动广场等。修建大型养殖场4个。

【农业】 引导和鼓励村民种植优良品种，全年种植玉米阿单、中单、农大、川15号等品种系列6200亩，蔬菜播面3500余亩。在抓好农业工作的同时发展能源建设，全年全镇沼气建设任务为100口，截至年底，完成300余口，超额完成任务200%。开展农业适用技术培训，为群众送技术到村、到户，指导群众学科学、用科学，通过科学技术增加收入。

【林业】 与12个村签定责任书36份，各村与农户签订户主责任书2000余份；开展春季植树造林，加强退耕还林补植工作，全年补植面积2000余亩，秉里村、禹碑岭村完成甜樱桃种植200余亩。继续开展林权改革工作。

【畜牧业】 培育养殖专业户，全镇发展养殖专业户12户，出栏猪317头、牛17头、羊127只、鸡2147只、兔125只。开展疾病预防工作，注射猪口蹄疫疫苗4137头次、猪瘟疫苗4137头次、猪呼吸与综合繁殖疫苗4137头次、牛口蹄疫疫苗1468头次、羊口蹄疫疫苗2250只次、禽流感疫苗7245只次，确保防疫质量、密度。

【环境卫生综合整治】 为改变县城及农村整体形象，营造良好灾后恢复重建氛围，以城区4个入城口及国道沿线村组为重点，成立环卫所，落实专人定时清扫，实行"门前三包"，同时，制定购买服务方案，在四川省灾后重建现场会准备期间，成立9个工作组，对辖区内公路沿线环境进行彻底大整治。清运建渣6.2万立方米，修筑堡坎2500立方米，修建花台580米，绿化美化环境7000平方米，美化墙体6万平方米、制作宣传广告68个，统一制作店招138个，修建垃圾池75个；动用大型机械445台次，小四轮65台次，人工7604人次。

【卫生事业】 继续开展农村新型合作医疗保险工作，通过深入宣传、讲解国家实行医疗保险的惠民政策，2011年全镇参加农村新型合作医疗保险率达95%以上；深入贯彻执行国家新型农村养老保险工作，首先将60岁以上的农村居民纳入农村社保救助，全镇1096人能享受国家惠民政策；对16周岁以上60岁以下的农村居民进行登记造册，截至年底，纳入农村社保3410人。

【综治和法制宣传工作】 坚持"打防结合，预防为主，标本兼治、重在治本"的方针，本着以平等自愿、合理合法、及时便民、诚实信用工作原则，把解决群众的困难和矛盾放在首位。从民间纠纷排查调处、维护稳定、信访、校园周边环境清理整治、预防青少年违法犯罪、防范和打击"法轮功"、"门徒会"等非法邪教组织破坏活动；向全镇及城区机关单位居民发出公开信1500余份,结合各村公开栏,各单位、中小学校宣传栏进行法制宣传10余次;与各村(社区)、单位签订综合治理目标责任书、安全生产管理责任书(其中边际共防协议5份、综治管理目标责任书50份,安全生产责任书30份、消防安全目标责任书30份,信访稳定目标责任书15份、农机安全责任书12份)等,进一步开展"五五"普法教育,突出抓好青少年、企业经营管理人员、社会闲散人员等为重点对象的法制宣传教育,推进依法治镇进程。

【武装工作】 按照党管武装的原则,加强镇武装部规范化建设,建立健全民兵工作各项规章制度;加强民兵训练管理,组织参加应急抢险和社会治安管理工作,2月25日至3月21日,组织民兵14人到阿坝县维稳25天,4月19日至5月1日,组织民兵15人到青海玉树参加抗震救灾13天。配合镇党委、镇政府完成四川省灾后重建现场会维稳工作。加强《兵役法》宣传,完成民兵整组工作。

绵虒镇

【领导名录】
书记、人大主席团主席　杨凯龙
副书记、镇长　　　　　蒋芝辉
副书记　　　　　　　　佘安跃
　　　　　　　　　　　张玉峰(4月起,挂职1年)
　　　　　　　　　　　张教云(5月起,挂职两年)
纪委书记　　　　　　　曹红虎(9月止)
人大主席团副主席　　　启　斌
副镇长　　　　　　　　范德云
　　　　　　　　　　　黄晓刚
　　　　　　　　　　　王　平
　　　　　　　　　　　郭　斌(10月起)
　　　　　　　　　　　徐　辉(4月起,挂职)
镇长助理　　　　　　　韩　丹(4月起,挂职1年)
　　　　　　　　　　　尼西夺基(4月起,挂职1年)

【基本情况】 全镇辖14个行政村,44个村民组。年末有2770户,总人口8437人,其中,农业人口7228人,非农业人口1209人。全镇经济总收入3060万元,纯收入2673万元。农民人均纯收入3796.9元。粮食总产量1159吨,其中,马铃薯125吨,玉米1020吨。油料产量23吨。水果产量10吨。蔬菜产量847吨。农民人均有粮165公斤。

【居民住房恢复重建】 把人人有住房作为灾后重建首要任务,严格按照"遵循规划、科学设防、强化功能、体现特色"原则,通过完善扶持政策、确保建材供应、注重工程质量、加强资金管理、优化协调服务等,全力加快城乡恢复重建。截至年底,完成农房重建1826户,城镇住房重建226户。

【社会事业恢复重建】 加快中小学校、医疗卫生、供电供水设施等恢复重建。按照高标准、高水平、高质量要求,全面完成"七一"绵虒小学、绵虒中学、绵虒中心卫生院、汶川社会福利救助中心、镇文化活动中心、集镇自来水厂、幼儿园和14个村民活动中心重建,设施设备、技术水平、质量安全、服务功能超过震前水平。加快广播电视、通信等恢复重建,推动灾后社会事业全面发展。

【基础设施建设】 践行"生命通道"和"避难场所"重建理念,全面快速推进基础设施重建。农村基础设施工程计划覆盖达100%,将全部村的村组道路、安全饮用水、灌溉工程项目纳入计划。采取"以工代赈、资金补助"方式组织各村完成32条120公里村道一期工程,完成板(桥)小(茅坪)

路、绵(虒)和(坪)路和玉(龙)涂(禹山)路的硬化工程,完成13个村的农村安全饮水和灌溉工程项目建设,完成5个集中安置点堤防工程800米。

【农业及畜牧业】 种植无公害蔬菜3250亩,较2009年2928亩增加322亩,同比增加11%。优质马铃薯515亩。新种植甜樱桃600亩,种植面积累计2200亩,发展规模养殖户11户。养殖PIC生猪634头,商品猪3365头,养鸡8302只,发展养羊大户21户,养羊744只,牲畜出栏率100%。

【第三产业】 全镇发展乡村农家旅游接待27户(其中,高店村10户,三官庙村17户),旅游收入近1000万元。引进汶川禹羌生物有限公司落户高店村,2010年投资1000万余元,产值70万元。甜樱桃果酒厂正在施工中。

【社会保障】 实现农村低保保障1016人,参加养老保险7040人。

【劳动培训】 集中培训农民工3次,共培训农民1400余人次,其中,农村劳动就业培训76人,品牌工程培训65人,新型农民培训139人。劳务转移1921人,劳务收入1234万元。

【教育】 2009年9月1日,"七一"绵虒小学按时开学。绵虒中学修建完成,2011年5月开课。在援建工作组帮助下建立扶贫助学基金。落实"控辍保学"各项措施,实现全镇适龄儿童全部入学,通过各种渠道帮助因地震失去父母的单亲家庭和贫困家庭孩子就读,全镇无流失和辍学学生。完成"两免一补"学生1300人,补助寄宿贫困学生生活费876人。新增义务教育阶段寄宿制学生142人,寄宿制学生规模876人,完成中等职业学校招生85人。

【计划生育】 在"5.12"汶川特大地震后,全镇人口自然增长率、出生人口数、符合政策生育率、扶持对象确认误差率等全部达标。"三结合"帮扶、社会抚养费征收、计划生育事业管理、避孕药具管理、人口统计基础管理、流动人口生育管理等工作落实到位,达到指定目标。

【医疗卫生】 绵虒镇中心卫生院已完成建设并投入使用。各村以村民活动中心为平台,建设全新医务室,一定程度解决农民看病难问题。新型农村合作医疗覆盖人口6980人,参合农民年人均筹资30元,农村孕妇住院分娩率71%,孕产妇、婴儿无死亡。

【武装工作】 全镇强化党管武装工作,加强民兵政治教育,完成预备役登记,完成冬季征兵工作任务,全年应征入伍青年7人。全年参加各项重大任务动用民兵1200余人次,完成上级下达的各项工作任务。

【精神文明建设】 学习和贯彻《公民道德建设实施纲要》,并在农村的红白喜事群众集中地进行广泛宣传,提高村民对《公民道德建设实施纲要》的知晓度。营造以德治村、以德治镇氛围,发挥道德教化功能,全面提高村民道德素质;以开展"三德"教育为核心,在全镇范围内大力提倡"爱国守法、明礼诚信、团结友善、勤俭自强、敬业奉献"的基本道德规范,着力抓好"社会公德、职业道德、家庭美德"教育,引导全体村民形成团结和谐、安全宁静、友好博爱的良好风尚,树立正确的恋爱观、婚姻观、生育观和家庭观。开展爱国主义、集体主义和社会主义教育,弘扬"团结统一、友爱和平、勤劳勇敢、自强不息"的伟大民族精神,在大灾面前相互帮助,培养和树立时代精神:即"解放思想、勇往直前"的进取精神,"争分夺秒、只争朝夕"的实干精神,搞好重建工作。组织引导群众开展锅庄比赛、羌绣比赛、歌唱祖国、唱响红歌、知识竞赛等丰富多彩的业余文化生活。协办汶川县第二届古羌文化节暨甜樱桃节和省州"三下乡"文艺演出慰问活动。

【维稳与安全】 开展平安创建活动和矛盾纠纷大排查工作。依法严厉打击各类刑事犯罪，扫除社会丑恶现象，以"五抓五强"（即抓组织、强领导，抓打击、强整治，抓宣传、强责任，抓队伍、强防止，抓基层、强基础）为切入点，围绕创建"平安乡镇"为目标，落实社会治安综合治理各项措施，深入各村排查矛盾纠纷工作，根据实际调整镇领导包村工作，明确各自工作责任及工作目标。妥善解决来信来访群众利益诉求，依法、依据、依理搞好土地征用、房屋拆迁工作。处理各类纠纷147件，化解率为95.5％。治安案件发生20件，处理20件，刑事案件发生4件，破案4件。强化落实安全生产工作，结合年初签订的安全生产目标责任书和全镇实际，紧紧围绕"创建平安乡镇，构建和谐绵虒"奋斗目标，坚持"以人为本"管理理念，认真贯彻"安全第一，预防为主，综合治理"方针，牢固树立"隐患险于明火，防范胜于救灾，安全重于泰山"安全意识，完善和落实安全生产责任制，强化对一线工作人员安全培训，加强安全生产管理。

【组织和自身建设】 以加强和提升执政能力为重点，坚持学习贯彻"三个代表"重要思想和科学发展观，履行"落实就是能力，执行就是水平"执政理念，结合作风效能建设活动，进一步健全和完善集中学习制度、考勤制度和领导自学制度和理论学习考核制度。深入开展民主集中制教育，建立民主科学的决策机制，树立起团结务实、廉洁高效的政府新形象。加强机关职工管理，提高工作效率，发扬伟大的抗震救灾精神和"5+2" "白+黑"的工作劲头把重建工作抓好。深入开展党性党纪党风教育和警示教育，落实党员廉政建设责任制，教育、督促政府班子成员廉洁自律。积极推行政务公开、村务公开工作，强化民主监督，树立良好的政府形象。

映秀镇

【领导名录】

书记、人大主席团主席	廖　军
副书记、镇长	徐红军
副书记	蔡代敏
	孙小飞(4月起,挂职1年)
	彭云义(5月起,挂职两年)
纪委书记	何光琼(9月止)
人大主席团副主席	董红林
副镇长	欧旨勇
	沙　金(9月止)
	李　强
	吴拥军
	彭建军
	骆淑映(4月起,挂职)
	韦懋兰(5月起,挂职)
	许党党(11月止,挂职)
	张华平(11月止,挂职)
	邓　姝(挂职)
	张　玮(9月起,挂职)
	王炜立(8月起,挂职)
镇长助理	胡　佳(9月起)

【基本情况】 全镇辖1个居民委员会，7个行政村，26个村民组。年末有2378户，总人口6271人，其中，农业人口3270人，非农业人口3001人。全镇经济总收入1894万元，纯收入1341万元。农民人均纯收入3822.7元，比2009年增加84万元，增长6.68％。粮食总产量127吨，其中，马铃薯20吨，玉米93吨；油料产量26吨；水果产量12吨；蔬菜产量160吨。农民人均有

粮36公斤。

【项目总体建设情况】 集镇规划区灾后重建项目共55个(包括对口援建、捐建等),其中,对口援建"交钥匙"项目33个,对口援建资金补助项目14个,社会捐建项目4个,其他项目10个。工程项目中,有两个项目已竣工,17个项目基本完工。

【城乡住房恢复重建】 农房重建工作全面完成。按照"统规自建、联户联建"原则,老街村、黄家村、黄家院村分别于2008年、2009年全面完成灾后重建,其余4村1社于年底入住;完成农村电网全部改造;农村供水工程全部完成;除黄家院路在建外,其余农村道路全面完成。完成灾后重建各项补助资金、拆迁费和二次过渡费等发放。集镇灾后新建民房285栋1946套,其中安置房223栋1349套、安居房62栋597套。安居房和张家坪村安置房全面完工。秀坪社区、中滩堡村、枫香树村和渔子溪村安置房已进入内外装饰收尾阶段,完成总工程量的95%。

【公共设施恢复重建】 完成幼儿园、"七一"映秀中学、农贸市场、震中纪念地、中心卫生院建设;映秀小学正在进行收尾工作;综合服务中心主体封顶;学术交流中心正在进行主体施工;消防站主体已封顶,客运站一层主体施工;村民活动中心,老街村、黄家村、黄家院村已完工,张家坪、渔子溪村村委会正在进行主体施工。

【基础设施恢复重建】 完成市政道路建设;完成国道213线集镇段市政管网铺设、市政桥梁工程建设、污水处理厂工程建设和中滩堡公园建设。完成总工程量的90%。水利工程全部完成,完成配套工程10千伏配网(新建)一期工程70%;完成集镇弱电工程;完成民房室内网线穿设工程90%。

【旅游业】 为全面打造震中映秀AAAA级景区,年底成立AAAA级景区领导小组,利用半年的时间全面打造映秀镇。

【种植业】 黄家院村、黄家村种植猕猴桃550亩,种植无公害蔬菜300亩。

【养殖业】 全年牲畜出栏400头,生猪养殖960头,能繁母猪650头,牛存栏96头;小家畜禽出栏120只,存栏2200只,存栏率95%。黄家村新建中型规模养鸡场4个。落实畜牧科技人员帮扶养殖户20户,养殖户人平增收2000元。

【林业】 完成义务植树5000株、四旁植树1万余株;完成2009年退耕还林资金补助近5197.11亩,为农民发放粮改现135万元,对退耕还林进行自查并补植,搞好后期管护工作,完成农村林权制度改革工作。

【征地拆迁】 拆迁工作政策性强、敏感度高、涉及面广、利益关系复杂,坚持"依法拆迁、阳光拆迁、和谐拆迁",顺利完成中滩堡村小河边组3户的房屋拆迁工作和3余亩的绿化带征地工作。

【房屋重建资金发放】 发放灾后重建政府补助资金1823.84万元,发放特殊党费援助农房(城镇)重建补助资金422.5万元,发放老街村、黄家村、黄家院村农房奖励金487.9万元,发放二次过渡费4020.7万元。

【就业促进】 全年共开展成人教育培训12期,500余人次,内容涉及羌绣、养殖业、种植业、旅游业等多方面,提高就业人员的技能水平。通过劳务输出、定向招工、以工代赈、创造公益性岗位等多种途径,解决就业人员300余人。

【农村合作医疗】 推进农村合作医疗事业的发展,全镇参加农村合作医疗的农民达3495人,其中民政救助2460人7.38万元,参合率达100%。

【安全温暖过冬】 对困难群众每户发放200元生活补助,每户发放粮30公斤、油10公斤;在黄家村、黄家院村、老街村3个中心村储备点,储备粮食3522公斤、油1980公斤;映秀镇物资储备库储备有棉衣、焦炭、衣服、粮油等物资。

【教育助学】 做好"两免一补"工作,全部免除义务教育阶段学生学杂费并免费提供教科书,对912名寄宿制学生发放生活补助10.94万元。

【社会保障】 发放城市居民最低生活保障152人次19152元;农村最低生活保障1148人次70.26万元。"五保"对象44人6600元;参加失地农转非养老保险人员500余人,参加新农保人员300余人。

【民生工程】 解决5户受泥石流影响的实际困难;解决农村饮水安全问题700人。巩固退耕还林成果5200亩;天然林管护10.88万亩;汽车下乡补助30户11.36万元,发放粮食直补5892.29元,农资综合补贴52034元。

【感恩教育】 深入开展感恩教育,年初举办感恩奋进大型文艺活动,发放感恩歌曲资料,张贴感恩宣传标语,聘请县文体局人员到各村开展学唱感恩歌曲,县电影放映队到老街村、黄家村、黄家院村等地放映感恩题材影片,发放感恩教育奋进宣传教育群众读本2300余册,宣传感恩精神。

【安全生产】 开展自查,消除安全隐患。在道路交通隐患处设立警示标志,在危险路段设道路交通检测员。

【计划生育】 对再生育人员进行免费检查,2010年,全镇出生107人,符合政策生育率、采取节育措施率都达到县计生部门要求,全镇人口增长与经济社会发展日趋和谐。

【城乡环境综合治理】 镇政府将环境卫生综合治理作为一项重点工作抓,明确责任,与各施工单位签订门前"双五包"责任书45份,制定环境卫生综合治理考评办法,对环卫人员进行再分配、责任再落实。制定施工场地管理制度,对影响环境、不文明施工单位给予处罚。在镇区每条街道,公路沿线村寨增设12处垃圾临时堆放点,及时清除辖区内死角垃圾、建筑废墟、杂物污泥,规范摊点80余次。拆除各种临时帐篷5个,规范施工单位临时帐篷3个。全面对集镇范围内的广告牌进行治理,规范广告牌5处,清理乱张乱贴广告70余处,对8处户外大型宣传牌进行清洗,清理标语30余处,规范标语、户外广告等23处;规范停车场5处,确保集镇车辆规范有序进出。新增垃圾处理设施近50个(处),组织农户实施厨房、圈舍、厕所等一体化改造,引导农民转变传统生产生活方式和生活习惯。各整治村新增绿化面积30万平方米,新建卫生厕所312个,新建沼气池58个,改变"三大堆"(粪便堆、垃圾堆、柴草堆)乱堆乱放状况,城乡环境卫生得到改变。为保护灾后重建成果,对集镇摊点进行规范管理,维护对外形象,组建映秀镇灾后重建城管队,加强集镇规范管理。

【平安创建】 加大对治安重点部位和突出问题的集中整治力度,采取有效措施,严厉打击各类违法犯罪活动,继续开展打地霸、促发展活动,优化发展环境。老街村、黄家村、黄家院村被评为"平安村"。

【维稳工作】 坚持把灾后重建与维护社会稳定工作同步进行,重视矛盾排查化解工作。开展矛盾纠纷大排查、大调处活动,妥善处置灾后重建、征地拆迁、拖欠民工工资等热、难点问题。11月,利用全县开展"三大活动"契机,对全镇在地震前、抗震救灾、灾后重建中存在的各种矛盾进行全面梳理和深入细致的排查,共梳理出矛盾130余件,其中经济类130件,拆迁、安置、移民等涉及面大,镇政府层面无法解决形成个案12件,并专题上报县政府。同时,加大对潜在矛盾纠纷的调处力度和重点人员的监控力度；做到领导轮流接访，包案到人，对重点稳控对象进行约谈，逐渐化解矛盾。完善群众工作网络，加大群众信访工作力度，畅通群众诉求渠道，变群众上访为干部下访，共接来访68件，信访13件，政策咨询1230人次。

【武装工作】做好冬季征兵工作。组建映秀镇灾后重建特勤民兵分队，负责灾后重建稳定、环境整治、应急处突等工作。特勤民兵到青海玉树参加抗震救灾，受到上级部门表彰；多次成功参与重大接待维稳工作，坚持每天对重点区域进行安全巡逻和消防隐患排查。

【党建工作】以换届选举为契机，抓好村级新班子教育管理与业务培训及党员队伍建设，并做好进村帮扶工作，促进村级民主自治，进一步加强党的基层组织建设，落实党风廉政建设责任制，树立"八荣八耻"社会主义荣辱观，提高廉洁从政、执政为民能力，大力倡导勤俭节约，树立勤政、廉政、为民、务实的形象。不断增强党员队伍和党组织的创造力、凝聚力和战斗力。

【自身建设】做好村"两委"换届准备工作，加强对村干部队伍状况分析，掌握全镇各村干部队伍的第一手资料，深入研究对策，及早部署，确保村"两委"换届选举顺利进行。围绕深入学习实践科学发展观活动，进一步加强行政能力建设，不断增强执行力和公信力。转变政府职能，打造人民满意政府。提高行政执行能力，为民服务能力和依法行政能力。加强行政效能监察，主动接受人大监督和群众监督，巩固和扩大基层民主，完善村民自治制度，实行政务公开。加强组织领导，跟进服务保障。集中力量攻坚克难，整合州、县、对口援建和施工单位力量，成立映秀镇灾后恢复重建指挥部和映秀镇农村灾后重建领导小组，统筹指挥恢复重建工作和农村农房重建工作。安排专门负责人解决各施工单位用水、用电、用路及生活区等问题，确保工程顺利推进。加强干部管理，要求镇干部、村三职干部、大学生村官发扬不怕苦、不怕累、敢挑重担、连续作战的作风，在艰难险阻面前冲锋在前，做好表率作用。强化工作制度、严肃工作纪律。在灾后重建工作中，干部必须坚持原则，秉公办事，做人民的"公仆"。结合《抗震救灾款物管理使用违法违纪行为处分规定》，严格执行"五不准"，严禁"吃、拿、卡、要"，加强救灾资金物资的监督检查，杜绝不法行为的发生。

漩口镇

【领导名录】
书记、人大主席团主席　王国文
副书记、镇长　　　　　孔红永（9月止）
　　　　　　　　　　　任　剑（8月起）
副书记　　　　　　　　刘克建（9月止）
　　　　　　　　　　　张丽娟（12月起）
　　　　　　　　　　　龚昭明（4月起，挂职1年）
　　　　　　　　　　　吴　城（5月起，挂职两年）
　　　　　　　　　　　陈　宏（5月起，挂职）
纪委书记　　　　　　　杨绍春（9月止）
人大主席团副主席　　　刘　艳
副镇长　　　　　　　　张　团
　　　　　　　　　　　班永成
　　　　　　　　　　　马　敏（4月起，挂职1年）
　　　　　　　　　　　唐　洪（4月起，挂职1年）

【基本情况】全镇辖1个居民委员会，16个行政村，56个村民组。年末有5994户，总人口13623人，其中，农业人口6947人，非农业人口

6676人。全镇经济总收入4053万元，纯收入2651万元。农民人均纯收入3759.8元。粮食总产量2247吨，其中，小麦36吨，马铃薯73吨，玉米821吨。油料产量110吨。茶叶产量18吨。水果产量8吨。蔬菜产量2166吨。农民人均有粮141公斤。

【农业】 抓农业产业结构调整，促进农民致富增收。全镇种植猕猴桃2600余亩，其中新种植1500亩；茶园670余亩；种植厚朴、杜仲等三木药材1200余亩。

【畜牧业】 加大现代畜牧业投入力度，共发展标准化生猪养殖场23户，生猪存栏4964头；养羊户7户，肉羊存栏600余只；标准化商品兔养殖场1个，存栏400只；标准化蛋鸡养殖场1个，存栏5000只；规模化肉鸡养殖户9户，存栏10万只；成功引进"农辉山鸡发展有限公司"，采取"公司+基地+专业合作社+农户"发展模式，增强农户发展畜牧产业的信心，扩大农村养殖发展规模，提高养殖业发展速度。

【产业恢复】 在灾后恢复重建中，州委、州政府将漩口镇确定为新型工业集中发展区。截至12月底，为工业园区征集土地1320亩，共拆迁安置群众754户2739人，立敦电子、阿坝碳素、九寨药业、中泰皓晶、华西电冶、紫坪水泥等6家企业陆续入驻园区并逐步投入生产。充分利用漩口新型工业园区能源和政策上的优势，主动与广东省中山市经济贸易局沟通，研究建立长效合作机制，为园区推荐制铝、制锂等有投资意向的企业到漩口工业园区进行实地考察。2010年，工业园区产值达到86008万元，恢复并超过震前水平。

【旅游业】 在灾后恢复重建中，注重结合川西民居建筑风格，建设一批有民族特色和地方特点的新农村，以农家休闲旅游为抓手，加大农村农民群众旅游接待培训力度。组织产业发展大调整，转变经济增长方式，实现由单一的种植业向集约型经济发展模式转变。在镇境内已建8户乡村休闲旅游的基础上，协调相关部门、村寨搞好乡村旅游发展。结合集中、震源新村两村旅游资源丰富的实际，有针对性地对部分农户进行星级农家建设，截至年底，已完成震源新村和集中村共两户星级农家打造并投入运营，正在申请"二星级"农家乐验收。通过示范带动，核桃坪、水田坪等村部分农户先后开始星级农家乐建设，并将在2011年形成一定规模，具备接待能力。注重配套产业发展，为游客提供羌绣、皮雕、震源石等手工艺品，既解决农村剩余劳动力就业，又不断提高旅游接待档次。通过与旅行社进行宣传促销，旅游接待量逐步增加。

【三百工程建设】 按照州、县统一安排，重点打造集中村精品旅游村寨、震源新村幸福美丽家园和特色魅力乡镇集镇建设，通过进一步开展"五改两建"工作，调整产业结构，发展特色农产业和农家休闲旅游业。6月初，震源新村顺利通过州幸福美丽家园检查验收；11月，集中村通过四川省精品旅游村寨检查验收，正在申报国家级精品旅游村。

【人口普查】 第六次人口普查工作顺利开展，统计和人口普查工作获县级一等奖。

【民生工程】 认真落实惠农政策。截至12月底，发放粮食直补、综合直补、玉米良种补贴和油菜补贴近37.94万元，发放农村沼气池建设补助45.5万元，补助猕猴桃架材近45.34万根，汽车、摩托车下乡补贴资金16.51万元。依法办理结婚登记87对，补发结婚登记45对，离婚登记43对。补助农村贫困、残疾、申请大病医疗救助2440余人次，发放各类救济资金420万余元，为残疾人换证78本，29名五保供养人员顺利入住敬老院享受集中供养。完成暖冬物资储备大米两吨,清油500公斤,棉被100床,取暖器98个,电热毯100床。扎实开展新型农村养老保险工作,全镇60岁以上符合领取养老保险条件办卡705人,并完成养老保险发放工作;16~59岁农村参保2104人,参保率达80%,完成县农保办下达的任务。参加红十字会援助393户,截至年底,主体竣工323户,红十字会验收合格280户。

【援建项目】 3月30日,对口援建88个项目整体移交,其中交钥匙项目25个,交支票项目63个,资金总盘子为43871.6万元,对口援建项目圆满完成。对口援建工作进入后援建时期,与中山市沟通协调,签订长期合作协议,为漩口镇工业园区、特色农产业发展、人才培养等工作打下良好的合作基础。

【集中安置点建设】 集中安置有序推进,漩口镇工业园区二次搬迁涉及瓦窑、古溪、宇宫、小麻、油碾、圣音寺6个村,以"安全、经济、实用、省地、特色"为原则,整合力量,从组织、引导、监督、服务等四个方面着力,从资金、材料、工匠等三大难题入手,推进城乡住房建设。各安置点农房主体建设工作全部完成,并加快风貌改造,到年底,安置点风貌改造工作完成90%,管网、道路等配套基础设施建设施工单位已进场并加快建设进度,确保所有农户在春节前入住新居。

【就业促进】 为阿坝铝厂、紫坪水泥厂、锂盐厂等企业恢复生产输送剩余劳动力300余人。发放灾后再就业公益性岗位补贴41.89万元,解决部分零就业家庭就业问题。采取以工代赈方式,在基础设施恢复和灾后农房重建中使用漩口镇各村劳动力,有效缓解全镇就业压力。加大城镇居民最低生活保障和基本医疗保险工作力度。加大培训力度,举办各类培训8期,免费技能培训农村失业劳动者800余人,引导返乡农民工实现就业。

【教育】 "普九"工作成效显著,全镇小学适龄儿童入学率达100%,适龄女童入学率达100%,小学辍学率为0,全镇范围内已基本扫除青壮年文盲;增加教育支出,确保教育工作经费;"两基"成果进一步巩固,继续完善"两基"档案工作;学校标准化、规范化管理得到加强;强化师资培训,教育教学质量稳步提高;健全完善学校管理制度,确保学校安全稳定。

【医疗卫生】 组织实施医疗卫生体制改革,抓好新型农村合作医疗,参合农民6919人,其中民政救助2500人,参合率达98%,调整新农合补偿标准,让更多农民得到实惠。全年累计报销6856人次,报销金额89.72万元。启动实施扩大乙肝疫苗接种等重大公共卫生服务专项,多次组织农村居民免费体检。加强食品、药品安全专项整治,有效保障人民群众生命安全,维护社会正常秩序。医疗救治、传染病、地方病防治、卫生监督、妇幼卫生、民族医药、新型农村合作医疗等工作有序开展。

【抢险救灾】 在"8.14"特大山洪泥石流灾害中,以确保人民群众生命财产安全为第一要务,及时转移地质灾害隐患点群众并妥善安置,确保受灾群众有衣穿、有粮吃、有房住。在全镇干部、职工共同努力下,在"8.14"特大山洪泥石流灾害中无一人伤亡,并将财产损失降至最低,灾后重建组织迅速,在最短时间内清除"8.14"洪灾带来的影响。

【城乡环境综合整治】 将城乡环境综合治理工作作为创优环境、提升形象、保增提速的重要民生工程,成立专门领导小组负责此项工作,坚持把环境治理作为灾后恢复重建一项重要工作。严格做到"车子不乱停、摊子不乱摆、渣子不乱倒、污水不乱流、广告不乱贴、牌子不乱挂、工地不乱象、棚子不乱搭",不断推进整治活动向机关、市场、企业、学校、社区、村庄、景区、家庭延伸，切实做到全覆盖，不留死角，重点突出。将整个G213沿线分标段，责任到人。购买城乡环境综合执法车1辆、洒水车1辆，随时清扫保洁不留卫生死角。全年，出动宣传车600余台次，发放宣传资料6500余份，处理生活垃圾1300余吨，制止不文明行为630余次，采取有力措施，坚决革除不良习气，推动城乡环境综合治理再上新台阶，并将环境整治工作纳入年终目标考核，层层签订责任书，做到责任落实，奖惩逗硬，实现由短期突击治理向规范常态管理转变，形成全民支持、全民参与的良好氛围。

【维稳工作】 全镇共排查遗留问题53件，通过查阅有关资料，集体研究化解方案，截至12月底，共化解矛盾、纠纷30件，有效保障群众利益不受侵犯。对缠访、无理诉求者进行严厉批评和教育，讲清缠访、违法上访等利害关系。通过各种措施落实，降低全镇越级上访，确保实现"零进京"目标，信访维稳工作得到改进。深入村、社区、厂矿、企业开展安全生产大检查4次，92人次，发出安全隐患整改通知书32份，全年与辖区内各村（居）委会、生产经营单位签订各项安全目标责任书84份（涉及厂矿、企业安全生产，农经安全，食品、药品安全等多个方面），共开展安全生产知识及相关法律法规宣传活动3场次，在漩口小学举办宣传讲座1期，悬挂横幅4幅，印发宣传资料3000余份。

【感恩文化建设】 为倡导规范文明和谐的群众生活，组织群众感恩文化建设工作，不断提高广大群众"感党恩、报国恩、知援建恩、记资助恩"的意识。创新工作方法，以"感恩故事大家讲、感恩歌曲大家唱"活动为工作平台，镇党委政府主要领导、镇党委政府班子成员分别在各村群众大会上巡回演讲，用身边的事感动身边的人，用真实事例表达感恩文化建设的重要作用，提高广大群众知恩、报恩意识。10月，组织1次参与人数1000余人的感恩歌曲大合唱比赛，用文化的形式动员全体人民群众感恩党、感恩援建、感谢社会各界的关心、关怀和捐助，该活动经验将在全县范围内推广。

【自身建设】 完善制度，规范管理，加强灾后恢复重建资金的监管，所有资金实行"一个口、一个户、一支笔、一本册"的管理使用制度，保证按规定筹集、分配、拨付、管理使用，发挥资金最大使用效益。建立健全捐赠资金收支情况公示制度，确保捐赠资金规范、高效、公开、透明。灾后重建资金实行"专户管理，专账核算"，严格按照基本建设程序和招投标管理的规定组织项目实施，确保资金的规范安全。红十字会、慈善总会、"特殊党费"等社会捐赠资金使用监管做到公开透明。严肃财经纪律，认真开展"小金库"治理。顺利通过各级各部门审计，有效促进科学重建、阳光重建、廉洁重建。完成机构改革，农村综合改革取得阶段性成效。集体林权制度改革全面完成。加强境内土地矿权监管，配合国土、公安等部门控制私挖滥采碳质页岩现象。粮食、金融、供销、医药卫生等改革顺利推进。强化安全生产"一岗双责"，安全生产形势总体平稳。加大信访积案化解力度，构建人民调解、行政调解、司法调解三位一体"大调解"工作体系。修订应急预案，强化基层能力建设，健全应急管理机制，及时妥善处置各类突发事件。扎实开展创先争优活动，加强机关行政效能建设。落实首问负责制、限时办结制和责任追究制，政务调研、政务督办和统计工作扎实推进。明确每月工作重点，针对发展中的困难和问题，适时采取应对措施。

水磨镇

【领导名录】

书记、人大主席团主席	王志勇
副书记、镇长	罗继华
副书记	孙　波（1月止）
	王　鹏（9—12月）
	林　波（12月起）
	曾中林（5月起，挂职两年）
	杜　萍（4月起，挂职1年）
	邓　舒（4月起，挂职1年）
纪委书记	邱建伟（9月止）
人大主席团副主席	郝碧芳（12月止）
	王　鹏（12月起）
副镇长	王　鹏（9月止）
	王庆九（4月起，挂职1年）
	孙　权（12月起）
	贾叶群
	文永刚
	李启卫（4月起，挂职1年）
镇长助理	程　莉（1月起）
	曾晓菲（4月起，挂职1年）

【基本情况】 共辖1个居民委员会，18个行政村，73个村民小组。年末有4046户，总人口12008人，其中，农业人口9249人，非农业人口2759人。全镇经济总收入5331万元，纯收入3995万元。农民人均纯收入4325.9元。粮食总产量2247吨，其中，小麦30吨，马铃薯144吨，玉米1972吨。油料产量328吨。茶叶产量12吨。水果产量5吨。蔬菜产量1996吨。农民人均有粮243公斤。

【农业】 全年，推广玉米良种8010亩、油菜良种3100亩、地膜410亩，在黑土坡村、灯草坪村、刘家沟村、高峰村、衔凤岩村、郭家坝村、陈家山等村建成垄沟全膜玉米、土豆基地7600余亩。农作物总播种面积1.53万亩，粮食作物8297亩，蔬菜2673亩。

【种植业】 以新漩三环线为主，成片种植猕猴桃1015亩，开辟农户新的可持续性经济增长点。作为阿坝唯一的省级生态农业龙头企业——阿坝九寨茶叶有限公司完成恢复重建，共有生态茶园基地3068.44亩。发展优质铁观音茶叶500亩、白茶基地1000亩。在白石村建设规模70余亩的大棚现代农业展示区1个。以现有的佳馨花卉种植园为起点，将白石片区列为水磨第二个重点打造区域，扩大花卉种植面积，带动农户增收。

【养殖业】 全年完成春秋两防疫苗注射9000头，免疫率达96%以上；大牲畜年存栏5320头/只、年出栏9568头/只，小家禽年存栏1.53万只、出栏6.74万只；完成全镇畜禽的活畜检疫和肉食品检疫；完成2010年现代畜牧业50头养猪规模260户；永君鸭业、跑山鸡等项目正常运行。

【基础设施建设】 完成修复农村公路170公里；完成通村公路10条27.4公里；完成涉及12个村环线农业旅游经济带基础建设；完成茅坪子旧水厂维修，农村饮水工程，二村沟防洪堤工程；完成沼气池建设277口。投资150万元，完成改厕198户，建入户便民路20.14公里，村道硬化2.4公里。

【林业】 加强森林资源管护，做好植树造林、退耕还林抚育和护林防火工作。加强《森林法》、《森林防火条例》、《四川省森林防火实施细则》、《四川省天然林保护条例》、《野生动物保护法》等法律、法规宣传，书写张贴各类宣传标语260余幅；完成森林管护5.51余万亩，退耕还林抚育管理8251.01亩；完成春季义务植树2.66余万株，四旁植树5600株，种植各种经济林木2.12万株；开展"爱鸟周"活动，张贴相关宣传标语160余幅，宣传工作做到家喻户晓，群众护林防火和爱鸟意识得到增强。完成18个村2595户林权改革任务；查处林事违法行为1起，未发生火灾、火情、火警、森林火灾和乱捕滥猎野生动物现象，实现全镇42年无森林火灾。

【工业】 逐步淘汰产能落后企业，彻底转换城镇产业态势。恢复规模以上工业企业5家。进一步建立健全企业管理制度，切实抓好企业安全生产工作。淘汰产能落后企业11个，完成拆迁补偿363.33万元。

【财政税收】 按照县财政收支预算，坚持量入为出、收支平衡原则，严格实行"收支两条线"制度。全年，县财政共拨入近5286.81万元，其中，行政运行104.89万元、其他人口与计划生育9596元、农业事业机构47565元、其他农业支出78万元、对村民委员会和村党支部补助36万元、其他基础设施恢复重建支出250.2万元、其他公益服务事业单位及设施34万元、其他农业林业恢复生产和重建支出164万元、其他工商企业恢复和重建支出500万元、其他恢复重建支出376万元、其他支出354万元。本年支出近1495.53万元，现余3791.28万元；共拨入援建资金近14488.62万元，其中支出为近6559.82万元，现余7928.8万元。全年未发生挪用公款、账外账、小金库现象。

【国土资源管理和宣传】 加大国土资源管理和宣传力度，认真贯彻落实基本国策，严格耕地保护，在农村宅基地审批工作中，始终坚持镇党委政府集体研究审批原则，审批宅基地23户，书写宣传标语180幅，依法查处违章建房37户。完成地震灾毁土地整理复垦16731.7亩。测土配方施肥3250亩。深入到各村、组和农户家中，宣传各项法律法规，提高群众思想素质。加强地质灾害预防和监测治理工作，对镇境内41个地质灾害隐患点落实监测人员，并对监测人员进行防灾、避灾知识培训，签订责任书，制定《水磨镇2010年地质灾害防御应急预案》，确保汛期安全。

【教育】 始终坚持把发展教育放在优先发展的战略地位，全面推行全员聘任制，改善办学条件。震后新建的中学、小学、幼儿园软硬件配置得到提升；阿坝师专正在建设中，已初具全州教育中心格局。2010年，中学在校学生1246人，初中阶段入学率100%，15周岁人口初级中等教育完成率100%，毕业187人，毕业率100%；小学在校学生587人，7~12周岁儿童入学率100%，辍学率为零。6月1日，发放儿童慰问金3250元。

【医疗卫生】 推行卫生防疫管理体制改革，坚持"中西医协调发展"，加快卫生体系建设，新建水磨卫生院投入使用，完成中医科室建设。全年，开展门诊诊疗6078人/次，业务毛收入36万元。宣传《传染病防治法》相关知识4次、《流脑》《艾滋病》《肺结核》及计免知识1次，宣传结核病、艾滋病知识并发放资料3500余份。完成儿童计划免疫。开展食品卫生和公共卫生检查，全年未发生公共卫生事件。认真落实新型农村合作医疗制度，全年共报账260人/次，报销19.12万元，解决农民看病难、看病贵难题；享受大病救助260人次，补助近16.66万元。全年参加新型农村合作医疗8627人，参合率95%。

【环境卫生综合整治】 投入资金300万余元，聘用常年保洁人员98人和临时卫生突击人员，安装垃圾桶60个，改造新修垃圾池27个，增添垃圾清运车1辆、洒水车1辆、拖车1辆，开展环境卫生综合整治，整治临街建筑立面7.5万平方米，建设公厕1个，清运卫生死角垃圾2000余吨、建筑废墟1.5万吨,清理沟渠4万平方米。

【广电事业】 创新有线电视经营体制,震后闭路电视线路恢复工作有序进行,截至12月底,完成14个村闭路电视线路安装工程,入户1800余户,发放机顶盒1200余户;完成8个村的村村通工程,发放卫星接收器835个。

【旅游业】 结合灾后重建总体规划,抓住新漩三环线和"3213"工程发展机遇,完成从震前的工业园区向现在的教育、旅游、休闲度假基地过渡。完成大槽头、衔凤岩两个幸福美丽村寨示范村建设,完成白石村、连三坡村两个示范推广村建设;完成老人村精品旅游村寨建设。围绕"老街古镇、二村沟休闲度假、漩三环线、青城第十八景——黄龙道观"四大旅游点的打造,加快旅游基础设施恢复建设。以老街为核心,打造古镇旅游。采用复原再生、恢复重建和立面改造3种模式,对街道建筑立面和整体风貌进行整治,保留古镇内"家带店及院落"布局的传统模式,恢复大夫第、万年台、字库等历史遗存建筑,新建春风阁、白塔、水磨亭,复兴老街的历史风貌和文化价值,打造一条别具川西民居建筑风格的古镇老街。9月,水磨古镇成功创建为国家AAAA级旅游景区。以千亩绿色茶园为主,打造二村沟休闲度假旅游。完成阿坝羌芽产业基地修复改造,打造茶家乐、农家乐,进一步提升二村沟景观绿化,为二村沟旅游创造有利条件。以特色种植、养殖、农家旅游为主,打造漩三特色环线。为创建AAAA级风景区,水磨镇进一步完善镇区内的旅游设施。投资126.5万元,建设四星级厕所1个,完成游客中心改建和三水大桥厕所改建;投资176.5万元新建停车场1个,改建停车场1个;投资119.7万元建设购物长廊1个。

【武装工作】 把国防教育作为社会主义精神文明建设和爱国主义教育的重要内容,采取多种形式,引导广大干群特别是适龄青年正确处理个人利益和国家利益关系,营造家庭、单位、社会关心军队和国防建设,支持征兵工作。开展思想政治教育和民兵整组,成立水磨镇民兵防灾减灾应急分队,辖区内各村成立民兵防灾减灾应急小分队,成立水磨镇救援中队,有20人。开展年度冬季征兵工作,初审合格3人。

【对口援建】 援建项目76个,其中交钥匙项目完工23个,总投资67430.5万元;资金补助项目53个,完成项目42个,支出投资总额35980.5万元。项目不可预见费3697.14万元,累计完成投资96439.3万元。

【项目进展情况】 行政村公共服务设施用房及村卫生站共涉及18个行政村,建筑面积5400平方米,计划援建资金675万元。完成16个村,马家营村、寨子坪村在建,近期可完工。投入援建资金1500万元,建蓄水池172个5465立方米,解决9500余人饮水问题;安装主水管12.92万米,分水管近8.36万米,入户管11.67万米,解决水磨镇18个村组人畜饮水问题。投入援建资金350万元,完成茅坪子旧水厂维修。全镇农村道路援建共10条27.4公里,由镇政府实施4条9.7公里,老刘路、何灯路、索衔路、安连路已完工,其余6条道路由县交通局招标建设,近期可完工。投入援建资金560万元,建设广播电视台业务用房及设备,由县广播局负责,建设广播电视分中心面积1000平方米,专业设备配置,于近期完工。投入援建资金3500万元,建设环线农业旅游经济带基础,完成涉及衔凤岩等12个村基础设施和配套设施恢复重建。完成郭家坝侨心居示范村项目、阿坝羌芽基地茶厂恢复项目、创辉生猪养猪场项目,正在实施猕猴桃种植和白茶种植项目。

【精神文明建设】 全面落实《公民道德建设

实施纲要》，倡导学科学、破除迷信，提倡文明健康生活方式，进一步加强和改进未成年人思想道德建设，提高乡村文明程度；全面落实精神文明建设目标责任制，努力提高各级文明单位创建质量，发挥先进示范作用。全年创评"五好家庭户"3280户，达全镇户数的81%；"双文明户"2460户，达全镇户数的61%；"遵纪守法户"4018户，达全镇户数的99%。有县级文明村5个、文明单位5个。全镇持续保持讲文明、树新风社会氛围，精神文明建设得到健康发展。

【维稳工作】严厉打击各类违法犯罪活动，净化辖区治安环境，创建"平安水磨"。年初与村（居）签订社会治安综合治理责任书19份。开展创建"平安水磨"宣传和反邪教警示教育活动。发放平安创建手册1900余册、平安家庭门牌1800个。排查解决矛盾纠纷47起，信访6件，接报警326起，出动警力900余人次，受理治安案件67起，刑事案件7起（破获5起），调处纠纷168起，服务群众29起，其他55起。对辖区内重点单位企业进行安全大检查，检查电站3家，金融机构3家，卫生院1所，加油站1家，电信局1所，学校3所。加强民爆物品管理，严防辖区内非法制造、运输、储存使用民爆物品，出动警力56人次，车辆32辆次对辖区各类涉爆单位进行检查。维护校园安全，全面启动开展巡防活动，加大对学校周边地区巡逻控制，加大学生上下课期间重点路段和易发案部位巡逻密度，提高见警率。加强安全保卫，维护社会稳定，组织参加各类重大警卫活动51余次。深入开展行政"大调解"。坚持"走出去、请进来"等多种形式排查矛盾纠纷，为群众排忧解难，调解各类纠纷矛盾168起，为创建"平安、和谐新水磨"起到推动作用。坚持"5+2"、"白+黑"工作要求，完成多起重要领导视察、"5.7"灾后重建展示现场会、"5.12"汶川特大地震纪念日活动等重大接待和若干党政考察团接待工作。

【安全生产工作】坚持"一手抓经济建设、一手抓安全生产"的方针和行政"一把手"责任制原则，牢固"安全生产重于泰山"意识。年初，与5家规模企业签订《安全生产目标责任书》，与18个村签订《农机安全责任书》；开展《安全生产法》、《安全生产许可条例》等宣传，营造安全生产文化氛围。开展防火、防盗、防自然灾害和禁毒宣传；对各企事业单位、村进行生产、消防、道路、地质灾害点、建筑施工地、学校、危险化学品、民爆器材、烟花爆竹、食品药品等方面的经常性安全检查，排查安全隐患，整治不安全因素，及时纠正拖拉机违章搭人行为3起涉及5人，全年未发生重大安全事故、重特大安全生产事故和群死群伤事件。

【计生工作】进一步完善落实人口与计划生育目标管理责任制，全年全镇出生103人，出生率8‰，符合政策生育率98%，人口自然增长率2‰；采取各种节育措施83例；征收社会抚养费6.88万元。加强《计划生育法》、《婚姻法》、《计划生育技术服务条例》等计划生育政策、法规宣传，发放宣传资料2000余份。配合县计生指导站开展"三查"工作，"三查率"达96%以上。加强避孕药具管理，全年发放避孕套1.36万只，长效避孕药81板，短效避孕药50板，三相片24盒，避孕栓10盒。落实"三结合"帮扶责任制，"三结合"户51户，其中联系户14户，新增帮扶户8户，帮带户31户，签订计划生育"三结合"帮扶协议书，开展农业科技知识培训，落实帮扶资金共2.12万元。落实农村计划生育家庭奖励政策，奖励对象16人，兑现资金9600元，并为8名服务对象进行一对一再生育全程服务。

【社会事业】加强扶贫、救灾、救济工作。全年，在汶川县"8.14"特大泥石流灾害中，全镇18

个村、1个居委会,近1万人/次不同程度受灾,紧急安全转移群众291人,因灾生活困难12户50人,因灾直接经济损失1701.46万元。为灾民和贫困户发放冬荒救济金6.5万元,春荒救济大米35吨,民生工程资金3万元,遇难或重伤重残家庭困难补助近15.09万元,发放农村低保金154.22万元,农村低保人员一次性困难补助25.2万元,"三孤"人员春节慰问金20.8万元,孤儿助养金2.02万元,"5.12"汶川特大地震主要劳动力遇难或重伤残家庭临时生活救助金21.15万元,特殊党费752.7万元,2008年、2009年上半年敬老金1.69万元。兑付家电、汽车摩托车下乡补助9.38万元,发放粮食综合直补51.15万元。贯彻执行《城市居民最低生活保障条例》和《农村低保条例》,共发放城镇低保16人4144元;农村低保人员113户、380人、6.84万元。对残疾儿童上学提供资助,关爱高龄老人,及时发放"敬老金"。参加新农保3346人。开展五保户供养工作,全镇共有五保户42人,为保障其基本生活条件,按照《五保供养条例》,采取亲友资助一点、集体解决一点、国家补助一点的办法,保证其吃、穿、住、医、葬。利用节日慰问和走访退伍军人、军烈属,送慰问金800元。完成白石村扶贫开发和综合防治大骨节病工作。加强社会行政事务管理,严格婚姻登记,杜绝违法办证现象,全年办理结婚登记137对,补发结婚证67对,办理离婚登记9对。

【自身建设】 主动接受镇人大工作、法律监督,重视人大代表参政议政,虚心听取群众意见,及时解决群众反映的热、难点问题;坚持依法行政、文明行政和经营政府理念,加强议案、建议、批评、意见的跟踪督办。注重发挥工、青、妇、群团组织桥梁、纽带作用。健全完善重大问题集体决策、专家咨询、社会公示、听证等制度,加强司法救助和法律援助。加强对权力运行的制约和监督,完善工程招投标制度,加强对重建资金的监察审计和监督管理,确保廉洁重建、阳光重建。推进决策科学化、民主化,扩大基层民主,完善政务公开、村务公开、厂务公开等办事公开制度,完善基层民主管理制度,依法保障公民的知情权、参与权、表达权、监督权,保证人民依法行使民主权利,不断提高依法行政水平,真正做到"合法行政、合理行政、程序正当、高效便民、诚实守信、权责统一"。

卧龙镇

【领导名录】

书记、人大主席团主席	杜 军
副书记、镇长	林仕祥
副书记、纪委书记	尚国平
副书记、副镇长	黄正江
副书记	明 亮
	杨海刚(7月起,挂职)
党委委员、副镇长	王 超
副镇长	邓 伟

【基本情况】 全镇辖3个行政村,9个村民小组。年末有1055户,总人口2927人,其中,农业人口2242人,非农业人口685人。全镇经济总收入1263万元,纯收入1052万元。农民人均纯收入4579.9元。粮食总产量368吨,其中,马铃薯142吨,玉米226吨。蔬菜产量821吨。农民人均有粮160公斤。

【对口援建】 揭阳市对口援建卧龙镇灾后恢复重建生态新家园、公共服务中心、农贸市场等17个项目(其中14个实体项目)克服交通时常中断、通讯不畅、建材短缺、施工期短、自然环境恶劣等重重困难，完成全部14个实体项目建设，总金额7648万元，二本年举行整体交付使用仪式，实现"三年重建任务，两年基本完成"的目标。揭阳市和卧龙镇在援建项目建设推进中形成良好的互信沟通机制和合作关系。项目整体交付使用前后，揭阳市和卧龙镇多次举行座谈，共同探讨如何充分利用已搭建起来的平台建立长效合作机制，通过开展人员培训、联席会议等方式，继续加强交流、深化合作，资源互补、产业对接。

【重建项目及征地拆迁】完成学校、卫生院、福利院重建项目征地拆迁。为确保香港特区援建卧龙镇中心小学校、卧龙保护区卫生院、福利院等项目能够顺利落地实施，卧龙镇按照保护区安排部署，依据《中华人民共和国土地管理法》及《汶川县农村土地征收补偿安置方案》，做好项目规划红线内农户拆迁安置工作，完成该项目涉及拆迁农房3481平方米，过渡安置农户15户64人，配合保护区国土分局做好该项目土地征收宣传动员、丈量、登记造册等工作。开展拆迁农户安置、寺庙和老街重建工作。为尽早完成胆扎河坝和灾后重建拆迁农户安置房建设、确保香港援建乡土遗产恢复老街、喇嘛寺重建项目顺利落地，组织人员走村入户宣传相关政策、法规，营造良好氛围，经过前期广泛调查摸底、征求意见，项目设计方案得到进一步修改完善。

【农村公路建设】根据特区农村公路灾后恢复重建工作部署，卧龙镇会同保护区交通部门完成胆扎河坝和月亮湾两处桥梁、转经楼小学至渔丝洞、转经楼小学至洞口、花红树至喇嘛寺和川北营至杨柳林4条通村路等项目的立项、招投标等大量基础工作，全力做好协调保障，确保工程项目顺利实施。

【土地复垦与治理】启动土地复垦、地质灾害治理，为保护辖区群众生命财产安全和尽快恢复经济作物耕种，严格按照上级文件要求，组织群众对辖区内因灾损毁的2118.8亩耕地进行复垦，并及时向农户兑现汶川县拨付的土地复垦补偿经费117.15万元。配合国土局启动全镇22个地质灾害隐患点的摸底调查，完成卧龙关沟、金家沟、花红树沟地灾治理和卧龙皮条河熊猫电站改扩建工程征地调查登记工作。

【民生工程】完成全镇饮水工程项目建设，因自来水饮水工程重建项目没有与永久性安置房（尤其是5个统建点房屋）重建项目同步实施，房屋修建完成后，人畜饮水问题未能及时得到解决。年初，镇政府主动与汶川县水务局沟通，争取国家切块资金以及部分自筹资金实施农村饮水工程。该项目于9月动工，10月完成全镇3个村的人畜饮水工程。铺设、填埋管道1.8万米，自来水管道覆盖全镇所有农户。

【社会事业】完成"村村通"直播卫星工程，发放、调试完成卫星数字电视接收机633套。全年，办理"汽车下乡"补贴25户，发放补贴资金7.9万元。落实公益性岗位50人，发放资金11.7万元。开展劳动力技能培训，10人获得驾驶员资格证书，同时发放技能培训补贴1.2万元。完成全国第六次人口普查工作。

【资源保护工作】成功实现辖区内"无森林火灾、无乱砍滥伐，无乱捕滥猎、无毁林开荒、无乱占林地"的保护目标。年初，卧龙镇按照保护区工作部署，向各村明确目标任务、资源保护工作重点，与各村、组、农户签订护林防火责任书，与进驻镇内从事生产作业的施工单位和人员签订护林防火协议。坚持领导带班、24小时值班制度，把"隐患险于明火，防范胜于救灾，责任重于泰山"作为防火工作行动指南，在全镇范围内通过会议、标语、驻村包户、红白喜事和召开护林防火专题会等多种形式,广泛深入宣传森林资源保护相关法律、法规,做到"早发现、早出动、早扑救",全年,共召开大、小专题会议 20 余次,发放宣传画册 2680 余份,张贴标语 460 余条,悬挂横幅 10 余幅。实现连续 37 年无森林火灾目标,2010 年获得邛崃山系十乡镇联防先进单位的荣誉称号。继续加强对天保工程管护区巡护管理,对镇内人工林和全镇"天保"区域进行拉网式巡查和督查,并如实记录"巡护日志"。加大对全镇毁林(草)开荒、毁林采土、林粮间作等违法行为的监督检查,对退耕还林(竹)工程保存面积、保存率、成活率、抚育管理等进行检查,确保"退得下、稳得住、见成效、不反弹"。完成 5 个集中安置统建区内 62.31 亩退耕还竹的移植补植。坚持把高远山巡护和中近山巡查作为资源保护工作重点。全年进行高远山巡护 150 人次、中近山巡查 1200 人次,对镇内重点林区进行拉网式巡查。深入群众加强法制宣传,遏制开荒、采土、打竹笋、乱砍滥伐、盗猎、偷拉盗运以及跨区域盗伐等发生。

【农村经济】 镇政府把保证辖区农民稳粮增收的主要着力点放在搞好农业、畜牧业服务上,做好良种选育、病虫害防治、家禽(畜)疫情防治。全年,全镇耕种面积 1440.1 亩,粮食总产量 370 吨,蔬菜总产量 821 吨;全镇牲畜存栏数 7596 头(其中牛 3590 头,猪 1254 头,羊 2521 头,马 231 匹),出栏 1352 头,商品率达 23.5%。深化结构调整,加大技能培训,鼓励剩余劳动力转移就业。针对区内耕地有限和经济作物外销受道路交通条件限制实际情况,宣传、引导剩余劳动力就地利用资源和优势,参与区内各项目建设,投入建设务工和运输业中。进行产业恢复重建道路探索,在转经楼村进行中草药人工种植试验 4 亩。全年全镇经济总收入 966.67 万元,比上年同期增长 138.49 万元,增幅 16.72%;农民人均纯收入 3291.12 元,比上年同期增长 589.43 元,增幅 21.82%;全镇一、二、三产业结构比例调整为 44.6∶21.5∶33.9,经济结构得到进一步优化,人民生活水平稳步提高,完成年度工作经济发展各项目标。

【教育】 将卧龙镇幼儿园暂作为卧龙镇中心小学校舍,镇中心小学校在遂宁市异地复课的师生回到卧龙复课,并住进永久性教室。坚持定期检查,狠抓教师队伍建设和校园安全工作,为教育教学创造良好环境。全年,辖区学龄儿童入学率 100%、辍学率为零、毕业率 100%;实施"两免一补"覆盖学生 385 人。按照汶川县开展创建"义务教育示范县"要求,组织人员完成"普九"数据库建设、资料归档等工作。

【医疗卫生】 加大新型农村合作医疗政策宣传,全镇参合人数 2100 人,参合率 96.5%,超额完成汶川县下达的目标任务。新型农村养老保险(新农保)试点工作全面展开,镇政府开展宣传引导,组织工作人员完成符合参保资格人员的审核、登记、基础资料收集等工作,全镇参加新农保 716 人。重视辖区内儿童计划免疫工作,完成各种疫苗接种指标。在中心小学校确诊 1 例手足口病病例后,迅速行动,从源头入手,加强辖区传染性疾病的防控工作,避免疫情蔓延。

【计划生育】 开展计划生育政策宣传,控制人口自然增长率、提高人口质量,落实计划生育"三结合"户 18 户,对全镇 473 位育龄妇女进行"三查",三查率 96.53%;全年,发放生育指标 53 人,办理独生子女证 9 户(本),开入户通知 34 人,做各类节育手术 87 人,发放避孕套 566 盒,长短效 101 板块。全镇出生 43 人,死亡 16 人,人口自然增长率 6.38‰。

【民政优抚】 做好贫困家庭和三孤人员慰问、救济工作;年初,邀请县残联工作人员到现场为38人登记办理残疾人证,争取并发放残疾人建房补助金两万元;为符合医疗救助人员的67人申请救助资金6.52万元;审核、公示并上报低保632人,发放低保资金近38.68万元。组织辖区群众开展感恩回报活动。为西南五省抗旱和玉树灾区捐款近8.25万元。

【城乡环境综合治理】为改善辖区治安环境和人居环境,建设美丽、和谐新卧龙,做到环境卫生得以整治、交通秩序得以改观、社会治安热点问题得以解决、群众法制意识得以增强,该镇按照省政府、林业厅、保护区的安排部署,开展城乡环境综合整治工作。

【安全生产】修订完善《卧龙镇2010年地质灾害防御预案》、《卧龙镇2010年地质灾害应急预案》、《卧龙镇重特大安全生产事故应急处理预案》,坚持地质灾害领导带班值班、巡查和报告制度。在雨季来临之前,组织人员对全镇地质灾害隐患点进行拉网式排查。针对集中安置点部分群众入住新房,镇政府要求各村在集中安置点指定消防安全监督管理员,深入广泛宣传、检查用火用电安全,确保人民群众生命财产安全。建立灾情预警机制和告知制度,将安全隐患消灭在萌芽阶段,杜绝重大安全事故发生。在汛期来临之前,特别是"8.14"特大洪灾抗洪救灾期间,在辖区范围内进行3次拉网式大排查,在地质灾害隐患点确定监测人、及时制定发放和宣传"两卡一表"(防灾工作明白卡、防灾避险明白卡、地质灾害危险点防御预案表)。汛期共发放"两卡一表"520余份,转移安置群众61户246人,确保辖区群众在"8.14"洪灾中没有人员伤亡和重大财产损失。

【宣传工作】宣传灾后重建成果,揭阳市对口支援卧龙恢复重建生态新家园、农贸市场、幼儿园、莲花广场等建筑具现代气息而又不失民族地方特色。卧龙镇利用各种途径将卧龙的熊猫品牌、工程竣工验收大会、援建项目整体交付使用仪式等信息通过新华社、广东卫视、四川卫视、《华西都市报》等主流媒体对外进行深入广泛报道,配合四川卫视拍摄反映卧龙重建家园、重建信心的《新家》《新家2》。同时,制作灾后重建画册和魅力乡镇宣传画册,拓展宣传渠道。

雁门乡

【领导名录】

书记、人大主席团主席	刘明春
副书记、乡长	蒋红兵(2月止)
	刘克建(2月起)
副书记	何永清
	张 蔷(4月起,挂职1年)
	毛家利(5月起,挂职两年)
纪委书记	何 晋(9月止)
人大主席团副主席	黄 燕
副乡长	余毅锋
	曾克勤(12月止)
	刘 杰(11月止)
	谭双耀(11月起)
	王 莉(11月起)
	任 江(4月起,挂职1年)
乡长助理	李俭思(4月起,挂职1年)

【基本情况】全乡辖9个行政村,22个村民组。年末有2040户,总人口7021人,其中,农业人口6624人,非农业人口397人。全乡经济总收入2666万元,纯收入2500万元。农民人均纯收入3770.7元。粮食总产量1107吨,其中,小麦28吨,马铃薯68吨,玉米968吨。油料产量为24吨。水果产量82吨。蔬菜产量2672吨。农民人

均有粮175公斤。

【农业】 全乡种植萝卜、白菜、番茄面积1600余亩，比2009年增加近600亩，扭转种植蔬菜面积逐年下降的趋势，同时制定蔬菜进入市场必须实行准入制，必须达到检测标准才能进入市场。

【林果业】 乡党委、政府加大对原有果树进行培育更新力度，保证果树品质和产量。共发展甜樱桃960亩，比2009年增加320亩。对果农进行技术培训并发放技术资料5000余份，以专题形式对果农现场培训甜樱桃病虫害防治，减少果蝇危害，增加农民收入。

【畜牧业】 畜牧养殖业实现全年存栏肉猪4575头，比2009年同期增长15%。全乡共有牛543头，其中W#病预防注射532头，免疫密度达97.97%。牛副伤寒注射526头，气肿病注射526头，牛出败免疫526头，免疫密度达到96.87%。存栏羊819只，其中W#病预防注射687只，家禽2900只，禽流感免疫2839只。共举办动物防疫及养兔的技术培训班4期，参训人员150人次。

【能源建设】 发展沼气生产，下达"四改两建"项目并实施沼气池建设460口，较去年增加385口。

【林业】 大力发展经济林木和技术服务指导工作。分别在芄山、麦地、月里新种植甜樱桃210亩共5000株、花椒580亩、其他水(干)果186亩，同时举办相关技术知识培训9期，参训人数528人次，防治面积400余亩。

【防汛防火】 制定完善防汛与抗旱预案，加强防汛值班，年初分别与各村委会签订护林防火工作和野生动物防护工作责任书，加强林政管理，部署集体林权制度改革，落实森林防火各项工作措施，全乡没有发生一例重大火灾。乡政府成立以乡长为组长的防汛安全小组，同时与各村签订防汛安全责任书，确保汛期老百姓生命财产安全。

【环境卫生整治】 年初，乡党委、政府召开城乡环境综合治理专题工作会议，成立由乡长为组长、分管副乡长任副组长的城乡环境综合治理工作领导小组，制定工作计划、工作方案和管理制度，将责任落实到人头。同时与各村、乡境内企事业单位签订环境卫生整治书，落实专人负责城乡环境综合治理工作的日常管理和监督，实行平时检查和半年、年终考评相结合。

全年，共发放宣传资料2300份到每家每户，出动宣传车辆130余台次，在主要干道书写大型墙体标语12条、安装大型落地式大标语两条；投入资金近10万元在全乡范围新建规范垃圾收集房20个，配备三轮车3辆；配备垃圾清运车1辆；投入资金近两万元在过街楼村安装果屑箱10个；投入资金近1万元完善公共场所配套设施；投入资金近1万元清淘维修阴沟200米。各村对辖区内河道进行垃圾治理，共清理门前河道10余公里，清理河道淤泥、垃圾等860吨，解决河道垃圾问题；清除牛皮癣650处，规范店招、店牌45处，拆除非法户外广告135处，规范摊点80处；整治车辆乱停乱放现象，查处机动车违章停放600次；清理建筑立面9.8万平方米，攻坚月期间完成风貌塑造项目1个，启动项目10个，美化城乡环境投入资金1600万元。

【社会治安】 开展治安防范宣传工作，建立健全社会治安防控网络，加强农村治安防范工作，不断提高社会治安防控能力。始终把平安创建和社会治安综合治理工作作为党委中心工作的重中之重，坚持常抓不懈，形成党委书记亲自抓，分管领导具体抓，综治成员单位全力抓，形成齐抓共管的局面。

年初，党委、政府分别与9个村支部书记、主任、负责人签订集中开展排查化解突出信访问题、重大矛盾纠纷、不稳定因素工作责任书9份。乡信访接待办接待群众来访224批850人，成功调解案件19起，其中省、州、县转办信访案件38件。

严厉打击各种违法犯罪活动，维护社会稳定。书写布标32幅，临时标语50幅，固定标语6处，岩标两幅，发放平安创建手册995份，举办宣传专栏4期。创建平安村庄两个。

【卫生工作】 全乡免疫"痹疗"接种率达99.5%，抓好农村完成儿童计划免疫任务，接种率达99.5%，做好预防和禽流感的工作，居民医保工作及农村新型合作医疗工作；做好手足口病防控及狂犬病和H1N1流感的防控工作。

【计划生育工作】 始终把计划生育工作作为全乡重中之重工作来抓，层层建立目标责任状，村委会加强计划生育中心户长制，做到随时调查摸底，有多少落实多少，上半年应施行长效避孕措施人数71人，落实71人，落实节育率100%，宣传访谈户240户，访谈230户，访谈率96%，建计划生育阅览室1间，计划生育宣传栏8块，公开栏两块，壁报栏8块。

【安全生产】 成立安全生产专项整治领导小组，负责对全乡存在安全隐患问题进行整治，与辖区各企事业、村"两委会"签订安全目标责任书，开展安全生产日大督查活动，特别是对销售汽油、烟花爆竹等易燃易爆物品的商店，使用易燃易爆品的沙场、矿山以及学校等进行检查整顿，通过整治，存在的安全隐患问题得到消除。

【教育工作】 通过宣传发动、检查指导等多种形式，使全乡适龄儿童入学，全乡小学入学率99%，中学入学率达98%，13～15岁正常适龄人口数为570人，在校就读和毕业学生数为486人，入学率为85.3%，利用江门援建资金逐步改善教师和学生的生活学习环境。同时做好创"普九"示范县工作，备齐相关材料以迎检查。

【民政工作】 开展2010年农村低保"回头看"整改工作，全乡纳入最低生活保障的困难群众2329人，累计发放低保救助金77.22万元；不断完善社会救助机制，对25户因灾造成的生活困难群众发放救济金9900元；同时做好残疾人基本信息摸底工作及白内障患者的统计上报工作；落实7位孤寡老人进敬老院供养。

【民兵整组示范点工作】 认真抓好整组示范点的各项工作。灾后恢复重建现场会在汶川县召开期间，组织民兵50人进行安全维稳工作。玉树地震发生后，乡党委、政府在进行捐款、捐物的同时派出民兵8人到玉树灾区进行抗震救灾。为确保汛期安全，每村成立防灾减灾处突小组，有90余民兵参加。

【队伍建设】 以加强党的思想、组织、作风、制度和反腐倡廉建设为重点，建设高素质的领导班子和干部队伍。严格实行民主集中制，增强党的团结统一。着力加强基层党组织建设，完善党内关怀机制，发挥党员的先锋模范作用。以落实惩治和预防腐败体系为重点加强反腐倡廉建设，坚决查处违法违纪案件，纠正损害群众利益的不正之风，以实际行动密切党同人民群众的血肉联系。

组织党员干部学习新党章，学习十七大精神，各项农村政策法规等。做好发展党员工作，针对全乡党员年龄老化、文化结构偏低、妇女比例偏少的情况，要求各党支部要做好党员"入口关"，争取将有能力有文化的年轻人吸收到党员队伍中来，新发展党员7人。上缴党费5800元。抓好村级党组织后备干部培养试点工作，把萝卜寨村定为试点村，解决村干部"后继乏人"问题。加强对流动党员进行动态管理。

克枯乡

【领导名录】

书记、人大主席团主席	黄　美
副书记、乡长	滕于明
副书记	赵国金
	龙　宇(4月起，挂职1年)
纪委书记	李　莉(9月止)
人大主席团副主席	杨文德
副乡长	吴天勇
	彭　钊
	切　珠
	晏学明
	刘胜寒(4月起，挂职1年)

【基本情况】 全乡辖5个行政村，16个村民组。年末有996户，总人口3567人，其中，农业人口3214人，非农业人口353人。全乡经济总收入2001万元，纯收入1330万元。农民人均纯收入3909.5元。粮食总产量631吨，其中，马铃薯154吨，玉米411吨。油料产量两吨。水果产量183吨。蔬菜产量2863吨。农民人均有粮185公斤。

【农业工作】 全面贯彻落实中央一号文件精神，推动和促进农业农村工作稳步发展。恢复耕地500余亩，基本抢通灌溉沟渠，确保农田的正常灌溉，确保全乡各村大灾之后农业不减收。2010年，红灯樱桃喜获丰收，乡党委、政府借首届阿坝州樱桃节在绵虒举行的契机，多次召开专题会议，研究特色水果的销售问题。发挥红灯樱桃协会的作用，由樱桃协会统一组织品质优良的水果到樱桃节现场进行促销，以"克枯甜樱桃、温馨走世界"为主题，为克枯乡甜樱桃赢得良好声誉，创下两天累计销售4万余公斤的佳绩；为水果商提供方便，亲自到农户果园收购，让水果商放心购买。全乡7.5万公斤特色水果顺利销售，收入200万余元。全面落实农村惠农政策，对存在的问题进行及时整改。

继续稳步调整农业产业结构，发展特色农业，突出农民持续增收。建设1700亩以甜樱桃为主的特色水果基地；发展5户商品猪、两户家禽养殖户，通过养殖户的带动，建立商品猪基地。采取以"农民投入一点、项目支撑一点、向上争取一点"的形式继续加大农业基础设施的投入。

在全乡范围内恢复发展甜樱桃800亩(周达村和克枯村)，年销售7.5万公斤，收入230万余元；依托大寺村的自然环境，发展青/红脆李600亩，初步形成特色水果基地。克枯村发展以金太阳杏子、栗枣、冬桃、红提以及核桃为主的特色水(干)果(年初采购近两万株核桃苗，发放给农户)；建设秋淡蔬菜基地2000余亩(下庄村、木上村、大寺村、克枯村)；建立马铃薯生产基地1000余亩(木上村、周达村、大寺村)。

发展养殖业科技示范大户28户(养蛋鸡、养土鸡、养羊、养猪等)，以点带面起到良好示范作用；在大寺村以"公司+合作社+农户"的形式养殖肉兔、土鸡、生猪。

【"三百"工程建设】 坚持物质家园建设与精神家园建设并重，突出"三百"示范工程建设，全面调整产业结构，加大环境卫生综合整治力度，全力打造岷江河谷特色现代农业示范区、威州后花园，建设魅力新克枯。着力打造"三百"示范工程，把克枯乡建设成为"特色魅力乡镇"、"精品旅游村寨"、"幸福美丽家园"。乡党委、乡政府、援建工作组结合实际情况，制定相应的实施方案，在肇庆市的大力支持下,"三百"示范工程建设顺利实施。5月28日,接受州委、州政府对"特色魅力乡镇"的验收。

【环境卫生综合治理】 开展城乡环境大整治,为群众建设明亮、整洁的和谐新家园。加大工作力度,创新机制、健全机构,建章立制、持续治理,严格问责、追究到人。将村容村貌环境整治作为新农村建设的重要内容,营造讲清洁、爱卫生的社会氛围,在各村修建垃圾池、垃圾桶,落实环境卫生清理员。共清理建筑废墟和生活垃圾5000万立方米。

【新农村示范村建设】 抓好新农村示范村建设,以道路硬化、村庄绿化、环境净化、"四改两建"为主要内容,开展人居环境治理工程,通过抓好示范,树立典型,积累经验,完善政策,以点带面,加快新农村建设。建立健全政府主导、农村主体、全乡共同参与的机制,进一步加大对新农村建设的宣传力度,充分调动农民参与新农村建设的积极性,增强自主意识,让农民真正成为新农村建设的主体和受益者。建立对口援建长效机制,从技能培训、就业服务、思路转变等方面出发,努力造就一批有理想、有文化、有技能、善钻研、会管理的新型农民。

围绕县委、县政府建设"岷江河谷现代特色农业示范区"的战略定位,按照"高山畜、半山果、河坝园"的发展思路,发展"一对一品",稳步调整产业结构,坚持以集镇建设为龙头,示范村建设为重点,大力发展农村经济,加快建设现代农业,着力改善农民生产生活条件,切实推进农村经济社会又好又快发展。请规划设计单位对全乡5个行政村进行村庄规划,并将效果图在各村进行公示。克枯村作为灾后重建示范村,整个建设严格按照"五图一书"标准建成"自然院落布局、民族民居风貌、基础设施齐备、配套功能完善、方便生产生活、发展特色经济"的新农村要求进行打造,使克枯村村庄空间错落有致,克枯村各村民小组农民增收、农业增效、农村稳定工作都有很好发展蓝图和现场展示。整个规划在乡人代会上审议通过。

按羌式建筑、凸现羌文化底蕴、尽显民族风情特色的思路,完成227户农房风貌改造。

【基础设施建设】 利用广东省肇庆市对口援建契机,重点从水、电、路、医疗、教育、通讯等方面改建、新建农村基础设施。全乡恢复和新建灌溉水渠46.84千米,恢复灌面2100亩;新建改建人畜饮水管道7.74千米,解决全乡4000余人安全饮水问题。恢复改建通村公路35.13公里,通组公路23.3公里,修建市政道路3.5公里。村庄寨内道路已逐步硬化,解决老百姓出行难问题。克枯村、大寺村、周达村在农网改造的基础上,将更加优化网络,确保正常用电,方便用电。完成全乡915户农户"四改两建"工程。恢复克枯村实施的太阳能项目。取得香港红十字会的大力支持,在高山村组实施太阳能工程67户。

【生态建设】 加强地质灾害治理和生态修复,促进人口、资源、环境协调发展。加强天然林资源保护,抓好退耕还林、自然保护区建设等生态工程,完成集体林权制度改革和退耕还林阶段性验收,按需要实施生态人工修复工程,恢复因灾受损林地,使森林的生态功能逐步恢复,新建、重建公益林,封山育林。争取到国家和省、州、县支持,建立生态补偿机制。坚持自然修复与人工治理相结合,实施地质灾害治理工程。进一步加大对滑坡、崩塌、泥石流等地质灾害隐患点的监测和综合治理力度。全力推进环境监测能力恢复重建,加强环境保护,促进生态系统良性循环。

【文化建设】 加强文化遗产的抢救、保护和修复,让物质文化遗产和非物质文化遗产得以传承，使羌族传统文化得以发扬光大。启动文物保护与修复工程，新建乡镇非物质文化传习所、羌秀生产制作基地、乡村电影数字工作站，重建乡综合文化站、5个村文化室、构建公共文化服务体系网络。弘扬伟大的抗震救灾精神和抗震救灾中展现出的伟大民族精神、爱国主义精神，强化民族认同感、自豪感和凝聚力，促进民族团结与社会和谐，激发昂扬向上的精神风貌。引导全乡干部群众自强自立自救、坚定坚强坚韧。深入持久开展社会主义荣辱观教育，加强和改进未成年人思想道德建设，培育文明道德新风尚。加强灾后重建、对口支援工作、英模人物和先进事迹的宣传，激励全县各族干部群众的信心和斗志，弘扬社会正气，引导社会热点，疏导公众情绪。推进心理救治工程和文化抚慰工程，丰富群众精神文化生活，培育乐观、健康、向上的良好精神面貌。

【项目建设】 坚持把项目落地和项目建设作为突进灾后恢复重建、加快经济社会发展的总抓手，用好、用足、用活国家灾后重建、扩大内需的各项政策，以项目为载体，多渠道筹措重建发展资金。切实抓好推进协调工作全力服务重点项目建设。完成第二批援建项目工程量的70%以上。争取政府性投资项目，严格按照政府性投资项目的管理办法，加强项目资金监管，完成"两所一庭"项目建设；完成列入2009年度投资计划的乡镇综合办公楼项目建设。加强社会捐建资金的管理和使用，充分尊重捐建团体和个人的意愿，抓好社会捐建项目建设。

【对口援建】 加强和肇庆市的沟通协商，建立完善信息沟通联系平台，着力形成统一领导、统一规划、分别组织、分头实施的援建工作机制。确保加快进度、阳光重建，施行项目建设进度通报制和援建工作考核评比制，营造比学赶超的良好氛围。及时解决好援建工作人员的工作和生活困难，促进对口援建工作有序高效运转。3月，肇庆市对口援建的53个项目（包含捐建的克枯派出所、司法所两项）整体交付使用；9月，在大寺村举行克枯乡产业发展启动仪式。年底，克枯乡百姓基本实现"家家有房住、村村通道路、户户通自来水、孩子有书读、看病有地方"的目标。

【社会保障】 抓好"就业促进、扶贫解困、教育助学、社会保障、医疗卫生、百姓安居、道路畅通、环境整治"八大民生工程及扶贫和综合防治大骨节病试点工作。通过对口援建、劳务输出、以工代赈、开发公益性岗位等多种途径，实施积极的就业政策，加强技能培训，重点帮助零就业家庭就业，引导群众在灾后重建中实现就业，增加城乡居民收入。实现就业岗位10余个，就业达2000余人次。认真落实被征地农民社会保险政策。实现城镇居民基本医疗保险全覆盖，加快推进农民工参加工伤、医疗、养老保险。扩大农村低保覆盖范围，做到应保尽保。探索建立无地失地农民社会保障体系，妥善安置"三孤"人员，进一步提高城乡低保补助水平和农村"五保"对象集中供养率。建立临时救助制度，解决低保边缘群体、低收入群体的临时生活困难。认真落实中央、省、州出台的一系列利用灾后恢复重建增加农民收入的政策措施，及时、足额兑现各项强农惠农政策。继续开展好扶贫开发和综合防治大骨节病试点工作，完成试点工作相关任务。

【维稳与安全】 乡党委、政府研究制定专门的信访工作制度，形成信访工作专卷，成立专门的信访维稳领导工作组。确定每周一上午为书记、乡长接访日，接待群众接访。做到小事不出村、大事不出乡。结合实际，制定防汛抢险应急预案，组建防汛应急抢险队，成立乡应急办公室，从村组干部到驻村干部加强地质灾害排查，加强监测预警。强化值班制度，落实个人责任，确保安全度汛。加强市场秩序监管，建立完善食品药品安全监管长效机制，坚决杜绝不合格产品进入农村。加强对农资、建材等产品的质量和价格监管，严厉打击各种违法生产、制假售假行为，确保市场物价稳定。继续开展重点行业、领域安全专项整治和各类安全事故隐患排查，加强道路交通、消防、民爆物品等的安全监管。全面落实安全生产责任制，抓住源头管理、过程监控、应急救援、事故查处4个环节，关口前移，责任到人，标本兼治，有效防范和坚决遏制重特大事故。建立健全社会预警体系和应急救援、社会动员机制，切实提高保障公共安全和处置突发事件的能力。开展反分裂维护稳定教育活动和科学发展观活动，切实打牢反分裂维稳工作的基础。继续推进平安创建，完善社会治安防控体系，加强社会治安综合治理，依法严厉打击各种犯罪和危害社会的行为，切实做好群众工作，建好群众服务中心，完善群众工作网络，深入开展大接访活动，变群众上访为干部下访，认真开展矛盾纠纷和不稳定因素排查调处工作。加强流动人口服务和管理，做好农民工法律援助工作。做好群众心理疏导，注重对困难群众的人文关怀。畅通诉求渠道，做好矛盾化解工作，把不稳定因素化解在基层、消灭在萌芽状态，确保政治稳定、社会稳定和治安稳定。

【自身建设】加强自身建设，提高政府行政能力。坚持依法行政、文明行政和经营政府理念，依法接受人大的法律监督和工作监督，进一步完善重大决策与政协事前协商制度。健全完善重大问题集体决策、专家咨询、社会公示和听证及对口援建联席会议等制度。进一步深化行政管理体制改革，深化人事制度改革，完善激励机制，形成尊重劳动、尊重知识、尊重人才、尊重创造的良好氛围。推进市场配置人才资源，努力建设一支结构合理、素质较高的人才队伍。加强机关事务管理，提高保障能力和服务水平。

龙溪乡

【领导名录】
书记、人大主席团主席	陈　建
副书记、乡长	周光辉
副书记	黄玥全(4月起,挂职1年)
纪委书记	袁昌林(9月止)
人大主席团副主席	虎世全
副乡长	陈建琼(9月止)
	梁　勇(11月起)
	苏伦树
	葛　兵
	袁　超(4月起,挂职1年)
乡长助理	年　孝(4月起,挂职1年)

【基本情况】全乡辖9个行政村（实际为8个，2008年直台村整体外迁，但一直无政府批文，故统计局无依据减少），16个村民小组。年末有1358户，总人口4420人，其中，农业人口4167人，非农业人口253人。全乡经济总收入1798万元，纯收入1542万元。农民人均纯收入3613.8元。粮食总产量1120吨，其中，马铃薯50吨，玉米348吨。水果产量111吨。蔬菜产量3936吨。农民人均有粮262公斤。

【农业恢复】针对气候干燥，自然灾害频发的现状，乡政府始终把农业产业发展作为政府工作的重心，充分动员，精心组织，强化措施，全力落实。全乡恢复耕地800亩。在联合、布兰、龙溪、俄布、垮坡、马灯等村恢复发展花椒、核桃、甜脆李、甜樱桃等水(干)果基地1480亩；恢复种植大白菜、大海椒、莲花白等蔬菜1630亩，恢复发展绿色无公害蔬菜基地120亩；恢复种植玉米2200亩，马铃薯2700亩。

【基础设施恢复】 乡党委、政府和湛江市援建工作组加大农村基础设施建设力度，完成全乡8个村人畜饮水工程，建取水坝7个、清水池23口1000立方米、过滤池9口180立方米、安装PE管道15.7千米的饮水工程；新修宽7.5米，长3.5公里的水泥混凝土路面的县乡公路，龙大、龙垮、龙布、龙溪等通村公路的路基工程39.6公里全面完成，完成水泥路面建设工程；新修堤防工程1.4公里；新修、维修灌溉工程16.3公里。

【社会事业及民生工程】 完成"两免一补"学生607人，补助金额1.44万元。解决农村低保2270人，共发放生活困难补助69.46万元；解决春荒救济11万元；解决特困群众生活困难补助7户共2900元；解决残疾人"120"工程危房改造21户共8.9万元。发放粮食综合直补8.46万元，落实家电下乡补助171户4.44万元，落实汽车摩托车下乡补助44户元；发放退耕还林资金补助1800.44亩50.87万元。

【培训及就业】 通过广东省湛江市和县乡劳动就业部门对剩余劳动力的就业技能培训，全年全乡引导剩余劳动力外出务工480人，就地务工820人，完成农民工品牌培训100人，完成相对贫困人口劳动培训100人，扶贫培训80人，实用技术培训3000人次。

【援建项目】 广东省湛江市援建龙溪乡共47个援建项目，全部开工建设。其中，完成集镇供水工程、龙溪乡中心小学校、龙阿公路(东门口至乡政府)、龙大路、龙溪路路基工程、集镇公共服务设施和布兰、龙溪、马灯、垮坡村的行政村公共服务设施15个援建项目建设。完成龙溪乡"羌人谷"生态和文化旅游总体规划。阿尔村非物质文化遗产传习所建设项目以完成总体规划，并正在实施中。

【旅游】 完成龙溪乡"羌人谷"生态和文化旅游总体规划。5月，完成特色魅力乡镇验收。

【环境综合整治】 进一步加大全乡各村和集镇环境综合整治工作，乱停、乱放、乱堆、乱建和卫生环境得到有效的改善。各村修建垃圾池49个，清理废墟106处，整治卫生死角204处。

【医疗卫生】 全面完成乡卫生院建设，于2月正式交付使用。完成布兰、龙溪、马灯和垮坡等8个村的医疗站建设。10月，大门村扶贫开发和综合防治大骨节病试点工作顺利通过验收。

【计生工作】 坚持计划生育基本国策，认真落实"三为主"、"三结合"，全面提高人口和计划生育工作水平。全乡全年共出生30人，累计为747人次提供计划生育服务，举办计划生育宣传栏4期，婚育培训班两期730人次。

【社会治安综合治理】 严厉打击各类刑事犯罪，扫除社会丑恶现象，以"抓组织、强领导，抓打击、强整治，抓宣传、强责任，抓队伍、强防止，抓基层、强基础"的"五抓五强"为切入点，围绕创建"平安乡镇"为目标，根据实际情况，落实社会治安综合治理各项措施，进一步完善"防、控、疏"体系，夯实基层治保、调解队伍。加大矛盾纠纷排查调处工作力度，包片领导加强所包8个村的矛盾纠纷排查调处工作，提前介入超前防止，及时将矛盾化解在基层，化解在萌芽之中，做到"小事不出村组，大事不出片区"。做好群众信访工作，全年信访共受理案件6起，解决4起。

【教育事业】 认真落实"控辍保学"各项措施，强化寄宿制学校规范化管理，狠抓"两基"提高工作，"普九"成果得到进一步巩固，义务教育阶段入学率、毕业率均保持在100%。进一步完善教育基础设施,不断充实师资力量,重点提高教育办学条件和教育质量,教师微机普及率达到98%;乡中心小学实现微机联网,开展网上教学活动,教育质量大幅提高。

【安全生产】 根据实际情况拟定安全生产实施方案,加强安全生产宣传力度,增强各部门各企业安全生产目标,安全生产意识,对11家企业进行全面检查,共查出5家企业有安全隐患,并对这些问题企业下发限期整改通知书,要求立即整改,及时消除安全隐患,确保企业员工人身安全和生产安全,全乡安全生产形势持续稳定。

【武装工作】 充分发挥武装系统尤其是民兵优势,认真开展武装部正规化建设、国防教育、民兵军事训练、民兵整组、民兵点验、兵役登记等工作。全年组织民兵执行各类任务10次,出动民兵300人次,在应急维稳及防汛等重大事件、活动中,充分发挥民兵应急队伍整体优势,完成征兵任务,两名适龄青年应征入伍。

【精神文明建设】 认真实施《公民道德建设实施纲要》,继续在全乡开展讲文明树新风、争创文明单位、文明行业、文明村,争做"星级文明户"、"五好家庭"等活动,抓好"创先争优"、"百村党建大提升"、"感恩教育"等活动的同时,结合本乡实际在全乡范围内全面开展"灾后重建成果管理水平大提升"、"矛盾纠纷大排查"、"城乡环境卫生大整治"等活动,使全乡的灾后重建成果得到规范管理和保护,各村组和集镇的环境卫生得到改善,群众素质进一步提升,全乡精神文明建设水平得到提高。

草坡乡

【领导名录】

书记、人大主席团主席	董建波
副书记、乡长	任 剑(8月止)
	沙 金(9月起)
副书记	周 波
	陈永金(5月起,挂职两年)
纪委书记	付武平(2—9月)
人大主席团副主席	张知平
副乡长	王其珍
	庞 林
	蔡劲松
	谢 勇(3月起)
	李福彬(4月起,挂职1年)

【基本情况】 全乡辖8个行政村,32个村民组。年末有1195户,总人口4182人,其中,农业人口3822人,非农业人口360人。全乡经济总收入1715万元,纯收入1195万元。农民人均纯收入2977.8元。粮食总产量1069吨,其中,小麦6吨,马铃薯182吨,玉米852吨。油料产量44吨。水果产量17吨。蔬菜产量6287吨。农民人均有粮266公斤。

【对口援建】 "汕头草坡心手相连、潮水岷江水水相融",加强同汕头援建工作组的沟通、协调和合作,不断完善机制、健全措施、强化服务。经常利用节假日加强同援建同志联络感情,增强"家"的氛围。组织开展向援建干部学习"白+黑"、"5+2"、"三班倒"工作作风和认真践行"对口援建让中央放心、灾后重建让人民满意"的重建理念。

【农房恢复重建】 农村住房全面完成。按照

"就近、就地、分散"的安置原则,和"安全、实用、经济、特色"的重建标准,引导农户树立自力更生、艰苦奋斗的重建精神,组织起来,行动起来,依靠自己勤劳的双手再造幸福美丽的家园。从选址、建材、技术方面入手,帮助农民加快家园建设步伐。全乡1020户农户全部完成农房建设,投入799.4万元,完成249户农房风貌改造。

【公共设施恢复重建】 在汕头市的鼎力援助下,采用国内先进的防震隔震技术,对乡中心校、卫生院、文化站安置隔震胶垫,将学校、医院、文化站建成最安全、最牢固、最放心的公共服务设施。村级文化站、医疗卫生站与村民活动中心合并建设投入使用。全面展开农网改造工程,共改造、更换75%农村电网。完成有线电视线路安装。新建电信天翼基站1个,恢复移动基站1个,全乡通讯覆盖恢复面达到87.5%。

【基础设施恢复重建】 完成全乡62.4公里通组、通村、通乡道路的抢通保通。其中由国家投资的草沙路一段、二段、码龙路、刘碉路全部完成,6月底投入使用;由汕头援建的麻龙路、董樟路全部完成并按时投入使用。乡村客运站完成加固维修;投入各型PE管道147千米,增设36口蓄水、沉沙、减压池,完成全乡8个村及集镇供水工程,解决群众震后安全饮水难问题;恢复发电站(厂)7座,实现网络运行,全乡用电安全、稳定、规范。

【重建项目进展情况】 根据县委、县政府"大抓项目、抓大项目",全力推进灾后重建的要求,重视项目选定、储备、申报、落地、建设各个流程,树立资金随着项目走的管理理念,加强项目资金的监管,确保资金公开透明、安全实效、规范有序。全年共有项目35个,估算投资1.16亿元,国家投资建设5个2600万元,援建投资涉及4大类35项2.05亿元。

【乡村规划及建设】 草坡乡省级新农村示范片建设规划项目共涉及产业发展、环境绿化建设、村落民居建设、基础设施及地灾防治、克充集中区建设以及新农村规划等六个方面。8月,完成由四川省城乡规划设计研究院设计的《汶川县草坡乡村庄建设与整治规划》、《汶川县草坡乡乡域发展战略规划》两个规划。完成樟排村停车场、足湾村官磨河坝景观广场景观工程、入乡拱门结构及装饰工程、草坡乡刘家沟农房安置点游客接待中心工程、草坡乡刘家沟农房安置点工程、草坡乡克充村广场景观、草坡乡克充村农房安置点小区内总平水电工程等的设计图、效果图及预算。安排人员起草"草坡乡进乡入口大门建设工程"、"汶川县草坡乡8个村历史文化风貌恢复改造工程"、"草坡乡五改两建三清改造工程"3个项目的立项请示、项目意见书和环境影响登记表。五改两建三清中,入户道路硬化2500米,户间巷道碎石垫铺2000平方米。完成"四改两建"270余户。完成两河、码头、龙潭、金波等8个村400余户的农房风貌改造。河道清理工程完成招投标,项目正由水务局实施;完成海螺广场河道回水景观建设。

【公共服务体系】 强化校园文化建设,规范教育行为,巩固"普九"、"扫盲"成果;强化乡村卫生网络建设,提高从业人员技术水平,切实解决农民看病贵、看病难问题;进一步完善"三结合"帮扶措施,真正发挥帮扶帮富作用;发挥农家书屋、健身器材、村民活动中心的作用,开展形式多样的全民健身活动,丰富群众文化生活。完成有线电视光纤的架设,确保90%的村民能收看到《汶川新闻》。

【产业恢复】 恢复食用菌生产基地3个,新引进食用菌企业两家,恢复示范农户1户,菌袋总量达200万袋;恢复花卉种植27亩,蔬菜种植

5000余亩,新引进蔬菜新品种试种,发展中药材种植30余亩。恢复和发展种兔养殖户15户存栏3000余只,PIC生猪养殖示范户4户。完成建设1户规模为10万只的跑山鸡养殖户;3户规模1000只的跑山鸡以及10户商品兔养殖户初具规模;蔬菜合作、腊肉加工、土鸡蛋生产确定各成立一个合作社。

【旅游】 结合全县"3215"工程实施,着力宣传草坡民族文化,塑造草坡度假休闲品牌,融入成都后花园"周日度假"圈。在管好现有两家农家乐的基础上,创造条件,提高服务水平,鼓励创评"星级"。扶持金波羌绣坊的发展,引导做好产品包装和向外推介。

【乡村规划及建设】 按照灾后重建规划先行的原则和县委、县政府"一心两廊四区"建设规划要求,突出"自然院落布局、民族建筑风格、交通布局合理、功能配置完善、发展特色产业",坚持"四注重、四提升"和"三打破、三提高",开展乡村规划。按时、按质编制并通过规划审查《草坡乡灾后重建总体规划》、《草坡乡灾后重建建设控制性详规》以及各村的建设规划,严格按照规划执行重建任务。组建草坡乡建设规划管理站,归口管理和执行规划。按照"一中心、五畅通、九配套"的目标,投入12万元,完成《草坡乡特色魅力乡镇规划》。

【防灾治灾】 本着"预防为主、合理避让、保障安全、重点整治"的要求,强化群众防灾避灾意识,提高乡村紧急反应能力。完成全乡应急抢险救灾预案的修订工作。完成全乡3处小型地灾点的治理;投入35.9万元,完成克充村刘家沟、学校沟、阿里沟、厂房沟的治理,完成沙排二台子滑坡治理招投标和技术交底工作,施工单位即将入场施工,中心校后山、政府街道后山完成测量勘察工作,进入网上招标程序。投入援建资金1581.72万元,完成克充、樟排、两河、码头河堤堡坎5公里建设;投入资金269万元,完成足湾刘家河坝、两河草坝、两河口、冬瓜槽等处河道清理7公里,疏浚土石方14万方。

【民生工程】 加大困难群众的扶持力度,扩大惠民政策面。认真落实"家电下乡"、"汽车、摩托车下乡"政策,扎实推进新农保、新农合的覆盖面,落实好各项民政救助政策,进一步调整农村低保、城镇低保应享人群,确保应享尽享。用好用活农村公益性岗位,扩大剩余劳动力就业门路。落实各项以工代赈项目建设,拓宽农民增收渠道。

【环境整治】 把乡村环境综合整治与规划执行、民居风貌改造、四改两建调结构有机结合,着力塑造净、畅、宁、丽的良好形象。着力营造四大环境:清爽宜人的人居环境;近悦远来的重建环境;安居乐业的治安环境;包容感恩的舆论环境。完成两河口至克充村公路两边绿化,面积共1.6万平方米。绿化树种以本地树种为主,辅以群众自愿原则。

【自身建设】 按照"程序规范、公正透明、廉洁高效"的要求,提升落实能力和落实水平,严格问人、问事、问责。切实转变机关作风,强化机关效能建设,成立并完善群众工作中心职责职能。规范行政行为,增强按政策办事、依法办事的能力。发扬协作精神。力求农村工作有实招、成实效。深入贯彻落实惩治和预防腐败体系建设,诚恳接受群众监督,充分发挥乡纪委的职能作用,阳光操作各类社会捐赠资金、政府建设资金和扶助贫困资金,做到事前公示、事后总结。严格执行党风廉政建设的各项规定,严厉惩处各种腐败行为,不说空话、不做空事,增强政府的凝聚力、公信力。结合县委"14611"战略部署,按照"1113"规划布局思路,以产业重建和发展为契机,坚持把促进产业优化升级作为全乡转变经济发展方式的主要内容和重要抓手，大力培育壮大优势产业，实现灾后发展起跳。坚持把项目建设作为加快灾后恢复重建进程和带动草坡发展的有效途径，采取有效措施，把基础设施、民生工程、资源开发、生态恢复、社会事业放在重点，在恢复重建中拓展项目，在扩大内需中挖掘项目，在民生需求中转换项目，在农村改革发展中寻找项目，加快重点项目建设进度。抢抓灾后恢复重建和扩大内需的历史机遇，高标准建设、高水平经营、高效能管理，加大两河、码头、樟排支持力度，把草坡乡建设成为特色农业发展示范乡。以改革创新的精神，深入开展学习实践科学发展观活动，大力弘扬伟大抗震救灾精神，努力提升干部队伍把握大局、依法行政、引领带动、为民服务、凝心聚力、拒腐防变的能力，从而加快推动草坡重建发展。

银杏乡

【领导名录】

书记、人大主席团主席	李　川（9月止）
	孔红永（9月起）
副书记、乡长	岳洪春（8月止）
	李　莉（9月起）
副书记	柏兴国
	杨素群（5月起,挂职两年）
	蒲红建（4月起,挂职1年）
纪委书记	宁国文（9月止）
人大主席团副主席	徐孝礼
副乡长	张凌云
	明贵学
	唐琼芳
	任小飞（4月起,挂职1年）

【基本情况】 全乡辖5个行政村，19个村民组。年末有875户，总人口2719人，其中，农业人口2227人，非农业人口492人。全乡经济总收入1164万元，纯收入1104万元。农民人均纯收入4336.2元。粮食总产量20吨，其中，马铃薯1吨，玉米16吨。油料产量3吨。蔬菜产量26吨。农民人均有粮8公斤。

【对口援建】 坚持城乡住房、公共设施、基础设施、重大产业四个优先重建，全乡纳入灾后恢复重建项目84个，累计完工82个，完工率为97.6%；累计完成投资21445.45万元，占总投资的98.5%，三年恢复重建任务两年基本完成。

与对口援建广东茂名市建立起干部培训、智力扶持、产业发展、文化交流、招商引资等长期合作发展机制，签署长期战略合作协议，着力巩固和扩大对口援建成果。

【农房重建】 坚持把人人有房住作为灾后恢复重建首要任务，严格按照"遵循规划、科学设防、强化功能、体现特色"原则，加快城乡住房恢复重建，农房维修加固和重建完工率100%，除映汶高速路拆迁安置外，全乡住房入住率达100%，实现从单纯住房重建向注重改善居住环境转变。

【基础设施重建】 把基础设施建设作为灾后重建的先决条件，借力灾后恢复重建全面升级基础设施。通村公路硬化率100%、通达率100%，映汶高速公路建设进展顺利，交通基础条件极大改善。农村水网、电网、广播电视网基本恢复震前水平，农业综合生产能力普遍提高。

【社会事业重建】 围绕功能齐全、设施良好、环境优美的目标，加快公共服务设施重建，全面完成银杏小学、乡卫生院重建，新建成一批健身广场、村民活动中心等设施，实现公共服务全域覆盖。大力发展寄宿制教育,实施学校标准化、规范化建设和管理,促进义务教育均衡发展。计划生育与人口工作成效显著。防灾减灾体系基本健全和逐步完善。

【抗击"8.14"特大山洪泥石流】 8月14日,发生特大山洪泥石流灾害。全乡充分运用抗震救灾经验,全力以赴组织抢险救灾工作,做到预警在前、应急在前、抢险在前,紧急有序转移群众,及时解救被困群众,成功转移安置受灾群众8000余人,解困2000余人。实现持大山洪泥石流灾害零伤亡。

【产业恢复重建】 坚持"高品质、高产量、高效益"农业发展方向,发展生态农业,推行"公司+基地+农户"经营模式,成功引进重庆绿源公司,兴建年产生猪30万头养殖基地。

【新农村建设】 按照州委、州政府加快推进社会主义新农村示范县建设的总体部署,全力推进"三百"示范工程建设,切实改变村容村貌、提高群众幸福指数、改善群众生产生活条件,东界脑村幸福美丽村寨建设取得显著成效。深入推进城乡环境综合治理,整治"六子"、提升"四化",人居环境进一步改善。

【社会保障】 完善就业服务体系,鼓励劳动者自谋职业和自主创业,促进富余劳动力有序转移就业。推进新型农村社会养老保险试点工作,全乡共收缴新农保保险金208.5万元,为60周岁以上农民发放养老金30.6万元,参加新型农村合作医疗保险2476人,参合率90%。

【精神家园建设】 坚持把感恩教育作为精神家园建设的重要内容,广泛开展"感恩教育、深化发展"主题实践活动,创新推进"学唱树促推"活动,利用重大节日,经常性、创造性地组织开展座谈会、文艺演出等系列活动。重点抓好重要地震遗址保护,加快"三基地一窗口"建设,充分展示震后积极向上、锐意进取的精神风貌。进村入户加强宣传、走访、调查,开展心理咨询服务活动。

组织灾后恢复重建三年任务两年基本完成、纪念"5.12"抗震救灾两周年、抗击特大山洪泥石流灾害、平安创建等系列宣传,为加快建设灾后美好新家园营造良好的舆论氛围。创建县级文明单位两个、县级文明村1个。继续推进深化九环线千里文明走廊创建活动。规范建设5个农家书屋,实现村级文化活动室、农民健身路径工程全覆盖。发展羌绣,加快推进文化产业化。

【维护稳定】 认真分析"5.12"汶川特大地震以来的各类矛盾交织凸显、社会治安环境错综复杂、不稳定因素复杂多变的乡情、村情,探索社会管理工作体系建设,提高社会建设和管理水平。加强社会治安综合治理,完善社会治安防控体系,推进平安创建活动,开展校园及周边治安整治行动,全乡社会大局平稳、治安秩序良好。顺利通过省委、省政府平安创建检查验收,完成新一轮平安创建工作。

按照"归口调处,分级负责"的原则,落实定期分析民情制,开展矛盾纠纷大调解活动,排查各类矛盾纠纷和治安隐患143起,调处121件,调处率达84.6%。

【自身建设】 开展创先争优活动,引导各级党员干部在应对大灾、推动重建、铭恩奋进、转变作风中创先争优,争做抢险先锋、重建标兵、感恩典型、务实典范。确定示范党组织1个,设置党员示范户5个,组建各类党员先锋队、突击队、服务队1个,走访困难群众3000人次,为群众办实事好事140余件。

组织党员干部深入开展"领导挂点、部门包村、干部帮户"活动,全面落实"四包"责任。深入推进机关行政效能建设,机关和干部工作效率、服务质量不断提高。

三江乡

【领导名录】

书记、人大主席团主席	陈劲斌（1月止）
	吴　清（1—5月）
	王长红（5月起）
副书记、乡长	李晓燕
副书记	唐　平（5月止）
	问大俊（4月起，挂职1年）
	唐　伟（4月起，挂职1年）
纪委书记	徐光良（9月止）
人大主席团副主席	邓朝晖
副乡长	黄　珊（11月止）
	龚　斌
	戴　鹏
	刘利宏（4月起，挂职1年）
	刘　云（4月起，挂职1年）

【基本情况】 全乡辖9个行政村，32个村民组。年末有1174户，总人口4036人，其中，农业人口3832人，非农业人口204人。全乡经济总收入4027万元，纯收入1637万元。农民人均纯收入4148.5元。粮食总产量1106吨，其中，马铃薯174吨，玉米889吨。油料产量75吨。茶叶4吨。水果产量407吨。蔬菜产量2187吨。农民人均有粮280公斤。

【对口援建】 为管理好重建项目，乡党委、政府把惠州援建工作组的"输血"变为"造血"，与惠州市先后签订"富盈"党员培训基金、奖学金、"百利宏"敬老基金等长期合作协议，建立一系列长效合作机制，把三江乡作为该市的第53个乡镇提供长期支援。

【产业恢复】 根据县委、县政府"3213"产业发展有关文件精神，着力打造漩三经济环线。打造"三江土鸡蛋、三江腊肉、三江猕猴桃"等农产品品牌。实施退耕还林政策后，全乡实现退耕还林6120.56亩，立足资源优势，按照确立主导产业、优化区域布局、依靠示范带动、发展规模经营的思路，做优做强"三个区"，努力打造"三江缘"系列生态特色产品。三江猕猴桃协会已发展会员285户，挂果的2800亩猕猴桃创收460万元，年初新种植猕猴桃1100亩，猕猴桃基地累计达4800亩；茶园837亩，无公害蔬菜837亩。全年全乡生猪存栏在7000头以上，年末存栏2696头，200头以上养殖大户12户，50头以上24户，500头以上1户。全年出栏生猪7096头，创收922.48万元。黄牛存栏2368头，100头以上养殖大户两户，50头以上两户，10头以上32户，全年出售2649头，创收达到847.68万元；汶川铜羊存栏3574只，100只以上养殖大户两户，50只以上两户，10只以上18户，全年出栏1476只，增加农村收入103.22万元。鸡存栏10503只，出售三江土鸡蛋38.4吨，创收921.6万元，出栏土鸡产品27.27吨，产值237万元。牧业总收入达3087.95万元。虹鳟鱼及岷江鱼养殖20余户，"三江老腊肉"市场销售供不应求，已发展成规模腊肉加工厂两个。进一步加快畜牧业恢复重建，支持乡境内畜牧养殖大户将产业做大做强，发展生猪养殖等特色畜牧基地和养殖小区。抓好动物疫病防治，确保畜牧业和畜产品质量安全。推进农业经营体系产业化、农村环境生态化、基础设施标准化、社会管理小区化、流通网络连锁化，加快新农村示范片和漩三环线特色产业经济圈建设，形成独具特色的生态农业、观光农业、品牌农业和农家旅游，建设民富、村美、班子强的新农村。

【旅游业】 "5.12"汶川特大地震后,在广东省惠州市的援建支持下,以独特的自然水系为核心,建起具有民族特色的三江水乡、水乡藏寨等景观。反映三江乡抗震救灾历史及茶马古道文化的浮雕艺术墙已全面完工。水乡藏寨五星级大酒店已开工建设,并在原风貌基础上进一步打造提升,形成以河坝村、街村、草坪村突出的藏式特色为主的精品旅游村寨、以幸福美丽家园,以照壁村川西民居风格为主的旅游特色风貌。5月,顺利完成特色魅力乡镇验收,11月,顺利完成河坝、照壁、草坪精品旅游村验收,形成独特的集自然生态、藏羌民俗文化、茶马古道、历史文化观光、避暑度假于一体的魅力风光。加上漩三环线的贯通,连山坡隧洞的贯通为旅游业发展提升带来前所未有的机遇。2010年迎来震后第一个旅游红火年,全年实现接待游客17.32万人次,实现旅游经济收入2020万余元。旅游产业发展依托三江潘达尔生态旅游区优势,进一步加大农家乐的宣传和培养力度。全乡农家乐共148户,新发展"农家乐"35户,其中星级农家乐19户,接待量3000—4000人次,实现旅游业"安全、秩序、质量、效益"四统一的目标。

【安全生产】 以学校、景区、林区、农家旅游为重点,切实做好火灾隐患、交通隐患、生产安全隐患的排查整治。强化消防和民用爆炸物品、危险化学品管理,加强安全生产检查,遏制重特大事故发生。

【维稳工作】 牢固树立"稳定压倒一切"的观念,严厉打击境内外敌对势力、民族分裂势力、暴力恐怖势力和"法轮功"、"门徒会"等邪教组织的破坏活动,维护国家安全。全面贯彻党的民族宗教政策,依法加强宗教事务管理,维护民族团结。健全基层综治组织,充分整合乡镇司法资源,加强社会治安综合治理。建立教育培训机制,培养立场坚定、作风硬、能力强的基层综治维稳干部队伍。整合各方力量,排查整治突出治安问题,严厉打击严重影响群众安全和社会稳定的黑恶势力等刑事犯罪,创建平安三江。

【信访工作】 建立健全各项信访制度,完善受理、办理信访事项的程序,强化依法信访,改进工作方法,进一步健全信访工作机制,规范工作程序,加强重点信访案件的督办工作,严格控制越级上访,切实将矛盾化解在当地、群众稳定在当地、问题解决在当地。

【拥军优属】 加强拥军优属工作及民兵预备役建设,支持国防和军队建设,促进军政、军民团结,加强对拥军优属工作的领导,促进社会和谐发展。

【村委会换届选举】 结合"3+3",搞好村民委员会选举换届工作。进一步发挥村民委员会的作用,搞好基层政权建设,乡党委政府以2010年村民委员会换届为契机,进一步夯实村级班子建设工作。进行调查摸底,实行分类指导;开展教育引导,广泛宣传发动。村级班子换届心不散,按照年初确定的目标任务做好交接落实,实现换届、发展"两不误、两促进"。严把"入口"关,做好候选人的推荐工作;严把党员推荐关;严把群众推荐关;严把公示关;严把考察关。做好年老拟离职村干部、党员及群众的思想工作,排除一切因换届选举工作引起的后遗症,稳定人心,确保新老班子平稳过渡。

【自身建设】 围绕灾后重建中心任务,按照"经济调节,市场监督,社会管理,公共服务"四项职能,坚持立党为公、执政为民,不断改进作风,提高行政效率,形成"行为规范、运转协调、公正透明、廉洁高效"的行政管理体制。转变政府职能,严格执行问人、问事、问责制度,深化行政审批制度改革,简化办事程序,抓好政务服务中心、惠民帮扶中心恢复建设,切实提高行政效率和公共服务能力。坚持用制度管权、管事、管人,规范行政行为,增强依法办事、按政策办事,科学判断形势、应对各种复杂局面的能力。加强作风建设,坚持深入一线、深入基层、深入群众,营造重实际、说实话、出实招、求实效的工作氛围,增强政府的执行力。加强对权力运行的制约和监督,着力完善工程招投标制度,加强对重建资金的监察审计和监督管理,确保廉洁重建、阳光重建。坚持依法行政和经营政府理念,依法接受县人大及其常委会的法律监督和工作监督,依法接受县政协的工作监督,严格执行党风廉政建设各项规定,坚决惩治和有效预防各种腐败行为,增强政府的公信力。推进决策科学化、民主化,扩大基层民主。完善政务公开制度、办事公开制度,保障广大群众的知情权、参与权、表达权、监督权。加强司法救助和法律援助,加快推进法制化进程。深化行政管理体制改革,深化人事制度改革,完善激励机制,推进人才资源配置市场化,建设结构优、素质高的人才队伍,为灾后重建提供智力保障。

耿达乡

【领导名录】

书记、人大主席团主席　倪天国
副书记、乡长　　　　　周平章
副书记　　　　　　　　邹　莉
　　　　　　　　　　　袁　莉
　　　　　　　　　　　刘晓林
副乡长　　　　　　　　王　飞
　　　　　　　　　　　瞿桂华
　　　　　　　　　　　杨必红

【基本情况】 全乡辖3个行政村,17个村民组。年末有839户,总人口2814人,其中农业人口2611人,非农业人口203人。全乡经济总收入2575万元,纯收入1115万元。农民人均纯收入4188.6元。粮食总产量525吨,其中,马铃薯106吨,玉米371吨。油料产量5吨。蔬菜产量2173吨。农民人均有粮197公斤。

【农房恢复重建】 圆满完成农房重建工作。全乡灾后重建农房633户(其中包括自建230户,集中统建403户),维修加固56户。自建和维修加固户于5月全部完工并搬入新居。5个"广东潮州新村"集中安置点的农房于11月底全面完工,安置户搬入新居。

【对口援建】 潮州市对口支援耿达乡恢复重建工作组自2008年8月进驻耿达乡。两年多来,潮州市共落实对口援建资金5786.8万元,援建项目主要是广播电视和文化站的恢复重建、防洪堡坎、5个"潮州新村"集中安置点的农房基础设施建设。截至10月,完成全部确定的援建项目和社会资金的援助项目,并通过验收和审计。潮州市对口援建工作组在11月9日返回广东潮州。

【基础设施建设】 配合和支持乡境内的农村公路建设、地质灾害治理、河道清理、加油站等项目建设。农村公路建设,包括耿达桥到狮子包、龙潭沟到仓旺沟、杨家山、贾家沟、幸福村安置区等,12月15日竣工。耿达加油站8月完工并正式投入使用。不定期对饮水管道进行维护,发现问题及时维修。完成各集中安置点的供水,确保施工场所和群众用水畅通。

【征地拆迁】 为保证耿达九年一贯制学校、卫生院、派出所和职工周转房等重建项目如期开工并顺利进行,做好相关项目的征地、拆迁、安置和协调等工作，拆迁安置群众11户。该项目在5月进场施工，预计在2011年5月竣工并投入使用。耿达卫生院8月动工。职工周转房于11月开工建设，预计2011年9月完工。为保证12月28日中国保护大熊猫研究中心重建项目的如期开工和顺利推进，工程共征用集体土地1010.14亩，拆迁安置群众153户，兑付拆迁群众和幸福村委会的征地拆迁款等款项7669.58万元。上半年完成神树坪的玉皇庙搬迁至幸福村二组重建工程。采取多项措施，让拆迁群众尽快搬进安置房，清理原旧房，清除土地附着物，为研究中心的重建开工创造良好条件。依法审批宅基地，对乱搭乱建情况，出现一例，纠正一例。强制拆除违章建筑两处，保证重建项目顺利推进和国土管理秩序。

【国土管理】 幸福村幸福沟、耿达村獐牙杠、张家河坝、场镇4个地质灾害点的治理工作自5月初开始，已完工。幸福村的河道清理项目5月开工，已完工。由于地震后造成全乡植被破坏，山体松散，极有可能发生泥石流、塌方等地质灾害，为消除隐患，6—9月组织乡村干部和民兵292人次，对全乡29个地质灾害隐患点进行多次排查，详细掌握地质灾害隐患基本情况。对全乡群众发放《地灾避险明白卡》，详细告知临灾避险方法。对龙潭沟等隐患点的群众进行疏散。组织机械对因泥石流中断的道路抢通保通，保障群众通行和灾后重建顺利开展。乡政府、各村组和单位做好巡查和值班。全乡多次发生滑坡、泥石流、塌方等地质灾害，没有发生人员伤亡，受灾群众均得到妥善安置。"8.14"泥石流后，耿达乡妥善安置省道303线和映秀湾电厂耿达电站的300余名被困施工人员，组织车辆将其全部从卧龙—宝兴—雅安方向安全疏散。协助解放军和武警部队，将在南华隧道受伤的5名工人安全转移到小金县医院。乡党委、政府组织民兵25人次，新修和维护耿达至映秀的步行便道，提高通行安全性。

【种植和养殖业】 调整种植业结构，稳定农业收入，乡农技站为全乡农户代购玉米种525公斤，保证春耕播种顺利进行，加强农业技术指导和服务，引导群众做好防病治病和科学种植，落实汶川县捐赠肥料38.5吨。乡兽防站不定期为农户的牲畜出诊，4月和11月分别开展牲畜春秋两防工作，防疫密度为87%。尝试圈养野猪、野鸡等特种养殖，鼓励规模化养殖，目前家养野猪存栏达76头，龙潭村兴富养猪场商品猪存栏400头。

【森林保护】 落实天然林管护和护林防火责任制。年初，乡政府与全乡农户签订《森林防火责任书》689份，与责任单位签订责任书7份，与放牧人员签订责任书5份。加大高远山巡护力度，全年共开展近山巡护480人次，高远山巡护102人次，夜间巡护83人次。对灾后重建占用退耕还林(竹)地情况进行调查并要求农户恢复或移栽，恢复后进行验收。

【计划生育】 全乡落实三结合户18户，补助资金9400元。对地震后3户再生育户进行跟踪服务。5月初，组织全乡468名育龄妇女参加三查，三查率达98.5%。落实长效节育措施67人。全年新生婴儿25人，人口自然增长率3.76‰。

【人口普查】 根据国家统一部署，开展第六次人口普查工作。完成摸底调查、入户普查、审核、汇总等工作。普查时点在耿达乡居住2797人，户籍人口在外709人。

【民政优抚】 年初为全乡特困户、贫困户和"三孤"人员发放救济款7.33万元，年中发放民政救济资金13.18万元，对泥石流、火灾受灾户给予救济。落实农村居民低保政策，全乡254户857名困难群众享受低保补助。开展新型农村养老保险统计、资料收集和审核工作,全乡参保群众1066人(其中60周岁以上群众参保297人,占应保老年人的90.8%)。

【城乡环境整治】 从6月起,深入开展城乡环境整治工作。第一阶段,重点整治公路沿线乱搭乱建、乱堆乱放、建筑和生活垃圾、地震后搭建的临时过渡房、旧房废墟、影响环境的圈棚等。乡村在各村组召开群众大会,宣传环境整治的必要性、重要性以及相关政策。对整治区域情况进行摸底统计,拟定《耿达乡城乡环境整治工作方案》,分类制订整治措施,对合法修建但需拆除或整治的圈棚给予补偿,绘制规范性的图纸,指导群众根据图纸修建。共拆除临时过渡房、地震旧房废墟共1.4万平方米,改造圈棚11户360平方米。通过整治,公路沿线过渡房基本拆除,乱堆乱放得到有效整治,全乡村容村貌得到改观。11月起,进一步开展整治。主要范围是幸福沟沿线遗留的旧房废墟,没有彻底清理的过渡房,乱堆乱放的建筑材料和生产生活资料,地震后用于群众临时安置的活动板房和自建过渡房,群众房屋上搭建的彩钢篷和板房等,使全乡的环境卫生和生活环境得到彻底整治。

【教育工作】 落实国家"两免一补"政策,完成全乡适龄儿童基本情况的登记备查,按照汶川县和卧龙自然保护区教育部门安排,做好"普九"迎接国检工作。

【民生工程】 全年共落实和发放国家汽车下乡补贴20.31万元,粮食直补资金1.53万元,综合直补13.52万元,退耕还林(竹)补助资金98.61万元,天保补助48.23万元,土地整治补助资金150万元。各项补助资金及时准确发放。

【安全生产】 开展安全生产宣传、检查和督促,年初将安全生产纳入各村组目标考核,签订《安全生产责任书》,明确和落实责任。在节假日重点开展安全生产检查,确保人民群众生命和财产安全。全年没有发生重大安全事故。

【武装工作】 进行民兵整组和民兵、预备役登记。完成2010年征兵工作,选送1名适龄青年应征入伍。

【自身建设】 落实工作责任制,提升行政效能。年初明确工作分工,落实工作责任制,建立人大代表对政府干部的民主测评机制,把群众的满意度作为衡量行政效能的重要标尺。继续推行党风廉政责任制,与各村、单位签订《党风廉政建设责任书》。制定《耿达乡政府内部管理制度》、《耿达乡政府财务管理制度》、《耿达乡政府公务车辆管理制度》,加强内部管理,接受财务监督和审计。坚持推行政务和村务公开。加强政务信息收集与报送,全年报送政务信息26条。建立健全自然灾害和突发事件应急预案,对重大自然灾害和社会事件做好预防和应急工作,在突发事件发生时,增强工作的主动性,最大限度地保护群众的人身和财产安全。

2010年受州级及以上部门表彰的先进集体

获奖单位	获奖名称	颁奖单位	批准文号	表彰时间
县扶贫和移民工作局	2009年度全省扶贫开发工作先进集体	省扶贫和移民工作局		2010年1月
县扶贫和移民工作局	2009年全州试点工作一等奖	省阿坝州试点办	川扶综办〔2010〕3号	2010年1月
映秀镇	阿坝州城乡环境综合治理工作先进单位（2009年度）三等奖	阿坝州委、州人民政府		2010年1月
县检察院	单项工作考评先进（办公室、公诉、控告、民行、法律政策研究、行装、警务）	阿坝州检察院	阿州检发政〔2010〕9号	2010年1月
县检察院	基层院2009年工作目标考核一等奖	阿坝州检察院	阿州检发政〔2010〕7号	2010年2月
县妇联	全省"三八"红旗集体	省妇女联合会		2010年3月
县人民政府	五大农产品基地建设先进单位	阿坝州人民政府	阿府函〔2010〕35号	2010年3月
县经商局	2009年度商务先进单位特等奖	阿坝州经商局		2010年3月
县劳动和社会保障局	2009年度全州劳动和社会保障工作先进单位	阿坝州劳动和社会保障局	阿州劳社办〔2010〕28号	2010年3月
县农业局	第十届中国西部国际博览会暨2009中国西部国际农产品交易会参展工作最佳组织奖	阿坝州农业局	阿州农业〔2010〕16号	2010年3月
县农业局	2009年度农业工作目标考核一等奖	阿坝州农业局	阿州农业〔2010〕17号	2010年3月
广东省广州市援建工作小组	对口援建先进集体	中共阿坝州委、州人民政府	阿委〔2010〕36号	2010年4月
映秀镇	中国·阿坝州首届大樱桃节锅庄比赛团结协作奖	中国·阿坝州首届大樱桃节组委会		2010年5月
水磨派出所	全州公安队伍建设、党风廉政建设先进集体	阿坝州公安局	阿州公委〔2010〕18号	2010年6月

续表一

获奖单位	获奖名称	颁奖单位	批准文号	表彰时间
县人大常委会机关	宣传人民代表大会制度工作特等奖	省人大常委会		2010年7月
威州镇	青海玉树抗震救灾先进单位	中国人民解放军四川省军区	政组〔2010〕73号	2010年7月
县政府	中国最具特色魅力旅游名县	联合国亚太城市发展研究中心 联合国人居环境发展促进会 中国旅游业联合会 中国城市建设发展促进会 中国特色旅游城市调查研究中心 商务时报品牌研究中心		2010年8月
县文体局	四川省群众体育先进单位	省体育局	川体发〔2010〕35号	2010年8月
信用联社	最佳服务三农贡献奖	中国银行业协会		2010年9月
广东省对口支援四川省汶川县恢复重建工作组	全国五一劳动奖状	中华全国总工会		2010年9月
广州市对口援建威州前线工作组	全国五一劳动奖状	中华全国总工会		2010年9月
团县委	四川省灾后恢复重建优秀青年自愿者服务集体	团省委、省青年自愿者协会		2010年9月
县政府	2009-2010年度森林防火工作目标管理综合考评二等奖	阿坝州人民政府	阿府函〔2010〕185号	2010年10月
县文体局	全国服务农民、服务基层文化建设（基层文化馆、图书馆）先进集体称号	中宣部、文化部、国家广电局、新闻出版总署		2010年12月
映秀镇党委	全省抗击特大山洪泥石流灾害先进集体	省委、省人民政府、四川省军区		2010年12月
县公安局	大调解工作先进集体	省委、省人民政府	川委〔2010〕356号	2010年12月
县总工会	四川省先进县（市区）总工会	省总工会	川工发〔2010〕74号	2010年12月
县法院	2010年度法院党建宣传工作先进单位	省法院	川高法机党〔2010〕43号	2010年12月
县法院	全省政法系统技能练兵"法院方阵"汇报演练先进集体	省法院	川高法〔2010〕823号	2010年12月
县科协	2010年四川省《科普大篷车》播放先进集体	省科协	川科协函〔2010〕158号	2010年12月
县科协	2010年度四川省数字科技馆观测先进集体	省科协	川科协函〔2010〕163号	2010年12月
县政府	阿坝州"三百"示范工程建设先进县（幸福美丽家园一等奖、精品旅游村寨三等奖）	阿坝州委、州人民政府	阿委〔2010〕85号	2010年12月

先进名录

续表二

获奖单位	获奖名称	颁奖单位	批准文号	表彰时间
县公安局	全州公安大调解和抗击"8.14"泥石流先进集体	阿坝州公安局		2010年12月
县科协	2010年度全州科普工作先进集体	阿坝州科协	阿科协〔2010〕79号	2010年12月
县物价局	2009—2010年度全省价格认证工作先进集体	省发改委		2010年12月
县政法委	全州"平安电力，从我做起"宣传教育活动优秀组织奖	阿坝州综治委		2010年12月
汶川公路分局	双优单位	阿坝州公路局		2010年12月
漩口镇	阿坝州"三百"示范工程"幸福美丽家园"建设工作一等奖	阿坝州委、州政府		2010年12月
漩口镇集中村	阿坝州"三百"示范工程"精品"旅游村寨建设工作二等奖	阿坝州委、州政府		2010年12月
绵虒镇	阿坝州"三百"示范工程"精品"旅游村寨建设工作一等奖	阿坝州委、州政府		2010年12月
威州镇	阿坝州"三百"示范工程"幸福美丽家园"二等奖	阿坝州委、州政府		2010年12月
三江乡河坝村	阿坝州"三百"示范工程"精品"旅游村寨建设工作二等奖	阿坝州委、州政府		2010年12月
三江乡照壁村	阿坝州"三百"示范工程"精品"旅游村寨建设工作三等奖	阿坝州委、州政府		2010年12月
三江乡草坪村	阿坝州"三百"示范工程"精品"旅游村寨建设工作三等奖	阿坝州委、州政府		2010年12月
县扶贫和移民工作局	2010年全州幸福美丽家园先进县一等奖	阿坝州委、州政府		2010年12月
映秀镇黄家村	2010年幸福美丽家园先进村一等奖	阿坝州委、州政府		2010年12月
漩口镇蔡家杠村	2010年幸福美丽家园先进村一等奖	阿坝州委、州政府		2010年12月
漩口镇响黄沟村	2010年幸福美丽家园先进村一等奖	阿坝州委、州政府		2010年12月
银杏乡东界脑村	2010年幸福美丽家园先进村一等奖	阿坝州委、州政府		2010年12月
映秀镇老街村	2010年幸福美丽家园先进村二等奖	阿坝州委、州政府		2010年12月

续表三

获奖单位	获奖名称	颁奖单位	批准文号	表彰时间
威州镇秉里村	2010年幸福美丽家园先进村二等奖	阿坝州委、州政府		2010年12月
水磨镇衔凤岩村	2010年幸福美丽家园先进村三等奖	阿坝州委、州政府		2010年12月
水磨镇大槽村	2010年幸福美丽家园先进村三等奖	阿坝州委、州政府		2010年12月
武警汶川县中队	三等功	武警阿坝支队		2010年12月
县人武部	2009年度征兵工作先进单位	省征兵办		2010年
县妇幼保健站	全省2009年度妇幼卫生检测质量综合评比二等奖	省妇幼保健院		2010年
县卫生局	四川省疾病预防控制达标先进集体	省人力资源和社会保障厅、四川省卫生厅		
消防大队	先进基层单位	阿坝州消防大队		
消防大队	抗洪救灾先进集体	省委、省政府		
县审计局	2010年度灾后恢复重建先进集体	四川省人力资源和社会保障厅、四川省审计厅		
县总工会	四川省先进工会	省总工会	川工发〔2010〕74号	
县人武部	安全稳定工作先进集体	阿坝州军分区		
县人武部	新闻报道先进集体	阿坝州军分区		
县档案局	2010年度档案工作目标管理一等奖	阿坝州档案局	阿州档发〔2011〕1号	
维州律师事务所	全省50强律师事务所			
县委、县政府	2010年度全州维护社会稳定工作先进集体名单	阿坝州委、州人民政府	阿委〔2011〕5号	2011年1月
县政府	2010年度工业工作二等奖	阿坝州人民政府		2011年1月
县公安局	全省公安机关抗击山洪泥石流先进集体二等功（2010年度）	省公安厅	川公奖字〔2011〕6号	2011年1月

先进名录

续表四

获奖单位	获奖名称	颁奖单位	批准文号	表彰时间
县农调队	2010年度农户固定资产投资调查三等奖	省调查总队办公室	川调办字〔2011〕2号	2011年1月
映秀派出所	全省公安机关抗云山洪泥石流先进集体二等功（2010年度）	省公安厅	川公奖字〔2011〕6号	2011年1月
县法院	2010年度执行工作先进集体	阿坝州执行工作联席会议领导小组	阿联席小组〔2011〕11号	2011年1月
县政法委	全州维护社会稳定工作先进集体（2010年度）	阿坝州委、州人民政府		2011年1月
县政法委	阿坝州集中清理执行积案先进集体（2010年度）	阿坝州集中清理执行积案领导小组		2011年1月
县政府	四川省乡村旅游示范县	中共四川省委农村工作领导省旅游产业发展领导小组	川旅产领〔2011〕2号	2011年2月
县政府	"十一五"期间全省旅游工作先进单位	省旅游产业发展领导小组办公室	川旅产领办〔2011〕7号	2011年2月
县政府	集体林权制度主体改革目标责任奖二等奖	阿坝州人民政府	阿府函〔2011〕28号	2011年2月
县政府	安全生产目标考核达标县	阿坝州人民政府	阿府函〔2011〕26号	2011年2月
县政府	2010年度农村综合目标完成一等奖	阿坝州委、州人民政府	阿委〔2011〕11号	2011年2月
县政府	2010年度扶贫开发和综合防治大骨节病试点工作目标完成一等奖	阿坝州委、州人民政府	阿委〔2011〕10号	2011年2月
县政府	配套产业基地建设优秀奖	阿坝州委、州人民政府	阿委〔2011〕9号	2011年2月
县文明办	2010年度未成年人思想建设工作先进集体	阿坝州精神文明建设委员会	阿文明委〔2011〕1号	2011年2月
县文明办	2010年度综合目标工作先进单位	阿坝州精神文明建设委员会办公室	阿文明办〔2011〕9号	2011年2月
县委宣传部	2010年度党委中心组理论学习先进单位	阿坝州委宣传部	阿委宣通〔2011〕1号	2011年2月
县委宣传部	2010年度舆情信息工作先进单位	阿坝州委宣传部	阿委宣通〔2011〕4号	2011年2月
县广播局	2010年度目标考核一等奖	阿坝州广播电视局办公室	阿州广〔2011〕10号	2011年2月
县畜牧局	2010年度目标管理工作一等奖	阿坝州畜牧兽医局		2011年3月

续表五

获奖单位	获奖名称	颁奖单位	批准文号	表彰时间
县食品药品监督管理局	2010年度全州食品药监系统目标考核一等奖	阿坝州食品药品监督管理局	阿食药监发〔2011〕17号	2011年3月
县广播局	2010年度农村电影2131工程先进集体	阿坝州农村电影"2131工程"办公室	阿州农影〔2011〕1号	2011年3月
县地震局	2010年度防震减灾工作综合考评二等奖	阿坝州防震减灾局	阿州震〔2011〕9号	2011年3月
县安监局	2010年度全省安全生产政务信息工作先进集体	省人民政府安全生产委员会办公室	川安办〔2011〕4号	2011年

先进名录

2010年受州级及以上部门表彰的先进个人

获奖人	获奖名称	颁奖单位	表彰时间	批准文号	获奖人单位
崔 彬	四川省农村卫生拔尖人才	四川省卫生厅	2010年1月		映秀镇中心卫生院
雍 强	"阿坝州推进藏区跨越式发展和长治久安"理论研讨会三等奖	州委宣传部等部门	2010年1月		县检察院
王国文	阿坝州城乡环境综合整治先进个人	阿坝州委、州政府	2010年3月		漩口镇党委
崔 彬	全国先进工作者	国务院	2010年4月		映秀镇中心卫生院
雷 挺	对口援建先进个人	中共阿坝州委、阿坝州人民政府	2010年4月	阿委发〔2010〕36号	茂名市对口支援汶川县银杏乡恢复重建工作组
黄永林	对口援建先进个人	中共阿坝州委、阿坝州人民政府	2010年4月	阿委发〔2010〕36号	中山市对口支援汶川县漩口镇恢复重建工作组
张应杰	对口援建先进个人	中共阿坝州委、阿坝州人民政府	2010年4月	阿委发〔2010〕36号	汕头市对口支援汶川县草坡乡灾后恢复重建工作组
胡海运	对口援建先进个人	中共阿坝州委、阿坝州人民政府	2010年4月	阿委发〔2010〕36号	湛江援建汶川县龙溪乡工作组
陈仁福	对口援建先进个人	中共阿坝州委、阿坝州人民政府	2010年4月	阿委发〔2010〕36号	珠海市对口支援汶川县绵虒镇恢复重建工作组
陈林佐	对口援建先进个人	中共阿坝州委、阿坝州人民政府	2010年4月	阿委发〔2010〕36号	东莞市援建汶川县映秀镇工作组
温桂安	对口援建先进个人	中共阿坝州委、阿坝州人民政府	2010年4月	阿委发〔2010〕36号	肇庆市援建工作组
蔡伟生	对口援建先进个人	中共阿坝州委、阿坝州人民政府	2010年4月	阿委发〔2010〕36号	广东省对口支援汶川县恢复重建工作组
邱衍庆	对口援建先进个人	中共阿坝州委、阿坝州人民政府	2010年4月	阿委发〔2010〕36号	广东省对口支援汶川县恢复重建工作组
吕成蹊	对口援建先进个人	中共阿坝州委、阿坝州人民政府	2010年4月	阿委发〔2010〕36号	广东省对口支援汶川县恢复重建工作组
徐 和	对口援建先进个人	中共阿坝州委、阿坝州人民政府	2010年4月	阿委发〔2010〕36号	广东省潮州市援建工作组
庄 侃	对口援建先进个人	中共阿坝州委、阿坝州人民政府	2010年4月	阿委发〔2010〕36号	广东省对口支援汶川县恢复重建工作组
陈茂辉	阿坝州劳动模范	阿坝州人民政府	2010年4月		广东省对口支援汶川县恢复重建工作组
朱耀忠	阿坝州劳动模范	阿坝州人民政府	2010年4月		广东省对口支援汶川县恢复重建工作组
陈定雄	阿坝州劳动模范	阿坝州人民政府	2010年4月		揭阳市对口援建卧龙镇工作组

续表一

获奖人	获奖名称	颁奖单位	表彰时间	批准文号	获奖人单位
甄励富	阿坝州劳动模范	阿坝州人民政府	2010年4月		江门市援建工作组
刘宏葆	阿坝州劳动模范	阿坝州人民政府	2010年4月		佛山市对口支援汶川县水磨镇工作组
张晓林	三等功（2009年度）	阿坝州检察院	2010年4月	阿州检发政〔2010〕7号	县检察院
柴书香	阿坝州德育教育先进工作者	州教育局	2010年5月		汶川县一中
马国林	全州公安队伍建设、党风廉政建设先进个人	州公安局	2010年6月	阿州公委〔2010〕18号	映秀派出所
易 庆	四川省第三次全国文物普查实地调查阶段突出贡献个人	省第三次文物普查领导小组办公室	2010年7月	川文物保〔2010〕47号	县文体局
张文君	青海玉树抗震救灾先进个人	中国人民解放军四川省军区	2010年7月	政组〔2010〕73号	威州镇
王 艳	全州计生"三基"岗位练兵知识竞赛二等奖	州计生委	2010年7月		三江乡
马国林	全省公安机关抗击山洪泥石流一等功	四川省公安厅	2010年8月	川公奖字〔2010〕29号	映秀派出所
吴小波	全省公安机关抗击山洪泥石流二等功	四川省公安厅	2010年8月	川公奖字〔2010〕29号	县交警大队
王 玮	全省公安机关抗击山洪泥石流二等功	四川省公安厅	2010年8月	川公奖字〔2010〕29号	县交警大队
田 川	全省公安机关抗击山洪泥石流二等功	四川省公安厅	2010年8月	川公奖字〔2010〕29号	草坡派出所
刘素芳	四川省群众体育先进个人	四川省体育局	2010年8月	川体发〔2010〕35号	县文体局
张光泽	全州政法先进干警	州委、州政府	2010年8月	阿委发〔2010〕18号	水磨派出所
陈茂辉	全国五一劳动奖章	中华全国总工会	2010年9月		广东省对口支援四川省汶川县恢复重建工作组
朱耀忠	全国五一劳动奖章	中华全国总工会	2010年9月		广东省对口支援四川省汶川县恢复重建工作组
陈定雄	全国五一劳动奖章	中华全国总工会	2010年9月		揭阳市对口援建卧龙镇工作组
雷 挺	全国五一劳动奖章	中华全国总工会	2010年9月		茂名市对口支援汶川县银杏乡恢复重建工作组
黄永林	全国五一劳动奖章	中华全国总工会	2010年9月		中山市对口支援汶川县漩口镇恢复重建工作组

续表二

获奖人	获奖名称	颁奖单位	表彰时间	批准文号	获奖人单位
张应杰	全国五一劳动奖章	中华全国总工会	2010年9月		汕头市对口支援汶川县草坡乡灾后恢复重建工作组
胡海运	全国五一劳动奖章	中华全国总工会	2010年9月		湛江援建汶川县龙溪乡工作组
刘宏葆	全国五一劳动奖章	中华全国总工会	2010年9月		佛山市对口支援汶川县水磨镇工作组
陈仁福	全国五一劳动奖章	中华全国总工会	2010年9月		珠海市对口支援汶川县绵虒镇恢复重建工作组
陈林佐	全国五一劳动奖章	中华全国总工会	2010年9月		东莞市援建汶川县映秀镇工作小组
温桂安	全国五一劳动奖章	中华全国总工会	2010年9月		肇庆市援建工作组
邱衍庆	全国五一劳动奖章	中华全国总工会	2010年9月		广东省对口支援汶川县恢复重建工作组
雷　栋	全国五一劳动奖章	中华全国总工会	2010年9月		江门市对口支援汶川县雁门乡恢复重建工作组
林舜谦	全国五一劳动奖章	中华全国总工会	2010年9月		惠州市对口支援汶川县三江乡恢复重建工作组
黄志刚	全国五一劳动奖章	中华全国总工会	2010年9月		潮州市对口支援四川省汶川县耿达乡恢复重建工作组
李耀南	全国五一劳动奖章	中华全国总工会	2010年9月		江门市对口支援汶川县雁门乡恢复重建工作组施工单位
王国文	四川省灾后恢复重建先进个人	中共四川省委、省人民政府	2010年9月		漩口镇党委
陈茂辉	四川省灾后恢复重建先进个人	中共四川省委、省人民政府	2010年9月		广东省对口支援四川省汶川县恢复重建工作组
朱耀忠	四川省灾后恢复重建先进个人	中共四川省委、省人民政府	2010年9月		广东省对口支援四川省汶川县恢复重建工作组
陈定雄	四川省灾后恢复重建先进个人	中共四川省委、省人民政府	2010年9月		揭阳市对口援建卧龙镇工作小组
雷　挺	四川省灾后恢复重建先进个人	中共四川省委、省人民政府	2010年9月		茂名市对口支援汶川县银杏乡恢复重建工作组
黄永林	四川省灾后恢复重建先进个人	中共四川省委、省人民政府	2010年9月		中山市对口支援汶川县漩口镇恢复重建工作组
张应杰	四川省灾后恢复重建先进个人	中共四川省委、省人民政府	2010年9月		汕头市对口支援汶川县草坡乡灾后恢复重建工作组
胡海运	四川省灾后恢复重建先进个人	中共四川省委、省人民政府	2010年9月		湛江援建汶川县龙溪乡工作组

续表三

获奖人	获奖名称	颁奖单位	表彰时间	批准文号	获奖人单位
刘宏葆	四川省灾后恢复重建先进个人	中共四川省委、省人民政府	2010年9月		佛山市对口支援汶川县水磨镇工作组
陈仁福	四川省灾后恢复重建先进个人	中共四川省委、省人民政府	2010年9月		珠海市对口支援汶川县绵虒镇恢复重建工作组
陈林佐	四川省灾后恢复重建先进个人	中共四川省委、省人民政府	2010年9月		东莞市援建汶川县映秀镇工作组
温桂安	四川省灾后恢复重建先进个人	中共四川省委、省人民政府	2010年9月		肇庆市援建工作组
任献光	四川省灾后恢复重建先进个人	中共四川省委、省人民政府	2010年9月		国家发展改革委固定资产投资司地方投资处
彭奎	四川省灾后恢复重建先进个人	中共四川省委、省人民政府	2010年9月		四川汶川振冲电力发展有限责任公司
张学林	四川省灾后恢复重建先进个人	中共四川省委、省人民政府	2010年9月		水磨镇衔凤岩村
詹长福	四川省灾后恢复重建先进个人	中共四川省委、省人民政府	2010年9月		阿坝州禧龙工业硅有限责任公司
张文敏	四川省灾后恢复重建先进个人	中共四川省委、省人民政府	2010年9月		汶川县新国旅大酒店
陶勋强	四川省灾后恢复重建先进个人	中共四川省委、省人民政府	2010年9月		四川川西磁业有限责任公司
胡清华	四川省灾后恢复重建先进个人	中共四川省委、省人民政府	2010年9月		映秀镇人民政府
董飞	四川省灾后恢复重建先进个人	中共四川省委、省人民政府	2010年9月		阿坝州汶川县映秀镇灾后重建应急特勤民兵中队
王莹	阿坝州参加省人口计生统计与信息化岗位技能选拔赛乡（镇）级第一名	中共四川省委、省人民政府	2010年9月		威州镇
王莹	全省人口计生统计与信息化岗位技能选拔赛乡（镇）优秀奖	四川省人口和计划生育委员会	2010年10月		威州镇
张继林	全州防范和处理邪教工作先进个人	阿坝州委防范和处理邪教领导小组	2010年10月	阿州防邪组〔2010〕9号	县政法委
杨雪梅	农业统计基点调查工作二等奖	四川省农业厅	2010年11月	川农业〔2010〕175号	县农业局
陈自州	全国模范人民调解员	中华人民共和国司法部	2010年12月	司发通〔2010〕106号	县司法局
范文慧	全省大调解先进个人	四川省委、省政府	2010年12月	川委〔2010〕356号	县政法委
陈自州	四川省矛盾纠纷"大调解"工作先进个人	四川省委、省政府	2010年12月		县司法局

续表四

获奖人	获奖名称	颁奖单位	表彰时间	批准文号	获奖人单位
王平金	四川省劳动纠纷大调解先进个人	四川省委办公厅、四川省政府办公厅	2010年12月		县政府法建办
赵 林	全省成本调查先进个人	省发改委	2010年12月		县物价局
左光磊	三等功	阿坝州公安局	2010年12月	阿公奖〔2010〕6号	县公安局
马旭春	三等功	阿坝州公安局	2010年12月	阿公奖〔2010〕6号	县公安局
吴新江	三等功	阿坝州公安局	2010年12月	阿公奖〔2010〕6号	县公安局
李世清	三等功	阿坝州公安局	2010年12月	阿公奖〔2010〕6号	县公安局
廖 康	三等功	阿坝州公安局	2010年12月	阿公奖〔2010〕6号	县公安局
苏清勇	三等功	阿坝州公安局	2010年12月	阿公奖〔2010〕6号	县公安局
雷震宇	三等功	阿坝州公安局	2010年12月	阿公奖〔2010〕6号	县公安局
方 俊	三等功	阿坝州公安局	2010年12月	阿公奖〔2010〕6号	县公安局
马先佑	三等功	阿坝州公安局	2010年12月	阿公奖〔2010〕6号	县公安局
梁大友	三等功	阿坝州公安局	2010年12月	阿公奖〔2010〕6号	县公安局
刘 飞	三等功	阿坝州公安局	2010年12月	阿公奖〔2010〕6号	县公安局
李正权	三等功	阿坝州公安局	2010年12月	阿公奖〔2010〕6号	县公安局
王 飞	三等功	阿坝州公安局	2010年12月	阿公奖〔2010〕6号	县公安局
周春江	三等功	阿坝州公安局	2010年12月	阿公奖〔2010〕6号	县公安局
刘永鸿	三等功	阿坝州公安局	2010年12月	阿公奖〔2010〕6号	县公安局
王 力	三等功	阿坝州公安局	2010年12月	阿公奖〔2010〕6号	县公安局
张 宇	2009年清理执行积案先进个人	州委清积办	2010年12月	阿清积办〔2009〕19号	县法院

续表五

获奖人	获奖名称	颁奖单位	表彰时间	批准文号	获奖人单位
邱 毅	优秀调解法官	州委办公室	2010年12月	阿委办〔2010〕82号	县法院
胡 蓉	优秀调解法官	州委办公室	2010年12月	阿委办〔2010〕82号	县法院
王国文	阿坝州"三百"示范工程建设先进个人	阿坝州委、州政府	2010年12月		漩口镇党委
吴志强	民族团结模范个人	四川省委、省政府、省军区	2010年		汶川县人武部
聂智勇	抗洪抢险先进个人	武警四川总队	2010年		县中队
陈 坚	2010年政法系统技能练兵"法院方队"汇报演练荣誉证书	省高院	2010年		县法院
周 翎	"四川省法制建设先进人物"称号	四川省法制建设办公室	2010年	川法建办〔2010〕2号文件	县司法局
付 喜	新闻报道三等奖	阿坝州军分区	2010年		县人武部
付 喜	三等奖	阿坝州军分区	2010年		县人武部
刘子忠	三等奖	阿坝州军分区	2010年		汶川县人武部
陈 宝	政法战线先进干警	州政法委	2010年		绵虒法庭

2010年度县委、县政府表彰的先进集体和个人

2010年县委、县政府表彰的县级最佳文明单位和县级文明单位、文明村名单

一、县级最佳文明单位

阿坝州汶川质量技术监督局

汶川县地税局威州税务所

中国人寿保险股份有限公司汶川支公司

二、县级文明单位

汶川县雁门小学

汶川县三江小学

汶川县公安局雁门乡派出所

汶川县民政局

汶川县公安局漩口镇派出所

汶川县农业局

汶川县残疾人联合会

三、县级文明村

威州镇牛脑寨村

雁门乡月里村

草坡乡克充村

漩口镇红福山村

2010年县委、县政府表彰的"5.12"汶川特大地震灾后恢复重建对口援建三年任务两年基本完成先进集体

广东省对口支援四川省汶川县恢复重建工作组

广州市对口支援汶川县威州镇恢复重建工作小组

珠海市对口支援汶川县绵虒镇恢复重建工作小组

汕头市对口支援汶川县草坡乡恢复重建工作小组

佛山市对口支援汶川县水磨镇恢复重建工作小组

惠州市对口支援汶川县三江乡恢复重建工作小组

东莞市对口支援汶川县映秀镇恢复重建工作小组

中山市对口支援汶川县漩口镇恢复重建工作小组

江门市对口支援汶川县雁门乡恢复重建工作小组

湛江市对口支援汶川县龙溪乡恢复重建工作小组

茂名市对口支援汶川县银杏乡恢复重建工作小组

肇庆市对口支援汶川县克枯乡恢复重建工作小组

潮州市对口支援汶川县耿达乡恢复重建工作小组

揭阳市对口支援汶川县卧龙镇恢复重建工作小组

广东国际咨询公司

北京大学中国城市设计研究中心

广州珠江实业集团有限公司

广东达安工程项目管理有限公司

广州市广园市政建设有限公司

广州建筑工程监理有限公司

广东耀南建筑工程有限公司

中国建筑一局(集团)有限公司

中建二局第三建筑工程有限公司

广州市第二市政工程有限公司

四川红云造价咨询有限责任公司

中交第二航务工程局

中铁二局股份有限公司

汕头市潮阳建筑工程总公司

深圳市建宏达建设实业有限公司

汕头市公路勘察设计院

汕头市城建工程设计院

汕头水利水电设计院

中国西南勘察设计研究院

四川红云建设项目管理咨询有限公司

汕头市公路工程监理有限公司

广东宇泰减震科技有限公司

广东恒胜建设监理有限公司

成都屹华建筑工程公司

广东省南方建设公司

成都倍特建筑安装工程有限公司

广西五鸿建设集团有限公司(B标段)

广东省第一建筑工程有限公司

四川中成煤炭建设(集团)有限责任公司

广东中科琪林园林股份有限公司

广东建粤工程有限公司

重庆伟太建筑工程有限公司

惠州市建筑工程总公司

惠州市水电建筑工程有限公司

东莞市援建映秀镇恢复重建工作小组工程管理处

东莞市地理信息与规划编制研究中心

中建七局第三建筑有限公司

广东省建筑工程机械施工有限公司

河南省地矿建设工程(集团)有限公司

水利部丹江口水利枢纽管理局建设监理中心

广州珠江工程建设监理有限公司

广东八建四川分公司

湛江建筑实业公司

湛江市自来水公司

四川省精诚建设有限公司

2010年县委、县政府表彰的汶川县2010年度社会矛盾纠纷大调解活动先进单位

一、社会矛盾纠纷大调解活动先进单位(乡镇6个)

一等奖 龙溪乡

二等奖 克枯乡 银杏乡

三等奖 映秀镇 雁门乡 漩口镇

二、社会矛盾纠纷大调解活动先进单位(部门7个)

县政协办

县委政法委

县信访和群众工作局

县人力资源和社会保障局

县人民政府驻蓉办事处

县矛盾纠纷大调解办公室

县城乡规划建设和住房保障局

三、特等奖(1个)

县公安局

2010年县委、县政府表彰的汶川县2010年度城乡环境卫生大整治活动先进单位

一、城乡环境卫生大整治活动先进单位(乡镇6个)

一等奖 漩口镇

二等奖 映秀镇 水磨镇

三等奖 草坡乡 三江乡 雁门乡

二、城乡环境卫生大整治活动先进单位(部门5个)

县纪委监察局 县卫生局 县城乡环境综合管理局

县工商局 县公路局

三、特等奖(1个)

县城乡环境综合治理领导小组

2010年县委、县政府表彰的汶川县2010年度重建成果管理大提升活动先进单位

一、重建成果管理大提升活动先进单位(乡镇6个)

一等奖　草坡乡
二等奖　映秀镇　银杏乡
三等奖　漩口镇　水磨镇　克枯乡

二、重建成果管理大提升活动先进单位(部门5个)

县委办公室
县委组织部
县文化体育局
县信访和群众工作局
县旅游局

三、特等奖(1个)

县教育局

2010年县委、县政府表彰的汶川县2010年度感恩教育深化发展活动先进单位

一、乡镇(5个)

水磨镇　漩口镇　克枯乡
银杏乡　映秀镇

二、部门(5个)

县委宣传部　县委组织部
县委党校　县文化体育局
县教育局

2010年县委、县政府表彰的汶川县2010年度创先争优活动先进单位

一、乡镇(4个)

映秀镇　威州镇　龙溪乡　银杏乡

二、部门(8个)

县委办公室　县政府办公室　县委组织部　县人民法院　县财政局　县农业局　县卫生局　县科技局

2010年县委、县政府表彰的汶川县2010年度"百村党建提升工程"先进单位

三江乡席草村　　映秀镇黄家院村
漩口镇集中村　　水磨镇大槽头村
银杏乡东界脑村　草坡乡樟排村
威州镇布瓦村　　雁门乡过街楼村
龙溪乡龙溪村　　克枯乡周达村

2010年县委、县政府表彰的汶川县2010年度"三百"示范工程建设先进集体

一、"三百"示范工程建设先进乡镇

(一)幸福美丽家园(5个)
一等奖　漩口镇　映秀镇
二等奖　银杏乡　水磨镇
三等奖　威州镇

(二)精品旅游村寨(4个)
一等奖　绵虒镇　水磨镇
二等奖　漩口镇
三等奖　三江乡

二、"三百"示范工程建设先进村

(一)幸福美丽家园(8个)
一等奖　映秀镇黄家村　银杏乡东界脑村
　　　　漩口镇响黄汰村　漩口镇蔡家杠村
二等奖　映秀镇老街村　水磨镇衔凤岩村
三等奖　水磨镇大槽头村　威州镇秉里村

(二)精品旅游村寨(6个)
一等奖　绵虒镇三官庙村　水磨镇老人村
二等奖　三江乡河坝村　漩口镇集中村
三等奖　三江乡草坪村　三江乡照壁村

三、"三百"示范工程建设先进单位

县委农工办　县旅游局　县城乡规划管理局

2010年县委、县政府表彰的汶川县2010年度综合目标绩效管理先进单位

一、乡镇

一等奖　映秀镇　威州镇　雁门乡　漩口镇
二等奖　水磨镇　克枯乡　草坡乡　龙溪乡
三等奖　三江乡　绵虒镇　银杏乡

二、党群法检部门

一等奖　县人大办　县委办　县委宣传部
　　　　县委组织部
二等奖　县法院　县委政法委
　　　　县纪委监察局　县政协办
　　　　县委党校　县接待办
三等奖　县妇联　县科协　县总工会
　　　　县检察院　县委统战部
　　　　县信访和群众工作局　县红十字会
　　　　团县委　县残联　县工商联

三、政府部门

一等奖　县城乡规划建设和住房保障局
　　　　县政府办　县农业局
　　　　县发展和改革局　县旅游局
　　　　县公安局　县交通运输局
二等奖　县广播电影电视局　县审计局
　　　　县财政局　县统计局
　　　　县林业局　县畜牧兽医局
　　　　县安监局　县卫生局
　　　　县人力资源和社会保障局
　　　　县人口和计划生育局
　　　　县文化体育局
三等奖　县扶贫和移民工作局
　　　　县教育局　县物价局
　　　　县民政局　县司法局

广东汶川工业园管委会
县防震减灾局　县史志办
县环保局　县国土资源局
县粮食局　县水务局
县科学技术局　县档案局
县经济商务和信息化局
漩口新型工业园管委会
县供销社

2010年县政府表彰的汶川县2009—2010年度退耕还林目标管理考核先进集体

一等奖　漩口镇　水磨镇　县退耕办
二等奖　龙溪乡　绵虒镇　草坡乡
　　　　银杏乡　三江乡　克枯乡
　　　　映秀镇　卧龙保护区管理局
三等奖　雁门乡　威州镇

2010年县委、县政府表彰的全省灾后恢复重建现场会筹备工作先进集体

水磨镇　　映秀镇　　漩口镇
绵虒镇　　县委办　　县人大办
县政府办　县政协办　县纪委
县委组织部　县委宣传部　县委政法委
县公安局　县检察院　县法院
县群工局　县财政局　县规划建设局
县市政公用管理局　县四办
县接待办　县交通　县林业局
县农业局　县畜牧兽医局　县公路局
县国土资源局　县经商局　县卫生局
县人武部　县消防大队
县武警中队　县森林大队

2010年县委、县政府表彰的赴玉树抗震救灾先进集体

威州镇人民武装部
雁门乡人民武装部
克枯乡人民武装部
龙溪乡人民武装部
映秀镇人民武装部
县卫生局　　　　县民政局
团县委　　　　　县红十字会

2010年县委、县政府表彰的"5.29"雁门乡国道213线抢险保通先进集体

雁门乡党委、人民政府　　县公安局
县交通局　　　　　　　　县公路管理局
县国土资源局　　　　　　县人武部
县公安消防大队　　　　　县政府应急办
阿坝州金盾爆破公司汶川分公司
县新闻中心

2010年度县爱国卫生运动委员会复查验收合格的各级爱国卫生先进单位

（一）2010年申报县级爱国卫生先进单位验收合格的单位（5个）

汶川县安监局　　汶川县一小
汶川县图书馆　　汶川质量技术监督局
卧龙镇卫生院

（二）2010年申报州级爱国卫生先进单位验收合格的单位（1个）

汶川县教育局

（三）2010年度复查验收合格的单位

1．省级爱国卫生先进单位（24个）

汶川县林业局
汶川县一中
（包括原威州中学和桑坪口学）
汶川县人民法院
汶川县疾病预防控制中心
汶川县卫生执法监督所
汶川县建设和环保局
汶川县卫生局
汶川县妇幼保健所
汶川县交通局
汶川县检察院
中国人民银行汶川支行
汶川县人大常委会机关
汶川县财政局
汶川县人民医院
汶川县国土资源局
汶川县总工会
汶川县威州镇人民政府
汶川县人民政府机关
汶川县中医院
汶川县委机关
汶川县政协委员会
汶川县第二小学校
（原威州民族师范学校附属小学）
汶川县公安局
四川省威州民族师范学校

2．州级爱国卫生先进单位（19个）

县人武部
汶川县消防中队
阿坝电大
阿坝州迎宾馆
汶川县档案局
汶川县绵虒中心卫生院
汶川县工商行政管理局
阿坝州汶川汽车站

汶川县广播电视局
汶川县供销合作联合社
汶川县八一小学校（原水磨镇小学和水磨镇白石小学）
汶川县水磨中学校
汶川县计划生育局
汶川县人民医院漩口分院
汶川县克枯乡人民政府机关
汶川县地税局
汶川县粮食局
汶川县绵虒镇人民政府机关
汶川县羌医骨伤科医院

3. 县级爱国卫生先进单位(31个)

汶川县经济商务局
汶川县漩口镇人民政府机关
汶川县映秀小学校
汶川县映秀镇人民政府机关
汶川县三江小学校
汶川县振冲公司
汶川县水磨镇卫生院
汶川县映秀中心卫生院
汶川县国税局
阿坝州疾控中心皮防所
汶川县水磨镇人民政府机关
汶川县三江乡卫生院
汶川县草坡乡人民政府机关
汶川县草坡乡卫生院
汶川县雁门乡卫生院
汶川县克枯乡卫生院
汶川县发改委
汶川县漩口中学校
阿坝州汶川药品监督局
汶川信用联社
汶川县龙溪乡卫生院

汶川县公路管理分局
汶川县龙溪小学校
汶川县物价局
汶川县旅游局
汶川县文体局
汶川县扶贫两资以工代赈救灾办
汶川县民政局
汶川县雁门乡人民政府
汶川县公路运输管理所
汶川县司法局

2010年县委表彰的先进基层党组织(64个)

水磨镇党委
银杏乡党委
映秀镇党委
漩口镇党委
绵虒镇机关党支部
雁门乡雁门小学党支部
威州镇布瓦村党支部
威州镇桑坪社区党支部
雁门乡萝卜寨村党支部
克枯乡周达村党支部
克枯乡大寺村党支部
龙溪乡联合村党支部
绵虒镇三官庙村党支部
绵虒镇克约村党支部
草坡乡金波村党支部
草坡乡沙排村党支部
银杏乡东界脑村党支部
银杏乡桃关村党支部
映秀镇中滩堡村党支部
漩口镇集中村支部
漩口镇震源新村党总支部

先进名录

水磨镇白果坪村党支部
水磨镇老人村党支部
水磨镇衔凤岩村党支部
漩口镇阿坝铝厂党支部
县委办党支部
县纪委党支部
县委组织部党支部
县政府办公室党支部
县教育局机关党支部
县交通局机关党支部
汶川电信分公司党总支
汶川一中党总支
县经济商务局机关党支部
县驻都江堰退休第四党支部
县司法局党支部
县工商局党支部
县发改委党支部
县公路分局党支部
县国土资源局党支部
县人大机关党支部
县计生委党支部
县公安局刑警大队党支部
县公安局交警大队党支部
漩口中学党支部
禧龙公司党委
华明电力公司党支部
广东省援建工作组综合部临时党支部
广东省援建工作组项目部临时党支部
广东省援建工作组社会部临时党支部
广东省援建工作组监审部临时党支部
广州市工作小组临时党支部
珠海市工作小组临时党支部
汕头市工作小组临时党支部
佛山市工作小组临时党支部
惠州市工作小组临时党支部
东莞市工作小组临时党支部
中山市工作小组临时党支部
江门市工作小组临时党支部
茂名市工作小组临时党支部
湛江市工作小组临时党支部
肇庆市工作小组临时党支部
潮州市工作小组临时党支部
揭阳市工作小组临时党支部

2010年县委、县政府表彰的"5.12"汶川特大地震灾后恢复重建对口援建三年任务两年基本完成先进个人

陈茂辉　广东省工作组组长
朱耀忠　广东省工作组副组长
蔡伟生　广东省工作组党政办公室主任
吴泰国　广东省工作组监察审计部部长
吕成蹊　广东省工作组综合协调部部长
邱衍庆　广东省工作组项目协调部部长
庄　侃　广东省工作组社会事业协调部部长
宣慧平　广东省工作组组员
马华章　广东省工作组组员
刘伟皓　广东省工作组组员
黄　欣　广东省工作组组员
蓝　波　广东省工作组组员
张宏伟　广东省工作组组员
秦　波　广东省工作组组员
黄胜军　广东省工作组组员
刘木才　广东省工作组组员
邱伟文　广东省工作组组员
李　坤　广东省工作组组员
李俊夫　广州市工作小组组长
廖颖达　广州市工作小组对外协调部副部长

谢焕扬	广州市工作小组前期设计部副部长	卢敏仪	广州市工作小组工程管理部成员
余善东	广州市工作小组综合管理部副部长	裴晓龙	广州市工作小组宣传推广部成员
陈　序	广州市工作小组综合管理部部长	杨国媚	广州市工作小组综合管理部成员
徐明贵	广州市工作小组前期设计部部长	潘启任	广州市工作小组前期设计部成员
杨宙慧	广州市工作小组综合管理部副部长	李　玥	广州市工作小组前期设计部成员
谢海平	广州市工作小组综合管理部副部长	刘　虹	广州市工作小组征地拆迁部成员
徐兴进	广州市工作小组综合管理部成员	陈仁福	珠海市工作小组组长
赵　峰	广州市工作小组综合管理部成员	黄亚东	珠海市工作小组组员
宋金峰	广州市工作小组总工程师	李绪鹏	珠海市工作小组组员
曹金文	广州市工作小组工程管理部部长	张　彤	珠海市工作小组组员
林　婷	广州市工作小组工程管理部副部长	邝　坚	珠海市工作小组组员
林建雄	广州市工作小组财务合约部部长	许　锴	珠海市工作小组组员
赖绍荣	广州市工作小组财务合约部成员	周振华	珠海市工作小组组员
马泽宣	广州市工作小组财务合约部成员	蓝　天	珠海市工作小组组员
邱辉祥	广州市工作小组综合管理部副部长	徐志华	珠海市工作小组组员
丁志成	广州市工作小组工程管理部成员	钟　琦	珠海市工作小组组员
陈　勋	广州市工作小组工程管理部成员	吕晓晴	珠海市工作小组组员
蒋福金	广州市工作小组对外协调部部长	温代贤	珠海市工作小组组员
林瑞宏	广州市工作小组纪检监察部主任	陈文玲	珠海市工作小组组员
彭昌武	广州市工作小组工程管理部成员	刘昌颢	珠海市工作小组组员
李耿晖	广州市工作小组宣传推广部长	张应杰	汕头市工作小组组长
杨随新	广州市工作小组前期设计部成员	杨焕新	汕头市工作小组组员
高全钢	广州市工作小组工程管理部成员	陈俊峰	汕头市工作小组组员
孙　威	广州市工作小组工程管理部成员	杨明顺	汕头市工作小组组员
宗金宽	广州市工作小组财务合约部成员	龚锦德	汕头市工作小组组员
雷　巍	广州市工作小组综合管理部成员	杨永帮	汕头市工作小组组员
邝伟良	广州市工作小组综合管理部成员	廖晓生	汕头市工作小组组员
游　涛	广州市工作小组综合管理部副部长	杨建伟	汕头市工作小组组员
张显桂	广州市工作小组财务合约部成员	吴启鹏	汕头市工作小组组员
郑才秀	广州市工作小组财务合约部成员	杨玉辉	汕头市工作小组组员
曹红柳	广州市工作小组综合管理部成员	沈　波	汕头市工作小组组员
赵春燕	广州市工作小组综合管理部成员	黄良钦	汕头市工作小组组员
许儒利	广州市工作小组工程管理部成员	陈文浩	汕头市工作小组组员
张文浩	广州市工作小组征地拆迁部成员	杨元龙	汕头市工作小组组员

先进名录

张淼鑫	汕头市工作小组组员
刘宏葆	佛山市工作小组组长
周　霞	佛山市工作小组组员
李　军	佛山市工作小组组员
梁品超	佛山市工作小组组员
陈树锋	佛山市工作小组组员
张东恺	佛山市工作小组成员
黄少兰	佛山市工作小组成员
黄写勤	佛山市工作小组成员
欧利图	佛山市工作小组成员
肖映泽	佛山市工作小组成员
陈盛峰	佛山市工作小组成员
彭长江	佛山市工作小组成员
田　奇	佛山市工作小组成员
高培群	佛山市工作小组成员
黎惠兰	佛山市工作小组成员
高汝锦	佛山市工作小组成员
邵景伴	佛山市工作小组成员
任　征	佛山市工作小组成员
范中杰	惠州市工作小组组长
马成辉	惠州市工作小组组员
黄进锋	惠州市工作小组组员
钟　武	惠州市工作小组组长
林舜谦	惠州市工作小组组员
李少华	惠州市工作小组组员
侯　瑜	惠州市工作小组组员
陈　聪	惠州市工作小组组员
单　波	惠州市工作小组组员
容华新	惠州市工作小组组员
郑伟才	惠州市工作小组组员
曾胜福	惠州市工作小组组员
叶松涛	惠州市工作小组组员
黄汉祺	惠州市工作小组组员
邓云飞	惠州市工作小组组员
谢火明	惠州市工作小组组员
雷东旭	惠州市工作小组组员
黄振华	惠州市工作小组组员
陈林佐	东莞市工作小组组长
傅晓炜	东莞市工作小组组员
陈志标	东莞市工作小组组员
郭浩辉	东莞市工作小组组员
王霁宇	东莞市工作小组组员
周运华	东莞市工作小组组员
朱利民	东莞援建工程管理处
杨　成	东莞援建工程管理处
王俊锋	东莞援建工程管理处
陈潇淳	东莞援建工程管理处
侯树平	东莞援建工程管理处
熊彩虹	东莞援建工程管理处
刘月兰	东莞援建工程管理处
姜　刚	东莞援建工程管理处
邱德良	东莞援建工程管理处
符志毅	东莞援建工程管理处
罗振军	东莞援建工程管理处
汤河清	东莞援建工程管理处
冯　玲	东莞援建工程管理处
刘伟如	东莞援建技术处
黄永林	中山市工作小组组长
黎汉钊	中山市工作小组副组长
杨　辉	中山市工作小组组员
陈卓彬	中山市工作小组组员
叶飞胜	中山市工作小组组员
林　青	中山市工作小组组员
苗丰田	江门市工作小组组员
谭钜安	江门市工作小组组员
雷　栋	江门市工作小组组员
卢伟敏	江门市工作小组组员
宋　强	江门市工作小组组员

黄劲国	江门市工作小组组员	何　文	肇庆市工作小组组员
朱　仑	江门市工作小组组员	徐　和	潮州市工作小组组长
赵丽影	江门市工作小组组员	张为民	潮州市工作小组组员
林发球	江门市工作小组组员	黄志刚	潮州市工作小组组员
吴　斌	江门市工作小组建设组成员	谢昭茂	潮州市工作小组组员
莫文辉	江门市工作小组建设组成员	陈定雄	揭阳市工作小组组长
陈英伟	江门市工作小组建设组成员	陈育文	揭阳市工作小组组员
唐卫民	江门市工作小组交通小组成员	陈　河	揭阳市工作小组组员
杨光才	江门市工作小组交通小组成员	古维霞	县文体局副局长、县接待办副主任
李国明	江门市工作小组交通小组成员	卢志瑜	珠江实业威州援建项目经理
许植森	江门市工作小组交通小组成员	陈爱民	广东达安汶川项目负责人
容燕华	江门市工作小组交通小组成员	李志远	广园市政建设有限公司威州援建项目部项目经理
黎池登	江门市工作小组水利小组成员		
毛军峰	江门市工作小组水利小组成员	胡海军	广州宏达工程顾问有限公司（汶川县人民医院监理工程师）
胡海运	湛江市工作小组组长		
莫大成	湛江市工作小组组员	蔡伟艺	四川奥博建设有限公司汶川项目负责人
陈　健	湛江市工作小组组员		
邓　华	湛江市工作小组组员	王志刚	重庆建工集团责任有限公司（汶川县人民医院项目经理）
黄华兵	湛江市工作小组组员		
周米拉	湛江市工作小组组员	陈宗安	四川中成煤炭建设(集团)有限责任公司(岷江东一期负责人)
雷　挺	茂名市工作小组组长		
车子平	茂名市工作小组副组长	吴德忠	河南建工集团有限公司(总经理)
梁　志	茂名市工作小组组员	王　梦	四川省瑞云环境绿化工程有限公司副总经理
梁　涛	茂名市工作小组组员		
杨冰峰	茂名市工作小组组员	明　针	四川红云造价咨询有限责任公司总经理
车　福	茂名市工作小组组员		
李志勇	茂名市工作小组组员	廖映锋	珠海市基础工程直属管理处
杨建基	茂名市工作小组组员	曾德元	珠海市基础工程直属管理处
黄万友	茂名市工作小组组员	郑炳增	珠海市基础工程直属管理处
姚运东	茂名市工作小组组员	甘志贤	珠海市基础工程直属管理处
颜子钧	茂名市工作小组组员	黄小维	珠海市基础工程直属管理处
温桂安	肇庆市工作小组组长	张　千	珠海市基础工程直属管理处
余锦兴	肇庆市工作小组副组长	袁偲伟	珠海市基础工程直属管理处
欧子标	肇庆市工作小组组员	刘　侃	珠海市建筑设计院

先进名录

杨　烁　珠海市建筑设计院勘察分院
谢明胜　珠海信仕德建设项目管理有限公司
汤　华　中交第二航务工程局
蒋明建　中交第二航务工程局
简仕财　中交第二航务工程局
张世春　中铁二局股份有限公司
蒋　云　中铁二局股份有限公司
麦兴国　四川小康建设装饰有限公司
银　刚　汶川县建筑工程公司
曹忠建　中铁二局股份有限公司
高用浩　中铁二局股份有限公司
柯继创　汕头市潮阳建筑工程总公司
苏伟冬　深圳市建宏达建设实业有限公司
魏旭毅　广东粤路勘察设计有限公司
黄上进　汕头市升平建筑设计院
林　军　汕头市东土设计有限公司
胡成忠　中国建筑西南勘察设计研究院有限公司
李　柽　汕头市城市规划设计研究院
林孔顺　中建七局第三建筑有限公司
朱　贺　中建七局第三建筑有限公司
陈上经　中建七局第三建筑有限公司
尚晓磊　中建七局第三建筑有限公司
李杰峰　中建七局第三建筑有限公司
张建仙　中建七局第三建筑有限公司
董继新　中建七局第三建筑有限公司
史传川　中建七局第三建筑有限公司
李潋伟　中建七局第三建筑有限公司
罗光辉　中建七局第三建筑有限公司
何德清　广东省建筑工程机械施工有限公司
谢云建　广东省建筑工程机械施工有限公司
郑元沁　广东省建筑工程机械施工有限公司
练国雄　广东省建筑工程机械施工有限公司
温汉明　广东省建筑工程机械施工有限公司
何智铭　广东省建筑工程机械施工有限公司
林顺添　广东省建筑工程机械施工有限公司
马　苍　河南省地矿建设工程(集团)有限公司
丁占稳　河南省地矿建设工程(集团)有限公司
欧阳利娇　河南省地矿建设工程(集团)有限公司
酒亮亮　河南省地矿建设工程(集团)有限公司
吴　凯　河南省地矿建设工程(集团)有限公司
潘光林　水利部丹江口水利枢纽管理局建设监理中心
陈　萍　水利部丹江口水利枢纽管理局建设监理中心
颜德伟　水利部丹江口水利枢纽管理局建设监理中心
刘家银　广州珠江工程建设监理有限公司
张春刚　广州珠江工程建设监理有限公司
许逸民　广州珠江工程建设监理有限公司
杨　广　广州珠江工程建设监理有限公司
李鹏飞　中铁二局股份有限公司
孙　勇　中铁二局股份有限公司
喻　伟　中铁二局股份有限公司
陈　俭　肇庆建设工程施工安全监督站安监室主任
崔志杰　肇庆市建设局工程建设质量监督管理站
龙锦雄　肇庆市建设局工程建设质量监督管理站
鲁明仁　肇庆市鼎建工程建设监理有限公司
贾　真　肇庆市鼎建工程建设监理有限公司
廖荫航　肇庆市鼎建工程建设监理有限公司
石剑清　肇庆市鼎建工程建设监理有限公司
黎纯杰　肇庆市鼎建工程建设监理有限公司
黄伟坚　肇庆市鼎建工程建设监理有限公司
辛海森　肇庆市鼎星公路监理有限公司

陈建东　肇庆市鼎星公路监理有限公司
张大林　肇庆市西江水利水电监理有限公司
薛林炬　肇庆市公路局
廖镜洪　肇庆市公路勘察设计院院长高级工程师
钟汉邦　肇庆市公路勘察设计院高级工程师
钟猛志　肇庆市公路勘察设计院总工程师
林仲贤　肇庆市城市规划设计院
陈肇明　肇庆市城市规划设计院
廖　涌　肇庆市城市规划设计院
叶凌志　肇庆市自来水公司
曾志珍　肇庆市水利水电勘测设计院总工
莫浩麟　肇庆市水利水电勘测设计院高级工程师

2010年县委、县政府授予的汶川县荣誉市民

陈茂辉　广东省工作组组长
朱耀忠　广东省工作组副组长
蔡伟生　广东省工作组党政办主任
吴泰国　广东省工作组监察审计部部长
吕成蹊　广东省工作组综合协调部部长
邱衍庆　广东省工作组项目协调部部长
庄　侃　广东省工作组社会协调部部长
宣慧平　广东省工作组组员
马华章　广东省工作组组员
刘伟皓　广东省工作组组员
黄　欣　广东省工作组组员
蓝　波　广东省工作组组员
张宏伟　广东省工作组组员
秦　波　广东省工作组组员
黄胜军　广东省工作组组员
刘木才　广东省工作组组员
邱伟文　广东省工作组组员
李　坤　广东省工作组组员
李俊夫　广州市工作小组组长
廖颖达　广州市工作小组对外协调部副部长
谢焕扬　广州市工作小组前期设计部副部长
余善东　广州市工作小组综合管理部副部长
陈　序　广州市工作小组综合管理部部长
徐明贵　广州市工作小组前期设计部部长
杨宙慧　广州市工作小组综合管理部副部长
谢海平　广州市工作小组综合管理部副部长
徐兴进　广州市工作小组综合管理部成员
赵　峰　广州市工作小组综合管理部成员
宋金峰　广州市工作小组总工程师
曹金文　广州市工作小组工程管理部部长
林　婷　广州市工作小组工程管理部副部长
林建雄　广州市工作小组财务合约部部长
赖绍荣　广州市工作小组财务合约部成员
马泽宣　广州市工作小组财务合约部成员
邱辉祥　广州市工作小组综合管理部副部长
丁志成　广州市工作小组工程管理部成员
陈　勋　广州市工作小组工程管理部成员
文　军　广州市工作小组工程管理部成员
蒋福金　广州市工作小组对外协调部部长
林瑞宏　广州市工作小组纪检监察部主任
彭昌武　广州市工作小组工程管理部成员
李耿晖　广州市工作小组宣传推广部部长
杨随新　广州市工作小组前期设计部成员
孙　威　广州市工作小组工程部成员
高全钢　广州市工作小组工程部成员
宗金宽　广州市工作小组财务合约部成员
雷　巍　广州市工作小组综合管理部成员
邝伟良　广州市工作小组综合管理部成员
陈仁福　珠海市工作小组组长
黄亚东　珠海市工作小组组员
李绪鹏　珠海市工作小组组员

先 进 名 录

邝　坚	珠海市工作小组组员	田　奇	佛山市工作小组组员
张　彤	珠海市工作小组组员	黎惠兰	佛山市工作小组组员
许　锴	珠海市工作小组组员	高汝锦	佛山市工作小组组员
周振华	珠海市工作小组组员	任　征	佛山市工作小组组员
蓝　天	珠海市工作小组组员	吴俊聪	佛山市工作小组组员
徐志华	珠海市工作小组组员	陈伟聪	佛山市工作小组组员
吕晓晴	珠海市工作小组组员	杨永春	佛山市工作小组组员
钟　琦	珠海市工作小组组员	彭长江	佛山市工作小组组员
温代贤	珠海市工作小组组员	曾永雄	佛山市工作小组组员
陈文玲	珠海市工作小组组员	陈桂科	佛山市工作小组组员
刘昌颢	珠海市工作小组组员	梁灿强	佛山市工作小组组员
张应杰	汕头市工作小组组长	袁传超	佛山市工作小组组员
杨焕新	汕头市工作小组组员	严　程	佛山市工作小组组员
陈俊峰	汕头市工作小组组员	罗雪锋	佛山市工作小组组员
杨明顺	汕头市工作小组组员	陈庆文	佛山市工作小组组员
杨永帮	汕头市工作小组组员	李慕冰	佛山市工作小组组员
陈文浩	汕头市工作小组组员	刘科强	佛山市工作小组组员
龚锦德	汕头市工作小组组员	郑俊敏	佛山市工作小组组员
廖晓生	汕头市工作小组组员	范中杰	惠州市工作小组组长
杨建伟	汕头市工作小组组员	马成辉	惠州市工作小组组员
吴启鹏	汕头市工作小组组员	黄进锋	惠州市工作小组组员
刘宏葆	佛山市工作小组组长	钟　武	惠州市工作小组组长
周　霞	佛山市工作小组组员	林舜谦	惠州市工作小组组员
梁品超	佛山市工作小组组员	李少华	惠州市工作小组组员
陈树锋	佛山市工作小组组员	侯　瑜	惠州市工作小组组长
李　军	佛山市工作小组组员	陈　聪	惠州市工作小组组员
黄少兰	佛山市工作小组组员	单　波	惠州市工作小组组员
张东恺	佛山市工作小组组员	陈林佐	东莞市工作小组组长
黄写勤	佛山市工作小组组员	傅晓炜	东莞市工作小组组员
欧利图	佛山市工作小组组员	陈志标	东莞市工作小组组员
肖映泽	佛山市工作小组组员	郭浩辉	东莞市工作小组组员
陈盛峰	佛山市工作小组组员	王霁宇	东莞市工作小组组员
高培群	佛山市工作小组组员	周运华	东莞市工作小组组员
邵景伴	佛山市工作小组组员	朱利民	东莞市工作小组组员

杨　成	东莞市工作小组组员	余锦兴	肇庆市工作小组副组长
王俊锋	东莞市工作小组组员	欧子标	肇庆市工作小组组员
黄永林	中山市工作小组组长	何　文	肇庆市工作小组组员
黎汉钊	中山市工作小组副组长	徐　和	潮州市工作小组组长
杨　辉	中山市工作小组组员	张为民	潮州市工作小组组员
陈卓彬	中山市工作小组组员	黄志刚	潮州市工作小组组员
叶飞胜	中山市工作小组组员	谢昭茂	潮州市工作小组组员
林　青	中山市工作小组组员	陈定雄	揭阳市工作小组组长
苗丰田	江门市工作小组组员	陈育文	揭阳市工作小组组员
谭钜安	江门市工作小组组员	陈　河	揭阳市工作小组组员
黄劲国	江门市工作小组组员	王梦瑶	北京传媒大学学生
雷　栋	江门市工作小组组员	周小燕	汶川县大同社会工作服务中心总干事
卢伟敏	江门市工作小组组员	石东晖	汶川县交通局副局长
宋　强	江门市工作小组组员	刘　发	汶川县交通局副局长
朱　仑	江门市工作小组组员	胡汉渝	汶川县交通局副局长
赵丽影	江门市工作小组组员	张华平	汶川县映秀镇副镇长
胡海运	湛江市工作小组组长	许党党	汶川县映秀镇副镇长
莫大成	湛江市工作小组组员	任献光	县委常委、县人民政府副县长
陈　健	湛江市工作小组组员	范振宇	县委常委、县人民政府副县长
邓　华	湛江市工作小组组员	李志新	县委常委、县人民政府副县长
黄华兵	湛江市工作小组组员	李东红	县委常委、县人民政府副县长
周米拉	湛江市工作小组组员	邓国基	县委常委、县人民政府副县长
雷　挺	茂名市工作小组组长	史小明	县审计局副局长
车子平	茂名市工作小组副组长	牛超强	深圳市川安视星文化传播有限公司导演
梁　志	茂名市工作小组组员		
梁　涛	茂名市工作小组项目部部长	楠　艺	深圳市川安视星文化传播有限公司艺术总监、制片人
杨冰峰	茂名市工作小组办公室主任		
车　福	茂名市工作小组办公室成员	王伯昭	演员,电视剧《汶川儿女》男主角
李志勇	茂名市工作小组办公室成员	张　恒	演员,电视剧《汶川儿女》女主角
黄万友	茂名市工作小组项目部成员	武志刚	四川省文联创作中心主任
杨建基	茂名市工作小组项目部成员		
颜子钧	茂名市工作小组项目部副部长		
姚运东	茂名市工作小组组员		
温桂安	肇庆市工作小组组长		

先进名录

2010年县委、县政府表彰的"三百"示范工程建设先进个人

李代君	县人大常委会主任
李 杰	县委常委、县人民政府副县长
刘 兵	县委常委、县委统战部部长
欧旨勇	映秀镇人民政府副镇长
王 鹏	水磨镇党委委员
王庆九	水磨镇人民政府副镇长
唐琼芳	银杏乡人民政府副乡长
熊作贵	绵虒镇三官庙村党支部书记
连富强	映秀镇黄家村党支部书记
张显贵	银杏乡东界脑村党支部书记
万安贵	漩口镇集中村村委会主任

2010年县政府表彰的汶川县2009—2010年度退耕还林目标管理考核先进个人

万功荣　彭　钊　王福才　吴　勇
李　田　明贵学　范德云　张敬明
余　智　陈德平　庞　林　张青宇
黄　斌　吴　勇　罗　荣

2010年县委、县政府表彰的汶川县优秀教师

张 辉	汶川县草坡小学
马志敏	汶川县草坡小学
王春丽	汶川县"八一"小学
贾 波	汶川县"八一"小学
王 萃	汶川县"八一"小学
谭 杰	汶川县"八一"小学
杨启青	汶川县龙溪小学
汪志艳	汶川县龙溪小学
尚钟琼	汶川县克枯小学
周 宏	汶川县克枯小学
马明学	汶川县三江小学
贾 伟	汶川县三江小学
罗 丹	汶川县水磨中学
林夕蔚	汶川县水磨中学
季 平	汶川县水磨中学
谢晋斌	汶川县银杏小学
彭 勇	汶川县雁门小学
胡福文	汶川县雁门小学
李成毅	汶川县雁门小学
郭成秋	汶川特殊教育学校
刘志军	汶川县"七一"映秀中学
张 莉	汶川县"七一"映秀中学
董 敏	汶川县"七一"映秀中学
王志华	汶川县"七一"映秀中学
杨清建	汶川县"七一"映秀中学
曾志泉	汶川县"七一"映秀中学
杨佳玉	中国中铁映秀幼儿园
田正萍	汶川县第一小学
杨友涛	汶川县第一小学
姚良武	汶川县第一小学
董琼慧	汶川县第一小学
余 斌	汶川县第一小学
樊 文	汶川县第一小学
赵强群	汶川县"七一"绵虒小学
杨昌利	汶川县"七一"绵虒小学
张际锋	汶川县"七一"绵虒小学
苏小华	汶川县漩口小学
任小琼	汶川县漩口小学
肖 雯	汶川县漩口小学
杨 勇	汶川县绵虒中学
郭继东	汶川县绵虒中学
廖广才	汶川县映秀小学

廖良淑	汶川县映秀小学
贺秀芳	汶川县第一幼儿园
张煜佳	汶川县第一幼儿园
余黎娜	汶川县第一幼儿园
彭晓宏	汶川县第二幼儿园
陈磊	汶川县第一中学
王世兵	汶川县第一中学
宋洪健	汶川县第一中学
郑辉	汶川县第一中学
帅丽红	汶川县第一中学
黎军	汶川县第一中学
谢峻松	汶川县第一中学
朱东	汶川县第一中学
曾晓忆	汶川县第一中学
姚文中	汶川县第一中学
熊静	汶川县第一中学
夏绍和	汶川县第一中学
黄春梅	汶川县第一中学
罗泉	汶川县第一中学
陶大林	汶川县第一中学
梁孝岚	汶川县第一中学
荆礼兵	汶川县第一中学
周浩	汶川县第一中学
陈红	卧龙特区中学
黄建蓉	汶川县卧龙小学
张凤	汶川县卧龙小学
文玲	汶川县第二小学
万晓玲	汶川县第二小学
吴逢高	汶川县第二小学
汤建章	汶川县教育局
蒋玲	汶川县教育局
李凤良	汶川县教育局

2010年县委、县政府表彰的汶川县先进教育工作者

倪述军	汶川县草坡小学
彭显军	汶川县"八一"小学
苏成忠	汶川县龙溪小学
王映	汶川县克枯小学
杨林	汶川县卧龙小学
姚林	汶川县三江小学
何莉	汶川县水磨中学
姚奎	汶川县银杏小学
程薇	汶川县雁门小学
陈建平	汶川特殊教育学校
徐康志	汶川县"七一"映秀中学
杨勇强	汶川县"七一"映秀中学
刘静	中国中铁映秀幼儿园
赖秀华	汶川县第一小学
余菲	汶川县七一绵虒小学
王勇刚	汶川县漩口小学
李洪	汶川县绵虒中学
张春东	汶川县映秀小学
罗燕	汶川县第一幼儿园
杨海蓉	汶川县第二幼儿园
朱宗泉	汶川县第一中学
杨军	汶川县第一中学
李惠	汶川县第一中学
张一根	汶川县第一中学
唐锐	卧龙特区中学
尚贤顺	汶川县第二小学
罗敏	汶川县教育局

2010年县委、县政府表彰的赴玉树抗震救灾先进个人

吴天勇	克枯乡人民政府副乡长、武装部长
张文君	威州镇人民武装部干事
陈玉军	县公安局协警员（民兵）
高　勤	映秀镇人民政府工勤人员（民兵）
倪新兵	龙溪乡人民政府工勤人员（民兵）
陈　军	威州镇民兵
王　勤	威州镇民兵
王　东	威州镇民兵
陈　洪	映秀镇民兵
王志勇	映秀镇民兵
王　兵	雁门乡民兵
尚忠海	雁门乡民兵
余小刚	水磨镇民兵
王俊强	水磨镇民兵
郭　爽	水磨镇民兵
张学怀	水磨镇民兵
车友军	水磨镇民兵
王　星	水磨镇民兵
王　伟	水磨镇民兵
姚绍春	水磨镇民兵
李　勇	水磨镇民兵
万成龙	水磨镇民兵
刘世友	水磨镇民兵
钟　波	水磨镇民兵
曾　勇	汶川县个体经营户
彭全文	县卫生局党组书记、副局长
彭宏斌	县疾病预防控制中心副主任
熊贤刚	县卫生执法监督所副所长
陈发清	县人民医院外科主治医师
周文涛	县疾病预防控制中心卫生医师
颜开成	县疾病预防控制中心主管医师
刘啸虎	映秀中心卫生院外科医师
姚　江	映秀中心卫生院外科医师
杨晓静	映秀中心卫生院护士
马路兵	县中医院外科医师
郭富丽	县人民医院护士
唐小军	县人民医院药剂师
刘大伟	县人民医院驾驶员
王兴强	水磨卫生院驾驶员
王显云	县疾病预防控制中心驾驶员
邹安俊	雁门乡卫生院驾驶员
杨　涛	县广播电影电视局记者

2010年县委、县政府表彰的"5.29"雁门乡国道213线抢险保通先进个人

吴　强	映秀镇民兵
杨元帅	威州镇民兵
李　孙	威州镇民兵
董　飞	映秀镇民兵
雷加富	映秀镇民兵
朱贵勇	克枯乡民兵
陈爱平	雁门乡索桥村村民
邓学军	雁门乡麦地村村民
陈　静	雁门乡芤山村村民
杨　艳	县广播电影电视局记者

2010年县委、县政府授予的汶川县优秀离任村干部名单（100名）

余武元	龙溪乡联合村
陈明富	龙溪乡龙溪村
王克余	龙溪乡布兰村
陈正容	龙溪乡俄布村
余平安	龙溪乡阿尔村

陈克俊	龙溪乡垮坡村	刘均友	漩口镇瓦窑村
李海林	龙溪乡大门村	刘树明	漩口镇响黄沟村
何天德	龙溪乡马灯村	李清华	漩口镇八角庙村
杨贵友	三江乡龙竹村	谢升强	漩口镇集中村
郑一清	三江乡席草村	孙佰金	漩口镇安子坪
张志福	三江乡麻柳村	周松柏	漩口镇圣音寺村
张国云	三江乡草坪村	潘志仁	映秀镇老街村
付松柏	三江乡柒山村	邹良学	映秀镇黄家院村
张定文	三江乡街村	马道元	映秀镇渔子溪村
王志福	三江乡河坝村	李文仲	映秀镇中滩堡村
余仕海	三江乡照壁村	赵树良	映秀镇张家坪村
王开礼	水磨镇茅坪子村	刘甫全	映秀镇枫香树村
马清良	水磨镇寨子坪村	宋利全	银杏乡一碗水村
吴永安	水磨镇连山坡村	胡再秀	银杏乡兴文坪村
王跃田	水磨镇刘家沟村	魏明山	银杏乡桃关村
贾厚成	水磨镇陈家山村	胡生民	银杏乡沙坪关村
马友仁	水磨镇黄家坪村	陈光富	银杏乡东界脑村
蒲国方	水磨镇马家营村	曾太明	草坡乡两河村
易海清	水磨镇牛塘沟村	黄代贵	草坡乡码头村
马世和	水磨镇灯草坪村	刘平孝	草坡乡金波村
贾正品	水磨镇白石村	喻学良	草坡乡龙潭村
刘克明	水磨镇郭家坝村	杨友志	草坡乡樟排村
王万全	水磨镇黑土坡村	朱国富	草坡乡足湾村
胡两平	水磨镇衔凤岩村	罗友富	草坡乡克充村
王素芳	水磨镇白果坪村	孔祥贵	草坡乡沙排村
廖兴忠	水磨镇老人村	李树全	绵虒镇半坡村
王志	水磨镇大岩洞村	柏正田	绵虒镇高店村
苏文俊	漩口镇小麻村	季玉明	绵虒镇绵丰村
王寿云	漩口镇水田坪	董维福	绵虒镇板桥村
何发棋	漩口镇蔡家杠	刘全兴	绵虒镇涂禹山村
周仕明	漩口镇核桃坪	蒋明光	绵虒镇小毛坪村
蒋国安	漩口镇赵家坪	刘章友	绵虒镇白土坎村
赵国民	漩口镇宇宫村	王吉全	绵虒镇和平村
王太昌	漩口镇古溪村	高加强	绵虒镇三官庙村

先进名录

王兴富	绵虒镇板子沟村	王修伦	威州镇七盘沟村党支部书记
汪清高	绵虒镇羌锋村	吴传军	威州镇七盘沟社区党总支书记
苏代富	绵虒镇碉头村	陈安学	威州镇南桥社区主任助理
朱友安	威州镇布瓦村	陈发英	威州镇布瓦村离任党员干部
周加和	威州镇秉里村	李 文	简阳市金马镇下派威州镇党委副书记
余知术	威州镇牛脑寨村	陈 静	雁门乡芤山村党支部副书记
郭维义	威州镇增坡村	刘国金	雁门乡通山村村委会主任
杨顺康	威州镇茨里村	陈良云	雁门乡过街楼村党支部书记
杨元兴	威州镇茅岭村	余毅峰	雁门乡人民政府副乡长
郭顺武	威州镇禹碑岭村	曾克勤	雁门乡人民政府副乡长
苏世华	威州镇双河村	陈富文	克枯乡克枯村党支部副书记
王德奇	威州镇七盘沟村	李富明	克枯乡下庄村党支部书记
喻世友	威州镇万村	王德林	克枯乡克枯村党支部副书记
刘兴林	雁门乡通山村	余泽良	克枯乡离任党员干部
尚泽书	雁门乡过街楼村	陈志松	龙溪乡俄布村党支部书记
余明清	雁门乡芤山村	唐成继	龙溪乡联合村东门口村民小组长
尚泽珍	雁门乡麦地村	余文武	龙溪乡布兰村党支部书记
邓国权	雁门乡月里村	何世康	龙溪乡马灯村党支部书记
朱文彬	雁门乡索桥村	余水平	龙溪乡垮坡村村委会主任
马前忠	雁门乡萝卜寨村	黄晓刚	绵虒镇人民政府副镇长
李会林	雁门乡青坡村	杨启明	绵虒镇绵丰村妇女主任
余登田	雁门乡白水村	文 军	绵虒派出所所长
陈占兵	克枯乡下庄村	王贵林	绵虒镇板桥村村委会主任
何福才	克枯乡木上寨村	陈国清	绵虒镇半坡村党支部书记
余贵书	克枯乡克枯村	左元君	"七一"绵虒小学党支部书记
余光荣	克枯乡大寺村	熊寿昌	绵虒镇三官庙村党支部成员
王克书	克枯乡周达村	马道川	绵虒中学党支部书记、校长

2010年县委表彰的优秀共产党员(231名)

		曾利华	草坡乡码头村一村一名大学生
		廖 伟	草坡乡政府职工
王 宇	威州镇党委书记	杨 艳	草坡乡政府职工
李云虹	威州镇人民政府干部	龚素珍	草坡乡两河村党支部书记
唐祥明	威州镇双河村党支部书记	陈贵华	草坡乡龙潭村党支部书记
杨喜明	威州镇新桥村党支部书记	张 锐	银杏乡政府职工
		明贵学	银杏乡人民政府副乡长

王安强	银杏乡文卫支部书记、汶川县银杏小学校长	刘　强	县工商联党组副书记兼副主席
胡　佳	映秀镇政府职工	黄　韬	县群众工作局督查督办股股长
连富强	映秀镇黄家村党支部书记	彭　娟	县委办信息信访股股长
龙海峰	阿坝州旅游局下派映秀镇中滩堡村干部	张清平	县人事劳动和社会保障局监察队队长
马永清	映秀镇渔子溪村离任干部	吴　麟	县审计局党组书记、局长
阳国琳	映秀镇老街村党支部副书记	刘永琼	县统计局综合股股长
王勇刚	漩口小学职工	郎若林	县驻成都办事处主任
陈建兵	漩口卫生院副院长	任献光	县委常委、副县长
袁　崔	阿坝锂业公司职工	范振宇	县委常委、副县长
付晓忠	漩口派出所副所长	李志新	县委常委、副县长
刘德华	漩口镇政府退休干部	李东红	县委常委、副县长
蔡继友	漩口镇蔡家杠村党支部书记	邓国基	县委常委、副县长
陈小雪	漩口社区一村一名大学生	汤朝林	县教育局人事股股长
朱智力	漩口居委会党员	韩　俊	县教育局教师进修校副校长
殷书怀	水磨镇郭家坝村支部书记	李永强	县教育局办公室工作人员
刘菊英	水磨镇卫生院院长	刘素芳	县文体局体育股股长
吕　萍	州劳动社会保障局下派汶川县水磨镇马家营村党支部副书记	杨　奎	县运管所稽查中队中队长
罗继华	水磨镇人民政府镇长	张　义	九寨黄龙运业集团有限责任公司安全经营部部长
彭显军	汶川"八一"小学党支部书记、校长	肖　艳	县邮政局办公室主任、营销公司经理
彭玉刚	水磨镇茅坪子村党支部书记	梁建兴	中国电信汶川分公司工会干事
邬仲健	水磨镇白果坪村离任干部	董　彬	汶川县第一中学教师
钟　平	水磨社区居委会主任	李　勇	县林业局桂花坪林场场长
曾永红	水磨镇牛塘沟村党支部书记	李方明	县粮油购销公司支部书记、经理
万功荣	三江乡政府职工	孙黄万	县中医院住院部医师
张长发	三江乡街村党支部书记	陈　志	县经济商务局办公室主任
杨志全	三江乡照壁村党支部书记	张　祥	汶川县精美印业有限责任公司销售经理
王　丽	三江乡麻柳村一村一名大学生	喻维军	汶川姜维旅业有限责任公司党支部书记
杨志琼	县看守所民警	曾　志	县人事劳动局退休干部
廖　康	县公安局治安大队队长	王　军	县农业局蔬菜站职工
向泽朗	县委常委	陈晓龙	县工商局监察室主任
郭山鹰	县委宣传部副部长、党支部书记	孙　勇	县地税局党组书记、局长

先进名录

殷　莉　县发展和改革委员会投资股股长
周　静　县财政局党组成员、副局长
陈劲斌　县民政局党组书记、局长
王孝智　县民政局正科级干部
张　敏　县供销社副主任、党支部书记
易小平　汶川公路管理分局映秀道班班长
贺洪平　县残疾人联合会理事长
代永伦　县市政公用管理局副局长
陈华清　县人大调研员
晏　飞　漩口中学教师
杨福喜　县振冲电力公司白家夺电站站长
杨云凯　阿坝州禧龙工业硅有限责任公司一号炉炉长
赵玖秋　岷江运业有限责任公司副总经理
舒仕利　汶川华明电力开发有限责任公司中坝水电厂长
张　强　县经济商务局西部计划志愿者
付　华　县国土资源局西部计划志愿者
刘平和　县人武部职工
陈茂辉　广东省政府副秘书长
朱耀忠　广东省发改委副主任
蔡伟生　广东省人大副厅级干部
吴泰国　广东省纪委副厅级干部
吕成蹊　广东省发展改革委投资处处长、工作组综合协调部部长
邱衍庆　广东省建设厅正处职干部、工作组援建项目协调部部长
庄　侃　广东省民政厅正处职干部、工作组社会发展协调部部长
宣慧平　广东省府办公厅正处职干部
刘伟皓　广东省发展改革委国外资金利用（对外交流）处副处长
黄　欣　广东省经贸委交通处调研员
蓝　波　广东省财政厅农业处副调研员
张宏伟　广东省教育厅督导室副调研员
秦　波　广东省职业技能鉴定指导中心副主任
黄胜军　广东省路桥规划勘察中心副主任、高级工程师
刘木才　广东省卫生厅规划财务处副处长
邱伟文　广东省审计厅固定资产投资处副处长
李　坤　广东省审计厅财税处主任科员
李俊夫　广州市政府副秘书长
宋金峰　广州市建委副总工程师（正处级）
陈　序　广州市增城市石滩镇党委副书记
谢焕扬　广州从化市副处级干部
杨宙慧　广州市道路扩建工程办公室秘书处处长助理
林瑞宏　广州市纪委第二纪检监察室副处级纪检监察员
邱辉祥　广州市委办公厅一局办公室主任科员
李耿晖　广州市电视台策划研究室主任科员
余善东　广州市少年教养管理所三大队大队长
赵　峰　广州市道路扩建工程办公室
曹金文　广州市重点公共建设项目管理办质安验评部部长
林　婷　广州开发区、萝岗区环境保护局副总工程师
徐明贵　广州市道路扩建工程建设办公室设计院副院长
丁志成　广州市建设工程质量监督站技术管理部部长
彭昌武　广州市市政工程维修处路桥机施公司副经理
陈　勋　广州市市政工程安全质量监督站安全监督科副科长
杨随新　广州市城市规划勘测设计院研究建筑设计三所科员
文　军　广州市中心区交通项目领导小组办

公室工程二部副经理

　　蒋福金　　广州市房地产估价管理所副所长（副处级）

　　廖颖达　　广州市越秀区大塘街道办事处调研员

　　谢海平　　广州市住房保障办公室副科

　　林建雄　　广州市财政局财政征管分局副调研员

　　马泽宣　　广州市财政国库支付中心科长

　　宗金宽　　广州市财政投资评审中心造价师

　　陈仁福　　珠海市人民政府党组成员、市长助理

　　黄亚东　　珠海市高栏港经济区管委会调研员

　　李绪鹏　　珠海市科技局副调研员

　　徐志华　　珠海市财政局主任科员

　　钟　琦　　珠海市国资委监事会办公室副主任（副科长）

　　周振华　　珠海市基础工程直属管理处

　　陈文玲　　珠海市造价管理站

　　温代贤　　珠海市公路局香洲分局科员

　　邝　坚　　珠海市法院政治部副主任

　　张应杰　　汕头市市长助理、市政府党组成员、市工作小组组长

　　杨焕新　　汕头市团委副书记（正处级）

　　陈俊峰　　汕头金平区金厦街道党工委书记（副处级）

　　杨明顺　　汕头市组织部正科级干部

　　刘宏葆　　佛山市市长助理、党组成员

　　周　霞　　佛山市规划局正处职干部

　　李　军　　佛山市发改局副处职干部

　　陈树锋　　佛山顺德区公用事业管理局正局职级干部

　　范中杰　　惠州市市长助理、市政府党组成员、市工作小组组长

　　马成辉　　惠州市公路局正处级干部

　　黄进锋　　惠州市龙门县副处级干部

　　钟　武　　惠州市公安局惠阳分局经侦大队教导员（正科级）

　　林舜谦　　惠州市教育局正科级

　　李少华　　共青团惠州市惠东县委副书记

　　侯　瑜　　惠州市规划建设局副科长

　　单　波　　共青团惠州市惠城区河南岸委科员

　　陈林佐　　东莞市市长助理、市政府党组成员、市工作小组组长

　　傅晓炜　　东莞市建设局调研员

　　陈志标　　东莞市财政局副调研员

　　王霁宇　　东莞市政研室副科级

　　黄永林　　中山市市长助理、市政府党组成员、市工作小组组长

　　黎汉钊　　中山市城管执法局调研员

　　杨　辉　　中山市建设局副调研员

　　陈卓彬　　中山市财政局资管二科科长

　　叶飞胜　　中山市黄圃镇政府

　　宋　强　　江门市建设局副局长

　　苗丰田　　江门市公路局副局长、总工程师

　　谭钜安　　江门台山市长助理

　　黄劲国　　江门市纪委派驻市卫生局纪检组副组长

　　雷　栋　　江门市府办副主任科员

　　卢伟敏　　江门市公安局特警支队三中队副中队长

　　朱　仑　　江门日报社编辑

　　胡海运　　湛江市市长助理、市政府党组成员、市工作小组组长

　　莫大成　　湛江市建设局副调研员

　　陈　健　　湛江市城市规划局副调研员

　　邓　华　　湛江市市政园林局副调研员

　　黄华兵　　湛江市改革发展局

　　雷　挺　　茂名市市长助理、市政府党组成员、市工作小组组长

　　车子平　　茂名高州市市委常委、副市长（正

处级)

梁　志　茂名市经贸局副调研员

杨冰峰　茂名市公园管理处办公室主任

梁　涛　茂名市建设工程质监站副科长

温桂安　肇庆市市长助理、市政府党组成员、市工作小组组长

余锦兴　肇庆市建设局副调研员

欧子标　肇庆市交通局交通工程质量监督站主任科员

何　文　肇庆市纪委监察局正科级纪检监察员

徐　和　潮州市市长助理、市政府党组成员、市工作小组组长

张为民　潮州市发展改革局副处职干部

黄志刚　潮州市委办公室正科级干部

陈定雄　揭阳市政府党组成员、市长助理

陈育文　揭阳市政府办公室副主任(正处级)

陈　河　揭阳市揭西县政府办公室主任(副处级)

陈盛峰　佛山市对口支援水磨镇恢复重建工作组方舟项目负责人

邵景伴　佛山市对口支援水磨镇恢复重建工作组工作人员

任　征　佛山市顺德区建设局工作人员

刘科强　佛山市对口支援水磨镇恢复重建工作组工作人员

黎惠兰　佛山市对口支援水磨镇恢复重建工作组工作人员

黄写勤　佛山市对口支援水磨镇恢复重建工作组道路项目负责人

黄少兰　佛山市禅城区财政局监督检查股检查组长

郑俊敏　佛山市对口支援水磨镇恢复重建工作组总工办部长

曾伟荣　佛山市对口支援水磨镇恢复重建工作组工作人员

田　奇　佛山市对口支援水磨镇恢复重建工作组工作人员

张东恺　佛山市对口支援水磨镇恢复重建工作组援建中心副主任

陈庆文　佛山市对口支援水磨镇恢复重建工作组工作人员

2010年县委表彰的优秀党务工作者(52名)

王福才　威州镇党政办主任

吴和伦　雁门乡机关党支部书记、索桥村党支部书记

高　炬　克枯乡克枯小学校长

虎世全　龙溪乡人大副主席、乡机关党支部书记

余安跃　绵虒镇党委副书记

周　波　草坡乡党委副书记

李　川　银杏乡党委书记

蒲红建　州直机关工委下派银杏乡党委副书记

蔡代敏　映秀镇党委副书记

张腾明　漩口镇集中村党支部书记

张宝玉　水磨镇党政办主任

蒲雪莉　三江乡党政办主任

李洪林　县公安局政工监督室工作人员

杨佳彬　县委统战部副部长、对台外事侨务办主任

冯晓燕　县科技局副局长

李　煜　县移民开发办公室主任

谢棣华　县教育局党组成员、副局长

张文霞　县第一幼儿园教科室主任、党支部书记

三郎斯基　县少年儿童业余体校校长、县文体局党总支委员、党办室主任

苟学良　县交通局党组书记、副局长
姜培荣　县邮政局党总支书记、局长
江继全　中国电信汶川分公司总经理
贾代清　汶川一中党总支委员、副校长
余光秀　县林业局办公室副主任
青晓平　县粮食局党总支书记、副局长
田　勇　县妇幼保健院党支部书记
陈联华　县疾病预防控制中心党支部书记
金品国　县建筑公司党支部书记
王学成　县物资公司经理、党支部书记
杜玉萍　县人事劳动保障局干部、驻都江堰退休党总支书记
泽里亚　县工商局党组书记、局长
杜　红　县发展和改革委员会副主任
邓　怡　县人大人事代表工作委员会副主任
徐康志　漩口中学行政办主任、党支部办主任
谢海泉　汶川华明电力开发有限责任公司党支部书记
刘伟皓　广东省发展改革委国外资金利用（对外交流）处副处长
张宏伟　广东省教育厅督导室副调研员
秦　波　广东省职业技能鉴定指导中心副主任
邱伟文　广东省审计厅固定资产投资处副处长
李俊夫　广州市政府副秘书长
李绪鹏　珠海市科技局副调研员
张应杰　汕头市市长助理、市政府党组成员、市工作小组组长
周　霞　佛山市规划局正处职干部
黄进锋　惠州市龙门县副处级干部
陈林佐　东莞市市长助理、市政府党组成员、市工作小组组长
黄永林　中山市市长助理、市政府党组成员、市工作小组组长
谭钜安　江门台山市长助理
雷　挺　茂名市市长助理、市政府党组成员、市工作小组组长
胡海运　湛江市市长助理、市政府党组成员、市工作小组组长
温桂安　肇庆市市长助理、市政府党组成员、市工作小组组长
徐　和　潮州市市长助理、市政府党组成员、市工作小组组长
陈定雄　揭阳市政府党组成员、市长助理

2010年度县政府表彰的"五一"劳模

肖　锐　　三江乡人民政府
蔡伟生　广东省人大副厅级干部
吴泰国　广东省纪委副厅级干部
吕成蹊　广东省发展改革委投资处处长、工作组综合协调部部长
邱衍庆　广东省建设厅正处职干部、工作组援建项目协调部部长
庄　侃　广东省民政厅正处职干部、工作组社会发展协调部部长
宣慧平　广东省府办公厅正处职干部
马华章　广东省府办公厅副处职干部
刘伟皓　广东省发展改革委国外资金利用（对外交流）处副处长
黄　欣　广东省经贸委交通处调研员
蓝　波　广东省财政厅农业处副调研员
张宏伟　广东省教育厅督导室副调研员
秦　波　广东省职业技能鉴定指导中心副主任
黄胜军　广东省路桥规划勘察中心副主任、高级工程师
刘木才　广东省卫生厅规划财务处副处长
邱伟文　广东省审计厅固定资产投资处副

先进名录

处长
　李　坤　　广东省审计厅财税处主任科员
　宋金峰　　广州市建委副总工程师(正处级)
　陈　序　　广州市增城市石滩镇党委副书记(原5人小组)
　谢焕扬　　广州从化市副处级干部
　杨宙慧　　广州市道路扩建工程办公室秘书处处长助理
　林瑞宏　　广州市纪委第二纪检监察室副处级纪检监察员
　邱辉祥　　广州市委办公厅一局办公室主任科员
　李耿晖　　广州市电视台策划研究室主任科员(博士)
　余善东　　广州市少年教养管理所三大队大队长(原5人小组)
　徐兴进　　广州市道路扩建工程办公室
　赵　峰　　市道路扩建工程办公室
　曹金文　　市重点公共建设项目管理办质安验评部部长(副处级)
　林　婷　　广州开发区、萝岗区环境保护局副总工程师(副处级)
　徐明贵　　广州市道路扩建工程建设办公室设计院副院长
　丁志成　　广州市建设工程质量监督站技术管理部部长
　彭昌武　　广州市市政二程维修处路桥机施公司副经理
　陈　勋　　广州市市政工程安全质量监督站安全监督科副科长
　杨随新　　广州市城市规划勘测设计院研究建筑设计三所科员
　文　军　　广州市中心区交通项目领导小组办公室工程二部副经理
　蒋福金　　广州市房地产估价管理所副所长(副处级)
　廖颖达　　广州市越秀区大塘街道办事处调研员(原5人小组)
　谢海平　　广州市住房保障办公室副科长
　林建雄　　广州市财政局财政征管分局副调研员
　赖绍荣　　广州市财政国库处主任科员
　马泽宣　　广州市财政国库支付中心科长
　宗金宽　　广州市财政投资评审中心造价师
　雷　巍　　广州市公安局交警支队
　孙　威　　广州市市政工程安全质量监督一科副部长
　高全钢　　广州市市政工程安全质量监督站安全科科员
　黄亚东　　珠海市高栏港经济区管委会调研员
　李绪鹏　　珠海市科技局副调研员
　徐志华　　珠海市财政局主任科员
　许　锴　　珠海市建筑工程质检站副站长
　张　彤　　珠海市政府投资建设工程管理中心副主任(副科长)
　钟　琦　　珠海市国资委监事会办公室副主任(副科长)
　吕晓晴　　珠海市司法局法律援助处科员、公职律师
　蓝　天　　珠海市规划设计研究院工程师
　周振华　　珠海市基础工程直属管理处
　刘昌颗　　珠海市水利勘察设计院
　陈文玲　　珠海市造价管理站
　温代贤　　珠海市公路局香洲分局科员
　邝　坚　　珠海市法院政治部副主任
　廖映锋　　珠海市基础工程直属管理处副主任
　高春辉　　珠海市国土测绘大队副大队长
　董士锐　　珠海市国土测绘大队斗门中队副

中队长

谢明胜　珠海信仕德建设项目管理有限公司造价员

刘　侃　珠海市建筑设计院工程师

李　伟　珠海市规划设计研究院建筑设计师

邱旭辉　珠海市基础工程直属管理处总监

甘志贤　珠海市基础工程直属管理处专业监理

张　千　珠海市基础工程直属管理处专业监理

郑炳增　珠海市基础工程直属管理处总监代表

黄小维　珠海市基础工程直属管理处专业监理

温沛锋　珠海市基础工程直属管理处专业监理

袁偲伟　珠海市基础工程直属管理处助工

张应杰　汕头市市长助理、市政府党组成员、市工作小组组长

杨焕新　汕头市团委副书记（正处级）

陈俊峰　汕头金平区金厦街道党工委书记（副处级）

杨明顺　汕头市组织部正科级干部

龚锦德　汕头市援建草坡乡工作组成员

杨永帮　汕头市援建草坡乡工作组成员

陈文浩　汕头市援建草坡乡工作组成员

廖晓生　汕头市援建草坡乡工作组成员

吴启鹏　汕头市援建草坡乡工作组成员

杨建伟　汕头市援建草坡乡工作组成员

周　霞　佛山市规划局正处职干部

李　军　佛山市发改局副处职干部

梁品超　佛山市财政局科长

陈树锋　佛山顺德区公用事业管理局正局级干部

梁灿强　佛山市经贸局科员

陈桂科　佛山市南海区建设工程质量监督站

刘科强　佛山市顺德区路桥建设有限公司计划合约部科员

陈盛峰　佛山市南海区洁能燃料有限公司电控班班长

袁传超　佛山市顺德区建设市场管理站

黄写勤　佛山市交通工程质量监督站助理工程师

田　奇　佛山市南海区路桥建设有限公司广佛收费站副站长

黎惠兰　佛山市对口支援水磨镇恢复重建工作组成员

邵景伴　佛山市对口支援水磨镇恢复重建工作组成员

李慕冰　佛山市三水区建设工程交易中心助理工程师

任　征　佛山市顺德区建设局

黄少兰　佛山市禅城区财政局监督监察股检查组长

陈伟聪　佛山市三水区三水港开发公司

严　程　佛山市禅城区委区政府办人事科科员

肖映泽　佛山禅城区经济开发区管理委员会科员

曾永雄　佛山传媒集团佛山日报社记者

张东恺　佛山市顺德区建设开发中心施工管理高级工程师

高培群　佛山市三水区路桥建设有限公司

吴俊聪　佛山市东平新城开发建设有限公司职工

彭长江　佛山珠江时报社编委、编辑出版部主任

陈庆文　佛山市南海公安分局交警大队宣

先进名录

教交管室科员
  郑俊敏　佛山市东建集团有限公司会计主管
  范中杰　惠州市市长助理、市政府党组成员、市工作小组组长
  马成辉　惠州市公路局正处级干部
  黄进锋　惠州市龙门县副处级干部
  钟　武　惠州市公安局惠阳分局经侦大队教导员正科级
  林舜谦　惠州市教育局正科级
  李少华　共青团惠州市惠东县委副书记科员
  侯　瑜　惠州市规划建设局副科长
  陈　聪　惠州市教育局科员
  单　波　共青团惠州市惠城区河南岸委科员
  陈林佐　东莞市市长助理、市政府党组成员、市工作小组组长
  傅晓炜　东莞市建设局调研员
  陈志标　东莞市财政局副调研员
  郭浩辉　东莞市建设局科员
  王霁宇　东莞市政研室副科级
  黄永林　中山市市长助理、市政府党组成员、市工作小组组长
  黎汉钊　中山市城管执法局调研员
  杨　辉　中山市建设局副调研员
  陈卓彬　中山市财政局资管二科科长
  叶飞胜　中山市黄圃镇政府
  林　青　中山市城管执法局
  陈迪嘉　中山市城管执法局
  宋　强　江门市建设局副局长
  苗丰田　江门市公路局副局长、总工程师
  谭钜安　江门台山市长助理
  黄劲国　江门市纪委派驻市卫生局纪检组副组长
  雷　栋　江门市府办副主任科员
  卢伟敏　江门市公安局特警支队三中队副中队长
  朱　仑　江门日报社编辑
  黎池登　江门市税务局副科长
  毛军峰　江门市水务局水政监察支队股长
  赵丽影　省七建集团审计部副经理
  胡海运　湛江市市长助理、市政府党组成员、市工作小组组长
  莫大成　湛江市建设局副调研员
  陈　健　湛江市城市规划局副调研员
  邓　华　湛江市市政园林局副调研员
  黄华兵　湛江市改革发展局
  周米拉　湛江市财政局副科长
  雷　挺　茂名市市长助理、市政府党组成员、市工作小组组长
  车子平　茂名高州市市委常委、副市长(正处级)
  梁　志　茂名市经贸局副调研员
  杨冰峰　茂名市公园管理处办公室主任
  梁　涛　茂名市建设工程质监站副科长
  李志勇　茂名市对口支援银杏乡恢复重建工作组成员
  黄万友　茂名市对口支援银杏乡恢复重建工作组成员
  杨建基　茂名市对口支援银杏乡恢复重建工作组成员
  颜子钧　茂名市对口支援银杏乡恢复重建工作组成员
  姚运东　茂名市对口支援银杏乡恢复重建工作组成员
  高剑峰　茂名市对口支援银杏乡恢复重建工作组成员
  温桂安　肇庆市市长助理、市政府党组成

员、市工作小组组长

余锦兴　　肇庆市建设局副调研员

欧子标　　肇庆市交通局交通工程质量监督站主任科员

何　文　　肇庆市纪委监察局正科级纪检监察员

贾　真　　肇庆市鼎建工程建设监理有限公司总监

陈卓航　　肇庆市鼎建工程建设监理有限公司专业监理

辛海森　　肇庆市鼎星公路监理有限公司专业监理

陈建东　　肇庆市鼎星公路监理有限公司专业监理

张大林　　肇庆市西江水电监理有限公司专业监理

徐　和　　潮州市市长助理、市政府党组成员、市工作小组组长

张为民　　潮州市发展改革局副处职干部

黄志刚　　潮州市委办公室正科级干部

陈育文　　揭阳市政府办公室副主任（正处级）

陈　河　　揭阳市揭西县政府办公室主任（副处级）

李耀南　　广东耀南建筑工程有限公司总经理

附 录

汶委发〔2010〕23号

中共汶川县委 汶川县人民政府关于印发《汶川县"8.14"特大泥石流灾害灾后重建的实施意见》的通知

各乡镇党委、人民政府,县级各部门:

《汶川县"8.14"特大泥石流灾害灾后重建的实施意见》已经县委、县政府研究同意,现印发你们,请遵照执行。

中共汶川县委
汶川县人民政府
2010年8月21日

汶川县"8.14"特大泥石流灾害灾后重建的实施意见

"8.14"特大泥石流造成我县11个乡镇不同程度受灾,群众生命财产和经济社会发展遭受重创。为加快灾后重建工作,使受灾群众早日恢复正常的生产生活秩序,结合我县实际,现就"8.14"特大泥石流灾后重建工作提出如下意见。

一、指导思想、基本原则和目标任务

（一）指导思想

始终坚持以科学发展观统领灾后重建各项工作,用加快重建来统一思想,用加快重建来凝聚人心,用加快重建来坚定信心,用加快重建来破解难题,按照"三年任务两年基本完成"的总体要求和双"86%"目标,科学统筹规划,在抓好抗灾救灾工作的同时,做好因灾损毁房屋、道路、通信、电力和供水等生活性设施和基础性设施的恢复重建,平稳有序推进各方面工作,顺利完成重建任务。

（二）基本原则

1.把保障群众生命安全作为首要原则。
2.把科学规划统筹安排作为优先原则。
3.把加快重建完成任务作为根本原则。
4.把两个重建协调起来作为统筹原则。

（三）目标任务

1. 恢复重建受灾城乡居民住房。
2. 恢复重建生产生活基础设施。
3. 恢复重建集镇及村庄体系。
4. 恢复重建一二三产业工程。

二、组织机构和职能职责

(一)组织机构

县委、县政府成立"8.14"特大泥石流灾害灾后重建指挥部(见附件);各乡镇成立党委书记为指挥长、乡镇长为执行指挥长,各驻乡县级领导、帮扶单位负责人为成员的灾后重建指挥部;各村成立村支部书记为主任、村主任为副主任,各包村、驻村干部为成员的重建委员会;各有关部门、单位和公司要积极主动、密切配合开展重建各项工作。

(二)职能职责

1. 县指挥部:负责按照州委州政府、县委县政府的决策部署,统一指挥、协调推进灾后重建各项工作,确保按要求完成"9.30"目标任务。

2. 各乡镇:一是进一步完善地质灾害监测、预报、预警体系,加强对辖区内各隐患点的巡查、排查,建立地质灾害群测群防网络,根据实际情况划定灾害危险区并设置危险区警示标志,做好灾害气象预警信息的接收和告知,落实汛期、强降雨过程24小时值班制度。二是开展应急演练,确保临灾应对有力、处置有序。三是印发"地质灾害主动避让明白卡"到村、到组、到户,明确避让点、疏散路线、疏散信号、预警人员、通知人员、疏散人员、联络人员等。四是坚定不移地抓好四川国际旅游节筹备工作。五是在驻乡县级领导、帮扶单位的指导下,迅速开展灾后恢复重建工作,全面恢复供水、供电、道路、通讯等生产生活基础设施,除映秀镇外,其余乡镇要在规定的时间内基本完成重建任务。

3. 县发改委:负责制定灾后重建规划,上报岷江主河道清理项目及地灾治理项目。

4. 县国土资源局:负责尽快聘请专业机构对老街、东界脑、兴文坪等受灾村庄进行地质灾害环境评估和鉴定,并依据专家结论明确建筑物恢复方式。

5. 县规划建设局:负责及时对受灾区域的建筑物进行安全性评估和鉴定。

6. 县财政局:负责严格按实际灾情核拨资金,要按照政策不走样、规定不突破、程序不减少的原则审核民政部门和各乡镇上报的资金补助需求量。

7. 县水务局:负责及时与州水务局对接,尽快编制岷江主河道清理疏浚方案。

8. 县旅游局:负责旅游服务设施的保护和排险,组织修复被毁的旅游基础设施和旅游服务设施,做好四川国际旅游节相关筹备工作。

9. 县交通局、公路分局:负责尽快将抢通的应急通道转变为常态通道,按照国际旅游节道路标准启动项目建设前期工作,要尽快完成损毁河道基础数据的收集、汇总及工程预算报价,为恢复河道等级标准和招投标做好基础性工作。

10. 县民政局:负责研究制定受灾城乡居民住房的相关政策,切实做好安置救助工作。

11. 县应急办:负责做好统计工作,按照统一表格、统一汇总、统一上报的原则,进一步规范各行业的统计数据。

12. 县委宣传部、广电局、新闻中心:负责加强宣传和氛围营造,认真梳理和精心策划有影响的新闻、有影响的报道,要重点宣传道路抢通、保通,地质灾害主动避让、主动疏散,滞留人员安全转移,妥善对受灾群众施救和安置等工作。

13. 县广电局,县电信、移动、联通公司:负责按照各自分工加快有线电视、电话通讯、光纤网络的抢通、保通,确保基本恢复正常通信,特别要加快恢复映秀、三江、草坡等区域的机站和线路建设,确保通信畅通。

14.汶川振冲、四川岷江电力公司：要积极向上争取资金，将电力、电网恢复至震前水平，确保群众正常生产生活用电。

三、工作步骤

(一)宣传动员阶段(8月20日至8月22日)

1.通过动员大会、宣传栏、手册、标语等多种形式深入宣传灾后重建的重要性和迫切性，统一思想、统一认识，发动群众不等、不靠、不要，积极主动参与灾后重建。

2.利用电视、网络、短信等媒体平台，制作专题报道、系列报道、人物访谈等节目，为加快灾后重建营造良好的舆论氛围。

(二)政策制定阶段(8月23日至8月28日)

1.研究制定并实施临时救助政策方案。

2.研究制定受损住房补助办法。

(三)规划设计阶段(8月29日至9月10日)

受灾乡镇、村庄要科学规划、统筹安排，注重以人为本，充分听取和尊重群众的意见。规划设计要注重安全优先原则，要结合当地地质情况进行设计，做到既符合城镇总体规划又确保群众安全。

(四)重建实施阶段(9月10日至10月30日)

灾后恢复重建已进入决胜阶段，经济社会发展已进入重要时期，各项工作时间紧、任务重，各乡镇、各部门要按照县委、县政府的要求，全力推进重建各项工作。

四、保障措施

(一)资金项目到位

县发改、财政、民政等部门要抢抓灾后重建和国家、省、州支持地震灾区开展地质灾害治理的机遇，积极向上争取资金和项目，以项目融资金、以资金促项目，既保证有应急项目所需资金，又保证有长远发展所需资金。

(二)群众发动到位

各乡镇、各帮乡驻村部门要深入群众、深入基层、深入一线，认真耐心向群众讲解灾后重建的政策、法规、程序，积极引导群众开展生产自救、互救，主动参与到住房重建、基础设施恢复、环境综合治理、产业发展等各项工作。

(三)扶贫帮困到位

县四办、农业、畜牧、民政等部门要通过十大民生工程的实施，重点做好受灾乡镇、村组的扶贫帮困工作，扶持农村受灾和贫困人口改善生产生活条件，增加收入，提高自我发展能力。

(四)时间控制到位

县委办、县政府办、县督查室要根据县委、县政府的统一安排，狠抓各时间节点的控制，确保乡镇、部门在规定的时间内完成各项工作。

(五)督查督办到位

县督查、纪检、监察部门要严格执行"三项制度"和"三问"责任制，对行政不作为、工作拖拉、消极懈怠的单位负责人和有关人员实行严格问责，做到令行禁止，政令畅通，确保圆满完成重建各项工作。

(六)面上工作到位

各乡镇、各部门要克服疲劳厌战情绪，在做好抢险救援的同时，切实抓好灾后重建、环境综合治理、社会秩序稳定等工作，确保人员到岗、责任到位，确保各项工作常态推进。

附件：

汶川县"8.14"特大泥石流灾后重建指挥部

指 挥 长：青理东　州委常委、汶川县委书记
　　　　　张通荣　县委副书记、县政府县长
副指挥长：李代君　县人大常委会主任
　　　　　余朝荣　县政协主席
　　　　　龚　明　县委副书记

泽小勇	县委副书记	蒋红兵	县粮食局局长
许西现	县委常委、县政府副县长	张永贵	县供销社主任
向　林	县委常委、县纪委书记	黄万才	县教育局副局长
罗尔基木	县委常委、县政府常务副县长	彭全文	县卫生局党组书记、副局长
杜朝刚	县委常委、县政法委书记	苏　茂	县防震减灾局局长
吴开明	县委常委、县委宣传部部长	谢旅霜	县广播电视局局长
李　杰	县委常委、县政府副县长	李正权	县交警大队大队长
郭素梅	县委常委、县统战部部长	聂志勇	县武警中队中队长
朱　锐	县委常委、县政府副县长	夏祥勇	县森警大队大队长
刘　兵	县委常委、县委办主任	欧远洪	县消防大队教导员
周　琼	县委常委、县委组织部部长	江继全	电信汶川分公司经理
任祥道	县政府副县长	郭兴涛	移动汶川分公司经理
张　鹏	县政府副县长	陈　静	汶川振冲电力公司总经理
吴志强	县人武部部长	尹友中	四川岷江电力公司总经理
左光磊	县政府党组成员、县公安局局长	孙　波	威州镇人民政府镇长
		刘克建	雁门乡人民政府乡长
杨雪莲	县长助理	滕于明	克枯乡人民政府乡长
成　员：肖　宏	县政府办公室主任、县应急办主任	周光辉	龙溪乡人民政府乡长
		蒋芝辉	绵虒镇人民政府镇长
嘉国林	县发改委主任	董建波	草坡乡党委书记
张先武	县规划建设局局长	岳洪春	银杏乡人民政府乡长
王旭英	县旅游局局长	徐红军	映秀镇人民政府镇长
苏　川	县交通局局长	孔红永	漩口镇人民政府镇长
陈劲斌	县民政局局长	罗继华	水磨镇人民政府镇长
王永新	县公路分局局长	李晓燕	三江乡人民政府乡长
唐作斌	县国土资源局局长		
彭勇森	县水务局局长		
段建波	县经济商务局局长		
古　明	县财政局局长		
蒋青林	县安监局局长		
付如友	县气象局局长		
傅　剑	县农业局局长		
余朝波	县畜牧兽医局局长		

指挥部下设办公室，由肖宏同志兼任办公室主任，负责处理日常事务，唐作斌、苏川、彭勇森、嘉国林、傅剑、段剑波、张先武、王旭英同志兼任办公室副主任，负责本系统重建项目规划及项目申报工作。各乡镇也要成立相应协调领导小组，明确相应职能，切实抓好本辖区内的各项工作。

汶委发〔2010〕30号

中共汶川县委 汶川县人民政府
关于汶川县人民政府机构改革方案的
实施意见

各乡镇党委、人民政府,县级各部门:

《汶川县人民政府机构改革方案》(以下简称《方案》)已经州委、州政府批准正式印发,为了加快汶川县人民政府机构改革步伐,结合汶川实际,现提出以下实施意见。

一、理顺职责关系

结合全县经济社会发展的需要,根据责任与事权相统一的原则,明确县政府各工作部门的职责重点,理顺各级政府间、各部门间及部门与所属事业单位间的责权关系。

(一)按照一件事情原则上由一个部门负责的要求,将县政府部门间相同或相近的职能加以整合,调整归并到一个部门;对确需由多个部门共同管理的事项,分清主办和协办关系,明确牵头部门,其他部门密切配合。建立健全部门间协调配合机制,形成工作合力。

(二)按照上下职责对应的原则,调整县政府各部门的职责权限,凡属县政府有关部门与州政府相应部门职责不对应的,要予以调整,使之上下对应衔接。做好对州政府有关部门下放职能的承接工作。

(三)进一步下放管理权限。减少和下放具体管理事项,将可由乡政府承担的事务交给乡政府,将技术性、辅助性、服务性等具体事务交给事业单位或社会中介组织。

二、调整优化组织结构

除《方案》所列机构外,对县政府其他承担管理职能的机构作如下处理:

(一)根据我县灾后恢复重建和加强机关行政效能建设工作的需要,保留县政府政务服务中心,为设在县政府办公室的行政机构;保留县森林公安局,为设在县林业局的行政机构。

(二)原在县政府有关部门内设置的领导干部按副科级配备的行政机构,维持现状不变。

按上述意见调整后,县政府工作部门的规格为正科级。在县政府办公室、县政府有关部门挂牌的,其领导干部的配备,按照正科级单位的职级配备。

三、规范内设机构设置

县政府各部门内设机构(规格均为正股级)要按照精简、统一、高效的原则综合设置。其中,未增加职责或未跨部门划入职责的,其内设机构只减不增。具体要求是:

(一)严格控制内设机构数额。根据各部门承担的职责任务,参照州政府对应部门"三定"规定,确定其内设机构。除党中央、国务院、省委、省政府和州委、州政府有明确规定及新增职能的外,各部门内设机构不超过改革前的数额。与州政府对应部门内设机构相衔接,其数额不得多于州政府对应部门的内设科(室)数,一般不以两个或两个以上内设机构对应州政府相关部门的一个科(室)。

(二)积极推行"大股室制"。加大对职责单一、人员较少股室的整合力度,把相同或相近的职责统一交给一个内设机构集中承担,合并设置为综合股室。清理、精简并规范内设机构加挂的牌子。部门承担的县政府有关专项工作,由部门一个内设机构负责;确因工作需要加挂有关机构牌子或使用其印章的,应从严控制。

(三)各部门要加强业务股室特别是承担社会管理和公共服务职责的业务股室的设置,尽量减少对内管理与服务的非业务股室设置。按照《中共阿坝州委、阿坝州人民政府关于贯彻落实〈省委、省政府关于加强机关行政效能建设的决定〉的实施意见》(阿委发〔2008〕10号)要求,各部门要将行政审批职能集中交由一个内设机构承担,行政审批职能较多的部门应单独设立行政审批机构。

四、严格控制人员编制

按照州委、州政府要求,严格控制人员编制,确保改革后不突破省、州下达的县级行政编制总额。其中,未增加职责或未跨部门划入职责的,其人员编制维持不变。具体要求是:

(一)县级政府行政编制实行总量控制、动态管理。根据机构、职责调整情况,重新核定县政府各部门人员编制,总量上只减不增。

(二)新组建和撤销合并及职责调整划转的部门,按"行政编制随职责划转,人员随行政编制划转"的原则予以确定。

(三)行政编制实行单列管理的,按照县委、县政府和县编委的有关规定执行。

(四)机关工勤人员事业编制在机关行政编制数的15%以内核定。

改革后需使用空缺编制新增人员的,除特殊情况外,应优先从撤销合并部门中超出编制数的人员中选调。需随职责、编制划转人员的,由划出单位商划入单位提出意见,报县机构编制部门审核人员编制后,由县人力资源和社会保障部门办理调动手续。为保证职责、人员和编制的顺利划转,机构改革期间,各部门的人员岗位不得调整。

五、规范领导职数配备

严格按照有关规定核定县政府各部门及部门内设机构的领导职数。

(一)县政府各部门的领导职数(不含兼职)一般为2至3名(含党外领导干部),且不得配备部门领导助理。根据各部门职能配置情况和行政编制数,领导职数区别不同情况配备:行政编制15名以下,职责较为单一的按1正1副配备,职责较重的可按1正2副配备;行政编制在15至30名,职责较为单一的按1正2副配备,职责较重的可按1正3副配备;行政编制在30名以上的,按正职1名、副职3至4名配备。其中,综合管理部门、增挂机构牌子的部门,可适当增加领导副职,但领导副职最多不超过4名。

县委各部委、县政府各部门及直属单位党的纪检机构、群团机构，按县委规定配备。

（二）县政府各部门内设机构的领导职数根据其人员编制确定：人员编制3名以下的设1正1副，4至6名的设1正2副，7名以上的设1正3副。

因机构整合撤并，实际配备的领导干部(含内设机构的股级领导干部)超出规定职数的部门，其领导干部的职级待遇维持不变。今后通过干部交流、自然减员等途径，逐步将领导干部数量控制在规定职数内。

六、相应调整有关企事业单位

新组建和撤销、合并机构所属企事业单位的隶属关系按以下原则调整：

（一）主管部门名称变化的，所属企事业单位隶属关系不变，其名称按程序报批后作相应调整变更。

（二）主管部门整体合并的，所属企事业单位隶属关系随之调整到新的部门并按程序调整变更其名称。

（三）主管部门撤销、职责分别划转几个部门的，所属事业单位按承担的职责任务，相应调整隶属关系并按程序调整变更其名称。

（四）事业单位隶属关系调整后，工作任务相同或相近的机构应予以整合。

七、精心组织实施

此次机构改革要求高、时间紧、任务重，必须加强领导，精心组织，周密部署，稳妥实施。

（一）切实加强组织领导。在县委、县政府领导下，县政府机构改革的各项工作由县政府机构改革领导小组(县机构编制委员会)负责组织实施，县机构编制委员会办公室具体承担日常工作。县政府各部门实行一把手负责制，主要领导负责本部门的机构改革工作，并确保改革期间思想不散、秩序不乱、工作不断、国有资产不流失。撤并部门的领导要坚守岗位，认真做好机关干部、职工的思想政治工作，确保履职不缺位、工作不断档。按照"先到位后理顺、先运转后完善"的原则，新组建部门要于动员大会召开后10日内领导班子到位，正式挂牌运转。新组建部门和名称变更部门的印章经县机构编制委员会办公室审定后，由县政府办公室统一制发，党组(党委)印章经县机构编制委员会办公室审定后，由县委统一制发；新印章启用后，原印章作废并按规定程序予以注销，原机构牌子同时摘除。纪检(监察)、组织、人事、财政、审计、国资、档案管理和机构编制等部门要密切配合，各司其职，各负其责，切实做好机构改革涉及的干部人事、党的建设、资产划转、办公场所、档案交接等相关工作。确保机构改革顺利进行并取得实效。

（二）认真做好"三定"工作。根据国家有关法律法规，参照州政府对应部门的"三定"规定，结合实际，认真制定各部门的"三定"规定。县机构编制委员会办公室要分清轻重缓急，统筹安排部署，合理分配力量，指导督促各部门有计划、有组织、分批次地研究提出"三定"规定草案。各部门"三定"规定草案经县机构编制委员会办公室审核，县政府机构改革领导小组(县机构编制委员会)审定，县政府批准后组织实施，确保县政府机构改革于2010年11月底前基本完成。

（三）严格进行规范管理。在实施机构改革的同时，要强化机构编制规范管理，推行机构编制实名制，建立健全机构编制管理与财政预算、组织人事管理的配合制约机制，建立完善机构编制考核、责任追究制度。要严格按中央和省委、省政府及州委、州政府要求,认真开展消化超编人员工作,确保2011年前完成消化超编人员任务。要加大对各部门"三定"规定及其他机构编制管理规定执行情况的监督检查力度,严肃查处违纪违规行为,逐步实现政府机构、职责、编制的科学化、规范化、法制化。

附件:《中共阿坝州委办公室、阿坝州人民政府办公室关于印发〈汶川县人民政府机构改革方案〉的通知》(阿委办〔2010〕145号)

中共汶川县委
汶川县人民政府
2010年10月13日

汶委办〔2010〕249号

中共汶川县委办公室 汶川县人民政府办公室关于印发《汶川县加快休闲农业和乡村旅游发展的工作方案》的通知

各乡镇党委、人民政府,县级各部门:

《汶川县加快休闲农业和乡村旅游发展的工作方案》已经县委、县政府研究同意,现印发你们,请遵照执行。

中共汶川县委办公室
汶川县人民政府办公室
2010年12月28日

汶川县加快休闲农业和乡村旅游发展的工作方案

为进一步巩固灾后重建成果,提升我县休闲农业和乡村旅游发展的整体水平,不断优化休闲农业和乡村旅游的产品结构,充分发挥休闲农业和乡村旅游对扩大农民就业、增加农民收入、繁荣农村经济的作用,实现汶川休闲农业和乡村旅游快速、健康发展的目标,特制定本工作方案。

一、指导思想

坚持以科学发展观为指导,以加快转变经济发展方式为主线,以推进现代农业发展和建设社会主义新农村为目标,以促进农民就业增收为核心,以规范提升休闲农业与乡村旅游发展为重点,按照"旅游统筹、全域景区"的发展思路,坚持"高品质、高产量、高效益"的农业发展方向,坚持"农旅结合、以农促旅、以旅强农"方针,坚持发展产业、培育企业、做优产品、借势提升、借力发展,逐步把每一个产业园区建设成为旅游景点、把每一个生态村寨建设成为旅游景区、把每一个特色魅力乡镇建设成为旅游集散地,连点成线、连线成片、连片成面,全域推进休闲农业与乡村旅游发展,实现以精品景观、精美村寨、精致农庄、特色魅力乡镇、新型旅游集散地为基础的空间格局,努力把汶川打造成为赏民俗风情、观田园风光、品农家风味、住藏乡羌寨的知名休闲农业与乡村旅游区,在构建山区干旱型、资源转化型、生态产业型循环经济模式上迈出新步伐,走出一条具有民族特色、汶川特点的休闲农业与乡村旅游产业发展道路。

二、基本原则

(一)以科学规划统筹发展为前提。坚持规划先行,与汶川经济社会发展规划、新农村建设规划、农业和旅游业发展规划相衔接,引导适宜发展的地区有重点、有步骤地推进,避免盲目发展。做到开发与保护相结合,生产、生活、生态相统

一、重视农村生态环境的保护，合理开发和永续利用资源，实现可持续发展。

（二）以促进农民就业增收为根本。坚持以农为本，充分尊重农民的意愿，切实保障农民的参与权和受益权，绝不能以损害农民利益为代价发展休闲农业与乡村旅游。要充分利用好国家和地方支持农业发展、扶贫开发、环境保护、小城镇建设等相关政策措施，着力解决好休闲农业与乡村旅游基础设施薄弱、创业资金不足和从业人员素质较低等现实问题，提升农民就业增收能力。

（三）以培育优势特色产业为支撑。从实际出发，因地制宜，紧紧依托农业生产过程、农民文化生活和农村风情风貌培育休闲旅游产业、开发休闲旅游产品，突出生态特色，增加科技和文化内涵，变资源优势、文化优势为产业优势、经济优势，使其成为具有高文化品位、高知识化、高附加值的产业。

三、目标任务

结合AAAA级旅游景区创建工作，进一步探索休闲农业与乡村旅游发展规律，理清发展思路，明确发展目标，创新体制机制，完善标准体系，优化发展环境，加快培育一批生态环境优、产业优势大、发展势头好、示范带动强的休闲农业与乡村旅游示范点，促进休闲农业与乡村旅游持续健康发展。

（一）计划在五年内完成3个国家AAAA级、两个国家AAAAA级旅游景区创建目标任务

1. 2011年新增两个国家AAAA级旅游景区：2011年，映秀震中旅游区（含地震遗址、温情小镇、黄家花园及周边乡村）和以威州为中心的羌禹文化生态旅游区（含威州镇、绵虒镇、雁门乡、龙溪乡）建设成为国家AAAA级旅游景区。

2. 2012年新增1个国家AAAA级旅游景区：2012年，将草坡藏乡文化生态旅游区建设成为国家AAAA级旅游景区。

3. 2015年新建两个AAAAA国家级旅游旅游景区：一是2012年—2015年间，将卧龙特区、三江乡、水磨镇、映秀镇整合为熊猫家园旅游景区，建设成为国家5A级旅游景区；二是在2012年—2015年间，将威州镇、绵虒镇、雁门乡、龙溪乡整合为大禹故里旅游景区，建设成为国家5A级旅游景区。

（二）精品旅游村寨

一是提升现有13个精品旅游村寨经营管理水平，确保每个村寨都能开放开游；二是争取在现有8个幸福美丽家园的基础上，转化提升7个以上村寨为精品旅游村寨，使精品旅游村寨总量达到20个，其中，在全省范围内有一定知名度的精品旅游村寨要达到10个以上，以后逐年递增5个以上精品旅游村寨，力争到2015年精品旅游村寨达到40个以上。

（三）乡村旅游经营户

到2012年，全县乡村旅游经营户数、星级乡村旅游经营户数占农户总数比重均达到20%以上。到2015年，力争乡村旅游经营户数占农户总数比重40%以上，星级乡村旅游经营户数占乡村旅游经营户总数比重40%以上。

（四）旅游接待和收入目标

2011年，力争乡村旅游接待游客达到170万人次以上，乡村旅游收入达到8.7亿元；到2012年，全年乡村旅游接待游客达到220万人次以上，乡村旅游收入达到11.26亿元；到2015年，全年乡村旅游接待游客达到350万人次以上，乡村旅游收入达到17.91亿元。

(五)带动效应目标

2011年,力争乡村旅游使农民受益面达30%以上,从业人员中农民就业比例达到60%以上,从业人员30%以上取得相应的职业资格证书或60%以上接受专门培训;2012年,乡村旅游使农民受益面45%以上,从业人员中农民就业比例达到70%以上,从业人员50%以上取得相应的职业资格证书或80%以上接受专门培训;2015年,乡村旅游使农民受益面60%以上,从业人员中农民就业比例达到90%以上,从业人员80%以上取得相应的职业资格证书或100%以上接受专门培训。

四、工作举措

(一)发展现代农业,为打造休闲农业和乡村旅游示范县提供物质条件

1.加快培育现代化农业产业基地。深入推进现代农业(林、牧)产业基地建设已成为我县发展现代农业的重要载体,是成片推进新农村建设的重要支撑,是保供给、调结构、转方式、促增收的重要抓手。要紧紧抓住全省"千亿示范工程"实施的重大机遇,以农业"四千万工程"为依托,加快推进甜樱桃、猕猴桃、花卉和畜禽养殖现代产业基地建设,争取农业产业基地强县、林业产业基地强县和现代畜牧业重点县的政策、资金支持。要以猕猴桃、花卉种植和畜禽养殖为重点,推进新老漩三环线四乡镇51个村为重点的猕猴桃产业片、花卉基地和畜禽养殖基地建设;以甜樱桃、花卉种植为重点,推进绵草线两乡镇5个村为重点的甜樱桃产业片和花卉种植区建设;以甜樱桃种植和畜禽养殖为重点,推进龙溪一乡四村、雁门一乡四村为重点甜樱桃产业片和畜禽养殖基地建设,通过片区开发,实现集中连片发展,推进特色优势种植业向良种化、标准化、规模化、品牌化发展,构建主导产业,树立旅游品牌。

2.加快培育农业产业、龙头企业。龙头企业在推进农业产业化经营中起着关键作用,加快培育农业产业、龙头企业是现阶段加快发展休闲农业与乡村旅游、发展农村经济、实现农业现代化的必由之路。要按照"聚集资源要素,集中企业发展,形成企业集群,带动基地成规"的农业产业发展要求,加大资源整合力度,重点在甜樱桃、猕猴桃、生猪、食用菌、茶叶、中药材等优势特色产业中培育一批骨干龙头企业。要加快建设绵虒农产品加工基地、七盘沟旅游产品加工基地建设,围绕我县农业和旅游产业发展需求,积极发展农产品精深加工,延长农产品产业链,提高农产品附加值,力争2015年基本建成川西北现代物流中心和农畜产口品加工基地,辐射带动全州农业产业发展。要着力引导龙头企业与基地和农户建立紧密的产销联系机制,发展较高层次的合同订购、保底收购、二次返利等利益风险联结机制和产销联系机制,支持龙头企业参与基地建设、引领基地建设,推动产业一体化发展,推动农业产业化经营。

3.加快培育农业产品知名品牌。大力推动农产品品牌、休闲农业品牌建设,是提高农产品的市场竞争力、进一步开拓国内外农产品市场、提高农产品生产利润,推动高效、优质农业全面发展的一项重要举措。要充分利用我县的资源、区域、区位、震中优势,发展绿色有机、低碳循环农业,精心开发既符合时代要求又具汶川特色的农业产品。要加快申报农产品地理认证(质监局负责)、产品认证(工商局负责)、驰名商标(工商局负责)、名牌产品(食品协会、主管部门负责)、商标注册和域名注册(工商局负责),各产业实体和

主管部门要抓紧推进我县现有特色农副产品的品牌认证工作，实现农业品牌的唯一性和专一性，努力推动汶川地震向汶川制造、汶川品牌转变。

4.加快培育农民专业合作经济组织。要按照休闲农业与乡村旅游发展要求建立健全单一性、专业性的专业合作社，充分发挥有钱的人、有专业技能的人、有经营能力的人的作用，充分调动龙头企业管理者、大学生村官、驻汶院校、农村基层组织的组织引导作用，发展壮大农民专业合作社，带动农民发展现代农业、带动农民持续增收。要充分发挥休闲农业企业、乡村旅游企业的龙头作用和农民的主体作用，推行"公司+协会+农户"、"股份合作制"等模式，吸引农民加入到休闲农业与乡村旅游发展中来。积极培育休闲农业与乡村旅游开发"先进户"、"示范户"，通过示范引导、典型带动，调动农民投资开发休闲农业与乡村旅游的积极性。

5.加快培育土地流转新机制。要以稳定农村基本经营制度为着力点，按照依法、自愿、有偿的原则，采用转包、互换、转让、出租、入股等形式，引导土地承包经营权规范有序流转，促进分散的土地向休闲农业发展大户、乡村旅游发展大户集中，扩大"实验田"，推进"新土改"，培育"新产业"，促进集约经营和农民身份转变，使村民在合作经营中，能够分得红利，实现增收目标。要主动探索农民以土地入股与龙头企业合作经营的形式，促进农民变市民、农民变股民、农民变工人，使农民在土地流转中获得土地保底的收益、土地产出率提高的收益、产业化经营增效的收益、务工就业的收益，拓展农民合理分享收益更大空间。

6.加快培育农业产业发展的风险调控机制。要加快完善农业支持保护力度，建立健全"三农"投入稳定增长机制，引导金融机构增加"三农"信贷资金投放，加大资金整合力度，提高资金使用效益；要以农业保险、信贷补助、政府扶持三种途径，进一步健全农业风险调控机制，提高农业产业抵御自然灾害的能力，实现农业持续增收。

（二）建设现代农村，为打造休闲农业和乡村旅游示范县提供基础保障

1.积极探索建设"新农村综合体"。加快建设以农民为主体，生产生活要素集约配置的有规模、多功能、现代化、高效率、开放型的农村新型社区。要因地制宜、合理布局，积极发展各具特色的新农村综合体模式：一要以秀坪社区为圆心，联合中滩堡、枫香树、渔子溪、张家坪、黄家村等五个村共同建设映秀新镇，全面探索灾后重建新农村综合体，打造世界旅游温情名镇。二要以水磨老人村为圆心，联合马家营、毛坪子、牛塘沟、寨子坪等九个村，共同建设水磨古镇，全面探索拆迁安置新农村综合体，打造教育文化旅游区。三要以漩口瓦窑村为圆心，联合古溪沟、圣音寺、油碾村、小麻溪等六个村，全面探索城乡统筹发展新农村综合体，打造博爱新农村。四要以三江街村为圆心，联合河坝村、照壁村、草坪村等三个村，全面探索建设休闲农业与乡村旅游新农村综合体，打造水乡藏寨旅游区。五是以绵虒绵丰村为圆心，联合三官庙、羌锋、高店等三个村，全面探索农耕文化新农村综合体，打造大禹故里风景区。六是以龙溪村为圆心，联合联合村、阿尔村等村，共同建设羌族文化博览新农村综合体，打造龙溪羌人谷。

2.积极推进农业生产能力建设。一是积极推进水利工程建设。要加快推进以农村饮水安全建

设、农田水利基础建设、防洪工程建设、小流域综合整治和城市水保工作等为重点的基础水利设施更新改造工作，完成各级财政资金安排的饮水项目、三江灌排工程、黄岩、中坝、阿师专堤防工程建设、水磨水厂二期工程建设、映秀集镇河道相关项目工程。二是积极推进山洪灾害防治。国土部门要会同水利、各乡镇对我县境内的大型沟谷（尤其是泥石流沟）进行全面的排查评估，对存在重大安全隐患的地区，对不满足泥石流或洪水排导能力的重要沟谷，尽快启动和实施治理工程项目，降低泥石流等地质灾害造成的损失。要抓紧"8.14"特大山洪泥石流灾害地质灾害治理工程的实施力度，力争在雨季前全部完工。三是积极推进易灾地区生态治理。要大力实施易灾地区生态建设工程建设，坚持不懈抓好天然林保护、退耕还林、野生动植物保护和自然保护区建设等重点工程建设，全面推进生态系统建设，切实维护生态安全。要建立以森林植被为主体的国土生态安全体系，切实将改善生态环境、维护生态平衡、建设生态家园三项工作同步推进。四是积极推进农村断头公路建设。以服务社会主义新农村建设、服务休闲农业和乡村旅游发展为目标，以实施"十二五"农村公路建设规划为基础，积极争取灾区振兴工程道路项目、四川省新农村道路建设项目、西部大开发基础设施建设项目，加大农村断头公路的建设力度，构建布局合理、标准适宜、四通八达、方便出行、便捷生产的交通格局，促进我县农村经济社会全面协调和可持续发展。

3. 积极推进农村基层组织建设。一要切实增强农村基层组织在休闲农业与乡村旅游发展中的领导作用。农村基层组织是推动休闲农业与乡村旅游业发展的重要组织者和领导者，要围绕"发展产业、扩大就业、扶贫帮困"三大任务，深入开展农村创先争优活动，深入开展向文建明同志学习活动，总结和推广"春风经验"，选优配强村两委会组织的带头人，发挥农村基层组织的核心和战斗堡垒作用，不断增强农村基层组织领导发展休闲农业与乡村旅游发展的能力。二要切实增强农村基层组织在休闲农业与乡村旅游发展中的示范作用。要以服务休闲农业与乡村旅游发展为目标，以县、乡、村三级联教培训为重点，加大村三职干部的综合能力和科学技术培训，切实增强村两委会班子和班子成员在发展休闲农业与乡村旅游中的"双带"作用。要抓好农村党组织科技示范基地、农村党员科支致富示范户活动，实施创建"党员科技示范户"旗帜工程，把勇于创业、带民创业的党员干部，培养成带头发展和致富群众的主心骨，使农村党员真正成为引领发展、带头致富、倡导文明的实践者和推动者，通过班子和干部的带头示范作用，推动休闲农业与乡村旅游快速发展。三要切实增强农村基层组织在休闲农业与乡村旅游发展中的服务作用。以农村基层组织综合能力建设为中心，加大农村软弱涣散村两委会的整顿力度，抽调一批素质高、作风硬、熟悉基层工作的同志组成驻村工作组开展工作。要以县级领导"挂、包、帮"为载体，一村一大和下派干部为主力，实行分类指导、对症下药，帮助找出问题，分析原因，增进团结，形成合力。对发展意识不强、集体经济薄弱的村，要通过组织多种形式的学习、外出考察，帮助拓展视野，理清发展思路；对工作制度不健全的村、要通过下派干部指导健全完善各项规章制度，用制度管人管物管事；对党员先锋模范作用发挥不够的村，及时加强思想教育，通过基层组织服务能力的提高,为发展休闲农业与乡村旅游夯实基础。

4.积极推进农村发展体制机制创新。各乡镇、县级有关部门要综合考虑休闲农业与乡村旅游的政治、经济、社会和生态等多重效益,形成内部投入的良性循环机制。一要发挥龙头企业的投资撬动作用,带动基地业主和流通业主共同投入。二要发挥金融机构的信贷作用,要争取项目抵押贷款、项目贷款贴息作用,努力增加金融支农村发展的作用。三要注重资源保护,严格土地集约利用制度,落实项目准入机制,提高生态资源的单位效益,同时把服务县域主导产业"两桃一花一牧"作为重要考核指标,严格奖惩,推动跨越。

(三)培育现代农民,为打造休闲农业和乡村旅游示范县提供智力支持

1.培育"发展型"农民。一要积极引导广大农民群众摒弃封闭保守心理,树立开放创新观念;克服依赖观望心理,树立自立自强观念;扔掉自给自足的小生产意识,树立市场意识和商品意识;消除单家独户心理,树立协同致富观念;抛弃小富即安心理,树立富而思进观念。二要引导广大农民积极投身于现代农业生产,在发展"三高"农业中转变传统的生产、生活、思维交往方式和价值观念,走农业商品经济发展道路。

2.培育"文化型"农民。一要加强农村基础教育。认真贯彻落实《义务教育法》,保证农村适龄青少年上得起学、念得起书,保证家庭经济困难的学生不失学不辍学。二要建立健全多元化的基础教育办学模式,更新教育思想,转变教育观念,加快应试教育向素质教育的转变,促进农村劳动力素质的提高。三要大力调整教育结构,优化教育资源配置。以党校、电大、威师校为主体,积极扩大职业技术教育和成人教育,培养农村管理人才、经营人才和旅游导游人才。

3.培育"技术型"农民。各乡镇、县农口部门、就业局、县委党校等要通过多种灵活的形式和途径,从我县的实际需要入手,加大农村劳动力的技能培训,努力培养一大批留得住、用得上的实用型人才。一要围绕休闲农业和乡村旅游的发展实际,加强对从事甜樱桃、猕猴桃、花卉、茶叶、食用菌种植、畜禽养殖的农民培训,加大现代信息技术、生物技术、清洁生产技术、环保技术等的培训力度,提高农民的科技素质,促进科学种田、科学养殖,切实把农业发展转入依靠科技进步和劳动者素质提高的轨道上。二要围绕农村劳动力进行转移需求,整合州、县各类培训资源,建立各种培训基地,多层次、多形式、灵活多样地开展培训,使农民能够掌握一技之长,增强农民的竞争能力和转移就业的能力,不断提高农民整体素质。三要围绕拓展农民思想意识,以基层党组织创先争优、"下访服务、公仆尽责"和"挂、包、帮"等活动载体,采取走访、座谈等方式,加强发展休闲农业和乡村旅游发展重要性宣传,教育引导农民群众打破"以农为本"、"以粮为纲"等旧观念,投入新兴农业产业发展中。

4.培育"素质型"农民。一要立足感恩教育引导,造就文明农民。以感恩教育和弘扬伟大抗震精神为载体,切实增强全县干部群众感恩图报、铭恩奋进的意识,在全县形成了"人人知恩感恩、个个报恩施恩、处处体现和谐"的社会氛围;大力实施公民素质教育、公民道德建设工程,全面提高公民素质和社会文明程度;积极推动群众性精神文明创建活动,开展和谐家庭、和谐村组、和谐村镇创建活动,引导农民破除陈规陋习,养成好习俗、好习惯、好风尚。二要立足于法治建设,打

造平安乡村。深入开展农村普法教育和平安乡村创建活动，引导农民树立法制观念，增强农民依法维护权益的能力和自觉履行义务的责任感。进一步强化农村社会治安综合治理，健全农村矛盾纠纷排查调处机制和应急处理体系，妥善处理农村各种矛盾，努力营造安定有序、文明祥和的农村环境氛围。三要立足于民主管理，建设和谐农村。健全和完善农村社会管理的各项规章制度，强化村民自治机制，维护农民的民主权利，扩大村务公开，提高农民对村务管理的知情度和参与度，切实提高农村基层民主管理水平。

（四）提高现代意识，加强对休闲农业和乡村旅游发展的组织领导

大力发展休闲农业与乡村旅游，是我县完成灾后恢复重建任务推动产业结构调整的重要方向，是发展现代特色农业、建设社会主义新农村、构建和谐农村、推进汶川发展起跳的重大战略举措，对加快推进城乡一体化进程，改进生态环境，增加就业岗位，实现农民增收，促进农业和旅游互促共赢可持续发展具有重要意义。各乡镇、县级各部门要站在开展社会主义新农村建设和构建和谐社会的高度，进一步提高对发展休闲农业和乡村旅游重要意义的认识，把发展休闲农业和乡村旅游作为建设社会主义新农村的一个重要切入点，从实际出发，尊重农民意愿，充分发挥乡镇（街道）、村及农民的主体作用。为保证休闲农业和乡村旅游发展工作顺利推进，成立由汶川县委书记、县长为组长的汶川县休闲农业与乡村旅游发展领导小组，领导小组在县旅游局下设办公室。各乡（镇）应成立由党委书记为组长的休闲农业与乡村旅游发展工作领导小组，确定专门工作人员，抓好工作落实，承担起自我管理、自我服务、自我教育等职能。要健全的管理制度、统计制度、教育培训制度等，及时掌握行业发展动态，确保管理到位、职责到位、人员配置到位，协调和解决休闲农业和乡村旅游发展的重点、难点问题到位。

（五）强化扶持力度，加大对休闲农业和乡村旅游发展的政策支撑

1. 县级有关部门要加大对休闲农业与旅游项目建设的支持力度，在道路交通、农业旅游用地、环境改造（改水、改厕、垃圾处理等）等方面要整合资金、加大投入，在行政审批等方面提供便利和保障。

2. 对新增符合农家游经营接待条件的农户采取资金奖励扶持政策。对符合条件的农户，县财政每户给予1万元奖励扶持，相关乡（镇）给予每户不低于5000元的奖励扶持，村一级也要适当提供一定的资金扶持。该资金主要用于农家游接待户的建设，重点对农家院的厕所、浴室、厨房和住宿条件进行改造。对已开展农家游经营活动的农户，县财政每户给予最多1万元奖励。

3. 达到省"农家乐"星级标准的农家游经营接待户，由县财政实行奖励制度：达到五星级挂牌标准的奖励3万元，四星级挂牌标准的奖励2万元，三星级挂牌标准的奖励1万元。按各星级奖励的总金额，挂牌奖励三分之一；一年后复核达到标准或限期整改到位的再奖励三分之一；两年后复核达到标准的或限期整改到位的，奖励余下的三分之一。

4. 对当年接待游客达3500人次以上（含3500人次）的农户和安排农村就业人员不少于10人（按全年月份平均值）的农家游接待户，由县财政分别奖励2万元。

5. 对已被确定为县乡村旅游精品景区的建设单位(乡镇、村、园区)，当年实际投资额在 200 万元以上、350 万元以上和 500 万元以上的分别奖励 5 万元、10 万元和 15 万元。

6. 对新创建的国家级农业旅游示范点，由县财政提供 10 万元奖励资金；对已成为国家级农业旅游示范点的村或农业旅游园区，创建国家 AAAA 以上级别的旅游景区，创建达标后由县财政分别给予 20 万元的奖励；对新增的省、州特色旅游乡镇和不是特色旅游乡镇辖区内的旅游专业村，由县财政分别给予 10 万元和 5 万元的奖励。

7. 对当年组织团队到我县进行乡村旅游达到 3 万人次以上的旅行社，由县财政对其广告费给予资金支持，最高额度不超过 5 万元。

8. 对休闲农业与乡村旅游景区(村或园区)引进的农业旅游大项目，可参照县引进内外资政策给予奖励，以鼓励外来资金对休闲农业与乡村旅游的投入。

9. 对国家、省、州政府扶持的重点休闲农业与乡村旅游项目，县财政将按照上级政府的要求对项目建设实行资金配套。

10. 对一个单位同时获得休闲农业与乡村旅游精品景区、国家农业旅游示范点和省、州特色旅游乡镇、旅游专业村的，只能获得一项奖励，奖励金额可按照最高奖励额的项目奖予；对农家游接待户也同样只能获得诸多奖项中的一项(经营奖除外)，不可兼得。

11. 对新办的乡村旅游经营企业及新建、改建、扩建的旅游项目，乡村旅游各类经营户办理工商执照、卫生许可证和从业人员健康证明，可按国家有关规定享受相关税费优惠政策。

(六)精心组织规划，确保休闲农业和乡村旅游健康发展

要以科学发展观为指导，做好全县休闲农业和乡村旅游规划。县旅游局将我县的休闲农业和乡村旅游发展规划纳入城乡发展建设规划和全县旅游总体规划。各休闲农业和乡村旅游发展的重点乡镇(街道)或村以及休闲农业和乡村旅游园，要在全县休闲农业和乡村旅游规划的指导下，做好本辖地的休闲农业和乡村旅游发展规划。要充分考虑到当地自然、文化和农业产品的特性，旅游市场的需求、规模和发展趋势，休闲农业和乡村旅游的布局、基础设施等方面问题，量力而行、有序推进、逐步完善，避免一哄而上、急于求成、盲目发展。县旅游行政主管部门要从规划指导、信息咨询、市场开发、人员培训等方面加强对休闲农业和乡村旅游的服务，要与县各相关部门及相关乡镇(街道)政府密切合作，把服务做到村，做到农户家里，帮助他们解决具体问题。要加强对休闲农业和乡村旅游的管理，加快制定和完善休闲农业和乡村旅游建设、管理和服务质量标准，建立休闲农业和乡村旅游统计体系和休闲农业和乡村旅游通报制度。政府各相关部门要加强对休闲农业和乡村旅游建设和经营活动的监管，实行标准化管理。一要加强经营活动的监管，制定服务设施、服务质量标准和经营守则，规范收费价格，教育农民要守法经营、诚信服务；二要加强环境卫生和食品安全监管，要保护好生态环境，治理好环境污染，做好自然村、农家院及房前屋后的绿化和美化工作，努力营造优美的自然景观和田园风光，特别要注意确保饮水、食品卫生安全；三是实行休闲农业和乡村旅游市场准入和淘汰制度，对符合要求的农家院实行挂牌制和评星制，对经营较差、服务水平不高或经常受到游

客投诉的农家院和其他经营休闲农业和乡村旅游的单位坚决吊销其经营资质。相关乡镇(街道)或村要建立休闲农业和乡村旅游开发管理公司,引导农民成立休闲农业和乡村旅游行业协会,不断提高休闲农业和乡村旅游管理服务水平和行业自律能力,促进我县休闲农业和乡村旅游更好、更快地发展。

(七)组织有效措施,加大休闲农业和乡村旅游发展的对外宣传促销力度

要把休闲农业和乡村旅游的对外宣传促销工作纳入到全县旅游宣传促销工作计划中。县财政每年拨付的旅游宣传促销经费在使用上要增加休闲农业和乡村旅游宣传促销经费的比重,各休闲农业和乡村旅游精品景区、国家休闲农业和乡村旅游示范点、省州特色旅游乡镇(街道)要建立自己的网站或与县、州旅游网联网的网络系统,要通过新闻媒体和组织各种促销活动,参加各级政府组织的旅游博览会、交易会,制作各种休闲农业和乡村旅游宣传品等多种形式,广泛宣传我县的休闲农业和乡村旅游资源及产品,扩大我县休闲农业和乡村旅游的知名度和影响力。

附件:汶川县休闲农业和乡村旅游发展工作领导小组名单

附件:

汶川县休闲农业和乡村旅游发展工作领导小组名单

组　　长:青理东　　州委常委、县委书记
　　　　　张通荣　　县委副书记、县人民政府县长
执行组长:朱　锐　　县委常委、县人民政府副县长
副组长:李　杰　　县委常委、县人民政府副县长
　　　　杜朝刚　　县委常委、县委政法委书记
　　　　王志勇　　县人民政府副县长、水磨镇
　　　　　　　　　党委书记
　　　　廖　军　　县人民政府副县长、映秀镇
　　　　　　　　　党委书记
成　　员:余朝波　　县人大副主任、县畜牧兽医
　　　　　　　　　局局长
　　　　谢海彬　　县委办公室主任
　　　　肖　宏　　县委办公室副主任、县政府
　　　　　　　　　办公室主任
　　　　张　毅　　县委办副主任、县委县政府
　　　　　　　　　目标督查办主任
　　　　邓　鹏　　县委办副主任、县委农工办主任
　　　　孙立新　　县纪委副书记、县监察局局长
　　　　熊　军　　县委组织部副部长、党建办主任
　　　　陈　康　　县委宣传部副部长、文明办主任
　　　　杨凯龙　　县发展和改革局党组书记
　　　　段建波　　县经济商务和信息化局局长
　　　　周　静　　县财政局党组书记、副局长
　　　　王旭英　　县旅游局局长
　　　　傅　剑　　县农业局局长
　　　　张先武　　县林业局局长
　　　　倪明高　　县扶贫和移民工作局局长
　　　　彭勇森　　县水务局局长
　　　　席传江　　县城乡规划建设和住房保障
　　　　　　　　　局局长
　　　　袁　刚　　县教育局局长
　　　　岳洪春　　县卫生局局长
　　　　陈劲斌　　县民政局局长
　　　　刘　渠　　县科技局局长
　　　　甘元明　　县人事劳动和社会保障局局长

程　乔	县交通运输局党组书记、副局长	刘明春	雁门乡党委书记
尚贤明	县国土资源局党组书记、副局长	罗继华	克枯乡党委书记
汪永峰	县城乡规划管理局局长	陈　建	龙溪乡党委书记
余成忠	县人口和计划生育局局长	蒋芝辉	绵虒镇党委副书记、镇长
刘进荣	县环保局局长	董建波	草坡乡党委书记
刘永琼	县统计局副局长	孔红永	银杏乡党委书记
谢旅霜	县广播电影电视局局长	王国文	漩口镇党委书记
张永贵	县供销社主任	王长红	三江乡党委书记
李晓敏	县农行行长		
尼玛俄热	县信用联社理事长		
王　宇	威州镇党委书记		

领导小组下设办公室在县旅游局，由王旭英兼任办公室主任，负责处理日常工作。

汶府发〔2010〕1号

汶川县人民政府关于印发《汶川县"十二五"规划编制工作方案》的通知

各乡镇人民政府，县级各部门：

《汶川县"十二五"规划编制工作方案》已经县十二届人民政府39次常务会研究同意，现印发你们，请遵照执行。（请各乡镇、各单位于1月10日前将联络员及联系方式报县发改委）

附件：1."十二五"规划各专项规划
      2.汶川县"十二五"规划前期重点课题研究

二〇一〇年一月七日

汶川县"十二五"规划编制工作方案

"十二五"是汶川县积极应对国内外发展环境重大变化，深入实践科学发展观、全面落实党的十七大提出的战略目标，加快发展、全面建设小康社会的关键时期，科学制定和编制好"十二五"规划是关系汶川县未来长远发展的一项重大任务。为确保圆满完成编制工作，根据国家和省、州发改委的部署，结合我县实际，特制定如下工作方案：

一、指导思想

以党的十七大精神和"三个代表"重要思想为指导，全面贯彻落实党的十七届三中、四中全会，州委九届四、五、六次全会、县委十届九次全会精神，坚持实施可持续发展战略，按照"面向四川、服务全州，努力把汶川建设成为阿坝新型工业集中发展区、岷江河谷现代特色农业示范区、羌禹文化生态体验区"的战略定位和"一心两廊四区"城镇体系规划，突出重点，增添措施，促进全县经济跨越式发展和社会事业全面进步。

二、主要任务

研究提出汶川县"十二五"期间的战略目标、发展思路、发展重点和对策措施。全县"十二五"规划编制工作着重在以下几个层面展开：

（一）开展重大问题研究。结合汶川县经济社会发展实际，充分吸收2008年以来省、州、县出台的一系列重大决策和研究成果，重点加强对"十二五"时期的发展环境、思路目标、结构调整、产业布局、城乡区域、科教文化、改革开放、人民生活、资源环境和生态保护等重大问题开展前瞻研究，理清长远发展思路。重大问题目录由县发改委会同县有关部门确定，以委托方式组织开展研究。

（二）编制"十二五"规划纲要。国民经济和社会发展规划纲要（以下简称规划纲要）是总体性、纲领性的规划，在各类规划中处于"龙头"地位，是编制专项规划以及制定各项经济发展措施和年度规划的依据。县"十二五"规划纲要草案由县政府提出、县人大审议批准。起草工作由县发改委牵头，县有关部门参与。

进度安排分四个工作阶段：

第一阶段：前期准备和研究阶段（2009年10月至12月底前）。向县政府提出编制"十二五"规划工作方案，对规划工作进行动员部署，开展重大课题前期研究工作，为做好"十一五"总体规划执行情况的分析评估工作做好准备。

第二阶段：前期重大课题研究和规划基本思路编制阶段（2009年12月至2010年1月底前）。组织开展前期重大课题研究和规划基本思路编制工作。课题由县发改委研究确定，课题承担单位于2010年1月底前完成重大课题研究初稿。2010年2月前完成汶川县"十二五"总体规划思路以及各个专项规划的基本思路。征求各部门对规划基本思路的意见和建议，并组织专家对基本思路进行论证。听取县人大财经委和县政协专门委员会的意见和建议。充分征求各方面意见，修改完善后报县政府审定。

第三阶段：纲要基本框架、专项规划草案研究起草阶段（2010年2月至8月底前）。根据县政府编制"十二五"规划纲要的基本思路，形成"十二五"规划纲要基本框架草案，完成各专项规划的研究起草工作，在广泛征求社会各界意见的基础上，就发展战略、宏观管理目标、重点领域的发展方向和对策措施等，与县有关部门衔接。

第四阶段：规划纲要草案起草完善、审议阶段（2010年9月至10月底前）。完成规划纲要草案起草工作，组织专家开展咨询论证，经县政府审定后，提交县人大审议批准。

（三）编制重点专项规划。重点专项规划是以国民经济和社会发展的特定领域为对象编制的规划，是规划纲要在特定领域的延伸和细化，是指导该领域发展、决定该领域重点工程和安排政府投资的依据。重点专项规划由县发改委研究确定（见附件1），县有关部门牵头负责起草，报县政府审定。

具体分工及阶段：2009年12月底前，县发改委在广泛征求县级各部门意见的基础上，确定汶川县"十二五"重点专项规划题目及牵头部门和参与单位。各牵头部门和参与单位组成"十二五"重点专项规划专题组，提出工作方案和规划草案的编制提纲。2010年5月底前，各重点专项规划专题组完成重点专项规划框架性草案，并报送县发改委。县发改委就重点专项规划草案中的重大问题，会同县有关部门、有关乡镇进行衔接协调。2010年12月底前，各重点专项规划专题组对重点专项规划草案作进一步论证和修改完善后，形成送审稿，由县发改委上报县政府审定。

（四）编制"十二五"规划纲要。提出"十二五"规划纲要草案，由县人大审议批准。"十二五"规划纲要的编制，要与县重点专项规划等相关规划相衔接。县发改委要在"十二五"规划纲要经县人民政府审定前，就规划纲要草案中的支柱产业、跨地区的重大基础设施项目和布局、重要的资源开发项目以及其他对全县经济社会发展有重要影响的规划内容，与有关行业主管部门进行衔接。

三、编制要求

（一）认真做好"十一五"规划执行情况评估。各部门要对本部门"十一五"规划实施情况进行评估，全面总结成功经验，找准存在的突出问题和主要矛盾，为编制"十二五"规划提供依据；同时，认真总结"十一五"规划编制工作经验，改进"十二五"规划编制工作。

（二）突出规划重点。科学界定规划编制领域，把规划重点放在政府履行公共职责的基础设施、重要资源、生态环境、公共服务等领域。这些领域必须编制规划,且要做深做实,增强针对性和可操作性,使之切实成为政府审核项目、安排投资的依据,为企业决策、引导社会投资方向提供参考。要按照"有所为、有所不为"原则,认真分析"十二五"期间面临的重大战略性问题,围绕重点任务、重点领域以及重点项目等,研究提出解决问题思路和对策措施。对一般性竞争领域,政府规划的内容主要是规范市场秩序,制定政策导向,以促进公正、公平和公开的市场竞争环境的形成和完善。

（三）加强重点项目的前期研究工作。重点项目是落实规划建设任务的重要载体,是实现规划目标的重要手段,是规划的重要支撑。在以政府为主体的规划中,重点项目主要是指应由政府配置资源的交通、能源、水利、环保、生态、财政、教育、科技、文化等建设项目,也包括一些应由政府协调建设、不直接参与投资的支柱产业大型项目。要尽早启动新建项目的前期研究工作,研究提出一批关系全局、意义深远、带动作用强、政府组织实施的重点项目,明确"十二五"期间需要建设的公共产品、基础设施、可持续发展的重点项目,并做好论证工作,为做深做实专项规划打好基础。

（四）加强规划间的相互衔接。规划之间的衔接协调是保障规划科学性、有效性的必要环节。衔接协调的内容包括：宏观调控重要指标、支柱产业、基础设施、重要资源开发以及关系全局的重点项目布局和主要对策措施等。要做好县"十二五"规划体系内总体规划纲要与重点专项规划衔接,避免冲突,保证规划思路的统一和规划的可行性；尽量使本县规划和省、国家各类规划相衔接,充分体现国家、省、州要求,使我县灾后发展尤其是重点项目建设获得国家及省、州的大力支持；增强规划的全局性,加强部门间分工合作,防止规划部门化,形成规划在解决经济社会发展重大问题上的合力；做好经济社会发展规划与空间规划衔接,把各项发展思路和措施落到实处。

（五）增强规划编制民主性和科学性。加强调查研究,广泛听取社会各界意见,集思广益,增强规划工作透明度和公众参与度,使政府决策能更好地反映民情,提高决策科学化和民主化水平。在规划编制过程中,要认真做好规划编制的基础调查、信息搜集、课题研究、项目论证等前期工作,并采取座谈会、协调会等多种形式广泛听取有关方面意见,特别要注意倾听利益相关者的意见和建议。在规划编制程序上,要建立和完善规范化的民主制度、衔接制度、论证制度、公布制度、评估制度等。要改进规划评估论证方法,除本部门、本系统专家参与评估论证外,还要注重吸收相关部门专家参加评估论证。

四、保障措施

（一）组织领导。编制汶川县"十二五"规划是在全县范围内进行的一项大型系统工程,时间长,任务重,涉及面广。为保证"十二五"规划的协调性、衔接性、可操作性和规划编制过程的科学化、民主化。

1.县委、县政府决定成立汶川县"十二五"规划编制工作领导小组,组织领导全县经济和社会发展规划编制工作。

领导小组办公室设在县发改委（办公室主任由县发改委主任毛舰勇兼任）,办公室主要职责是按照县委、县政府"十二五"规划编制领导小组的安排,协调、督促、检查规划研究编制日常工作,协调组织"十二五"规划重点课题研究；组织"十二五"部门规划、专项规划的编制及上报审批；负责与其他规划领导小组办公室的对接；对工作进度及存在问题及时整理反馈；联系课题相关事宜。

2.县乡协调配合,共同完成规划编制工作。

各乡（镇）及有关部门要建立相应工作机构,并确定联络员与县"十二五"规划编制工作领导小组办公室进行联络和协调,同步开展"十二五"

规划编制的各项工作。

3.成立编制"十二五"规划专家咨询小组。根据需要,聘请相关部门、行业较高水平专家全程参与编制咨询和研究。咨询小组受县政府委托对"十二五"规划研究编制中的重大课题组织咨询、评审验收。

(二)落实规划经费。根据国发〔2005〕33号文件精神,编制汶川县"十二五"规划纲要、区域发展规划所需经费,列入县级财政预算安排解决。

附件1

"十二五"规划各专项规划

序号	重点专项规划名称	主 要 任 务	进度要求	责任部门	参与部门
01	汶川县"十二五"农业和农村经济发展规划	研究提出汶川县"十二五"农业和农村经济的发展思路、目标、任务和措施	2010年5月底提交初稿	县农业局	县林业局、县畜牧局、县水利局
02	汶川县"十二五"工业发展规划	研究提出汶川县"十二五"工业的发展思路、目标、任务和措施	2010年5月底提交初稿	县经济商务局	县国土资源局
03	汶川县"十二五"交通建设规划	研究提出汶川县"十二五"交通建设的发展思路、目标、任务和措施	2010年5月底提交初稿	县交通局	相关部门
04	汶川县"十二五"旅游业发展规划	研究提出汶川县"十二五"旅游业的发展思路、目标、任务和措施	2010年5月底提交初稿	县旅游局	相关部门
05	汶川县"十二五"文化产业发展规划	研究提出汶川县"十二五"文化产业的发展思路、目标、任务和措施	2010年5月底提交初稿	县文化局	相关部门
06	汶川县"十二五"人才发展规划	研究提出汶川县"十二五"人才发展思路、目标、任务和措施	2010年5月底提交初稿	县人事局	相关部门
07	汶川县"十二五"科技发展规划	研究提出汶川县"十二五"科技发展思路、目标、任务和措施	2010年5月底提交初稿	县科技局、	相关部门
08	汶川县"十二五"服务业发展规划	研究提出汶川县"十二五"服务业的发展思路、目标、任务和措施	2010年5月底提交初稿	县经济商务局	相关部门
09	汶川县"十二五"就业和社会保障规划	研究提出汶川县"十二五"就业和社会保障的发展思路、目标、任务和措施	2010年5月底提交初稿	县劳动和社会保障局	相关部门
10	汶川县"十二五"资源保护与开发利用规划	研究提出汶川县"十二五"资源保护与开发利用的发展思路、目标、任务和措施	2010年5月底提交初稿	县环保局、县国土局	相关部门
11	汶川县"十二五"教育发展规划	研究提出汶川县"十二五"教育事业的发展思路、目标、任务和措施	2010年5月底提交初稿	县教育局	相关部门
12	汶川县"十二五"卫生发展规划	研究提出汶川县"十二五"卫生事业的发展思路、目标、任务和措施	2010年5月底提交初稿	县卫生局	相关部门
13	汶川县"十二五"城镇体系建设及城镇化发展规划	研究提出汶川县"十二五"城镇体系建设及城镇化的发展思路、目标、任务和措施	2010年5月底提交初稿	县规划建设局	相关部门

附件 2

汶川县"十二五"规划前期重点课题研究

序号	重点课题名称	主要任务	进度要求	责任部门	参与部门
01	汶川县"十一五"规划实施情况评估	用统计数据对汶川县"十一五"国民经济和社会发展情况进行全面评估。全面总结"十一五"期间汶川县社会发展存在的问题及取得的主要成就。	2010年1月底提交初稿	县统计局	相关部门
02	汶川县"十二五"规划总体思路研究	在灾后恢复重建的基础上,提出"十二五"规划指导思想、总体思路,确定经济社会发展战略、方针、总体目标、主要任务、重点产业和领域以及政策措施。	2010年1月底提交初稿	县政策研究室	县发改委
03	汶川县"十二五"规划发展目标和指标体系研究	围绕"十二五"我县在灾后恢复重建的基础上产业转型升级、重点扶持方向、社会发展要求等内容,从经济发展、社会民生、资源环境等方面提出量化的指标体系,要突出指标体系的科学性与创新性。	2010年1月底提交初稿	县统计局	县统计局
04	汶川县"十二五"投资规模和重大项目布局研究	重点研究在应对宏观环境变化和贯彻中央、省州宏观调控政策的背景下,分析我县"十一五"和灾后重建重大项目投资和基础设施建设基本现状,针对"十二五"优化投资结构、完善基础设施、确保投资稳定增长的思路,积极策划包装一批重大项目,以及确保重大项目推进的对策措施。	2010年1月底提交初稿	县发改委	相关部门
05	汶川县加快现代农业(大农业)发展研究	重点研究在灾后恢复重建的的基础上,如何进一步推进农业结构战略性调整、建立新型农业社会化服务体系、提高农业综合生产能力等思路和对策。	2010年1月底提交初稿	县农业局	相关部门
06	汶川县实施扩大就业战略的思路研究	总结分析"十一五"期间我县推进积极就业政策取得的成效及存在的问题,研究提出"十二五"时期扩大就业的总体目标和对策措施。重点研究提出经济增长与扩大就业的良性互动,进一步破除各种体制障碍、促进城乡统一的人力资源市场建设,健全面向全体劳动者的职业技能培训制度和人力资源开发政策体系、全面提高劳动者职业素质和就业能力,建立健全支持创业的政策体系和服务体系、促进以创业带动就业,改善政府就业服务、为劳动者提供完整的权益保障等方面的对策措施。	2010年1月底提交初稿	县就业局	相关部门
07	汶川县人力资源建设研究	重点研究我县经济转型升级的人力资源需求和人力资源能力建设的思路和对策。	2010年1月底提交初稿	县人事劳动和社会保障局	相关部门
08	汶川县文化体育建设研究	重点研究增强我县文化软实力的总体思路、载体和对策措施。	2010年1月底提交初稿	县文体局	相关部门
09	汶川县教育发展和改革的思路研究	总结分析"十一五"期间我县教育体制改革情况,研究提出"十二五"时期我县教育发展、改革的主要目标和基本任务。重点研究提出改革教育投入体制、办学体制,明确义务教育阶段政府责任,建立加强高校科技创新与促进产学研相结合的机制,以及流动人口、城市贫困人口子女、残疾儿童等困难群体教育及资助体系等方面的对策措施。重点研究"十二五"时期我县振兴教育的思路和对策,展望2020年目标。	2010年1月底提交初稿	县教育局	相关部门

续表一

序号	重点课题名称	主要任务	进度要求	责任部门	参与部门
10	汶川县医疗卫生事业发展的思路研究	总结分析"十一五"期间我县医疗卫生事业发展情况，分析预测"十二五"时期我县医疗卫生事业发展的新趋势及面临的新环境，研究提出这一时期我县医疗卫生事业发展的主要目标、重点任务和对策措施。重点研究提出完善公共卫生和医疗服务体系，加强农村卫生服务体系建设，推进新型城市卫生服务体系建设等方面的对策措施。	2010年1月底提交初稿	县卫生局	相关部门
11	汶川县高新技术产业和增强自主创新能力的研究	总结分析"十一五"期间我县发展高新技术产业和增强自主创新能力情况，预测国家高新技术产业发展政策的变化及对我县的影响，研究提出"十二五"时期我县发展高新技术产业和增强自主创新能力的总体目标、主要任务及对策措施。	2010年1月底提交初稿	县科技局	相关部门
12	汶川县加快现代服务业发展研究	分析我县服务业发展现状和相对滞后的原因，结合当前产业转型升级，将服务业作为促进经济增长新引擎的战略部署，提出我县现代服务业发展总体思路、发展方向、重点领域、体制保障和政策措施等。	2010年1月底提交初稿	县经济商务局	相关部门
13	汶川县旅游业发展研究	重点研究，"十二五"进一步推进我县旅游发展的思路和对策。	2010年1月底提交初稿	县旅游局	相关部门
14	汶川县工业发展研究	总结分析"十一五"期间汶川县工业经济发展情况，重点研究提出"十二五"时期我县工业经济发展的总体目标、主要任务和对策措施。重点研究提出进一步增强企业自主创新能力，保持和不断提升我县优势产业竞争力的对策措施，以及产业集群和重大项目布局、建设的发展思路，展望2020年目标。	2010年1月底提交初稿	县经济商务局	相关部门
15	汶川县开放型经济发展思路研究	总结"十一五"期间我县开放型经济发展情况，分析"十二五"时期我县对外开放面临的新形势，研究提出我县对外贸易、吸引外资、境外投资和对外经济技术合作的目标体系、重点任务和对策措施。重点研究提出如何加快外贸方式转变、创新利用外资方式、提高对外开放水平，形成和完善内外联动、互利共赢、安全高效的开放型经济体系；建立与新时期"走出去"战略相适应的对外投资和境外国有资产管理体制架构等方面的对策措施。	2010年1月底提交初稿	县经济商务局	相关部门
16	汶川县推进城镇化研究	重点研究"十二五"期间我县推进城镇化进程的思路和对策；研究提出"十二五"时期加强我县城乡基础设施建设的主要任务及重大项目建设、运营管理的基本构想。研究提出一批"十二五"时期重大基础设施建设项目；展望2020年目标。	2010年1月底提交初稿	县建设局	相关部门
17	提高人民生活水平研究	对"十一五"期间提高城乡居民生活水平进行评估，提出"十二五"期间提高城乡居民生活水平的主要目标和任务；展望2020年目标；研究灾后如何增加城乡居民收入，优化居民消费结构；研究提出提高城乡居民生活质量和改善生活环境等进一步改善民生的政策建议。	2010年1月底提交初稿	县"四办"	相关部门

续表二

序号	重点课题名称	主 要 任 务	进度要求	责任部门	参与部门
18	生态环境建设与保护和地质灾害治理研究	通过对生态环境建设与保护和地质灾害治理的现状分析，对"十一五"时期的政策实施评估，提出"十二五"生态建设与环境保护的基本思路、目标、重点及对策建议，并展望2020年目标，并提出项目支撑。	2010年1月底提交初稿	县林业局	县国土资源局
19	汶川县交通运输发展的思路研究	总结分析"十一五"期间我县交通运输发展情况，分析预测"十二五"时期我县交通运输需求量、需求结构及增长趋势，研究提出交通运输发展的总体目标及主要任务，研究制订现代综合交通运输体系和网络布局规划，研究策划深化交通运输管理体制改革和机制创新的对策措施。	2010年1月底提交初稿	县交通局	相关部门
20	汶川县金融体系建设总体思路的研究	总结分析"十一五"期间我县金融体系建设情况，探索破解体制机制问题的新途径，重点研究提出加快资本市场建设、金融方式创新和引进金融机构、建设农村金融体系等方面的对策措施。	2010年1月底提交初稿	人民银行	相关部门
21	汶川县完善社会保障体系思路研究	总结分析"十一五"期间我县社会保障体系完善情况，分析我县现行社会保障体系存在的主要问题，结合扩大就业、城镇化、人口流动、老龄人口迅速增加等问题，研究提出"十二五"时期我县完善社会保障体系的总体目标、主要任务和对策措施。重点研究提出进一步扩大社会保障体系的覆盖面、确定合理的社会保障水平、提高统筹层次、建立统一的社保关系接续制度，有效解决农民的社会保障、建立覆盖城乡的多层次社会保障体系等方面的对策措施。	2010年1月底提交初稿	县人事劳动和社会保障局	相关部门

汶府发〔2010〕8号

汶川县人民政府关于印发《汶川县灾后恢复重建民生工程项目推进方案》的通知

各乡镇人民政府，县级各部门：

《汶川县灾后恢复重建民生工程项目推进方案》已经县十二届人民政府第41次常务会议研究，现印发你们，请遵照执行。

特此通知。

二〇一〇年四月十二日

汶川县灾后恢复重建民生工程项目推进方案

为贯彻落实胡锦涛总书记关于民生工程要"一项一项抓好落实、不断抓出成效"的重要指示精神和省、州关于民生工程建设的相关政策精神，进一步规范我县教育、卫生、农村安全饮水、电力、交通等民生工程项目管理工作，强化监管责任，切实提高民生工程项目资金使用效益，加快民生工程的灾后重建步伐，各乡镇、县级各部门要在去年建设成就的基础之上再接再厉，坚持注重实效、惠及百姓，立足当前、着眼长远，高度关注民生，真心诚意为群众办实事、做好事、解难事，着力提高困难群众生活水平，共享改革发展和灾后重建成果。

一、主要目标

继续把住房、教育、卫生等民生项目重建摆在优先位置，继续加快城乡体系、交通、水电、市政项目建设。

（一）城乡住房重建必须在2010年5月12日前全面完成，并实现入住。确保威州镇剩余70户通过安居房和廉租房予以解决，确保映秀镇447户城镇住房、783农房在今年5月12日前全面完工。

（二）继续把住房、学校、医院等民生项目重建摆在优先位置，4月底前基本完成城镇居民住房重建，强力推进安居房和廉租房建设。9月底前全面完成学校、医疗卫生机构恢复重建。

（三）严格执行灾后重建规划，加强城乡规划管理，按照和谐拆迁要求，加大规划拆迁力度，齐心建设灾后美好新家园，力争5月12日前，完成县城和映秀镇城镇基本框架建设任务。按照"特色鲜明、环境优美、设施完善、功能配套"的要求，突出区位优势、地域特色和民族文化，因地制宜、分类指导，全力抓好"三百"示范工程，着力打造"10+3"特色魅力示范乡镇，萝卜寨、布瓦、照壁、草坪、三官庙、枫香树、中滩堡、渔子溪、老人、河坝11个旅游精品村寨，大槽头、秉里、老街、黄家、蔡家杠、响黄沟、街凤岩、东界脑8个幸福美丽村寨，切实改善农村生产生活条件、居住环境和城乡面貌，不断提高城镇化率和群众幸福指数，努力把汶川建设成为人居环境最美的休闲旅游名县。

（四）按照建设"生命通道"和"避灾场所"的理念，把交通重建作为今年灾后重建主攻方向，完成县城三个出口改造建设，加快农村公路建设，全面推进农村公路"硬化"和"黑色化"。全面完成水磨、映秀三级客运站建设，为群众出行提供舒适的候车环境。进一步加强道路养护和管理，完善道路绿化和安保设施，确保交通安全畅通。加快粤汶公路、漩三公路施工进度，加强映汶高速、汶马路、川汶路、映日路建设协调服务，为工程如期竣工创造条件。

（五）大力实施"治水兴村"工程，加快农村饮水安全和小型农田水利建设，着力抓好防汛抗旱、水环境专项治理工作。加快推进电力电网建设，全力推进映秀湾、岷江电力等电站的恢复发电，加快威州变电站、二台山至新百花变电站、草坡至太平驿等110KV电网建设，进一步完善农村电网，力争今年9月底前发供电全面恢复和超过震前水平，保障县境内工业企业及城乡居民用电。

（六）统筹规划市政基础公用设施建设，加快推进七盘沟垃圾处理场、市政管网改造、城区道路、绿化、路灯工程和滨江路建设，尽快恢复天然气供应，着力改善城乡居民生活条件。加强市政公共设施的维护管理，保障公共设施良好运行。加快通讯、广电项目建设，着力抓好广播电视"村村通"工程，完善传输网络，全面提高通讯、广播电视覆盖率。

二、推进措施

一是加强领导。切实加强对民生工程的组织领导，组织成立民生工程协调领导小组成员单位，同时，成立民生工程协调小组办公室，提高协调办事能力。各相关乡镇、部门负责各单项工程的实施，县监察、审计等部门全程跟踪监督，确保工程质量、工程进度。

二是出台政策。及时制定全县民生工程总体实施方案和各单项工程的实施办法，安排专项资金，用于对民生工程实施情况的奖励；建立定期督查、工作联系以及责任追究制度。

三是加强沟通衔接。各责任单位要进一步加强与相关部门和乡镇的沟通衔接，协调解决项目建设过程中存在的问题和困难，坚决杜绝推诿、扯皮、拖拉等行为，集中精力，通力协作，整体推进工程建设。

四是倒排工期计划。各责任单位要进一步细化任务，倒排建设工期，制度具体详细的时间表、进度表，科学合理地安排工作计划，做到一季有一季的计划，一月有一月的目标，一周有一周的任务，一天有一天的进展，环环紧扣、步步推进，力争今年5月12日、9月30日、12月31日三个节点完成相关目标任务。

五是确保工程质量。各责任单位在保证工程建设进度的同时，加强工程质量监管力度，专业技术人员必须入驻施工现场，与监理单位相互配合，对工程建设进行技术指导与督促，杜绝豆腐渣工程，确保建成优质工程、放心工程。

六要加大投入，抓好资金监管。将民生工程配套资金列入财政预算，加大专项资金争取安排力度，并将视财力增长逐步增加。各牵头部门积极制定筹资方案，按进度兑现项目资金。县监察和审计部门进一步加强执法监督，防止和坚决查处截留、挤占、挪用民生工程资金的行为，确保专款专用，建阳光工程、放心工程，全力保障民生工程顺利推进。

七要广泛宣传。制订切实可行的民生工程宣传方案，大力营造实施民生工程的良好氛围。利用媒体，系统宣传民生工程政策、措施及具体内容。坚持走群众路线，把政策交给群众，并积极参与民生工程建设、管理和监督。

八要严格项目管理程序。严格按照建设项目工程管理的法律、法规及相关的规章制度要求，所有建设项目均按照《中华人民共和国招投标法》以及省、州建设项目招投标管理办法等规定的有关程序进行，由招标办负责审批，在县招标办、县纪委、县监察局全过程监督下完成招投标。严格按照批准的计划和建设内容进行施工。

九要严格施工管理。项目施工过程中，严格按照国家及省、州有关规定和项目工程管理办法的要求，委托具有资质的设计院设计施工图并由国家相关部门审核认定具有图审资质的审图机构进行图纸审查。县建设工程质量监督站要全程监控所有项目工程施工，认真落实"压证制度"，发现问题及时上报、及时解决，尽职尽责，安监等部门要切实抓好安全生产监管工作，确保工程质量和工程建设安全。

汶府发〔2010〕19号

汶川县人民政府关于印发《汶川县全面推进依法行政第二个五年规划(2010—2015)》的通知

各乡镇人民政府,县级各部门:

《汶川县全面推进依法行政第二个五年规划(2010—2015)》已经县政府同意,现印发你们,请结合本乡镇、本部门实际认真贯彻落实。

二〇一〇年五月二十一日

汶川县依法行政第二个五年规划（2010—2015）

为深入贯彻落实国务院《全面推进依法行政实施纲要》(以下简称《纲要》),《国务院关于加强市县政府依法行政的决定》(以下简称《决定》)和《四川省人民政府关于贯彻实施〈国务院关于加强市县政府依法行政的决定〉的意见》(川府发[2008]31号,以下简称《实施意见》),进一步促进我县各乡镇和县直各部门深入推进依法行政进程,加快我县建设法治政府,根据《四川省全面推进依法行政第二个五年规划》和阿坝州人民政府关于印发《阿坝州全面推进依法行政第二个五年规划》的通知,结合我县实际,制定本规划。

一、指导思想、工作目标和基本要求

（一）指导思想。坚持以邓小平理论和"三个代表"重要思想为指导,深入贯彻落实科学发展观和党的十七大精神,以贯彻落实国务院《纲要》、《决定》和省政府《实施意见》为主线,紧紧围绕全面推进依法行政、建设法治政府的奋斗目标,进一步加强和改进政府立法工作,大力推进行政决策科学化、民主化、规范化。不断提高行政执法效能,切实维护法制统一和政令畅通,为经济社会跨越发展和长治久安创造更加良好的法治环境。

（二）工作目标。在巩固成果的基础上,进一步解放思想、大胆创新,抓关键、突重点,深入落实依法行政目标任务,探索符合汶川县实际的法治政府实现路径。通过不断总结和完善,努力做到行政决策规范化,公共服务规范化,行政执法规范化,行政监督规范化,在《二五规划》末基本实现《纲要》确定的建设法治政府的目标。

（三）基本要求。维护宪法和法律权威,确保法制统一和政令畅通；推进我县经济建设、政治建设、文化建设、社会建设以及生态文明建设的协调发展；切实做到合法行政、合理行政、程序正当、高效便民、诚实守信、权责统一；切实转变管理理念和工作作风,强化服务意识,提高办事效率和服务水平；强化责任意识,自觉接受人民的监督,努力做到执法有保障、有权必有责、用权受监督、违法受追究、侵权须赔偿。

二、主要内容

(一)提高依法行政能力

1. 健全领导干部学法制度。领导干部要带头学法,增强依法行政、依法办事意识,自觉运用法律手段解决各种矛盾和问题。健全政府常务会议学法制度、专题法制讲座制度和集中培训制度等不少于4次,全县各乡镇、县直各部门实行工作人员学法制度组织学习相关的依法行政知识,每年不少于6次。县党校每年至少要举办1期领导干部依法行政专题研讨班,做到学法的计划、内容、时间、人员、效果"五落实"。

2. 加强对领导干部任职前的法律知识考查和测试。对拟任各乡镇政府及县直各部门领导职务的干部,在任职前考察时要考查其依法行政工作情况,并进行相关法律知识测试,考查和测试结果应当作为任职依据。

3. 强化行政机关工作人员法律知识培训。要采取自学与集中培训相结合的方式,组织行政机关工作人员学习基本法律知识,以及与本职工作有关的专业法律知识。重点加强行政执法人员法律知识培训,行政执法人员必须经考试合格并按规定取得行政执法证后方可上岗执法。行政执法人员每人每年参加法律知识培训时间不得少于7天。

4. 普法宣传要制度化、经常化。制定年度普法宣传计划并抓好落实,要把《纲要》、《决定》等例入普法范围。大力推进法律、法规、规章进机关、进农村、进社区、进企业、进单位、进学校、进寺庙。街道、社区(村社)要设立法制宣传栏,每月更新宣传内容,广播电台、电视台、报纸、政府网站等媒体应设置法制宣传的专题栏目,不断更新宣传内容。通过广泛、持久、深入的宣传,培育广大公民社会主义法制观念,营造良好的法制氛围。

(二)转变政府职能

5. 加快推进行政管理体制改革。依法、科学、合理地设置政府部门、事业单位及其内设机构,依法确定部门职责,依法核定政府部门、事业单位人员编制,推进机构设置及人员编制科学化、规范化、法治化。依法赋予经济发展快、人口吸纳能力强的乡镇在经济发展及社会管理等方面的行政管理权限。

6. 强化公共服务职能。增强公共服务意识,增加和丰富公共服务内容和产品,延伸公共服务渠道,简化公共服务程序,降低公共服务成本,推进各镇政府及政府各部门由管制型向服务型转变。加强村级公共服务建设,健全村级公共服务和社会管理分类供给、统筹建设、经费保障和人才队伍建设机制,全面实现公共服务职能。

7. 深化行政审批制度改革。清理并减少行政审批事项。完善行政审批事项审核论证、评估以及后续监管、问责等配套制度。推行行政审批办事制度与政务服务标准化建设。完善并联审批,优化行政审批流程,创新审批服务方式,拓宽服务渠道,推广实行网上申请、网上受理、网上办理、网上查询。加强行政效能建设,完善行政审批监督制度,加强政务服务中心建设,着力推进管理方式创新,促进服务政府、责任政府、廉洁政府建设。

8. 规范并减少行政事业性收费。定期清理并向社会公布行政收费项目目录。取消没有法律、行政法规依据的行政审批收费,取消不合理的行政事业性收费,对于必要的收费项目适当降低收费标准,切实减轻公民、法人和其他组织特别是各类企业的负担。防止和纠正把行政机关收费转化为事业单位收费、把行政事业性收费转化为经营性收费的行为。

9. 健全公共财政体制。进一步深化财政体制改革,健全和完善预算编制、执行、监督相互制约机制。建立完整规范、科学有效、公平合理、公开透明的现代预算管理制度。统筹安排和规范使用财政资金,提高财政资金使用效益。切实保障行政立法和执法经费,逐步完善立法项目起草的经费保障机制,执法经费列入财政预算。强化非税收入预算管理,严禁单位设立小金库。逐步加大公共服务、公益事业特别是农村基础设施建设和社会事业发展的财政支出。进一步强化部门预算管理,统筹安排和规范使用财政资金,提高财政资金使用效益。完善城乡一体的养老、医疗、工伤、生育和失业等社会保险制度。完善城乡居民最低生活保障制度。健全行政赔偿和补偿的财政保障制度。

10.深入推进政府信息公开。建立健全行政许可、行政收费、行政强制、行政处罚及行政权力网上公开透明运行机制。完善政府信息公开工作考核制度、社会评议制度、责任追究制度,确保公民的知情权、参与权、表达权和监督权。

11.加强政府信用建设。完善政府和政府部门服务承诺制度,认真落实各项承诺措施。加强政府采购、对外签订合同等方面的信用建设。积极推进社会信用体系建设。建立因政府失信、违约给公民、法人和其他组织的合法权益造成直接损失的赔偿制度。

12.完善应急处理机制。进一步健全和完善突发公共事件应急处理机制,切实增强政府应对突发事件的能力,妥善处理各种突发事件,维持正常的社会秩序。

(三)完善科学民主决策机制

13.完善重大行政决策听取意见制度。健全公众参与重大行政决策的规则和程序,完善行政决策信息和智力支持系统,增强行政决策透明度和公众参与度。完善制定与群众利益密切相关的公共政策向社会公开征求意见制度。

14.完善重大行政决策听证制度。扩大听证范围,规范听证程序,吸收采纳听证中提出的合理意见和建议,将意见采纳情况及理由以书面形式告知听证代表,并以适当的形式向社会公布。

15.坚持重大行政决策合法性审查制度。重大行政决策做出前应交法制机构或组织有关专家进行合法性审查;未经合法性审查或者经审查不合法的,不得做出决策。

16.建立重大行政决策实施后评价制度。重大行政决策实施后,要通过抽样检查、跟踪调查、评估等方式,及时发现并纠正决策存在的问题,减少决策失误造成的损失。

17.落实行政决策责任追究制度。坚决制止和纠正超越法定权限、违反法定程序的决策行为。对应当听证而未听证、未经合法性审查或者经审查不合法、未经集体讨论而做出行政决策的,及依法应当做出决策而不做出决策,玩忽职守、贻误工作的,要追究直接责任人员的责任。

(四)提高制度建设质量

18.严格规范性文件制定权限和发布程序。制定规范性文件要严格遵守法定权限和程序,符合法律、法规、规章和政策,不得创设行政许可、行政处罚、行政强制、行政收费等行政权力,不得违法增加公民、法人或者其他组织的义务。制定作为行政管理依据的规范性文件,未经听取意见、合法性审查并对外公布的,不得发布施行。

19.建立规范性文件施行后评估制度。规范性文件公布施行后,制定机关、实施机关要及时收集分析各方面意见和建议,对实施情况进行评估。

20.建立规范性文件"三统一"和定期清理制度。规范性文件发布后,要进行统一登记、统一编号,并在县政府网站上统一公布。制定机关每年度对本年规范性文件进行清理,并向社会公布继续有效和废止的规范性文件目录。未列入继续有效文件目录的规范性文件不得作为行政管理的依据。

(五)严格行政执法

21.进一步深化行政体制改革创新。各执法部门加快建立权责明确、行为规范、保障有力的行政执法体制。逐步推进相对集中行政处罚权工作;在相关部门开展综合行政执法工作。全面规范行政执法自由裁量权,努力解决执法不公、越权执法、多头执法、执法程序松弛和执法趋利等问题,建立健全行政执法争议协调机制。

22.完善行政执法经费保障机制。行政机关履行法定职责所需经费应统一纳入财政预算予以保障,严格执行"收支两条线"制度,行政事业性收费和罚没收入必须全部上缴财政,严禁"以收定支"或"收支挂钩",禁止下达或变相下达罚没指标。

23.规范行政执法行为。完善行政执法程序,做到行政执法步骤清楚、要求具体、期限明确。健全行政处罚基准制度,规范行政处罚自由裁量权,细化和量化行政处罚标准。探索规范行政审批自由裁量权的有效途径和方法。完善行政执法案卷评查制度。建立监督检查记录制度,完善行政处罚、行政许可、行政强制、行政征收和征用等行政执法案卷评查制度,加大纠错力度。

24.加强行政执法队伍建设。实行行政执法主体资格合法性审查制度。健全行政执法人员资格管理制度。

25.强化行政执法责任追究。全面落实行政执法责任制,健全民主评议制度,加强对行政执法机关及其执法人员行使职权和履行法定义务情况的评议考核,加大责任追究力度。

(六)完善行政行为监督机制

26.自觉接受社会监督。在自觉接受人大监督、政协民主监督和司法机关监督的同时,进一步畅通社会舆论和群众监督渠道。

27.落实规范性文件备案制度。各乡镇政府及各部门建立公民、法人或者其他组织提出的审查规范性文件建议的受理、处理制度。备案机关对报备的规范性文件应严格审查,做到有件必备、有备必审、有错必纠。

28.完善行政复议和应诉制度。拓宽行政复议受理渠道,方便群众申请行政复议。创新工作方法,灵活运用调解、简易程序、听证等多种手段办案,实现结案方式多元化。建立完善行政复议人员资格管理制度。认真落实法院行政审判开庭前、审理中、审理后向行政机关发出的"一案三建议"。坚持行政复议机构与法院行政诉讼审判机构的联席会议制度。继续推行行政机关负责人出庭应诉制度。

29.加强专门监督制度。加强行政监察力度,督促各乡镇政府及各部门工作人员廉洁从政,保障政令畅通。重点围绕灾后重建、城镇房屋拆迁补偿、产权交易、政府采购、建设工程项目招投标以及其他关系群众利益的热点、难点问题加大监察力度。加强审计监督,强化对政府投资管理、重点建设项目、国有金融机构和国有企业以及税收征管的审计监督,进一步加强和落实对领导干部任中审计、离任审计的力度。

(七)切实加强行政调解和信访工作

30.切实加强行政调解工作。根据省、州构建"大调解"格局的要求,按照自愿、合法、平等、及时的原则开展行政调解工作。积极做好行政调解与人民调解、司法调解之间的衔接协调,充分发挥"大调解"机制的作用。各乡镇政府及各部门要建立联席会议制度,定期研究行政调解工作。各乡镇政府及各部门行政调解工作的组织建设,做好行政调解员的培训。实行行政调解员持证上岗制度,提高行政调解工作的质量。

31.切实抓好信访工作,建立健全信访工作考评、行政投诉(含信访)和信访责任追究制度。严格执行国务院《信访条例》,畅通信访渠道,规范信访程序,维护信访秩序,落实信访责任,运用法律、政策、教育、行政等手段,依法、及时、合理、有效地解决群众反映的实际问题。

(八)增强社会自治功能

32.建立健全政府行政管理与基层群众自治有效衔接和良性互动的机制。扩大基层群众自治范围,充分保障基层群众自我管理、自我服务、自我教育、自我监督的各项权利。严禁干预基层群众自治组织自治范围内的事情,不得要求群众自治组织承担依法应当由政府及其部门履行的职责。

33.发挥社会组织作用。按照法治原则培育、规范和管理社会组织,把社会可以自我调节和管理的职能交给社会组织。实现社会组织与行政权力彻底脱钩。鼓励和积极引导社会组织有序参与社会管理及提供公共服务。

34.营造依法行政的良好社会氛围。深入开展法制宣传教育,弘扬法治精神,促进自觉学法、守法、用法社会氛围的形成。

三、组织领导和保障措施

35.加强领导。各乡镇政府、县政府各部门对本区域、本部门内的依法行政工作负总责,主要负责人要切实担负起依法行政工作第一责任人的责任,加强领导,确保把依法行政的各项要求落实到工作的各个方面、各个环节。

36.科学规划。各乡镇政府、县政府各部门要结合实际,制定具体办法,确定不同阶段的工作重点,有计划、有步骤地推进依法行政,做到五年有规划、年度有安排。

37.分步实施。本规划总体上按3个阶段实施:2010年至2011年为全面实施阶段,拟定法治政府指标体系,探索建立法治政府建设量化考评标准,并纳入各乡镇政府和县政府各部门及其工作人员的工作目标考核指标范围;2012年为验收阶段,县政府对各乡镇政府及县政府各部门推进依法行政工作的总体情况进行检查和验收;2013年至2014年为巩固提高阶段,进一步巩固和深化依法行政工作成果。

38.定期报告。各乡镇政府和县政府各部门每年向县政府报告本地、本部门推进依法行政的情况。各乡镇政府及县政府各部门对县人大常委会和上级行政机关提出的批评、意见,应当及时整改并将整改情况及时上报。

39.加强法制机构建设。健全政府法制机构,使机构设置、人员配备与工作任务相适应。要加大对政府法制干部的培养、使用和交流力度,充分调动政府法制干部的积极性和主动性。政府法制机构及其工作人员要切实增强做好新形势下政府法制工作的责任感和使命感,不断提高自身的政治、业务素质和工作能力,在推进依法行政工作中充分发挥统筹规划、综合协调、督促指导、政策研究和情况交流等作用。

40.开展社会评价。对行政机关及依法履行行政执法职能的单位依法行政工作情况开展群众评价和专项评价,逐步增加社会评价的内容和范围,评价结果作为依法行政考核的重要依据。

41.严格督查考核。加强对实施《纲要》《决定》和本规划及州政府年度安排情况的督促、检查,将依法行政工作纳入县政府目标绩效管理,增加依法行政在县政府目标考核中的分值比重。严格执行依法行政考核制度,建立完善依法行政考核结果与公务员考核、奖励惩处、干部任免挂钩的考核考查制度。